Kenneth L. Spencer, Thomas Eberhard, John Alexander

Komponenten mit Visual Basic .NET programmieren

Kenneth L. Spencer, Thomas Eberhard,
John Alexander

Komponenten mit Visual Basic .NET programmieren

Dieses Buch ist die deutsche Übersetzung von
Kenneth L. Spencer, Thomas Eberhard, John Alexander:
OOP: Building Reusable Components with Microsoft Visual Basic .NET
Microsoft Press Deutschland, Konrad-Zuse-Str. 1, 85716 Unterschleißheim
Copyright 2002 Microsoft Press

Das in diesem Buch enthaltene Programmmaterial ist mit keiner Verpflichtung oder Garantie irgendeiner Art verbunden. Autor, Übersetzer und der Verlag übernehmen folglich keine Verantwortung und werden keine daraus folgende oder sonstige Haftung übernehmen, die auf irgendeine Art aus der Benutzung dieses Programmmaterials oder Teilen davon entsteht.

Das Werk einschließlich aller Teile ist urheberrechtlich geschützt. Jede Verwertung außerhalb der engen Grenzen des Urheberrechtsgesetzes ist ohne Zustimmung des Verlags unzulässig und strafbar. Das gilt insbesondere für Vervielfältigungen, Übersetzungen, Mikroverfilmungen und die Einspeicherung und Verarbeitung in elektronischen Systemen.

15 14 13 12 11 10 9 8 7 6 5 4 3 2 1
03 02

ISBN 3-86063-643-X

© Microsoft Press Deutschland
(ein Unternehmensbereich der Microsoft GmbH)
Konrad-Zuse-Str. 1, D-85716 Unterschleißheim
Alle Rechte vorbehalten

Übersetzung: Detlef Johannis, Kempten
Fachlektorat: Günter Jürgensmeier, München
Korrektorat: Claudia Mantel-Rehbach, München
Layout und Satz: Günter Jürgensmeier, München
Umschlaggestaltung: Hommer Design GmbH, Haar (www.HommerDesign.com)
Gesamtherstellung: Kösel, Kempten (www.KoeselBuch.de)

Inhaltsverzeichnis

Danksagungen . . . . **XIII**

Einführung . . . . **XV**
    Wie dieses Buch entstanden ist XVI
    An wen sich dieses Buch richtet XVII
    Welche Themen behandelt dieses Buch? XVII
    Systemvoraussetzungen XX
    Die Begleit-CD XXI
    Support XXI

1 Einführung in die objektorientierte Entwicklung **1**
    Das .NET Framework 2
    Unterstützung für Komponenten in Visual Studio .NET 5
    Änderungen an der Programmiersprache Visual Basic .NET 6
        Änderungen an den Datentypen 6
        Arrays 8
        Stringverarbeitung 8
        Strukturierte Ausnahmebehandlung 10
    Komponenten, Klassen und Objekte 11
        Komponenten und Klassen 11
        Klassen- und Moduldateien 13
        Klasseninstanzen anlegen und benutzen 14
        Strukturen 16
        Eigenschaftenprozeduren 17
        Arbeiten mit Methoden 17
        Überladen von Eigenschaften und Methoden 18
        Bereits vorhandene Methoden überschreiben 19
        Ereignisse 19
        Schnittstellen 21
        Shared-Member 21
        Namespaces 21
        Vererbung 23
    .NET-Anwendungen weitergeben 24
    Zusammenfassung 26

2 Anwendungsarchitektur unter .NET ... 27
Auswahl der richtigen Architektur ... 28
Eine kurze Geschichte der Softwarearchitektur ... 29
    Einschichtige Architektur ... 29
    Zweischichtige Architektur ... 30
    Dreischichtige Architektur ... 32
    Flexible n-schichtige Architektur ... 36
Lösungen mit dem .NET Framework ... 41
    Benutzeroberflächen ... 42
    Fassadenfunktionen ... 43
    Geschäftsschicht ... 44
    Datenzugriffsschicht ... 44
    Datenschicht ... 45
Analyse und Entwurf ... 45
Zusammenfassung ... 46

3 Ausnahmebehandlung im .NET Framework ... 49
Neuerungen bei der Ausnahmebehandlung in .NET ... 50
Was ist strukturierte Ausnahmebehandlung? ... 51
    Strukturierte Ausnahmebehandlung ... 51
    Objektorientierte Ausnahmebehandlung ... 52
    Die Syntax der *Try*-Anweisung ... 52
Ausnahmebehandlungsobjekte definieren ... 54
    Richtlinien für benutzerdefinierte Ausnahmeklassen ... 55
    Definition einer benutzerdefinierten Basisklasse für Ausnahmen ... 57
Ereignisprotokollierung ... 61
Ausnahmeobjekte und Remoting ... 64
Erstellen einer Hierarchie für Anwendungs-Ausnahmeklassen ... 65
Zusammenfassung ... 66

4 Implementieren der Datenzugriffsschicht ... 67
Die Vorteile von ADO.NET ... 68
    Leistung ... 68
    Skalierbarkeit ... 68
    XML bedeutet Interoperabilität ... 69
    Einfache Benutzung ... 69
Komponenten von ADO.NET ... 69
    Das *Connection*-Objekt ... 71
    Das *Command*-Objekt ... 72
    Das *DataReader*-Objekt ... 74
    Das *DataSet*-Objekt ... 76
Das ADO.NET-Datenzugriffsobjekt ... 78
    Warum brauchen wir ein Datenzugriffsobjekt? ... 78
    Was wird das Datenzugriffsobjekt tun? ... 78
    Unser Ansatz für Datenbankzugriff und Datenbanknutzung ... 79
Implementieren des Datenzugriffsobjekts ... 79
    Das Datenzugriffsobjekt als Komponente ... 79
    Private Variablen und Objekte ... 82

Konstruktoren	82
Eigenschaften	83
Die erste Methode: Ausführen einer SQL-Anweisung und Zurückgeben eines *DataSet*	84
Ausnahmebehandlung	84
Ausnahmen protokollieren	85
Was fehlt noch?	86
Der vollständige Code der Methode *runSQLDataSet*	88
Gespeicherte Prozeduren	91
Benutzen des Datenzugriffsobjekts	97
Weitere Fragen zum Datenzugriff	97
Wie verwirklichen wir Transaktionen?	97
Wie steht es mit Datenparallelität?	98
Gibt es Verbindungspools?	98
Können wir Leistungsindikatoren nutzen?	98
Zusammenfassung	98

5 Implementieren der Sicherheitsschicht 99

Übersicht der wichtigsten Sicherheitsfähigkeiten von .NET	100
Sicherheitsanforderungen für Anwendungen	101
Formularauthentifizierungsdienste	102
Entwerfen der Formularauthentifizierungsarchitektur für eine Anwendung	103
Konfigurieren der Anwendung	103
Speichern der Anmeldeinformationen	105
Erstellen des Anmeldeformulars	106
Autorisierungsfähigkeiten des .NET Frameworks	110
Autorisierungsarten im .NET Framework	110
Arbeiten mit rollenbasierter Autorisierung	111
URL-Autorisierung	113
Die Sicherheitsschicht	113
Erstellen der Komponente *SecurIt*	115
Der ASP.NET-Sicherheitsheader	120
Benutzen der Komponente *SecurIt*	125
Zusammenfassung	127

6 Steuerelemente für die Webclients 129

Die Benutzeroberfläche unter ASP.NET	130
Die Vergangenheit	130
Die Gegenwart	131
Die Zukunft	133
Entscheiden zwischen Benutzersteuerelementen und benutzerdefinierten Serversteuerelementen	133
Erstellen von Benutzersteuerelementen	135
Grundlagen der Benutzersteuerelemente	136
Eigenschaften von Benutzersteuerelementen	138
Methoden in Benutzersteuerelementen	142
Ereignis-Bubbling bei Benutzersteuerelementen	143
Dynamisch geladene Benutzersteuerelemente	145

Benutzerdefinierte Serversteuerelemente erstellen	148
Eigenständige benutzerdefinierte Serversteuerelemente	149
Erweiterte benutzerdefinierte Serversteuerelemente	154
Ein verbessertes ASP.NET-DropDownList-Serversteuerelement	154
Hervorheben des ausgewählten Textfelds	157
Zusammengesetzte Serversteuerelemente	160
Das zusammengesetzte Serversteuerelement *MyLabelTextBox*	160
Eine erweiterte Version des zusammengesetzten Serversteuerelements *MyLabelTextBox*	167
Ereignisse bei benutzerdefinierten Serversteuerelementen	171
Windows Forms-Steuerelemente	172
Zusammenfassung	174
7 Implementieren der Menühandler	**175**
Strategien zum Aufbau von Menüs	176
Unser Ansatz für gute Menüs	178
Erstellen der Objekte für Menü und Navigationsleiste	181
Die eingesetzte .NET-Technologie	181
Entwerfen des Steuerelements	185
Die Komponente *MenuData*	186
Das Benutzersteuerelement für das Hauptmenü	190
Das Benutzersteuerelement für die Navigationsleiste	192
Weitere Optionen für Benutzersteuerelemente	196
Ein Beispiel mit Visual Basic .NET-Windows Forms	197
Zusammenfassung	200
8 Implementieren der Geschäftsschicht	**201**
Wozu brauchen wir eine Geschäftsschicht?	201
Universelle Geschäftsobjekte entwerfen	202
Formulieren von Geschäftsregeln	203
Interaktion mit der Sicherheitsschicht	204
Interaktion mit der Datenzugriffsschicht	205
Abfragen als Basis für Geschäftsregeln	205
Gespeicherte Prozeduren zum Abrufen von Daten	210
Gespeicherte Prozeduren zum Einfügen von Daten	211
Gespeicherte Prozeduren zum Aktualisieren von Daten	212
Objektorientierte Fähigkeiten von Visual Basic .NET	214
Mehr über Konstruktoren	214
Überladen	215
Überladene Konstruktoren	215
Vererbung in HRnet	216
Zusammenfassung	219
9 Implementieren der Fassadenschicht	**221**
Vorteile von Fassadenschichten	222
Entwerfen der Fassadenschicht	223

Erstellen der Fassadenobjekte 224
    Die Fassadenklasse *EmployeeHRObject* 228
    Die Fassadenklasse *EmployeeCSObject* 230
Zusammenfassung 232

10 Erstellen der Benutzeroberflächenvorlage **233**
Spezifikationen der Beispielanwendung HRnet 234
    Die Architektur von HRnet 234
    Funktionsumfang von HRnet 234
Erstellen der Webvorlage für HRnet 239
    Aufbau der Webvorlage 239
    Die Vorlagendateien für Webseiten 240
Starten der Anwendung HRnet 243
    Die Homepage von HRnet 245
Webseitenvorlagen: Die andere Möglichkeit 247
    Weitere Funktionen 252
Erstellen der Windows Forms-Vorlagen für HRnet 253
    Die Basisformulare 254
    Das fertige Dateneingabeformular 256
Code von Webseiten und Windows Forms aus aufrufen 257
Zusammenfassung 257

11 Erstellen von Informationsseiten **259**
Eine Strategie für die Benutzeroberfläche 260
Datendarstellung mit Web Forms und Windows Forms 262
    Datenanzeigeformulare 262
    Listenformulare mit dem ASP.NET-Steuerelement *DataGrid* ... 263
Anpassen des ASP.NET-Standardsteuerelements *DataGrid* 266
    Den Funktionsumfang eines benutzerdefinierten *DataGrid*-Steuerelements
    erweitern 268
    Schönere Grafiken 272
    Ändern der Fußzeile 272
    Funktion zum Anspringen einer Seite 276
    Sortieren 279
    Letzte Verbesserungen 283
Detaildaten anzeigen 286
    Ein Formular mit Liste und Detailbereich 287
    Getrennte Formulare für Liste und Details 291
    Erweitern der Listen- und Detailformulare 293
    Statusverwaltung im Benutzersteuerelement für die Detaildaten . 297
Skalierbarkeit und Leistung 300
Zusammenfassung 305

Inhaltsverzeichnis

12 Implementieren der Geschäftsschicht: XML-Webdienste **307**
Implementieren von XML-Webdiensten 307
XML-Webdienste nutzen 310
    Unter der Haube des Proxys 311
Öffentlich verfügbare Dienste nutzen 311
    Das Websteuerelement WeatherInfo 315
SOAP: Der beste Freund Ihres XML-Webdienstes 316
    Momentan unterstützte Protokolle 316
    SOAP-Dokumentstruktur 317
    Aufrufen des Webdienstes im Client 320
Zusammenfassung 320

13 Kommunikation mit .NET-Remoting **321**
Der erste Start 322
Erstellen des Servers 323
Erstellen des ersten Clients 324
Erstellen des Remotehosts 328
    Windows-Anwendung als Host 329
    Windows-Dienst als Host 329
Remoting der Geschäftsobjekte 333
    Sicherheitsschicht 333
    Geschäftsschicht 334
Weitergeben der Remoteobjekte 336
Erstellen des Clients 337
Zusammenfassung 341

14 Zusammenstellen der Gesamtanwendung **343**
Schritte beim Verdrahten der Anwendung 344
    Schritt 1: Menüstruktur und Vorlagen 345
    Schritt 2: Sicherheit 347
    Schritt 3: Die Homepage 355
    Schritt 4: Informations- und Datenseiten 360
Ein Windows Forms-Beispiel für HRnet 376
    Titles: DataGrid und Detaildaten in einer Windows Form 376
Weitergeben einer Anwendung 380
    Weitergabe mit XCOPY 381
    Weitergeben von globalen Dateien 381
    Weitergabe als Windows Installer-Paket 383
Assemblies und Versionsverwaltung 385
Zusammenfassung 387

Stichwortverzeichnis **389**

Die Autoren **407**

Ich widme dieses Buch meiner wundervollen Frau Trisha und meinen beiden Söhnen Jeff und Kenny. Ich möchte das Buch außerdem meinem besten Freund Ken Miller widmen.

– K. S.

Für meine wundervolle Frau und immerwährende Gefährtin Melody und sechs großartige Kinder: Jared, Nicole, Natalie, Jessica, Jacob und Joshua. Ihr gebt meiner Arbeit und meinem Leben Sinn und Freude.

– T. E.

Für alle, die wir lieben und die uns nahe stehen. Für alle, die uns verlassen mussten, wir vermissen euch. Dieses Buch ist euch gewidmet. Das Leben ist ein vergängliches Geschenk. Nutzt es weise und sinnvoll.

– J. A.

Danksagungen

Es war nicht einfach, ein Buch über fortgeschrittene Themen für Microsoft Visual Basic .NET zu schreiben. Hätten außer den Autoren nicht auch viele andere Leute etliche Stunden geopfert, könnten Sie dieses Buch jetzt nicht in Händen halten.

In erster Linie möchten wir dem Team von Microsoft Press danken. Besonderer Dank geht an Sally Stickney, die Projektleiterin, die immer zu uns hielt, während sie gleichzeitig versuchte, den Erscheinungstermin zu halten. Du warst eine Inspiration für uns. Jack Beaudry, unser Fachlektor, für seine enorme Unterstützung und Hilfe. Für Ausführung und Test vieler Beispielprogramme waren außerordentliche Anstrengungen nötig. Danke an Victoria Thulman für das Lektorat und dafür, dass sie das Material in Form brachte. Es war eine Freude, mit dir zusammen die einzelnen Kapitel druckreif zu gestalten. Danke auch an Dan Latimer, der das Buch gesetzt hat, und den Illustrator Michael Kloepfer. Und last, but not least herzlichen Dank an Anne Hamilton, die das gesamte Projekt erst möglich machte.

Wir möchten außerdem Rick Culpepper wissen lassen, wie sehr wir es zu schätzen wissen, dass er sein Wissen über Ausnahmebehandlung mit uns teilte und Kapitel 3 für uns verfasste.

Spezielle Danksagungen der einzelnen Autoren

Ken Spencer

Danke an Tom und John dafür, dass sie so hart daran gearbeitet haben, dieses Buch zu verwirklichen. Ohne sie wäre es nicht möglich gewesen. Danke an meine Frau für ihr Verständnis und ihre Unterstützung. Sie hat mir während vieler Jahre bei meinen zahlreichen Unternehmungen zur Seite gestanden, ich weiß ihre Unterstützung wirklich zu schätzen. Danke an Ken Miller, weil er versteht, warum ich Bücher schreibe und was ich dabei auf mich nehme. Es ist großartig, dass er mich dabei und bei anderen Unternehmungen unterstützt hat. Mein besonderer Dank an die Mitarbeiter bei Microsoft: Sally Stickney, Jack Beaudry, Eileen Crain, Ari Bixhor, Susan Warren, Chris Dias, Rob Brigham und Jennifer Ritzinger.

Thomas Eberhard

Zuerst möchte ich mich bei meiner Frau Melody und unseren sechs Kindern (Jared, Nicole, Natalie, Jessica, Jacob und Joshua) für ihre Opfer bedanken. Ihr habt es ermöglicht, dass ich über ein Jahr lang Tag und Nacht, selbst am Wochenende an diesem Projekt arbeiten konnte. Nichts ist wichtiger für mich als ihre Liebe, ihr Erfolg und ihre Hingabe an unseren Herrn, Jesus Christus. Ich kann nicht zählen, wie oft ich seine Eingebung und Hilfe bei meiner Arbeit gespürt habe.

Danke auch an InfoLink Screening Services, Inc. Sie finden an vielen Stellen in diesem Buch nicht nur Beispiele ihrer Website, Sie werden auch feststellen, dass einige der vorgestellten Komponenten mit der datengebundenen Webanwendung von InfoLink getestet wurden. Diese Webanwendung wird von Tausenden Kunden in den USA genutzt. Danke an Tawnya Gilreath, Calvin Luttrell und Bruce Krell für das Lesen des Manuskripts und das Testen diverser Codebeispiele, bevor ich sie bei Microsoft Press abgab.

John Alexander

Danke an meine Familie für ihre Geduld und ihre Großzügigkeit, mit der sie mir erlaubten, schon wieder ein Buch zu schreiben. Valerie, Nathaniel und Ian: Ihr seid der Sinn meines Lebens im Diesseits. Danke an meinen Herrn und Retter Jesus Christus, du gibst mir die Kraft und Geduld, meine Aufgaben zu erfüllen, du bist der letztendliche Sinn meiner Existenz. Danke auch an Mike Fraser, Dave Smith, Tom Foster, Don Benage und Greg Sullivan von G.A. Sullivan für ihre Unterstützung und dafür, dass sie demonstrieren, was es bedeutet, eine Consultingfirma von Weltklasseformat zu führen.

Schließlich meinen Dank an folgende Mitarbeiter bei Microsoft für ihre direkte oder indirekte Unterstützung: Sally Stickney, Jack Beaudry, Victoria Thulman, Eileen Crain, Ari Bixhorn, Susan Warren, Keith Ballinger, Jennifer Ritzinger und Steve Loethen.

Einführung

Als Microsoft einer kleinen Gruppe von Entwicklern eine Alphaversion des Microsoft .NET Frameworks vorführte, waren diese Entwickler sofort begeistert. Allen, die an dieser Einführungskonferenz teilnahmen, leuchtete die Vision von .NET sofort ein:

- Eine gemeinsame Laufzeitumgebung für alle Sprachen
- Verschiedene Sprachen mit derselben Codebasis
- Kompatibilität über die Grenzen der Programmiersprache hinweg
- Echte objektorientierte Programmierung (OOP) für alle Sprachen
- Die Möglichkeit, der »DLL-Hölle« ein für alle Mal Lebewohl zu sagen
- Die Möglichkeit, Speicherlecks endgültig zu vergessen
- Eine wirklich integrierte Entwicklungsumgebung (auch wenn die erste Alphaversion öfter abstürzte als sie funktionierte)

Die meisten von uns waren begierig, dieses neue Werkzeug in die Finger zu bekommen, und konnten es kaum erwarten, seine Fähigkeiten zu testen, um Webanwendungen zu entwickeln, Daten ohne permanente Verbindung zu bearbeiten, leistungsfähigere Komponenten zu erstellen und unsere Anwendungen einfacher, schneller und zuverlässiger zu machen. Annähernd zwei Jahre nach der ersten Vorstellung und nach über einem Jahr mit öffentlichen Betaversionen halten wir das Produkt endlich in Händen. Wir hatten die Möglichkeit, mehrere große Anwendungen mit den späteren Betaversionen zu erstellen, und waren überrascht, wie stabil diese Anwendungen waren und mit welcher Leichtigkeit wir sie entwickeln konnten. Natürlich setzten wir für unsere Anwendungen die Releaseversion des .NET Frameworks ein, sobald sie zur Verfügung stand. Wiederum waren wir verblüfft über die Steigerung der Geschwindigkeit und die sogar noch größere Stabilität. Eine der Komponenten, die wir in Kapitel 4 vorstellen, dient dem Datenzugriff in der entsprechenden Anwendungsschicht. Wir erstellten sie mit den frühen Betaversionen, entwickelten sie im Lauf der Zeit weiter und kompilierten sie mit der Releaseversion. Diese Komponente erwies sich als eines der leistungsfähigsten und stabilsten Werkzeuge, das wir je gesehen hatten. Sie hat Millionen von Hits (Datenzugriffe auf Microsoft SQL Server 7- und Microsoft SQL Server 2000-Datenbanken) verarbeitet, ohne dass wir irgendwelche Probleme hätten feststellen können (nachdem wir die Komponente debuggt und getestet hatten). Und was noch besser ist: Diese Komponente macht sich die Leistungsverbesserungen von Microsoft ADO.NET zu Nutze und verringert die Belastung von Webservern, Middle-Tier-Servern und SQL-Servern in einem Maß, das wir nie für möglich gehalten hätten. Dieses Buch stellt Ihnen die volle Funktionalität und den Quellcode dieser und weiterer Komponenten für Ihre eigenen Anwendungen zur Verfügung. Sie werden nicht nur lernen, wie Sie die hier vorgestellten Komponenten einsetzen, sondern auch, auf welche Weise sie erstellt wurden. So können Sie die Komponenten bei Bedarf erweitern und anpassen.

Viele Entwickler, die sich früh in die neue Technologie eingearbeitet haben, Autoren von Büchern über Microsoft .NET und Teilnehmer von .NET-Konferenzen, teilen die Ansicht: Es macht wieder Spaß, Anwendungen zu entwickeln. Vor etlichen Jahren mussten wir Anwendungen in diversen Assemblersprachen schreiben. Wir kopierten einzelne Bytes in und aus den Prozessorregistern und Stacks, quetschten Anwendungscode in 8 oder 16 KByte Speicher (wohlgemerkt: Kilobytes, nicht die heute üblichen Mega- oder Gigabytes), entwickelten Abrechnungsprogramme, Rechner, Spiele und so weiter. Das war mühsam, aber es machte Spaß. Als Microsoft Windows und Microsoft Windows 95 die Bühne betraten, begannen wir, einander mit DLLs auf die Füße zu treten, mit obskuren Fensternachrichten und folgenreichen Speicherlecks. Der Spaß aus den Anfangstagen der Programmierung schwand langsam aber sicher dahin. Jetzt können wir ehrlich sagen, dass er wieder da ist.

Wie dieses Buch entstanden ist

.NET ist mit seiner gemeinsamen Laufzeitumgebung (Common Language Runtime), Tausenden von Basisklassen, wirklich objektorientierten Sprachen wie Microsoft Visual Basic .NET, C#, C++ und Visual J# .NET ein sehr leistungsfähiges und robustes Werkzeug. Egal, ob Sie eine kleine Windows-Anwendung für wenige Benutzer schreiben oder eine große Unternehmensanwendung, auf die gleichzeitig Tausende von Benutzern mit einer datengebundenen Webanwendung zugreifen: .NET ist zweifellos das beste Entwicklungswerkzeug, das Sie heute bekommen können. .NET ist vollständig objektorientiert, alles ist ein Objekt, sogar die Variablen. Sämtliche .NET-Sprachen bieten die umfassendsten objektorientierten Fähigkeiten, die wir irgendwo gesehen haben, Punkt. Aus diesem Grund wollten wir dieses Buch schreiben: um sicherzustellen, dass diese Tatsache bekannt wird. Objektbasierte Programmierung ist nicht neu, genauso wenig wie objektorientierte Programmierung. .NET bietet aber die erste Version von Microsoft Visual Basic, die diese Fähigkeiten zur Verfügung stellt. Es ist auch die erste Plattform, die Vererbung über die Grenzen von Programmiersprachen hinweg erlaubt. Sie können also Klassen von Basisklassen ableiten, die in einer anderen Sprache entwickelt wurden.

Wenn wir die Prinzipien der objektorientierten Programmierung korrekt anwenden, erlaubt uns das, komplexe und umfangreiche Anwendungen schneller und einfacher als je zuvor zu erstellen, selbst wenn wir mit beachtlichen Anforderungen an Leistung, Zuverlässigkeit und Skalierbarkeit konfrontiert sind. Wir machen hier eine gewagte Aussage, aber wir werden sie in diesem Buch mit den vorgestellten Konzepten unter Beweis stellen. Objektorientierte Prinzipien fordern das Erstellen von wieder verwendbaren Objekten (Komponenten) und Framework-Klassen. Was ist so besonders daran? Nehmen wir als Beispiel das bereits erwähnte Datenzugriffsobjekt. Datenzugriff ist eine oft benötigte Aufgabe. Warum nicht eine Komponente schreiben, die sich auf das Zugreifen und Verarbeiten von Daten spezialisiert? Sie kann sehr leistungsfähige Datenzugriffsverfahren verwirklichen und die am häufigsten benötigten Datenzugriffs- und Datenverarbeitungsmethoden implementieren. Diese Komponente kann dann stets eingesetzt werden, wenn auf Daten zugegriffen wird. Sie kapselt alle Fähigkeiten, die wir beschrieben haben. Wenn Sie auf Daten zugreifen, brauchen Sie sich nicht mehr an all die Tricks und Kniffe zu erinnern, die Sie beim Schreiben der Komponente eingesetzt haben. Sie brauchen lediglich die Methoden der Komponente aufzurufen. Da eine Menge Arbeit, Tests und Feintuning in die Datenzugriffskomponente investiert wurden, profitieren Sie ganz automatisch von ihrer Leistungsfähigkeit, Skalierbarkeit und Zuverlässigkeit.

Und die Framework-Klassen? Genauso wie Komponenten stellen Ihnen auch diese Klassen eine Bibliothek von Fähigkeiten zur Verfügung, die Sie immer wieder nutzen können. Das verringert die Entwicklungszeit. Das .NET Framework umfasst Tausende solcher Klassen. Es besteht dennoch Bedarf für noch mehr, und wir stellen im Verlauf dieses Buchs einige nützliche Basisklassen vor, während wir Komponenten und Klassen für die Beispielanwendung HRnet entwickeln. HRnet ist der Grundstein für eine voll funktionsfähige HR-Anwendung (HR steht für Human Resources, das heißt, eine Anwendung für die Personalverwaltung), die wir im Verlauf der 14 Kapitel dieses Buchs entwerfen und verwirklichen.

An wen sich dieses Buch richtet

Wir möchten gleich zu Anfang darauf aufmerksam machen, dass dies kein Buch für Programmieranfänger ist, die etwas über die allgemeinen Prinzipien der objektorientierten Programmierung, über Visual Basic .NET, ASP.NET und ADO.NET erfahren wollen. Wir erstellen die Komponenten zwar Schritt für Schritt und fügen neue Fähigkeiten eine nach der anderen hinzu, wir geben aber keine grundlegenden Anleitungen, wie Sie ein Projekt erstellen oder Klassen hinzufügen. Sie finden hier auch keine Einführung zu Variablen, Klassen, Datenverbindungen oder ähnlichen Konzepten. Sie sollten bereits Erfahrung im Umgang mit Visual Basic (am besten sogar mit Visual Basic .NET) gesammelt haben. Sie sollten wissen, wie Sie Klassen und Objekte erstellen und verändern und wie Sie auf Daten zugreifen. Auch Grundkenntnisse in der Bedienung von Microsoft Visual Studio .NET sind notwendig: wie Sie Projekte und Dateien hinzufügen und Windows- und ASP.NET-Webanwendungen erstellen.

In diesem Buch gehen wir über eine Einführung in die Fähigkeiten der Sprache und OOP-Techniken hinaus. Wir wenden Prinzipien an, die wir beim Entwickeln von wirklichen Anwendungen einsetzen, und arbeiten mit entsprechend leistungsfähigem Code. Wir benutzen Visual Basic .NET, ASP.NET und ADO.NET in Visual Studio .NET. Alle Codebeispiele wurden mit der Releaseversion des .NET Frameworks entwickelt und getestet.

Wir werden uns darauf konzentrieren, wie umfangreiche Anwendungen erstellt werden, die auf einer mehrschichtigen Architektur (n-tier architecture) basieren. Diese Anwendungen nutzen die Klassen des .NET Frameworks, selbst erstellte Objekte und Komponenten sowie benutzerdefinierte Serversteuerelemente und Benutzersteuerelemente. Nachdem Sie diese Komponenten und Klassen vorbereitet und erstellt haben, zeigen wir Ihnen in den abschließenden Kapiteln des Buchs, wie mühelos Sie damit eine Anwendung zusammenstellen können. Außerdem werden Sie feststellen, dass Sie viele dieser Komponenten und Klassen ganz ohne Änderung oder mit nur geringfügigen Anpassungen in Ihren eigenen Anwendungen nutzen können.

Welche Themen behandelt dieses Buch?

Wir haben die Kapitel dieses Buchs so angeordnet, dass sie dem natürlichen Ablauf der Anwendungsentwicklung folgen. Jedes Kapitel konzentriert sich auf ein bestimmtes Thema und die Abfolge der Kapitel führt Sie zum Erstellen und Zusammenstellen der Beispielanwendung HRnet. Für jedes Kapitel benötigen Sie die Kenntnisse, die Sie im vorhergehenden Kapitel erworben haben. Daher empfehlen wir, die Kapitel nacheinander zu lesen. Die nächsten Abschnitte enthalten für jedes Kapitel eine kurze Beschreibung.

Kapitel 1: Einführung in die objektorientierte Entwicklung, von Ken Spencer

Dieses Kapitel enthält unsere *kompakte* Einführung in Visual Basic .NET und die objektorientierte Programmierung. Sie finden darin einen Überblick über die Fähigkeiten, die Visual Basic .NET und die .NET-Plattform zu einer hervorragenden Wahl für Ihre Anwendungsentwicklung machen.

Kapitel 2: Anwendungsarchitektur unter .NET, von Tom Eberhard

Entwickler meiden oft die Themen Architektur und Entwurf. Wir haben am meisten Spaß daran, guten Code zu schreiben und ihn zum Laufen zu bekommen. Es ist aber sehr wichtig zu verstehen, welche Optionen .NET für die Anwendungsarchitektur eröffnet. Vorbei sind die Kopfschmerzen bei dem Versuch, COM/COM+-Techniken in eine mehrschichtige Architektur zu integrieren. .NET ändert die Art und Weise, wie wir Anwendungen entwerfen. Wir müssen nicht nur wissen,

Einführung

welche Architektur- und Entwurfsoptionen zur Verfügung stehen, sondern auch, welche Funktionen von .NET sich für welchen Zweck am besten eignen. Objektorientierte Entwicklung erfordert eine sorgfältige Entwurfsphase, nicht nur genau geplante Anwendungen und Schnittstellen. Wir beginnen unsere kurze Einführung in die Architekturen bei einschichtigen Anwendungen und gehen weiter zu flexiblen n-schichtigen Architekturen. Sie erfahren dabei, an welchen Stellen Sie bestimmte .NET-Techniken am besten einsetzen.

Kapitel 3: Ausnahmebehandlung im .NET Framework, von Rick Culpepper

Im Vergleich zu anderen Programmiersprachen wurde die Ausnahme- und Fehlerbehandlung in Visual Basic immer recht stiefmütterlich behandelt. Das hat sich geändert. Visual Basic .NET besitzt eine leistungsfähige, einfach verwendbare, strukturierte Ausnahmebehandlung, die es vom .NET Framework erbt. Wir zeigen Ihnen, wie Sie Ausnahmen behandeln und wie Sie die Ausnahmen durch die Schichten einer mehrschichtigen Architektur weiterreichen. Sie erfahren außerdem, wie Sie mit Hilfe von Vererbung und anderen OOP-Fähigkeiten eigene Ausnahmehandler schreiben. Unserer Ansicht nach hat sich das Protokollieren von Ereignissen zu einem wichtigen Instrument beim Melden von Ausnahmen entwickelt, daher lernen Sie auch, wie Sie die Ereignisprotokollierung in die Ausnahmebehandlung integrieren.

Kapitel 4: Implementieren der Datenzugriffsschicht, von Tom Eberhard

Datenzugriff ist eine Voraussetzung für praktisch jedes Entwicklungsprojekt. Wir werfen einen genauen Blick auf die Vorteile, die ADO.NET für moderne Anwendungen mit ihren hohen Leistungsanforderungen und ihrer Skalierbarkeit bietet. Wir nutzen diese Vorteile, um eine Datenzugriffskomponente zu erstellen, die wichtige Datenzugriffsfunktionen in Form eines leistungsfähigen, schnellen und zuverlässigen Datenzugriffswerkzeugs kapselt. Die Datenzugriffskomponente bietet Methoden, mit denen Sie Daten abrufen, ändern, hinzufügen und löschen können. Dafür können Sie Standard-SQL oder gespeicherte Prozeduren benutzen. Die Komponente kann Daten in einer Vielzahl von Formaten zurückgeben, zum Beispiel als Dataset, als Datenstream mit Data-Reader, als XML oder als Parameterliste. Sie werden feststellen, dass diese Komponente überall in der Beispielanwendung HRnet genutzt wird, von der Sicherheitskomponente über die Klassen der Geschäftslogik bis hin zu XML-Webdiensten und sogar direkt in Windows Forms- und Web Forms-Seiten.

Kapitel 5: Implementieren der Sicherheitsschicht, von Ken Spencer

Anwendungen sicher zu machen war schon immer eine Herausforderung. Die weite Verbreitung von Webanwendungen hat es wichtiger denn je gemacht, Anwendungen zu schützen und abzusichern. Das .NET Framework bietet mehrere Möglichkeiten, Anwendungen unmittelbar sicher zu machen. Es bietet sowohl Authentifizierung als auch Autorisierung. Wir werden einige dieser Techniken in diesem Buch behandeln. Allerdings sind wir der Ansicht, dass große Unternehmenssysteme eine Sicherheitsimplementierung benötigen, die über die Standardoptionen von .NET hinausgeht. Daher haben wir eine Sicherheitskomponente erstellt, mit der wir Web- und Windows-Anwendungen für Gruppen von Benutzern und Berechtigungen sichern können.

Kapitel 6: Steuerelemente für die Webclients, von Tom Eberhard

Vor ASP.NET wiesen Werkzeuge für die Webentwicklung viele Einschränkungen auf, die es schwierig und mühsam machten, gute Benutzeroberflächen zu erstellen. Wir zeigen Ihnen, wie Sie ihre eigenen benutzerdefinierten Steuerelemente erstellen, sowohl als Benutzersteuerelemente als auch als Serversteuerelemente. Sie werden auch erfahren, wann Sie welche dieser Techniken einsetzen sollten. Sie werden in der Lage sein, sehr schnell eigene Steuerelemente zu erstellen, die entweder auf einem (oder mehreren) ASP.NET-Serversteuerelement aufbauen oder vollständig eigene Entwicklungen sind. Eines dieser Steuerelemente ist ein TextBox-Steuerelement, das ähnliche und teils sogar bessere Funktionen bietet als die TextBox-Steuerelemente in Visual Basic.

Kapitel 7: Implementieren der Menühandler, von Tom Eberhard

Es war noch nie einfach, intuitive Menüs und Navigationsstrukturen zu entwerfen. Nach der Vorstellung einiger Strategien für Menüs erstellen wir flexible Menü- und Navigationssteuerelemente, die vollständig datengebunden arbeiten können. Wenn Sie die Funktionsweise dieser Steuerelemente kennen, sind Sie in der Lage, sie ganz einfach zu benutzen und zu verändern. Sie werden auch ein Beispiel dafür kennen lernen, wie Sie mit Hilfe einer ähnlichen Technik datengebundene Menüstrukturen für Windows Forms-Anwendungen nutzen.

Kapitel 8: Implementieren der Geschäftsschicht, von John Alexander

Die Geschäftslogik ist der Kern jeder Anwendung. In diesem Kapitel lernen Sie, wie Sie Geschäftsregeln in Geschäftsobjekten kapseln, die bei einer mehrschichtigen Architektur die Geschäftsschicht bilden. Dieselben Geschäftsregeln können auch ASP.NET- oder Windows Forms-Anwendungen nutzen. Geschäftsobjekte sind gute Kandidaten für die Vererbungsfähigkeit der objektorientierten Programmierung. Aus diesem Grund gehen wir auf weitere Details der OOP und der Vererbungsfähigkeiten von Visual Basic .NET ein.

Kapitel 9: Implementieren der Fassadenschicht, von Ken Spencer

Fassadenschichten waren wichtig, um die Benutzeroberfläche von Komponenten der Geschäftslogik zu trennen. Der Bedarf für diese Trennung hat in .NET abgenommen. Es gibt aber immer noch gute Gründe, eine Fassadenschicht einzusetzen, zum Beispiel um die Sicherheit zu erhöhen.

Kapitel 10: Erstellen der Benutzeroberflächenvorlage, von Tom Eberhard

Eine der besten Methoden, die Konsistenz von Anwendungen zu erhöhen, ist der Einsatz von Benutzeroberflächenvorlagen. Nach einer Zusammenfassung der Entwurfsspezifikationen für die Beispielanwendung HRnet zeigen wir Ihnen, wie eine Webvorlage erstellt und eingesetzt wird. Sie erfahren, wie die Menühandler aus Kapitel 7 mit einer Webvorlage zusammenarbeiten. Sie lernen außerdem eine andere Möglichkeit kennen, Webvorlagen mit Hilfe einer benutzerdefinierten Webvorlage zu erstellen, die sich in die Standard-Webseitenklasse von ASP.NET einklinkt. Wie werfen einen genaueren Blick auf die Oberflächenvererbung von Windows Forms-Anwendungen und erstellen abgeleitete Vorlagen dafür.

Kapitel 11: Erstellen von Informationsseiten, von Tom Eberhard

Informationsseiten, besonders Seiten für die Dateneingabe, sind ein Basiselement für die Art von Anwendung, mit der wir uns hier beschäftigen. Nachdem wir uns etwas mit den generellen Strategien für die Benutzeroberfläche beschäftigt haben, entwickeln wir diverse Arten von Formularen, mit denen Daten angezeigt werden. Die beiden wichtigsten Beispiele, die wir dabei erstellen, ermöglichen den Datenzugriff auf Basis des Listen-/Detail-Ansatzes. Ein Beispiel zeigt das DataGrid und die Detailinformationen auf einem einzigen Formular, das andere DataGrid und Detailinformationen auf getrennten Formularen an. Sie lernen, wie Sie beide Beispiele sicher machen. Formulare, die das DataGrid und Detailinformationen umfassen, bieten automatisch verschiedene Zustände, zum Beispiel ausschließlich für das Ansehen der Daten, für das Ansehen und Editieren, das Hinzufügen, Speichern, Abbrechen und Löschen. Am Ende des Kapitels beschäftigen wir uns mit Skalierbarkeit und Leistung beim Einsatz von DataSets, die im Sitzungszustand ge-

Einführung

speichert werden. Sie erfahren außerdem, auf welche Weise Sie den Sitzungszustand und DataSets in lokalen XML-Dateien speichern können.

Kapitel 12: Implementieren der Geschäftsschicht: XML-Webdienste, von John Alexander

»XML-Webdienst« ist ein Modewort, das Sie momentan bei jeder Diskussion über das Web zu hören bekommen. In diesem Kapitel zeigen wir, wie Sie vorhandene XML-Webdienste nutzen und ihre Fähigkeiten durch die Geschäftsschicht der Beispielanwendung HRnet zur Verfügung stellen. Sie werden überrascht sein, wie einfach es ist, ein benutzerdefiniertes Websteuerelement zu erstellen, das die Informationen des XML-Webdienstes nutzt. Wir erstellen auch einen XML-Webdienst, der anhand der ID eines Angestellten die Lohnzusatzleistungen für diesen Angestellten liefert. Gegen Ende des Kapitels beschreiben wir ein komplexeres Beispiel. Außerdem lernen Sie, wie Sie SOAP-Header erstellen und auswerten und so die Geschäftsobjekte der Geschäftsschicht entwickeln.

Kapitel 13: Kommunikation mit .NET-Remoting, von Ken Spencer

Viele moderne Anwendungen setzen voraus, dass Anwendungen auf verschiedenen Computern miteinander kommunizieren können. Das ermöglicht .NET-Remoting. Wir stellen .NET-Remoting anhand relativ simpler Beispiele vor, die aus einem Remoting-Server und einem Client bestehen. Nach dieser Einführung wissen Sie, auf welche Weise Sie für die Geschäftsobjekte aus Kapitel 8 das Remoting verwirklichen können.

Kapitel 14: Zusammenstellen der Gesamtanwendung, von Tom Eberhard

Stehen alle Komponenten, Vorlagen, Sicherheitsfunktionen und Geschäftsobjekte bereit, können wir die Anwendung zusammensetzen. Sie werden überrascht sein, wie schnell das geht. Wir reden hier nicht von Rapid Application Development (RAD), mit dem es selten möglich ist, tatsächlich funktionierende Anwendungen zu erstellen. Es geht vielmehr um das schnelle Erstellen von Anwendungen, bei dem eine robuste Anwendung entsteht, die alle Fähigkeiten aufweist, die wir in diesem Buch vorstellen. Wir zeigen Ihnen jeden wichtigen Schritt beim Zusammenstellen der Anwendung HRnet. Neben der ASP.NET-Web Forms-Anwendung für HRnet stellen wir Ihnen auch ein Windows Forms-Beispiel vor.

Systemvoraussetzungen

Sie benötigen folgende Hard- und Software, um die Beispiele und die Demoanwendung HRnet zu kompilieren und auszuführen:

- Microsoft Visual Studio .NET.
- Microsoft Windows 2000 oder Microsoft Windows XP, installiert auf einem Computer, der die nötigen Voraussetzungen erfüllt, um Microsoft Visual Studio .NET auszuführen. Empfehlungen für die Hardwarekonfiguration für Visual Studio .NET finden Sie unter *http://msdn. microsoft.com/vstudio/productinfo/sysreq.asp*.
- Microsoft Internet-Informationsdienste (Internet Information Services, IIS) 5 oder neuer.
- Microsoft SQL Server 2000.

Die Begleit-CD

Zu diesem Buch gehört eine Begleit-CD. Sofern Sie auf Ihrem System den automatischen CD-Start aktiviert haben, erscheint kurz nach dem Einlegen der CD ins Laufwerk ein Startbildschirm mit Optionen zur Installation. Sollte der Start nicht automatisch erfolgen, können Sie ihn manuell durchführen, indem Sie im Hauptverzeichnis der CD das Programm StartCD ausführen.

Die Beispielprogramme finden Sie im Ordner *BuildOOP*. Sie können sich die Beispiele schon auf der CD anschauen oder sie mit Hilfe von StartCD auf der Festplatte installieren. In der Standardeinstellung werden die Dateien in den Ordner *C:\BuildOOP* kopiert. Bei der Installation haben Sie die Möglichkeit, einen anderen Zielordner auszuwählen.

HINWEIS Falls Sie keinen Zugriff auf die Beispieldateien erhalten, benutzen Sie vielleicht ein älteres CD-Laufwerk, das noch nicht mit langen Dateinamen umgehen kann. In diesem Fall installieren Sie die Beispieldateien mit dem Setup-Programm auf der Festplatte. Anschließend können Sie sich die installierten Dateien genauer ansehen.

Support

Es wurde alles daran gesetzt, den Inhalt von Buch und Begleit-CD so fehlerfrei wie möglich zu gestalten. Microsoft Press stellt unter der folgenden Internetadresse Korrekturen zu veröffentlichten Büchern zur Verfügung:

http://www.microsoft.com/germany/mspress/

Zusätzliche Informationen finden Sie auch in der Microsoft Press Knowledge Base, die unter folgender Adresse zur Verfügung steht:

http://www.microsoft.com/germany/mspress/support/

Sollten Sie Anmerkungen, Fragen oder Ideen zu diesem Buch oder der Begleit-CD haben, senden Sie diese bitte an eine der folgenden Adressen von Microsoft Press:

Postanschrift:

Microsoft Press
Betrifft: *Komponenten mit Visual Basic .NET programmieren*
Konrad-Zuse-Straße 1
85716 Unterschleißheim

E-Mail:

presscd@microsoft.com

Beachten Sie bitte, dass unter den oben angegebenen Adressen kein Produktsupport geleistet wird. Supportinformationen zu Visual Basic .NET, Visual Studio .NET oder dem .NET Framework finden Sie auf der Microsoft-Produktsupportsite unter:

http://www.microsoft.com/germany/support/

1 Einführung in die objektorientierte Entwicklung

2	Das .NET Framework
5	Unterstützung für Komponenten in Visual Studio .NET
6	Änderungen an der Programmiersprache Visual Basic .NET
11	Komponenten, Klassen und Objekte
24	.NET-Anwendungen weitergeben
26	Zusammenfassung

Willkommen in der Welt der objektorientierten Programmierung mit Microsoft Visual Basic .NET und dem Microsoft .NET Framework. Visual Basic .NET und das .NET Framework bündeln ihre Kräfte, um Entwicklern eine leistungsfähige Sammlung von Werkzeugen zur Verfügung zu stellen. Falls Sie bisher mit Visual Basic 6 oder Microsoft Active Server Pages (ASP) entwickelt haben, sollten Sie sich nicht von Visual Basic .NET und dem .NET Framework abschrecken lassen. Sie verfügen bereits über wichtige Fähigkeiten, die Ihnen beim Wechsel in die Welt des .NET Frameworks gute Dienste leisten. Falls Sie Visual Basic oder ASP und Microsoft Visual Basic Scripting Edition (VBScript) kennen, haben Sie bereits einen großen Teil des Wegs hinter sich, der Sie zum Entwickler leistungsfähiger objektorientierter Lösungen machen wird. Wir wollen Ihnen in diesem Buch zeigen, wie Sie Ihre Kenntnisse einsetzen und erweitern.

In diesem ersten Kapitel beschäftigen wir uns mit den Kernfähigkeiten von Visual Basic .NET, die das Entwickeln von komponentenbasierten, oder objektorientierten, Anwendungen betreffen. Komponentenbasierte Programmierung bedeutet im Wesentlichen, Ihren Code in Assemblies unterzubringen (das, was früher COM-Komponenten oder ActiveX-Komponenten hieß). Auf diese Weise kann der Code wieder verwendet werden. Objektorientierte Programmierung (OOP) ähnelt der komponentenorientierten Programmierung, bietet aber zusätzlich die Möglichkeit, Objekthierarchien und Frameworks zu erstellen. Dies wird in erster Linie durch eine Fähigkeit namens *Vererbung* möglich, mit der wir uns weiter unten in diesem Kapitel beschäftigen. Mit Hilfe der OOP können Sie alle Möglichkeiten nutzen, die Ihnen bei der komponentenorientierten Entwicklung offen stehen, und einige mehr. Außerdem werden Sie feststellen, dass die OOP es einfacher macht, Code zu entwickeln und zu pflegen.

Dieses Kapitel dient als Einstieg in den Rest des Buchs. Wir behandeln hier keine Themen im Detail, die nicht unmittelbar mit der Objektentwicklung zu tun haben. Zum Beispiel tauchen wir nicht in die Entwicklung von Windows Forms ab, auch wenn sie eine leistungsfähige Möglichkeit darstellen, Anwendungen zu erstellen. Stattdessen konzentrieren wir uns auf Themen, die mit OOP in Zusammenhang stehen, zum Beispiel Klassen, Vererbung oder die Unterschiede zwischen den Programmiersprachen Visual Basic 6 und Visual Basic .NET, die sich direkt auf Komponenten auswirken.

Einen letzten Punkt würden wir gern noch erwähnen, bevor wir fortfahren. Dies ist kein Theoriebuch. Es beschäftigt sich damit, was Sie tatsächlich tun können. Wir verwenden einen Ansatz, den Sie für Ihren eigenen Entwicklungsprozess einsetzen können, um zuverlässige Komponenten zu erstellen, die sich einfach wieder verwenden lassen. Zum Beispiel demonstriert Kapitel 4 eine nützliche Datenbankkomponente für Anwendungen. Diese Komponente wird seit einiger Zeit in mehreren professionellen Anwendungen eingesetzt. Bei Infolink Screening Services ist die Komponente Teil einer Webanwendung, die zu dem Zeitpunkt, an dem wir dies schreiben, über 3500 Stunden ununterbrochen gelaufen ist. Anders ausgedrückt: Server und Anwendung liefen die ganze Zeit, wobei die Zahl der Benutzer ständig anstieg.

Unter komponentenorientierter Entwicklung verstehen wir in diesem Buch die Entwicklung einer Anwendung, die aus Gruppen von Komponenten zusammengesetzt ist. Die komponentenorientierte Entwicklung ähnelt somit dem Verfahren, in dem elektronische Geräte oder Alltagsgegenstände hergestellt werden. Wenn Sie zum Beispiel ein modernes Radio aufschrauben, stellen Sie fest, dass eine kleine Gruppe elektronischer Komponenten den Funktionsumfang des Radios zur Verfügung stellen. Aus diesen Komponenten können viele ganz unterschiedliche Radios hergestellt werden. Dazu genügt es, die Komponenten anders anzuschließen, einzelne Komponenten hinzuzufügen und wegzulassen oder andere Funktionen hinzuzufügen, die nicht auf Komponenten basieren.

Ihre Anwendungen können ganz einfach eine ähnliche komponentenorientierte Architektur nutzen. Das .NET Framework und Visual Basic .NET stellen umfassende OOP-Funktionen zur Verfügung, mit denen Sie Anwendungen aus einem Framework aufbauen können, genauso, wie ein Radio aus einem Framework von Komponenten aufgebaut ist. Wenn Sie Anwendungen auf einem Framework aufbauen, können Sie schneller und fehlerfreier programmieren als mit früheren Versionen von Visual Basic, Sprachen ohne OOP- Unterstützung oder OOP-Sprachen, die schwieriger zu erlernen und einzusetzen sind als Visual Basic. Sie können diese Anwendungen auch einfacher pflegen, weil sie auf einer robusten Komponentenarchitektur basieren. In Kapitel 2 stellen wir Konzepte vor, die beim Entwerfen von Anwendungen, die Komponenten nutzen, zum Einsatz kommen.

Das .NET Framework

Das .NET Framework stellt eine umfangreiche Architektur für die Anwendungsentwicklung zur Verfügung. In erster Linie bietet die Common Language Runtime (CLR) die einheitliche Laufzeitumgebung für alle .NET-Anwendungen. Wenn Sie eine Visual Basic .NET-Anwendung erstellen, kompilieren Sie diese Anwendung entweder mit Visual Studio .NET oder mit dem Visual Basic-Befehlszeilencompiler (*vbc.exe*). Dieser Kompilierungsvorgang erzeugt eine Assembly, die MSIL-Code (Microsoft Intermediate Language) und einige zusätzliche Informationen enthält. Die CLR ist dafür verantwortlich, den MSIL-Code einer Anwendung in nativen Code für den Prozessor des Systems zu kompilieren, auf dem der Code ausgeführt wird. Die CLR überwacht außerdem die Zugriffssicherheit und ist für etliche andere laufzeitspezifische Aufgaben zuständig.

Die CLR stellt sämtlichen .NET-Anwendungen eine einheitliche Laufzeitumgebung zur Verfügung. Sie können jetzt ganz einfach einen Teil Ihrer Anwendung mit Visual Basic .NET schreiben und einen anderen Teil mit C#, die Teile werden nahtlos zusammenarbeiten. Zum Beispiel führte Microsoft während der .NET Developer Training Tour eine Anwendung vor, die eine mit

Visual Basic .NET geschriebene Klasse enthielt. Von dieser Visual Basic .NET-Klasse war eine andere Klasse abgeleitet, die in Fujitsu COBOL geschrieben war. Der Hauptteil der Anwendung schließlich, der diese beiden Klassen benutzt, war in C# programmiert. Diese einfache Anwendung demonstriert die Leistungsfähigkeit der CLR und des .NET Frameworks.

Assemblies sind die Grundlage einer .NET-Anwendung. Wenn Sie eine Visual Basic .NET-Anwendung kompilieren, wird sie in MSIL-Code übersetzt. Der MSIL-Code wird zusammen mit anderen Informationen in einer Assembly untergebracht. Eine Assemblydatei hat normalerweise die Dateierweiterung *.dll* oder *.exe*, genau wie eine herkömmliche Anwendung.

Bei einer .NET-Anwendung benutzen Sie keine Typbibliothek mehr, weil die Informationen, die sonst in einer Typbibliothek abgelegt waren, nun Teil der Assembly sind. Wenn die CLR eine Assembly ausführt, kann sie praktisch alle Informationen, die zum Starten der Assembly benötigt werden, aus der Assembly selbst und aus ergänzenden Dateien (zum Beispiel einer *.config*-Datei) auslesen.

Das .NET Framework bildet auch insofern die Grundlage für Anwendungen, als es nicht nur die Laufzeitumgebung zur Verfügung stellt, sondern auch eine reichhaltige Sammlung von Klassen (mehrere tausend). Viele Fähigkeiten, die wir in unseren Anwendungen nutzen, werden direkt von den .NET Framework-Klassen zur Verfügung gestellt. Sie können diese Klassen in Ihren eigenen Anwendungen einsetzen, in manchen Fällen werden Sie vielleicht Klassen implizit nutzen, um bestimmte Fähigkeiten in Ihre Anwendung zu integrieren. Wenn Sie zum Beispiel eine ASP.NET-Anwendung erstellen, baut diese Anwendung auf den .NET Framework-Klassen auf. Wenn Sie eine Web Forms-Anwendung entwickeln, erbt sie ihre Grundfunktionen von System.Web.UI.Page, wie in der zweiten Zeile des folgenden Codeausschnitts zu sehen:

```
Public Class WebForm1
    Inherits System.Web.UI.Page
#Region " Vom Web Form Designer generierter Code "
' Dieser Aufruf ist für den Web Form-Designer erforderlich.
<System.Diagnostics.DebuggerStepThrough()> _
Private Sub InitializeComponent()

End Sub

Private Sub Page_Init(ByVal sender As System.Object, _
    ByVal e As System.EventArgs) Handles MyBase.Init
        ' CODEGEN: Diese Methode ist für den Web Form-Designer erforderlich
        ' Verwenden Sie nicht den Code-Editor zur Bearbeitung.
        InitializeComponent()
End Sub

#End Region

Private Sub Page_Load(ByVal sender As System.Object, _
    ByVal e As System.EventArgs) Handles MyBase.Load
        ' Hier Benutzercode zur Seiteninitialisierung einfügen
End Sub
End Class
```

Wie Sie sehen, stellt das .NET Framework die Funktionalität für die Web Forms-Seite in System.Web.UI.Page bereit. Die Web Forms-Seite bezieht ihre Fähigkeiten direkt aus dem .NET Framework, weil sie von einer dessen Basisklassen abgeleitet ist, in diesem Fall von der Klasse System.Web.UI.Page.

```
Inherits System.Web.UI.Page
```

Sie finden dasselbe Schema, etwa Vererbung und Designerabschnitte, in praktisch jedem Anwendungstyp, der auf dem .NET Framework aufbaut. Zum Beispiel ist auch eine Windows Forms-Anwendung von einer Klasse im .NET Framework abgeleitet, genauso wie ein XML-Webdienst. Aus dem kurzen Web Forms-Beispiel sollte Ihnen klar sein, dass Web Forms aus Klassen aufgebaut sind. Das gilt generell: Alles, was Sie in Visual Basic .NET entwickeln, basiert in der einen oder anderen Weise auf Klassen.

Attribute sind ein neues Element, das Ihnen hilft, Klassen mit bestimmten Fähigkeiten zu versehen oder Informationen über eine Klasse oder Methode direkt in der Klasse bereitzustellen. Zum Beispiel enthält die Datei *AssemblyInfo.vb*, die für jedes Visual Basic .NET-Projekt generiert wird, Informationen über die Assembly in Form von Attributen. Eine Standardversion von *AssemblyInfo.vb* hat folgenden Inhalt:

```
Imports System.Reflection
Imports System.Runtime.InteropServices

' Allgemeine Informationen über eine Assembly werden über die folgende
' Attributgruppe gesteuert. Ändern Sie diese Attributwerte, um die Informationen
' zu ändern, die mit einer Assembly verknüpft sind.

' Die Werte der Assemblyattribute überprüfen
<Assembly: AssemblyTitle("")>
<Assembly: AssemblyDescription("")>
<Assembly: AssemblyCompany("")>
<Assembly: AssemblyProduct("")>
<Assembly: AssemblyCopyright("")>
<Assembly: AssemblyTrademark("")>
<Assembly: CLSCompliant(True)>

' Die folgende GUID ist für die ID der Typbibliothek, wenn dieses Projekt in COM angezeigt wird
<Assembly: Guid("7F9C4BDB-257E-4FCB-8FD5-6B4211A598E5")>

' Versionsinformationen für eine Assembly bestehen aus den folgenden vier Werten:
'
'       Hauptversion
'       Nebenversion
'       Buildnummer
'       Revisionsnummer
'
' Sie können alle Werte angeben oder auf die standardmäßigen Build- und Revisionsnummern
' zurückgreifen, indem Sie '*' wie unten angezeigt verwenden:

<Assembly: AssemblyVersion("1.0.*")>
```

Sie können die Attribute verändern, indem Sie die Datei in Visual Studio .NET oder einem beliebigen anderen Editor bearbeiten und abspeichern. Nachdem Sie die Assembly neu kompiliert haben, enthält sie die Werte dieser Attribute. Zum Beispiel können Sie der Assembly einen Namen geben, indem Sie die Datei *AssemblyInfo.vb* öffnen und das Tag `AssemblyTitle` verändern. Für unterschiedliche Anwendungstypen gibt es viele verschiedene Attributtypen, zum Beispiel für XML-Webdienste oder COM+.

Andere Fähigkeiten, die früher in eine bestimmte Sprache integriert waren, zum Beispiel in Visual Basic, sind nun Teil des .NET Frameworks und stehen jeder Sprache zur Verfügung, die das .NET Framework unterstützt. Zum Beispiel können Sie unter Microsoft Windows 2000 Multithread-Anwendungen entwickeln. C++ implementiert eine umfangreiche Unterstützung für Multithreading, Visual Basic 6 aber nicht. Daher fällt es C++-Entwicklern viel leichter, Multithread-Anwendungen zu schreiben als Visual Basic 6-Entwicklern. Es ist zwar möglich, in Visual Basic 6 eine Multithread-Anwendung zu programmieren, aber es ist eine Menge Arbeit damit verbunden. Dank der Unterstützung des .NET Frameworks können Sie nun Multithread-Anwendungen in jeder beliebigen Sprache schreiben. Somit sind alle Programmiersprachen, die vom .NET Framework unterstützt werden, vollwertige Werkzeuge, die praktisch alle dieselben Aufgaben erfüllen können und praktisch dieselbe Leistung bieten.

Unterstützung für Komponenten in Visual Studio .NET

Visual Studio .NET kommt ins Spiel, wenn Sie komponentenorientierte oder objektorientierte Lösungen erstellen. Visual Studio .NET stellt eine Reihe von Funktionen zur Verfügung, die Komponentenentwicklern helfen, die Entwicklungs- und Testphase von Anwendungen zu verkürzen.

Eine der nützlichsten Funktionen ist die grafische Unterstützung für das Arbeiten mit Komponenten und Anwendungen. Diese RAD-Fähigkeit (Rapid Application Development) macht es einfacher, Komponenten zu erstellen und um leistungsfähige Funktionen zu erweitern. Zum Beispiel können Sie mit den neuen Designern und der Toolbox ganz schnell eine Komponente erstellen und neue Funktionen hinzufügen. Diese Fähigkeiten machen Visual Studio .NET zu einem leistungsfähigen Werkzeug für Entwickler. Zum Beispiel ist es mit der Benutzeroberfläche für den Komponentenentwurf möglich, Elemente aus der Toolbox auf die Oberfläche des Designers zu ziehen; Visual Studio .NET sorgt automatisch dafür, dass alles funktioniert.

Abbildung 1.1 zeigt die Benutzeroberfläche von Visual Studio .NET, in der die Beispielanwendung dieses Buchs – HRnet – geöffnet ist.

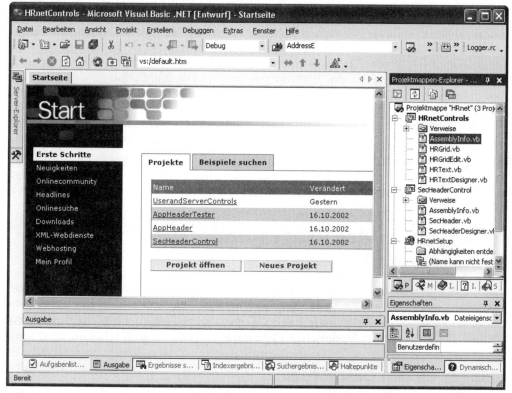

Abbildung 1.1: *Die Benutzeroberfläche von Visual Studio .NET mit der Projektmappe* HRnet

Machen wir einen kurzen Rundgang durch einige der wichtigsten Funktionen von Visual Studio .NET. In Abbildung 1.1 ist die Startseite als aktuelle Seite geladen. Diese Einführung bezieht sich auf die Fenster- und Menükonfiguration, die Sie in Abbildung 1.1 sehen. Visual Studio

.NET ist sehr flexibel konfigurierbar, Sie können die Fenster nach Belieben neu anordnen. Auf der Startseite finden Sie eine enorme Menge an Möglichkeiten, zum Beispiel können Sie zuletzt geöffnete Projekte laden, Projekte neu anlegen oder vorhandene öffnen, Entwicklersites im Internet besuchen, Visual Studio .NET konfigurieren und vieles mehr.

Die Symbolleisten und Menüs am oberen Rand sind selbsterklärend. Die Register unmittelbar darunter stellen die einfachste Möglichkeit dar, auf bereits geöffnete Dateien zuzugreifen: Klicken Sie einfach das Register der gewünschten Datei an. Der *Projektmappen-Explorer* befindet sich in der Standardeinstellung am rechten Rand, er zeigt die Dateien an, die Teil Ihres aktuellen Projekts sind. Das *Klassenansicht*-Fenster können Sie nach vorne holen, indem Sie das gleichnamige Register unterhalb des Projektmappen-Explorers anklicken. Die Klassenansicht zeigt eine hierarchisch strukturierte Ansicht der Klassen in Ihrem Projekt. Sie können sich in der Klassenansicht bis zu den einzelnen Membern einer Klasse vorarbeiten. Falls Sie ein bestimmtes Fenster nicht finden, können Sie es in den meisten Fällen im Menü *Ansicht* mit einer Tastenkombination oder mit einer Symbolleistenschaltfläche öffnen.

Beachten Sie das Symbol ganz links, unmittelbar neben dem Register *Startseite*. Verborgene Fenster werden auf diese Weise am Rand platziert, so dass nur ihr Symbol zu sehen ist. In Abbildung 1.1 handelt es sich um das Fenster *Server-Explorer*. Sie können praktisch jedes andockbare Fenster in Visual Studio .NET anzeigen oder verbergen, indem Sie die Schaltfläche *Automatisch im Hintergrund* in der Symbolleiste des Fensters anklicken (sie stellt einen Pin dar). Diese Schaltfläche macht das Fenster abwechselnd sichtbar und unsichtbar. Sie können ein verborgenes Fenster sichtbar machen, indem Sie einfach den Mauszeiger über das Symbol setzen, das Fenster wird daraufhin aufgeklappt. Wir ordnen verborgene Fenster normalerweise am rechten Rand an, damit sie uns nicht beim Arbeiten mit Elementen im Editor behindern.

Der neue Server-Explorer zeigt die Server in Ihrem Netzwerk, auf die Sie bei der Arbeit mit Ihren Anwendungen zugreifen können. Der Server-Explorer erleichtert den Zugriff auf Dinge wie Leistungsindikatoren oder WMI-Klassen (Windows Management Instrumentation). Sie können diese Elemente nicht nur im Server-Explorer ansehen, während Sie Ihre Anwendung entwickeln, Sie können auch damit arbeiten und sie sogar mit diversen Tools zu Ihrer Anwendung hinzufügen.

HINWEIS Sie werden in diesem Kapitel und in den übrigen Kapiteln dieses Buchs noch viel mehr über Visual Studio .NET lernen, während wir damit die Komponenten für unsere Beispielanwendung HRnet erstellen, testen und implementieren.

Änderungen an der Programmiersprache Visual Basic .NET

Visual Basic .NET führt eine Reihe von Änderungen an der Sprache ein. Sie müssen diese Änderungen verstehen, sonst können Sie nicht wissen, auf welche Weise sie sich auf Ihre komponentenorientierten Anwendungen auswirken. In diesem Abschnitt stellen wir einige der Änderungen in Visual Basic .NET vor, die die Komponentenentwicklung betreffen.

Änderungen an den Datentypen

Die Datentypen in Visual Basic .NET werden auf die zugrunde liegenden Datentypen des .NET Frameworks abgebildet. Die Datentypen des .NET Frameworks werden durch das Common Type System (CTS) definiert. Das CTS legt die Datentypen fest, damit sie über die Grenzen der Programmiersprachen hinweg einheitlich sind und auf identische Art verarbeitet werden können. Weil das CTS die Typen definiert, kann das .NET Framework Methoden implementieren, die diverse Typen verarbeiten. Zum Beispiel stellt die Klasse System.String Methoden für die Stringverarbeitung bereit und bietet so allen Programmiersprachen, die das .NET Framework unterstützt, eine einheitliche Möglichkeit, mit Strings umzugehen. Die CLR ist für die Implementierung des CTS zuständig, sie kann Datentypen zur Laufzeit überprüfen. So können alle .NET-Anwendungen zusammenarbeiten, sofern sie in einer Sprache geschrieben wurden, die ihre Datentypen entsprechend dem CTS implementiert – oder zumindest Anwendungen, die nur unter Verwendung von CTS-kompatiblen Datentypen geschrieben wurden.

Tabelle 1.1 enthält die Zusammenfassung der Datentypen aus der Dokumentation des Microsoft Developer Network (MSDN). Diese Tabelle zeigt drei wichtige Punkte. Erstens, auf welche Weise ein Datentyp auf einen CLR-Typ abgebildet wird. Zum Beispiel können Sie sehen, dass der Datentyp Boolean auf den Typ System.Boolean abgebildet wird. Zweitens sehen Sie, welche Veränderungen es gegenüber Visual Basic 6 gibt. Zum Beispiel hat Visual Basic 6 einen Datentyp namens Currency. Visual Basic .NET verwendet stattdessen den Datentyp Decimal. Drittens zeigt die Tabelle für jeden Datentyp dessen Wertebereich und Größe. Das ist nützlich, wenn Sie wissen wollen, wie Visual Basic 6-Datentypen, zum Beispiel Integer, auf die CLR-Typen abgebildet werden.

Visual Basic-Typ	CLR-Typ	Speichergröße	Beschreibung
Boolean	System.Boolean	2 Bytes	True oder False
Byte	System.Byte	1 Byte	0 bis 255 (ohne Vorzeichen)
Char	System.Char	2 Bytes	0 bis 65535 (ohne Vorzeichen)
Date	System.DateTime	8 Bytes	1. Januar 0001 bis 31. Dezember 9999
Decimal	System.Decimal	16 Bytes	0 bis +/−79.228.162.514.264.337.593.543.950.335 ohne Nachkommastellen; 0 bis +/−7,9228162514264337593543950335 mit 28 Nachkommastellen
Double (Gleitkommazahl mit doppelter Genauigkeit)	System.Double	8 Bytes	−1,79769313486231E+308 bis −4,94065645841247E−324 bei negativen Zahlen; 4,94065645841247E−324 bis 1,79769313486231E+308 bei positiven Zahlen
Integer	System.Int32	4 Bytes	−2.147.483.648 bis 2.147.483.647
Long (Long Integer)	System.Int64	8 Bytes	−9.223.372.036.854.775.808 bis 9.223.372.036.854.775.807
Object	System.Object (Klasse)	4 Bytes	Jeder beliebige Typ kann in einer Variablen des Typs Object gespeichert werden.
Short	System.Int16	2 Bytes	−32.768 bis 32.767
Single (Gleitkommazahl mit einfacher Genauigkeit)	System.Single	4 Bytes	−3,402823E+38 bis −1,401298E−45 bei negativen Zahlen; 1,401298E−45 bis 3,402823E+38 bei positiven Zahlen
String (variable Länge)	System.String (Klasse)	Abhängig von der Plattform	0 bis ca. 2 Milliarden Unicode-Zeichen
Benutzerdefinierter Typ (Struktur)	(abgeleitet von System.ValueType)	Summe der Größen aller Member	Der Wertebereich aller Member in der Struktur ist durch den Datentyp des jeweiligen Members festgelegt. Der Wertebereich eines Members ist völlig unabhängig von den Wertebereichen aller anderen Member.

Tabelle 1.1: Zusammenfassung der Datentypen

Das CTS stellt zwei grundlegende Kategorien von Datentypen bereit. Eine Variable, die als *Werttyp* (value type) definiert ist, speichert den tatsächlichen Wert. Eine Variable, die ein *Verweistyp* (reference type) ist, enthält einen Verweis auf die Stelle, an der ein Objekt abgelegt ist, das den tatsächlichen Wert speichert. Falls Ihre Anwendung mit Integern arbeitet und sie mit den normalen Visual Basic-Typmethoden verarbeitet (zum Beispiel Addition), arbeiten Sie mit einem Werttyp. Wenn Sie auf eine Variable über ihre Methoden zugreifen, wird die Variable geschachtelt (boxed) und in ein Objekt umgewandelt. Das *Schachteln* (boxing) ist die Umwandlung eines Werttyps in einen Verweistyp. Es verbraucht Ressourcen und ist daher langsamer als das direkte Arbeiten mit einem Werttyp.

Arrays

In Visual Basic .NET gibt es mehrere wichtige Änderungen, was die Arbeit mit Arrays betrifft. Erstens haben alle Arrays den Startindex 0, das lässt sich auch nicht ändern. Zweitens ist die Zahl, die Sie beim Anlegen eines Arrays angeben, die Anzahl der Elemente in diesem Array. Und schließlich hat die Anweisung ReDim eine andere Bedeutung als in Visual Basic 6: Sie müssen nun zuerst ein Array definieren und können danach mit ReDim die oberen Grenzen verändern. Sie dürfen ReDim nur in einem Prozedurblock verwenden. Es ist auch nicht möglich, ein Array anzulegen, das festgelegte Grenzen hat, weil jedes Array mit der Anweisung ReDim verändert werden kann. Die beiden ersten Änderungen werden schnell an einem Beispiel deutlich:

```
Dim CustomerList(30) As String
```

Diese Anweisung erstellt ein Array mit 30 Elementen, die Elemente haben Indizes von 0 bis 29. Um auf das letzte Element zuzugreifen, schreiben Sie:

```
X = CustomerList(29)
```

Wie viele andere Änderungen sorgen auch die Anpassungen bei den Arrays dafür, dass Visual Basic .NET zu anderen Sprachen kompatibel wird, die das .NET Framework unterstützt. Diese Kompatibilität ist insbesondere wichtig, wenn Sie die Methode einer Komponente aufrufen, die in einer anderen Sprache geschrieben ist. Interessant ist außerdem, dass Arrays von der Klasse System.Array abgeleitet und daher sehr leistungsfähig sind. Zum Beispiel können Sie ein eindimensionales Array sortieren, indem Sie die Methode Sort der Klasse System.Array aufrufen.

Stringverarbeitung

Der Umgang mit Strings war schon immer interessant, in jeder Programmiersprache. Stringverarbeitung wurde von jeder Sprache implementiert, und manche Sprachen waren dabei effizienter als andere. Dies ist ein weiteres Gebiet, auf dem es in Visual Basic .NET Änderungen gibt, weil nun das .NET Framework die Datentypen und die Stringverarbeitung für diese Datentypen bereitstellt.

Erstens gilt es festzustellen, dass Sie Strings genau so erstellen und bearbeiten können, wie Sie das schon immer in Visual Basic gewohnt waren. Zum Beispiel können Sie folgendermaßen eine Variable anlegen, die einen String speichert:

```
Dim sCustomer As String
Dim sAddress As String
```

Dann weisen Sie der Variablen einen Wert zu:

```
sCustomer = "My Customer"
sAddress = "2000 First Street, Anytown"
```

Und so verknüpfen Sie Strings miteinander:
```
Dim sFullAddress As String
sFullAddress = sCustomer & " " & sAddress
```
Es gibt für die Arbeit mit Strings eine Menge neuer Kniffe. Zum Beispiel können Sie Strings auch mit der folgenden neuen Syntax aneinander hängen:
```
sFullAddress &= " " & sAddress
```
Mit dieser Syntax wird der Code etwas kürzer, somit brauchen Sie weniger zu tippen und der Code wirkt luftiger.

Sie können auch direkt die Klasse System.String aus dem .NET Framework benutzen, um mit Strings zu arbeiten. Diese Klasse hat eine Vielzahl von Methoden für unterschiedlichste Aufgaben. Tabelle 1.2 führt einige dieser Methoden mit einer kurzen Beschreibung auf.

Methode	Beschreibung
Format	Formatiert den String und gibt das Ergebnis zurück.
Concat	Verknüpft zwei Strings miteinander und gibt den Ergebnisstring zurück.
Join	Erzeugt einen String, der aus einem Array von Strings zusammengesetzt wird.
Insert	Fügt in einen vorhandenen String einen neuen String ein und gibt den Ergebnisstring zurück.
CopyTo	Kopiert Zeichen aus einem String an eine bestimmte Position in einem Array aus Zeichen.

Tabelle 1.2: Ausgewählte Methoden der Klasse System.String

Wie benutzen Sie diese Methoden? Sehen wir uns ein Beispiel an, bei dem die Strings mit der Methode Concat verknüpft werden:
```
sFullAddress = String.Concat(sFullAddress, " "c, sAddress)
```
Beachten Sie, dass Sie in Visual Basic .NET mehrere Möglichkeiten haben, mit Strings zu arbeiten. Sie können es wie in Visual Basic 6 machen oder die neuen Fähigkeiten von Visual Basic .NET und dem .NET Framework nutzen.

Es gibt natürlich neue Fähigkeiten, die Sie auf jeden Fall nutzen werden wollen. Zum Beispiel enthält Tabelle 1.2 die Methode Format. Sie erweist sich bei Geschäftsobjekten, die mit verschiedenen Datentypen umgehen, als äußerst nützlich. Sie können mit Format Strings formatieren. Ein Beispiel: Sie können mit den folgenden Anweisungen eine Zahl als Dezimalzahl formatieren:
```
Dim dMyNo As Decimal
dMyNo = CDec(txtInput.Text)
txtOutput.Text = Format(dMyNo, "##,##0.00")
```
Sie können dasselbe auch erreichen, indem Sie die Methode String.Format aufrufen.

TIPP Achten Sie darauf, wie .NET unterschiedliche Typen behandelt. Wenn Sie zum Beispiel der Methode Format einen String übergeben und versuchen, ihn als Zahl zu formatieren, gibt Format den Formatstring zurück, nicht eine formatierte Zahl. Hätten Sie das letzte Beispiel also mit einem String aufgerufen, hätte Format "##,##0.00" zurückgegeben. Aus diesem Grund wird der Eingabetext zuerst in eine Dezimalzahl konvertiert und erst dann formatiert.

Die Methode String.Format unterscheidet sich auch dadurch, wie sie die Formatierung durchführt. Wenn Sie zum Beispiel die Zahl aus dem letzten Beispiel formatieren, aber zusätzlich den Ergebnisstring in einen anderen String einbetten wollen, können Sie das mit den folgenden Anweisungen erledigen:
```
Dim dMyNo As Decimal
dMyNo = CDec(txtInput.Text)
txtOutput.Text = String.Format("Summe beträgt {0:C}.", dMyNo)
```

Einführung in die objektorientierte Entwicklung

In diesem Beispiel fügt die Methode Format das übergebene Objekt (dMyNo) an der Stelle in den String ein, an der sie den ersten Platzhalter ({0}) findet. Das an den Platzhalter angehängte :C sorgt dafür, dass die Zahl als Währung formatiert wird.

An diesen beiden kurzen Beispielen können Sie sehen, dass es in der Welt des .NET Frameworks einfach ist, Strings und andere Werte zu formatieren. Gleichzeitig sind die Fähigkeiten aber auch sehr umfangreich.

Die Klasse StringBuilder stellt ebenfalls eine praktische Sammlung von Methoden für die Stringverarbeitung zur Verfügung. Mit dieser Klasse können Sie neue Stringobjekte anlegen und ihren Inhalt verändern. Die Klasse StringBuilder ist insbesondere nützlich, wenn Sie eine Hochleistungsanwendung entwickeln, die viel Stringverarbeitung betreibt. In einem solchen Fall können Sie durch Einsatz von StringBuilder den Aufwand für die Stringverwaltung erheblich verringern. Tabelle 1.3 zeigt einige ausgewählte Stringbearbeitungsmethoden der Klasse StringBuilder.

Methode	Beschreibung
Append	Hängt einen neuen String an das aktuelle Objekt an.
AppendFormat	Hängt einen neuen String an das aktuelle Objekt an, wobei sie den String bei Bedarf formatiert.
Insert	Fügt einen String oder ein Objekt an einer bestimmten Stelle in den String des aktuellen Objekts ein.
Remove	Entfernt eine bestimmte Anzahl Zeichen aus dem String des aktuellen Objekts.
Replace	Ersetzt Zeichen im String des aktuellen Objekts

Tabelle 1.3: Ausgewählte Stringbearbeitungsmethoden der Klasse StringBuilder

Strukturierte Ausnahmebehandlung

Fehlerbehandlung ist ein wichtiges Element jeder Anwendung. Visual Basic .NET unterstützt neben der strukturierten Ausnahmebehandlung auch die herkömmliche Fehlerbehandlung aus früheren Visual Basic-Tagen. Strukturierte Ausnahmebehandlung bedeutet im Wesentlichen, dass Sie Ihren Code in Blockform anordnen und darin auftretende Ausnahmen abfangen. Auf diese Weise können Sie Ihren Code so strukturieren, dass er Fehler abfängt, die Ausnahmen auslösen. Die grundlegende Struktur für diese Art der Fehlerbehandlung sieht folgendermaßen aus:

```
Try
    txtOutput.Text = CStr(oMath.Add(CInt(txt01.Text), _
        CInt(txt02.Text), _
        CInt(txt03.Text), _
        CInt(txt04.Text), _
        CInt(txt05.Text)))
Catch
    MessageBox.Show("Beim Aufruf von Add trat ein Fehler auf ", "Fehler in Add")
Finally
    oMath = Nothing
End Try
```

Solange kein Laufzeitfehler auftritt, wird der Try-Block ausgeführt, nicht der Catch-Block. Falls bei der Ausführung des Try-Blocks ein Fehler auftritt, wird der Catch-Block ausgeführt. Der Code im Finally-Block wird immer ausgeführt.

Dieses Funktionsprinzip ist sehr leistungsfähig, weil es Ihnen ermöglicht, Ihren Code zu strukturieren und in die Fehlerbehandlung einzubetten. Der Code ist daher einfach zu lesen und nachzuverfolgen, und Sie können bestimmte Ausnahmen abfangen, indem Sie Ausnahmefilter in die Catch-Anweisung einarbeiten.

Wie Sie an diesem einfachen Beispiel sehen, ist die strukturierte Ausnahmebehandlung nicht nur leistungsfähig, sie kann auch die Verständlichkeit Ihres Codes erhöhen und die Codemenge verringern, die Sie programmieren müssen. Kapitel 3 beschäftigt sich genauer mit der Ausnahmebehandlung. Dort erfahren Sie auch, wie Sie Ihre eigenen Ausnahmen entwickeln.

Komponenten, Klassen und Objekte

Sehen wir uns nun Komponenten und Klassen genauer an. In den alten Tagen von Visual Basic 4 bis Visual Basic 6 betrachteten wir Komponenten und Klassen fast nie getrennt. Wenn Sie in diesen älteren Visual Basic-Versionen zum Beispiel eine ActiveX-DLL entwickelten, erstellten Sie eigentlich eine Komponente, die aus einer oder mehreren Klassen bestand. Die Klassen waren die Codeimplementierung, während die Komponenten die Container für die Klassen bildeten. Beim Kompilieren der Komponente gab Visual Basic ihr entweder die Dateierweiterung *.dll* oder *.exe*.

Wie bereits erwähnt, erstellen Sie in Visual Basic .NET Projekte, die zu Assemblies kompiliert werden. Assemblies sind jetzt die *.dll*- oder *.exe*-Implementierung des Projekts, sie enthalten den MSIL-Code, den die CLR letztendlich verarbeitet. Wenn Sie das Projekt erstellen, legen Sie Klassen oder Klassen, die als Komponenten bezeichnet werden, in Ihr Projekt. Da haben wir es also: Es gibt jetzt zwei Arten von Klassen.

Komponenten und Klassen

Am einfachsten können Sie eine Klasse erstellen, indem Sie Visual Studio .NET benutzen. Wenn Sie eine Klasse oder ein Element hinzufügen, öffnet sich der Dialog *Neues Element hinzufügen*, den Sie in Abbildung 1.2 sehen.

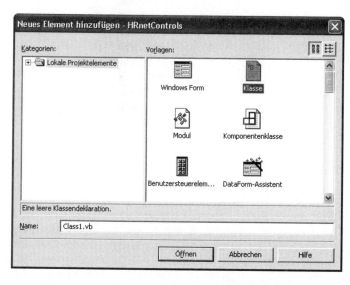

Abbildung 1.2: *Im Dialogfeld* Neues Element *hinzufügen fügen Sie Klassen und andere Elemente zu einem Visual Studio .NET-Projekt hinzu*

Eine Art von Klasse ist die gewöhnliche *Klasse*, wie Sie sie aus Visual Basic 4 bis 6 kennen. Wie Sie in Abbildung 1.2 deutlich sehen können, gibt es zwei Arten von Klassen: eine einfache *Klasse* und eine *Komponentenklasse*. Um den Unterschied deutlich zu machen, haben wir zwei

Einführung in die objektorientierte Entwicklung

Klassen erstellt, die keinen Implementierungscode enthalten. Die erste ist eine einfache Klasse mit dem Namen `Address`, sie enthält folgenden Code:

```
Public Class Address
End Class
```

Die zweite trägt den Namen `BusinessType`, sie ist eine Komponentenklasse:

```
Public Class BusinessType
    Inherits System.ComponentModel.Component

#Region " Vom Komponenten-Designer generierter Code "
Public Sub New(Container As System.ComponentModel.IContainer)
    MyClass.New()

    ' Für Support von Windows.Forms-Klassenkompositions-Designer
    Container.Add(me)
End Sub
Public Sub New()
    MyBase.New()

    ' Dieser Aufruf ist für den Komponenten-Designer erforderlich.
    InitializeComponent()

    ' Initialisierungen nach dem Aufruf InitializeComponent() hinzufügen.
End Sub

' Die Komponente überschreibt den Löschvorgang zum Bereinigen der Komponentenliste.
Protected Overloads Overrides Sub Dispose(ByVal disposing As Boolean)
    If disposing Then
        If Not (components Is Nothing) Then
            components.Dispose()
        End If
    End If
    MyBase.Dispose(disposing)
End Sub

' Für Komponenten-Designer erforderlich
Private components As System.ComponentModel.IContainer

    ' HINWEIS: Die folgende Prozedur ist für den Komponenten-Designer erforderlich.
    ' Sie kann mit dem Komponenten-Designer modifiziert werden.
    ' Verwenden Sie nicht den Code-Editor zur Bearbeitung.
<System.Diagnostics.DebuggerStepThrough()>
Private Sub InitializeComponent()
    components = New System.ComponentModel.Container()
End Sub

#End Region

End Class
```

Der Code unterscheidet sich ja ganz gewaltig. Woran liegt das? Wenn Sie eine einfache Klasse erstellen, bekommen Sie genau das – eine simple Klasse, genau wie jede andere Klasse, die Sie in Visual Basic 4 oder einer späteren Visual Basic-Version erstellt haben. Der einzige Unterschied ist, dass nun am Anfang und Ende der Klassendefinition die `Class`-Anweisungen stehen. Sie können einen eigenen Konstruktor hinzufügen (das heißt, die Prozedur `New`, mehr dazu später), aber es handelt sich dann immer noch um eine einfache Klasse ohne besondere Fähigkeiten. Eine Komponentenklasse ist dagegen von der Klasse `System.ComponentModel.Component` abgeleitet, sie ist also eine Klasse, die alle Fähigkeiten der Basisklasse `Component` besitzt.

Der erste Unterschied fällt Ihnen auf, wenn Sie die Komponentenklasse in Visual Studio .NET erstellen. Die neue Klasse wird in einem Entwurfsfenster geöffnet, das dem von Oberflächenelementen (etwa Windows Forms) ähnelt. Abbildung 1.3 zeigt dieses Fenster. Warum gibt es einen Designer für eine Klasse? In dieser leistungsfähigen Oberfläche können Sie der Komponentenklasse grafisch Fähigkeiten hinzufügen, zum Beispiel ein Ereignisprotokoll oder einen Leistungsindikator (siehe Abbildung 1.3). Sie können im Designer einige Fähigkeiten Ihrer Klasse sehen. Sie können Ihre Klasse sogar so erweitern, dass sie den Designer unterstützt und somit Eigenschaften anzeigt und sich genau wie die Klassen aus dem .NET Framework verhält.

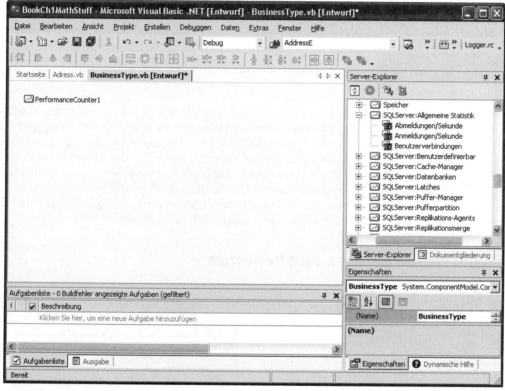

Abbildung 1.3: *Im Designer können Sie Elemente auf eine Klasse ziehen und die Eigenschaften der Elemente bearbeiten*

Klassen- und Moduldateien

In Visual Basic .NET haben Visual Basic-Dateien, die Code enthalten, stets die Dateierweiterung *.vb*. Das betrifft Formulare, Klassendateien und Moduldateien. Wie unterscheiden Sie den Code für eine Klasse von dem Code für ein Modul? Eine Anweisung am Beginn des Codeblocks identifiziert den Typ des Blocks. Dies ist ein ähnlicher Ansatz wie bei neueren Versionen von ASP. Wie Sie aus dem Beispiel weiter oben wissen, erstellen Sie eine Klasse mit der Anweisung Class:

```
Public Class Address
End Class
```

Um ein Modul zu erstellen, benutzen Sie die Anweisung Module:

```
Module GeneralStuff
End Module
```

Einführung in die objektorientierte Entwicklung

Jetzt können Sie sehen, auf welche Weise die Definition durchgeführt wird. Sie setzen einfach die korrekte Anweisung an den Anfang des Codeblocks. Sie können für die beiden Anweisungen auch eine Bereichsdirektive verwenden.

Wenn Sie im Visual Studio .NET eine Klasse anlegen, wird eine einzelne Datei für die neue Klasse generiert. Die Datei erhält denselben Namen wie die Klasse beziehungsweise das Modul. Zum Beispiel ist die Klasse `Address` in *Address.vb* gespeichert, und das Modul `GeneralStuff` in *GeneralStuff.vb*.

Sie können auch mehrere Elemente in einer einzigen Datei unterbringen. Zum Beispiel könnte eine leicht veränderte Version von *GeneralStuff.vb* so aussehen:

```
Public Module GeneralStuff
End Module
Class TestIt
End Class
```

Das ist erlaubt und funktioniert wie erwartet. Wir legen allerdings jede Klasse und jedes Modul in eine eigene Datei. Diese Trennung macht den Code einleuchtender und einfacher zu pflegen.

Noch ein anderer Punkt zum Thema Klassen und Module: Nachdem Sie die Definitionsanweisungen für Klassen und Module im Code stehen haben, müssen Sie die darin verwendeten Namen beibehalten. Wenn Sie zum Beispiel im Projektmappen-Explorer (oder im Eigenschaftenfenster) die Datei *Address.vb* umbenennen, ändern Sie damit nicht den Namen der Klasse, sondern nur den Dateinamen. Sie müssen also zusätzlich den Klassennamen im Code ändern, indem Sie die `Class`-Anweisung editieren oder den neuen Namen im Eigenschaftenfenster eingeben.

Klasseninstanzen anlegen und benutzen

Zum Anlegen von Klasseninstanzen müssen Sie in Visual Basic .NET den Operator `New` verwenden. Der Operator `New` kann auf zwei verschiedene Arten benutzt werden: Erstens können Sie damit eine Instanz der Klasse anlegen, wenn Sie einen Verweis darauf erzeugen. Das ist praktisch, weil Sie unmittelbar auf das Objekt zugreifen können. Zweitens können Sie mit dem Operator `New` eine Instanz anlegen, nachdem Sie den Verweis darauf erzeugt haben. Mit der folgenden Syntax legen Sie das Objekt gleichzeitig mit dem Verweis an:

```
Dim oAddress As New Address()
```

Diese Anweisung erzeugt nicht erst dann eine Instanz der Klasse, wenn das erste Mal darauf verwiesen wird. Die Anweisung erzeugt die Klasseninstanz sofort, nachdem der Verweis angelegt wurde.

Wenn Sie dagegen erst einmal einen Verweis auf `Address` erzeugen und zu einem beliebigen späteren Zeitpunkt eine Instanz dieser Klasse anlegen wollen, verwenden Sie folgende Syntax:

```
Dim oAddress As Address
oAddress = New Address()
```

Die letzte Zeile demonstriert eine weitere Änderung der Art und Weise, wie wir Anwendungen erstellen. Das Schlüsselwort `Set` wird nicht mehr verwendet, um Objektverweisen einen Wert zuzuweisen. Das hat den Grund, dass in der Welt von .NET ohnehin alles als Objekt betrachtet wird. Dies ist ein weiteres Gebiet, auf dem der Code gleichzeitig einfacher und einheitlicher gemacht wurde.

HINWEIS In den Tagen vor Visual Basic .NET litt die Geschwindigkeit Ihrer Anwendungen, wenn Sie beim Erstellen des Verweises den Operator `New` verwendeten. Glücklicherweise wurde dieses Ärgernis beseitigt. Es dürfte keine Geschwindigkeitsunterschiede zwischen den beiden Methoden geben, wenn Sie von dem Verwaltungsaufwand absehen, der dadurch verursacht wird, dass gleich in der Definition eine Instanz der Klasse angelegt wird.

Sie können Klassen und Module zu jedem Projekt hinzufügen. Das ist äußerst nützlich für Webanwendungen, weil Sie so mehrfach benötigte Codestücke in Modulen unterbringen können, statt wie früher Include-Dateien zu verwenden. Sie können auch Klassen erstellen und auf dieselbe Weise benutzen wie externe Klassen. Diese Fähigkeit macht es einfach, eine Klasse für den Einsatz in einer bestimmten Anwendung zu entwickeln und die Klasse später zu einer universell einsetzbaren Komponente weiterzuentwickeln.

Konstruktoren, Destruktoren und der ganze Rest

Was passiert, wenn eine Instanz einer Klasse angelegt wird? Aus der Praxis betrachtet wird aus der Klasse ein Objekt, sobald eine Instanz davon angelegt wird. Aber wie führen Sie bestimmte Operationen in Ihrem Code zu genau dem Zeitpunkt aus, an dem eine Instanz angelegt wird? Sie können zu einer einfachen Klasse eine Prozedur hinzufügen, die als *Konstruktor* bezeichnet wird. (Komponentenklassen verfügen bereits automatisch über einen Konstruktor.) Ein Konstruktor ist nichts anderes als eine Unterroutine, die den Namen New trägt. Wird eine Instanz der Klasse angelegt, wird New (also der Konstruktor) ausgeführt. Das ist eine geeignete Stelle für Initialisierungscode, ähnlich wie die Ereignisse Form_Load oder Page_Load in einer Windows Forms- beziehungsweise Web Forms-Anwendung. Der folgende Codeausschnitt zeigt einen einfachen Konstruktor, der ein neues Objekt anlegt, sobald eine Instanz der Klasse angelegt wird:

```
Public Sub New()
    Dim oAddress As New Address()
    ⋮
End Sub
```

Was passiert, nachdem die Instanz nicht mehr benutzt wird? Sobald alle Verweise auf ein Objekt verschwunden sind, stellt ein Prozess namens *Garbage Collection* (»Müllsammler«) früher oder später fest, dass dieses Objekt nicht mehr benutzt wird. Daraufhin wird das Objekt gelöscht, anschließend ist der Speicher, den das Objekt belegt hat, wieder frei. Unmittelbar bevor der Garbage Collector das Objekt beseitigt, führt er eine Finalize-Prozedur aus. Diese Prozedur kann zum Beispiel so aussehen:

```
Protected Overrides Sub Finalize()
    MsgBox("Finalize wird ausgeführt")
End Sub
```

In der Praxis würden Sie keinen Aufruf zum Anzeigen eines Meldungsfelds in eine Finalize-Prozedur setzen, aber in diesem Beispiel macht er die Funktionsweise deutlich. Wenn Sie den Code zum Anzeigen des Meldungsfelds in eine Klasse einprogrammieren, die von einer Windows Forms-Anwendung benutzt wird, sehen Sie die Meldung kurz nachdem Sie die Anwendung geschlossen haben. Das zeigt, auf welche Weise der Garbage Collector arbeitet und wann Finalize aufgerufen wird.

Sie können nicht genau sagen, wann der Garbage Collector startet und die von Ihnen angelegten Objekte löscht und dabei deren Finalize-Prozeduren aufruft. Stattdessen empfehlen wir (wie die MSDN-Dokumentation), dass Sie in jeder selbst entwickelten Klasse eine Methode namens Dispose definieren. Dispose sollte Code enthalten, mit dem die Klasse Ressourcen freigibt, zum Beispiel indem sie offene Dateien oder Datenverbindungen schließt. Auf diese Weise kann jeder Code, der die Klasse verwendet, Dispose aufrufen, nachdem er die Klasse nicht mehr benötigt.

Sie können die Methode Collect des Garbage Collectors folgendermaßen aufrufen:

```
GC.Collect()
```

Collect veranlasst den Garbage Collector, eine Garbage Collection durchzuführen. Dies ist allerdings eine umfangreiche Aktion, daher sollten Sie nicht versuchen, schlauer zu sein als der Garbage Collector. Rufen Sie `GC.Collect` nur dann auf, wenn dafür ein triftiger Grund vorliegt.

Strukturen

Strukturen ähneln in ihrem Aufbau und ihrem Verhalten Klassen. Sie können damit eigene Typen definieren. Strukturen sind Werttypen und enthalten daher Werte. In gewissem Maß verhalten sich Strukturen wie Klassen. Sie unterscheiden sich von Klassen allerdings in einem wichtigen Punkt: Wenn Sie zwei Variablen anlegen, die als Strukturen definiert sind, enthält jede der beiden Variablen eine eigene Kopie der Daten. Falls Sie zum Beispiel eine Struktur namens Customer definieren und die Variablen A und B vom Typ Customer anlegen, enthält jede dieser Variablen einen eigenen Satz Daten. Und wenn Sie der Variablen C die Variable A zuweisen, werden die Daten in die Variable C hineinkopiert, in C wird nicht ein Verweis auf A eingetragen. Aufgrund dieses Verhaltens sind Strukturen in Objekten und Unternehmensanwendungen aller Art sehr nützlich.

In Visual Basic 6 standen benutzerdefinierte Typen (User-defined Type, UDT) zur Verfügung. Damit können Sie einen speziellen Typ erstellen, der in der Anwendung mehrfach verwendet werden soll. In Visual Basic .NET werden statt UDTs Strukturen eingesetzt. Strukturen sind viel flexibler als UDTs und einfacher zu implementieren.

Der folgende Codeausschnitt zeigt, wie Sie eine einfache Struktur mir ein paar Eigenschaften definieren:

```
Structure Employee
    Public CustomerID As Integer
    Public Name As String
    Public Address As String
    Public Address2 As String
    Public City As String
    Public StateProvince As String
    Public Country As String
    Public PostalCode As String
End Structure
```

Diese Struktur können Sie folgendermaßen verwenden:

```
Dim MyEmp As Employee
MyEmp.Address = txtInput.Text
txtOutput.Text = MyEmp.Address
```

Die erste Zeile definiert MyEmp als Variable des Typs Employee. Die zweite Zeile trägt einen Text in Address ein, die letzte Zeile liest diese Adresse wieder aus. Das kurze Beispiel zeigt, wie Sie ein kompaktes Objekt in Form einer Struktur anlegen können, das sich wie ein Objekt mit Eigenschaften verhält. Das Ergebnis ist eine Struktur, die sich wie eine Klasse verhält, aber viel effizienter ist. Strukturen werden auf dem Stapel (Stack) gespeichert, Klassen dagegen auf dem Heap (nachdem eine Instanz davon angelegt wurde). Somit ist eine Struktur unter Umständen schneller als eine Klasse. Ob dies in einer konkreten Anwendung zutrifft, können Sie nur durch Messungen herausfinden.

Strukturen können wie Klassen Methoden haben und Ereignisse auslösen oder behandeln. Worin liegt also der Unterschied zwischen einer Klasse und einer Struktur? Wie bereits erwähnt, enthält eine Variable, die als Struktur definiert ist, die ihr zugewiesenen Werte, nicht einen Verweis auf ein Objekt, das diese Werte speichert. Wegen dieses Verhaltens muss für Strukturen, im Unterschied zu Objekten, kein Speicher auf dem globalen Heap angelegt werden. Strukturen haben im Unterschied zu Klassen also keine Finalize-Prozedur, und Sie können von einer Struktur keine andere Klasse oder Struktur ableiten.

Wann sollten Sie nun eine Struktur einsetzen, und wann eine Klasse? Benutzen Sie Strukturen, wenn Sie keine erweiterbare Klasse erstellen müssen und wenn die Struktur keine großen Datenmengen enthält. Falls Sie zum Beispiel ein Objekt benötigen, das einige wenige Eigenschaften enthält, können Sie dieses Objekt in Form einer Struktur definieren und so den Verwaltungsaufwand für eine Klasse einsparen.

Eigenschaftenprozeduren

Die Syntax für eine Eigenschaftenprozedur (property procedure) wurde aus Gründen der Vereinfachung leicht verändert. Sie erstellen jetzt Ihre eigene Eigenschaftenprozedur mit getrennten Get- und Set-Methoden. Ein Beispiel:

```
Property Street() As String
    Get
        Return mStreet
    End Get
    Set(ByVal Value As String)
        mStreet = Value
    End Set
End Property
```

Wie bei den meisten anderen Aufgaben nimmt Ihnen Visual Studio .NET einen Großteil der Programmierarbeit ab. Um die Prozedur aus dem Beispiel zu erstellen, brauchen Sie lediglich die erste Zeile einzugeben und EINGABE zu drücken. Daraufhin ergänzt das Visual Studio .NET das restliche Gerüst für die Prozedur. Sie brauchen den Code nur noch nach Wunsch zu erweitern.

Arbeiten mit Methoden

Es gibt einige Änderungen beim Umgang mit Methoden (Funktionen oder Unterroutinen). Erstens werden Parameter in der Standardeinstellung als Wert (ByVal) an eine Methode übergeben. Das bedeutet, dass die Methode die Parameter nicht verändern kann, weil es sich in Wirklichkeit um lokale Variablen innerhalb der Methode handelt. Sie können Ihren Code besser lesbar machen, indem Sie das Schlüsselwort ByVal angeben, aber falls Sie es weglassen, werden die Parameter ohnehin auf diese Weise übergeben.

Die zweite Änderung: Wenn Sie Ergebnisse aus einer Funktion zurückgeben wollen, haben Sie die Wahl zwischen zwei Varianten. Sie können einen Wert wie früher zurückgeben, indem Sie ihn dem Namen der Funktion zuweisen:

```
Function Add(ByVal X As Integer, Y As Integer) As Integer
    Add = X + Y
    Exit Function
End Function
```

Oder Sie können eine neue Syntax benutzen, in der Sie das Ergebnis mit einer Return-Anweisung zurückgeben:

```
Function Add(ByVal X As Integer, Y As Integer) As Integer
    Return X + Y
End Function
```

Diese beiden Funktionen arbeiten weitgehend identisch, es gibt aber ein paar Unterschiede. Wenn Return ausgeführt wird, kehrt der Code aus der Funktion zurück. Daher können Sie sich eine Exit Function-Anweisung sparen. Ein anderer Vorteil betrifft den Entwicklungsaufwand.

Falls Sie die Add-Methode mit der Return-Anweisung verwenden, können Sie diese Methode ganz schnell in die Methode Multiply verwandeln:

```
Function Multiply(ByVal X As Integer,Y As Integer) As Integer
    Return X * Y
End Function
```

Hier wird der Vorteil von Return deutlich. Um die Funktion Multiply zu erstellen, haben wir einfach Add kopiert und dann den Namen Add in Multiply geändert. Anschließend haben wir das Pluszeichen (+) durch einen Stern (*) ersetzt, und schon waren wir fertig. Dieser Ansatz verringert auch die Wahrscheinlichkeit, dass sich Fehler in Ihre Anwendung einschleichen, weil Sie vergessen, den Funktionsnamen in der Zuweisungszeile zu ändern. Das Kopieren von Funktionen ist dank Return viel einfacher geworden.

Eine weitere Änderung betrifft optionale Parameter. In Visual Basic .NET müssen optionale Parameter die letzten Parameter in der Parameterliste sein. Außerdem müssen sie über einen Standardwert verfügen. Zum Beispiel könnten wir die Methode Add so verändern, dass sie mehrere optionale Parameter hat. Der Standardwert für die Parameter 3 bis 6 ist 0:

```
Function Add(ByVal O1 As Integer, _
             ByVal O2 As Integer, _
    Optional ByVal O3 As Integer = 0, _
    Optional ByVal O4 As Integer = 0, _
    Optional ByVal O5 As Integer = 0, _
    Optional ByVal O6 As Integer = 0) As Integer

    Add = O1 + O2 + O3 + O4 + O5 + O6
    Exit Function
End Function
```

In diesem Fall ist die Rechnung einfach, weil alle nicht vorhandenen Parameter den Wert 0 haben und daher ohne Überprüfung addiert werden können.

Sie dürfen eine Funktion oder Unterroutine nicht als Static definieren. Falls Sie eine Variable innerhalb einer Funktion oder Unterroutine statisch machen wollen, müssen Sie die Variable explizit auf diese Weise deklarieren.

Beachten Sie außerdem, dass Sie nun sowohl bei Unterroutinen als auch bei Funktionen Klammern schreiben müssen. Die Aufrufsyntax ist so sauberer. Visual Studio .NET ergänzt die Klammern automatisch, daher macht es keine zusätzliche Mühe, leere Klammern hinzuzufügen.

Überladen von Eigenschaften und Methoden

Sehen wir uns nun die neue Fähigkeit an, die mir mit am besten gefällt. Visual Basic .NET unterstützt das *Überladen* (overloading) von Eigenschaften und Methoden (Funktionen). Diese Fähigkeit eröffnet enorme Möglichkeiten, weil Sie damit mehrere Definitionen für eine einzige Methode festlegen können.

Betrachten Sie als Beispiel die drei folgenden Versionen der Methode Add. Sie unterscheiden sich einzig durch ihre Parameter:

```
Function Add(ByVal O1 As Integer, _
             ByVal O2 As Integer, _
    Optional ByVal O3 As Integer = 0, _
    Optional ByVal O4 As Integer = 0, _
    Optional ByVal O5 As Integer = 0, _
    Optional ByVal O6 As Integer = 0) As Integer

    Add = O1 + O2 + O3 + O4 + O5 + O6
    Exit Function
End Function
```

```
Function Add(ByVal X As Long, ByVal Y As Long) As Long
    Return X + Y
End Function

Function Add(ByVal X As Decimal, ByVal Y As Decimal) As Decimal
    Return X + Y
End Function
```

Wenn Sie eine dieser Methoden aufrufen, entscheidet sich durch die Argumente, die Sie beim Aufruf übergeben, welche Version der Methode zum Zuge kommt. Durch das Übergeben der Argumente legen Sie also fest, welche überladene Funktion ausgeführt wird. Sie können somit konsistente Schnittstellen entwickeln, die sich allein durch ihre Eigenschaften voneinander unterscheiden.

Mit dem Überladen von Methoden und dem Schlüsselwort Overloads beschäftigen wir uns noch einmal später in diesem Buch, wenn wir die Datenschichten (Kapitel 4) und andere Klassen definieren.

Bereits vorhandene Methoden überschreiben

Sie können eine Methode nicht nur überladen (overload), sondern auch überschreiben (override). Das ist nützlich, wenn Sie eine Methode oder eine Eigenschaft definieren, die denselben Namen trägt wie eine Methode beziehungsweise Eigenschaft in der Basisklasse, von der Ihre Klasse abgeleitet ist. Nehmen wir zum Beispiel an, die Basisklasse hat eine Methode namens FormatCurrency, die einen Geldbetrag als Argument erhält und ihn passend formatiert. Nun erstellen Sie eine neue Klasse, bei der Sie die Währung etwas anders formatieren müssen, etwa weil der Staat seine Währung umgestellt hat (wie bei der Euro-Einführung in vielen europäischen Ländern). Sie können nun die Funktionsdefinition in Ihrer abgeleiteten Klasse mit dem Schlüsselwort Overrides überschreiben, und wenn nun eine andere Anwendung die Methode FormatCurrency Ihrer Klasse aufruft, wird Ihre Methode ausgeführt, nicht die Version in der Basisklasse. Sie können auch jederzeit die Basisklassenversion einer Methode aufrufen, indem Sie dem Methodenaufruf ein explizites MyBase voranstellen.

Sie können bei einer Methodendefinition auch das Schlüsselwort NotOverridable angeben, wenn Sie verhindern wollen, dass die Methode überschrieben wird. Alternativ können Sie das Schlüsselwort MustOverride verwenden, um festzulegen, dass die Methode auf jeden Fall überschrieben werden muss. Auf das Schlüsselwort Overrides werden wir später in dem Buch wieder zurückkommen.

Ereignisse

Wie schon in früheren Versionen von Visual Basic können Sie Ereignisse erstellen und behandeln. Es ist relativ einfach, ein Ereignis (event) zu erstellen. Zuerst müssen Sie in der Klasse, in der Sie ein Ereignis auslösen wollen, das Ereignis deklarieren. Dann lösen Sie das Ereignis an den gewünschten Stellen im Code mit der Anweisung RaiseEvent aus. Schließlich verknüpfen Sie in der Clientanwendung einen Ereignishandler mit dem Ereignis. Betrachten wir als Beispiel die Klasse SimpleMath, wir wollen sie durch ein Ereignis erweitern.

Sie sehen die Ereignisdefinition im folgenden Codeausschnitt unmittelbar nach der Klassendefinition. Das Ereignis wird dann in allen Versionen von Add durch Aufruf von RaiseEvent ausgelöst:

```
Namespace Simple
    Public Class SimpleMath
        Public Event ProcessStatus(ByVal bStatus As Boolean)
```

```
        Function Add(ByVal O1 As Integer, ByVal O2 As Integer, _
            Optional ByVal O3 As Integer = 0, _
            Optional ByVal O4 As Integer = 0, _
            Optional ByVal O5 As Integer = 0, _
            Optional ByVal O6 As Integer = 0) As Integer
            RaiseEvent ProcessStatus(True)
            Add = O1 + O2 + O3 + O4 + O5 + O6

            Exit Function
        End Function
        Function Add(ByVal X As Long, ByVal Y As Long) As Long
            RaiseEvent ProcessStatus(True)
            Return X + Y
            Exit Function
        End Function
        Function Add(ByVal X As Decimal, ByVal Y As Decimal) As Decimal
            RaiseEvent ProcessStatus(True)
            Return X + Y
            Exit Function
        End Function
    End Class
End Namespace
```

Nun wollen wir dieses Ereignis in einer Anwendung benutzen. Es gibt zwei Wege, das Ereignis mit der Anwendung zu verknüpfen. Erstens können wir wie bisher in der Definition With-Events angeben:

```
Dim WithEvents oMath As New SimpleMath()
```

Um das Ereignis dann zu behandeln, erstellen wir einfach einen Ereignishandler:

```
Private Sub oMath_ProcessStatus(ByVal bStatus As Boolean) Handles oMath.ProcessStatus
    txtStatus.Text = "Status von Add: " & bStatus
End Sub
```

Wenn nun eine der Implementierungen von Add ihre Arbeit abschließt, aktualisiert der Ereignishandler das Steuerelement txtStatus. Natürlich sollten Sie diesen Code mit Visual Studio .NET erstellen. Dann können Sie mit dem Code-Editor Ereignishandler genauso einfach anlegen wie in Visual Basic 6 und älteren Versionen.

Statt WithEvents können Sie auch mit AddHandler dafür sorgen, dass eine beliebige Unterroutine ein Ereignis behandelt. Sehen wir uns ein einfaches Beispiel an. Legen Sie zuerst einen Verweis auf die Klasse an:

```
Dim oMoreMath As New MoreMath ()
```

Erstellen Sie dann eine Unterroutine, die das Ereignis behandeln soll:

```
Private Sub MultiplyHandler(ByVal bStatus As Boolean)
    txtStatus.Text = "Multiply routine status: " & bStatus
End Sub
```

Sicher ist Ihnen aufgefallen, dass es sich um eine normale Unterroutine handelt, ohne seltsamen Namen und ohne Handles-Klausel am Ende der Definition. Wir benötigen keine Handles-Klausel, weil wir den Ereignishandler in unserem Code zur Laufzeit einrichten. Dazu dient das Schlüsselwort AddHandler:

```
AddHandler oMoreMath.MultiplyStatus, AddressOf MultiplyHandler
```

Das erste Argument ist der Name des Ereignisses, das verknüpft wird. Das zweite Argument verweist mit Hilfe von AddressOf auf die Unterroutine, die das Ereignis behandeln soll. Sie können den Ereignishandler später wieder mit dem Schlüsselwort RemoveHandler entfernen.

AddHandler und RemoveHandler sind beide nützlich, weil sie ihre Wirkung zur Laufzeit entfalten, nicht bei der Entwicklung. Daher können Sie Ereignishandler mit ihrer Hilfe dynamisch hinzufügen und entfernen. Das ist deutlich flexibler, als die Handler schon bei der Entwicklung fest zu verdrahten.

Schnittstellen

Sie können in Visual Basic .NET mit der Interfaces-Anweisung eigene Schnittstellen (interface) erstellen. Schnittstellen beschreiben die Signatur der Klasse, enthalten aber keinen Implementierungscode. Später schreiben Sie mit der Implements-Anweisung eine Klasse, die diese Schnittstelle implementiert. Wir benutzen Interfaces in diesem Buch nicht, weil wir keine großen Anhänger der Praxis sind, separate Schnittstellen für Klassen zu definieren. Wir bevorzugen es, Klassen zu erstellen, die nicht vererbbar sind, und Objektframeworks zu entwickeln, die vererbt werden können. Zum Beispiel sind die Klassen der Datenbankkomponente in Kapitel 4 für die Interaktion mit einer Datenbank zuständig. Diese Komponente wurde nicht mit dem Ziel entworfen, eine erweiterbare Framework-Komponente zu werden. Daher können wir ihre Klassen als nicht vererbbar kennzeichnen. Eine Klasse des Basisframeworks, zum Beispiel CustomerBase, wurde dagegen so geplant, dass sie vererbt werden kann. Daher versehen wir sie mit MustInherit. Das zwingt Entwickler dazu, die Datenbankkomponente und die Komponente CustomerBase korrekt einzusetzen. Sie werden sehen, dass wird diese Prinzipien an vielen Stellen in diesem Buch anwenden.

Shared-Member

Gelegentlich brauchen Sie Methoden oder Eigenschaften, die von allen Instanzen einer Klasse gemeinsam verwendet werden. Oft ist das der Fall, wenn Sie bestimmte Daten ermittelt haben und alle Instanzen der Klasse darauf zugreifen sollen. Für diesen Zweck können Sie das Schlüsselwort Shared in die Definition der Methode beziehungsweise Eigenschaft einfügen.

Namespaces

Namespaces sind ein interessantes Feature aller Sprachen, die das .NET Framework unterstützt. Für viele Entwickler sind Namespaces ein neues Konzept, aber sie sind eigentlich eine allgemein übliche Methode, Elemente in einer Anwendung voneinander zu trennen. Wenn Sie eine Datenbank wie den Microsoft SQL Server benutzen, können Sie sich eine bestimmte Datenbank und ihre Tabellen wie zwei Namespace-Ebenen vorstellen. Zum Beispiel könnte der Name der Datenbank *Nordwind* lauten. Die Nordwind-Datenbank ordnet alle Elemente, die Sie enthält, in ihren eigenen Namespace ein. Innerhalb der Nordwind-Datenbank bildet jede einzelne Tabelle einen weiteren Namespace, der seine eigenen Elemente enthält. Sie können auf ein bestimmtes Feld der Datenbank zugreifen, indem Sie die Namen von Datenbank und Tabelle angeben. Die Datenbankengine zwingt Sie sogar dazu, das zu tun.

Sehen wir uns nun die Situation in .NET an. Wenn Sie mit Visual Studio .NET eine Visual Basic .NET-Anwendung erstellen, legt es einen Standardnamespace für Sie an, der den Namen Ihres Projekts trägt (in Visual Studio .NET als *Stammnamespace* bezeichnet). Nehmen wir zum Beispiel an, Sie erstellen eine Klassenbibliothek mit dem Namen MathStuff (indem Sie *Datei/*

Einführung in die objektorientierte Entwicklung

Neu/Projekt und dann *Klassenbibliothek* wählen). Diese Klassenbibliothek enthält eine Klasse namens `SimpleMath`. Abbildung 1.4 zeigt die Definition des Standardnamespaces auf der Eigenschaftenseite *Allgemein* des Projekts *MathStuff*.

Jetzt wollen wir eine Clientanwendung erstellen, die diese Komponente benutzt. Fügen Sie das neue Anwendungsprojekt hinzu, klicken Sie im Projektmappen-Explorer mit der rechten Maustaste auf den Ordner *Verweise* des Client-Projekts und fügen Sie einen Verweis auf die Klassenbibliothek `MathStuff` hinzu. Schreiben Sie eine `Imports`-Anweisung an den Beginn der Datei, die diese Klasse benutzt:

```
Imports MathStuff
```

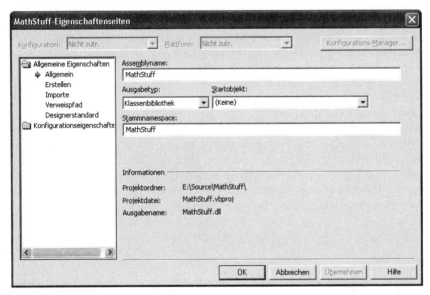

Abbildung 1.4: *Der Stammnamespace wird in den Eigenschaftenseiten des Projekts eingestellt*

Nun können Sie die Klasse `SimpleMath` und ihre Methoden folgendermaßen benutzen:

```
Dim oMath As New SimpleMath()
txtOutput.Text = CStr(oMath.Add(CInt(txt01.Text), _
    CInt(txt02.Text), _
    CInt(txt03.Text), _
    CInt(txt04.Text), _
    CInt(txt05.Text)))
```

Wie Sie sehen, brauchen wir in der `Dim`-Anweisung nicht den vollständigen Klassennamen anzugeben. Dank der `Imports`-Anweisung können wir den Klassennamen schreiben, ohne ihm den Namespace voranzustellen. Das Visual Studio .NET hilft Ihnen beim Einfügen der `Imports`-Anweisung, indem es mit dem IntelliSense-Mechanismus die verfügbaren Namespaces auflistet (Abbildung 1.5).

Abbildung 1.5: *IntelliSense steht für fast alles im Visual Studio .NET zur Verfügung, auch für Namespaces*

Sie können in Ihren Anwendungen auch eigene Namespaces erstellen. Dazu definieren Sie mit `Namespace` einen Namespace und fügen die gewünschten Member, zum Beispiel Klassen, dort ein. Zum Beispiel können wir die Klasse `SimpleMath` folgendermaßen in den Namespace `Simple` legen:

```
Namespace Simple
    Public Class SimpleMath

        Function Add(ByVal O1 As Integer, _
                     ByVal O2 As Integer, _
            Optional ByVal O3 As Integer = 0, _
            Optional ByVal O4 As Integer = 0, _
            Optional ByVal O5 As Integer = 0, _
            Optional ByVal O6 As Integer = 0) As Integer

            Add = O1 + O2 + O3 + O4 + O5 + O6
            Exit Function
        End Function

        Function Add(ByVal X As Long, ByVal Y As Long) As Long
            Return X + Y
        End Function

        Function Add(ByVal X As Decimal, ByVal Y As Decimal) As Decimal
            Return X + Y
        End Function
    End Class
End Namespace
```

Dann müssen wir die `Imports`-Anweisung so ändern:

```
Imports MathStuff.Simple
```

Selbstverständlich verfügt auch das .NET Framework über zahlreiche Namespaces. Betrachten Sie als Beispiel den folgenden Codeausschnitt:

```
Catch eos As System.IO.EndOfStreamException
    ' Keine Aktion nötig. Ende des Streams ist erreicht.
Catch IOExcep As System.IO.IOException
```

Diese beiden Anweisungen demonstrieren auch, wie auf Klassen mit ihrem vollständigen Namen verwiesen wird. Bei beiden Ausnahmefiltern wurde der vollständige Name angegeben (durch das Präfix `System.IO`). Wenn Sie folgende `Imports`-Anweisung hinzufügen, können Sie auf das Präfix verzichten:

```
Imports System.IO
```

Sie sehen also, wie Sie Ihren Anwendungscode mit Hilfe von Namespaces unterteilen können und wie Sie auf einfache Weise Elemente aus den Namespaces in Ihren Anwendungen benutzen können.

Vererbung

Beenden wollen wir diesen Abschnitt über Komponenten mit einem kurzen Überblick über Vererbung. Manche Leute meinen, Vererbung wäre der Kern der Komponentenentwicklung, aber in Wirklichkeit ist sie nur ein Element, wenn auch ein wichtiges. Visual Basic wurde mit der Vorstellung von Visual Basic 4 in die Welt der objektorientierten Programmierung (OOP) eingeführt, in den Versionen 5 und 6 wurden die entsprechenden Fähigkeiten verbessert. Visual Basic war aber vor der Einführung von Visual Basic .NET mit seinen Vererbungsfähigkeiten keine wirklich objektorientierte Programmiersprache.

Einführung in die objektorientierte Entwicklung

Sehen wir uns die Vererbung aus dem Blickwinkel des Praktikers an. Mit Hilfe der Vererbung können Sie eine Klasse erstellen und dann mit der `Inherits`-Anweisung eine zweite Klasse davon ableiten. Die abgeleitete Klasse hat dieselbe Schnittstelle wie die erste Klasse. Nehmen wir als Beispiel wieder die Klasse `SimpleMath`, die wir weiter oben untersucht haben. Eine neue Klasse mit dem Namen `MoreMath` soll von `SimpleMath` abgeleitet werden. Dazu erstellen wir einfach eine neue Klasse und benutzen dann `Inherits`:

```
Public Class MoreMath
    Inherits MathStuff.Simple.SimpleMath
End Class
```

In diesem Beispiel ist der Pfad zu `SimpleMath` vollständig angegeben, inklusive Projektnamespace und dem Namespace `Simple`, in dem die Klasse definiert wurde.

Jetzt enthält die Klasse `MoreMath` keine Member, oder? Falsch! Weil `MoreMath` von `SimpleMath` abgeleitet ist, sieht `MoreMath` für jede Anwendung, die diese Klasse benutzt, genauso aus wie `SimpleMath`. Zum Beispiel kann eine andere Anwendung einen Verweis auf `MoreMath` anlegen und die Methode `Add` aufrufen, genau wie mit `SimpleMath`. Wir können `MoreMath` durch weitere Methoden ergänzen und so die Fähigkeiten der Basisklasse `SimpleMath` erweitern. Sie können auch Ereignisse der Basisklasse oder der abgeleiteten Klasse benutzen.

In den folgenden Kapiteln dieses Buchs sehen wir uns die Vererbung genauer an. Sie erfahren darin, in welchen Fällen Sie Vererbung einsetzen sollten – und in welchen nicht. Sie werden auch erfahren, wie Objektframeworks aufgebaut sind, die auf der Basis von Vererbung funktionieren. Und Sie werden Teile von Frameworks kennen lernen, die nichts mit Vererbung zu tun haben. In Kapitel 8 geht es um die Einzelheiten der OOP-Fähigkeiten von Visual Basic .NET.

.NET-Anwendungen weitergeben

Wir schließen die Einführung in Visual Basic .NET und Komponenten mit der Frage ab, auf welche Weise Sie Anwendungen und die Komponenten, die diese Anwendungen benutzen, weitergeben (deploy). Genauso wie jede andere Anwendung muss auch eine Visual Basic .NET-Anwendung eine Möglichkeit haben, die Komponenten, auf die sie zugreift, zu finden. (In Kapitel 14 werden wir die Weitergabe eingehender behandeln.)

Normalerweise legen Sie eine Assembly für eine einzelne Anwendung in den Ordnerbaum dieser Anwendung. Zum Beispiel finden Sie in dem Projektordner von *MathStuff* einen Ordner namens *bin*, der die Dateien *MathStuff.dll* und *MathStuff.pdb* enthält. *MathStuff.dll* ist die Assembly, *MathStuff.pdb* (die Dateierweiterung steht für »program database«) enthält Debuginformationen für die Assembly. Die *.pdb*-Datei enthält auch Informationen, die der Linker beim Debuggen der Assembly auswerten kann.

Wenn Sie in Visual Studio .NET eine Anwendung erstellen und diese Anwendung eine Komponente benutzt, die sich nicht im globalen Assemblycache (Global Assembly Cache, GAC) befindet, wird die Assembly automatisch in den *bin*-Ordner des Projekts kopiert. Wenn Sie also einfach den Ordner *bin* des Projekts kopieren, wird dabei die Assembly der Komponente mitkopiert. Da die Dateien, die von der Anwendung benötigt werden, sich in demselben Ordner befinden, kann die Anwendung ohne Registrierung laufen. Dasselbe gilt für eine Webanwendung, weil sie genauso wie eine Windows-Anwendung einen *bin*-Ordner für ihre Assemblies hat.

Der GAC ist ein gemeinsam genutzter (globaler) Speicherort für Assemblies. Er ist auf jedem System vorhanden, auf dem das .NET Framework läuft. Der GAC ist eigentlich ein Ordnerbaum im Dateisystem, in dem die Assemblies abgelegt sind. (Der Ordnername lautet *Assembly*, er liegt im

Windows-Ordner.) Mit einem Utility namens *Gacutil.exe* können Sie Assemblies im GAC speichern oder daraus entfernen. Sie sollten Dateien nicht ohne die geeigneten Dienstprogramme in den GAC kopieren. Es gibt sogar noch eine bessere Möglichkeit als die Arbeit mit *Gacutil.exe*: Sie können in Visual Studio .NET ganz einfach eine *.msi*-Setup-Datei erstellen, Ihre Assemblies werden dann installiert, wenn die *.msi*-Datei ausgeführt wird. Wenn Sie auf einem System das .NET Framework installieren, wird der Windows-Explorer so angepasst, dass er mit dem GAC umgehen kann. Daher können Sie Dateien auch mit dem Windows-Explorer hinzufügen oder entfernen.

Eine weitere Möglichkeit zum Verwalten des GACs ist die Microsoft .NET Framework-Konfiguration, die Sie im Startmenü unter *Verwaltung* finden (Abbildung 1.6).

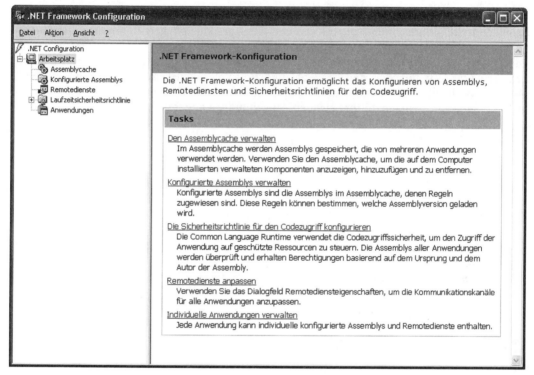

Abbildung 1.6: *Mit der Microsoft .NET Framework-Konfiguration können Sie den GAC verwalten und andere Einstellungen vornehmen, zum Beispiel Sicherheitsrichtlinien*

Wie Sie in der Abbildung sehen, können Sie mit dem Konfigurationswerkzeug auch andere Aspekte von .NET-Anwendungen verwalten, zum Beispiel Assemblies, Remotedienste und Sicherheit.

Falls Sie Komponenten haben, die von mehreren Anwendungen benutzt werden, können Sie diese Komponenten mit Hilfe eines so genannten *Mergemoduls* installieren. Auf diese Weise kann jede *.msi*-Datei das Mergemodul einbinden. So ist sichergestellt, dass die gemeinsam genutzten Assemblies installiert werden.

Einführung in die objektorientierte Entwicklung

Zusammenfassung

Wir haben in diesem Kapitel eine Menge Themen behandelt, die bei der Komponentenentwicklung mit Visual Basic .NET wichtig sind. Sie sollten jetzt einen groben Überblick haben, was Visual Basic .NET darstellt und wie Sie es für das Entwickeln von Komponenten einsetzen können. Ihnen sollte klar sein, dass Visual Basic .NET und Visual Studio .NET eine leistungsfähige Kombination sind, mit deren Hilfe Sie schnell und effizient mit dem Entwickeln beginnen können.

Wir schätzen, dass Sie bei einem durchschnittlichen Projekt durch Einsatz von Visual Studio .NET und Visual Basic .NET etwa 25 bis 35 Prozent Programmierarbeit einsparen. Bei unseren eigenen Anwendungen bewegen sich die Einsparungen in diesem Bereich, dasselbe beobachten wir bei unseren Consulting-Kunden und Seminarteilnehmern. Sie dürfen also damit rechnen, in Zukunft schneller programmieren zu können und weniger Code pflegen zu müssen. Die Anwendungskosten sollten sich drastisch verringern.

In Kapitel 2 beginnen wir, tiefer in die objektorientierte Entwicklung einzusteigen. Wie bereits weiter oben erwähnt, stammen die Konzepte und Beispiele in diesem Buch aus echten .NET-Anwendungen, die von Tausenden Kunden benutzt werden. Die Komponenten aus diesem Buch können Sie auch ganz einfach an Ihre eigenen Anwendungen anpassen.

2 Anwendungsarchitektur unter .NET

28	Auswahl der richtigen Architektur
29	Eine kurze Geschichte der Softwarearchitektur
41	Lösungen mit dem .NET Framework
45	Analyse und Entwurf
46	Zusammenfassung

Wenn ich mit Architektur und Entwurf in der Softwarewelt konfrontiert bin, denke ich an die Worte, die mir meine Mutter als kleines Kind für das Überqueren einer Straße beigebracht hat: »Stehen bleiben. Schauen. Horchen. Gehen.« Das war für einen energiegeladenen kleinen Jungen nicht einfach zu befolgen. Als Softwareentwickler geht es mir nicht anders. Wenn ich eine großartige neue Technologie wie Microsoft Visual Basic .NET sehe, will ich sofort loslegen und Code schreiben. Fragen können bis später warten. Bestimmt geht es vielen anderen Entwicklern und Programmierern genauso. Dieses Kapitel ist unsere Version der mütterlichen Ermahnung »Stehen bleiben. Schauen. Horchen. Gehen.«, aber leicht variiert: »Stehen bleiben. Schauen und einige Fähigkeiten von .NET kennen lernen. Horchen und neue Architektur- und Entwurfsmöglichkeiten lernen. Gehen und programmieren.« Wenn Sie sich diesen Rat zu Herzen nehmen, werden Sie besser verstehen, welche Architektur sich für .NET am besten eignet. Wo Sie Komponenten, Vererbungsfähigkeiten, Serversteuerelemente, Benutzersteuerelemente und so weiter einsetzen sollten. Und wie Sie die Tausende von verfügbaren .NET Framework-Klassen nutzen. Dieses Kapitel hilft Ihnen, diese Themen zu verstehen. Nachdem Sie das Kapitel gelesen haben, werden Sie zielsicher eine flexible Architektur auswählen können. Sie werden wissen, welche Fähigkeiten des .NET Frameworks Sie an welcher Stelle einsetzen sollten, und Sie werden die wichtigsten Entwurfsoptionen kennen, die Ihnen in .NET zur Verfügung stehen. Während Sie die nachfolgenden Kapitel dieses Buchs lesen, werden Sie erkennen, wie Sie Komponenten erstellen, die sich in das .NET Framework einfügen, und wie Sie eine vollständige Unternehmensanwendung um diese Komponenten herum aufbauen. Sie verfügen dann am Ende über viele Komponenten, die Sie unmittelbar für Ihre eigenen Anwendungen einsetzen können: Benutzeroberflächenkomponenten, Geschäftskomponenten und eine Datenzugriffskomponente. Und was noch besser ist: Diese Komponenten wurden in mehreren professionellen Unternehmensanwendungen getestet und laufen tagtäglich. Entsprechend hoch sind die Anforderungen an Skalierbarkeit, Leistung und Zuverlässigkeit.

Auswahl der richtigen Architektur

Die .NET-Plattform ist die einzige derzeit verfügbare Entwicklungsplattform, die wirklich mit dem Internet als Mittelpunkt entworfen wurde. Es erforderte Jahre und eine beträchtliche Geldsumme, dieses Ziel zu erreichen, aber das Ergebnis ist den Aufwand wert. Wir haben seit den Alpha-Versionen mit .NET arbeiten können und haben es in dieser Zeit lieben gelernt. Wir haben sogar unsere Liebe zum Entwickeln und Programmieren neu entdeckt. Mit dem .NET Framework können wir einfacher und schneller als bisher leistungsfähigere Web- und Unternehmensanwendungen erstellen. Und diese Anwendungen erfüllen die Anforderungen an Leistung, Skalierbarkeit und Zuverlässigkeit.

Bevor wir uns die Softwarearchitekturmodelle vornehmen, wollen wir eine Analogie zwischen dem Hausbau und der Softwareentwicklung herstellen. Bei einem Haus hängt die Architektur von der Grundstruktur ab, genauso wie bei der Software. Eine grundlegende Frage, die sich beide Arten von Architekten stellen, lautet: »Was wird wo benutzt?« Bevor sich ein Architekt für die endgültige Architektur entscheidet, muss er die Wünsche und Vorstellungen der künftigen Hausbesitzer (oder Softwarekunden) auswerten. Bei einem Haus zeichnet der Architekt Pläne und ändert sie nach und nach, bis die Besitzer der Meinung sind, sie bekommen das, was sie wollen. Bei der Software entspricht dies der Analysephase, in der das Entwurfsteam die Systemspezifikationen erstellt. Auch in der Analysephase werden in mehreren Durchläufen Änderungen eingearbeitet, bis die Kunden das Gefühl haben, alle ihre Anforderungen werden erfüllt. Der nächste Schritt ist oft der Grundstückskauf, bei Software entspricht das der Softwareplattform. Anschließend folgen das Fundament, die Installation, die elektrischen Leitungen und so weiter. Bei der Software entspricht das dem Aufbau der Framework-Klassen, der Auswahl der Datenbankengine und der Entscheidung, auf welche Weise Daten durch das System transportiert werden. Das .NET Framework kümmert sich um die meisten dieser Einzelheiten, dank Tausenden von Klassen in der .NET Framework-Klassenbibliothek. (Wir betrachten es als angenehme Aufgabe, genau die Klasse im .NET Framework zu finden, die den Anforderungen entspricht.) An diesem Punkt kann das Haus auf einem stabilen Fundament errichtet werden, mit den Materialien und in der Reihenfolge, die in den Architekturplänen und den Entwürfen festgelegt sind. Bei demselben Punkt in der Softwareentwicklung verknüpfen wir alle Komponenten, die wir ausgewählt, angepasst oder geschrieben haben. Die meisten davon sind für die benötigten Geschäftsregeln (business rules) verantwortlich. Benutzeroberfläche und Ausgabegenerierung können parallel dazu entworfen werden. Genauso wie ein Bauleiter jede Phase des Hausbaus überwacht, stellen Softwareentwickler sicher, dass jede Phase der Anwendungserstellung dem aufgestellten Plan entspricht. Da objektorientierte Programmierung (OOP) Vererbung und Komponenten nutzt, haben wir Softwareentwickler gegenüber Architekten, die Häuser entwerfen und bauen, einen gewaltigen Vorteil: Wir können wesentliche Teile unserer Anwendungen für andere Anwendungen wieder verwenden, ohne dass damit ein Qualitätsverlust verbunden ist. Je häufiger wir wesentliche Komponenten für wichtige Teile unserer Anwendungen einsetzen, desto stabiler werden sie (weil wir sie im Lauf der Zeit weiter verbessern). Dank OOP und Vererbung kommen höhere Stabilität und Leistung sogar Anwendungen zu Gute, die bereits fertig sind; es sind keine aufwendigen Überholungen nötig. Bei Häusern entspräche dieser Schritt einer Renovierung. Wir alle wissen, dass eine Renovierung sehr schmutzig und teuer werden kann. Damit haben wir die Analogie weit genug getrieben.

Auf die Gefahr hin, uns zu wiederholen (was auch bei elterlichen Ermahnungen ein Problem ist): Bedenken Sie, welche Auswirkungen die Auswahl der korrekten Architektur und die erfolgreiche Durchführung der Analyse- und Entwurfsphase auf die von Ihnen erstellten Anwendungen hat. Wenn Sie diese Arbeit am Anfang eines Projekts korrekt erledigen, erhalten Sie großartige Anwendungen, die unkompliziert zu pflegen sind und relativ einfach erweitert werden können.

Falls Sie diese Arbeit am Beginn Ihres Projekt beiseite schieben und sich direkt auf das Programmieren stürzen, sind oft Anwendungen das Ergebnis, die schlecht funktionieren, ein Wartungsalbtraum sind und uns Entwicklern das Leben zur Hölle machen – ein Ergebnis, das wir sicherlich vermeiden wollen.

Eine kurze Geschichte der Softwarearchitektur

In diesem Abschnitt geben wir einen kurzen Überblick über die Geschichte älterer und aktueller Softwarearchitekturmodelle, von einschichtigen, zweischichtigen und dreischichtigen Architekturen zu den flexiblen n-schichtigen Architekturen (n-tier architecture), die wir alle kennen und lieben gelernt haben. Wir setzen diese Architektur als Grundlage für unsere eigene Entwicklung unter .NET und für die Beispiele in diesem Buch ein.

Einschichtige Architektur

Man muss schon ein Stück in die Vergangenheit zurückgehen, wenn man sich mit einschichtiger (one-tier) Architektur beschäftigen will, bei der alle Bestandteile der Anwendung an ein und demselben Platz lagen. Ich selbst erinnere mich an ein Schachprogramm, das ich in den späten 1970ern in Deutschland schrieb. Es musste in 16 KByte (Kilobytes, nicht Megabytes) Speicher passen und bot Grafik (wenn auch nur schwarze und weiße Punkte). Die Plattform, auf der das Programm laufen musste, bestand aus einem 8088-Prozessor und MS-DOS. Es musste in einer Assemblersprache geschrieben werden, die Schachfiguren wurden mathematisch so beschrieben, dass sie in dem begrenzten Speicher unterkamen. Es konnte sogar Spiele auf einem Kassettenrecorder speichern. Zugegeben, abgesehen von nostalgischen Erinnerungen haben Sie heute kaum mit solchen Anwendungen zu tun. Selbst Entwicklungssprachen wie Microsoft FoxPro, Borland Delphi oder Clipper nutzen Datenbanken, die in separaten Dateien liegen. Mehrere Anwendungen können gemeinsam auf diese Dateien zugreifen, so dass es sich zumindest um eine zweischichtige Architektur handelt. Abbildung 2.1 zeigt ein einschichtiges Formular.

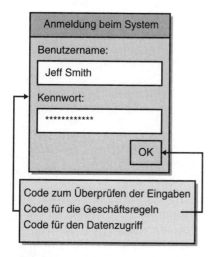

Abbildung 2.1: *Einschichtige Anwendungsarchitektur*

Nachdem Sie die Beispieldateien für dieses Buch installiert haben (siehe Einführung am Anfang dieses Buchs), finden Sie die Dateien für dieses Kapitel im Unterverzeichnis *Ch02*. Öffnen

Sie in Microsoft Visual Studio .NET die Datei *Architecture.sln* aus dem Unterverzeichnis *Architecture*. Das Formular *Architecture.vb* bildet das Menü, in dem Sie die unterschiedlichen Beispiele auswählen können. Es ist als Startobjekt für dieses Projekt gekennzeichnet. Die Schaltfläche *One Tier* (Einschichtig) führt zum Formular *OneTier.vb*. Viel gibt es darauf nicht zu sehen. Benutzername und Kennwort sind fest einprogrammiert. (Vergessen Sie nicht, dass dieses Beispiel nur als Anschauungsobjekt dient. Wie haben die Beispiele in diesem Kapitel geschrieben, um die Architektur zu demonstrieren, nicht den Code.)

Einschichtige Anwendungen entwickeln sich oft zu riesigen, nicht mehr überschaubaren Monstern. Sie sind aufwendig zu pflegen und sehr schwierig zu aktualisieren oder zu ändern. Auch ihre Entwicklung ist schwieriger. Es gibt kaum Gründe, warum man in heutigen Entwicklungsumgebungen einschichtige Anwendungen erstellen sollte. Wir trennen fast immer Benutzeroberfläche, Geschäftslogik (business logic) und Datenbankzugriff voneinander. Folglich besitzen selbst kleine Anwendungen oder Windows-Dienste, die wir entwickeln, eine mehrschichtige Architektur.

Zweischichtige Architektur

Der logische nächste Schritt in der Evolution der Softwarearchitektur war die Trennung von Programm und Daten. In der zweischichtigen Architektur (two-tier architecture) sind nicht nur die Daten getrennt, die Datenbankengine kann auch eine Anwendung sein, die für den Datenzugriff optimiert ist, zum Beispiel Microsoft SQL Server oder Oracle. Abbildung 2.2 zeigt diese Form der Trennung.

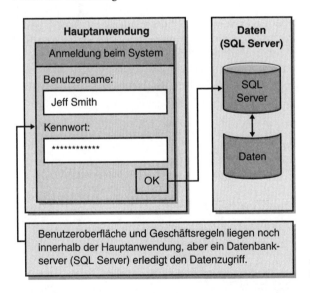

Abbildung 2.2: *Zweischichtige Architektur mit getrenntem Datenzugriff*

Bei einer zweischichtigen Architektur sind Benutzeroberfläche und Geschäftsregeln immer noch ineinander verflochten, aber der Datenzugriff ist deutlich verbessert. Die Skalierbarkeit ist viel größer, die Anwendung unterstützt Hunderte Benutzer gleichzeitig. Viele Benutzer, die gleichzeitig auf die Datenbank zugreifen, verursachen eine Menge Netzwerkverkehr und beanspruchen Serverressourcen, besonders wenn die Clientanwendungen ständig verbunden sind. Dieser Verkehrsstau verursacht einen Flaschenhals, er begrenzt bei großen Systemen die Leistung und die Skalierbarkeit.

Unser zweites Beispiel zeigt eine typische zweischichtige Anmeldung für eine Anwendung. Sobald der Benutzer die Schaltfläche *Anmelden* drückt, wird eine Verbindung zur Datenbank aufgebaut. Dabei wird ein `DataReader`-Objekt namens `DataReaderObject` aufgerufen. Jede Zeile wird mit dem eingegebenen Benutzernamen verglichen, bis eine Übereinstimmung gefunden ist. Anschließend wird das Kennwort verglichen. Schließlich wird der Zugriff gestattet. Ist der Prozess beendet, wird die Verbindung zur Datenbank geschlossen. Dieses Beispiel ist zwar simpel, lässt aber deutlich die zwei Schichten erkennen. Bei einer zweischichtigen Architektur müssen Sie sich immer noch mit dem Problem herumschlagen, dass viel Code für die Geschäftsregeln vorhanden ist. Sogar innerhalb der Benutzeroberfläche muss die Datenbankverbindung programmiert werden. Solche oder ähnliche Codeblöcke müssen oft wiederholt werden, daher ist die Wartung der Anwendung schwierig.

Viele aktuelle Anwendungen nutzen diese Architektur, möglicherweise weil sie relativ einfach zu implementieren ist. Abbildung 2.3 zeigt eine Variante dieser Architektur, bei der gespeicherte Prozeduren (stored procedure) benutzt werden, und zwar nicht nur für das Abrufen, Ändern und Löschen von Daten, sondern auch für die Implementierung der Geschäftsregeln.

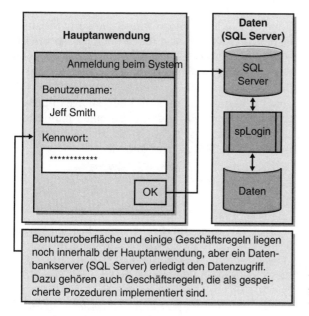

Abbildung 2.3: *Zweischichtige Anwendungsarchitektur mit getrenntem Datenzugriff und gespeicherten Prozeduren*

Diese Variante bekommen wir oft zu sehen. Viele Kunden haben sich an uns gewandt, weil sie Beschränkungen bei Skalierbarkeit und Leistung überwinden wollten. Wenn ein Teil der Geschäftsregeln in der Anwendung und ein anderer Teil in gespeicherten Prozeduren im SQL Server abgelegt sind, nimmt die Komplexität der Anwendung zu. Die Pflege des Codes wird schwieriger. Im Allgemeinen ist es ein gutes Konzept, gespeicherte Prozeduren zu verwenden. Sie werden feststellen, dass wir in unseren Beispielanwendungen heftig davon Gebrauch machen. Sie verbessern die Leistung des SQL Servers, so dass er sich auf seine eigentlichen Aufgaben konzentrieren kann: Abfragen ausführen, Transaktionen durchführen, Indizes aktualisieren und so weiter. An einfachen Geschäftsregeln wie Einschränkungen (constraint) oder Einfügetriggern gibt es zwar nichts auszusetzen, aber wenn komplexe Geschäftsregeln in gespeicherte Prozeduren integriert werden, muss der SQL Server Aufgaben erledigen, für die er eigentlich nicht entworfen wurde. Daher wird er dann schnell zum Flaschenhals.

Unser drittes Beispiel zeigt eine typische zweischichtige Anmeldung, statt aber auf dem Client ein `DataReader`-Objekt zu durchsuchen, werden Benutzername und Kennwort an eine gespeicherte Prozedur übergeben, die diese Anmeldedaten überprüft und das Ergebnis meldet. Der Code für die gespeicherte Prozedur `spLogin` sieht folgendermaßen aus:

```
CREATE PROCEDURE spLogin
    @User char(15),
    @Password char(15)
AS
DECLARE @RecordFound int
SELECT @RecordFound = Count(*)
From Employees
Where LastName = @User
AND Extension = @Password
If @RecordFound > 0
    Return(1)
Else
    Return(0)
```

Diese gespeicherte Prozedur erhält als Argumente Benutzernamen und Kennwort. Sie sucht die beiden in der Datenbank und legt den Integerwert `@RecordFound` an. Wird die gespeicherte Prozedur aufgerufen, erledigt der SQL Server die gesamte Arbeit. Er gibt lediglich das Ergebnis zurück: 1 für eine gültige Anmeldung, 0 für eine ungültige, abhängig von der Datensatzzahl in der Variablen `@RecordFound`.

Die zweischichtige Architektur weist zwar gewisse Vorteile auf und wird heutzutage in Lösungen oft eingesetzt, wir sind aber der Ansicht, dass es an der Zeit ist, sie durch einen mindestens dreischichtigen Ansatz zu ersetzen, besser noch durch einen n-schichtigen. In den nächsten Abschnitten erfahren Sie, wie einfach diese Unterteilung in .NET durchzuführen ist.

Dreischichtige Architektur

Der Wechsel zur dreischichtigen Architektur kam relativ rasch mit dem Erfolg des Internets. Die Microsoft Active Server Pages (ASP) gestatteten für die Benutzeroberfläche ausschließlich Skriptcode. Dieser Code musste jedes Mal interpretiert werden, die Folge waren langsame Reaktionszeiten und eingeschränkte Skalierbarkeit. An diesem Punkt setzte Windows DNA an. Eigentlich sollten wir sagen: »setzt an«, weil Windows DNA immer noch häufig verwendet wird. Das bleibt vermutlich auch noch einige Zeit so, bis .NET zur Entwicklungsplattform der Wahl geworden ist. Die Architektur von Windows DNA verträgt sich am besten mit einer dreischichtigen (three-tier) Entwicklung, bei der Präsentationsschicht (presentation layer), Geschäftsschicht (business layer) und Datenbankschicht (database layer) getrennt sind. Die Präsentationsschicht wird entweder für ASP- oder Win32-Clients geschrieben. Die Mittelschichtkomponenten und vorgefertigten Komponenten werden in dieser Architektur mit COM oder COM+ entwickelt. Die Datenbankschicht nutzt SQL Server, Oracle, Microsoft Exchange Server, Mainframes oder andere relationale Datenbanksysteme (Relational Database Management System, RDBMS). Abbildung 2.4 zeigt die Trennung der drei Schichten. Auch wenn die drei Schichten logisch voneinander getrennt sind, könnten sie auf demselben Server laufen, genauso gut aber auch auf drei oder mehr voneinander unabhängigen Systemen.

Das vierte Beispiel, *ThreeTier.vb*, demonstriert diese Trennung. Es nutzt nicht COM+, was positiv zu bewerten ist, weil wir uns nicht mit dessen Einschränkungen und Problemen auseinander setzen wollen. Dieser Code zeigt, wie einfach Schichten erstellt und aufgerufen werden können, und dass die Problemchen von COM praktisch hinter uns liegen. Bei diesem Beispiel sehen wir uns den Code genauer an, insbesondere die Techniken, mit denen Schichten erstellt werden, mit denen auf Code zugegriffen wird und mit denen Daten hin und her geschickt werden.

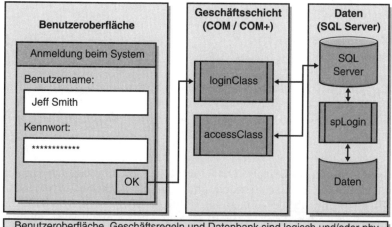

Abbildung 2.4: Dreischichtige Anwendungsarchitektur

Wir beginnen mit der Projektmappe *Architecture*. Sie enthält die bisher vorgestellten Projekte. Um unsere Unterteilung in mehrere Schichten zu verwirklichen, fügen wir zur Projektmappe ein neues Projekt hinzu. Das neue Projekt soll *BusinessLayer* heißen, seine Hauptklassendatei benennen wir in *logic.vb* um. Ganz am Anfang dieser Klasse finden Sie die Importanweisung für den Namespace SqlClient, mit dessen Klassen wir die Verbindung zum SQL Server herstellen. Unmittelbar danach folgt die Deklaration des Namespaces BusinessLogic. Namespaces sind in .NET sehr wichtig, weil sie helfen, die unglaubliche Zahl von Basisklassen im .NET Framework sowie Ihre eigenen Klassen und Objekte zu organisieren. (Kapitel 1 enthält weitere Informationen über Namespaces.) In der Standardeinstellung trägt der Stammnamespace in einem Projekt denselben Namen wie das Projekt. Sie können weitere Namespaces hinzufügen. In unserem Beispiel haben wir den Namespace BusinessLayer hinzugefügt. Wenn wir die Klasse Security benutzen wollen, verwenden wir folgende Syntax:

BusinessLayer.BusinessLogic.Security()

Wenn Sie den Namespace in die aufrufende Anwendung importieren, brauchen Sie den Namespace eines Objekts nicht auszuschreiben:

Imports BusinessLayer.BusinessLogic

Entsprechend einfacheren Code sehen Sie in dem Click-Ereignis für die Schaltfläche des dreischichtigen Beispiels. Wir brauchen die Variable lediglich als Security() zu deklarieren:

Dim localLogin as New Security()

Der restliche Code in der Klasse Security entspricht weitgehend dem zweischichtigen Beispiel. Der einzige Unterschied ist, dass wir das OOP-Prinzip der Kapselung (encapsulation) anwenden und alle Variablen als privat deklarieren und öffentliche Eigenschaften erstellen, mit denen vor dem Aufruf der Funktion userLogin Benutzername und Kennwort übergeben werden. Wir hätten dazu auch Parameter in der Funktion definieren können, aber wir wollten Ihnen zeigen, wie die Kapselung in der Praxis funktioniert.

Sehen wir uns kurz den Code in der Benutzeroberfläche an, der die Klasse Security benutzt. Damit wir im Projekt *Architecture* auf das Projekt *BusinessLayer* zugreifen können, müssen wir einen Verweis darauf zu dem Projekt *Architecture* hinzufügen. Das passiert in dem Ast *Verweise* des Projekts *Architecture* im Projektmappen-Explorer. Ist der Verweis vorhanden, können wir den Aufrufcode im `Click`-Ereignishandler der Schaltfläche erstellen:

```
Imports BusinessLayer.BusinessLogic
⋮
    Private Sub btnLogin_Click(...) Handles btnLogin.Click
        Dim localValidateUser as Boolean
        Dim localLogin as New Security()
        localLogin.UserName = txtUserName.Text
        localLogin.Password = txtPassword.Text

        localValidateUser = localLogin.loginUser
        localLogin = Nothing
        ⋮
    End Sub
```

Hinter der Importanweisung für den Namespace `BusinessLogic` deklarieren wir eine Variable der Klasse `Security`, tragen Werte in die Eigenschaften ein und rufen die Funktion `loginUser` auf. Als Ergebnis bekommen wir mitgeteilt, ob die Anmeldung gültig ist oder nicht. Beachten Sie, dass die Benutzeroberfläche keine weitere Logik enthält. Es gibt nicht einmal einen Hinweis darauf, woher die Werte stammen. Der Aufrufcode im Client hat keine Ahnung, auf welche Weise die Ergebnisse ermittelt werden. Die Funktionsweise der Benutzerüberprüfung ist vollständig in der Geschäftsschicht gekapselt. Die gesamte Geschäftslogik (business logic) ist an einem Ort konzentriert, sie ist nicht über verschiedene Stellen verstreut, also zum Beispiel ein Teil in der Benutzeroberfläche, ein anderer in Komponenten und ein dritter in der Datenbank. Anwendungen sind auf diese Weise viel einfacher zu debuggen und zu pflegen.

Das war's auch schon. Wir haben eine dreischichtige Anwendung. Keine Registrierungseinstellungen, kein Ärger mit dem Debuggen: Der .NET-Debugger verfolgt den Code vom Aufruf in die Geschäftsschicht und kann sogar so eingerichtet werden, dass er dem Code in gespeicherte Prozeduren folgt. Wird in der Geschäftsklasse eine Änderung vorgenommen, steht dem Aufrufcode die neue Version sofort zur Verfügung. Ein weiterer gewaltiger Vorteil ist die Fähigkeit, dieselbe Geschäftslogikklasse auf einer Web Forms-Seite *in genau derselben Weise* zu benutzen wie in dem hier gezeigten Windows Forms-Beispiel. Dagegen sind bei Windows DNA-Software, die für die Mittelschicht entwickelt wurde, oft unterschiedliche Versionen für Win32-Clients und ASP nötig. Werkzeuge und Programmiertechniken unterschieden sich damals voneinander. In .NET sind es dieselben! Wenn Sie den einfachen Umgang mit Schichten in .NET ausprobieren möchten, können Sie ein Webprojekt zu dieser Projektmappe hinzufügen und eine Web Forms-Seite erstellen, in die Benutzername und Kennwort eingegeben werden. Dann können Sie den gezeigten Code unverändert in das `Click`-Ereignis eines Schaltflächen-Serversteuerelements kopieren. (Vergessen Sie nicht die `Imports`-Anweisung.) Wir haben unser eigentliches Thema, die Architektur, kurz verlassen, um Ihnen zu zeigen, wie einfach und konsistent es mit .NET möglich ist, diese Schichten zu entwickeln.

Die Einschränkungen von Windows DNA und COM

Als wir unsere ersten Windows DNA-Anwendungen schrieben, stellten wir fest, dass es theoretisch nichts an dem dreischichtigen Modell auszusetzen gibt. In der Praxis sehen die Dinge aber etwas anders aus. Die Einschränkungen des Windows DNA-Modells liegen nicht in der Architektur, sondern in den Werkzeugen. Da Microsoft und andere Hersteller von Entwicklungsplattformen vom Erfolg des Internets überrumpelt wurden, mussten sie auf die Schnelle Entwicklungslösungen präsentieren und dabei einige Kompromisse eingehen. Abgesehen von der Anforderung, ein Gemisch von Sprachen und Techniken für das Schreiben von Internetanwendungen benutzen zu müssen, sind die Einschränkungen von COM das größte Problem von Windows DNA. Sehen wir uns an, welche Sprachen und Werkzeuge benutzt wurden (oder werden), um mit Windows DNA eine Webanwendung zu entwickeln:

- ASP-Seiten: Microsoft Visual Basic Scripting Edition (VBScript) für die Clientseite
- ASP-Seiten: JavaScript für die Clientseite
- ASP-Seiten: VBScript für die Serverseite
- ASP-Seiten: JavaScript für die Serverseite
- ASP-Seiten: Hypertext Markup Language (HTML), Dynamic HTML (DHTML), Cascading Style Sheets (CSS)
- ASP-Seiten: Extensible Markup Language (XML), Extensible Stylesheet Language (XSL)
- Clientkomponenten: Microsoft Visual Basic
- Serverkomponenten: Visual Basic
- Microsoft ActiveX-Komponenten: C++
- Datenbanken: Gespeicherte Prozeduren mit Transact-SQL im SQL Server

Sogar für die erfahrensten Programmierer war es eine einschüchternde Vorstellung, diese Bandbreite von Werkzeugen effizient und effektiv einsetzen zu müssen. Geschäftslogik konnte in jeder denkbaren Kombination aus den aufgeführten Elementen verwirklicht sein. Es war eine hohe Qualifikation erforderlich, um alle diese Sprachen beherrschen und sich gleichzeitig mit COM herumschlagen zu können.

Einige der Probleme und Einschränkungen von COM sind:

- Die DLL-Hölle, die durch kleine Probleme verursacht wird, etwa durch eine winzige Änderung an der Schnittstelle einer Komponente. Durch so etwas kann eine vollständige Schicht, die aus Komponenten zusammengebaut ist, nutzlos werden. Die Versionsverwaltung ist schwierig. Es erfordert Genialität und ein perfekt geplantes System, um eine große Zahl von DLLs am Laufen zu halten.
- Schwierige Weitergabe, wenn DLL-Komponenten auf Clientsystemen benutzt werden.
- Keine Interoperabilität mit anderen Plattformen.
- Keine echte Unterstützung für Vererbung. Vererbungsfähigkeiten sind eine wichtige Voraussetzung für die erfolgreiche Erstellung komplexer Anwendungsframeworks. Das .NET Framework macht zum Beispiel stark von OOP und Vererbung Gebrauch.
- Die Notwendigkeit, das Programmiermodell zu wechseln, wenn für das Internet oder andere Plattformen entwickelt wird.
- Bei Internetsitzungen wird keine automatische Zustandsverwaltung angeboten.
- Visual Basic als Werkzeug für die Erstellung von COM-Komponenten:
  - Keine vollständige OOP- und Vererbungs-Unterstützung.
  - Kein Multithreading.
  - Begrenzte Integration mit anderen Sprachen.
  - Schlechte Fehlerbehandlung.
  - Keine brauchbare Benutzeroberfläche für Internetanwendungen.

Diese Probleme zeigen, wie schwierig und teuer es vor .NET war, n-schichtige Anwendungen zu erstellen, die auf COM/COM+ zurückgriffen.

Die dreischichtige Architektur trennt deutlich zwischen Benutzeroberfläche, Geschäftslogik und Datenbank. Das hat uns zwar geholfen, gut skalierbare Anwendungen zu erstellen, die einfacher zu pflegen und zu aktualisieren sind, ist aber immer noch ein Stück entfernt von der optimalen Lösung: der flexiblen n-schichtigen Architektur, die Sie mit dem .NET Framework verwirklichen können.

Flexible n-schichtige Architektur

Es gibt bei der gerade vorgestellten dreischichtigen Architektur zwei Probleme. Erstens: Wenn Sie Windows DNA für die Anwendungsentwicklung nutzen, stellt sich recht schnell heraus, dass Sie die Geschäftsregelkomponenten nicht gleichzeitig für ASP-Webanwendungen und andere Clients einsetzen können. Daher duplizieren viele Anwendungen die Geschäftsregeln für jeden Client mit einer veränderten Schnittstelle, nicht gerade eine optimale Lösung. Sie führt dazu, dass Codeteile wiederholt werden, das Ergebnis ist schwerer zu pflegen und zu aktualisieren. Die Lösung für dieses Problem sah in Windows DNA so aus, dass die Benutzeroberfläche von der Geschäftsschicht durch eine Fassadenschicht (facade layer) getrennt wurde. Statt Geschäftsregeln mehrfach zu schreiben, kapselten Sie diese Regeln in der Fassadenschicht und ließen sie die Änderungen durchführen, die der aufrufende Client verlangte. Der Bedarf für diese Zwischenschicht hat sich in .NET verringert, kann aber immer noch vorhanden sein, wenn Sie für eine bestimmte Clientanwendung Geschäftsschichtfunktionen hinzufügen oder ändern wollen. Ein Beispiel ist etwa verstärkte Sicherheit, falls ein Webdienst auf die Geschäftslogik zugreift.

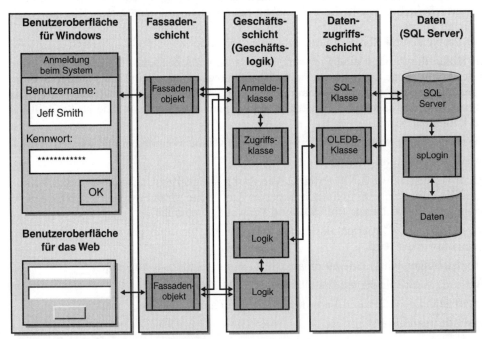

Abbildung 2.5: n-schichtige Architektur

Das zweite Problem bei der Implementierung einer dreischichtigen Architektur ist der Datenzugriff. Wir müssen immer wieder feststellen, dass wir Datenzugriffs- und Datenänderungscode in Geschäftskomponenten oft wiederholen, wenn wir uns an die dreischichtige Architektur halten. Das Problem taucht auf, wenn die Datenbank ausgewechselt wird, wenn wir bessere Möglichkeiten für den Datenzugriff finden oder wenn sich die Datenzugriffstechnologie verändert. In einer unserer Anwendungen implementierten wir das dreischichtige Modell, beließen den Datenzugriff aber in den Geschäftsklassen. Es kam der Zeitpunkt, an dem wir neue Fähigkeiten von Microsoft ActiveX Data Objects (ADO) und eine neuere Version des SQL Server nutzen wollten. Wir sahen uns mit der Aufgabe konfrontiert, große Teile unserer Geschäftsregeln neu zu schreiben. Bei einem Umfang von mehreren hundert Regeln war das keine triviale Aufgabe und dauerte länger als erwartet. Glücklicherweise beschlossen wir, als wir die Geschäftsregeln neu schrieben, dass wir eine Pufferschicht (die Fassadenschicht) zwischen die Datenbank und die Hauptgeschäftsschicht legen würden. Wir nannten sie die Datenzugriffsschicht (data access layer). Kurze Zeit nach dem Wechsel entdeckten wir einen leistungssteigernden Trick für ADO 2.6, der in unserer Datenzugriffsschicht relativ einfach zu implementieren war. Es gab keine Veranlassung, die Geschäftsregeln neu zu schreiben. Abbildung 2.5 zeigt den Aufbau der flexiblen n-schichtigen Architektur (n-tier architecture).

Die n-schichtige Architektur in Aktion

Unser nächstes Beispiel, *FlexibleNTier.vb*, zeigt, wie wir die Datenzugriffsschicht implementieren. (In Kapitel 4 werden wir uns die Datenzugriffsverfahren und die Entwicklung einer Datenzugriffskomponente genau ansehen. Solange zeigen wir hier lediglich, wie sie in diesem Beispiel eingesetzt wird.) Wir haben die fertige Komponente (sie heißt *DataAccessLayer.dll*) in das Beispiel *BusinessLayer* kopiert. Wir können die Datenzugriffskomponente nur dann im Projekt *BusinessLayer* benutzen, wenn ein Verweis darauf vorhanden ist. Das erledigen Sie im Projektmappen-Explorer des Projekts *BusinessLayer* im Ast *Verweise*. Wählen Sie auf der Seite *Projekte* des Dialogfelds *Verweis hinzufügen* die Datei *DataAccessLayer.dll* aus, um den benötigten Verweis hinzuzufügen. Die Geschäftslogikklasse für dieses Beispiel liegt in der Datei *LogictoDAL.vb*. Wir haben ihr denselben Namespace wie im letzten Beispiel gegeben, aber den Namen der Anmeldeklasse in `SecurityDAL` geändert. Die `Imports`-Anweisung zeigt auf `DataAccessLayer.DataAccess`, wo alle Methoden und Funktionen für den Datenzugriff liegen. Wenn Sie sich den Code in *LogictoDAL.vb* ansehen, werden Sie feststellen, dass es darin keinen Verweis auf ADO.NET und seine Datenfunktionen gibt. Die Geschäftslogik des letzten Beispiels enthielt zwar alle benötigten Datenzugriffsfunktionen, in diesem Fall gibt es aber keine. Das ist möglich, weil wir den Datenzugriff vollständig in der Datenzugriffskomponente kapseln.

Die gespeicherte Prozedur enthält folgenden Code:

```
CREATE PROCEDURE spLogin2
    @User char(15),
    @Password char(15),
    @Validate bit output
AS
Declare @RecordFound int
Select @RecordFound = count(*)
From Employees
Where LastName = @User
AND Extension = @Password
Select @RecordFound
If @RecordFound > 0
    set @Validate = 1
Else
    set @Validate = 0
```

Diese gespeicherte Prozedur unterscheidet sich etwas von der, die wir in den letzten Beispielen verwendet haben. Sie trägt das Ergebnis der Überprüfung in eine Ausgabevariable namens `@Validate` ein. Auf diese Weise brauchen wir keinen `DataReader` oder ein `DataSet` mit einer Ergebnistabelle zurückzugeben. Wir erhalten lediglich den Ausgabeparameter zurück, der eine 1 enthält, wenn der Benutzer zugelassen wurde, und eine 0, wenn das nicht der Fall war.

Das nächste Listing enthält den vollständigen Code von *LogictoDAL.vb*:

```vb
Ch02\BusinessLayer\LogictoDAL.vb
Imports DataAccessLayer.DataAccess
Namespace BusinessLogic
    Public Class SecurityDAL
        Private privateConnectionString as String
        Private privateStoreProcedureName as String
        Private privateReturnOutputList as New ArrayList()

        Private privateUserName as String
        Private privatePassword as String
        Private validateUser as Boolean = False

        Public WriteOnly Property UserName() as String
            Set(ByVal Value as String)
                privateUserName = Value
            End Set
        End Property

        Public WriteOnly Property Password() as String
            Set(ByVal Value as String)
                privatePassword = Value
            End Set
        End Property

        Public Function loginUser() as Boolean
            privateConnectionString = "..."
            privateStoredProcedure = "spLogin2"
            Dim privateSQLServer as New SQLServer(privateConnectionString)
            privateSQLServer.AddParameter("@User", privateUserName, SQLServer.SQLDataType.SQLChar,15)
            privateSQLServer.AddParameter("@Password", privatePassword, _
                SQLServer.SQLDataType.SQLChar,15)
            privateSQLServer.AddParameter("@Validate",, SQLServer.SQLDataType.SQLBit,, _
                ParameterDirection.Output)
            returnOutputList = privateSQLServer.runSPOutput(privateStoredProcedureName)
            validateUser = CType(returnOutputList.Item(0), Boolean)

            privateSQLServer.Dispose()
            privateSQLServer = Nothing

            Return validateUser
        End Function
```

Dank der `Imports`-Anweisung können wir die Datenzugriffsschicht nutzen, ohne den Namen der Klasse `DataAccessLayer.DataAccess.SQLServer` vollständig ausschreiben zu müssen. Wir verwenden für die Klasse `BusinessLogic` denselben Namespace wie vorher und ändern den Namen dieser Klasse etwas. Übrigens ist das eine gute Gelegenheit zu erwähnen, dass gegenüber dem dreischichtigen Beispiel der einzige Unterschied im aufrufenden Code des Clients darin besteht, dass die Klasse einen anderen Namen hat. Sie finden diesen Code in der Datei *FlexibleNTier.vb* im Ereignishandler `btnLogin_Click`. Statt wie im letzten Beispiel

```vb
Dim localLogin as New Security()
```

rufen wir diesmal die Geschäftslogikklasse auf, die von der Datenzugriffsschicht Gebrauch macht:

```vb
Dim localLogin as New SecurityDAL()
```

Die folgenden Codezeilen in *LogictoDAL.vb* deklarieren lediglich die benötigten Variablen:

```
Private privateConnectionString as String
Private privateStoreProcedureName as String
Private privateReturnOutputList as New ArrayList()
Private privateUserName as String
Private privatePassword as String
Private validateUser as Boolean = False
```

Diese Variablen umfassen den Verbindungsstring, den Namen der gespeicherten Prozedur, die ausgeführt werden soll, die `ArrayList` mit dem Ausgabeparameter für das Ergebnis der gespeicherten Prozedur, Benutzername und Kennwort, die überprüft werden sollen, und schließlich die Variable, in der das zurückgelieferte Ergebnis steht. Es werden keine Datenzugriffsvariablen deklariert oder benutzt. Die nächsten Codezeilen sind für die öffentlichen Eigenschaften zuständig, die diese Klasse anbietet:

```
Public WriteOnly Property UserName() as String
    Set(ByVal Value as String)
        privateUserName = Value
    End Set
End Property
Public WriteOnly Property Password() as String
    Set(ByVal Value as String)
        privatePassword = Value
    End Set
End Property
```

Danach kommt die öffentliche Funktion `loginUser`. Dieser Code ist interessanter, weil er die Datenzugriffsschicht aufruft:

```
Public Function loginUser() as Boolean
    privateConnectionString = "..."
    privateStoredProcedure = "spLogin2"
    Dim privateSQLServer as New SQLServer(privateConnectionString)
    privateSQLServer.AddParameter("@User", privateUserName, SQLServer.SQLDataType.SQLChar,15)
    privateSQLServer.AddParameter("@Password", privatePassword, SQLServer.SQLDataType.SQLChar,15)
    privateSQLServer.AddParameter("@Validate", ,SQLServer.SQLDataType.sQLBit,, ParameterDirection.Output)
```

Bevor wir `privateSQLServer` als `SQLServer`-Objekt mit der zugeordneten Variablen `privateConnectionString` deklarieren, tragen wir den Verbindungsstring und den Namen der gespeicherten Prozedur ein, die aufgerufen werden soll. Nachdem unsere Datenzugriffskomponente deklariert ist, fügen wir die benötigten Parameter hinzu. Die Datenzugriffsschicht stellt die einzeilige Funktion `AddParameter` zur Verfügung, mit der wir Name, Typ, Größe, Wert und Richtung der gespeicherten Prozedur übergeben können. Erst fügen wir die Parameter `@User` und `@Password` hinzu, dann den Ausgabeparameter `@Validate`. Beachten Sie, dass wir ihm die Richtung `ParameterDirection.Output` gegeben haben, um ihn von den vorhergehenden Eingabeparametern abzuheben. Sobald alle benötigten Parameter definiert sind, rufen wir die Methode `runSPOutput` der Datenzugriffskomponente auf:

```
returnOutputList = privateSQLServer.runSPOutput(privateStoredProcedureName)
validateUser = CType(returnOutputList.Item(0), Boolean)
```

Die Methode zum Ausführen einer gespeicherten Prozedur, die eine Liste mit Ausgabeparametern zurückgibt, heißt `runSPOutput`. Sie erhält den Namen der gespeicherten Prozedur übergeben, die ausgeführt werden soll. Diese Methode gibt eine `ArrayList` mit Ausgabeparametern zurück. In unserem Fall gibt es nur einen Ausgabeparameter, das Ergebnis der Überprüfung tragen wir in die Variable `validateUser` ein. Diese Variable wurde als `Boolean` definiert. Da `Option Strict` aktiviert ist, müssen wir die Typkonvertierung durchführen, die Sie im vorhergehenden

Anwendungsarchitektur unter .NET

Codeausschnitt sehen. Wir versprechen, Ihnen später (in Kapitel 4) zu erklären, wie die Datenzugriffskomponente funktioniert. Jetzt brauchen wir nur noch diese Instanz des Datenzugriffsobjekts zu beseitigen und den Wert an den Client zurückzugeben:

```
privateSQLServer.Dispose()
privateSQLServer = Nothing
Return validateUser
```

Sie können sofort sehen, wie einfach dieses vierschichtige Beispiel implementiert ist. Verglichen mit dem Aufwand, den wir unter Windows DNA hätten betreiben müssen, sieht das beinahe simpel aus. In Wirklichkeit ist es nicht ganz so einfach. Es ist lediglich so, dass das .NET Framework die Komplexität verbirgt, die mit der Verknüpfung von Komponenten aus unterschiedlichen Schichten verbunden ist. Gegenüber COM- und COM+-Komponenten profitieren wir außerdem von besserer Leistung. Sie fragen sich vielleicht, warum das der Fall ist, schließlich steigen durch die Einteilung in Schichten die Systemanforderungen, weil Daten zwischen den Schichten ausgetauscht werden müssen. Der Grund liegt darin, dass .NET die Verknüpfung nativ erledigt. Der gesamte Code, den wir bisher geschrieben haben, wird von der Common Language Runtime (CLR) auf der untersten Ebene des .NET Frameworks unterstützt. Abbildung 2.6 zeigt die Architektur von .NET und Visual Studio .NET.

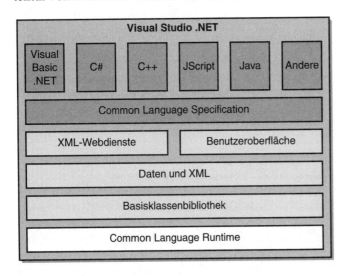

Abbildung 2.6: Interne Architektur von Visual Studio .NET

Bei der Kommunikation durch die Schichten in .NET ist kein Datenmarshalling erforderlich. Alle .NET-Klassen stammen von System.Object ab, das unmittelbar über der CLR angeordnet ist. Wie Sie in Abbildung 2.6 sehen, ist dies das Fundament, auf dem alle .NET-Komponenten aufbauen. Komponenten und Klassen können sogar in unterschiedlichen verwalteten Programmiersprachen entwickelt werden, sie können trotzdem voneinander abgeleitet werden, und bei der Kommunikation zwischen solchen Komponenten ist kein Marshalling nötig. Das ist ein wichtiger Unterschied zu COM- und COM+-Komponenten, die in einer mehrschichtigen Architektur organisiert sind. Wenn eine dieser Komponenten aus einer der anderen Schichten mit der Benutzeroberfläche oder der Datenbank kommuniziert, müssen die Daten gemarshallt werden, weil COM+-Komponenten Daten anders verarbeiten als ASP- oder Win32-Anwendungen oder sogar die Datenbank. Das verursacht einen erheblichen Overhead, der sowohl die Skalierbarkeit als auch die Leistung einschränkt.

Wir wollen hier nicht auf Windows DNA und COM+ herumhacken. Es laufen große, funktionierende Systeme auf Basis dieser Technologien. Aber .NET wurde speziell dazu entworfen, die erwähnten Probleme zu lösen. Für Ihre künftigen Projekte ist es die bessere Lösung. Seine Unterstützung für COM+-Komponenten ist hervorragend, Sie brauchen Ihre mühsam entwickelte COM+-Komponentenbibliothek nicht vollständig zu ersetzen. Wenn .NET allerdings mit COM+-Komponenten kommuniziert, führen Sie wieder Datenmarshalling und den damit einhergehenden Overhead ein. Optimale Leistung und Skalierbarkeit erhalten Sie nur, wenn Sie reine .NET-Programmierung nutzen.

Was ist flexibel an der n-schichtigen Architektur?

Wir wollen Ihnen die n-schichtige Architektur nicht mit Gewalt einreden. Verwenden Sie das Schichtenmodell, das für Ihre Anwendung am sinnvollsten ist. Wenn Sie keine Fassadenschicht brauchen, verzichten Sie darauf. Wenn Sie ein kleines Programm schreiben, das nicht Teil einer umfangreichen Unternehmensanwendung ist, können Sie durchaus Benutzeroberflächenkomponenten einsetzen, bei denen die Geschäftslogik in den Code integriert ist, aber trotzdem die Komponente aus der Datenzugriffsschicht für den Datenzugriff nutzen. Wenn die Geschäftslogik dagegen übermäßig komplex wird, brauchen Sie womöglich mehr Schichten. Sie müssen vielleicht sogar eine Schicht für asynchrone Prozesse in Ihrer Anwendung erstellen. Der wichtigste Punkt ist, dass Sie bei der Planung flexibel sind.

Jahrelange Programmiererfahrung zeigt, dass eine Trennung von Benutzeroberfläche, Geschäftslogik und Datenbank (ein mindestens dreischichtiger Ansatz) als einfachste mehrschichtige Architektur sinnvoll ist. Wann immer wir uns für eine andere Lösung entschieden haben, bedauerten wir das am Ende, wenn Pflege und Aktualisierung der Anwendung anstanden.

Sie können die Komponenten und Tools, die wir für unsere Beispielanwendung HRnet entwickelt haben, wieder verwenden und so eigene flexible n-schichtige Lösungen erstellen. In Kapitel 4 erstellen wir die Datenzugriffskomponente. Sie ist sehr vielseitig und deckt die meisten Bedürfnisse beim Datenzugriff ab. Wir haben sie zwar für den SQL Server 7 oder den SQL Server 2000 geschrieben, Sie können die Komponente aber einfach an OLE DB anpassen, falls Sie andere Datenquellen benötigen. Wir haben diese Komponente in einem intensiv genutzten Unternehmenssystem getestet und optimiert. In .NET können Sie die Komponente in allen Schichten einsetzen. Sie macht den Datenzugriff viel einfacher, weil Sie den Datenzugriffscode nicht mehr an mehreren Stellen verteilen müssen. Sie könnten sie sogar als COM+-kompatible Komponente verpacken, die sich in ASP und Visual Basic 6 einsetzen lässt. Diese Komponente stellt quasi eine einheitliche Datenzugriffsschicht für Ihre Anwendungen dar. So leistungsfähig ist eine gute Komponente, die mit .NET erstellt wurde!

Sie wissen nun aus unseren Ausführungen, dass Sie mit dem .NET Framework auf relativ einfache Weise n-schichtige Anwendungen erstellen können. Vorgefertigte Komponenten können diese Schichten bilden oder dort eingefügt werden. Komplexität und Overhead früherer Generationen von Entwicklungswerkzeugen sind passee. Der flexible Ansatz mit n-schichtigen Architekturen war beim Anwendungsentwurf schon immer sinnvoll, aber bisher schwierig zu implementieren. Mit dem .NET Framework sind Sie endlich in der Lage, eine neue Generation flexibler, skalierbarer und wieder verwendbarer n-schichtiger Anwendungen zu entwerfen.

Lösungen mit dem .NET Framework

Sie wissen jetzt, dass unsere bevorzugte Architektur die flexible n-schichtige Lösung mit dem .NET Framework ist. Als Nächstes wollen wir uns ansehen, wie die verschiedenen .NET-Fähigkeiten in die einzelnen Schichten passen. Denken Sie daran, dass es keine Universalrezepte gibt. Wir empfehlen einen bestimmten Ansatz, aber .NET ist so flexibel, dass Sie Lösungen auf viele unterschiedliche Arten an Ihre Anforderungen anpassen können. Der Ansatz, den wir vorschlagen, hat sich bei uns als der brauchbarste erwiesen, er ist das Ergebnis der Erfahrungen, die wir beim Entwickeln etlicher .NET-Unternehmensanwendungen während des letzten Jahres gesammelt haben. Wir haben die Beispielanwendung HRnet und alle ihre Komponenten unter Einsatz der Fähigkeiten erstellt, die wir in diesem Abschnitt vorstellen.

Auch wenn jede Anwendung, die wir erstellen, anders ist, stellen wir fest, dass alle unsere Anwendungen etliche Fähigkeiten gemeinsam haben. Zum Beispiel greift praktisch jede von uns entwickelte Anwendung auf Daten zu, hat eine Benutzeroberfläche, verarbeitet Daten und so weiter. Es wäre eine Verschwendung von Zeit und Ressourcen, diesen Funktionsumfang für jede Anwendung neu zu schreiben. In den meisten Fällen wäre es auch unnötig, für diese Fähigkeiten eine tief verschachtelte Klassenhierarchie zu erstellen. Für diese Funktionen eine Komponente zu entwickeln ist einfach die beste Lösung. Wie wir bereits erwähnt haben, ist unsere Datenzugriffskomponente ein gutes Beispiel für eine wieder verwendbare Komponente. In unseren Beispielen bildet die Datenzugriffskomponente sogar die gesamte Datenzugriffsschicht. Ein anderes Beispiel für eine nützliche Universalkomponente ist die Sicherheitskomponente, die wir in Kapitel 5 genauer vorstellen.

Weitere gemeinsame Funktionen vieler unserer Anwendungen sind zum Beispiel unsere Lieblingsbenutzeroberfläche oder eine bestimmte Art, die Ausgaben anzuzeigen. An dieser Stelle kommen die Oberflächenvererbung oder der Einsatz von Serversteuerelementen und Benutzersteuerelementen ins Spiel. In den nächsten Abschnitten erklären wir für jede einzelne Schicht, welche Elemente wir wo empfehlen.

Benutzeroberflächen

Das .NET Framework bietet drei Benutzeroberflächen zur Auswahl: Konsole, Windows Forms und Web Forms. Da die Konsolenoberfläche in .NET genauso aussieht und funktioniert wie im guten alten MS-DOS, gehen wir hier nicht darauf ein.

Die Trennung von Logik und Darstellung bei ASP-Seiten war für viele Entwickler eine der wichtigsten Forderungen. In ASP waren Benutzeroberfläche und Code miteinander verwoben, was manchmal Probleme verursachte. ASP.NET trennt Logik und Darstellung mit Hilfe so genannter Code-Behind-Dateien. HTML und Programmcode werden in jeweils eigenen Dateien gespeichert, die bei der Ausführung miteinander verknüpft werden. Die Code-Behind-Datei ist allerdings kein geeigneter Platz für die Geschäftslogik. Diese Datei sollte nur dazu verwendet werden, die Benutzerüberprüfung zu verbessern und Objekte der Mittelschicht aufzurufen. Wenn Sie ASP.NET-Seiten erstellen, haben Sie zwei hervorragende Möglichkeiten, Wiederverwendung von Code und Vererbung zu fördern: Sie können entweder Benutzersteuerelemente oder benutzerdefinierte Serversteuerelemente erstellen.

Benutzersteuerelemente und Web Forms

Benutzersteuerelemente (user control) sind eigenständige ASP.NET-Steuerelemente, die aus wieder verwendbaren Abschnitten mit Programm- und Darstellungscode bestehen. (Das Programmiermodell für Benutzersteuerelemente gleicht dem für ASP.NET-Seiten.) Wenn wir sie in eine ASP.NET-Seite einfügen, steht ihr gesamter Funktionsumfang zur Verfügung. Sie können sich Benutzersteuerelemente als aufgeputschte Include-Dateien vorstellen. Sie kapseln ihren Funktionsumfang so gut, dass sie mehrfach auf derselben ASP.NET-Seite dazu eingesetzt werden können, unterschiedliche Daten darzustellen. In den Kapiteln 7, 10 und 11 stellen wir einige Tricks vor, die den Nutzen von Benutzersteuerelementen vervielfachen.

Benutzerdefinierte Serversteuerelemente und Web Forms

Benutzerdefinierte Serversteuerelemente (custom server control) gleichen ASP.NET-Serversteuerelementen. Die treffendste Analogie zu bisheriger Technologie lautet: Benutzerdefinierte Serversteuerelemente ähneln COM-Steuerelementen, sind aber einfacher zu erstellen und einzusetzen. Sie sind vorkompiliert und besitzen Eigenschaften, Methoden und Ereignisse. Sie können HTML, XML oder überhaupt keine Ausgaben generieren. Weitere Informationen über benutzerdefinierte Serversteuerelemente finden Sie in den Kapiteln 6, 10 und 11.

Welche Steuerelemente sollten Sie einsetzen?

Sowohl Benutzersteuerelemente als auch benutzerdefinierte Serversteuerelemente sind im Hinblick auf Wiederverwendung von Code und OOP eine hervorragende Wahl. Der beste Platz für Benutzersteuerelemente ist in der speziellen Anwendung, die Sie schreiben. Sie verleihen einer Anwendung ein einheitliches Look-and-Feel. Wir setzen sie gerne ein, um mehrfach benötigte Fähigkeiten der Benutzeroberfläche in einzelne Elemente zu untergliedern. Jede ASP.NET-Seite ist eine Ansammlung der Benutzersteuerelemente sowie des speziellen HTMLs und Programmcodes, die sie benötigt. Benutzersteuerelemente sind nicht dazu gedacht, außerhalb einer bestimmten Anwendung eingesetzt zu werden. Ein Beispiel für ein Benutzersteuerelement ist ein eigener Header, den wir in allen Webseiten eines Projekts verwenden. Neben dem HTML, das den Header ausmacht, könnte das Benutzersteuerelement auch speziellen Code enthalten, der ausgeführt wird, wenn das Steuerelement angeklickt wird.

Dagegen sind benutzerdefinierte Serversteuerelemente die Art von Objekten, die wir in mehreren Anwendungen einsetzen wollen. Sie gehören in unsere allgemeine Werkzeugkiste, zu den Komponenten, die wir in all unseren Anwendungen immer wieder verwenden. Ein Beispiel für ein benutzerdefiniertes Serversteuerelement ist eine verbesserte Dropdownliste mit einer Indexsuche.

Windows Forms und Oberflächenvererbung

Bei Windows Forms können wir Möglichkeiten der Oberflächenvererbung nutzen. Oberflächenvererbung (visual inheritance) ermöglicht uns, nicht nur die Methoden und Eigenschaften einer Klasse zu vererben, sondern auch ihr Aussehen. So können wir ein Grundformular entwerfen und davon Klassen ableiten, die zusätzliche Steuerelemente und weitere Funktionen enthalten. Oberflächenvererbung kann sich über mehrere Ebenen erstrecken. Im Unterverzeichnis der Beispiele zu Kapitel 2 *(Ch02)* finden Sie den Ordner *VisualInheritance*. Die Projektmappe *VisualInheritance* zeigt ein einfaches, aber leistungsfähiges Beispiel, wie Oberflächenvererbung Ihnen helfen kann, Seiten für die Dateneingabe schnell und mit einem einheitlichen Design zu erstellen.

Weil alles in .NET ein Objekt ist, ist es auch möglich, Klassen von Oberflächenobjekten wie Textfeldern, Schaltflächen und so weiter abzuleiten und eigene, verbesserte Versionen zu erstellen.

Fassadenfunktionen

In .NET hat sich zwar der Bedarf für einen Puffer zwischen Benutzeroberfläche und Geschäftslogik verringert, es gibt aber Situationen, in denen es nötig ist, die Geschäftslogik in eine Fassadenschicht zu kapseln, um das Verhalten für eine bestimmte Benutzeroberfläche zu abstrahieren. Die beiden besten Möglichkeiten dazu bieten Komponenten und speziell für diesen Zweck geschriebene Klassen. Kapitel 9 beschäftigt sich ausführlich mit der Fassadenschicht.

Geschäftsschicht

In der Geschäftsschicht (business layer) können wir die neuen Vererbungs- und OOP-Fähigkeiten von Visual Basic .NET am besten einsetzen. Die Geschäftslogik ist der beste Ort, um ein anwendungsspezifisches Klassenframework zu entwickeln. Die meisten Branchen haben allgemeine Richtlinien und Universalobjekte, die immer spezieller werden, je näher Sie einer tatsächlichen Objektimplementierung kommen. Um zum Beispiel den Angestellten eines Unternehmens zu beschreiben, der in der Buchhaltung arbeitet, könnten Sie ein Klassenframework verwenden, dessen Klassenschichten wie in Abbildung 2.7 aussehen.

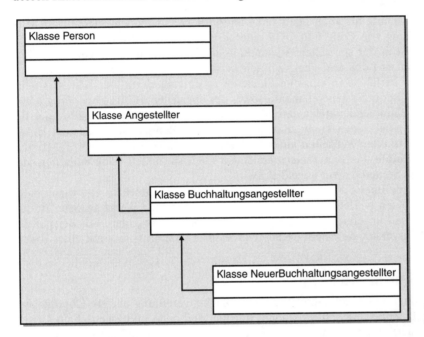

Abbildung 2.7: Beispiel für Klassenschichten

Mit jedem Objekt kommt die Beschreibung dem tatsächlich verwendeten Objekt näher. In diesem Fall erstellen Sie ein Objekt für einen »neu eingestellten Buchhaltungsangestellten«, wenn Sie der Buchhaltung einen neuen Mitarbeiter zuordnen. Jede Ebene, die spezifischer (tiefer in der Hierarchie) ist, erhöht den Funktionsumfang ihrer übergeordneten Klassen und ermöglicht gleichzeitig den Zugriff auf deren Eigenschaften, Ereignisse und Methoden. Ein solches Framework aus Klassen wird normalerweise nur für eine bestimmt Anwendung benutzt.

Es ist möglich, neben einem Framework mit Geschäftsklassen ganz allgemein gehaltene, oft benötigte Geschäftsfunktionen zu beschreiben, die nicht verändert werden müssen, wenn sie in Geschäftskomponenten in unterschiedlichen Anwendungen eingesetzt werden.

Datenzugriffsschicht

Eine Datenzugriffskomponente wie die aus dem letzten Beispiel ist die beste Lösung für die Datenzugriffsschicht. Sollten wir mit neuen Anforderungen beim Datenzugriff konfrontiert werden, die unsere Komponente noch nicht erfüllt, können wir die Komponente erweitern, ohne die vorhandenen Datenzugriffsfunktionen zu verändern oder lahm zu legen.

Datenschicht

Die Datenschicht kann aus jedem beliebigen relationalen Datenbanksystem (RDBMS) bestehen. ADO.NET ermöglicht uns, Datenobjekte einzusetzen, die über die Fähigkeiten typischer relationaler Datenbanken hinausgehen. Es bietet außerdem native XML-Unterstützung. Die beiden wichtigsten Datenprovider, die für ADO.NET zur Verfügung stehen, sind SQL- und OLE DB-Adapter. Wenn relationale Datenbankfunktionen gebraucht wurden, haben wir die besten Erfahrungen mit dem SQL Server gemacht. Systeme, die mit dem .NET Framework und SQL Server 7 oder SQL Server 2000 laufen, produzieren bessere Benchmarkergebnisse und sind besser skalierbar als alle anderen Kombinationen, die zu dem Zeitpunkt verfügbar waren, als wir dieses Buch schrieben.

Analyse und Entwurf

Gute Softwareanwendungen sind das Ergebnis einfacher Prinzipien, die korrekt angewendet werden. Wir wollen die Komplexität, die beim Erstellen großer Unternehmenssysteme auftritt, nicht verharmlosen. Aber solch große Systeme werden erst dadurch möglich, dass diese Prinzipien befolgt werden. In diesem Abschnitt sehen wir uns an, welche Schritte beim Erstellen einer Unternehmensanwendung nötig sind.

Schritt 1: Systemanalyse Sie können nur dann eine sinnvolle Anwendung erstellen, wenn Sie ihre Anforderungen, Ziele und Funktionen kennen. Außerdem müssen Sie den Workflow kennen, den Prozessablauf und den Datenaustausch innerhalb des Systems. Am Ende der Systemanalyse sollten Sie eine schriftliche Systemspezifikation vorliegen haben. Dieses Dokument sollte ein klares Bild vermitteln, was die Anwendung erreichen soll und auf welche Weise das geschehen wird. Dieser Plan wird zum Fundament für den funktionalen Entwurf und den Systementwurf sowie für die Datenbankanforderungen. Es gibt zwar spezielle Werkzeuge für diese Aufgabe, wir verfassen unsere Systemanalysedokumente aber mit Microsoft PowerPoint oder Microsoft Visio Professional.

Schritt 2: Funktionsspezifikation (Anwendung modellieren) Steht das Systemspezifikationsdokument zur Verfügung, nehmen wir diese Spezifikationen und beschreiben die Vorgänge (Operationen), die diese Anwendung durchführen muss. Wir beginnen auch damit, allgemeine Objekte und ihre Elemente zu definieren. Für diesen Schritt stehen viele unterschiedliche Techniken zur Verfügung, zum Beispiel Rational Rose, Visual UML von Visual Object Modelers oder die Objektmodellierung von Visio. Das einzige Problem beim Einsatz dieser Werkzeuge ist der Einarbeitungsaufwand. In einigen Fällen sind auch die Kosten der Programme zu hoch. Wir haben die Erfahrung gemacht, dass Karteikarten auf einer großen Tafel genauso gut funktionieren. Es ist relativ egal, welches Werkzeug oder welche Technik Sie einsetzen. Wichtig ist, dass Sie die Spezifikationen überhaupt erstellt haben.

Schritt 3: Datenbankentwurf Wenn Sie die Funktionsspezifikationen und die allgemeinen Objekte haben, können Sie mit der Arbeit am Datenbankentwurf beginnen. Es gibt zwar Modellierungswerkzeuge diverser Fremdhersteller, wir finden aber Visio Enterprise am nützlichsten. Eine Modellierungstechnik mit rasant wachsender Bedeutung ist Object Role Modeling (ORM), das Visio Enterprise unterstützt. ORM ist eine fakt-basierte, konzeptionelle Datenmodellierungstechnik. Sie konzentriert sich auf Objekte und ihre Beziehungen. Die allgemeine Beschreibung von Objekten aus dem letzten Schritt passt gut zu diesem ersten Schritt der ORM-Datenbankmodellierung. ORM-Modellierung trennt die Datenspeicherung vom konzeptuellen Entwurf. Dieses Modell wird dann in ein Entity-Relationship-Modell (ER-Modell) übersetzt, das die eigentliche Datenbank generiert.

Schritt 4: Architekturentwurf Diesen Schritt haben wir in diesem Kapitel vorgestellt. Das Ergebnis dieses Schritts ist der Entwurf von Komponenten, Klassen, Klassenstrukturen und anwendungsspezifischen Frameworkklassen. Wir entscheiden außerdem, welche vorhandenen Komponenten für diese Anwendung eingesetzt werden können. Wir strukturieren sie, gruppieren sie und weisen ihnen einen Platz in der n-schichtigen Architektur zu. Objekte verfügen nun über individuelle Beschreibungen. Prozessablauf, Datenaustausch, Statusverwaltung und Aktivitäten wurden im Detail definiert. Für den Architekturentwurf kommen dieselben Werkzeuge zum Einsatz wie in Schritt 2.

Schritt 5: Design der Benutzeroberfläche Wir sind der Ansicht, viele gute Entwickler und Programmierer haben zu wenig Erfahrung oder Begabung zum Entwerfen von benutzerfreundlichen Anwendungen. Deshalb beteiligen wir an diesem Vorgang immer einen Spezialisten für das Design von Benutzeroberfläche oder einen Grafiker. An dieser Stelle verfeinern wir das Look-and-Feel der Anwendung. Das Ergebnis dieser Phase ist eine spezifische Definition und Beschreibung für die Erstellung von Benutzersteuerelementen und Serversteuerelementen.

Schritt 6: Schreiben der Anwendung Wir beginnen beim Schreiben der Anwendung ganz unten. Zuerst kommen die allgemeinsten Klassen und Komponenten. Nachdem sie alle getestet sind, wird die nächste Schicht in Angriff genommen. Dieser Prozess aus abwechselndem Schreiben und Testen setzt sich fort, bis alle Schichten fertig sind. Außerdem wird die Benutzeroberfläche perfektioniert.

Schritt 7: Zusammenstellen der Anwendung Alle Teile der Anwendung werden miteinander verbunden und getestet. Belastungstests zeigen, wie die Anwendung sich verhält, und decken Flaschenhälse auf.

Selbstverständlich sind die beschriebenen Schritte nur eine allgemeine Einführung in Systemanalyse und Entwurf. Wir erwähnen sie, um Ihnen eindringlich klarzumachen, dass Sie Ihre Anwendungen erst analysieren, planen, modellieren und entwerfen müssen, bevor Sie sich ans Programmieren machen. Falls Sie nicht ohnehin schon auf diese Weise arbeiten, müssen Sie womöglich einen gewissen Widerstand gegen diese Schritte überwinden. Haben Sie das einmal geschafft, werden Sie feststellen, dass die 80/20-Regel auch für den Systementwurf gilt: 80 Prozent Planung und 20 Prozent Implementierung verhindern, dass Sie 80 Prozent der Zeit Code programmieren, von dem 80 Prozent umgeschrieben werden müssen, wodurch Sie 80 Prozent Ihres verdienten Schlafs verlieren (und 80 Prozent Ihrer Haarpracht). Egal, wie Sie es betrachten, wir möchten Ihnen unseren Ansatz ans Herz legen. Probieren Sie ihn aus, die Ergebnisse werden für sich selbst sprechen.

Zusammenfassung

Die richtige Entscheidung für eine Architektur hilft uns, sehr große skalierbare Unternehmensanwendungen zu erstellen. Mehrere Schichten helfen, die Funktionalität voneinander zu isolieren und Anwendungen auf einfache Weise zu verändern oder zu erweitern. Die Wartung von Code, Benutzeroberflächen und Datenbanken ist ebenfalls einfacher und besser. Auch wenn Technologien aus der Zeit vor .NET solche Architekturen zuließen, war (und ist) die Implementierung damit weitaus schwieriger. Das .NET Framework und leistungsfähige verwaltete Programmiersprachen wie Visual Basic .NET erlauben uns, auf relativ einfache Weise Code und Benutzeroberfläche von mehrschichtigen Anwendungen zu schreiben, mit Komponenten, Klassen, Anwendungsframeworks und Vererbungsfähigkeiten. Solide Systemanalyse, Entwurf und Modellierung helfen, dieses Ziel zu erreichen.

Auf dieser Basis wollen wir universelle Komponenten und Klassen erstellen, die wir in den meisten unserer Anwendungen einsetzen können. Danach erstellen wir die Anwendung HRnet, wobei wir die in diesem Kapitel vorgestellten Prinzipien anwenden und die vorbereiteten Komponenten einsetzen.

3 Ausnahmebehandlung im .NET Framework

50	Neuerungen bei der Ausnahmebehandlung in .NET
51	Was ist strukturierte Ausnahmebehandlung?
54	Ausnahmebehandlungsobjekte definieren
61	Ereignisprotokollierung
64	Ausnahmeobjekte und Remoting
65	Erstellen einer Hierarchie für Anwendungs-Ausnahmeklassen
66	Zusammenfassung

Ausnahme- und Fehlerbehandlung haben sich in Microsoft Visual Basic .NET gewaltig verbessert. Viele Microsoft Visual Basic-Entwickler würden so weit gehen zu sagen, dass jede Veränderung der Fehlerbehandlung früherer Visual Basic-Versionen eine Verbesserung darstellt. Die Anweisung On Error Goto – bestenfalls unstrukturiert, schlimmstenfalls nutzlos – war für so manchen Entwickler ein Schreckgespenst. On Error Goto hat es für Entwickler schwierig gemacht, Ausnahmen und ihre Quellen und Ursachen eindeutig zu identifizieren. Sie hat es auch schwierig gemacht, Ausnahmen angemessen zu behandeln. Das Ergebnis war, dass Entwickler zahllose Stunden damit verbracht haben, während der Entwicklung Anwendungen zu debuggen und fertige Anwendungen zu reparieren. Natürlich können Sie in Visual Basic .NET weiterhin On Error Goto benutzen. Die Alternative, die Anweisung Try, ist aber weit überlegen und viel präziser im Aufspüren bestimmter Fehlerarten.

Vor dem Microsoft .NET Framework wurde die Ausnahmebehandlung von der jeweiligen Sprache implementiert. Visual Basic 6 und seine Vorgänger haben die Anweisung On Error Goto und die Anweisung Resume. C++ benutzt die Anweisung try zusammen mit catch- und finally-Klauseln sowie die Anweisung throw. Andere Sprachen besitzen ihre individuellen Konstrukte für die Ausnahmebehandlung. Manche Programmiersprachen beherrschen sie besser als andere. Dieser Unterschied bei Syntax und der zugrunde liegenden Infrastruktur für die Ausnahmebehandlung hat es schwer gemacht, Ausnahmen über die Grenzen von Komponenten hinweg zu behandeln, die in unterschiedlichen Sprachen geschrieben wurden.

Neuerungen bei der Ausnahmebehandlung in .NET

Das .NET Framework führt eine konsistente, strukturierte Ausnahmebehandlung für sämtliche Programmiersprachen ein, indem es die Ausnahmebehandlung als Teil des Frameworks implementiert. Diese Integration bewirkt eine bessere übergreifende Behandlung von Ausnahmen, wenn Komponenten betroffen sind, die in unterschiedlichen Programmiersprachen entwickelt wurden. Eine Ausnahme, die in einer mit C# geschriebenen Komponente ausgelöst wurde, wird in jeder Komponente korrekt behandelt, die mit einer beliebigen .NET-Sprache entwickelt wurde.

HINWEIS Es ist wichtig, Ausnahmebehandlung auf dieselbe Weise zu definieren wie das .NET-Entwicklerteam. Es gibt einen Unterschied zwischen einer Ausnahme und einem Fehler. Eine *Ausnahme* (exception) ist alles, was beim Ausführen einer Anwendung auftritt und nicht dem erwarteten oder normalen Ablauf entspricht. Ein *Fehler* (error) ist eine Ausnahme, von der sich die Anwendung nicht automatisch erholen kann. Falls eine Anwendung zum Beispiel eine Datei öffnen will und diese Datei nicht existiert, tritt eine Ausnahme auf. Wenn die Anwendung die Ausnahme behandelt und beispielsweise die Datei anlegt, tritt kein Fehler auf. Kann die Anwendung aber nicht ordnungsgemäß reagieren, wenn die Datei fehlt, ist ein Fehler aufgetreten. Der Ausnahmebehandlungsmechanismus im .NET Framework wurde so entworfen, dass er sämtliche Ausnahmen behandelt, nicht nur Fehler. Das bedeutet nicht, dass jede unerwartete Situation in Ihrer Anwendung eine Ausnahme auslösen sollte.

Manche Ausnahmen ließen sich auch mit herkömmlicher defensiver Programmierung behandeln, zum Beispiel beim Schließen einer Datenbankverbindung. Im folgenden Codeausschnitt wird die Eigenschaft `State` des Verbindungsobjekts überprüft. Es wird nicht versucht, die Datenbankverbindung zu schließen, wenn sie nicht offen ist:

```
If connection.State <> ConnectionState.Closed Then
    connection.Close()
End If
connection = Nothing
```

Im nächsten Beispiel wird versucht, eine Datenbankverbindung zu öffnen. Kann die Verbindung nicht geöffnet werden, löst ADO.NET eine Ausnahme aus. Die `Catch`-Klausel in diesem Beispiel behandelt alle Ausnahmen, unternimmt aber nichts weiter, wenn sie auftreten. (Wir erläutern die `Try`-Anweisung ausführlicher weiter unten in diesem Kapitel, im Abschnitt »Die Syntax der Try-Anweisung«.)

```
Try
    connection.Open()
Catch exception As System.Exception
    ' Verbindung kann nicht geöffnet werden.
    ' Fehler behandeln.
End Try
```

In diesem Kapitel werden wir den Ausdruck *Ausnahme* für alle Ausnahmen verwenden, die von der Common Language Runtime (CLR) oder der Anwendung ausgelöst werden und in irgendeiner Weise von der Anwendung behandelt werden müssen. Der Begriff *Fehler* steht für Ausnahmen, die bei der Ausführung einer Anwendung Situationen verursachen, von denen sich die Anwendung nicht erholen kann. Beide werden durch Ausnahmen behandelt, wie sie durch das .NET Framework definiert sind.

Wir gehen auch auf Themen ein, die Sie bedenken müssen, wenn Sie Ausnahmebehandlungsobjekte für Fehler in Unternehmensanwendungen implementieren:

- **Ereignisprotokollierung und -benachrichtigung** Professionelle Anwendungen müssen außergewöhnliche Situationen protokollieren und Benachrichtigungen an die Verantwortlichen schicken.
- **Definieren von Ausnahmeobjekten** Alle Ausnahmen sind Objekte. Das .NET Framework definiert und implementiert für Ausnahmebehandlungsobjekte eine Hierarchie, die auf der Klasse System.Exception aufbaut.
- **Messung und Trendanalyse** Das .NET Framework definiert eine Gruppe von Leistungsindikatoren, die Daten im Zusammenhang mit der Ausnahmebehandlung erfassen. Sie können benutzt werden, um die Häufigkeit von Ausnahmen in einer Anwendung zu messen.
- **Serialisierung und Remoting** Dank der Serialisierung können speziell für eine Anwendung definierte Ausnahmebehandlungsobjekte im Remoting-Verfahren genutzt werden.

Kurz zusammengefasst: Das .NET Framework führt viele neue Konzepte und Fähigkeiten für die Ausnahmebehandlung in Visual Basic .NET ein. In diesem Kapitel untersuchen wir die wichtigsten .NET-Ausnahmebehandlungsobjekte.

Was ist strukturierte Ausnahmebehandlung?

Das gesamte Konzept der strukturierten Ausnahmebehandlung (Structured Exception Handling, SEH) hat seinen Ursprung in der objektorientierten Welt. Sprachen wie C++ und Java bieten schon längere Zeit strukturierte, objektorientierte Fehlerbehandlung. Glücklicherweise erkannten die Architekten des .NET Frameworks die Vorteile dieses Konzepts. Daher entwarfen sie die gesamte Ausnahmebehandlungsinfrastruktur im .NET Framework als strukturierten, objektorientierten Ausnahmebehandlungsmechanismus.

Strukturierte Ausnahmebehandlung

Der Begriff *strukturiert* (structured) wird gebraucht, weil Ausnahmen explizit von einer bestimmten Syntax (das heißt, Befehlen) im Code einer Anwendung behandelt werden müssen. Ist es notwendig, eine oder mehrere Ausnahmen in einem Codeabschnitt zu behandeln, muss der Code diese Ausnahmen explizit abfangen. Alle anderen Ausnahmetypen werden an den nächsten, weiter außen liegenden Codeabschnitt zur Behandlung weitergereicht. Wird eine Ausnahme nicht vom Anwendungscode behandelt, übernimmt die CLR das Behandeln der Ausnahme. Es ist zugegebenermaßen nicht sonderlich elegant, der Laufzeitumgebung das Behandeln von Ausnahmen zu überlassen. Das Ergebnis ist, dass der Prozess beendet wird, nachdem der Benutzer über die Situation informiert wurde.

In Visual Basic 6 und seinen Vorgängern war die Ausnahmebehandlung dagegen nicht strukturiert. Ist in einem Codeabschnitt ein Fehlerhandler definiert, wird jede aufgetretene Ausnahme (Fehler) an diesen Fehlerhandler weitergereicht. Wie bei der strukturierten Ausnahmebehandlung ist es nötig, expliziten Code für jede Ausnahme zu schreiben, die diese Anwendung selbst behandeln möchte. Es ist außerdem nötig, Err.Raise aufzurufen, um unbehandelte Ausnahmen in den aufrufenden Code weiterzuleiten. Wo liegt also der Unterschied?

In Visual Basic 6 und seinen Vorgängern »verschluckt« die Anwendung die Ausnahme, falls der Entwickler unbehandelte Ausnahmen nicht mit Err.Raise an den Aufrufer weiterreicht. Dadurch wird es sehr schwierig, Fehler aufzuspüren und zu beseitigen. Die Ausnahmebehandlung funktioniert in dieser Umgebung nur dann korrekt, wenn der Entwickler sorgfältig alle nötigen Schritte unternimmt. Ist der Entwickler nachlässig, schlägt der Mechanismus fehl.

In Visual Basic .NET reicht die CLR alle unbehandelten Ausnahmen automatisch an die aufrufende Prozedur weiter. Dieser Prozess setzt sich fort, bis entweder die Anwendung oder die CLR die Ausnahme behandeln. Im .NET Framework werden Ausnahmen automatisch korrekt behandelt, ohne dass der Entwickler besondere Schritte unternehmen muss. Keine Ausnahme wird jemals von einer Anwendung »verschluckt«, sofern der Entwickler nicht ausdrücklich dafür sorgt. Jede Ausnahme wird entweder von der Anwendung behandelt, was eine gewisse Arbeit vom Entwickler erfordert, oder von der CLR.

Objektorientierte Ausnahmebehandlung

Der Ausnahmebehandlungsmechanismus im .NET Framework ist objektorientiert, weil Ausnahmen Objekte sind. Alle Ausnahmeobjekte sind von der Klasse System.Exception abgeleitet (entweder direkt oder über mehrere Zwischenklassen). Das .NET Framework enthält viele Ausnahmeklassen, die von der CLR intern benutzt werden. Ihre Anwendung kann diese Ausnahmen bei Bedarf ebenfalls verwenden. Zusätzlich kann eine Anwendung eigene Ausnahmeklassen definieren. Alle Ausnahmeklassen, egal ob von der CLR oder von einer Anwendung definiert, sind von System.Exception abgeleitet. Dies ist ein wichtiger Punkt beim Ausnahmebehandlungsmechanismus des .NET Frameworks.

Die Syntax der *Try*-Anweisung

Wir haben bereits erwähnt, dass die Anweisung Try ihre Wurzeln in der objektorientierten Welt hat, insbesondere bei den Programmiersprachen C++ und Java. Die Try-Anweisung bildet zusammen mit der Anweisung Throw das Herz der strukturierten Ausnahmebehandlung in diesen Sprachen.

Die Anweisung Throw erzeugt eine Ausnahme, die behandelt werden muss, die Try-Anweisung definiert dagegen einen Codeblock, der womöglich eine Ausnahme auslöst (eine Try-Klausel), die Ausnahmebehandlungslogik für eine oder mehrere Ausnahmetypen, die auftreten könnten (Catch-Klauseln), und eine Aufräumlogik, die auf jeden Fall ausgeführt werden muss, egal ob eine Ausnahme aufgetreten ist oder nicht (Finally-Klausel). Der folgende Code ist eine Try-Anweisung, die diese grundlegende Syntax zeigt:

```
Try
    ' Anweisungen, die eventuell eine Ausnahme auslösen.
[Catch e as System.Exception]
    ' Anweisungen zum Behandeln von System.Exception.
[Finally]
    ' Aufräumlogik, die auf jeden Fall ausgeführt wird.
End Try
```

Die Klauseln Catch und Finally sind beide optional. Allerdings muss zumindest eine der beiden in einer Try-Anweisung auftauchen, sonst meldet der Compiler einen Fehler. Catch- und Finally-Klauseln schließen sich nicht gegenseitig aus, sie können also beide in einer Try-Anweisung auftauchen. Es ist außerdem möglich, dass mehrere Catch-Klauseln vorhanden sind, die unterschiedliche Arten von Ausnahmen behandeln.

Die Try-Klausel in der Try-Anweisung definiert den Codeblock, für den die Ausnahmebehandlung aktiviert werden soll. Die Anweisungen in der Try-Klausel werden ausgeführt. Wird beim Ausführen einer dieser Anweisungen eine Ausnahme ausgelöst, springt die Ausführung sofort zu einer passenden Catch-Klausel, sofern eine vorhanden ist. Wurde der Catch-Block ausgeführt, geht es mit der Finally-Klausel weiter. In der Try-Klausel wird keine der Anweisungen ausgeführt, die nach der Anweisung kommen, von der die Ausnahme ausgelöst wurde.

Das folgende Beispiel ist eine `Try`-Anweisung, die aus einer `Try`-Klausel, mehreren `Catch`-Klauseln für unterschiedliche Ausnahmearten und einer `Finally`-Klausel besteht. Tritt beim Öffnen der Verbindung irgendeine Ausnahme auf, muss die Ausnahme an den Aufrufer gemeldet werden. Eine einzelne Anweisung in der Try-Klausel versucht, die Verbindung zu öffnen. Die Methode `Open` des Verbindungsobjekts kann verschiedene Ausnahmen auslösen.

```
Try
    connection.Open()
Catch exception As System.InvalidOperationException
    ' Verbindung kann nicht geöffnet werden.
    Throw New DBOpenException("Unable to open database connection", exception)
Catch exception As System.Data.SqlClient.SqlException
    ' Fehler auf der Verbindungsebene ist aufgetreten.
    Throw New DBOpenException("Connection-level error on open", exception)
Catch exception As System.Exception
    ' Sonstiger unbekannter Fehler.
    Throw New DBOpenException("Unknown error on open", exception)
Finally
    If Not connection Is Nothing Then
        If connection.State <> ConnectionState.Open Then
            connection = Nothing
        End If
    End If
End Try
```

In diesem Beispiel sind zwei Arten von Ausnahmen von Interesse. Die erste `Catch`-Klausel behandelt alle `System.InvalidOperationException`-Ausnahmen. Diese Ausnahme löst ADO.NET aus, wenn die Methode `Open` für eine Datenbankverbindung aufgerufen wird, die bereits offen ist. Diese Ausnahme wird auch ausgelöst, wenn im Verbindungsstring kein Server angegeben wurde. Wir verwenden eine benutzerdefinierte Ausnahmeklasse, `DBOpenException`, um dem Aufrufer dieses Problem zu melden. Wir werden benutzerdefinierte Ausnahmeklassen weiter unten in diesem Kapitel im Abschnitt »Ausnahmebehandlungsobjekte definieren« erläutern.

Die nächste `Catch`-Klausel behandelt Ausnahmen des Typs `System.Data.SqlClient.SqlException`. Diese Ausnahmeklasse wird von dem verwalteten ADO.NET-Provider für SQL Server definiert. Sie wird ausgelöst, wenn während der Methode `Open` ein Fehler auf Verbindungsebene auftritt. Auch dies melden wir mit `DBOpenException` an den Aufrufer weiter.

Die letzte `Catch`-Klausel behandelt alle Ausnahmen des Typs `System.Exception`. Dies ist gewissermaßen die Standard-Catch-Klausel. Sie fängt alle Ausnahmen ab, die nicht von einer vorhergehenden `Catch`-Klausel behandelt werden. Sehen wir uns an, warum das so funktioniert.

Wenn Sie die Dokumentation über Ausnahmen sorgfältig lesen, erfahren Sie, dass jede Ausnahmeklasse von `System.Exception` abgeleitet ist. Die CLR löst niemals eine Ausnahme des Typs `System.Exception` aus (auch Klassenbibliotheken oder Anwendungen sollten das nicht tun). Aber weil die dritte `Catch`-Klausel `System.Exception` abfängt, behandelt sie alle Ausnahmen, die nicht von einer früheren `Catch`-Klausel behandelt wurden. Dies ist einer der Vorteile, die einem in der objektorientierten Welt geboten werden. Ein Objekt kann immer so behandelt werden, als hätte es den Typ einer seiner Basisklassen. Da nun jede Ausnahme (über Vererbung) von `System.Exception` abgeleitet ist, kann jede Ausnahme so behandelt werden, als hätte sie den Typ `System.Exception`.

Somit ist diese `Catch`-Klausel ein Fangnetz für alle Ausnahmen außer `System.InvalidOperationException` oder `System.Data.SqlClient.SqlException`. So gesehen ähnelt sie der Klausel `Case Default` in der Visual Basic-Anweisung `Switch...Case`. Die Catch-Klausel verwendet außerdem eine benutzerdefinierte Ausnahmeklasse namens `DBOpenException`.

Wenn Sie in einer Try-Anweisung mehrere Catch-Klauseln verwenden, müssen Sie ein wichtiges Prinzip befolgen: Die Catch-Klauseln sollten so angeordnet sein, dass die spezifischsten zuerst kommen und die allgemeinsten zuletzt. Wird eine Ausnahme ausgelöst, durchsucht die CLR die Catch-Klauseln in der Reihenfolge, in der sie im Code stehen, und sucht nach einem Ausnahmetyp, der zur aktuellen Ausnahme passt. Wie Sie an der dritten Catch-Klausel aus dem vorhergehenden Beispiel sehen, braucht ein Ausnahmetyp nicht genau zu passen, damit die Catch-Klausel ausgeführt wird. Eine Catch-Klausel, die System.Exception behandelt, passt für alle Ausnahmen. Kommen die spezifischsten Catch-Klauseln nicht am Anfang, könnte ein allgemeinerer Handler die Ausnahme behandeln statt des eigentlich vorgesehenen spezifischen Handlers.

Sehen wir uns ein anderes Beispiel an. In diesem Fall behandelt die erste Catch-Klausel alle Ausnahmen des Typs System.Exception. Die zweite Catch-Klausel behandelt Ausnahmen des Typs System.InvalidOperationException. Weil aber System.InvalidOperationException von System.Exception abgeleitet ist, behandelt die erste Catch-Klausel alle Fehler, also auch System.InvalidOperationException. Die Ausnahmen werden nie von der zweiten Catch-Klausel behandelt – obwohl der Entwickler vermutlich das im Sinn hatte.

```
Try
    connection.Open()
Catch exception As System.Exception
    ' Sonstiger unbekannter Fehler.
    Throw New DBOpenException("Unknown error on open", exception)
Catch exception As System.InvalidOperationException
    ' Verbindung kann nicht geöffnet werden.
    Throw New DBOpenException("Unable to open database connection", exception)
Finally
    If Not connection Is Nothing Then
        If connection.State <> ConnectionState.Open Then
            connection = Nothing
        End If
    End If
End Try
```

Die Finally-Klausel stellt sicher, dass das Verbindungsobjekt den Wert Nothing erhält. Die Finally-Klausel wird immer ausgeführt, egal ob die Methode Open des Verbindungsobjekts eine Ausnahme ausgelöst hat oder nicht.

Ausnahmebehandlungsobjekte definieren

Microsoft empfiehlt Entwicklern ausdrücklich, die vordefinierten Ausnahmen aus dem .NET Framework zu benutzen, statt neue Ausnahmeklassen zu definieren. In manchen Fällen ist in der Klassenbibliothek des .NET Frameworks vielleicht schon eine Ausnahmeklasse definiert, die eine außergewöhnliche Situation, die in Ihrer Anwendung auftritt, passend beschreibt. In anderen Fällen ist es ein besserer Ansatz, eine neue Ausnahmeklasse zu definieren. Wir können nicht annehmen, dass alle denkbaren Ausnahmen von den Standardausnahmeklassen behandelt werden könnten oder sollten. Erfreulicherweise hat Microsoft den Entwicklern vernünftige Ratschläge gegeben, wie neue Ausnahmeklassen erstellt werden sollten. Sie finden diese Ratschläge in diversen Artikeln im MSDN, die sich mit der Ausnahmebehandlung in .NET-Anwendungen beschäftigen.

Richtlinien für benutzerdefinierte Ausnahmeklassen

Eines der wichtigsten Prinzipien, die wir im Zusammenhang mit der Ausnahmebehandlung im .NET Framework nicht vergessen dürfen, ist die, dass jede Ausnahme ein Objekt ist. Der Typ (also die Klasse) eines Ausnahmeobjekts identifiziert die Ausnahme, die aufgetreten ist. Und dieser Typ muss von der Klasse Sytem.Exception abgeleitet sein. Wenn Sie Ausnahmeklassen definieren, wird dringend empfohlen, neue Klassen niemals direkt von System.Exception abzuleiten. Stattdessen sollten Ausnahmeklassen, die eine Anwendung betreffen, direkt oder indirekt von System.ApplicationException abstammen. Dies ist die erste Richtlinie, die Microsoft für das Definieren von anwendungsspezifischen Ausnahmeklassen formuliert.

HINWEIS Alle in der Klassenbibliothek des .NET Frameworks definierten Ausnahmeklassen sind von System.SystemException abgeleitet. Sowohl System.ApplicationException als auch System.SystemException sind direkt von System.Exception abgeleitet.

In Abbildung 3.1 sehen Sie die Klasse System.ApplicationException im Objektbrowser von Visual Studio .NET. Beachten Sie, dass für diese Klasse mehrere Konstruktoren definiert sind, insbesondere der Konstruktor New(). Dies ist der Standardkonstruktor ohne Parameter. In diesem Fall bekommt der Konstruktor des Ausnahmeobjekts keine zusätzlichen Informationen übergeben. Der zweite Konstruktor ist New(String). Dieser Konstruktor hat einen Parameter, einen String, dessen Inhalt in die Eigenschaft Message des Objekts eingetragen wird.

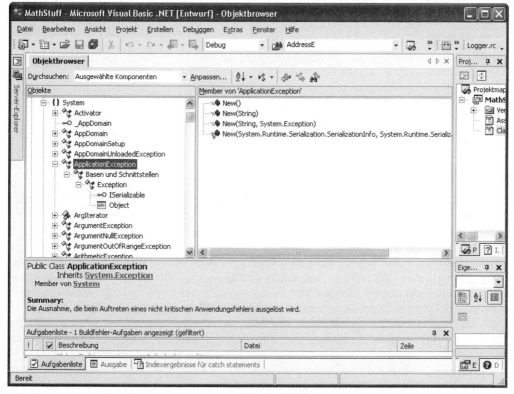

Abbildung 3.1: *Das Objekt* System.ApplicationException *im Objektbrowser*

Wenn Sie sich `System.ApplicationException` in Abbildung 3.1 ansehen, stellen Sie fest, dass für die Klasse offenbar keine Eigenschaft namens `Message` definiert ist. Wenn Sie allerdings den Ast *Basen und Schnittstellen* aufklappen und die Klasse `System.Exception` auswählen (siehe Abbildung 3.2), erscheint `Message` als Eigenschaft dieser Klasse. Da alle Ausnahmeklassen letztendlich von `System.Exception` abgeleitet sind, besitzt jede Ausnahmeklasse die Eigenschaft `Message`. Jede Ausnahmeklasse verfügt außerdem über sämtliche Methoden und Eigenschaften, die in Abbildung 3.2 für die Klasse `System.Exception` aufgelistet sind.

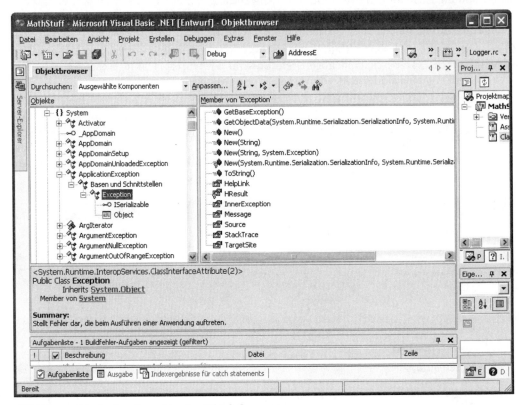

Abbildung 3.2: *System.Exception im Objektbrowser*

Eine weitere wichtige Richtlinie beim Erstellen von Ausnahmeklassen für die eigene Anwendung ist, dass der Name der Klasse stets auf `Exception` enden sollte. Wenn Sie darauf achten, stellen Sie fest, dass diese Richtlinie quer durch die Klassenbibliothek des .NET Frameworks beachtet wird: `System.Exception`, `System.SystemException`, `System.ApplicationException`, `System.Data.SQLClient.SQLException` und so weiter. Sie sollten dieser Konvention unbedingt folgen.

Schließlich empfiehlt es sich auch noch, Eigenschaften für Ausnahmeklassen zu definieren, wenn zusätzliche Informationen sinnvoll sind. Ein Beispiel wäre etwa eine zusätzliche Eigenschaft für die Klasse `SQLException`, die Informationen aus einer bestimmten Datenzugriffsschicht enthält (zum Beispiel aus der Schicht, die wir in Kapitel 4 erstellen). Wir könnten eine Eigenschaft namens `DataMethod` hinzufügen, die den Namen der Methode enthält, von der die Ausnahme ausgelöst wurde.

Definition einer benutzerdefinierten Basisklasse für Ausnahmen

Bei genauem Hinsehen scheint es, als ob einige nützliche Eigenschaften in `System.Application-Exception` nicht vorhanden sind. Zum Beispiel gibt es keine Möglichkeit, Umgebungsinformationen zu speichern: Datum und Uhrzeit des Moments, an dem die Ausnahme ausgelöst wurde, der Name des Rechners, auf dem die Ausnahme auftrat, oder die ID des Prozesses und/oder des Threads. Diese Informationen könnten sich in einer Anwendung als nützlich erweisen, in der eine Ausnahme auftritt. Definieren wir also eine benutzerdefinierte Basisklasse für Anwendungsausnahmen.

Ausgangspunkt für eine Ausnahmen-Basisklasse ist ihr Name. In unserem Beispiel lautet er `VBPOBaseException`. Wie Sie sehen, entspricht dies der weiter oben erwähnten Richtlinie für die Namensgebung. Die Basisklasse wird von `System.ApplicationException` abgeleitet, was ebenfalls den Richtlinien entspricht. Schließlich wird die Klasse mit `MustInherit` gekennzeichnet. Das verhindert, dass ein Objekt von dieser Klasse angelegt wird. Stattdessen definiert die Anwendung Ausnahmeklassen, die von `VBPOBaseException` abgeleitet sind. Die abgeleiteten Klassen werden eingesetzt, wenn die Anwendung eine anwendungsspezifische Ausnahme auslösen muss. Der folgende Codeausschnitt zeigt die Deklaration der Klasse `VBPOBaseException`:

```
Public MustInherit Class VBPOBaseException
    Inherits System.ApplicationException

    Public Sub New()
        MyBase.New()
    End Sub

    Public Sub New(ByVal message As String)
        MyBase.New(message)
    End Sub

    Public Sub New(ByVal message As String, ByVal innerException As System.Exception)
        MyBase.New(message, innerException)
    End Sub
End Class
```

Die Konstruktoren der Ausnahmen-Basisklasse

Die Konstruktoren sind bei allen Klassen Prozeduren mit dem Namen `New`. Alle Ausnahmeklassen implementieren vier Versionen des Konstruktors `New`. Das vorherige Beispiel zeigt die drei öffentlichen (`Public`) Konstruktoren einer Ausnahmeklasse. Diese drei Konstruktoren wollen wir uns nun genauer ansehen. Der vierte Konstruktor betrifft die Serialisierung, die wir weiter unten im Abschnitt »Ausnahmeobjekte und Remoting« behandeln.

Der erste Konstruktor im Beispiel ist der Standardkonstruktor `New()`. Er hat keine Parameter. `VBPOBaseException` implementiert den Standardkonstruktor so, dass es einfach den entsprechenden Konstruktor der Klasse `System.ApplicationException` aufruft. Dazu dient das Schlüsselwort `MyBase`. `MyBase` liefert immer die unmittelbare Basisklasse, von der die Klasse, in der das Schlüsselwort benutzt wird, abgeleitet ist. Das nächste Beispiel zeigt, auf welche Weise die Klasse eingesetzt werden könnte:

```
Class DBOpenException
    Inherits VBPOBaseException
     Public Sub New()
        MyBase.New()
     End Sub
End Class
```

```
Sub DBOpen()
    Try
        Dim connection as new SQLClient.SQLConnection(ConnStr)
        connection.Open()
    Catch exception as System.Exception
        Throw New DBOpenException()
    End Try
End Sub
```

Das ist zugegebenermaßen kein besonders praxisnahes Szenario. Es demonstriert aber die Vererbung von VBPOBaseException und zeigt, wie eine Ausnahme auf der Basis der neuen Ausnahmeklasse DBOpenException mit dem Standardkonstruktor erstellt wird.

Der nächste Konstruktor für VBPOBaseException ist New(message). Dieser Konstruktor bekommt einen String übergeben, der in die Eigenschaft Message des Ausnahmeobjekts eingetragen wird. Er wird auf dieselbe Weise implementiert und benutzt wie der Standardkonstruktor New(), hat aber den Meldungsstring als Parameter. Das folgende Beispiel zeigt, wie der Konstruktor New(message) benutzt wird:

```
Class DBOpenException
    Inherits VBPOBaseException
    ' Standardkonstruktor weggelassen.
    ⋮
    Public Sub New(ByVal message As String)
        MyBase.New(message)
    End Sub
End Class
Sub DBOpen()
    Try
        Dim connection as new SQLClient.SQLConnection(ConnStr)
        connection.Open()
    Catch exception as System.Exception
        Throw New DBOpenException("Unable to open database")
    End Try
End Sub
```

Der letzte Konstruktor in VBPOBaseException ist New(message, innerException). Der Parameter message ist derselbe wie im Konstruktor New(message). Der Parameter innerException ist eine Ausnahme des Typs System.Exception, die in die Eigenschaft InnerException der neuen Ausnahme eingetragen wird. Die Eigenschaft InnerException dient dazu, die Ausnahme zu speichern, von der die aktuelle Ausnahme ursprünglich ausgelöst wurde. Jede Ausnahme verfügt über die Eigenschaft InnerException, daher ist es möglich, im Stapel der Ausnahmen bis zu der Basisausnahme zu gehen, die den ganzen Ärger verursacht hat. Das könnten Sie jedenfalls tun. Wahrscheinlich ist es einfacher, die Methode GetBaseException der äußersten Ausnahme aufzurufen und diese Methode die ganze Arbeit erledigen zu lassen.

```
Class DBOpenException
    Inherits VBPOBaseException
    ' Standardkonstruktor weggelassen.
    ⋮
    ' message-Konstruktor weggelassen.
    ⋮
    Public Sub New(ByVal message As String, ByVal innerException as System.Exception)
        MyBase.New(message,innerException)
    End Sub
End Class
```

```
Sub DBOpen()
    Try
        connection = new SQLClient.SQLConnection(ConnStr)
        connection.Open()
    Catch exception as System.Exception
        Throw New DBOpenException("Unable to open database", exception)
    End Try
End Sub
```

Dieses Beispiel demonstriert die Benutzung des Konstruktors New(message, innerException). Die behandelte Ausnahme (die in der Catch-Klausel definiert wird) wird im Parameter innerException übergeben. Falls die aufrufende Routine die Eigenschaft InnerException des DBOpenException-Objekts untersucht, wird sie das Ausnahmeobjekt finden, das von ADO.NET ausgelöst wurde. Dies könnte eine Ausnahme vom Typ SQLException, InvalidOperationException oder einem anderen Typ sein.

Benutzerdefinierte Eigenschaften zur Ausnahmen-Basisklasse hinzufügen

Nachdem die Konstruktoren für die Ausnahmen-Basisklasse erstellt sind, besteht die nächste Aufgabe darin zu entscheiden, welche benutzerdefinierten Eigenschaften für die Ausnahmen-Basisklasse sinnvoll sein könnten. Wir konzentrieren uns hier auf Umgebungsinformationen, die ohne große Mühe aus der .NET Framework-Klassenbibliothek ermittelt werden können. Das soll nicht heißen, dass diese Informationen unwichtig sind – ganz im Gegenteil. Es überrascht eigentlich, dass Microsoft diese Informationen nicht in der Klasse System.Exception abgelegt hat, dann stünden sie in allen Ausnahmen zur Verfügung.

```
Private m_appDomainName As String = System.AppDomain.CurrentDomain.FriendlyName
Public ReadOnly Property AppDomainName() As String
    Get
        Return m_appDomainName
    End Get
End Property
```

Standardeinstellung für den Domänennamen der Anwendung ist der Name der Assemblydatei, aus der die Anwendung gestartet wurde, zum Beispiel *demo.exe*. Wie Sie im Beispiel sehen, wird die Eigenschaft (Property) schreibgeschützt (ReadOnly) definiert. Der Grund dafür ist, dass der Wert der Eigenschaft aus m_appDomainName gelesen wird, einer auf Modulebene definierten Private-Variablen, die mit einem Wert aus der .NET Framework-Klassenbibliothek initialisiert wird.

Tabelle 3.1 zeigt die benutzerdefinierten Eigenschaften von VBPOBaseException.

Name	Beschreibung	Quelle
AppDomainName	Der Name der Anwendungsdomäne für den Prozess, normalerweise der Dateiname der *.exe*-Datei.	System.AppDomain
AssemblyName	Der Name der Assembly, die den Code enthält, von dem die Ausnahme ausgelöst wurde.	System.Reflection
AssemblyVersion	Haupt- und Nebenversionsnummern der Assembly als String.	System.Reflection
MachineName	Der Name des Computers, auf dem der Code ausgeführt wurde, als die Ausnahme ausgelöst wurde.	System.Environment
ThreadId	Die ID des Threads, der lief, als die Ausnahme ausgelöst wurde.	System.AppDomain
ThreadUser	Der Name des Benutzers, der den Thread ThreadId gestartet hat.	System.Threading
TimeStamp	Datum und Uhrzeit, zu der die Ausnahme erstellt wurde.	System.DateAndTime

Tabelle 3.1: *Benutzerdefinierte Eigenschaften von VBPOBaseException*

Die übrigen Eigenschaften werden alle auf ähnliche Weise definiert. Unterschiedlich sind im Wesentlichen Name und/oder Typ der Eigenschaft sowie die Eigenschaft oder Methode aus dem .NET Framework, mit der die Eigenschaft initialisiert wird. Der folgende Code zeigt die Eigenschaften von VBPOBaseException:

```
Private m_assemblyName As String = System.Reflection.Assembly.GetCallingAssembly.GetName.Name
Public ReadOnly Property AssemblyName() As String
    Get
        Return m_assemblyName
    End Get
End Property

Private m_assemblyVersion As String = _
    System.Reflection.Assembly.GetCallingAssembly.GetName.Version.ToString
Public ReadOnly Property AssemblyVersion() As String
    Get
        Return m_assemblyVersion
    End Get
End Property

Private m_machineName As String = System.Environment.MachineName
Public ReadOnly Property MachineName() As String
    Get
        Return m_machineName
    End Get
End Property

Private m_threadId As Long = System.AppDomain.GetCurrentThreadId
Public ReadOnly Property ThreadId() As Long
    Get
        Return m_threadId
    End Get
End Property

Private m_threadUser As String = System.Threading.Thread.CurrentPrincipal.Identity.Name
Public ReadOnly Property ThreadUser() As String
    Get
        Return m_threadUser
    End Get
End Property

Private m_timeStamp As DateTime = New System.DateTime(System.DateTime.Now.Ticks)
Public ReadOnly Property TimeStamp() As System.DateTime
    Get
        Return m_timeStamp
    End Get
End Property
```

Nachdem die benutzerdefinierten Eigenschaften für VBPOBaseException definiert sind, bleibt nur noch eins zu tun. Sämtliche Informationen aus den benutzerdefinierten Eigenschaften sind nützlich. Es wäre allerdings praktisch, könnten wir sie alle so zu der Eigenschaft Message hinzufügen, dass die Werte aus diesen genialen benutzerdefinierten Eigenschaften mit ausgegeben werden, wenn der Inhalt der Eigenschaft Message angezeigt, gedruckt oder protokolliert wird. Sie ahnen es schon: Es ist ganz einfach, das zu erreichen. Wir brauchen lediglich die Eigenschaft Message zu überschreiben. Das folgende Codebeispiel zeigt eine Möglichkeit, die Eigenschaft Message für VBPOBaseException zu überschreiben:

```
Public Overrides ReadOnly Property Message() As String
    Get
        Return MyBase.Message & _
            "(Application Domain Name: " & Me.AppDomainName & _
            "; Assembly Name: " & Me.AssemblyName & _
            "; Assembly Version: " & Me.AssemblyVersion & _
            "; Machine Name: " & Me.MachineName & _
            "; Thread Id: " & Me.ThreadId.ToString & _
            "; Thread User: " & Me.ThreadUser & _
            "; Time Stamp: " & Me.TimeStamp & _
            ")"
    End Get
End Property
```

An diesem Punkt ist `VBPOBaseException` eine recht brauchbare Basisklasse für unsere Ausnahmebehandlungsobjekte. Sie bietet alle Standardkonstruktoren, fügt einige sehr nützliche Eigenschaften mit Informationen über die Laufzeitumgebung hinzu und überschreibt die Eigenschaft `Message` – keine schlechte Bilanz. Bedeutet das, dass wir einen Schritt weitergehen können oder nicht? Noch etwas Geduld bitte. Wir müssen noch einige weitere Punkte erledigen, um unser Ausnahmebehandlungsmodul auf die harsche Realität von Unternehmensanwendungen vorzubereiten.

Ereignisprotokollierung

Eines der herausragenden Merkmale einer Spitzenklasseanwendung ist, dass außergewöhnliche Ereignisse, die während der Ausführung der Anwendung auftreten, in einem Ereignisprotokoll aufgezeichnet werden. Da dieses Buch praxisnah sein soll, ist es sinnvoll, die Klasse `VBPOBaseException` um die Fähigkeit der Ereignisprotokollierung zu erweitern.

Erfreulicherweise stellt das .NET Framework Klassen für die Windows-Ereignisprotokolle zur Verfügung. Diese Klassen machen es einfach, ein beliebiges Ereignisprotokoll auf dem lokalen Computer oder einem Netzwerkrechner zu öffnen und Informationen hineinzuschreiben. Diese Klassen befinden sich im Namespace `System.Diagnostics`. Insbesondere die Klasse `EventLog` bietet die Funktionen, die wir benötigen. Bevor wir allerdings in den Code hinabtauchen, müssen wir einige Punkte bedenken.

Erstens: Wo sollte das Ausnahmeobjekt ein Ereignis protokollieren? Damit die Dinge nicht zu kompliziert werden, benutzt das Beispiel das Standard-Anwendungsprotokoll. Es ist möglich, ein benutzerdefiniertes Anwendungsprotokoll zu erstellen, aber das würde uns vom Kernthema ablenken. Dann müssen wir überlegen, wann das Ausnahmeobjekt ein Ereignis im Protokoll aufzeichnen sollte. In unserem Beispiel bleibt diese Entscheidung dem Ausnahmehandler überlassen. `VBPOBaseException` wird durch eine Methode erweitert, die bewirkt, dass die Ausnahme in das Ereignisprotokoll geschrieben wird. Die letzte Frage: Was sollte das Ausnahmeobjekt in das Ereignisprotokoll schreiben? Der Text wird aus den Eigenschaften `Message` und `Stacktrace` bestehen. Das Beispiel wird außerdem eine `Boolean`-Eigenschaft namens `IsHandled` hinzufügen, deren Standardeinstellung `False` ist, die aber vom Anwendungscode in `True` geändert werden kann. Diese Eigenschaft wird den Inhalt der Meldung, die in das Ereignisprotokoll geschrieben wird, variieren. Sehen wir uns also ohne weitere Vorreden das Beispiel an. Wir haben Code weggelassen, den Sie bereits aus den früheren Beispielen kennen.

```
' Einigen Code vom Dateianfang weggelassen.
⋮
Public MustInherit Class VBPOBaseException
    Inherits ApplicationException
    ' Die meisten Eigenschaftsvariablen weggelassen, außer ...
    ⋮
    Private m_isHandled As Boolean = False
    ' Konstruktoren weggelassen.
    ⋮
    ' Die meisten Eigenschaften weggelassen, außer IsHandled.
    ⋮
    Public Property IsHandled() As Boolean
        Get
            Return m_isHandled
        End Get
        Set(ByVal Value As Boolean)
            m_isHandled = Value
        End Set
    End Property
    ' Die meisten Methoden weggelassen, außer WriteLog.
    ⋮
    Public Overloads Sub WriteLog()
        WriteLog (EventLogEntryType.Information)
    End Sub
    Public Overloads Sub WriteLog(ByVal eventType as EventLogEntryType)
        Dim msgText As New System.Text.StringBuilder()
        ' Anwendungsprotokoll öffnen.
        msgText.Append(Me.Message)
        msgText.Append(ControlChars.CrLf)
        msgText.Append(Me.StackTrace)
        Dim ApplicationEventLog As New EventLog("Application", ".", Me.AppDomainName)
        ApplicationEventLog.WriteEntry(msgText.ToString,eventType)
        ApplicationEventLog.Dispose()
        ApplicationEventLog = Nothing
        msgText = Nothing
    End Sub
End Class
```

An diesem Beispiel sind mehrere Dinge bemerkenswert. Es gibt die neue Eigenschaft IsHandled, die durch die aufrufende Anwendung verändert werden kann. Hat IsHandled den Wert False (die Standardeinstellung), wird angenommen, dass die Ausnahme nicht behandelt wurde. Trägt die Anwendung den Wert True in diese Eigenschaft ein, wird angenommen, dass die Ausnahme behandelt wurde. In beiden Fällen wird dieser Status in die Eigenschaft Message des Ausnahmeobjekts aufgenommen.

Die Methode WriteLog(eventType) ist der Schlüssel für die Ereignisprotokollierung im Ausnahmeobjekt. Diese Methode erstellt mit System.Diagnostics.EventLog einen Verweis auf das Anwendungs-Ereignisprotokoll auf dem lokalen Computer ("."). Die Eigenschaft AppDomainName, die den Namen der ausführbaren Datei des Prozesses enthält, wird als Quelle für das Ereignis verwendet. Die Methode hat als Parameter ein Member von EventLogEntryType, dessen Wert Information, Warning, Error, FailureAudit, oder SuccessAudit sein kann. Die Methode verknüpft die Eigenschaften Message und StackTrace des Ausnahmeobjekts und schreibt sie in das Ereignisprotokoll. Beachten Sie den Aufruf der Methode Dispose des ApplicationEventLog-Objekts. Dieser Aufruf ist wichtig, um sicherzustellen, dass die vom Objekt belegten Ressourcen sofort freigegeben werden.

Wie Sie sehen, ist `WriteLog` überladen. Es gibt zwei Implementierungen von `WriteLog`, die sich durch ihre Parameter unterscheiden. Die eine Version hat keine Parameter, die andere erwartet einen `EventLogEntryType`-Wert als Argument. Die parameterlose Version ruft die andere Version auf und übergibt `EventLogEntryType.Information` als Standardwert. Wir hätten einen `Optional`-Parameter verwenden können, aber dann wäre die Bedeutung der Methode etwas undurchsichtiger. Durch das Überladen wird alles sehr klar, jede Version der Methode steht für sich allein.

```
Try
    example.Dispose()
    MessageBox.Show("Database closed connection!", "Example")
Catch exc As ex.CloseDBException
    MessageBox.Show("Unable to open database." & ControlChars.CrLf & _
                    "Message = " & exc.Message & ControlChars.CrLf & _
                    "Stacktrace = " & exc.StackTrace)
    exc.IsHandled = True
    exc.WriteLog(EventLogEntryType.Error)
End Try
```

Dieses Beispiel zeigt, wie die Eigenschaft `IsHandled` und die Methode `WriteLog` benutzt werden. Überprüfen Sie das Ereignisprotokoll, nachdem dieser Code ausgeführt wurde. Das Ergebnis sollte so ähnlich aussehen wie in Abbildung 3.3. Hat die Eigenschaft `IsHandled` den Wert `False`, weist die Meldung darauf hin, dass die Ausnahme nicht behandelt wurde.

Abbildung 3.3: *Eintrag im Ereignisprotokoll für eine behandelte Ausnahme, die von* `VBPOBaseException` *abgeleitet wurde*

Eine letzte Bemerkung zum Thema Ereignisprotokollierung: Für manche Anwendungen reicht das Schreiben in das Ereignisprotokoll nicht aus. In bestimmten Fällen könnte es nötig sein, Administratoren oder Supportmitarbeiter über die Ausnahme zu informieren, damit das Problem schnell behoben werden kann. Die Echtzeitbenachrichtigung ist nicht Thema dieses Buchs. Es ist allerdings ein Thema, das oftmals viel Aufmerksamkeit bei der Anwendungsentwicklung und der technischen Architektur eines Systems erfordert.

Ausnahmeobjekte und Remoting

Wir müssen noch einen letzten Punkt bei `VBPOBaseException` erledigen. Wir brauchen ein wenig Code in der Klasse, der dafür sorgt, dass die Ausnahmeklassen Unterstützung für eine Netzwerkumgebung bieten. Das mag übertrieben erscheinen, aber der Vorgang ist nicht weiter kompliziert und bereitet `VBPOBaseException` sowie alle davon abgeleiteten Klassen auf den Einsatz in einer Netzwerkumgebung vor, auch wenn das momentan noch nicht zu den Anforderungen gehört. Diese Erweiterung sorgt dafür, dass unsere Ausnahmeobjekte absolut wasserdicht sind.

Um Remoteausnahmen in .NET unterstützen zu können, ist es nötig, alle Ausnahmeklassen für die Serialisierung vorzubereiten. Dieser Vorgang umfasst drei Schritte. Erstens muss die Klasse die Schnittstelle `ISerializable` implementieren. Das ist eigentlich schon erledigt, da `System.Exception` diese Schnittstelle implementiert. Allerdings müssen wir in die Klassendefinition von `VBPOBaseException` das Attribut `<Serializable()>` einfügen. Dies sieht folgendermaßen aus:

```
<Serializable()> Public MustInherit Class VBPOBaseException
    ⋮
```

Zweitens muss `VBPOBaseException` die Methode `GetObjectData(info, context)` aus der Schnittstelle `ISerializable` überschreiben. Diese Methode wird aufgerufen, wenn die Ausnahme auf dem Server serialisiert (zerstört) wird, um sie an den Client zu schicken. In dieser Methode müssen alle benutzerdefinierten Eigenschaften, die zu der Ausnahmeklasse hinzugefügt wurden, in den Serialisierungsdaten gespeichert werden. Dafür werden Methoden des `SerializationInfo`-Objekts `info` aufgerufen, die Daten für die Serialisierung kodieren.

```
Imports System.Runtime.Serialization
Public Overrides Sub GetObjectData(ByVal info As SerializationInfo, ByVal context As StreamingContext)
    Dim MyName as String = Me.GetType.Name
    MyBase.GetObjectData(info, context)
    With info
        .AddValue(MyName & ".AppDomainName", m_appDomainName, m_appDomainName.GetType)
        .AddValue(MyName & ".AssemblyName", m_assemblyName, m_assemblyName.GetType)
        .AddValue(MyName & ".AssemblyVersion", m_assemblyVersion, m_assemblyVersion.GetType)
        .AddValue(MyName & ".MachineName", m_machineName, m_machineName.GetType)
        .AddValue(MyName & ".ThreadId", m_threadId, m_threadId.GetType)
        .AddValue(MyName & ".ThreadUser", m_threadUser, m_threadUser.GetType)
        .AddValue(MyName & ".TimeStamp", m_timeStamp, m_timeStamp.GetType)
    End With
End Sub
```

Dieses Beispiel zeigt eine Möglichkeit, die Methode `VBPOBaseException.GetObjectData` zu implementieren. Hier werden die einzelnen benutzerdefinierten Eigenschaften eine nach der anderen mit der Methode `info.AddValue` zu den Serialisierungsdaten hinzugefügt. Das ist auch schon alles, was nötig ist, um unsere benutzerdefinierten Eigenschaften in einem serialisierten Objekt zu speichern. Es ist nicht nötig, jede benutzerdefinierte Eigenschaft hinzuzufügen, falls die Eigenschaft nach dem Deserialisieren (Wiederherstellen) des Objekts aus den anderen Daten rekonstruiert werden kann. In `VBPOBaseException` hat jede benutzerdefinierte Eigenschaft einen Wert, der verloren geht, wenn wir ihn nicht sichern. Daher schreiben wir die Werte sämtlicher benutzerdefinierter Eigenschaften in die Serialisierungsdaten.

Drittens und letztens muss `VBPOBaseException` einen neuen Konstruktor implementieren, um die Serialisierung zu unterstützen: `New(info, context)`.

```
Imports System.Runtime.Serialization
' Konstruktor für Serialisierung
Protected Sub New(ByVal info As SerializationInfo, ByVal context As StreamingContext)
    MyBase.New(info, context)
    m_appDomainName = info.GetString(Me.GetType.Name & ".AppDomainName")
    m_assemblyName = info.GetString(Me.GetType.Name & ".AssemblyName")
    m_assemblyVersion = info.GetString(Me.GetType.Name & ".AssemblyVersion")
    m_machineName = info.GetString(Me.GetType.Name & ".MachineName")
    m_threadId = info.GetInt64(Me.GetType.Name & ".ThreadId")
    m_threadUser = info.GetString(Me.GetType.Name & ".ThreadUser")
    m_timeStamp = info.GetDateTime(Me.GetType.Name & ".TimeStamp")
End Sub
```

Dieser Konstruktor wird benutzt, wenn die Ausnahme im Client deserialisiert wird. Als erste Amtshandlung ruft er den Serialisierungskonstruktor der Basisklasse auf, in diesem Fall den der Klasse `System.ApplicationException`. Beachten Sie, dass der Konstruktor in diesem Fall nicht `Public` ist, sondern `Protected`. Das sorgt dafür, dass dieser Konstruktor nur von Klassen aufgerufen werden kann, die von `VBPOBaseException` abgeleitet sind, oder vom Serialisierungsmechanismus in der CLR. Dieser Punkt ist wichtig, weil Ausnahmeklassen sehr strenge Regeln befolgen müssen, was ihre Erstellung und Benutzung angeht. Serialisierung und Deserialisierung von Ausnahmeobjekten sollten praktisch ausschließlich auf Anforderung der CLR stattfinden. Wenn allerdings eine Instanz einer abgeleiteten Klasse durch Serialisierung angelegt wird, ist es wichtig, dass jede Ausnahmeklasse den Serialisierungskonstruktor ihrer Basisklasse aufruft und so sicherstellt, dass alle Basisklassen korrekt initialisiert sind.

Das sieht nach einer Menge Arbeit aus, aber der Vorgang ist, wie schon erwähnt, nicht sonderlich kompliziert. Die CLR erledigt den Großteil der Serialisierung (und Deserialisierung) für die Ausnahmeklasse. Die einzigen Anforderungen sind, dass die Klasse mit dem Attribut `<Serializable()>` versehen ist, `ISerializable` implementiert, die Methode `GetObjectData` überschreibt und `New(info, context)` implementiert. `System.ApplicationException`, die Basisklasse von `VBPOBaseException`, implementiert `ISerializable` und erfüllt somit diese Anforderung.

Zusammengefasst lässt sich sagen, dass die Arbeit ein geringer Preis dafür ist, dass die Ausnahmeklassen ohne weitere Vorbereitungen in einer verteilten Netzwerkumgebung funktionieren. Das gibt dem Implementierungsteam der Anwendung große Freiheit, die Anwendungsarchitektur so zu ändern, dass sie essenzielle Unternehmensanforderungen unterstützt, ohne auf Änderungen an Infrastrukturkomponenten wie den Ausnahmeklassen warten zu müssen.

Erstellen einer Hierarchie für Anwendungs-Ausnahmeklassen

Wie geht es nun weiter, nachdem `VBPOBaseException` fertig ist? Diese Klasse war als `MustInherit` gekennzeichnet, daher kann kein Ausnahmeobjekt als Instanz davon angelegt werden. Wir müssen also spezifische Ausnahmeklassen für die Anwendung erstellen, die von `VBPOBaseException` abgeleitet sind. Das ist dank der Arbeit, die wir in `VBPOBaseException` investiert haben, recht einfach. Die meisten anwendungsspezifischen Ausnahmeklassen, die von `VBPOBaseException` abgeleitet sind, werden wenig oder gar keine zusätzliche Funktionalität benötigen.

Sehen Sie sich unser letztes Beispiel an. Dieses Codestück erstellt eine neue Ausnahmeklasse mit dem Namen `UserLogonException`. Sie ist von `VBPOBaseException` abgeleitet, das der Klasse den Großteil ihres Funktionsumfangs verleiht. Beachten Sie, dass es notwendig ist, vier Konstruktoren zu implementieren, die den in `VBPOBaseException` implementierten Konstruktoren entsprechen.

Alle diese Konstruktoren brauchen lediglich mit Hilfe des Schlüsselworts `MyBase` den entsprechenden Konstruktor der Basisklasse aufzurufen.

```
<Serializable()> Public Class UserLogonException
    Inherits VBPOBaseException
    ' Standardkonstruktor
    Public Sub New()
        MyBase.New()
    End Sub

    ' Konstruktor zum Zuweisen der Eigenschaft Message
    Public Sub New(ByVal message As String)
        MyBase.New(message)
    End Sub

    ' Konstruktor zum Zuweisen der Eigenschaften Message und InnerException
    Public Sub New(ByVal message As String, ByVal innerException As Exception)
        MyBase.New(message, innerException)
    End Sub

    ' Serialisierungskonstruktor
    Protected Sub New(ByVal info As SerializationInfo, ByVal context As StreamingContext)
        MyBase.New(info, context)
    End Sub
End Class
```

Bei Bedarf können Sie diese Klasse erweitern, weitere benutzerdefinierte Eigenschaften und Serialisierungsunterstützung für diese Eigenschaften zu ihr hinzufügen und möglicherweise neue Methoden definieren. Wie bei jeder Klassenhierarchie in einer objektorientierten Sprache sind die Möglichkeiten praktisch unbegrenzt. Der Schlüssel zum Erfolg ist, nur die wirklich nützlichen Elemente zu implementieren und alles andere in Ruhe zu lassen.

Zusammenfassung

In diesem Kapitel haben Sie gelernt, wie Sie benutzerdefinierte Klassen für die Ausnahmebehandlung in einer Anwendung erstellen und benutzen. Die Lösungen folgen den Richtlinien, die Microsoft für das Erstellen solcher Klassen vorgibt: Vererbungsstrategien, Namenskonventionen, benutzerdefinierte Eigenschaften und die Unterstützung der Serialisierung. Die Lösungen bieten außerdem Ereignisprotokollierung für Ausnahmeklassen und die Erstellung einer anwendungsspezifischen Hierarchie für benutzerdefinierte Ausnahmeklassen.

Im nächsten Kapitel sehen wir uns genau an, welche Vorteile ADO.NET für Anwendungen bietet. Anschließend erstellen wir eine Datenzugriffskomponente, die die meisten Hauptfunktionen kapselt, die beim Datenzugriff gebraucht werden. Ausnahmebehandlung und Ereignisprotokollierung, wie wir sie in diesem Kapitel vorgestellt haben, sind wesentlicher Bestandteil dieser Komponente.

4 Implementieren der Datenzugriffsschicht

68	Die Vorteile von ADO.NET
69	Komponenten von ADO.NET
78	Das ADO.NET-Datenzugriffsobjekt
79	Implementieren des Datenzugriffsobjekts
97	Benutzen des Datenzugriffsobjekts
97	Weitere Fragen zum Datenzugriff
98	Zusammenfassung

Die meisten Anwendungen, die wir bisher geschrieben haben, hatten eine Gemeinsamkeit: Sie mussten alle auf Daten zugreifen und sie weiterverarbeiten. Wenn wir in der Vergangenheit auf unterschiedlichen Plattformen gearbeitet haben, nahmen wir uns die Zeit, eine Datenzugriffskomponente zu schreiben, die eine Datenzugriffsschicht bildete. In diesem Kapitel werden wir dasselbe tun, und zwar mit Microsoft ADO.NET und Microsoft Visual Basic .NET. Der größte Unterschied ist, dass uns das Microsoft .NET Framework in Kombination mit ADO.NET die Aufgabe sehr erleichtert. Es wird einfacher, die Datenzugriffskomponente zu entwickeln und zu implementieren. Am Ende dieses Kapitels werden wir über eine universelle Datenzugriffskomponente verfügen, die wir ohne Vorarbeiten in jede beliebige .NET-Anwendung einbinden und benutzen können. Sie werden nicht nur verstehen, wie die Komponente funktioniert, sondern auch in der Lage sein, weitere Funktionen ganz einfach hinzuzufügen.

Beim Schreiben einer Datenzugriffskomponente lernen wir neue Datenzugriffsfähigkeiten von ADO.NET kennen, schreiben Klassen und Methoden und testen und verbessern ständig den Code. Wir machen Leistungsmessungen in einer Testumgebung, die große Unternehmensdatenbanken nachbildet, um die optimale Möglichkeit zu finden, die Komponente zu implementieren. Ist die Komponente fertig, holen wir sie in eine wirkliche Unternehmensumgebung und untersuchen ihre Leistung, Skalierbarkeit, Zuverlässigkeit und Fehlertoleranz. Das Ergebnis, das wir in diesem Kapitel vorstellen, hat diesen Prozess durchlaufen. Bei jeder Funktion werden wir erklären, was wir warum getan haben.

Zuerst sehen wir uns ADO.NET an und untersuchen, was es zu bieten hat. Wir konzentrieren uns auf die Fähigkeiten, die für eine bessere Leistung bei hoher Skalierbarkeit sorgen. Danach entwerfen und schreiben wir die Datenzugriffskomponente Stück für Stück. Bei jeder zusätzlichen Fähigkeit sehen wir uns nur das an, was sie von den bereits vorgestellten Fähigkeiten abhebt.

Nachdem die Datenzugriffskomponente fertig ist, überlegen wir uns an, auf welche Weise Transaktionen und Datenparallelität verwirklicht werden und wie wir mit Hilfe von OLE DB-kompatiblen Code auf andere Datenbanken zugreifen können, etwa auf Microsoft Access oder Oracle.

Nachdem wir diese Anforderungen erfüllt und Ihnen ein einfaches zweischichtiges Beispiel vorgeführt haben, verfügen Sie über eine Komponente, die für den Einsatz in n-schichtigen Umgebungen bereit ist. Dieser Ansatz entspricht der Architektur, die wir in Kapitel 2 vorgestellt haben. Schließlich fassen wir die Fähigkeiten unserer Datenzugriffskomponente zusammen, damit Sie jederzeit nachschlagen können, wenn Sie die Komponente in Ihre eigenen Anwendungen einbinden. Fangen wir also an.

Die Vorteile von ADO.NET

Datenzugriff hat sich im Lauf der Jahre weiterentwickelt. Das Ergebnis dieses Prozesses ist ADO.NET. Wir sind sehr beeindruckt davon und halten es für ein beinahe perfektes standardkompatibles Programmiermodell, mit dem wir verteilte, skalierbare Anwendungen mit gemeinsamem Datenzugriff erstellen können. In den nächsten Abschnitten stellen wir die Vorteile von ADO.NET vor.

Leistung

Wir haben festgestellt, dass ADO.NET den Datenzugriff und die Datenaktualisierung stark verbessert, besonders im Zusammenhang mit dem verwalteten .NET-Provider für Microsoft SQL Server. Dieser Provider ist über den Tabular Data Stream (TDS) direkt an den SQL Server angebunden. TDS ist das native Kommunikationsprotokoll des SQL Servers. Beim direkten Datenzugriff und der unmittelbaren Datenaktualisierung kann die Verbesserung im Vergleich zu anderen Datenprovidern über 50 Prozent betragen, sogar noch mehr im Vergleich zu früheren ADO-Versionen. Was uns sogar noch mehr begeistert, ist die Leistungssteigerung beim Weitergeben von Daten durch die Schichten. Wie haben uns schon lange für n-schichtige Architekturen entschieden, bei denen Daten von Schicht zu Schicht übergeben werden müssen. An dieser Stelle spielt ADO.NET wirklich seine Vorteile aus: keine drastischen Leistungseinbußen durch COM-Marshalling und Werttypkonvertierungen. Weil nur noch XML (Extensible Markup Language) zwischen den Schichten übergeben wird, ist der Verwaltungsaufwand geringer geworden, die Leistung hat sich mehr als verdoppelt.

Skalierbarkeit

Mit dem Auftauchen ständig weiter wachsender Websites und Tausenden von gleichzeitigen Benutzern können wir das Thema Skalierbarkeit nicht mehr ignorieren. Der wichtigste Grund für die Skalierbarkeit von ADO.NET liegt in der Art und Weise, wie es Daten ohne permanente Verbindung verarbeitet. Die Daten kommen rein, werden verarbeitet und wandern schließlich zurück, alles so schnell wie möglich. Das setzt wertvolle Ressourcen auf den Servern frei, zum Beispiel Datenbankverbindungen und Datensatzsperren. Die Server können folglich mehr Clientanforderungen bearbeiten. Wie Sie bald sehen werden, entspricht das `DataSet` diesem Datenverarbeitungsmodell. Eines ist aber ganz wichtig: Sie können die Prinzipien der Skalierbarkeit immer noch verletzen, indem Sie bestimmte Fähigkeiten von ADO.NET falsch einsetzen. Das passiert insbesondere beim `DataReader`-Objekt, da es seine Verbindung offen halten muss, bis die Arbeit an den Daten beendet ist.

Wir müssen im Hinblick auf Leistung und Skalierbarkeit verstehen, dass wir nicht gleichzeitig optimale Leistung und optimale Skalierbarkeit haben können. Wir müssen eine optimale Balance der beiden finden. Zum Beispiel lässt sich mit dem `DataReader` die beste Leistung erreichen. Es ist blitzschnell, aber da die Verbindung offen bleiben muss, ist es schlecht skalierbar. Wir müssen lernen, wann wir welche Datenzugriffsobjekte wo einsetzen.

XML bedeutet Interoperabilität

Da ADO.NET als Übertragungsprotokoll XML verwendet, können alle Komponenten und Clients, die mit XML umgehen können, ADO.NET-Komponenten nutzen. Das ist ein großer Schritt im Vergleich zu Anwendungen, die proprietäre Datenprotokolle nutzen und nur mit Komponenten arbeiten können, die in derselben Programmiersprache geschrieben wurden oder über COM kommunizieren.

Einfache Benutzung

Unsere Datenzugriffskomponente wird den Einsatz von ADO.NET zwar noch einfacher machen, aber schon ADO.NET allein bietet eine intuitivere Methode, mit Daten zu arbeiten. Eine Möglichkeit ist, streng typisierte Daten zu verwenden. Aus Code wie

```
LastName = myDataSet.Tables("Employee").Columns("LastName").Value
```

wird daher:

```
LastName = Employee.LastName
```

Komponenten von ADO.NET

Abbildung 4.1 zeigt die wichtigste Fähigkeit von ADO.NET: die Trennung von Datenzugriff und Datenaktualisierung. Das `DataSet` ist speziell dafür entworfen, völlig unabhängig von der Datenquelle zu arbeiten; das gilt für jede Datenquelle, mit der `DataSet` kommunizieren kann. Der `DataAdapter` dient als Brücke zwischen den tatsächlichen Daten und dem `DataSet`. Mehr dazu weiter unten in diesem Kapitel.

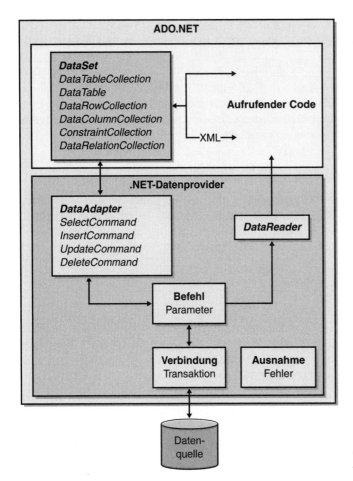

Abbildung 4.1: Überblick über ADO.NET

Tabelle 4.1 zeigt einen Überblick über die wichtigsten Objekte in ADO.NET. Die Objekte Connection, Command, DataAdapter und DataReader bilden zusammen den so genannten .NET-Datenprovider. Momentan gibt es .NET-Datenprovider für SQL Server und OLE DB. Beide enthalten jeweils alle vier Objekte und arbeiten auf ähnliche Weise. Sie wurden so entworfen, dass sie möglichst schlank sind und nur eine minimale Schicht zwischen der Datenquelle und dem aufrufenden Code bilden. Der .NET-Datenprovider für SQL Server ist ausschließlich für Microsoft SQL Server 7 und Microsoft SQL Server 2000 optimiert, der .NET-Datenprovider für OLE DB arbeitet dagegen mit allen Datenquellen. Sobald wir die Objekte Connection, Command und DataReader kennen gelernt haben, können wir mit den Beispielen für dieses Kapitel beginnen. Als Beispieldatenbank verwenden wir die Northwind-Datenbank für SQL Server. Wir haben einige gespeicherte Prozeduren bereitgestellt, die Sie entweder von Hand hinzufügen können oder wie in den Installationsanweisungen aus der Datei *Liesmich.txt* beschrieben. Sehen wir uns zuerst das Connection-Objekt an.

Objekt	Beschreibung
Connection	Stellt die Verbindung zur Datenquelle her und bietet Transaktionsfähigkeiten.
Command	Ermöglicht den Zugriff auf Datenbankbefehle für folgende Aufgaben: Abrufen von Daten, Aktualisieren von Daten, Ausführen von gespeicherten Prozeduren, Schicken und Empfangen von Parametern.
DataReader	Hochleistungsfähiger Datenstream für jeweils einen einzigen Datensatz.
DataAdapter	Brücke zwischen Datenquelle und DataSet.
DataSet	Darstellung der Datenquelle, die ohne permanente Verbindung im Speicher liegt. Enthält Tabellen in Form von DataTable-Auflistungen und Relationen in Form von Relations-Auflistungen.

Tabelle 4.1: Die Objekte der .NET-Datenprovider

Das *Connection*-Objekt

Das einfachste Objekt, mit dem wir zu tun haben, ist das Connection-Objekt. Es braucht nur einen einzigen Parameter, den Verbindungsstring. Hier ist ein Beispiel (die fett gedruckte Zeile zeigt das Objekt in Aktion):

```
Dim ConnectionString as String
Dim ConnectionObject as SQLConnection
ConnectionString = "data source=local; initial catalog=Northwind; password= ;id="
ConnectionObject = New SQLConnection(ConnectionString)
```

Das Connection-Objekt dient nicht nur als Verbindung zur Datenquelle, sondern auch für Transaktionen. Wir nutzen die Transaktionsfähigkeiten des SQL Servers in erster Linie im Zusammenhang mit unseren gespeicherten Prozeduren, aber es ist gut zu wissen, dass wir auch andere Möglichkeiten haben. Transaktionen werden in ADO.NET implementiert, indem Sie eine Variable deklarieren, die das Transaction-Objekt speichert. Nachdem wir die Verbindung geöffnet haben, rufen wir die Methode BeginTransaction des Transaction-Objekts auf. Hier folgt der Code bis zu diesem Punkt:

```
' Deklarieren einer Variable als SQLTransaction-Objekt.
Dim TransactionObject as SQLTransaction
ConnectionObject.Open()          ' Verbindung öffnen.
TransactionObject = ConnectionObject.BeginTransaction     ' Transaktion beginnen.
```

Der nächste Schritt ist das Definieren des Command-Objekts. (Im nächsten Abschnitt gehen wir genauer auf dieses Objekt ein.) Wir nutzen das Command-Objekt in unserer aktuellen Transaktion:

```
CommandObject = New SQLCommand(SelectStatement, ConnectionObject)
' Befehl mit der Transaktion verknüpfen.
CommandObject.Transaction = TransactionObject
```

Egal, welche Datenoperationen wir vornehmen: Nachdem wir das Command-Objekt mit unserer Transaktion verknüpft haben, laufen alle Datenoperationen im Rahmen dieser Transaktion ab. Wir haben die Wahl, ob wir die Änderungen durchführen oder verwerfen wollen. Der folgende Codeausschnitt zeigt beide Fälle:

```
' Durchführen der Änderungen
TransactionObject.Commit()
ConnectionObject.Close()

' Verwerfen der Änderungen
TransactionObject.Rollback()
ConnectionObject.Close()
```

In beiden Fällen schließen wir danach die Verbindung. Die Transaktion ist damit abgeschlossen.

Implementieren der Datenzugriffsschicht

Das *Command*-Objekt

Sie können das Command-Objekt entweder mit dessen Konstruktor erstellen oder mit der Methode CreateCommand des Connection-Objekts. Damit der Code sauberer wird, verwenden wir den Konstruktor. Erweitern wir also das letzte Beispiel und fügen wir das Command-Objekt hinzu:

```
Dim ConnectionString as String
Dim ConnectionObject as SQLConnection
Dim CommandObject as SQLCommand
Dim SelectStatement as String
ConnectionString = "data source=local; initial catalog=Northwind; password=  ;id="
SelectStatement = "Select LastName, FirstName From Employees"
ConnectionObject = New SQLConnection(ConnectionString)
CommandObject = New SQLCommand(SelectStatement, ConnectionObject)
```

Die fett hervorgehobene Zeile zeigt, welche Eigenschaften des Command-Objekts wir benutzen: den SQL-String für den Zugriff auf die Datenbank und das vorher angelegte Connection-Objekt. Das ist auch schon alles, zumindest wenn wir nur mit einem SQL-String Daten abrufen wollen.

Sehen wir uns das erste Beispiel aus den Codebeispielen zu diesem Kapitel an. Folgen Sie den Installationsanweisungen aus der Datei *Liesmich.txt* und öffnen Sie dann das Projekt *Chapter4DAL*. Den Code für dieses Beispiel finden Sie in der Datei *SQLtoDataReader.aspx* im Ordner *DirectAccess*, Sie können das Projekt auch ausführen und auf den folgenden Link klicken: *1. SQL Statement returning a DataReader* (SQL-Anweisung, die einen DataReader zurückgibt). Wir benutzen das DataReader-Objekt in diesem Beispiel, um Daten in ein Grid-Steuerelement einzufüllen. Tragen Sie vor dem Ausführen dieses Beispiels Ihren Benutzernamen und Ihr Kennwort in den Verbindungsstring ein. Wir haben in den ersten Beispielen die Ausnahmebehandlung weggelassen, damit der Code einfacher zu verstehen ist. (Aber keine Sorge, wir werden bald Beispiele mit Ausnahmebehandlung vorstellen.)

Die SQL-Strings, die wir für das Command-Objekt benutzen, können Parameter enthalten, die innerhalb des Strings übergeben werden, oder Parameter, die aus dem Command-Objekt erstellt werden können. Dieser String kann auch Befehle zum Einfügen oder Aktualisieren von Daten enthalten oder Befehle, die überhaupt keine Daten zurückliefern. Im Allgemeinen vermeiden wir diesen Ansatz, weil wir für die Arbeit mit unseren Daten lieber gespeicherte Prozeduren benutzen.

Wichtiger ist für uns die Fähigkeit des Command-Objekts, gespeicherte Prozeduren mit oder ohne Parameter ausführen zu können. Wenn wir mit dem Command-Objekt gespeicherte Prozeduren ausführen wollen, müssen wir in die Eigenschaft CommandType des Command-Objekts den Wert CommandType.StoredProcedure eintragen. Der Standardwert ist CommandType.Text, weitere mögliche Werte sind CommandType.StoredProcedure und CommandType.TableDirect. Wir verwenden die Option TableDirect nicht sehr oft, da sie die komplette Tabelle zurückliefert. Ist in CommandType der Wert StoredProcedure eingetragen, enthält der String, den wir dem Command-Objekt übergeben, den Namen der gespeicherten Prozedur. Unser zweites Beispiel starten Sie über den Link *2. Stored Procedure without parameters returning a DataReader* (Gespeicherte Prozedur ohne Parameter, gibt einen DataReader zurück). Das Beispiel liegt in der Datei *SPtoDataReader.aspx* aus dem Unterordner *DirectAccess*. Sie finden in dem Beispielordner *Ch04* das SQL-Skript, mit dem Sie die gespeicherten Prozeduren in der Northwind-Datenbank anlegen können. Eine Anleitung enthält die Datei *Liesmich.txt*. Für den Fall, dass Sie die gespeicherten Prozeduren von Hand erstellen möchten, folgt hier der Code für die erste:

```
CREATE PROCEDURE dbo.spGetEmployees
AS
Select LastName, FirstName, title, Birthdate, HireDate
From Employees
```

Mit den folgenden Zeilen rufen wir diese gespeicherte Prozedur ohne Parameter auf:

```
Dim StoredProcedureName as String
StoredProcedureName = "spGetEmployees"
CommandObject = New SQLCommand(StoredProcedureName, ConnectionObject)
CommandObject.CommandType = CommandType.StoredProcedure
```

In den meisten Fällen müssen wir einer gespeicherten Prozedur beim Aufruf Eingabe- oder Ausgabeparameter übergeben. Viele gespeicherte Prozeduren geben keine Datentabellen zurück, sondern nur Parameter oder einen Ergebniswert. Das Command-Objekt unterstützt dies mit der Auflistung Parameters.

Beispiel 3 starten Sie durch Anklicken des Links 3. *Stored Procedure with a parameter returning a DataReader* (Gespeicherte Prozedur mit Parametern, gibt einen DataReader zurück), es liegt in der Datei *SPParamstoDataReader.aspx* im Ordner *DirectAccess*. Es demonstriert, wie mit Hilfe des Command-Objekts Parameter für eine gespeicherte Prozedur definiert und hinzugefügt werden. Die gespeicherte Prozedur besteht aus folgendem Code:

```
CREATE PROCEDURE dbo.spEmployeesbyCity
    (
    @City nVarChar(15) = "%",
    @Name nVarChar(20) = "%"
    )
AS
    Select LastName, FirstName, City
    From Employees
    Where City like @City and LastName like @Name
```

Die Parameter werden folgendermaßen definiert:

```
ParameterObject = CommandObject.Parameters.Add("@City", SqlDbType.NVarChar, 15)
ParameterObject.Direction = ParameterDirection.Input
ParameterObject.Value = "London"
```

Der erste Schritt beim Hinzufügen eines Parameters besteht darin, die Methode CommandObject.Parameters.Add aufzurufen. Diese Methode hat mehrere Parameter: Name des Parameters für die gespeicherte Prozedur, Datentyp und Größe. Die Richtung in ParameterObject.Direction legt fest, ob es sich um einen Eingabe- oder Ausgabeparameter handelt. Im letzten Codeausschnitt fügen wir einen Parameter mit dem Namen @City hinzu, der den Datentyp SqlDbType.NVarChar und die Größe 15 hat. Er ist als Eingabeparameter definiert. Schließlich weisen wir dem Parameter noch einen Wert zu. Wenn das Command-Objekt ausgeführt wird, werden die Parameter automatisch übergeben oder zurückgeliefert. Tabelle 4.2 führt die Methoden des Command-Objekts auf.

Methode	Beschreibung
ExecuteReader	Führt den DataReader aus. (Diese Methode haben wir bisher verwendet, mehr Informationen dazu folgen bald.)
ExecuteNonQuery	Führt eine SQL-Anweisung aus, die keine Datensätze zurückgibt. (Dies ist praktisch bei gespeicherten Prozeduren, die nur Parameter oder überhaupt kein Ergebnis zurückgeben.)
ExecuteScalar	Führt eine SQL-Anweisung aus und gibt die erste Zeile zurück.
ExecuteXMLReader	Führt eine SQL-Anweisung aus und gibt einen XML-Stream zurück.

Tabelle 4.2: Methoden des Command-Objekts

Das *DataReader*-Objekt

Falls Geschwindigkeit wichtiger ist als Skalierbarkeit oder falls wir mit großen Ergebnissätzen arbeiten müssen, ist das DataReader-Objekt das Mittel der Wahl. Es wird gelegentlich als *Feuerwehrschlauch* (fire hose) bezeichnet, weil es ausschließlich Daten aus einer Datenbank liest, nacheinander vom ersten bis zum letzten Datensatz (forward-only). Es verbessert die Geschwindigkeit der Anwendung und verringert die Systemanforderungen, weil nur immer jeweils ein einziger Datensatz im Speicher gehalten wird. Es benötigt allerdings eine offene Datenbankverbindung, was die Skalierbarkeit verringert und den Netzwerkverkehr erhöht. Dass ein DataReader-Objekt eine offene Datenbankverbindung benötigt, schränkt seinen Nutzen für n-schichtige Architekturen ein, bei denen wir die Schichten physisch voneinander trennen müssen. Auf einem einzigen System könnten wir den DataReader als Verweis übergeben, bei Remoting ist das aber nicht möglich. Die bisher gezeigten Beispiele verwenden den DataReader und binden ihn an ein DataGrid. Das läuft folgendermaßen ab:

```
ConnectionObject.Open
DataReaderObject = CommandObject.ExecuteReader(CommandBehavior.CloseConnection)
```

Beim Einsatz des DataReader-Objekts muss die Verbindung offen sein, bevor wir den DataReader ausführen. Nachdem wir alle Datensätze durchgearbeitet haben, dürfen wir *auf gar keinen Fall* vergessen, die Verbindung zu schließen. Offene Verbindungen belegen kostbare Systemressourcen mit Beschlag und schränken die Skalierbarkeit ein. Um offene Verbindungen zu vermeiden, kann der Methode ExecuteReader in einem Parameter eine Option übergeben werden, die dafür sorgt, dass die Datenbankverbindung beim Aufruf der Methode DataReader.Close automatisch geschlossen wird. (Allerdings dürfen wir dann nicht vergessen, die Methode Close aufzurufen. Eine Implementierung finden Sie im zweiten Beispiel.) Ein weiterer Punkt beim Schließen des DataReader-Objekts: Wenn Sie eine gespeicherte Prozedur ausführen, die nur Parameter zurückgibt, muss zuerst der DataReader geschlossen werden. Tun Sie das nicht, haben Sie keinen Zugriff auf die zurückgegebenen Parameter.

Wenn wir den DataReader an ein DataGrid binden, erledigt das DataGrid die Hauptarbeit automatisch. Normalerweise müssten wir Datensatz für Datensatz durch die Ergebnisse gehen, aber das DataGrid übernimmt das für uns.

Das *DataAdapter*-Objekt

Wenn Sie sich noch einmal Abbildung 4.1 ansehen, können Sie feststellen, dass wir bisher den Pfad auf der rechten Seite des Diagramms genommen haben, um Daten in den aufrufenden Code zu liefern. Wie wir festgestellt haben, ist das der simpelste Ansatz, er funktioniert nur in einer Richtung. Wir können dabei keine Daten verändern (abgesehen von der Möglichkeit, Parameter an eine gespeicherte Prozedur zu übergeben, die zum Aktualisieren, Einfügen oder Löschen von Daten ausgewertet werden). Außerdem haben wir noch nicht ohne eine permanente Verbindung gearbeitet. An dieser Stelle kommt der DataAdapter ins Spiel. Die linke Seite von Abbildung 4.1 zeigt, wie Daten verarbeitet werden, wenn keine permanente Verbindung vorhanden ist. Der DataAdapter ist unsere Brücke zwischen den tatsächlichen Daten und dem nicht verbundenen DataSet. Diese Brücke erlaubt Datenverkehr in beiden Richtungen. Der DataAdapter füllt die DataSet-Objekte mit Daten, die er von der Datenquelle holt. Genauer gesagt übergibt er die Daten, die er durch die Connection- und Command-Objekte empfängt. In der Gegenrichtung auf dem Weg zurück zur Datenquelle kann der DataAdapter Änderungen auswerten, die im DataSet vorgenommen wurden. Zwischen diesen beiden Prozessen unterhält das DataSet keinerlei Verbindung mit den wirklichen Daten. Aber darauf kommen wir später noch zurück.

Wenn wir eine Instanz des DataAdapter anlegen, müssen wir einen Wert für die Eigenschaft SelectCommand angeben, die das Command-Objekt enthält. Das Command-Objekt holt die Daten von der Datenquelle, so wie das `Command`-Objekt in den bisherigen Beispielen Daten in den `DataReader` holte. Die eigentliche Datenübergabe (wie die Übergabe des Stabs bei einem Staffelrennen) passiert, wenn die Methode `Fill` des `DataAdapter`-Objekts aufgerufen wird. In diesem Moment werden die Ergebnisse in das `DataSet` eingefüllt. Das vierte Beispiel zeigt diese Vorgänge, sie erreichen es über den Link *4. SQL Statement returning a DataSet* (SQL-Anweisung, die ein `DataSet` zurückliefert). Das Beispiel ist in der Datei *SQLtoDataSet.aspx* aus dem Ordner *DirectAccess* implementiert.

```
DataAdapterObject = New SqlDataAdapter(CommandObject)
DataAdapterObject.Fill(DataSetObject, "Employees")
```

Beim Aufrufen der Methode `Fill` füllen wir das `DataSet`-Objekt mit einer neuen Tabelle namens *Employees* und den Daten, die das `Command`-Objekt zurückgegeben hat. Der `DataAdapter` erledigt das Aufbauen und Zerstören der Verbindung und der `Command`-Objekte, daher bleibt für uns nichts zu tun. Wir könnten die `Command`-Objekte explizit erstellen und mehrmals verwenden, aber das würde unserem Ziel widersprechen, das Verfahren möglichst unkompliziert zu gestalten.

Falls wir der Tabelle beim Aufrufen der Methode `Fill` keinen Namen geben, erhält sie einen Standardnamen. Wir können über die `Tables`-Auflistung, eine indizierte Eigenschaft, auf die Tabelle zugreifen:

```
DataGridEmployees.DataSource = DataSetObject.Tables(0)
```

Es ist möglich, der Tabelle einen Namen zuzuordnen. Das macht unseren Code einfacher zu lesen und zu debuggen. Daher bevorzugen wir es, allen Tabellen Namen zu geben, wie im vierten Beispiel gezeigt. Wenn Sie sich den Programmcode dieses Beispiels ansehen, werden Sie außerdem feststellen, dass wir die Weise geändert haben, in der wir auf den `Connection`-String zugreifen. Statt seine Syntax zu lernen oder ihn hin und her zu kopieren, haben wir uns entschieden, ihn in die Datei *Web.config* einzutragen. *Web.config* ist ganz einfach nur eine XML-Datei. Sie fügen einfach den Abschnitt *appSettings* in die Datei *Web.config* ein und definieren darin den Eintrag `<add key =...`:

```
<appSettings>
    <add key="Northwind" value="data source=localhost..." />
</appSettings>
```

Der Aufrufcode sieht folgendermaßen aus:

```
ConnectionString = ConfigurationSettings.AppSettings("Northwind")
```

Das hilft uns außerdem, sämtliche Verbindungen zu verwalten, die innerhalb der Webanwendung benutzt werden. Wenn wir mit Visual Basic .NET arbeiten, können wir eine ähnlich aufgebaute Datei anlegen und ihren Inhalt abrufen. Falls wir der Ansicht sind, Sicherheit wäre ein Problem, können wir ein anderes Verfahren wählen. Die Datei *web.config* ist zwar gegen einen Zugriff über das Web geschützt, aber nicht gegen einen Zugriff aus dem internen Netzwerk. Stattdessen können wir ein `ConnectionString`-Objekt erstellen, das eine verschlüsselte, auf dem System gespeicherte Datei mit dem Verbindungsstring auswertet, und den Verbindungsstring durch dieses Objekt übergeben. Für unsere Beispiele und die meisten Anwendungen genügt das oben beschriebene Verfahren mit *web.config*.

Neben der Methode `Fill` bietet der `DataAdapter` die Methoden `FillSchema` und `Update`. Wo `Fill` eine Tabelle erstellt und sie mit den Ergebnissen des `Command`-Objekts füllt, erstellt die Methode `FillSchema` lediglich eine leere Tabelle innerhalb des `DataSet`. Die Methode `Update` aktualisiert die Datenquelle mit den Änderungen, die das `DataSet` übermittelt.

Außer der weiter oben erwähnten Eigenschaft `SelectCommand` hat der `DataAdapter` drei weitere Eigenschaften, die für die Aktualisierung der Datenquelle zuständig sind: `InsertCommand`, `UpdateCommand` und `DeleteCommand`. Wir erledigen Aktualisierungen einer SQL Server-Datenbank lieber mit gespeicherten Prozeduren, aber Sie sollten auf jeden Fall wissen, dass es diese alternativen Möglichkeiten gibt und dass sie über den DataAdapter von ADO.NET einfach zugänglich sind.

Das *DataSet*-Objekt

Das DataSet-Objekt ist das Kronjuwel unter den ADO.NET-Objekten, weil es ein Datenmodell ohne permanente Verbindung erlaubt, das wir für eine verbesserte Skalierbarkeit benötigen. Außerdem bietet es die Möglichkeit, Daten ganz einfach zwischen den Schichten auszutauschen. Das DataSet-Objekt ist also zustandslos (stateless). Noch wertvoller wird es dadurch, dass es für den Datentransport XML benutzt. Es gibt aber einen Minuspunkt, den Sie nie vergessen sollten: Das DataSet ist sehr speicherhungrig. Es ist einfach, das DataSet mit beliebig vielen Daten zu füllen, das könnte allerdings das Todesurteil für die Speicherressourcen auf dem Server bedeuten. Stellen Sie sich 100 Benutzer vor, die jeweils ein DataSet mit 10.000 Datensätzen öffnen. Das macht 1 Million Datensätze, die im Speicher liegen. Erhöhen Sie nun die Anzahl der Benutzer auf 1000: Jetzt haben Sie ein echtes Problem. Das DataSet enthält nicht nur Tabellen und Zeilen, sondern auch eine Menge Metadaten, was seine Größe noch weiter aufbläst. Erinnern Sie sich an unsere Warnung: Geben Sie keine großen DataSet-Objekte zurück! Falls eine Menge Datensätze verarbeitet werden müssen, sollten Sie überlegen, ob Sie nicht besser den DataReader oder effiziente gespeicherte Prozeduren zum Verarbeiten großer Datenmengen benutzen.

Eine Möglichkeit, Tabellen im DataSet-Objekt zu erstellen, ist die Methode Fill des DataAdapter-Objekts. Dieses Verfahren haben Sie bereits in unserem letzten Beispiel gesehen. Die Beispiele 5 und 6 unserer Beispielanwendung zeigen weitere Varianten, wie Sie gespeicherte Prozeduren mit oder ohne Parameter aufrufen können. Beispiel 5 legt die Tabelle im DataSet ohne Namen an und demonstriert, wie Sie die Tabelle mit Hilfe der Auflistung Tables des DataSet-Objekts füllen.

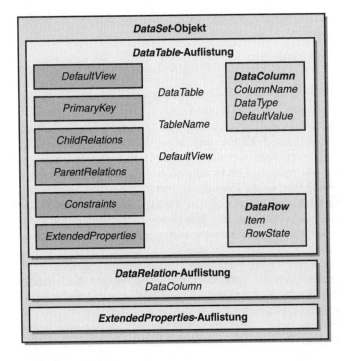

Abbildung 4.2: *Das* DataSet-*Objekt*

Das DataSet-Objekt enthält 0 oder mehr Tabellen, die jeweils in Form eines DataTable-Objekts vorliegen. Die DataTableCollection enthält alle DataTable-Objekte innerhalb eines DataSet-Objekts. Auf jede DataTable kann über ihren Index innerhalb der Auflistung Tables zugegriffen werden, diese Auflistung ist vom Typ DataTableCollection. Eine DataTable besteht aus einer DataColumnCollection, die das Schema aller Tabellenzeilen (wie die Felder in einer Datenbanktabelle) enthält, sowie der DataRowCollection, in der die Daten der Tabelle gespeichert sind (wie Zeilen in einer Datenbanktabelle). Abbildung 4.2 zeigt das DataSet-Objekt mit seinen Auflistungen und Eigenschaften.

Das DataSet speichert nicht nur DataTable-Objekte, sondern kann (genau wie Datenbanken und Tabellen in relationalen Datenbanksystemen) auch Primärschlüssel, übergeordnete und untergeordnete Beziehungen (parent relation, child relation), Einschränkungen (constraint) und Sichten (view) verwalten. Das DataSet kann als Kopie der tatsächlichen Tabellen, ihrer Beziehungen und Daten angesehen werden, die im Speicher abgelegt ist. Der einzige Unterschied ist, dass wir nur mit den Daten arbeiten wollen, die wir für unsere speziellen Datenfunktionen benötigen. Das DataSet soll so klein wie möglich bleiben. Liegt eine DataTable in dem DataSet, legt das DataSet eine Standardsicht (default view) auf diese Tabelle an. Diese Sicht gibt einfach die gesamte DataTable und ihre Daten zurück. Verfügen wir über das DataSet, können wir weitere Sichten anlegen und verändern.

Eine andere Möglichkeit, DataSet- und DataTable-Objekte zu erstellen, führt über Programmcode. Wir können beide vom Programm aus anlegen. Für Webanwendungen können auf diese Weise erstellte DataSet- und DataTable-Objekte sehr nützlich sein. Wir könnten zum Beispiel eine Reihe von Dateneingabeseiten haben, bei denen die Daten erst gespeichert werden dürfen, nachdem die letzte Seite ausgefüllt worden ist. Eine einfache Möglichkeit, Daten von einer Seite zur nächsten zu übergeben (ohne eine Verbindung zur Datenbank herstellen und darauf zugreifen zu müssen, bevor die Eingaben gespeichert werden müssen), ist, auf der ersten Seite ein DataSet und eine DataTable mit den benötigten Feldern anzulegen, sie von einer Seite zur anderen zu übergeben und dabei nach Bedarf Daten hinzuzufügen, bis die letzte Seite erreicht ist. Wenn die Speichermethode aufgerufen wird, können ein Connection-Objekt, ein Command-Objekt und ein DataAdapter-Objekt deklariert und die Daten dort gespeichert werden.

Zum DataSet gäbe es noch mehr zu sagen. Es kann XML und XML-Schemas generieren, die einen Teil oder alle DataTable-Objekte enthalten, ihre Schemas und Daten. Es kann sich auch selbst mit Daten füllen, indem es XML einliest. Werden Daten geändert, zeichnet das DataSet die Veränderungen sowie die ursprünglichen Werte auf. Sie können dann entscheiden, ob die Änderungen angenommen oder verworfen werden sollen. Werden die Änderungen angenommen, kann das DataSet eine Untermenge seiner selbst erzeugen, die nur die Änderungen enthält, und die Aktualisierung über das DataAdapter-Objekt auslösen. Wir haben in diesem Kapitel nicht genug Platz, alle Einzelheiten des DataSet zu erläutern. Während wir in den folgenden Kapiteln die Personalverwaltungsanwendung HRnet erstellen, werden Sie viele der nützlichen Fähigkeiten erleben, die DataSet zur Verfügung stellt.

Das ADO.NET-Datenzugriffsobjekt

Nachdem wir nun die Komponenten von ADO.NET vorgestellt haben, wollen wir sie für unser eigenes Datenzugriffsobjekt nutzen.

Warum brauchen wir ein Datenzugriffsobjekt?

Zuallererst einmal soll das Datenzugriffsobjekt unsere Arbeit mit den Daten viel einfacher gestalten, egal ob wir sie abrufen, hinzufügen oder ändern. Mit nur wenigen Zeilen Code sollten wir schaffen, was uns bisher ein Vielfaches an Aufwand abverlangte. Wir können gar nicht mehr zählen, wie oft wir beim Arbeiten mit Daten die Syntax einer bestimmten Methode nachschlagen mussten: Hat sie Parameter oder nicht, nutzt sie gespeicherte Prozeduren oder nicht, gibt sie einen Datensatz oder Parameter zurück? Wir verschwendeten Zeit (und somit Geld), und die Situation verschlimmerte sich, wenn wir die korrekte Reihenfolge für das Öffnen und Schließen der Verbindungen durcheinander brachten. Und es konnte *noch schlimmer* kommen. Was passiert, wenn wir herausfinden, dass wir eine bessere Methode oder leistungsfähigere Lösungen verwenden können? Es kann eine einschüchternde Aufgabe sein, den gesamten geschriebenen Code durchzuarbeiten und zu verändern. Konsistenz ist beim Schreiben von Anwendungen immer ein Ziel. Sie hilft uns beim Debuggen von Problemen. Sie hilft uns, wenn wir Möglichkeiten testen müssen, die Leistung oder Skalierbarkeit zu verbessern. Wenn wir die Art und Weise, wie wir mit Daten arbeiten, konsistenter machen, könnte das eine der wichtigsten Fähigkeiten unserer Anwendung werden.

Was wird das Datenzugriffsobjekt tun?

Mit Hilfe einer Komponente lösen wir die beschriebenen Probleme. Für den Datenzugriff benötigen wir außerdem nur wenige Codezeilen. Und wenn in Zukunft neuere und bessere Methoden zur Verfügung stehen, nehmen wir einfach Änderungen innerhalb der Komponente vor, die Verbesserungen stehen dann überall zur Verfügung. (Dabei passen wir allerdings auf, dass wir die Funktion der Komponente nicht verändern. Andernfalls brächten wir unsere Anwendungen schneller zum Stillstand als eine Betonwand einen Sportwagen.)

Das Datenzugriffsobjekt bietet auch eine konsistente Art und Weise, mit Daten zu arbeiten. Wir erhalten nicht nur innerhalb der Anwendungen Konsistenz, sondern auch wenn unterschiedliche Architekturen auf die Daten zugreifen, zum Beispiel ASP.NET-Web Forms, Windows Forms, Geschäftklassen und sogar XML-Webdienste. Das gilt für alle Sprachen, die verwalteten Code unter der .NET Common Language Runtime (CLR) ausführen, etwa Visual Basic .NET, C# oder eine der zahlreichen anderen Programmiersprachen. Diese Möglichkeiten schätzen wir sehr. Es könnte endlich möglich werden, sich den Programmcode für den Datenzugriff zu merken, statt wie in der Vergangenheit mit den kleinen Variationen im Code kämpfen zu müssen (kleine, aber schmerzhafte Variationen).

Wir programmieren unser Objekt speziell für den Zugriff auf SQL Server 7 und SQL Server 2000, wobei wir die SQL-Datenprovider von ADO.NET nutzen. Unser Objekt wird für diese Plattform optimiert sein, kann aber einfach so verändert werden, dass es auch mit anderen Plattformen arbeitet. Wir zeigen Ihnen anhand eines Beispiels, wie einfach es ist, die Unterstützung für weitere Datenbankplattformen zu ergänzen. Zusammengefasst wollen wir also folgenden Funktionsumfang haben:

- Mehrere Konstruktoren, die flexibel genug für verschiedene Anforderungen sind.
- Einfache Ausnahmebehandlung mit der Möglichkeit, Ereignisse zu protokollieren.

- Rückgabe der Daten in einer Vielzahl von Formaten:
  - Als `DataSet`
  - Als `DataReader`
  - Als XML
  - Als Parameterliste
  - Als Benachrichtigung darüber, ob eine Funktion erfolgreich ausgeführt wurde (nicht zu verwechseln mit Ausnahmebehandlung)
- Datenzugriff auf den SQL Server mit einfachen SQL-Anweisungen oder mit gespeicherten Prozeduren, entweder mit oder ohne Parameter.

Unser Ansatz für Datenbankzugriff und Datenbanknutzung

Wir mussten bisher meist entweder Anwendungen schreiben, die Tausende möglicherweise gleichzeitiger Benutzer in einer Webumgebung haben, oder spezielle interne Anwendungen ohne Weboberfläche, die ihren wenigen hundert Benutzern eine sehr schnelle Reaktionsgeschwindigkeit bieten müssen. Neuerdings sind Kombinationen aus beiden Anforderungen gefragt. Viele neue Anwendungen, die wir entwickeln, haben eine Weboberfläche und bieten unterschiedliche Zugriffsstufen für Intranetbenutzer, Benutzer aus einem externen Netz und allgemeine Webbenutzer. Diese unterschiedlichen Clients greifen gleichzeitig auf dieselbe Datenbank zu und verursachen dabei möglicherweise eine sehr hohe Last. Immer mehr Unternehmen entscheiden sich für den SQL Server als Lösung für ihre Datenbankanforderungen. Aus diesem Grund konzentrieren wir uns auf den Datenzugriff mit Hilfe von SQL-Anweisungen oder gespeicherten Prozeduren bei SQL Server 7 oder SQL Server 2000.

Da wir die höchstmögliche Geschwindigkeit benötigen und trotzdem Skalierbarkeit, Flexibilität und angemessene Sicherheit bieten müssen, nutzen wir im Allgemeinen nur gespeicherte Prozeduren auf SQL Server 7 oder SQL Server 2000. Egal, ob wir Daten abrufen wollen, Daten hinzufügen oder ändern, wir nehmen immer gespeicherte Prozeduren. Wir wollen ausnutzen, was der SQL Server am besten beherrscht: Abrufen von Daten, Ändern von Daten, Transaktionen und so weiter. Wir wissen natürlich, was Sie jetzt denken: »Diese Typen sind zu unflexibel und glauben, sie wüssten einfach alles.« Das ist nicht wahr. Wir setzen nur das ein, was wir aus unseren Erfahrungen und Tests als das Beste kennen. Selbstverständlich bauen wir auch die Möglichkeit in das Objekt ein, direkte SQL-Strings zu nutzen. Warum? Weil wir zugeben, dass es gute Gründe gibt, sie gelegentlich zu nutzen, etwa für unmittelbaren Datenzugriff in Berichten. Sie können mit SQL-Anweisungen sogar Daten hinzufügen oder ändern, auch wenn wir das nicht empfehlen. Sie haben die Wahl, die Datenzugriffskomponente bietet beide Möglichkeiten.

Implementieren des Datenzugriffsobjekts

Sehen wir uns an, wie die Datenzugriffskomponente implementiert ist.

Das Datenzugriffsobjekt als Komponente

Wir könnten die Komponente auf unterschiedliche Art und Weise programmieren. Wir könnten einfach eine Klasse oder eine Gruppe von Klassen entwerfen. Wir könnten diese Klassen in jedes unserer Projekte hineinkopieren. Oder wir könnten sie in den globalen Assemblycache (GAC) legen, damit sie auf dieselbe Weise wie die .NET Framework-Klassen zur Verfügung stehen. Wir könnten auch eine Komponente schreiben, die genauso wie Klassen implementiert ist, und sie entweder direkt einbinden oder in den GAC legen. Wir haben uns für die letztere Möglichkeit entschieden. Komponenten ähneln Klassen, bieten aber einen zusätzlichen Funktionsumfang. Eine Komponente unterstützt eine grafische Entwurfsoberfläche in der Entwicklungsumgebung (Integrated Development Environment, IDE) von Visual Studio .NET. Sie können mit Hilfe von Drag & Drop auf die Komponente zugreifen, um Code aus der Toolbox oder aus dem Server-Explorer hinzuzufügen, und Eigenschaften im Eigenschaftenfenster verändern. Das ist besonders nützlich, wenn Sie Leistungsindikatoren oder Ereignisprotokollierung hinzufügen oder Nachrichtenwarteschlangen nutzen.

Wenn Sie die Datenzugriffskomponente parallel zu den im Folgenden gezeigten Schritten erstellen und testen wollen, können Sie ein neues Projekt in die Projektmappe *Chapter4DAL* aufnehmen und eine neue Komponente erstellen. Sie können das bereits vorhandene Projekt *DataAccessLayer* und die Komponente *DataAccessObject* in Ruhe lassen, sie enthalten den fertigen Code. Wenn Sie Ihre selbst erstellte Komponente testen wollen, brauchen Sie in den gezeigten Beispielen lediglich den Namespace der Komponente hinzuzufügen und den Aufrufcode anzupassen.

Starten Sie Visual Studio .NET und öffnen Sie die Projektmappe *Chapter4DAL*. Wählen Sie im Projektmappen-Explorer das Projekt *DataAccessLayer* aus. Fügen Sie eine Komponente mit dem Namen *DataTestObject.vb* hinzu. Ihr Visual Studio .NET-Fenster sollte jetzt so ähnlich wie in Abbildung 4.3 aussehen.

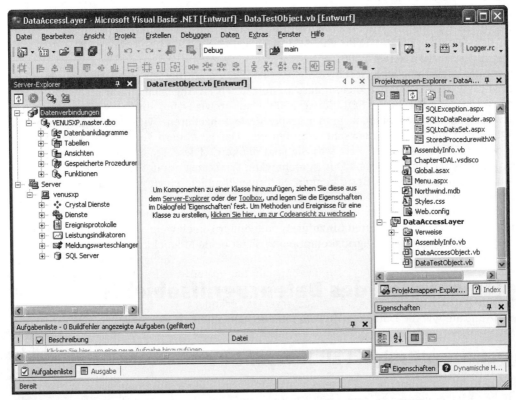

Abbildung 4.3: Die neue Komponente DataTestObject in Visual Studio .NET

Die Datei *DataTestObject.vb* wird im Entwurfsmodus geöffnet. Sie können aus dem Server-Explorer Komponenten hinzufügen (siehe Abbildung 4.3) oder einfach mit einem Doppelklick in den Code-Editor wechseln. Abbildung 4.4 zeigt, wie der Code-Editor aussieht, nachdem wir einige Programmzeilen hinzugefügt haben.

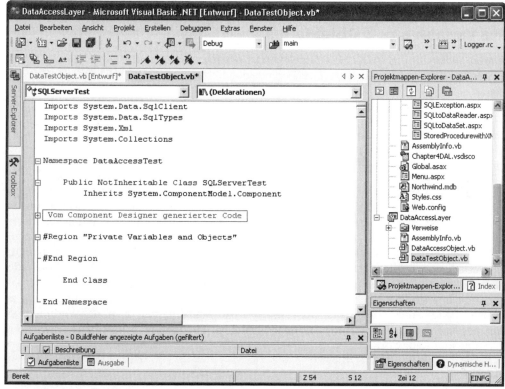

Abbildung 4.4: *Der Programmcode der Komponente DataTestObject*

Vorerst können Sie den vom Komponenten-Designer generierten Code ignorieren. Wie Sie sehen, entspricht der restliche Code dem einer Klasse, bei der einige Programmzeilen hinzugefügt wurden. Damit unsere Komponente korrekt funktioniert, müssen wir einige wichtige Namespaces importieren, nämlich Data.SqlClient, Data.SqlTypes, XML und Collections. Außerdem müssen wir der Komponente einen Namespace geben. Nennen wir ihn DataAccessTest. Auf diese Weise ist sichergestellt, dass es keine Verwechslung mit der Datenzugriffskomponente gibt, die im Namespace DataAccess liegt. Um eventuellen Verwechslungen vorzubeugen, haben wir außerdem den Namen der Klasse DataTestObject in SQLServerTest geändert.

Beim Umbenennen der Klasse haben wir sie auch gleich NotInheritable gemacht. Wir wollen, dass die Benutzer direkt eine Instanz dieser Klasse anlegen. Gestatten wir eine Vererbung, haben wir keine Kontrolle darüber, was die Benutzer mit der Komponente anstellen. Das Debuggen wäre sehr schwierig und die Stabilität des Datenzugriffsobjekts wäre gefährdet. Falls Benutzer Änderungen wünschen, müssen sie diese bei Ihnen (oder dem jeweiligen Entwickler der Komponente) in Auftrag geben.

In Abbildung 4.4 sehen Sie außerdem, dass wir Codeabschnitte (#Region-Blöcke) nutzen, um Codesegmente zu definieren. Visual Studio .NET kann Codeabschnitte einklappen, das bringt Modularität und verbessert die Lesbarkeit des Codes.

Ob Sie diese Empfehlungen befolgen, liegt bei Ihnen. In den nächsten Abschnitten werden wir Schritt für Schritt Code hinzufügen und die Komponente testen.

Private Variablen und Objekte

Die privaten Variablen und ADO.NET-Objekte im Codeabschnitt *Private Variables & Objects* sind in drei Bereiche unterteilt. Der erste Bereich definiert unsere ADO.NET-Objekte für den Datenzugriff:

```
Private privateConnection as SqlConnection
Private privateCommand as SqlCommand
Private privateDataReader as SqlDataReader
Private privateXMLReader as XMLReader
Private privateSQLDataAdapter as SqlDataAdapter
Private privateDataSet as DataSet
Private privateParameterList as ArrayList = New ArrayList()
```

Die meisten der deklarierten Variablen sind ADO.NET-Komponenten. Die einzige Ausnahme ist `privateParameterList`. Wir verarbeiten die Parameterübergabe völlig losgelöst von der Parameterauflistung des `Command`-Objekts. Auf diese Weise können wir im aufrufenden Code Parameter anlegen, ohne das `Command`-Objekt zu initialisieren. Die anschließende Konvertierung in SQL-Parameter erledigen wir intern. Die Liste `privateParemeterList` ist das Ergebnis dieser Konvertierung, diese Liste wird in den Methoden benutzt, die gespeicherte Prozeduren aufrufen.

Der zweite Bereich innerhalb der Variablendefinitionen hat mit dem Verbindungsstring zu tun. Die erste Zeile kennen Sie bereits. Die restlichen vier Zeilen dienen dazu, den Verbindungsstring aus den wichtigsten Parametern zusammenzustellen: Servername, verwendete Datenbank, Benutzername und Kennwort.

```
Private privateConnectionString as String
Private privateServer as String
Private privateDatabase as String
Private privateUserName as String
Private privatePassword as String
```

Der dritte Bereich definiert weitere nützliche Variablen: den Modulnamen, ein Flag, das angibt, ob das Objekt beseitigt wurde, und eine allgemeine Ausnahmemeldung, die wir zusammen mit anderen Informationen an den aufrufenden Code übergeben, falls eine Ausnahme auftritt.

```
Private privateModuleName as String
Private privateDisposedBoolean as Boolean
Private Const privateExceptionMessage as String = "Data Application Error. " & _
    "Detail Error Information can be found in the Application Log"
```

Konstruktoren

Damit unser Datenzugriffsobjekt auf drei unterschiedliche Arten aufgerufen werden kann, überladen wir den Konstruktor dieser Klasse. Dazu definieren wir verschiedene Parametergruppen für `Public Sub New()`. Wir müssen darauf achten, dass wir `Public Sub New()` nicht als Konstruktor wiederholen, da er bereits im Codeabschnitt *Vom Component Designer generierter Code* definiert ist. Wenn wir diesen Codeabschnitt aufklappen, finden wir hinter dem Kommentar Initialisierungen nach dem Aufruf `InitializeComponent()` hinzufügen einen Bereich, in den wir eigenen Code einfügen können. An dieser Stelle geben wir dem Modul einen Namen:

```
privateModuleName = Me.GetType.ToString
```

Der Standardkonstruktor tut sonst nichts. Daher müssen wir von Hand einen Wert in den Verbindungsstring eintragen, nachdem wir die Komponente im aufrufenden Code initialisiert haben.

Dem zweiten Konstruktor können wir den Verbindungsstring im Parameter `ConnectionString` übergeben. Auf diese Weise können wir das Objekt mit dem Verbindungsstring als Argument aufrufen, wir brauchen die Eigenschaft `ConnectionString` nicht zu ändern.

```
Public Sub New(ByVal ConnectionString as String)
    MyBase.New()
    privateConnectionString = ConnectionString
    privateModuleName = Me.GetType.ToString
End Sub
```

Der letzte Konstruktor erhält die Elemente des Verbindungsstrings einzeln, er hat je einen Parameter für Servernamen, Datenbanknamen, Benutzernamen und Kennwort. Der Konstruktor setzt den Verbindungsstring aus diesen Daten zusammen.

```
Public Sub New(ByVal Server as String, ByVal Database as String, _
    ByVal UserName as String, ByVal Password as String)
    MyBase.New()
    privateConnectionString = "Server=" + Server + ";Database=" + _
        Database + ";UserID=" + UserName + ";Password=" + Password + ";"
    privateModuleName = Me.GetType.ToString
End Sub
```

Eigenschaften

Wenn wir das Datenzugriffsobjekt ohne Verbindungsstring aufrufen, müssen wir Werte in seine Eigenschaften eintragen, nachdem wir eine Instanz davon angelegt haben. Wir können entweder die Eigenschaft `ConnectionString` ändern oder die einzelnen Eigenschaften, aus denen später der Verbindungsstring zusammengesetzt wird. Wir zeigen Ihnen hier nur eine der Eigenschaften. Die übrigen können Sie nach diesem Muster ergänzen:

```
Public Property ConnectionString() as String
    Get
        Try
            Return privateConnection.ConnectionString
        Catch
            Return ""
        End Try
    End Get
    Set(ByVal Value as String)
        privateConnectionString = Value
    End Set
End Property
```

Das einzig Ungewöhnliche an diesem Codeausschnitt ist der `Get`-Block. Wenn der aufrufende Code den `ConnectionString` überprüfen will, müssen wir eventuell die Ausnahme abfangen, die ausgelöst wird, wenn der Verbindungsstring nicht existiert. In diesem Fall geben wir einfach einen leeren String zurück.

Die erste Methode: Ausführen einer SQL-Anweisung und Zurückgeben eines *DataSet*

Nachdem einige Vorarbeiten erledigt sind, können wir nun unsere erste Methode in Angriff nehmen. Damit die Dinge nicht zu kompliziert werden, fügen wir die Methode `runSQLDataSet` hinzu. Diese Methode hat zwei Parameter: den SQL-String und einen Tabellennamen. Der erste Parameter ist nötig, der zweite (der Tabellenname) nicht. Das Ergebnis wird in Form eines `DataSet` zurückgeliefert, die Daten befinden sich in einer Datentabelle. Sehen wir uns den Programmcode an:

```
Public Function runSQLDataSet(ByVal SQL as String, Optional ByVal TableName as String = Nothing) as DataSet
    Try
        privateConnection = New SqlConnection(privateConnectionString)
        privateCommand = New SqlCommand(SQL, privateConnection)
        privateSQLDataAdapter = New SqlDataAdapter(privateCommand)
        If TableName = Nothing Then
            privateSQLDataAdapter.Fill(privateDataSet)
        Else
            privateSQLDataAdapter.Fill(privateDataSet, TableName)
        End If
        privateConnection.Close()
        Return privateDataSet
    Catch ExceptionObject as Exception
        Throw New Exception(privateExceptionMessage, ExceptionObject)
    End Try
End Function
```

Die Methode `runSQLDataSet` hat den Ergebnistyp `DataSet`. Sowohl der SQL-String als auch der String `TableName` werden `ByVal` übergeben. `TableName` ist optional, in der Standardeinstellung hat er den Wert `Nothing`. Da wir der Methode `DataAdapter.Fill` keine leeren Strings oder Null-Strings übergeben dürfen, überprüfen wir in der `If Then`-Anweisung, ob der Parameter `TableName` einen gültigen Wert hat. Je nach Ergebnis rufen wir die Methode `privateSQLDataAdapter.Fill` mit oder ohne Argument für `TableName` auf. Der übrige Code besteht aus den vorgestellten ADO.NET-Objekten und der Ausnahmebehandlung. Sehen wir uns genauer an, wie die speziellen Ausnahmen unseres Datenzugriffsobjekts behandelt werden.

Ausnahmebehandlung

In Kapitel 3 haben Sie die Ausnahmebehandlung kennen gelernt. Nun wollen wir einige der Prinzipien anwenden, die wir dort vorgestellt haben. Sehen Sie sich noch einmal die Codezeilen an, die unsere Ausnahme behandeln:

```
Catch ExceptionObject as Exception
    Throw New Exception(privateExceptionMessage, ExceptionObject)
End Try
```

Das `ExceptionObject` enthält die Ausnahme, die im `Try`-Block ausgelöst wurde, egal welchen Typ sie hatte. Um diese Ausnahme an den aufrufenden Code zu übergeben (der in einer Code-Behind-Datei für Web Forms liegen kann, in einem Codeblock, der unser Objekt von Windows Forms aus aufruft, oder in einer mittleren Anwendungsschicht), lösen wir eine neue Ausnahme aus und übergeben sämtliche Ausnahmeinformationen. Auf diese Weise kann die Ausnahmemeldung im aufrufenden Code genau auf die Stelle verweisen, an der die Ausnahme ausgelöst wurde. Es gibt keine Raterei, welche Komponente den Fehler verursacht hat.

Ausnahmen protokollieren

Aus denselben Gründen, aus denen wir unsere eigenen Ausnahmehandler erstellt haben, versehen wir unser Datenzugriffsobjekt mit der Fähigkeit, Ereignisse zu protokollieren. Damit dies funktioniert, müssen Sie die Berechtigungen des Kontos *ASPNET* (*aspnet_wp*) ändern: Fügen Sie es zu der Gruppe *Debuggerbenutzer* hinzu. So können wir benutzerdefinierte Ereignisprotokollquellen schreiben.

Zuerst müssen wir eine Funktion erstellen, die wir aufrufen können, wenn wir Informationen in die Ereignisprotokolle schreiben wollen. Hier ist der Code aus dem Abschnitt *Exception Logging* unseres Objekts:

```
Private sub LogException(ByRef ExceptionObject as Exception)
    Dim EventLogMessage as String
    Try
        EventLogMessage = "An error occurred in the following " & _
            "module: " & privateModuleName & vbCrLf & "The Source " & _
            "was: " & ExceptionObject.Source & vbCrLf & _
            "Message: " & ExceptionObject.Message
        Dim localEventLog as New EventLog("Application")
            localEventLog.WriteEntry(privateModuleName, _
            EventLogMessage, Diagnostics.EventLogEntryType.Error,55)
    Catch EventLogException as Exception
        Throw New Exception("EventLog Error: " & EventLogException.Message, EventLogException)
    End Try
End Sub
```

Die Funktion `LogException` braucht den Parameter `ExceptionObject`. Dieser Parameter enthält die Informationen über die Ausnahme, die wir in das Protokoll schreiben wollen. Wir können innerhalb des Datenzugriffsobjekts entscheiden, wie viele Informationen wir anzeigen wollen. Anschließend definieren und erstellen wir den Meldungsstring `EventLogMessage`. Wir tragen den Namen der Quelle und die Meldung darin ein. Die fett gedruckten Zeilen im letzten Codeausschnitt erledigen die eigentliche Arbeit. Erst legen wir eine neue Instanz von `Eventlog` an, die in das Anwendungsprotokoll schreibt. Danach schreiben wir den Eintrag. Als Argumente werden der Modulname und die Meldung übergeben, die wir gerade angelegt und formatiert haben. Damit der Eintrag eine Fehlermeldung ist, geben wir den Enumerationswert `Diagnostics.EventLogEntryType.Error` an. Und schließlich übergeben wir die ID als Argument. Wenn wir die zugewiesenen IDs sorgfältig verwalten, wird das Debuggen viel einfacher, selbst wenn wir zahlreiche Komponenten schreiben und benutzen.

Nachdem wir nun eine Funktion für die Ereignisprotokollierung haben, können wir sie in die bereits vorhandene Funktion `runSQLDataSet` einfügen. Die betreffende Zeile ist durch Fettschrift hervorgehoben:

```
Public Function runSQLDataSet(ByVal SQL as String, Optional ByVal TableName as String = Nothing) as DataSet
    Try
        ⋮
        Return privateDataSet
    Catch ExceptionObject as Exception
        LogException(ExceptionObject)
        Throw New Exception(privateExceptionMessage, ExceptionObject)
    End Try
End Function
```

Das ist auch schon alles. Jetzt hoffen wir nur, dass wir gute SQL-Anweisungen schreiben, damit unsere Protokolle schön sauber bleiben. Andererseits: Wenn wir das nicht tun, haben wir jede Menge Daten zur Verfügung, mit deren Hilfe wir unsere Fehler aufspüren und korrigieren können.

Was fehlt noch?

Nehmen Sie sich eine Minute Zeit und sehen Sie sich den Programmcode unserer Methode runSQLDataSet an. Fällt Ihnen irgendetwas auf? Sicherlich lassen sich einige Punkte verbessern. Erstens wird nicht überprüft, ob die SQL-Anweisung gültig ist. Zweitens sollten wir überlegen, ob es nicht einen besseren Platz für den Aufruf der Methode privateConnection.Close gibt. Sie wird anscheinend nur dann aufgerufen, wenn kein Fehler aufgetreten ist. Drittens stellt sich die Frage, wie wir unser Datenzugriffsobjekt beseitigen wollen.

Das Überprüfen der SQL-Anweisung ist nicht einfach. Die Methode erlaubt nicht, dass wir einen Null-Parameter oder einen leeren String übergeben. In diesem Fall meldet sie sofort einen Fehler. Allerdings möchten wir, dass sie eine aufschlussreichere Ausnahmemeldung weitergibt. Wir können außerdem voraussetzen, dass die SQL-Anweisung länger als 10 Zeichen sein muss. Die kürzeste SQL-Anweisung lautet Select * From X, das sind bereits 15 Zeichen. Die private Unterroutine aus dem Codeabschnitt *Validations* sieht so aus:

```
Private Sub ValidateSQLStatement(ByRef SQLStatement as String)
    If Len(SQLStatement) < 10 Then
        Throw New Exception(privateExceptionMessage & " The SQL " & _
        "Statement must be provided and at least 10 characters long.")
    End If
End Sub
```

Wird die Validierungsfunktion mit einer SQL-Anweisung aufgerufen, die kürzer als 10 Zeichen ist, löst das Datenzugriffsobjekt die Ausnahme aus. Die Ausnahme sorgt dafür, dass das Objekt sofort verlassen wird. Sie liefert die angegebene benutzerdefinierte Meldung, gefolgt von der Standard-Ausnahmemeldung. Im Datenzugriffsobjekt müssen wir den Code folgendermaßen ändern:

```
Public Function runSQLDataSet(ByVal SQL as String, Optional ByVal TableName as String = Nothing) as DataSet
    ValidateSQLStatement(SQL)
    Try
        ⋮
    End Try
End Function
```

Die zweite Verbesserungsmöglichkeit betraf das Schließen der Verbindung. Momentan passiert das innerhalb des Try-Blocks. Das bedeutet, dass die Verbindung offen bleibt, falls ein Fehler auftritt. Sie wird erst geschlossen, wenn das Datenzugriffsobjekt zerstört wird oder der Garbage Collector es beseitigt. Am einfachsten lässt sich dieses Problem lösen, indem wir einen Finally-Block in unseren Ausnahmehandler einbauen und die Verbindung dort schließen. Der Code in diesem Block wird immer ausgeführt, egal ob eine Ausnahme auftritt oder nicht. Der geänderte Programmcode sieht so aus:

```
    ⋮
    Finally
        privateConnection.Close()
    End Try
End Function
```

Das dritte Problem ist die Methode Dispose. Der Garbage Collector erledigt seine Aufgabe zwar recht gut und beseitigt die Objekte, die nicht mehr gültig sind, wir wollen diesen Vorgang aber beschleunigen, wenn es um den Datenzugriff geht. Wir möchten so wenig offene Verbindungen wie möglich. Und wenn sie geöffnet werden müssen, sollen sie so bald wie möglich wieder geschlossen werden. Wie wir bereits festgestellt haben, ist der `DataReader` das größte Problem. Daher schließt unsere `Dispose`-Methode alle offenen Verbindungen und beseitigt anschließend das Datenzugriffsobjekt, damit der Garbage Collector es sofort aus dem Speicher beseitigen kann. Außerdem setzt sie das Flag `privateDisposedBoolean`, das wir vorher als private Variable initialisiert haben.

Wir schließen die Verbindung nicht nur sofort, um aufzuräumen, sondern auch weil das Objekt nicht finalisiert werden kann, bevor alle Verbindungen geschlossen sind. Der Garbage Collector finalisiert die ungültig gewordenen Objekte und löscht sie dann in einem zweiten Durchlauf. Da wir die Methode `Dispose` direkt aufrufen, können wir den Garbage Collector anweisen, diesen zeitraubenden Zwischenschritt auszulassen. Es gibt eine Falle, in die wir tappen könnten: Was passiert, wenn wir das Objekt aufrufen, nachdem es für die Beseitigung vorbereitet wurde, aber noch bevor der Garbage Collector es gelöscht hat? Für diesen Fall gibt es das Flag `privateDisposedBoolean`. Wir setzen es, nachdem wir die Unterroutine `Dispose` ausgeführt haben. Bevor wir irgendeine Methode innerhalb des Objekts ausführen, überprüfen wir stets das Flag `privateDisposedBoolean`. Auf diese Weise wird verhindert, dass das Objekt wieder »zum Leben erweckt« wird, bevor der Garbage Collector es endgültig löscht. Um dieses Verhalten zu implementieren, müssen wir die Methode `Dispose` des Objekts überladen und darin unsere Ergänzungen einfügen.

Die überladene Unterroutine `Dispose` aus dem Codeabschnitt *Overloaded Dispose* sieht so aus:

```
Public Overloads Sub Dispose()
    If privateDisposedBoolean = False Then
        Try
            privateConnection.Dispose()
        Finally
            MyBase.Dispose()
            GC.SuppressFinalize(Me)
            privateDisposedBoolean = True
        End Try
    End If
End Sub
```

Nachdem überprüft wurde, ob das Flag `privateDisposedBoolean` gesetzt ist, gibt die Methode `privateConnection.Dispose` die Verbindung frei, sofern das noch nicht geschehen ist. Egal, ob das erfolgreich verläuft oder nicht (was normalerweise eine Ausnahme auslöst), wir können weitermachen, da wir den Fehler im `Try`-Block ignorieren. Der Code im `Finally`-Block wird immer ausgeführt. In diesem Fall rufen wir die Methode `Dispose` der Basisklasse auf und weisen den Garbage Collector mit `GC.SuppressFinalize(Me)` an, keine Finalisierung durchzuführen, sondern das Objekt sofort zu löschen. Anschließend setzen wir das Flag `privateDisposedBoolean`. So kann kein weiterer Aufruf dieses Objekts erfolgen, während das Objekt darauf wartet, gelöscht zu werden. Die andernfalls mögliche Wiederbelebung wird so verhindert. Einen Punkt müssen wir noch erledigen: Wir müssen das Flag `privateDisposedBoolean` überprüfen, bevor wir unsere Methoden ausführen.

```
Public Function runSQLDataSet(ByVal SQL as String, Optional ByVal TableName as String = Nothing) as DataSet
    Try
        If privateDisposedBoolean = True Then
            Throw New ObjectDisposedException(privateModuleName, _
                "This object has already been disposed; you cannot reuse it.")
        End If
        ⋮
    End Try
End Function
```

Implementieren der Datenzugriffsschicht

Der vollständige Code der Methode *runSQLDataSet*

Da wir die übrigen Datenzugriffsmethoden nach ähnlichem Muster wie die Methode runSQLData-Set aufbauen, sehen wir uns noch einmal den gesamten Code an, den wir für diese Methode sowie die zugehörigen Hilfsfunktionen erstellt haben. Damit Sie den Code einfacher lesen können, haben wir sämtliche Kommentare entfernt, die Sie im Quellcode des Datenzugriffsobjekts finden. Die Methode runSQLDataSet sieht folgendermaßen aus:

```
Public Function runSQLDataSet(ByVal SQL as String, Optional ByVal TableName as String = Nothing) as DataSet
    ValidateSQLStatement(SQL)
    Try
        If privateDisposedBoolean = True Then
            Throw New ObjectDisposedException(privateModuleName, _
                "This object has already been disposed. You cannot reuse it.")
        End If
        privateConnection = New SqlConnection(privateConnectionString)
        privateCommand = New SqlCommand(SQL, privateConnection)
        privateSQLDataAdapter = New SqlDataAdapter(privateCommand)
        If TableName = Nothing Then
            privateSQLDataAdapter.Fill(privateDataSet)
        Else
            privateSQLDataAdapter.Fill(privateDataSet, TableName)
        End If
        Return privateDataSet
    Catch ExceptionObject as Exception
        LogException(ExceptionObject)
        Throw New Exception(privateExceptionMessage, ExceptionObject)
    Finally
        privateConnection.Close()
    End Try
End Function
```

Die Unterroutine ValidateSQLStatement:

```
Private Sub ValidateSQLStatement(ByRef SQLStatement as String)
    If Len(SQLStatement) < 10 Then
        Throw New Exception(privateExceptionMessage & " The SQL " & _
            "Statement must be provided and at least 10 characters long.")
    End If
End Sub
```

Die Implementierung der Unterroutine LogException:

```
Private sub LogException(ByRef ExceptionObject as Exception)
    Dim EventLogMessage as String
    Try
        EventLogMessage = "An error occurred in the following " & _
            "module: " & privateModuleName & vbCrLf & "The " & _
            "Source was: " & ExceptionObject.Source & vbCrLf & _
            "Message: " & ExceptionObject.Message
        Dim localEventLog as New EventLog("Application")
        localEventLog.WriteEntry(privateModuleName, EventLogMessage, _
            Diagnostics.EventLogEntryType.Error,55)
    Catch EventLogException as Exception
        Throw New Exception("EventLog Error: " & EventLogException.Message, EventLogException)
    End Try
End Sub
```

Schließlich noch die überladene Unterroutine Dispose:

```
Public Overloads Sub Dispose()
    If privateDisposedBoolean = False Then
        Try
            privateConnection.Dispose()
        Finally
            MyBase.Dispose()
            GC.SuppressFinalize(Me)
            privateDisposedBoolean = True
        End Try
    End If
End Sub
```

Aufrufen der ersten Methode des Datenzugriffsobjekts

Wir haben jetzt eine Menge programmiert, ohne etwas zu testen. Wahrscheinlich rutschen Sie schon nervös auf der Stuhlkante herum. Wir kennen das Gefühl, uns ging es genauso. Im Vergleich zur Programmierung eines Datenzugriffsobjekts in früheren Versionen von Visual Basic oder einer anderen Programmiersprache, wo wir zum Beispiel COM+ einsetzten, ist die Programmierung in diesem Fall kinderleicht. Sie können das Datenzugriffsobjekt über *Menu.aspx* ausführen und testen. Klicken Sie unter der Überschrift *Data Access Object* (Datenzugriffsobjekt) auf den Link *1. SQL With Data Access Object and returning a DataSet* (SQL-Anweisung über das Datenzugriffsobjekt, gibt ein DataSet zurück). Der Code befindet sich in der Datei *SQL2Tier.aspx* im Unterordner *2Tier* des Projekts *Chapter4DAL*. Der eigentliche Datenzugriff wird in der Seite *SQL2Tier.aspx* mit lediglich zwei Zeilen erledigt:

```
Dim localSQLServer as New SQLServer(ConnectionString)
NorthwindDataSet = localSQLServer.runSQLDataSet(SelectStatement, "Employees")
```

Mehr brauchen wir nicht. Jedenfalls nicht viel. Wir müssen einige Vorbereitungen treffen. Dazu sind folgende Schritte nötig:

1. Importieren des Namespaces DataAccessLayer.DataAccess. In diesem Namespace liegt unser Datenzugriffsobjekt.

2. Deklarieren eines Verbindungsstrings und einer SQL-Select-Anweisung. Sie müssen unserem Objekt mitteilen, was Sie tun wollen, daher sind beide Elemente nötig.

3. Deklarieren eines DataSet. Sie brauchen den Namespace System.Data nicht explizit zu importieren, weil Visual Studio .NET dies für Webanwendungen automatisch erledigt. Sie benötigen das DataSet zum Verarbeiten des zurückgelieferten DataSet, sofern das Datenzugriffsobjekt kein XML zurückgibt. In diesem Fall müssen Sie keine Instanzen irgendwelcher ADO.NET-Objekte anlegen.

4. Verwenden des Objekts.

Der übrige Code dient dazu, einen Timer zu erstellen und ein Label-Steuerelement zu füllen, das den Namen der zurückgegebenen DataTable anzeigt. Der Code umfasst einen Ausnahmeblock, die Fehlermeldung wird ebenfalls in einem Label-Steuerelement angezeigt. Wenn Sie die Ausnahmebehandlung testen wollen, können Sie einen Fehler auslösen, indem Sie eine fehlerhafte SQL-Anweisung übergeben, in der Sie statt der Tabelle *Employees* die Tabelle *Employeeeees* anfordern. Sie werden die Ausnahmemeldung erhalten, und wenn Sie sich das Anwendungs-Ereignisprotokoll ansehen, werden Sie unsere Ereignismeldung entdecken. Ist das Programmieren mit .NET nicht großartig? Wir sind jedenfalls begeistert, wenn wir dieses mühelose Arbeiten mit der Programmierung auf anderen Plattformen vergleichen. Das Datenzugriffsobjekt ist bereits völlig isoliert und liegt in seiner eigenen Schicht. Es gibt keine Probleme mehr mit COM+-Registrierung,

Debugging oder Weitergabe. Weil wir das Objekt als eigenes Projekt erstellt haben, können wir in der Webanwendung darauf verweisen und unmittelbar seinen Code aufrufen. Wenn wir weitere Funktionen ergänzen, brauchen wir lediglich das Projekt neu zu erstellen. Die Änderungen stehen dann sofort zur Verfügung.

Falls Sie Ihre eigene Komponente mit dem Namen `DataTestObject` im Projekt *DataAccessLayer* erstellt haben, warten Sie bestimmt schon ungeduldig darauf, sie auszuprobieren. Öffnen Sie im Code-Editor die Datei *SQL2Tier.aspx*. Fügen Sie hinter der vorhandenen `Imports`-Anweisung die fett gedruckte Anweisung ein:

```
Imports DataAccessLayer.DataAccess
Imports DataAccessLayer.DataAccessTest ' Ihre Komponente
```

Wir empfehlen Ihnen, die Zeile mit dem `Dim localSQLServer` auszukommentieren und eine eigene Zeile einzufügen:

```
' Dim localSQLServer as New SQLServer(ConnectionString)
Dim localSQLServer as New SQLServerTest(ConnectionString)
```

Mehr brauchen Sie nicht zu tun, um Ihre eigene Komponente zu starten und zu testen. Viel Spaß!

Weitere Methoden für SQL-Anweisungen

Wir fügen nun einige weitere Methoden hinzu, die SQL-Anweisungen ausführen. Das geht ganz schnell, weil wir Ihnen nur die nötigen Veränderungen gegenüber der Methode `runSQLDataSet` zeigen. Den vollständigen Code samt Kommentaren finden Sie in der Datei *DataAccessObject.vb*.

Die Methode `runSQLDataReader` ähnelt der ersten Methode, gibt aber einen `DataReader` zurück. Vor dem Aufrufen der Methode `Command.ExecuteReader` müssen wir die Verbindung öffnen. Außerdem können wir die Verbindung nicht innerhalb der Datenzugriffskomponente schließen, da sie offen bleiben muss, während das aufrufende Programm in einer Schleife den `DataReader` verarbeitet. Der wichtigste Punkt beim Aufrufen dieser Methode ist, die Verbindung im aufrufenden Code so bald wie möglich zu schließen.

```
Public Function runSQLDataReader(ByVal SQL As String) As SqlDataReader
    ' Überprüfen, ob der SQL-String länger als 10 Zeichen ist.
    ⋮
    Try
        ⋮
        ' Neue Verbindung einrichten.
        privateConnection = New SqlConnection(privateConnectionString)
        ' Neues Command-Objekt mit der SQL-Anweisung und privateConnection anlegen.
        privateCommand = New SqlCommand(SQL, privateConnection)
        ' Wir müssen die Verbindung für den DataReader explizit öffnen.
        privateConnection.Open()
        ' Die Methode ExecuteReader des Command-Objekts ausführen.
        privateDataReader = privateCommand.ExecuteReader
        Return privateDataReader
        ⋮
```

Die Methode `runSQL` gleicht weitgehend der Methode `runSQLDataReader`, ruft aber `command.ExecuteNonQuery` auf und gibt kein Ergebnis zurück. Falls sie nicht erfolgreich ist, löst sie eine Ausnahme aus.

```
Public Function runSQL(ByVal SQL As String)
    ' Überprüfen, ob der SQL-String länger als 10 Zeichen ist.
    ⋮
    Try
        ⋮
```

```
' Neue Verbindung einrichten.
privateConnection = New SqlConnection(privateConnectionString)
' Neues Command-Objekt mit der SQL-Anweisung und der Verbindung anlegen.
privateCommand = New SqlCommand(SQL, privateConnection)
' Wir müssen die Verbindung für den DataReader explizit öffnen.
privateConnection.Open()
' Die Methode ExecuteNonQuery des Command-Objekts ausführen.
privateCommand.ExecuteNonQuery()
    ⋮
```

Gespeicherte Prozeduren

Seit dem SQL Server 6.5 verwenden wir bei unseren Projekten für das Arbeiten mit Daten fast nur noch gespeicherte Prozeduren. Die Gründe haben wir bereits erläutert. Wir erweitern nun unser Datenzugriffsobjekt, damit es gespeicherte Prozeduren nutzt.

Die erste Methode für gespeicherte Prozeduren

Die erste Version dieser Methode erstellt den Code zum Ausführen einer gespeicherten Prozedur, die keine Parameter hat und ein DataSet zurückgibt. Das ist nicht sonderlich sinnvoll, da wir den meisten gespeicherten Prozeduren Eingabeparameter übergeben müssen, um bestimmte Teilmengen der Daten abzurufen oder um Daten hinzuzufügen, zu aktualisieren oder zu löschen. Die Methode zeigt allerdings, wie sehr ihr Programmcode dem der weiter oben gezeigten Methode runSQLDataSet entspricht. Der folgende Codeausschnitt zeigt die Methode, die Änderungen sind durch Fettschrift hervorgehoben:

```
Public Function runSPDataSet(ByVal SPName as String, _
    Optional ByVal TableName as String = Nothing) as DataSet
    ValidateSPStatement(SPName)
    Try
        If privateDisposedBoolean = True Then
            Throw New ObjectDisposedException(privateModuleName, _
                "This object has already been disposed. You cannot reuse it.")
        End If
        privateConnection = New SqlConnection(privateConnectionString)
        privateDataSet = New SqlDataSet
        privateCommand = New SqlCommand(SPName, privateConnection)
        privateCommand.CommandType = CommandType.StoredProcedure
        privateSQLDataAdapter = New SqlDataAdapter(privateCommand)
        If TableName = Nothing Then
            privateSQLDataAdapter.Fill(privateDataSet)
        Else
            privateSQLDataAdapter.Fill(privateDataSet, TableName)
        End If
        Return privateDataSet
    Catch ExceptionObject as Exception
        LogException(ExceptionObject)
        Throw New Exception(privateExceptionMessage, ExceptionObject)
    Finally
        privateConnection.Close()
    End Try
End Function
```

Die drei fett gedruckten Zeilen sind die einzigen Änderungen, die wir vornehmen müssen. Für die Namen von gespeicherten Prozeduren führen wir eine etwas andere Überprüfung durch, und wir teilen dem `Command`-Objekt mit, dass es sich um eine gespeicherte Prozedur handelt. Ein Beispiel finden Sie in der Seite *Menu.aspx*, klicken Sie dort unter der Überschrift *Data Access Object* (Datenzugriffsobjekt) auf den Link 3. *SP with Data Access Object without Parameters and returning a DataSet* (Gespeicherte Prozedur über das Datenzugriffsobjekt, keine Parameter, gibt ein `DataSet` zurück). Die Implementierungsdatei *SQLStoredProcedure2Tier.aspx* liegt im Unterordner *2Tier* des Projekts *Chapter4DAL*.

Vom korrekten Umgang mit Parametern: Die Funktion *AddParameter*

Unser wichtigstes Ziel ist es, dass Sie das Datenzugriffsobjekt möglichst einfach benutzen können. Sie sollen so wenig Namespaces und ADO.NET-Objekte wie möglich importieren und benutzen müssen. Aus diesem Grund haben wir uns entschieden, das Hinzufügen von Parametern völlig von der Parameterauflistung des `Command`-Objekts zu trennen. Wir wollen außerdem, dass die IntelliSense-Funktion uns unter die Arme greift, wenn wir die benötigten und die optionalen Parameter angeben. Die beiden benötigten Parameter sind der Parametername und sein Wert. Wir haben diese beiden zu den ersten Parametern der Methode `AddParameter` gemacht, um die Programmierung zu beschleunigen. Die optionalen Parameter sind `SQLDataType` sowie Größe und Richtung des Parameters. In der Standardeinstellung gibt es keinen `DataType` und keine Größenbeschränkung, die Richtung der Parameter ist auf Eingabeparameter eingestellt. Schließlich möchten wir, dass sich Parameter in einer einfachen Befehlszeile hinzufügen lassen. Es dauerte einige Zeit, bis wir unsere Lösung ausgetüftelt hatten.

Damit wir beim Aufrufen der Methode `AddParameter` unsere eigenen `SQLDataType`-Werte benutzen können, haben wir eine öffentliche Enumeration der am häufigsten benötigten Typen definiert. Sie finden diese Enumeration im Codeabschnitt *Private Variables And Objects*. Wir haben folgende Typen ausgewählt:

```
Public Enum SQLDataType
    SQLString
    SQLChar
    SQLInteger
    SQLBit
    SQLDateTime
    SQLDecimal
    SQLMoney
    SQLImage
End Enum
```

Wir haben die Enumerationselemente in der Reihenfolge ihrer Häufigkeit angeordnet. Sie können weitere `SQLDataType`-Werte hinzufügen, wenn Ihnen die vorhandenen nicht ausreichen.

Als Nächstes müssen wir die Methode `AddParameter` erstellen. Dabei gehen wir schrittweise vor, in der Reihenfolge, in der die Methode ausgeführt wird. Den vollständigen Code finden Sie im Beispielobjekt. Sie können auch gerne Ihr eigenes Objekt erweitern, wenn Sie es, wie weiter oben beschrieben, begonnen haben.

```
Public Sub AddParameter(ByVal ParameterName as String, _
    ByVal Value as String, _
    Optional ByVal SQLType as SQLDataType = Nothing, _
    Optional ByVal Size as Integer = Nothing,_
    Optional ByVal Direction as ParameterDirection =
    ParameterDirection.Input)
```

Nachdem wir nun die benötigten und die optionalen Parameter haben, füllen wir die interne Liste `privateParameterList`. Jedes Mal, wenn die Methode `AddParameter` aufgerufen wird, wird ein weiterer Parameter zu `privateParameterList` hinzugefügt. Später wird diese Liste in die Parameterauflistung `SQLCommand` kopiert. Im selben Schritt können wir auch unsere Enumerationstypen aus `SQLDataType` in die entsprechenden SQL Server-Datentypen aus der Enumeration `SqlDBType` konvertieren. Ergänzen wir unsere Methode entsprechend:

```
Dim buildDataType As SqlDbType
' Das hier definierte Parameterobjekt erstellt einen neuen Parameter des Typs, den wir
' in privateParameterList einfügen wollen.
Dim buildParameter As Parameter = Nothing
Select Case SQLType
    Case SQLDataType.SQLString
        buildDataType = SqlDbType.VarChar
    Case SQLDataType.SQLChar
        buildDataType = SqlDbType.Char
    Case SQLDataType.SQLInteger
        buildDataType = SqlDbType.Int
    Case SQLDataType.SQLBit
        buildDataType = SqlDbType.Bit
    Case SQLDataType.SQLDateTime
        buildDataType = SqlDbType.DateTime
    Case SQLDataType.SQLDecimal
        buildDataType = SqlDbType.Decimal
    Case SQLDataType.SQLMoney
        buildDataType = SqlDbType.Money
    Case SQLDataType.SQLImage
        buildDataType = SqlDbType.Image
End Select
' Erstellen des Parameters mit dem gewünschten Typ.
buildParameter = New Parameter(ParameterName, Value, buildDataType, Direction)
' Nun können wir diesen Parameter in unsere interne Liste einfügen.
privateParameterList.Add(buildParameter)
End Sub
```

Nachdem wir in `buildDataType` den `SqlDBType`-Wert eingetragen haben, den wir in der Parameterauflistung benötigen, rufen wir die Klasse auf, die den Parameter in der Form abbildet, die wir für unsere Auflistung benötigen. Der `Select Case SQLType`-Block stellt fest, welcher Typ übergeben werden muss. Dann rufen wir die Parameterklasse auf und fügen den neu erstellten Parameter zu unserer internen Liste `privateParameterList` hinzu.

Die Klasse `Parameter` erstellt ein neues Parameterobjekt mit dem korrekten Datentyp, sie erhält die Argumente, mit denen `AddParameter` aufgerufen wurde. Die Klasse ist folgendermaßen definiert:

```
Public Class Parameter
    Public ParameterName as String
    Public ParameterValue as String
    Public ParameterDataType as SQLDataType
    Public ParameterSize as Integer
    Public ParameterDirectionUsed as ParameterDirection

    Sub New(ByVal passedParameterName as String, _
        ByVal passedValue as String, _
        Optional ByVal passedSQLType as SQLDataType = Nothing, _
        Optional ByVal passedSize as Integer, _
        Optional ByVal passedDirection as ParameterDirection = _
        ParameterDirection.Input)
        ParameterName = passedParameterName
```

```
        ParameterValue = passedValue
        ParameterDataType = passedSQLType
        ParameterSize = passedSize
        ParameterDirectionUsed = passedDirection
    End Sub
End Class
```

Auf den ersten Blick scheint dieser Schritt nicht nötig zu sein, wir haben aber festgestellt, dass wir ihn nicht umgehen können, wenn wir die Methode `AddParameter` völlig von der ADO.NET-Auflistung `Command.Parameter` und ihren Eigenschaften trennen wollen. Nachdem wir die Methode `AddParameter` so oft wie nötig aufgerufen haben, enthält die `privateParameterList` in unserem Objekt eine Liste aller Parameter mit den von uns definierten Datentypen.

Zwei weitere Funktionen brauchen wir noch. Die erste konvertiert die Parameter aus unserer `privateParameterList` in den Typ `SQLParameter`. Das erledigen wir, wenn wir die Methoden zum Ausführen der gespeicherten Prozedur aufrufen. Auf diese Weise können wir für verschiedene gespeicherte Prozeduren dieselbe Parameterliste benutzen.

```
Private Function ConvertParameters(ByVal passedParameter as Parameter) As SqlParameter
    Dim returnSQLParameter as SqlParameter = New SqlParameter()
    returnSQLParameter.ParameterName = passedParameter.ParameterName
    returnSQLParameter.Value = passedParameter.ParameterValue
    returnSQLParameter.SqlDbType = passedParameter.ParameterDataType
    returnSQLParameter.Size = passedParameter.ParameterSize
    returnSQLParameter.Direction = passedParameter.ParameterDirectionUsed
    Return returnSQLParameter
End Function
```

Die Funktion `ConvertParameters` bekommt einen Parameter in Form unseres Typs `Parameter` und gibt einen entsprechenden Parameter vom Typ `SQLParameter` zurück, wie er in der `SqlParameter`-Collection-Auflistung des `Command`-Objekts gespeichert wird.

Die zweite Funktion löscht die Liste `privateParameterList`. Das ist nützlich, wenn wir nur eine Instanz des Datenzugriffsobjekts anlegen und verschiedene gespeicherte Prozeduren mit unterschiedlichen Parametern aufrufen wollen, bevor wir das Objekt wieder löschen. Diese Methode ist ganz simpel:

```
Public Sub ClearParameters()
    Try
        privateParameterList.Clear()
    Catch parameterException as Exception
        Throw New Exception(privateExceptionMessage & _
            " Parameter List did not clear." , parameterException)
    End Try
End Sub
```

Die Unterroutine `ClearParameters` löscht lediglich die interne Liste `privateParameterList`. Anschließend können neue Parameter hinzugefügt werden.

Die Methode *runSPDataSet* mit Parametern

Jetzt haben wir die Funktion `AddParameter` und eine Möglichkeit, unsere eigenen Parametertypen in die Typen zu konvertieren, die ADO.NET benötigt. Wir können nun die Methode `runSQLData-Set` so verändern, dass sie Parameter akzeptiert. Der folgende Codeausschnitt zeigt die neue Version der Methode, die fett gedruckten Zeilen verschaffen uns Zugriff auf die `SQLParameter`:

```
Public Function runSPDataSet(ByVal SPName as String, _
    Optional ByVal TableName as String = Nothing) as DataSet _
    ValidateSPStatement(SPName)
```

```
    Dim privateUsedParameter as Parameter
    Dim privateParameter as SQLParameter
    Dim usedEnumerator as IEnumerator = privateParameterList.GetEnumerator()
    Try
        If privateDisposedBoolean = True Then
            Throw New ObjectDisposedException(privateModuleName, _
                "This object has already been disposed. You cannot reuse it.")
        End If
        privateConnection = New SqlConnection(privateConnectionString)
        privateDataSet = New SqlDataSet
        privateCommand = New SqlCommand(SPName, privateConnection)
        privateCommand.CommandType = CommandType.StoredProcedure
        Do While(usedEnumerator.MoveNext())
            privateUsedParameter = Nothing
            privateUsedParameter = usedEnumerator.Current
            privateParameter = ConvertParameters(privateUsedParameter)
            privateCommand.Parameters.Add(privateParameter)
        Loop
        privateSQLDataAdapter = New SqlDataAdapter(privateCommand)
        If TableName = Nothing Then
            privateSQLDataAdapter.Fill(privateDataSet)
        Else
            privateSQLDataAdapter.Fill(privateDataSet, TableName)
        End If
        Return privateDataSet
    Catch ExceptionObject as Exception
        LogException(ExceptionObject)
        Throw New Exception(privateExceptionMessage, ExceptionObject)
    Finally
        privateConnection.Close()
    End Try
End Function
```

Wir beginnen damit, `privateUsedParameter`, `privateParameter` und `usedEnumerator` anzulegen. `usedEnumerator` ist ein Enumerator zum Durchlaufen der `privateParameterList`. Damit holen wir nacheinander jeden einzelnen Parameter aus unserer internen Liste. Wir konvertieren ihn in einen `SQLParameter` und übergeben ihn an die Parameterliste von `privateCommand`. Das passiert in der Do While-Schleife. Nachdem die Parameter konvertiert und importiert sind, wird der Data-Adapter genauso benutzt wie oben.

Nun können wir diese Methode testen. Sehen Sie sich dazu die Datei *StoredProcedureParams2Tier.aspx* an. Sie legt wie vorher eine Instanz des Datenzugriffsobjekts an, fügt diesmal aber Parameter hinzu. Dann ruft sie die Methode `ClearParameter` auf und führt eine weitere gespeicherte Prozedur aus, diesmal mit einem anderen Parameter. All das erfordert nur wenige Codezeilen:

```
Dim localSQLServer As New SQLServer(ConnectionString)
localSQLServer.AddParameter("@City", "London", SQLServer.SQLDataType.SQLChar)
localSQLServer.AddParameter("@Name", "King", SQLServer.SQLDataType.SQLChar)
NorthwindDataSet = localSQLServer.runSPDataSet(StoredProcedurename, "FirstTable")
localSQLServer.ClearParameters()
NorthwindDataSet2 = localSQLServer.runSPDataSet(StoredProcedurename, "SecondTable")
```

Nehmen Sie beim Ausprobieren dieses Beispiels ruhig einige Veränderungen am Aufruf von `AddParameter` durch oder rufen Sie die Methode ein weiteres Mal auf. Sie können dann sehen, wie Ihnen IntelliSense bei der Eingabe hilft.

Implementieren der Datenzugriffsschicht

Wir verfügen jetzt über ein voll funktionsfähiges Muster einer abstrakten Datenzugriffsmethode für gespeicherte Prozeduren, die alle unsere Anforderungen erfüllt.

Weitere Methoden für gespeicherte Prozeduren

Neben einer Methode, die ein `DataSet` zurückgibt, wollen wir auch ein `DataReader`, XML und Parameter als Ergebnis haben, außerdem eine Methode, die kein Ergebnis liefert. Weil dafür nur wenige Änderungen erforderlich sind, konzentrieren wir uns auf die Unterschiede.

Die Methode `runSPDataReader` gibt ein `DataReader`-Objekt zurück. Wie zuvor müssen wir im aufrufenden Programm dafür sorgen, dass die Verbindung wieder geschlossen wird. Sie finden diese Methode im Codeabschnitt *RunSPDataReader* der Datei *DataAccessObject.vb*, die Seite *StoredProcedureOther2Tier.aspx* enthält ein Aufrufbeispiel.

Die Methode `runSPXMLReader` gibt eine XML-Anweisung in Form eines Strings zurück. Wenn Sie diese Methode aufrufen, brauchen Sie keinerlei ADO.NET-Objekt zu deklarieren, nicht einmal ein `DataSet`-Objekt. Der aufrufende Code muss lediglich den Umgang mit XML beherrschen. Wenn Sie die gespeicherte Prozedur schreiben, die XML zurückliefert, müssen Sie die Klausel FOR XML einfügen, damit die Prozedur XML an unser Datenzugriffsobjekt zurückgibt. Die gespeicherte Prozedur `spGetEmployeesXML`, die wir aus unserem Beispiel heraus aufrufen, sieht so aus:

```
ALTER PROCEDURE dbo.spGetEmployeesXML
AS
Select LastName, FirstName
From Employees FOR XML AUTO, ELEMENTS
```

Sie finden die Methode `runSPXMLReader` im Codeabschnitt *runSPXMLReader* der Datei *DataAccessObject.vb*, ein Beispiel für den Aufruf der Methode in der schon erwähnten *StoredProcedureOther2Tier.aspx*.

Der folgende Codeblock geht in einer Schleife über den `XMLReader`, um einen String als Rückgabewert zusammenzustellen:

```
privateConnection.Open()
privateXMLReader = privateCommand.ExecuteXMLReader
' XML-String erstellen
Do Until privateXMLReader.Read = False
    privateXMLString += privateXMLReader.ReadOuterXML & "<BR>"
Loop
Return privateXMLString
```

Wir können beim Erstellen von `privateXMLString` jede beliebige Formatierungsoption wählen. In diesem Fall geben wir einfach das `OuterXML` und einen HTML-Zeilenumbruch zurück, damit das Ergebnis einfach zu lesen ist.

Die Methode `runSPOutput` gibt eine Arrayliste mit den Ausgabeparametern der gespeicherten Prozeduren zurück. Dazu führt unser Objekt die Methode `command.ExecuteNonQuery` aus. Das ist sehr schnell. Auch wenn es keine Tabellenausgabe generiert, gibt es unsere Ausgabeparameter zurück.

Beispiel mit OLE DB

Um einen OLE DB-Provider zu demonstrieren, haben wir die Methode `runSQLACCESSDataSet` aufgenommen. Sie greift mit einer SQL-Anweisung, die ein `DataSet` zurückliefert, auf eine Access-Datenbank zu. Wenn Sie diese Methode mit `runSQLDataSet` vergleichen, werden Sie feststellen, dass der Datenzugriff mit den OLE DB-Datenprovidern fast genauso funktioniert wie der mit den .NET-Datenprovidern für den SQL Server. Wir haben die Version des Datenzugriffsobjekts aus diesem Kapitel nicht durch eine OLE DB-Version ergänzt. Wenn Sie dies selbst erledigen wollen, brauchen Sie lediglich der Anleitung zum Erstellen unseres SQL-Datenzugriffsobjekts zu folgen.

Benutzen des Datenzugriffsobjekts

Die ersten fünf Beispiele zum Datenzugriffsobjekt zeigen, wie unser Objekt von Webseiten aus benutzt wird (beziehungsweise von Code-Behind-Dateien aus). Derselbe Code funktioniert auch in Visual Basic .NET-Windows Forms und kann auch ganz einfach in Objekten und Klassen einer n-schichtigen Architektur benutzt werden. Folgende allgemeine Schritte sind erforderlich, wenn Sie das Objekt benutzen wollen:

1. Importieren Sie den Namespace System.Data. Dies ist nötig, um DataSet-Objekte anlegen und übergeben zu können.
2. Registrieren Sie die Datenzugriffskomponente.
3. Importieren Sie den Namespace der Datenzugriffskomponente. Er heißt DataAccessLayer.DataAccess.
4. Deklarieren Sie Verbindungsstring, SQL-Anweisung oder Namen der gespeicherten Prozedur und tragen Sie Werte darin ein. Vergessen Sie nicht, ein lokales DataSet zu deklarieren, falls eines übergeben wird.
5. Deklarieren Sie das SQLServer-Objekt. Es liegt im Namespace DataAccessLayer.DataAccess.
6. Rufen Sie die Datenmethoden des SQLServer-Objekts auf, entweder mit oder ohne Parameter, und werten Sie die Ergebnisse aus.

Sehen wir uns ein typisches Beispiel an:

```
Imports System.Data.SqlClient
Imports DataAccessLayer.DataAccess

Dim ConnectionString as String = "..."
Dim StoreProcedureName as String = "spEmployeesbyCity"
Dim NorthWindDataSet as DataSet

Dim localSQLServer as New SQLServer(ConnectionString)
localSQLServer.AddParameter("@City", "London", SQLServer.SQLdataType.SQLChar,10)
NorthWindDataSet = localSQLServer.runSPDataSet(StoredProcedureName, "EmployeeTable")
localSQLServer.Dispose()
localSQLServer = Nothing
```

Das war auch schon alles. Wenn wir Deklarieren und Initialisieren der Variablen beiseite lassen, umfasst der eigentliche Datenzugriffscode lediglich drei Zeilen (in Fettschrift hervorgehoben).

Weitere Fragen zum Datenzugriff

Auch wenn unsere Datenzugriffskomponente relativ vollständig ist, bleiben einige Fragen.

Wie verwirklichen wir Transaktionen?

Wir haben gezeigt, dass ADO.NET mit dem Connection-Objekt die Möglichkeit bietet, Transaktionen durchzuführen. Das könnte in kleineren Anwendungen implementiert werden. Wir haben es nicht mit großen Datenbanken getestet, auf die viele Benutzer gleichzeitig zugreifen. Wir haben allerdings die Ausführung von Transaktionen in gespeicherten Prozeduren getestet. Bei uns hat es einwandfrei funktioniert, selbst bei sehr großen Datenbanken und Hunderten gleichzeitiger Benutzer.

Wie steht es mit Datenparallelität?

Genauso wie Transaktionen verwirklichen wir Datenparallelität (data concurrency) in gespeicherten Prozeduren. Die Objekte `DataSet` und `DataAdapter` bieten leistungsfähige Möglichkeiten, um Datenparallelität sicherzustellen. Eine alternative Möglichkeit wäre es, unser Datenzugriffsobjekt einfach durch weitere Methoden zu ergänzen.

Gibt es Verbindungspools?

Wir haben weiter oben erklärt, dass die SQL-Datenprovider speziell dazu entwickelt wurden, maximale Leistung mit SQL Server 7 und SQL Server 2000 zu liefern. In diesen Providern wird das TDS-Protokoll des SQL Servers für die Kommunikation zwischen Datenbank und ADO.NET-Komponenten genutzt. Dadurch bleiben die Fähigkeiten ungenutzt, die OLE DB für das Pooling von Sitzungen bietet. SQL-Datenprovider können Verbindungspooling nur verwirklichen, indem sie die Fähigkeiten von COM+ zum Pooling von Komponenten nutzen. Der SQL-Verbindungsstring enthält Attribute für diesen Zweck. Sie können die Lebensdauer der Verbindung einstellen, Mindest- und Maximalgröße des Pools angeben und das Pooling aktivieren. Ein Beispiel:

```
connString = "server=(local)Trusted_Connection=yes;database=northwind;" & _
    "connection reset=false;" & "connection lifetime=5;" & _
    "enlist=true;" & "min pool size=1;" & "max pool size=50"
```

Können wir Leistungsindikatoren nutzen?

Selbstverständlich! Genauso wie wir Ereignisprotokollierung ergänzt haben, können wir auch Leistungsindikatoren (performance counter) hinzufügen. Sie können Leistungsindikatoren im Programmcode hinzufügen oder indem Sie die Indikatoren mit Hilfe von Drag & Drop auf die Komponente ziehen. Beispiele dafür finden Sie in den Beispielen für die Personalverwaltung.

Zusammenfassung

Nachdem wir ADO.NET besser verstehen, können wir sehen, dass der Datenzugriff von Remote Data Objects (RDO) und Data Access Objects (DAO) über ActiveX Data Objects (ADO) hin zu ADO.NET einen weiteren Evolutionssprung gemacht hat. ADO.NET wurde speziell mit dem Ziel entworfen, die Skalierbarkeit zu verbessern. Es zeichnet sich durch seine Fähigkeit aus, Daten ohne permanente Verbindung bearbeiten zu können. Es besteht aus kleinen, schlanken Komponenten, die auf Geschwindigkeit hin optimiert sind. Es bietet integrierte Unterstützung für XML. Sein Kronjuwel ist das `DataSet`-Objekt, das dafür sorgt, dass n-schichtige Architekturen einfach und schnell verwirklicht werden können. Wir haben viele Fähigkeiten von ADO.NET in der Theorie, in Programmcode und in Beispielen gezeigt. Damit der Datenzugriff noch einfacher und klarer wird, haben wir die Fähigkeiten von ADO.NET in einer Datenzugriffskomponente gekapselt. Diese Komponente kann von jeder beliebigen Stelle aus mit .NET Framework-kompatiblen Programmiersprachen aufgerufen werden. Wir können sie direkt aufrufen, in den GAC installieren oder in die Datenzugriffsschicht unserer n-schichtigen Anwendung importieren. Dank Fähigkeiten wie optimierten ADO.NET-Komponenten, gekapselter Ausnahmebehandlung und verbesserter Objektbeseitigung wird der Datenzugriff einfacher und flexibler als je zuvor. Wir ziehen den Hut vor den Architekten und Programmierern von ADO.NET, die uns das Leben als Entwickler ein Stück leichter gemacht haben.

5 Implementieren der Sicherheitsschicht

100	Übersicht der wichtigsten Sicherheitsfähigkeiten von .NET
101	Sicherheitsanforderungen für Anwendungen
102	Formularauthentifizierungsdienste
110	Autorisierungsfähigkeiten des .NET Frameworks
113	Die Sicherheitsschicht
127	Zusammenfassung

Dieses Kapitel beschäftigt sich mit der Sicherheit in Intranetanwendungen. Wir untersuchen einige Sicherheitsoptionen des Microsoft .NET Frameworks und sehen uns dann an, wie wir eine Sicherheitsschicht für unsere Anwendung HRnet erstellen. Diese Schicht soll so flexibel sein, dass wir sie in vielen unterschiedlichen Anwendungen des Unternehmens nutzen können. Im Zuge dieses Prozesses werden wir einige der vielen Sicherheitstechniken bewerten, die wir analysiert haben, und erläutern, warum wir uns in unseren Anwendungen für die ausgewählten Techniken entschieden haben.

Das .NET Framework stellt mehrere Sicherheitstechniken zur Verfügung. Zu den Möglichkeiten des .NET Frameworks gehört die Sicherheit der Common Language Runtime (CLR), die alle .NET-Anwendungen benutzen. Weitere Sicherheitsfähigkeiten können von allen Anwendungsarten eingesetzt werden. Schließlich gibt es spezielle Sicherheitsfähigkeiten für Microsoft ASP.NET-Webanwendungen. Alle diese Fähigkeiten bieten Ihnen die Möglichkeit, die Form von Anwendungssicherheit zu verwirklichen, die Ihren Anforderungen entspricht.

Unsere Anwendung stellt zwei wichtige Anforderungen an die Sicherheit. Erstens müssen wir in der Lage sein, Benutzer zu *authentifizieren* (authentication). Wir müssen also in der Lage sein festzustellen, wer ein Benutzer ist und ob dieser Benutzer auf die Anwendung zugreifen darf. Zweitens müssen wir kontrollieren können, was ein Benutzer innerhalb der Anwendung tun darf. Das wird als *Autorisierung* (authorization) bezeichnet, meist wird es als rollenbasierte Autorisierung (role-based authorization) definiert. Dies stellt unsere zweite Sicherheitsanforderung dar. Rollenbasierte Autorisierung ist ein Prozess, bei dem wir aufgrund der Mitgliedschaft des Benutzers in einer bestimmten Gruppe steuern, in welcher Form er die Anwendung einsetzen darf. Zum Beispiel könnten wir nach dem Anmelden eines Benutzers feststellen, dass er zu der Gruppe der Manager gehört. Dann könnten wir ihm Teile der Anwendung zugänglich machen, die nur den Managern offen steht. Mit Hilfe von Authentifizierung und Autorisierung können wir steuern, wer Zugang erhält und was er tun darf.

Wir zeigen Ihnen zwei generelle Ansätze, um die Sicherheitsprobleme mit Authentifizierung und Autorisierung zu lösen. Der erste ist das ASP.NET-Authentifizierungssystem mit Formularauthentifizierung. Diese Lösung erfüllt bereits einige unserer Anforderungen. Sie kann in reinen ASP.NET-Anwendungen genutzt werden. Die zweite vorgestellte Lösung ist eine zuverlässige, selbst entwickelte Sicherheitsschicht, die Teile des .NET Framework-Sicherheitssystems nutzt. Sie funktioniert in Microsoft Windows, ASP.NET und anderen Szenarien, zum Beispiel in Windows-Diensten und XML-Webdiensten.

Übersicht der wichtigsten Sicherheitsfähigkeiten von .NET

Bevor wir die Sicherheitsschicht erstellen, wollen wir uns die Sicherheitsmöglichkeiten für Anwendungen ansehen, die das .NET Framework anbietet. Tabelle 5.1 verschafft einen kurzen Überblick über einige Sicherheitstechniken des .NET Frameworks.

Technik	Beschreibung
Authentifizierung	Das .NET Framework bietet IIS-Authentifizierungsfähigkeiten (Internet Information Services, deutsch Internet-Informationsdienste), Formularauthentifizierung, Windows-Authentifizierung und benutzerdefinierte Authentifizierung.
ASP.NET-Authentifizierungsprovider	Die Authentifizierungsprovider verarbeiten die üblichen Quellen für Anmeldeinformationen. Zum Beispiel benutzt der Windows-Authentifizierungsprovider die normale Windows-Anmeldung als Quelle (NTLM oder Microsoft Active Directory). Das .NET Framework stellt drei Standard-Authentifizierungsprovider für ASP.NET-Anwendungen zur Verfügung: Windows-, Formular- und Passport-Authentifizierung.
Autorisierung	Autorisierungsunterstützung wird auf mehrere Arten bereitgestellt. Es gibt Standardfähigkeiten für Windows-Autorisierung, benutzerdefinierte Autorisierung, COM+-Autorisierung und andere. Außerdem gibt es einen URL-Autorisierungsdienst, um den Zugriff auf bestimmte Ressourcen (das heißt URLs) zu erlauben oder zu verweigern.

Tabelle 5.1: *Sicherheitstechniken im .NET Framework*

Auch viele andere Fähigkeiten des .NET Frameworks werden sich als nützlich erweisen. Zum Beispiel sind Klassen eingebaut, die das Crypto-API unterstützen. Mit diesen Klassen können wir in unseren Anwendungen ganz einfach Daten ver- und entschlüsseln. In IIS- und Windows-Anwendungen werden heute zahlreiche Authentifizierungsmechanismen eingesetzt, darunter auch viele, die zusammen mit der rollenbasierten Sicherheit im .NET Framework genutzt werden können. Einige der am häufigsten eingesetzten Mechanismen sind Standardauthentifizierung, Digest-Authentifizierung, Passport, vom IIS bereitgestellte Betriebssystemauthentifizierung (zum Beispiel NTLM oder Kerberos) oder anwendungsspezifische Authentifizierungsmechanismen.

Die Authentifizierungsfähigkeiten von .NET sind einfach erweiterbar, so dass wir die Wahl haben, ob wir für diese Aufgaben die eingebauten Möglichkeiten nutzen, die das Betriebssystem anbietet, ASP.NET-Sicherheit oder vollständig selbst entwickelten Code.

Sicherheitsanforderungen für Anwendungen

Wie wir bereits am Anfang dieses Kapitels erwähnt haben, ist das erste Element für die Sicherheit unserer Anwendung die Authentifizierung (authentication). *Authentifizierung* ist der Vorgang, bei dem die Identität eines Principals (einer Person) ermittelt und überprüft wird. Dabei werden die Anmeldeinformationen des Benutzers untersucht und mit den Daten verglichen, die eine Anmeldeautorität gespeichert hat. Verläuft die Authentifizierung erfolgreich, erhält der Benutzer Zugriff auf die Anwendung. Schlägt die Authentifizierung fehl, kann die Anwendung entscheiden, ob der Benutzer eingeschränkten Zugang erhält oder ob ihm der Zugriff auf die gesamte Anwendung verweigert wird.

Die einfachste Form der Authentifizierung sind die verschiedenen IIS-Authentifizierungsarten. Wenn wir Active Directory nutzen, können wir im IIS einfach die Standardauthentifizierung oder die integrierte Windows-Authentifizierung einschalten. Abbildung 5.1 zeigt die Sicherheitseinstellungen für eine einfache Anwendung. Wir haben hier das Kontrollkästchen *Anonymer Zugriff* ausgeschaltet, daher muss der Benutzer vom IIS authentifiziert werden, entweder über ein lokales Windows-Konto oder ein Active Directory-Konto. Nach dem Klick auf *OK* werden die Änderungen sofort wirksam und erzwingen die Authentifizierung für diese Site, der anonyme Zugriff ist nicht mehr erlaubt.

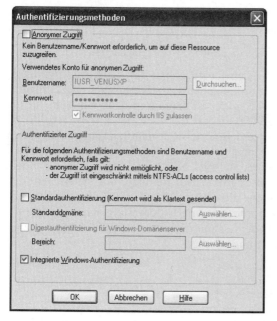

Abbildung 5.1: *Konfigurieren der Authentifizierungsmethoden für IIS*

In unserer Anwendung HRnet können wir die Fähigkeiten des IIS nicht nutzen, da wir für die Benutzer keine Active Directory- oder lokale Windows-Konten haben. Stattdessen verwalten wir eine Datenbank der Angestellten, in der die Benutzer in der Tabelle *Employees* aufgelistet sind. Zusätzlich haben wir in anderen Anwendungen wahrscheinlich weitere Benutzer des Sicherheitssystems, die Kunden sind, keine Angestellten. Daher wollen wir nicht für sie alle Active Directory-Konten verwalten. Wir brauchen vielmehr einen benutzerdefinierten Authentifizierungsmechanismus, bei dem die Anmeldeinformationen der Benutzer in einer eigenen Datenbank gespeichert sind.

Das führt uns zum Problem der Autorisierung (authorization). Die Anwendung HRnet, die wir in den nächsten Kapiteln erstellen, braucht die Fähigkeit, die Zugriffsmöglichkeiten eines Benutzers in Abhängigkeit von der Rollenzugehörigkeit dieses Benutzers zu steuern. Wir sollten das schaffen, indem wir die Anmeldeinformationen (credentials) der Benutzer in einer eigenen Gruppe von Tabellen verwalten. Abhängig von der Rolle des Benutzers innerhalb des Unternehmens müssen wir steuern, wer auf was Zugriff hat. Da diese Anwendung vertrauliche Personaldaten enthält, müssen die Daten geschützt werden. Der Zugriff darauf muss abhängig von den Anmeldeinformationen des Benutzers eingeschränkt werden. ASP.NET bietet auch eine Reihe von Autorisierungsmöglichkeiten, wie Sie im Unterkapitel »Formularauthentifizierungsdienste« sehen werden.

Es gibt noch eine Hürde für die Anwendung. Wir wissen, dass wir Teile der Anwendung mit ASP.NET erstellen, daher wird sie in einem Browser laufen. Unser Anwendungsentwurf fordert außerdem, dass wir einen Teil der Anwendung auf Windows Forms aufbauen, weil diese Technik im Vergleich zu Webanwendungen deutlich mehr Leistung und Sicherheit bietet. Daher muss unsere Sicherheitslösung sowohl mit ASP.NET-Web Forms als auch mit Windows Forms funktionieren.

Formularauthentifizierungsdienste

Die erste Möglichkeit, die wir für die Webanwendung ins Auge gefasst haben, war die Formularauthentifizierung. Wir können die in ASP.NET integrierte Formularauthentifizierung in unseren Anwendungen nutzen und sogar anpassen. Die Einfachheit dieses Mechanismus und die Steuerungsmöglichkeiten, die er bietet, sind verlockend.

Das Sicherheitsmodell der Formularauthentifizierung eignet sich für viele Anwendungen, aber nicht für alle. Sehen wir uns diese Authentifizierung genauer an. Sie können dieses Sicherheitsmodell nutzen, indem Sie einfach die Datei *Web.config* editieren und dann ein Anmeldeformular anpassen. Es ist wirklich einfach und flexibel.

Die Formularauthentifizierung ähnelt der benutzerdefinierten Authentifizierung, die in vielen öffentlichen Internet- und Extranet-Anwendungen eingesetzt wird. Bei der benutzerdefinierten Authentifizierung speichern Sie Benutzerdaten (zum Beispiel Name und Kennwort) in einem selbst definierten Datenspeicher, etwa in einer Datenbank. Wenn Benutzer auf die Anwendung zugreifen, prüfen Sie ihre Identität mit den Daten aus diesem Speicher. Unter Formularauthentifizierung verstehen wir ein System, bei dem nicht authentifizierte Anforderungen auf ein HTML-Formular umgeleitet werden, in dem der Benutzer seine Anmeldeinformationen eingeben kann. Diese Umleitung wird clientseitig über HTTP-Umleitung erledigt.

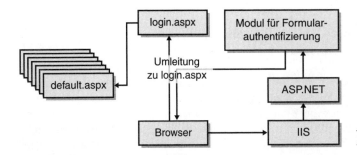

Abbildung 5.2: *Übersicht über die Formularauthentifizierung*

Bei der ASP.NET-Formularauthentifizierung stellt der Benutzer normalerweise Anmeldeinformationen (Benutzername und Kennwort) bereit, indem er sie in ein Anmeldeformular eingibt und abschickt. Abbildung 5.2 zeigt diesen Vorgang. Wenn der Benutzer zum ersten Mal ein Formular beim IIS anfordert, fängt ASP.NET diese Anforderung ab und überprüft die Identität des Benutzers, indem es den Authentifizierungscookie verlangt. Wird die Anforderung nicht authentifiziert, wird die Anforderung über clientseitige HTTP-Umleitung an ein Authentifizierungsformular (*login.aspx*) geschickt, in dem der Benutzer seine Anmeldeinformationen eingeben kann. Nachdem die Anwendung die Anforderung authentifiziert hat, gibt das System einen Cookie mit einem Schlüssel heraus, der bei späteren Anforderungen die Identität des Benutzers bestätigt. Danach abgeschickte Anforderungen, die an die Anwendung geschickt werden, enthalten in den Anforderungsheadern den Cookie, daher werden sie vom ASP.NET-Formularmodul authentifiziert und autorisiert.

Formularauthentifizierung wird manchmal für die individuelle Anpassung (personalization) verwendet, das heißt, dass der Inhalt für einen bekannten Benutzer angepasst wird. In einigen dieser Fälle ist eher die Identifizierung als die Authentifizierung gefragt, daher können die individuellen Einstellungen eines Benutzers einfach nach Eingabe des Namens aktiviert werden.

Der große Vorteil der Formularauthentifizierung liegt darin, dass das ASP.NET-System die Authentifizierung für alle Seiten übernimmt. Ihr Code braucht das nicht zu tun.

Entwerfen der Formularauthentifizierungsarchitektur für eine Anwendung

Am einfachsten lässt sich ein Formularauthentifizierungssystem als simples Anmeldeformular (etwa als *login.aspx*) verwirklichen. Dieses Formular fordert Benutzername und Kennwort an, vergleicht sie mit den Angaben aus einer vertrauenswürdigen Datenquelle und ruft eine Methode der Klasse FormsAuthentication auf (zum Beispiel RedirectFromLoginPage), um den Benutzer zu authentifizieren. RedirectFromLoginPage leitet den Benutzer an den ursprünglich angeforderten URL um, die Methode SetAuthCookie generiert den Authentifizierungscookie. Nachdem die Authentifizierung abgeschlossen und der Benutzer identifiziert ist, erledigt .NET die übrigen Vorgänge. Sie aktivieren die Formularauthentifizierung in der Datei *Web.config*, dort steuern Sie auch ihre Konfiguration.

Konfigurieren der Anwendung

Der folgende Ausschnitt aus *Web.config* zeigt ein Beispiel für den Authentifizierungsabschnitt. Das Attribut mode wurde von Windows auf den Wert Forms geändert, das Element <forms> legt die Authentifizierungsparameter fest.

An dieser Stelle sind mehrere Punkte wichtig. Da es sich um XML handelt, wird bei den Tags zwischen Groß- und Kleinschreibung unterschieden. Deshalb ist beim Attribut mode der Wert Forms korrekt, ein kleingeschriebenes forms ist dagegen falsch und löst einen Laufzeitfehler aus. Das Attribut name (das den Namen des Cookies festlegt) wurde auf der Standardeinstellung belassen. Das Attribut loginUrl verweist auf die Anmeldeseite, die sich in der Stammebene des Projekts befindet. Die Attribute erklären wir weiter unten in diesem Kapitel genauer.

```
<authentication mode="Forms">
  <forms name=".ASPXUSERDEMO"
    loginUrl="login.aspx" protection="All"
    timeout="60">
  </forms>
</authentication>
<authorization>
  <deny users="?" />
</authorization>
```

Implementieren der Sicherheitsschicht

Die Einstellung für das Tag `authorization` in diesem Beispiel verweigert allen anonymen Benutzern den Zugriff auf sämtliche Ressourcen, die Anmeldung erscheint automatisch. Lassen Sie diesen Eintrag weg, können Benutzer auf die Site zugreifen, ohne dass das Formularmodul sie zwingt, sich zu identifizieren.

Das Tag `forms` hat mehrere Attribute:

- `name` Dieses Attribut legt das HTTP-Cookie fest, das für die Authentifizierung benutzt wird. Standardeinstellung ist *.ASPXAUTH*. Falls auf einem einzelnen Server oder einer Serverfarm mehrere Anwendungen laufen und jede Anwendung einen eigenen unverwechselbaren Cookie benötigt, müssen Sie den Cookienamen für jede Anwendung in deren *Web.config* so einstellen, dass alle Anwendungen unterschiedliche Cookies benutzen. Am einfachsten erreichen Sie das, wenn Sie ein Namensschema für Ihre Anwendung entwerfen, in dem der Name des Authentifizierungscookies festgelegt wird.

- `loginUrl` Dieses Attribut legt den URL für die Anmeldeseite fest. Das ist die Seite, zu der ein Benutzer umgeleitet wird, wenn kein gültiger Authentifizierungscookie gefunden wird. Die Standardeinstellung ist *default.aspx*. Wir verwenden als Namen für diese Seite praktisch immer *login.aspx*.

- `protection` Dieses Attribut steuert, welcher Verschlüsselungstyp für den Authentifizierungscookie verwendet wird.

    - `All` bedeutet, dass die Anwendung sowohl Datenvalidierung als auch Verschlüsselung nutzt. Das heißt, dass der Cookie verschlüsselt und dann validiert wird, um optimalen Schutz zu gewährleisten. Diese Option nutzt den voreingestellten Datenvalidierungsalgorithmus (abhängig vom Element `<machineKey>`). Wenn Triple-DES (3DES) zur Verfügung steht und der Schlüssel lang genug ist (mindestens 48 Bytes), wird es für die Verschlüsselung verwendet. Standardeinstellung (und empfohlene Einstellung) ist `All`.

    - `None` legt fest, dass weder Verschlüsselung noch Validierung aktiv sind. Das könnte für bestimmte Anwendungen nützlich sein, die Cookies nur für die individuelle Anpassung nutzen und geringe Anforderungen an die Sicherheit stellen. Es wird davon abgeraten, Cookies auf diese Weise zu benutzen. Die Leistung ist bei dieser Methode besser, da es die ressourcenschonendste Art der Formularauthentifizierung ist. Offensichtlich ist dies keine gute Wahl für unsere Anwendung, weil wir die Anmeldeinformationen des Benutzers schützen wollen.

    - `Encryption` sorgt dafür, dass der Cookie mit Triple-DES oder DES verschlüsselt wird, aber keine Datenvalidierung für den Cookie durchgeführt wird. Solche Cookies könnten zum Ziel von Angriffen werden, bei denen ihr Inhalt verändert wird.

    - `Validation` legt fest, dass ein Validierungsmechanismus überprüft, ob der Inhalt eines verschlüsselten Cookies während der Übertragung manipuliert wurde. Der Cookie wird generiert, indem ein Validierungsschlüssel mit den Cookiedaten verknüpft wird. Anschließend wird ein Message Authentication Code (MAC) berechnet, dieser MAC wird an den versendeten Cookie angehängt.

- `timeout` Dieses Attribut legt die Zeitspanne fest, nach der nicht persistente Authentifizierungscookies verfallen. Die Angabe erfolgt in Minuten (als Integerwert). Standardeinstellung ist 30. Die Verfallszeit gilt ab dem Zeitpunkt, an dem zum letzten Mal eine Anforderung eingegangen ist. Der Cookie wird erst aktualisiert, wenn mehr als die Hälfte der angegebenen Zeitdauer abgelaufen ist. Daher ist dieses Verfahren nicht sehr exakt. Persistente Cookies haben keine Verfallsdauer.

- `path` Dieses Attribut legt den Pfad für Cookies fest, die von der Anwendung herausgegeben werden. Standardeinstellung ist ein Backslash (\), weil die meisten Browser zwischen Groß-

und Kleinschreibung unterscheiden und keine Cookies zurückschicken, falls irgendwo in der Pfadangabe die Schreibweise nicht übereinstimmt.

Die Formularauthentifizierung kann jede beliebige Authentifizierungsquelle nutzen. Die Anmeldeinformationen können zum Beispiel in einer Datenbank oder einer Textdatei gespeichert sein. Sie können Anmeldeinformationen auch in der Datei *Web.config* ablegen, dazu dient das Tag credentials. Auf diese Weise können Sie innerhalb der Konfigurationsdatei Benutzernamen und Kennwort definieren. Wir raten von dieser Vorgehensweise ab und verwenden sie auch nicht für unsere Beispielanwendung HRnet.

Speichern der Anmeldeinformationen

Weiter oben haben wir schon erwähnt, dass wir unsere Anmeldeinformationen (credentials) in einer Datenbank speichern. Unser erster Schritt beim Verwirklichen der Formularauthentifizierung war, eine Datenquelle für die Anmeldeinformationen zu erstellen. Dabei handelt es sich um eine einfache Datenbank mit den Spalten *UserKey* (Benutzerschlüssel), *UserName* (Benutzername), *Password* (Kennwort) und *EmployeeID* (Angestelltennummer). Nachdem die Datenbank mit den Anmeldeinformationen zur Verfügung stand, war es ganz einfach, die Sicherheit einzurichten. Unseren ersten Entwurf für die Datenbankarchitektur sehen Sie in Abbildung 5.3.

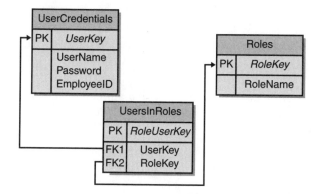

Abbildung 5.3: *Der erste Entwurf für die Datenbank mit den Anmeldeinformationen der Benutzer*

Wie Sie sehen, ist *UserCredentials* die zentrale Tabelle. Sie enthält die Anmeldeinformationen der Benutzer. Für die Formularauthentifizierung benutzen wir nur diese Tabelle. Beispieldaten aus der Tabelle sehen Sie in Tabelle 5.2.

UserKey	UserName	Password	EmployeeID
1	nDavolio	nDavolio	1
2	Afuller	Afuller	2
3	Jleverling	Jleverling	3
4	Fpeacock	Fpeacock	4
5	Sbuchanan	SBuchanan	5
6	Msuyama	MSuyama	6
7	RKing	RKing	7
8	Lcallahan	Lcallahan	8
9	Adodsworth	ADodsworth	9

Tabelle 5.2: *Die Tabelle* UserCredentials

Erstellen des Anmeldeformulars

Im nächsten Schritt haben wir das Anmeldeformular erstellt. Abbildung 5.4 zeigt das Ergebnis. Wie Sie sehen, gibt man darin schlicht und einfach Benutzernamen und Kennwort ein.

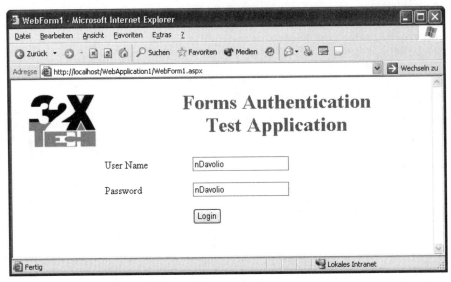

Abbildung 5.4: *Das Anmeldeformular*

Sehen wir uns den Aufbau des Formulars genauer an. Es handelt sich um eine einfache Web Forms-Seite mit dem Namen *login.aspx*. Sie besteht aus folgendem HTML-Code:

```
<%@ Page Language="vb" AutoEventWireup="false"
Codebehind="login.aspx.vb"
Inherits="SecurityChapterFormsAuth.Login" %>
<!DOCTYPE HTML PUBLIC "-//W3C//DTD HTML 4.0 Transitional//EN">
<HTML>
    <HEAD>
        <title>HR App Login Form</title>
        <meta content="Microsoft Visual Studio.NET 7.0"
            name="GENERATOR">
        <meta content="Visual Basic 7.0" name="CODE_LANGUAGE">
        <meta content="JavaScript"
            name="vs_defaultClientScript">
        <meta content="http://schemas.microsoft.com/
            intellisense/ie5" name="vs_targetSchema">
    </HEAD>
    <body>
    <form id="Form1" method="post" runat="server">
        <TABLE cellSpacing="1" cellPadding="1"
            width="100%" border="0">
        <TR>
            <TD style="WIDTH: 74px"><IMG src="Images/logo.GIF">
            </TD>
```

```
            <TD>
                <H1 align="center"><FONT color="#ff0066">
                    Forms Authentication
                <BR>Test Application</FONT>
                </H1>
            </TD>
        </TR>
        <TR>
        <TD style="WIDTH: 74px"></TD>
        <TD>
        <TABLE style="WIDTH: 549px; HEIGHT: 123px"
            cellSpacing="1" cellPadding="1"
            width="549" border="0">
            <TR>
            <TD>User Name 
            </TD>
            <TD><asp:textbox id=" txtUserName"
                    runat="server">
                </asp:textbox>
                <asp:requiredfieldvalidator
                    id="RequiredFieldValidator1"
                    runat="server"
                    ErrorMessage="Required"
                    ControlToValidate=" txtUserName">
                </asp:requiredfieldvalidator>
                 
            </TD>
            </TR>
            <TR>
            <TD>Password
            </TD>
            <TD><asp:textbox id=" txtPassword"
                TextMode="Password"
                runat="server">
                </asp:textbox>
                <asp:requiredfieldvalidator
                    id="RequiredFieldValidator2"
                    runat="server"
                    ErrorMessage="Required"
                    ControlToValidate=" txtPassword">
                </asp:requiredfieldvalidator></TD>
            </TR>
            <TR>
            <TD></TD>
            <TD></TD>
            </TR>
            <TR>
            <TD></TD>
            <TD><asp:button id="cmdLogin"
                runat="server"
                Text="Login"></asp:button></TD>
            </TR>
        </TABLE>
        <P></P>
        <P></P>
        </TD>
```

```
            </TR>
            <TR>
            <TD style="WIDTH: 74px"></TD>
            <TD><asp:label id="lblMessage"
                runat="server" Visible="False"
                ForeColor="Red"
                Font-Bold="True"></asp:label></TD>
            </TR>
            </TABLE>
        </form>
    </body>
</HTML>
```

Das einzig Ungewöhnliche an dieser Seite ist, dass mit Hilfe von Validierungssteuerelementen verhindert wird, dass der Benutzer Felder leer lässt. Für das Steuerelement `txtPassword` wurde für die Tests der Normalmodus (`SingleLine`) gewählt. So ist es möglich, das eingegebene Kennwort zu sehen. Nachdem die Tests abgeschlossen waren, haben wir den Modus auf `Password` geändert.

Die Code-Behind-Datei ist genial einfach. Vor der Klassendefinition stehen zwei `Imports`-Anweisungen:

```
Imports System.Web.Security
Imports DataAccessLayer.DataAccess
```

Unser Programmcode beginnt nach den üblichen Codeabschnitten mit der Klassendefinition und dem vom Web Forms Designer generierten Code, unmittelbar vor der Ereignisroutine `Page_Load`. Zuerst wird der Verbindungsstring für die Sicherheitsdatenbank definiert. Auf Ihrem System werden Sie die Felder `server`, `uid`, `pwd` und wahrscheinlich `database` ändern müssen:

```
Const privateConnectionString As String = "server=localhost;uid=sa;pwd=;database=SecurityCredentials"
```

Danach folgt die Unterroutine, die aufgerufen wird, wenn der Benutzer die Schaltfläche *Login* (Anmelden) drückt. Wie Sie sehen, wird in der If-Anweisung die Funktion `CheckLogin` benutzt. Gibt `CheckLogin` das Ergebnis `True` zurück, ist der Benutzer gültig und wird zur Anwendung weitergeleitet. Der Aufruf der Methode `RedirectFromLoginPage` ist in diesem Beispiel auskommentiert. Falls Sie diese Zeile wieder aktivieren und stattdessen die beiden nächsten Zeilen auskommentieren, wird der Benutzer nach einer erfolgreichen Anmeldung auf die Seite umgeleitet, auf die er ursprünglich zugreifen wollte. In der derzeitigen Version wird dagegen `SetAuthCookie` aufgerufen, der Benutzer wird zu *default.aspx* umgeleitet. Auf diese Weise schicken wir den Benutzer nach dem Anmelden zwangsweise zur Seite *default.aspx*, egal welche Seite er ursprünglich angefordert hat. `SetAuthCookie` schreibt den Authentifizierungscookie, leitet den Benutzer aber nicht um. Die gesamte Prozedur besteht aus folgendem Code:

```
Private Sub cmdLogin_Click(ByVal sender As System.Object, _
    ByVal e As System.EventArgs) Handles cmdLogin.Click
    ' Die nächste Zeile ruft CheckLogin auf, um den Benutzer zu validieren.
    If CheckLogin(txtUserName.Text, txtPassword.Text) Then
        ' Handelt es sich um einen gültigen Benutzer, wird er zur ursprünglichen Seite
        ' zurückgeleitet und erhält ein Authentifizierungscookie.
        ' FormsAuthentication.RedirectFromLoginPage(txtEmployeedID.Text, False)
        FormsAuthentication.SetAuthCookie(txtUserName.Text, False)
        Response.Redirect("default.aspx")
    Else
        ' Handelt es sich nicht um einen gültigen Benutzer, Fehlermeldung anzeigen.
        lblMessage.Text = "Invalid Credentials: Please try again"
        lblMessage.Visible = True
    End If
End Sub
```

Sehen wir uns nun `CheckLogin` genauer an. In ihrer derzeitigen Form führt die Funktion die gespeicherte Prozedur `spCheckUserCredentials` aus, um zu überprüfen, ob Benutzername und Kennwort korrekt sind. Gibt die Prozedur einen Ergebniswert größer 0 zurück, handelt es sich um einen gültigen Benutzer. Andernfalls ist die Überprüfung fehlgeschlagen, weil die gespeicherte Prozedur keinen entsprechenden Benutzer gefunden hat.

```
If localCount > 0 Then
    localValidUser = True
End If
```

Abgesehen von dieser `If`-Anweisung hat die Funktion denselben Aufbau wie alle Funktionen, die auf die `SQLServer`-Datenbankklassen zugreifen. Die gesamte Funktion sieht folgendermaßen aus:

```
Function CheckLogin(ByVal localUserName As String, ByVal localPassword As String) As Boolean
    Dim localCount As Integer
    Dim localDSRoles As DataSet
    Dim localdr As DataRow
    Dim i As Integer
    Dim localValidUser As Boolean

    localValidUser = False

    Dim ReturnOutPutList As New ArrayList()
    Dim ParamsStoredProcedure As String = "spCheckUserCredentials"
    Try
        Dim localOutPutServer As New SQLServer(privateConnectionString)
        localOutPutServer.AddParameter( _
            "@UserName", localUserName, _
            SQLServer.SQLDataType.SQLChar, 20, _
            ParameterDirection.Input)
        localOutPutServer.AddParameter( _
            "@Password", localPassword, _
            SQLServer.SQLDataType.SQLChar, 30, _
            ParameterDirection.Input)
        localOutPutServer.AddParameter( _
            "@Count", , SQLServer.SQLDataType.SQLInteger, , _
            ParameterDirection.Output)
        ReturnOutPutList = localOutPutServer.runSPOutput(ParamsStoredProcedure)
        ' Ausgabeparameter holen und in einer Schleife auswerten.
        Dim s As String
        For Each s In ReturnOutPutList
            localCount = CInt(s.ToString)
        Next
        If localCount > 0 Then
            localValidUser = True
        End If
    Catch ExceptionObject As Exception
    Finally
    End Try
    Return localValidUser
End Function
```

Damit ist das Thema Formularauthentifizierung fast beendet. Einige Punkte sollten wir aber noch erwähnen. Sie müssen diese Anwendung gründlich testen. Wenn Sie zum Beispiel die Persistenz aktiviert haben, verfallen die Cookies nicht. Daher brauchen sich die Benutzer nicht

Implementieren der Sicherheitsschicht

erneut anzumelden. Das ist nicht unbedingt das Verhalten, das Ihnen vorschwebt. Ein weiterer Punkt: Wenn Sie die Methode `RedirectFromLoginPage` aufrufen, müssen Sie Ihre Anwendung umfassend testen, indem Sie den Zugriff über alle Seiten ausprobieren. Das ist nötig, weil Benutzer über jede beliebige Seite auf die Site zugreifen können und das möglicherweise Probleme verursacht. Wenn Sie zum Beispiel eine Seite haben, die eine Variable mit einem Abfragestring voraussetzt (`querystring`), ist diese Variable vielleicht gar nicht vorhanden, wenn der Benutzer die Seite direkt aufgerufen hat.

Autorisierungsfähigkeiten des .NET Frameworks

Nachdem wir die Formularauthentifizierung kennen, wollen wir uns einige Autorisierungsfähigkeiten des .NET Frameworks ansehen. Wie wir am Anfang dieses Kapitels bereits erklärt haben, ist die *Autorisierung* (authorization) ein Vorgang, bei dem entschieden wird, ob ein Benutzer eine angeforderte Operation ausführen darf. Im Kontext des .NET Frameworks wird ein Benutzer als *Principal* bezeichnet. Autorisierung passiert immer nach der Authentifizierung (authentication), sie entscheidet anhand der Identität des Principals, auf welche Ressourcen der Principal zugreifen darf. Das .NET Framework stellt rollenbasierte Sicherheitsdienste zur Verfügung, mit deren Hilfe wir die Autorisierung implementieren können.

Rollenbasierte Sicherheit (role-based security) bedeutet lediglich, dass ein Benutzer eine bestimmte Rolle erfüllt. Bei der Windows-Sicherheit sind Rollen Benutzergruppen. Wenn Sie eine Rolle einnehmen, heißt das einfach, dass Sie Mitglied einer Gruppe sind und aufgrund dieser Mitgliedschaft eine bestimmte Rolle einnehmen. Zum Beispiel ist die Gruppe *HRManagers* in unserem Beispiel eine benutzerdefinierte Gruppe, bei der jedes Mitglied die Rolle eines Managers in der Personalverwaltungsabteilung einnimmt. Sie könnten natürlich Rollen erstellen, die eher aufgabenorientiert sind. Zum Beispiel könnten Mitglieder von *DataInput* nur dazu berechtigt sein, Daten einzugeben.

Autorisierungsarten im .NET Framework

Unternehmensanwendungen steuern den Zugriff auf Daten oder Ressourcen oft anhand von Anmeldeinformationen, die der Benutzer eingibt. Normalerweise überprüfen Anwendungen die Rolle eines Benutzers und gewähren aufgrund der Rolle Zugriff auf die Ressourcen. Die CLR unterstützt rollenbasierte Autorisierung auf der Basis eines Windows-Kontos oder einer benutzerdefinierten Identität. Sie können in Ihren Anwendungen eine große Bandbreite von Anmeldeinformationsquellen nutzen, von Windows über Active Directory bis zu benutzerdefinierter Autorisierung. Wie wir bereits in diesem Kapitel erwähnt haben, benötigen wir ebenfalls andere Quellen für Anmeldeinformationen, zum Beispiel eine Datenbank. Erfreulicherweise stellt das .NET Framework solche Mechanismen zur Verfügung. Mehr dazu später im Abschnitt »Die Sicherheitsschicht«.

Rollenbasierte Sicherheit im .NET Framework unterstützt drei Arten von Principals:

- *Allgemeine Principals* stellen Benutzer und Rollen dar, die unabhängig von Benutzern und Rollen unter Microsoft Windows NT, Windows 2000, Microsoft Windows XP oder Microsoft Windows .NET Server vorhanden sind. Zum Beispiel könnten diese Principals Benutzer darstellen, die aus einer Datenbank mit Anmeldeinformationen stammen.
- *Windows-Principals* stellen Windows-Benutzer und ihre Rollen dar (oder ihre Windows- und Active Directory-Gruppen). Ein Windows-Principal kann einen anderen Benutzer imitieren,

das heißt, der Principal kann im Namen eines Benutzers auf eine Ressource zugreifen, wenn er die Identität dieses Benutzers darstellt.

- *Benutzerdefinierte Principals* können von einer Anwendung je nach Bedarf beliebig definiert werden. Sie können die grundlegenden Eigenschaften der Identität und der Rollen des Principals erweitern.

Arbeiten mit rollenbasierter Autorisierung

Die rollenbasierte Sicherheit des .NET Frameworks unterstützt Autorisierung, indem sie dem aktuellen Thread Informationen über den Principal, der aus einer zugeordneten Identität erstellt wird, zur Verfügung stellt. Die Identität und der Principal, der mit ihrer Hilfe definiert wird, können auf einem Windows-Konto beruhen oder aus einer benutzerdefinierten Identität stammen, die nichts mit einem Windows-Konto zu tun hat.

Ihr Programm kann mit Hilfe der Identitäts- und Principal-Objekte Informationen über Benutzer abrufen. Der Autorisierungscode ist bei Web- und Windows-Anwendungen identisch. Es stehen zwei Gruppen von Klassen zur Verfügung, eine für Windows- und Active Directory-Sicherheit, eine andere für benutzerdefinierte Sicherheitslösungen. Die Objekte für benutzerdefinierte Authentifizierung und Autorisierung sind `GenericIdentity` und `GenericPrincipal`. Die Objekte für Windows-Authentifizierung und -Autorisierung sind `WindowsIdentity` und `WindowsPrincipal`.

Sehen wir uns ein Beispiel an. Mit dem folgenden Code entscheiden wir im Ereignishandler `Form_Load` einer Windows Forms-Anwendung, ob ein Benutzer ein Manager ist. Ist er Mitglied der Windows-Gruppe *Managers*, ist das Fenster `pnlManagers` sichtbar. Gehört er nicht zu der Gruppe, bleibt das Fenster verborgen.

```
If CheckRole("Managers") Then
    pnlManagers.Visible = True
End If
```

Die Funktion `CheckRole` erledigt die gesamte Autorisierungsprüfung und gibt `True` oder `False` zurück. Sehen wir uns `CheckRole` genauer an. Die Funktion hat nur einen Parameter, den Bezeichner für die Rolle:

```
Function CheckRole(ByVal sRoleName As String) As Boolean
```

Die nächsten beiden Zeilen legen die Variablen an, die in der Funktion gebraucht werden:

```
Dim sDomain As String, i As Integer
Dim sFullPath As String
```

Jetzt beginnt der Teil, der Spaß macht: Die nächste Zeile ermittelt die aktuelle Identität des Benutzers und speichert sie in einem Identitätsobjekt.

```
Dim MyIdentity As WindowsIdentity = WindowsIdentity.GetCurrent()
```

Mit der gerade ermittelten `WindowsIdentity` wird ein neues `WindowsPrincipal`-Objekt erstellt.

```
Dim MyPrincipal As New WindowsPrincipal(MyIdentity)
```

Danach wird eine `Boolean`-Variable angelegt, in der die Zugehörigkeit zu der Rolle gespeichert wird. Eine weitere Variable, `IdentName`, speichert den Benutzernamen.

```
Dim bInAdministrators As Boolean
Dim IdentName As String = MyIdentity.Name
```

Wir suchen innerhalb des Benutzernamens die Position des Schrägstrichs und extrahieren die Domäne oder den Computernamen. Diese Information benötigen wir später für die Methode `IsInRole`.

```
i = IdentName.IndexOf("\")
sDomain = IdentName.Substring(0, i)
```

Implementieren der Sicherheitsschicht

Jetzt erstellen wir den vollständigen Pfad der Benutzergruppe. Dazu verknüpfen wir Computer- oder Domänennamen mit dem Namen der Rolle.

```
sFullPath = sFullPath.Concat(sDomain, "\", sRoleName)
```

Endlich können wir uns um die Rolle kümmern und die Methode `IsInRole` aufrufen. Diese Methode gibt `True` zurück, falls der Benutzer diese Rolle einnimmt, ansonsten `False`:

```
bInAdministrators = MyPrincipal.IsInRole(sFullPath)
```

Hat der Benutzer die angegebene Rolle nicht eingenommen, überprüfen wir zusätzlich, ob er auf dem System ein Administrator ist. In diesem Fall erteilen wir die Autorisierung:

```
If bInAdministrators = False Then
    bInAdministrators = MyPrincipal.IsInRole(WindowsBuiltInRole.Administrator)
End If
```

Als Rollenbezeichner geben wir hier `WindowsBuiltInRole.Administrator` an. Wenn Sie eingebaute Rollen überprüfen wollen, müssen Sie Werte aus dieser Enumeration verwenden. Die Überprüfung wird fehlschlagen, wenn Sie `Administrator`, `Administrators` oder `Administratoren` als String übergeben. Die anderen Enumerationswerte für eingebaute Rollen haben wir nach dem Ende dieser Funktion aufgelistet.

Schließlich können wir `bInAdministrators` zurückgeben und die Funktion beenden:

```
    Return bInAdministrators
End Function
```

Die Enumerationswerte für eingebaute Rollen sind:

- *AccountOperator*
- *Administrator*
- *BackupOperator*
- *Guest*
- *PowerUser*
- *PrintOperator*
- *Replicator*
- *SystemOperator*
- *User*

In ASP.NET-Anwendungen können Sie in *global.asax* einen Handler für das Ereignis `AuthorizeRequest` erstellen. Sie haben auch die Möglichkeit, Ihr eigenes HTTP-Modul für die Sicherheit zu entwickeln. Genauso können Sie einige .NET Framework-Funktionen in eine Klassenbibliothek kapseln, um benutzerdefinierte Methoden zu implementieren, auf die Sie dann zugreifen.

Das .NET Framework bietet Ihnen die Möglichkeit, Ihre Anwendungen per Deklaration auf Methodenebene abzusichern, indem Sie einzelnen Methoden bestimmte Rollen zuweisen. Mit Hilfe dieses Verfahrens können Sie Komponenten und Schnittstellen absichern, bei deren Entwurf die Sicherheit nicht bedacht wurde. Lassen sich die Methoden selbst nicht mit deklarativen Rollenzuweisungen sicher machen, könnten Sie die Rolle im Programmcode überprüfen. Behalten Sie die Sicherheit im Auge, wenn Sie entscheiden, auf welche Weise Sie den Funktionsumfang Ihrer Anwendung auf einzelne Methoden verteilen. Andernfalls könnten Sie gezwungen sein, in letzter Minute Sicherheitscode hinzuzufügen.

URL-Autorisierung

ASP.NET-Anwendungen sind ein Sonderfall, weil sie auf HTTP und HTML basieren und daher die Vor- und Nachteile dieser Techniken teilen. URL-Autorisierung soll Ihnen ermöglichen, den Zugriff eines Benutzers auf einen Ordner oder bestimmte Dateien zu beschränken. Die URL-Autorisierung wird von der Klasse URLAuthorizationModule durchgeführt, die Benutzer und Rollen bestimmten Teilen des URI-Namensraums zuordnet. Dieses Modul implementiert positive und negative Autorisierungen, das heißt, das Modul kann bestimmten Gruppen, Benutzern oder Rollen den Zugriff auf beliebige Teile des URI-Namensraums gewähren oder verweigern. Auf diese Weise können Sie von der Benutzer- oder Rollen-ID abhängig machen, ob der Zugriff auf bestimmte URLs erlaubt wird.

Die Klasse URLAuthorizationModule steht jederzeit zur Verfügung. Wenn Sie davon Gebrauch machen wollen, müssen Sie lediglich eine Liste von Benutzern und Rollen in die Elemente <allow> oder <deny> des Abschnitts <authorization> einer Konfigurationsdatei schreiben.

Wenn Sie die IIS-Authentifizierung verwenden, können Sie entweder Benutzerkonten oder Rollen mit Windows-Benutzern verknüpfen. Stellen Sie dem Benutzernamen oder der Rolle in diesem Fall einfach ein Präfix mit Domänen- oder Servernamen voran. Falls Sie zum Beispiel die Rolle *Engineers* mit der Gruppe *Engineers* in der Domäne *MyCo* verknüpfen wollen, sieht die Autorisierung so aus:

```
< authorization><Allow user= "Ken"
    roles= "MyCo\Engineers"/>
<deny users= "*"/></authorization>
```

Das Fragezeichen im folgenden Ausschnitt steht für anonyme Benutzer. Daher müssen sich alle Benutzer anmelden:

```
< authorization>
    <deny users= "?"/>
</authorization>
```

Die Sicherheitsschicht

Wir kennen nun verschiedene Sicherheitsoptionen. Daher können wir entscheiden, wie wir in unserer Anwendung HRnet vorgehen wollen. Wie bereits erwähnt, stellt die Anwendung mehrere Anforderungen an die Sicherheit:

- Unterstützung für ASP.NET- und Windows-Anwendungen
- Eine benutzerdefinierte Datenbank mit Anmeldeinformationen, die vorerst vom SQL Server verwaltet wird (siehe Abbildung 5.3)
- Informationen über Benutzername, Kennwort und Rolle

Diese simplen Anforderungen waren bereits für einige Vorentscheidungen verantwortlich. Wir hätten jede der vorgestellten Techniken nutzen können, aber aus dem einen oder anderen Grund waren sie nicht ganz perfekt. Zum Beispiel hätte uns ASP.NET eine benutzerdefinierte Authentifizierung ermöglicht, aber das funktioniert nicht bei Windows-Anwendungen. Daher brauchen wir eine universellere Technik. Vorhang auf für unsere Sicherheitsschicht.

Microsoft hat vorausgesehen, dass die Anforderungen von Anwendungen über die Standardmethoden hinausgehen, die in der integrierten Sicherheit von ASP.NET und dem .NET Framework angeboten werden. Um diese Anforderungen zu erfüllen, entwickelten sie allgemeine Anmeldeklassen. Ein Entwickler kann mit Hilfe dieser Klassen ein benutzerdefiniertes Sicherheitssystem bauen, das eine einfach anzuwendende rollenbasierte Sicherheit zur Verfügung stellt.

Unsere erste Aufgabe war, eine Komponente zu entwerfen, die diese Anforderungen erfüllt, ohne dass dafür viel Entwicklungsarbeit nötig wäre. Unser erster Gedanke war, die Sicherheitsschicht zu erstellen und den ASP.NET-Entwickler aufzugeben, am Anfang jeder Seite Code zum Überprüfen des Anmeldezustands einzufügen. Dieser Ansatz birgt eine Menge Probleme, weil er dem Entwickler die Verantwortung aufbürdet, für jede Seite die Sicherheitsmechanismen zu entwerfen und einzufügen. Wir waren sicher, dass es eine bessere Methode geben müsste. Glücklicherweise lagen wir da richtig. Abbildung 5.5 zeigt die Architektur, für die wir uns entschieden.

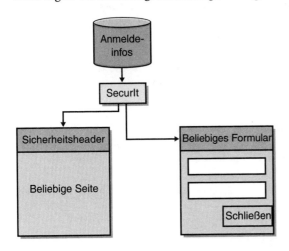

Abbildung 5.5: Die Sicherheitsarchitektur der Anwendung HRnet

Abbildung 5.5 zeigt unsere Sicherheitsschicht, wie sie in der Komponente `SecurIt` implementiert ist. Diese Komponente ist der einzige Teil der Anwendung, der die Anmeldeinformationen aus der Datenbank ausliest. Die Webanwendung und die Windows-Anwendung greifen nicht direkt auf die Datenbank zu. Die Windows-Anwendung in Abbildung 5.5 kann unmittelbar mit der Komponente `SecurIt` kommunizieren. Da die Windows-Anwendung ihren Zustand speichert (»stateful« ist), kann sie einfach lokal einen Verweis auf die Komponente anlegen und bis zum Ende der Anwendung behalten. Die Webanwendung kann das nicht und muss daher irgendeinen temporären Speicher nutzen.

An diesem Punkt kommt ein anderer Faktor ins Spiel, den wir bereits erwähnt haben. Die Windows-Anwendung kann sich darauf verlassen, dass es nur einen einzigen Einstiegspunkt in die Anwendung gibt, die Webanwendung kann dagegen von jeder beliebigen Seite aus gestartet werden. Abbildung 5.5 zeigt, wie unsere Lösung für dieses Problem aussieht. Wir erstellen ein ASP.NET-Serversteuerelement, das die Anmeldeinformationen des Benutzers überprüft. Ist der Benutzer nicht angemeldet, leitet das Steuerelement ihn auf die Anmeldeseite um. Der Entwickler braucht lediglich den Header in die Seite einzufügen, schon ist die Seite sicher. Wir können auch ganz einfach ein Prüfprogramm schreiben, das eine Website durchsucht und sicherstellt, dass alle Seiten der Site das Headersteuerelement enthalten. Den Entwicklern wird der Header außerdem dadurch schmackhaft gemacht, dass er den gesamten oberen Teil der Benutzeroberfläche implementiert, also das Logo der Seite und ihre Überschrift. Sie sehen also: Es macht keine zusätzliche Arbeit, den Header in alle Seiten einzubauen.

Das entstehende System ist elegant und einfach. Beide Anwendungstypen können die Komponente `SecurIt` nutzen. Und die Schnittstelle für Entwickler ist simpel und erfordert nur wenig Programmcode.

Erstellen der Komponente *SecurIt*

Der erste Schritt beim Erstellen der Komponente `SecurIt` besteht darin, eine Komponentenklasse mit dem Namen `SecurIt` zu Ihrem Projekt hinzuzufügen. Löschen Sie anschließend die Standardklasse (`class1`) in dem neuen Projekt und fügen Sie eine neue Klasse namens `UserSecurity` hinzu. Diese Klasse erledigt den Großteil der Sicherheitsarbeiten.

Fügen Sie vor der `Class`-Anweisung die folgenden drei `Imports`-Anweisungen ein:

```
Imports DataAccessLayer.DataAccess
Imports System.Security.Principal
Imports System.Web
Public Class UserSecurity
    Inherits System.ComponentModel.Component
```

Klappen Sie den Codeabschnitt mit dem automatisch generierten Code auf und suchen Sie den parameterlosen Konstruktor:

```
Public Sub New()
    MyBase.New()
    ' Dieser Aufruf ist für den Komponenten-Designer erforderlich.
    InitializeComponent()
    ' Initialisierungen nach dem Aufruf InitializeComponent() hinzufügen.
```

Fügen Sie vor der `End Sub`-Anweisung die folgenden Zeilen ein. Die erste Zeile im `Try`-Block weist der Variablen `privateModuleName` einen Wert zu.

```
Try
    privateModuleName = Me.GetType.ToString
```

Die nächste Zeile holt das `HTTPContext`-Objekt, falls die Klasse in einer Webanwendung läuft. Steht das Kontextobjekt bereit, ermittelt der `If`-Block aus dem `Session`-Objekt den Benutzernamen (`UserName`) und ein Array mit Rollen:

```
_context = HttpContext.Current
If _context.Session("UserName") <> "" Then
    privateUserName = _context.Session("UserName")
    privateUserRoles = _context.Session("Roles")
    InstantiateCredentials()
End If
```

Alle hier ausgelösten Ausnahmen deuten darauf hin, dass die Komponente nicht in einer Webanwendung läuft. Daher können wir den Fehler ignorieren und in `_context` den Wert `Nothing` eintragen:

```
Catch
    _context = Nothing
End Try
```

Der übrige Code in diesem Codeabschnitt wurde von Microsoft Visual Studio .NET für den Komponenten-Designer generiert.

Dahinter fügen wir einen Codeabschnitt mit der Bezeichnung *Private Variables And Objects* (Private Variablen und Objekte) ein:

```
#Region " Private Variables and Objects"
```

Die folgenden zwei Zeilen definieren Variablen, die auf die weiter oben erwähnten allgemeinen Sicherheitsklassen verweisen. Die Klasse `GenericIdentity` stellt einen angemeldeten Benutzer dar, die Klasse `GenericPrincipal` die Gruppen, denen der Benutzer angehört. Den Eigenschaften dieser beiden Objekte werden in der Komponente `SecurIt` Werte zugewiesen. Die anderen Definitionen werden von der Komponente `SecurIt` benutzt:

Implementieren der Sicherheitsschicht

```
Private privateUserIdendity As GenericIdentity
Private privateUserPrincipal As GenericPrincipal
Private privateDisposedBoolean As Boolean
Private privateModuleName As String
Private privateConnectionString As String = "Server=LocalHost ;Database=SecurityCredentials;" & _
    "User ID=SecurGetIt;Password=xy123ddz;"
Dim _context As HttpContext
Private privateUserRoles(30) As String
Private privateUserName As String
Private Const privateExceptionMessage As String = "Security layer Error. Detail Error Information " & _
    "can be found in the Application Log"
#End Region
```

Der nächste Codeabschnitt definiert öffentliche Member:

```
#Region "Public Properties and Objects"
```

Die erste Eigenschaft dient dazu, den Benutzernamen zu ermitteln. Sie kann nur gelesen werden:

```
Public ReadOnly Property UserName() As String
    Get
        Return privateUserName
    End Get
End Property
```

Die zweite Eigenschaft ist ein Array. Sie gibt die Rollen zurück, denen der Benutzer angehört:

```
Public ReadOnly Property Roles() As Array
    Get
        Return privateUserRoles
    End Get
End Property
#End Region
```

Der nächste Codeabschnitt enthält private Funktionen:

```
#Region "Private Functions"
```

Die erste Funktion in diesem Abschnitt ist `GetRolesFromDatabase`. Diese Funktion wird von der Funktion `Login` aufgerufen. Als Argument erhält sie den Benutzernamen. Sie ermittelt aus der Datenbank mit den Anmeldeinformationen die Bezeichnungen der Rollen und gibt sie in Form eines `DataSet` zurück:

```
Private Function GetRolesFromDatabase(ByVal sUserName As String) As DataSet
    Dim localDSOutput As DataSet
    Dim ParamsStoredProcedure As String = "spRolesForUser"
    Try
        Dim localOutPutServer As New SQLServer(privateConnectionString)
        localOutPutServer.AddParameter("@UserName", sUserName, SQLServer.SQLDataType.SQLChar, _
            20, ParameterDirection.Input)
        localDSOutput = localOutPutServer.runSPDataSet(ParamsStoredProcedure)
        Return localDSOutput
    Catch ExceptionObject As Exception
        LogException(ExceptionObject)
    Finally
    End Try
End Function
```

Die folgende Funktion erstellt die Identität des Benutzers.

```
Private Sub InstantiateCredentials()
    Try
```

Nun legen wir eine Instanz der Klasse `GenericIdentity` an und weisen ihr den Benutzer zu:

```
privateUserIdendity = New GenericIdentity(privateUserName)
```

Die folgende Zeile legt eine Instanz der Klasse `GenericPrincipal` an und weist ihr die Rollen aus dem Array `privateUserRoles` zu:

```
privateUserPrincipal = New GenericPrincipal(privateUserIdendity, privateUserRoles)
```

Der restliche Code räumt den Try...Catch-Block auf und beendet die Funktion:

```
    Catch ExceptionObject As Exception
        LogException(ExceptionObject)
        Throw New Exception("An error occurred setting credentials")
    End Try
End Sub
```

Die Funktion `SaveState` erfüllt eine einfache Aufgabe. Sie speichert den Benutzernamen und die Rollen des Benutzers in Sitzungsvariablen namens `UserName` und `Roles`:

```
Private Sub SaveState()
    If Not IsNothing(_context) Then
        context.Session("UserName") = privateUserIdendity.Name
        _context.Session("Roles") = privateUserRoles
    End If
End Sub
```

In diesen Codeabschnitt ist ein weiterer Abschnitt verschachtelt (*Logging*), der Protokollierungsfunktionen enthält:

```
#Region " Logging"
```

Die erste Protokollierungsfunktion ist `LogException`, sie ist identisch mit der Version aus Kapitel 4, daher drucken wir sie hier nicht noch einmal ab. Für die Funktion `LogStatus` haben wir die Funktion `LogException` kopiert und leicht verändert, damit wir Meldungen schreiben können, die Statusmeldungen sind, keine Fehler. Die wesentlichen Änderungen sind durch Fettschrift hervorgehoben:

```
Private Sub LogStatus(ByRef localReason As String)
Dim EventLogMessage As String      ' Diese Meldung übergeben wir an das Protokoll.
Try
    ' Die Meldung zum Erläutern der Ausnahme zusammenstellen.
    EventLogMessage = "An event occured in the following module: " & privateModuleName & _
        " The reason was: " & localReason & vbCrLf
    ' Als Eintrag für das Anwendungsprotokoll festlegen.
    Dim localEventLog As New EventLog("Application")
    ' Den Eintrag unter dem Namen dieses Moduls in das Anwendungs-Ereignisprotokoll schreiben.
    localEventLog.WriteEntry(privateModuleName, EventLogMessage, EventLogEntryType.Information, 56)
Catch EventLogException As Exception
    Throw New Exception(privateExceptionMessage & " - EventLog Error: " & EventLogException.Message, _
        EventLogException)
End Try
End Sub
#End Region
#End Region
```

Implementieren der Sicherheitsschicht

Nun erstellen wir den Codeabschnitt *Public Methods* (Öffentliche Methoden):

```
#Region "Public Methods"
```

Wie Sie wahrscheinlich erwarten, ist die erste Methode Login. Sie meldet den Benutzer an. Diese Methode gibt True zurück, wenn die Anmeldeinformationen des Benutzers korrekt sind, andernfalls False.

```
Public Function Login(ByVal localUserName As String, ByVal localPassword As String) As Boolean
```

Die ersten Zeilen definieren interne Variablen für die Funktion und tragen als Rückgabewert den Wert False ein:

```
Dim localCount As Integer
Dim localDSRoles As DataSet
Dim localdr As DataRow
Dim i As Integer
Dim localValidUser As Boolean
localValidUser = False
```

Anschließend definieren wir ein Array für die Ausgaben der gespeicherten Prozedur und weisen einer Variablen den Namen der gespeicherten Prozedur zu:

```
Dim ReturnOutPutList As New ArrayList()
Dim ParamsStoredProcedure As String = "spCheckUserCredentials"
```

Falls die Variable privateUserName bereits einen Wert hat, ist der Benutzer angemeldet und die Funktion gibt True zurück. Es ist sinnlos, die Datenbank zu malträtieren, wenn das gar nicht nötig ist.

```
If privateUserName <> "" Then
    localValidUser = True
    Return localValidUser
End If
```

Anschließend beginnt der Try-Block. Die ersten Zeilen bereiten den Aufruf in die Datenzugriffsschicht aus Kapitel 4 vor und führen die gespeicherte Prozedur aus.

```
Try
    Dim localOutPutServer As New SQLServer(privateConnectionString)
    localOutPutServer.AddParameter( _
        "@UserName", localUserName, _
        SQLServer.SQLDataType.SQLChar, _
        20, ParameterDirection.Input)
    localOutPutServer.AddParameter( _
        "@Password", localPassword, _
        SQLServer.SQLDataType.SQLChar, 30, _
        ParameterDirection.Input)
    localOutPutServer.AddParameter( _
        "@Count", , SQLServer.SQLDataType.SQLInteger, , _
        ParameterDirection.Output)
    ReturnOutPutList = localOutPutServer.runSPOutput(ParamsStoredProcedure)
```

Jetzt wird es interessant. Wir haben die gespeicherte Prozedur ausgeführt und verfügen über die Rückgabewerte. Wir können nun die Ausgabeparameter nehmen und in einer Schleife durchgehen. In diesem Fall gibt es nur einen Ergebniswert. Ist er größer als null, ist der Benutzer gültig.

```
Dim s As String
For Each s In ReturnOutPutList
    localCount = CInt(s.ToString)
Next
If localCount > 0 Then
```

Bei einem gültigen Benutzer können wir als Rückgabewert `True` einstellen, den Benutzernamen in die entsprechende Variable (`privateUserName`) eintragen und durch Aufruf von `GetRolesFromDatabase` die Rollen ermitteln.

```
localValidUser = True
privateUserName = localUserName
localDSRoles = GetRolesFromDatabase(localUserName)
```

Anschließend gehen wir in einer Schleife über das `DataSet` mit den Rollen und kopieren sie in das Array `privateUserRoles`.

```
i = 0
For Each localdr In localDSRoles.Tables(0).Rows
    privateUserRoles(i) = Trim(localdr("RoleName"))
    i += 1
Next
```

Wir passen die Größe des Arrays so an, dass sie der Anzahl der Rollen entspricht.

```
ReDim Preserve privateUserRoles(i - 1)
```

Nun rufen wir `InstantiateCredentials` auf, um die Principalobjekte zu erstellen.

```
InstantiateCredentials()
```

Schließlich rufen wir die Funktion `SaveState` auf, um die Anmeldeinformationen zu speichern. Danach wird aufgeräumt.

```
            SaveState()
        End If
    Catch ExceptionObject As Exception
        LogException(ExceptionObject)
    Finally
    End Try
    Return localValidUser
End Function
```

Die Funktion `Logout` ist völlig simpel. Sie erhält als optionales Argument eine Ursache und meldet den Benutzer ab, indem sie die Sitzungsvariable löscht und die Objekte beseitigt. Wird eine Ursache übergeben, protokolliert die Funktion sie.

```
Public Function Logout(Optional ByVal localReason As String = "") As Boolean
    Dim localLogoutOk As Boolean
    Try
        If localReason <> "" Then
            LogStatus("Logout " & localReason)
        End If
        If Not IsNothing("_context") Then
            _context.Session("UserName") = ""
            _context.Session("Roles") = ""
            privateUserPrincipal = Nothing
            privateUserIdentity = Nothing
        End If
    Catch ExceptionObject As Exception
        localLogoutOk = False
    End Try
    Return True
End Function
```

Die nächste Funktion ist `CheckRole`. Sie bekommt als Argument einen Rollennamen in Form eines Strings und gibt `True` zurück, wenn der Benutzer sich in dieser Rolle befindet, andernfalls

False. Im folgenden Codeausschnitt zeigt die fett gedruckte Zeile den Aufruf der Methode IsIn-Role, mit dem geprüft wird, ob der Benutzer einer Gruppe angehört:

```
Public Function CheckRole(ByVal localRoll As String) As Boolean
    Dim localValidRoll As Boolean = False

    If privateDisposedBoolean = True Then
        Throw New ObjectDisposedException(privateModuleName, _
            "This object has already been disposed, you cannot reuse it.")
    End If
    Try
        localValidRoll = privateUserPrincipal.IsInRole(localRoll)
    Catch exc As Exception
    End Try
    Return localValidRoll
End Function
#End Region
```

Damit fehlt in der Komponente SecurIt nur noch die Funktion Dispose. Sie gleicht den Dispose-Funktionen in den Klassen aus den früheren Kapiteln.

Jetzt sollten wir die Sicherheitsschicht testen. Natürlich haben wir eine einfache Benutzeroberfläche erstellt, nachdem die Komponente sich erst einmal korrekt kompilieren ließ. Dann fügten wir Debuganweisungen in die Funktionen Login und CheckRole ein und gingen in Einzelschritten durch diese Funktionen. Die folgenden Ausgaben haben wir aus dem Befehlsfenster kopiert, während wir die Sicherheitsschicht debuggten. Die ersten beiden Zeilen zeigen, wie wir die Werte von localStringArray abrufen, um festzustellen, welche Rolle im ersten Element definiert ist. Danach überprüft die Methode IsInRole, ob der aktuelle Benutzer zwei Rollen wahrnimmt. Die letzte Zeile enthält False, weil Clerk (Verwaltungsangestellter) keine gültige Rolle ist:

```
>? localStringArray(0)
"Manager"
>? localPrincipal.IsInRole("Manager")
True
>? localPrincipal.IsInRole("Clerk")
False
```

Damit ist die Sicherheitsschicht vorläufig komplett. Jetzt wollen wir das fehlende Stück für Webanwendungen erstellen und uns ansehen, wie die Sicherheitsschicht sowohl in Webanwendungen als auch in Windows-Anwendungen eingesetzt wird.

Der ASP.NET-Sicherheitsheader

Als ersten Schritt zum Erstellen des Headers legten wir ein neues Projekt von Typ Klassenbibliothek an, weil ASP.NET-Serversteuerelemente nichts anderes als Komponenten (Klassenbibliotheken) sind. Nachdem das Klassenprojekt erstellt war, begannen wir den Header zu entwickeln. Der Header ist eigentlich ganz simpel. Er hat zwei Eigenschaften: einen Textstring für die Überschrift und den Pfad zu einer Bilddatei mit dem Logo. Der Großteil des Programmcodes beschäftigt sich mit den Sicherheitsaspekten im Zusammenhang mit der Komponente SecurIt. Abbildung 5.6 zeigt das vorgesehene Layout der Homepage für die Webanwendung mit dem Seitenheader.

Wie Sie in Abbildung 5.6 sehen, enthält der Header ein Logo in der linken oberen Ecke, die Überschrift ist zentriert. Der HTML-Code des Headers sieht folgendermaßen aus:

```
<P><TABLE id="TableHeader" cellSpacing="1"
    cellPadding="1" width="100%" border="0">
    <TR>
        <TD style="WIDTH: 118px">
            <IMG src="/SecurityChapterWebApp/Images/logo.GIF">
        </TD>
        <TD><H1 align="center"><FONT color="red">Home Page</FONT></H1>
        </TD>
    </TR>
</TABLE>
</P>
```

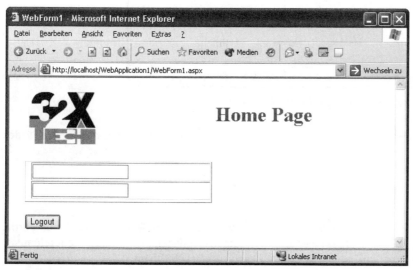

Abbildung 5.6: Das ASP.NET-Header-Serversteuerelement befindet sich auf allen Seiten

Es ist deutlich zu erkennen, dass der HTML-Code den Header in Form einer HTML-Tabelle darstellt. Die Frage ist, wie wir diesen Code in das geheimnisvolle ASP.NET-Serversteuerelement packen. Die Lösung ist überraschend einfach. Sehen wir uns zuerst den Programmcode des Steuerelements an.

Das Projekt für das Serversteuerelement trägt den Namen *SecHeaderControl*. Abbildung 5.7 zeigt die Eigenschaftenseite *Allgemein* des Projekts.

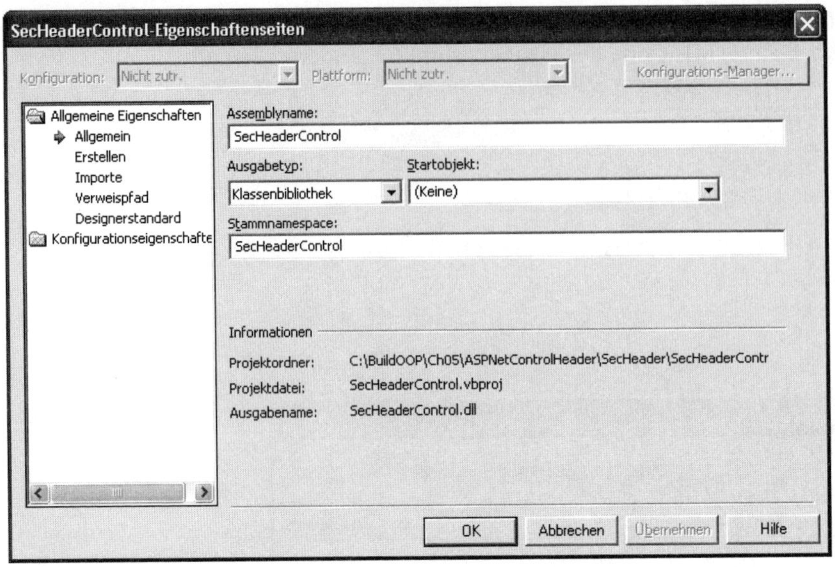

Abbildung 5.7: Allgemeine Einstellungen für das Projekt SecHeaderControl

Benennen Sie *Class1.vb* in *SecHeader.vb* um und ändern Sie den Namen der Klasse in der Class-Anweisung in SecHeader. Fügen Sie die folgenden Imports-Anweisungen ein:

```
Imports System.ComponentModel
Imports System.Web.UI
Imports System.Web
Imports System.Drawing.Design
```

Fügen Sie in die Klassendefinition das Attribut Designer ein, wie im folgenden Codeausschnitt gezeigt. Der Verweis auf SecHeaderDesigner definiert die Designerklasse für das Steuerelement. Mit dieser Klasse werden wir uns am Ende dieses Abschnitts beschäftigen.

```
<Designer(GetType(SecHeaderDesigner))> _
Public Class SecHeader
```

Da es sich bei der Klasse um ein Serversteuerelement handelt, ist es von der .NET Framework-Klasse WebControl abgeleitet. Deshalb brauchen wir eine Inherits-Anweisung:

```
Inherits System.Web.UI.WebControls.WebControl
```

Die nächsten drei Zeilen definieren Variablen:

```
Dim _text As String = "Default Header"
Dim _imagepath As String
Dim _TroubleOut As String
```

Dahinter fügen wir zwei öffentliche Eigenschaften hinzu. Die erste ist Text, sie wird durch die beiden folgenden Property-Prozeduren definiert. Die Attribute vor den Prozeduren legen fest, wie sich die Eigenschaft verhält.

```
<Bindable(True), Category("Appearance"), DefaultValue("Default Header")> _
Property [Text]() As String
    Get
        Return _text
    End Get
```

```
        Set(ByVal Value As String)
            _text = Value
        End Set
    End Property
    <Bindable(True), Category("Appearance"), DefaultValue(""), _
        Editor(GetType(System.Web.UI.Design.ImageUrlEditor), _
        GetType(UITypeEditor))> _
    Property [ImagePath]() As String
        Get
            Return _imagepath
        End Get
        Set(ByVal Value As String)
            _imagepath = Value
        End Set
    End Property
```

Die fett gedruckten Zeilen stellen die Verknüpfung mit dem `ImageUrlEditor` her. Dieser Editor ermöglicht dem Benutzer des Steuerelements, eine Bilddatei zu suchen. Der Editor gibt dann den Pfad zur ausgewählten Datei zurück.

Der Kern des Serversteuerelements ist die Methode `Render`. ASP.NET ruft diese Methode während der Seitenausgabe (rendering) auf, um das Steuerelement darzustellen. Daher gibt diese Methode den HTML-Code aus, den wir weiter oben vorgestellt haben.

Die Methode `Render` sieht folgendermaßen aus:

```
Protected Overrides Sub Render(ByVal output As System.Web.UI.HtmlTextWriter)
    output.Write("<TABLE id=""TableHeader"" " & _
        "cellSpacing=""1"" cellPadding=""1"" " & _
        "width=""100%"" border=""0"">")
    output.Write("<tr>")
    output.Write("<TD style=""WIDTH: 118px""><IMG " & _
        "src=""" & ResolveUrl(ImagePath) & """></TD>")
    output.Write("<TD>")
    output.Write("<H1 align=""center""> " & _
        "<FONT color=""red"">" & [Text] & _
        "</FONT></H1>")
    output.Write("</TD>")
    output.Write("</TR>")
    output.Write("</TABLE>")
    ' output.Write(_TroubleOut)
End Sub
```

Die erste fett gedruckte Zeile gibt den Teil der Tabelle aus, der das Logo enthält. Beachten Sie den Aufruf von `ResolveUrl(ImagePath)`. Die Methode `ResolveUrl` erhält als Argument einen relativen Pfad zu der Bilddatei und gibt einen absoluten Pfad zurück. So kann unser Steuerelement Bilder immer korrekt anzeigen, auch wenn die Seiten mit dem Steuerelement in unterschiedlichen Ordnern liegen.

Die zweite fett gedruckte Zeile gibt die Überschrift aus. Der Eintrag `[Text]` enthält die Überschrift, die der Benutzer des Steuerelements festgelegt hat. `Text` steht in eckigen Klammern ([]), weil es sich um ein reserviertes Wort handelt. Die letzte Zeile der Methode `Render` ist auskommentiert. Diese Zeile gibt während des Debuggens eine Meldung aus. Wie dieser Debuggingstring zusammengestellt ist, zeigen wir hier nicht. Den vollständigen Code finden Sie in den Quellcodes.

Die Hauptarbeit erledigt das Steuerelement im Konstruktor `New`. Die ersten Zeilen definieren eine Variable für das Kontextobjekt und tragen einen Verweis auf den aktuellen `HttpContext` darin ein.

```
Public Sub New()
    Dim _context As HttpContext
    Try
        _context = HttpContext.Current
    Catch
        Exit Sub
    End Try
```

Falls die nächste Zeile erreicht wird und _context den Wert Nothing hat, läuft das Steuerelement im Entwurfsmodus. In diesem Fall wird der Konstruktor verlassen. Würden Sie keinen Code zur Rückkehr aus dem Konstruktor einfügen, würde sich das Steuerelement nicht korrekt darstellen, weil es versucht, in der Entwurfsansicht den Sicherheitscode auszuführen.

```
If _context Is Nothing Then
    Exit Sub
End If
```

Danach legen wir eine Instanz der Sicherheitskomponente an.

```
Dim oUser As SecurIt.UserSecurity
Try
    oUser = New SecurIt.UserSecurity()
```

An diesem Punkt enthält die Sicherheitsschicht die Anmeldeinformationen des Benutzers, sofern er sie eingegeben hat. Die nächste Zeile überprüft einfach die Eigenschaft UserName. Ist sie leer, schickt sie den Benutzer zur Anmeldeseite. Die Methode Reponse.Redirect (hier auskommentiert) schickt eine Anforderung an den Browser, damit der die Umleitung vornimmt. Statt Redirect können Sie Server.Transfer aufrufen, wie in diesem Beispiel gezeigt. Wir bevorzugen Server.Transfer, weil es die Umleitung vornimmt, ohne etwas an den Benutzer zu schicken. Außerdem wird der Benutzer den ursprünglichen URL in der Adressleiste seines Browsers sehen, nicht den URL der Anmeldeseite.

```
If oUser.UserName = "" Then
    '_context.Response.Redirect("login.aspx")
    _context.Server.Transfer("login.aspx")
End If
```

Schließlich räumen wir den Try...Catch-Block auf und beenden die Klasse.

```
    Catch exc As Exception
        Throw New Exception("An error occurred redirecting to login page", exc)
    End Try
End Sub
End Class
```

Was noch zu tun bleibt, ist die Designerklasse für das Steuerelement zu erstellen. Fügen Sie einfach eine neue Klasse zum Projekt hinzu und geben Sie ihr den Namen SecHeaderDesigner. Fügen Sie folgende Imports-Anweisungen ein:

```
Imports System
Imports System.IO
Imports System.Web
Imports System.Web.UI
Imports System.ComponentModel
Imports System.Web.UI.Design
```

Ergänzen Sie die Class-Anweisung mit einer Inherits-Anweisung:

```
Public Class SecHeaderDesigner
    Inherits ControlDesigner
```

Die einzige Methode dieser Klasse ist GetEmptyDesignTimeHtml. Sie wird aufgerufen, wenn für das Steuerelement keine Eigenschaften eingestellt wurden.

```
Protected Overrides Function GetEmptyDesignTimeHtml() As String
    Return "No title (text) has been set for the header control"
End Function
End Class
```

Speichern Sie das Projekt und erstellen Sie es. Korrigieren Sie eventuelle Tippfehler. Jetzt können Sie das Steuerelement testen. Fügen Sie es in die Toolbox ein: Klicken Sie mit der rechten Maustaste in die Toolbox, wählen Sie im Kontextmenü den Befehl *Toolbox anpassen*, holen Sie die Seite *.NET Framework-Komponenten* nach vorne und klicken Sie auf *Durchsuchen*. Suchen Sie die DLL Ihres Steuerelements, klicken Sie doppelt darauf und wählen Sie *OK*.

Benutzen der Komponente *SecurIt*

Die Sicherheitsschicht in einer Anwendung zu implementieren erfordert nur wenige Schritte. Erst erzeugen wir einen Verweis auf die DLL der Komponente SecurIt. So kopieren wir die DLL in unsere Projektstruktur.

Sehen wir uns zuerst an, wie die Sicherheitsschicht in einer ASP.NET-Anwendung eingesetzt wird. Nachdem wir die Anwendung erstellt und einen Verweis auf die Sicherheitsschicht hinzugefügt haben, erstellen wir eine Homepage und eine Anmeldeseite. Die Anmeldeseite sollte zwei Textfelder enthalten, eines für den Benutzernamen, das andere für das Kennwort. Der gesamte HTML-Code für unsere Seite *login.aspx* sieht folgendermaßen aus:

```
<TABLE id="Table1" cellSpacing="1" cellPadding="1" width="100%"
    border="0">
    <TR>
        <TD style="WIDTH: 118px"></TD>
        <TD>
            <H1 align="center"><FONT color="red">
                Login Form</FONT></H1>
        </TD>
    </TR>
    <TR>
        <TD style="WIDTH: 118px"></TD>
        <TD>
            <TABLE id="Table2" cellSpacing="1" cellPadding="1"
                width="300" border="0">
                <TR>
                    <TD>Username</TD>
                    <TD><asp:textbox id="txtUsername"
                        runat="server">nDavolio</asp:textbox>
                        <asp:RequiredFieldValidator
                        id="RequiredFieldValidator1" runat="server"
                        ErrorMessage="Please enter your user name"
                        ControlToValidate="txtUsername">
                        </asp:RequiredFieldValidator></TD>
                </TR>
                <TR>
                    <TD>Password</TD>
                    <TD><asp:textbox id="txtPassword"
                        runat="server"
                        TextMode="Password">nDavolio
                        </asp:textbox>
                        <asp:RequiredFieldValidator
                            id="RequiredFieldValidator2"
                            runat="server"
```

```
                    ErrorMessage=
                    "Please enter your password"
                    ControlToValidate="txtPassword">
                    </asp:RequiredFieldValidator></TD>
            </TR>
            <TR>
                <TD>Valid</TD>
                <TD><asp:textbox id="txtValid" runat="server"
                    Width="65px"></asp:textbox></TD>
            </TR>
        </TABLE>
        <P><asp:button id="cmdLogin" runat="server"
            Text="Login"></asp:button></P>
        <P></P>
    </TD>
</TR>
<TR>
    <TD style="WIDTH: 118px"></TD>
    <TD></TD>
</TR>
</TABLE>
```

Das Textfeld `txtValid` wird nur im Testmodus benutzt, wenn die `Redirect`-Zeile auskommentiert ist. Der einzige Programmcode für diese Seite ist die Zeile mit der `Dim`-Anweisung vor dem Ereignishandler `Page_Load`.

```
Dim oUser As New SecurIt.UserSecurity()
```

Beim `Click`-Ereignis von `cmdLogin` werden folgende Anweisungen ausgeführt:

```
oUser = New SecurIt.UserSecurity()
txtValid.Text = oUser.Login(txtUsername.Text, txtPassword.Text)
oUser.Dispose()
oUser = Nothing
Response.Redirect("HomePage.aspx")
```

Diese Zeilen führen die Anmeldung durch und leiten den Benutzer um. In der letzten Zeile könnten wir statt `Response.Redirect` natürlich auch `Server.Transfer` benutzen. Sie können das selbst entscheiden.

Das war's auch schon. Nun können Entwickler diese Anmeldeseite benutzen. Sie brauchen lediglich einen Header auf ihre Seiten zu ziehen, damit das Sicherheitssystem funktioniert.

Die Homepage hat außerdem eine Schaltfläche zum Abmelden (*Logout*), mit der die Benutzer die Anwendung beenden können. Das `Click`-Ereignis für diese Schaltfläche enthält folgenden Code:

```
Dim oUser As SecurIt.UserSecurity
oUser = New SecurIt.UserSecurity()

oUser.Logout("Normal")

oUser.Dispose()
oUser = Nothing

Response.Redirect("login.aspx")
```

Die Windows-Anwendung gleicht weitgehend der Webanwendung. Das Windows-Formular hat zwei Textfelder und eine Schaltfläche, genau wie die Webanwendung. Außerdem enthält das Formular zwei weitere Textfelder, mit denen der Benutzer eine Rolle überprüfen und anzeigen kann, bei welchen Rollen der Benutzer Mitglied ist. Der Programmcode für das Formular sieht so aus:

```
Dim oUser As New SecurIt.UserSecurity()
Private Sub cmdLogin_Click(ByVal sender As System.Object, _
    ByVal e As System.EventArgs) Handles cmdLogin.Click
    txtValid.Text = oUser.Login(txtUsername.Text, txtPassword.Text)
End Sub
Private Sub cmdCheckRole_Click(ByVal sender As System.Object, ByVal e As System.EventArgs) _
    Handles cmdCheckRole.Click
    Dim localValidRole As Boolean
    localValidRole = oUser.CheckRole("Manager")
    txtRoles.Text = "Manger = " & localValidRole
End Sub
Private Sub cmdGetRoles_Click(ByVal sender As System.Object, ByVal e As System.EventArgs) _
    Handles cmdGetRoles.Click
    Dim privateUserRoles() As String
    Dim i As Integer
    privateUserRoles = oUser.Roles
    For i = 0 To UBound(privateUserRoles)
        txtListOfRoles.Text &= privateUserRoles(i) & vbCrLf
    Next
End Sub
```

Die fett gedruckte Zeile in diesem Codeausschnitt zeigt, wie die Rollen ermittelt und in einem Array gespeichert werden.

Zusammenfassung

Was fehlt noch bei der Komponente aus diesem Kapitel? Im nächsten Schritt verschlüsseln wir die Kennwörter (weil sie in der Datenbank abgelegt werden) und wenden bei der Authentifizierung denselben Verschlüsselungsprozess für das Kennwort des Benutzers an. Das erfordert nur wenig zusätzlichen Code innerhalb der Sicherheitskomponente, eine Anwendung muss dann aber die Anmeldeinformationen der Benutzer verwalten. Bei einer professionellen Anwendung würden wir ein Programm schreiben, das die Anmeldeinformationen verwaltet. So haben es die Benutzer einfacher. Die zweite Erweiterung wäre, die Sicherheitskomponente in COM+ einzubetten. Auf diese Weise könnten wir die Komponente mit einer ACL sichern und ihr den Zugriff auf das Ereignisprotokoll verschaffen, ohne dass andere Benutzer oder neugierige Augen die Innereien der Komponente ansehen können. Bei praktisch jeder ungesicherten Komponente ist es möglich, auf diese Weise Konstanten auszuspähen. Dieses Problem betrifft alle Programme, nicht nur .NET-Anwendungen.

Dieses Kapitel hat Ihnen gezeigt, dass das .NET Framework eine gewaltige Zahl von Sicherheitsfähigkeiten anbietet. Wir haben die Codezugriffssicherheit oder Beweise gar nicht angeschnitten. Beides sind leistungsfähige Sicherheitsmöglichkeiten für Ihre Anwendungen. Sie kommen auf jeden Fall ins Spiel, selbst wenn Sie diese Mechanismen nicht bewusst aktivieren, weil alle .NET-Programme darauf zurückgreifen.

In Kapitel 6 beginnen wir die nächste Phase beim Erstellen unserer Beispielanwendung HRnet. Darin erstellen wir die allgemeinen Clienthandler für die Webteile der Anwendung.

6 Steuerelemente für die Webclients

130	Die Benutzeroberfläche unter ASP.NET
133	Entscheiden zwischen Benutzersteuerelementen und benutzerdefinierten Serversteuerelementen
135	Erstellen von Benutzersteuerelementen
148	Benutzerdefinierte Serversteuerelemente erstellen
172	Windows Forms-Steuerelemente
174	Zusammenfassung

Kürzlich nahm ich an einem Seminar zum Thema Microsoft ASP.NET und Microsoft Visual Basic .NET teil. Einer der Teilnehmer muss den Titel falsch gelesen haben. Er erklärte, er portiere seine Website auf ASP (nicht ASP.NET, jemand in seiner Firma muss geschlafen haben). Er fragte den Redner, ob er empfehlen würde, Entwurfszeit-Steuerelemente (Design-Time Control, DTC) zu benutzen. Schließlich sähen sie aus, als »wären sie eine hervorragende Methode, die Dinge objektorientiert zu erledigen.« Die Antwort – von den Zuhörern, nicht dem Redner – war ein lautes, entschiedenes »Bloß nicht!« Einige hielten diesen Aufschrei zwar für lustig, wer von uns aber schon mal versucht hatte, DTCs in Verbindung mit ASP einzusetzen, war weniger erheitert. DTCs funktionierten prinzipiell zwar, aber oft auch nicht. Und wenn sie funktionierten, machten sie die Anwendungen sehr langsam. Wir haben sie praktisch sofort fallengelassen. Warum reden wir hier also über DTCs? Wir versuchen jedenfalls nicht, sie schlecht zu machen. Aber weil sie bei vielen Entwicklern ein Misstrauen gegenüber serverseitigen Steuerelementen erzeugt haben, könnten diese schlechten Erfahrungen Sie davon abhalten, in ASP.NET Serversteuerelemente (server control) und benutzerdefinierte Steuerelemente (custom control) einzusetzen. Und es wäre ein Jammer, würden Sie diese Steuerelemente nicht benutzen, weil serverseitige Steuerelemente in ASP.NET sehr leistungsfähig und schnell sind. Mit ihrer Hilfe können Sie Webanwendungen so erstellen, dass sie herkömmlichen Anwendungen gleichen, die zum Beispiel mit früheren Versionen von Microsoft Visual Basic entwickelt wurden.

ASP.NET unterstützt unterschiedliche Arten von Serversteuerelementen. HTML-Serversteuerelemente (HTML server control) sind Gegenstücke zu HTML-Steuerelementen, allerdings bieten sie zusätzliche serverseitige Funktionen. Da sie in erster Linie aus Kompatibilitätsgründen bereitgestellt werden, beschäftigen wir uns hier nicht weiter damit. Eine andere Art Steuerelement sind ASP.NET-Serversteuerelemente (ASP.NET server control). Sie haben eine Menge Eigenschaften,

Ereignisse und Methoden. Sie sind, was DTCs hätten sein sollen. Sie werden vollständig von der Serverseite gesteuert und generieren HTML-Ausgaben. Sie werden kompiliert und sind sehr schnell. Sie wurden auch mit dem Ziel entwickelt, browserunabhängig zu sein. Sie erkennen diese Steuerelemente sofort, weil sie in HTML mit dem Präfix asp aufgerufen werden. Eine Schaltfläche sieht zum Beispiel so aus:

```
<asp:Button id="Button1" runat="server" Text="Button"></asp:Button>
```

Wir beschäftigen uns zwar nicht mit den Einzelheiten der Funktionsweise von ASP.NET-Serversteuerelementen, im Verlauf dieses Buchs werden Sie aber eine Menge über diese Steuerelemente lernen. Microsoft hat uns die Möglichkeit gegeben, eigene Serversteuerelemente von Grund auf neu zu schreiben, die genau wie die von Microsoft bereitgestellten funktionieren. Und wir können die Standardsteuerelemente erweitern, die mit ASP.NET ausgeliefert werden.

Die Möglichkeit, neue Serversteuerelemente zu erstellen oder vorhandene ASP.NET-Steuerelemente zu erweitern, hilft uns, viele der Einschränkungen zu überwinden, die uns bei der Webentwicklung behindern. Ein einfaches Beispiel dieser Einschränkungen zeigt sich beim ASP.NET-Steuerelement TextBox. Ihm fehlen viele Fähigkeiten, die Textfelder in anderen Entwicklungsplattformen besitzen, zum Beispiel in Visual Basic, Microsoft Visual FoxPro oder Delphi. Weil ASP.NET die Möglichkeit bietet, das Standardverhalten dieses Steuerelements zu erweitern, können wir Funktionen ergänzen, zum Beispiel die automatische Textmarkierung, sobald das Steuerelement den Fokus erhält, oder die automatische Erstellung von Beschriftungen. Wir können diese benutzerdefinierten Steuerelemente auch in die Toolbox von Visual Studio .NET einbauen. Dann stehen sie wie die ASP.NET-Standardsteuerelemente über Drag & Drop zur Verfügung. Diese Art der Codewiederverwendung ist sehr leistungsfähig. Wir können damit große und komplexe Webanwendungen viel schneller erstellen, als wir je für möglich gehalten hätten.

Neben Serversteuerelementen unterstützt ASP.NET Benutzersteuerelemente (user control). Sie können sich Benutzersteuerelemente als eine Art »Anabolika-gemästete Includedateien« vorstellen. Das wird ihnen aber nicht gerecht. Benutzersteuerelemente geben uns viel mehr Möglichkeiten, als Includedateien das jemals konnten.

Wir werden sowohl Benutzersteuerelemente als auch Serversteuerelemente im Detail vorstellen. Wir werden nützliche Beispiele für beide Typen erstellen. Dabei werden Sie lernen, wie Sie diese Steuerelemente beim Entwurf berücksichtigen, sie erstellen und einsetzen. Wir werden außerdem erklären, wie Sie die Steuerelemente in Ihren Anwendungsentwurf integrieren. Wie bei allen Kapiteln dieses Buchs werden Sie am Ende in der Lage sein, die gezeigten Steuerelemente direkt zu benutzen oder sie schnell an die Anforderungen Ihrer Anwendung anzupassen.

Die Benutzeroberfläche unter ASP.NET

Die Fähigkeiten der Benutzeroberfläche haben sich im Verlauf der letzten Jahre dramatisch erweitert, insbesondere bei Webanwendungen. Sehen wir uns kurz die Möglichkeiten der Benutzeroberfläche gestern und heute an und spekulieren wir ein bisschen darüber, was die Zukunft bringen könnte.

Die Vergangenheit

Die Wiederverwendung von Programmcode in herkömmlichem ASP war bestenfalls eigentümlich zu nennen. Erfreulicherweise gibt es auf diesem Gebiet Fortschritte. Man weiß die guten Dinge erst dann zu schätzen, wenn man sich mit den schlechten herumgeplagt hat. Includedateien wurden intensiv genutzt. Weil das Skriptmodul (script engine) sämtliche Includedateien für eine bestimmte Seite zusammen mit der eigentlichen ASP-Seite verarbeitete, konnte das Ergebnis ziemlich groß werden. Und groß bedeutet langsam, besonders in einer Interpreterumgebung wie ASP. Wir haben auch erlebt, wie Entwickler auf der Basis von Includedateien eine objektorientierte Hierarchie aufbauen wollten. Eine Includedatei rief eine andere auf, diese die nächste und so weiter. Das produzierte nicht nur Code, der langsam interpretiert wurde, sondern verursachte auch Albträume beim Pflegen des Codes. Diese Erfahrungen würden wir lieber aus unserem Gedächtnis streichen. Includedateien konnten auch nicht dynamisch geladen werden. Und es gab keine Möglichkeit, Eigenschaften, Ereignisse und Methoden zur Verfügung zu stellen. Weil es keinerlei Kapselung gab, konnten Sie dieselbe Includedatei auf ein und derselben Seite mehrmals einbinden, jedes Mal mit einem etwas anderen Ergebnis.

Genug von Includedateien. Sie konnten die Wiederverwendung von Code auch mit dem Befehl server.execute verwirklichen. Dieser Befehl bettete an der Stelle, an der er aufgerufen wurde, Code in den Inhalt der ASP-Seite ein. Eigenschaften mussten zusammen mit Abfragestrings übergeben werden. Diese Lösung verursachte ähnliche Probleme wie die Includedateien. Eine andere Möglichkeit, wieder verwendbaren Code im Zusammenhang mit der Benutzeroberfläche zu erstellen, boten ActiveX-Steuerelemente. Leider waren ActiveX-Steuerelemente browserabhängig. Sie mussten auf den Client heruntergeladen werden und verursachten eine Menge Sicherheitsprobleme. Clientseitigen Code können Sie mit Hilfe von JavaScript-Bibliotheken wieder verwenden, das funktioniert auch jetzt noch in ASP.NET. Andere Möglichkeiten hatten wir nicht, daher wendeten wir alle diese Techniken an, je nach den Anforderungen der Anwendung und unserem Wunsch, durch die Wiederverwendung von Code Zeit und Arbeit zu sparen.

Die Gegenwart

In ASP.NET können Sie genauso wie in ASP Includedateien nutzen. Wir empfehlen das normalerweise nicht, aber die Möglichkeit steht zur Verfügung und wird unterstützt. JavaScript-Bibliotheken können immer noch benutzt werden. In manchen Fällen stellen sie die einzige Möglichkeit dar, die Clientfähigkeiten auf browserunabhängige Weise zu erweitern.

ASP.NET stellt uns HTML-Serversteuerelemente (HTML server control) und ASP.NET-Serversteuerelemente (ASP.NET server control) zur Verfügung. Wir haben weiter oben erwähnt, dass HTML-Serversteuerelemente in Wirklichkeit nichts anderes als normale HTML-Steuerelemente sind, die durch einige serverseitige Funktionen erweitert wurden. ASP.NET-Serversteuerelemente geben uns dagegen viel mehr Möglichkeiten, sie ähneln den Steuerelementen aus Visual Basic, FoxPro und so weiter. Wir haben gezeigt, dass ASP.NET-Serversteuerelemente mit dem Präfix <ASP:...runat="server"> gekennzeichnet werden. Schon von Haus aus stehen viele dieser serverseitigen Steuerelemente zur Verfügung. Abbildung 6.1 zeigt die Hierarchie dieser Steuerelemente.

Die Liste der verfügbaren serverseitigen Steuerelemente ist zwar lang, es wird aber bald klar, dass es noch nicht genug sind. Microsoft kann nicht für jede denkbare Anwendung ein Steuerelement bereitstellen. Komponentenhersteller und Sie selbst als Entwickler können zusätzliche Serversteuerelemente erstellen. Solche Steuerelemente bezeichnen wir als *benutzerdefinierte Serversteuerelemente* (custom server control). Dies ist die aussagekräftigste Bezeichnung, die wir kennen. Auf diese Weise lassen sich die Steuerelemente leicht von den Standardserversteuerelementen unterscheiden. Wie wir bereits erwähnt haben, gibt es drei Möglichkeiten, benutzerdefinierte Steuerelemente zu entwickeln. Abbildung 6.2 zeigt ein Beispiel für alle drei.

Web Forms-Steuerelemente		Listen-steuerelemente	Spezielle Steuerelemente
Button	Panel	CheckBoxList	AddRotator
CheckBox	PlaceHolder	DropDownList	Calendar
HyperLink	RadioButton	ListBox	
Image	Table	RadioButtonList	**Validierungssteuerelemente**
ImageButton	TableCell	DataGrid	CompareValidator
Label	TableRow	DataList	RangeValidator
LinkButton	TextBox	Repeater	RegularExpressionValidator
Literal	XML		RequiredFieldValidator
			ValidationSummary
			CustomValidator

Abbildung 6.1: Mit ASP.NET gelieferte Serversteuerelemente

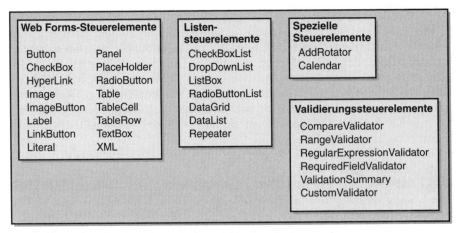

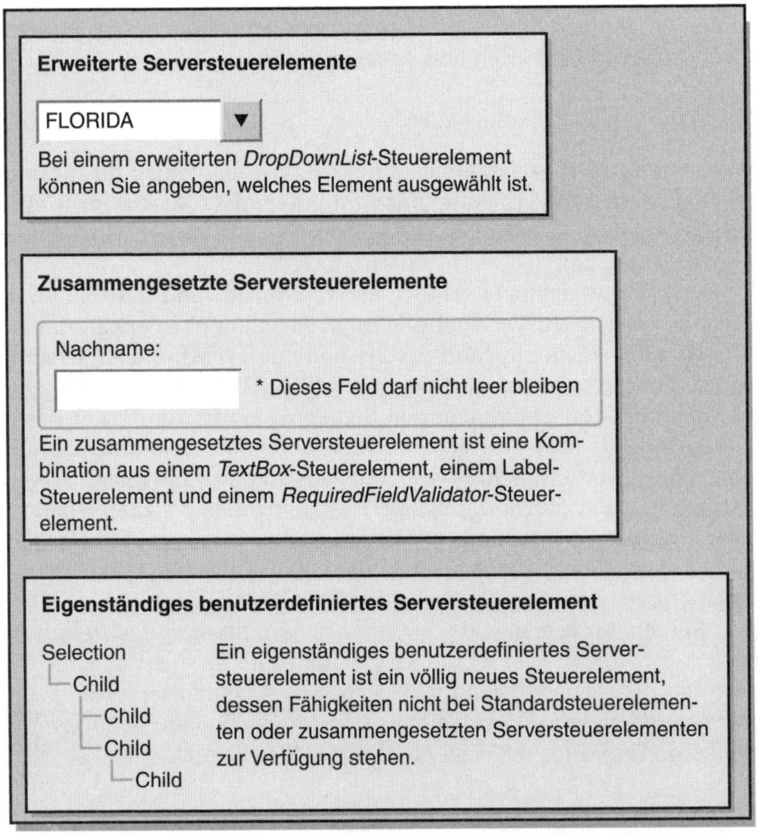

Abbildung 6.2: Unterschiedliche Methoden, benutzerdefinierte Steuerelemente zu entwickeln

Benutzerdefinierte Steuerelemente sind sehr leistungsfähig. Sie verhalten sich ähnlich wie ASP.NET-Web Forms-Anwendungen (oder zumindest wie ein Teil davon), allerdings auf gekapselte, objektorientierte Art.

Die Zukunft

Wir haben zwar keine Kristallkugel, die uns die Zukunft verrät, wir vermuten aber, dass es enorme Mengen von Steuerelementen verschiedenster Fremdhersteller geben wird. Schon jetzt sind viele verfügbar. Sie werden auch die in diesem Kapitel vorgestellten Serversteuerelemente benutzen können. Sie können für künftige Anwendungen Ihre eigene Sammlung erweiterter Serversteuerelemente anlegen. Nutzen Sie für die Steuerelemente der Benutzeroberfläche denselben objektorientierten Ansatz wie für die Geschäftslogik, dann werden Sie bald einen großen Vorrat von benutzerdefinierten Steuerelementen für Ihre Anwendungen zur Verfügung haben.

Entscheiden zwischen Benutzersteuerelementen und benutzerdefinierten Serversteuerelementen

Sowohl Benutzersteuerelemente (user control) als auch benutzerdefinierte Serversteuerelemente (custom server control) bieten die Möglichkeit, den Code für Benutzeroberfläche und Implementierung wieder zu verwenden. In den meisten Fällen führen beide Typen zum selben Ergebnis, aber beide haben ihre speziellen Vor- und Nachteile. Aus diesem Grund müssen wir die beiden Steuerelementarten vergleichen und entscheiden, in welchen Situationen sich welche am besten eignet. Tabelle 6.1 fasst den Vergleich zwischen den beiden Steuerelementarten zusammen.

Benutzersteuerelement (user control)	Benutzerdefiniertes Steuerelement (custom server control)
Wird während der Laufzeit kompiliert.	Vorkompiliert
HTML-Entwurf	Kein grafischer Entwurf. HTML muss im Programmcode definiert werden.
ASP.NET-Seitenmodell mit Code-Behind-Verfahren.	Komponentenmodell
Benötigt eine ASP.NET-Seite (.*aspx*)	Kann in ASP.NET-Seiten (.*aspx*), Benutzersteuerelementen oder anderen benutzerdefinierten Serversteuerelementen eingesetzt werden.
Keine Oberfläche für die Entwurfszeit. (Auf einer .*aspx*-Seite ist für das Benutzersteuerelement lediglich ein Rechteck zu sehen.)	Oberflächen für Entwurfszeit und Laufzeit. (Auch ohne Eigenschaften oder Daten wird auf einer .*aspx*-Seite während der Entwurfszeit ein Imitat dargestellt.)
Kann nicht in die Toolbox eingefügt werden.	Kann in die Toolbox eingefügt werden (über Drag & Drop).
Ablauf kann nicht eigenständig verfolgt werden, nur als Teil einer ASP.NET-Seite.	Nicht anwendbar

Tabelle 6.1: Vergleich von Benutzersteuerelementen und benutzerdefinierten Serversteuerelementen

Wenn wir die beiden Steuerelementarten in .NET-Seminaren vorstellen, entscheiden sich die Teilnehmer normalerweise entweder für die eine oder die andere, je nach persönlicher Vorliebe. Wer vorher häufig mit Visual Basic, ASP und HTML gearbeitet hat, neigt meist zu Benutzersteuerelementen. Wer mit C++ und Java programmiert und schon Komponenten entwickelt hat, bevorzugt oft benutzerdefinierte Serversteuerelemente. Es ist ganz normal, wenn Sie bei dem bleiben, was Ihnen vertraut ist, trotzdem empfehlen wir, dass Sie sich die optimalen Einsatzmöglichkeiten für beide Arten von Steuerelementen ansehen. Der geringe Lernaufwand, der für diesen Vergleich notwendig ist, wird Ihnen viel Nutzen bringen.

Sehen wir uns die wichtigsten Unterschiede an. Erstens ist ein benutzerdefiniertes Serversteuerelement vorkompiliert, daher verhält es sich ähnlich wie eine Komponente. Wurde sie richtig entworfen, sieht sie aus wie ein eingebautes ASP.NET-Serversteuerelement, zum Beispiel ein `TextBox`- oder ein `Label`-Steuerelement. Sie sieht nicht nur so aus, sie verhält sich auch gleich und fühlt sich genauso an. Ein Benutzersteuerelement wird dagegen zur Laufzeit kompiliert. Wenn der Compiler in einer .*aspx*-Seite eine Registrierungsdirektive findet, die auf ein Benutzersteuerelement verweist, kompiliert er das Steuerelement, bevor er seinen Inhalt in die .*aspx*-Seite einfügt.

Der zweite wichtige Unterschied zwischen den Steuerelementarten liegt darin, dass Sie bei Benutzersteuerelementen die Möglichkeit haben, HTML-Code im Entwurfsmodus zu erstellen. Diese Option haben Sie bei benutzerdefinierten Serversteuerelementen nicht. Es ist zwar relativ einfach, HTML vom Programm aus zu generieren, aber der Verzicht auf die Möglichkeit, einen HTML-Designer zu verwenden, ist ein wichtiges Argument gegen benutzerdefinierte Serversteuerelemente. Unserer Ansicht nach erleichtert diese Tatsache die Entscheidung, welche Steuerelementart Sie einsetzen sollten. Sehen wir uns den Entscheidungsprozess genauer an.

Wir kommen gleich zur Sache und erklären in zwei Sätzen, welches Steuerelement Sie verwenden sollten: Benutzersteuerelemente eignen sich am besten, wenn Sie eine wieder verwendbare Benutzeroberflächenkomponente für eine bestimmte Anwendung entwickeln. Benutzerdefinierte Serversteuerelemente eignen sich am besten für kleine, charakteristische Einstellmöglichkeiten in der Benutzeroberfläche, die in vielen Anwendungen eingesetzt werden können. Wir machen diese Aussagen noch deutlicher, indem wir für jede Steuerelementart ein Negativbeispiel demonstrieren.

Das erste Beispiel: Sie wollen ein `TextBox`-Steuerelement erweitern. Es soll eine andere Hintergrundfarbe bekommen, die Sie nur ein einziges Mal in der gesamten Anwendung einstellen. Sie entscheiden sich, das in Form eines Benutzersteuerelements zu implementieren. Dies ist keine gute Lösung. Wenn Sie jedes Mal, wenn auf Ihrer Web Forms-Seite ein Textfeld benötigt wird, ein Benutzersteuerelement einfügen, sehen Sie im Entwurfsmodus lediglich ein graues Rechteck. Außerdem können Sie im Entwurfsmodus nicht auf die Eigenschaften des Steuerelements zugreifen. Ein wahrer Albtraum.

Statt für das erweiterte `TextBox`-Steuerelement ein Benutzersteuerelement zu erstellen, sollten Sie lieber ein benutzerdefiniertes Serversteuerelement schreiben, das vom `TextBox`-Steuerelement abgeleitet ist. Dann können Sie in seine Standardeigenschaften die gewählte Farbe eintragen. Nachdem Sie dieses Serversteuerelement implementiert und zur Toolbox von Visual Studio .NET hinzugefügt haben, brauchen Sie es lediglich über Drag & Drop auf eine Web Forms-Seite zu ziehen, wenn Sie das erweiterte Textfeld nutzen wollen.

Zu unserem zweiten Beispiel: Sie benötigen für Benutzer, Verkäufer, Banken, Angestellte und so weiter Adressangaben. Sie entscheiden sich, ein benutzerdefiniertes Serversteuerelement zu schreiben, in dem man sämtliche Adressdaten eingeben kann. Das wäre ebenfalls keine gute Lösung, weil Sie eine Menge Zeit damit verbringen würden, das passende Aussehen und die korrekte Funktionsweise der Adresseingabe zu programmieren und anschließend zu testen. Wenn Sie das Adress-Serversteuerelement in die Toolbox von Visual Studio .NET eingefügt haben, stellen Sie fest, dass Sie das Steuerelement nur für eine einzige Anwendung verwenden. Ihre nächste Anwendung benötigt zwar ebenfalls Adresseingaben, diesmal sehen die Adressen aber etwas anders aus, daher können Sie das benutzerdefinierte Steuerelement nicht nutzen, obwohl es Sie so viel Zeit und Mühe gekostet hat. Dies ist ein Paradebeispiel für Benutzersteuerelemente. Sie können den HTML-Code für die wieder verwendbare Adresseingabe schnell entwerfen und implementieren, dabei stehen Ihnen dieselben Entwurfsmöglichkeiten wie bei Web Forms-Anwendungen zur Verfügung. Bei Ihrer nächsten Anwendung kopieren Sie das Benutzersteuerelement einfach und passen es entsprechend an. Tabelle 6.2 fasst die genannten Punkte zusammen und listet einige weitere Argumente für die beiden Steuerelementarten auf.

Benutzersteuerelement	Benutzerdefiniertes Serversteuerelement
Innerhalb einer Anwendung	In vielen Anwendungen
Wieder verwendbare Elemente der Benutzeroberfläche, die normalerweise Teil von Web Forms-Seiten sind.	Kleine, charakteristische Einstellmöglichkeiten der Benutzeroberfläche, zum Beispiel Erweiterungen der Standardserversteuerelemente von ASP.NET.
Möglichkeit, einzelne Cacheeinstellungen zu nutzen (individuell für jedes Steuerelement)	Nutzen von Vorlagen
Nicht anwendbar	Verpacken und Verkaufen von Steuerelementen

Tabelle 6.2: Richtlinien für den Einsatz von Benutzersteuerelementen und benutzerdefinierten Serversteuerelementen

Jede Steuerelementart ist sehr leistungsfähig, wenn sie korrekt eingesetzt wird. Sie können ihren Nutzen vervielfachen, wenn Sie beide kombinieren. Ein benutzerdefiniertes Serversteuerelement in einem Benutzersteuerelement einzusetzen geht genauso einfach wie in einer Web Forms-Seite. Mit diesem Vorgehen kombinieren Sie die Stärken beider Typen.

Erstellen von Benutzersteuerelementen

Wir werden ein Benutzersteuerelement erstellen, das wir auf Web Forms-Seiten der Beispielanwendung HRnet einsetzen. Es handelt sich um das Adress-Benutzersteuerelement. Es kapselt Standarddaten, die wir bei der Adresseingabe benötigen. Während des Entwicklungsprozesses erläutern wir alle wichtigen Prinzipien, die Sie beim Erstellen von Benutzersteuerelementen kennen müssen.

Die Dokumentation des Microsoft .NET Framework-SDKs enthält die beste Definition für Benutzersteuerelemente, die wir kennen: »Ein vom Benutzer entwickeltes Serversteuerelement [etwas umständlich für Benutzersteuerelement] ermöglicht es, eine ASP.NET-Seite als Serversteuerelement wieder zu verwenden.« Tatsächlich haben Benutzersteuerelemente dasselbe Objektmodell wie ASP.NET-Seiten. Wenn Sie die Beta-Versionen von .NET ausprobiert haben, erinnern Sie sich vielleicht, dass die Benutzersteuerelemente darin als »Pagelets« (»Miniseiten«) bezeichnet wurden. Das ist eine gute Beschreibung. Wir vermuten, es war nicht intellektuell genug für die endgültige Fassung. Der einzige Unterschied zwischen Web Forms-Seiten und Benutzersteuerelementen liegt darin, dass Benutzersteuerelemente in eine Web Forms-Seite eingebettet werden müssen. Sie können ein Benutzersteuerelement nicht eigenständig ausführen oder debuggen. Es muss in einer Web Forms-Seite registriert und verwendet werden. Das ist sinnvoll, da Benutzersteuerelemente keine <HTML>...</HTML>- oder <FORM>...</FORM>-Tags haben. Die <HTML>...</HTML>-Tags dürfen nur einmal vorhanden sein. Außerdem muss sich ein Benutzersteuerelement zwischen den <FORM>...</FORM>-Tags einer Web Forms-Seite befinden, damit es Teil des Ereignismodells der Seite werden kann. Sie können Benutzersteuerelemente erstellen, indem Sie Teile einer *.aspx*-Seite extrahieren, die Control-Direktive hinzufügen und die Dateierweiterung zu *.ascx* ändern. Sie können auch Visual Studio .NET verwenden, es erstellt automatisch die Steuerelementstruktur und vergibt die Dateierweiterung *.ascx* (Sie können trotzdem HTML-Code über die Zwischenablage hineinkopieren).

Grundlagen der Benutzersteuerelemente

Sehen wir uns die Beispieldateien zu diesem Kapitel an. Öffnen Sie die Projektmappe *Userand-ServerControls*. Im Verzeichnis *UserControls* finden Sie das Benutzersteuerelement *Address.ascx*. Öffnen Sie es, in der Standardeinstellung wird es in Entwurfsansicht angezeigt. Sie können sehen, dass es wie eine normale Web Forms-Seite aussieht. Wechseln Sie in die HTML-Ansicht. Hier ein Ausschnitt des HTML-Codes:

```
<%@ Control Language="vb" AutoEventWireup="false"
    Codebehind="Address.ascx.vb" Inherits="UserandServerControls.Address"
    TargetSchema="http://schemas.microsoft.com/intellisense/ie5" %>
<TABLE id="Table1" cellSpacing="1" cellPadding="1" width="100%" border="0">
    ⋮
```

Statt der Direktive @ Page haben Benutzersteuerelemente eine @ Control-Direktive, gefolgt von den üblichen Attributen für Code-Behind-Dateien. Unmittelbar nach dieser Direktive beginnt der HTML-Code, der den Inhalt definiert. Wie wir bereits erklärt haben, gibt es keine <HTML>- oder <FORM>-Tags, sondern nur den HTML-Code, der die Seite erzeugt. Das Benutzersteuerelement kann auch eine Code-Behind-Datei haben, die sich genauso verhält wie die Code-Behind-Datei einer .*aspx*-Web Forms-Seite.

Wie wird dieses Benutzersteuerelement in einer Web Forms-Seite eingesetzt? Öffnen Sie dazu die Seite *AddressControl.aspx* in der Entwurfsansicht. Abbildung 6.3 zeigt die Seite.

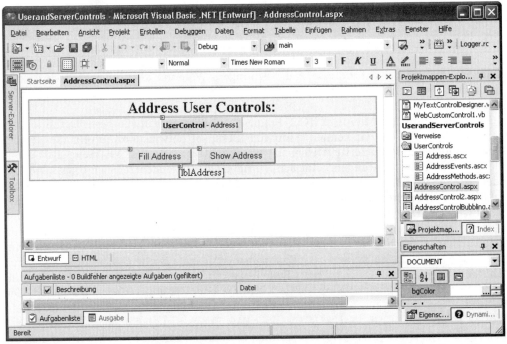

Abbildung 6.3: *Web Forms-Seite mit einem Benutzersteuerelement in der Entwurfsansicht*

Benutzersteuerelemente geben ihr Verhalten in der Entwurfsansicht nicht wieder, sie erscheinen als schlichte graue Rechtecke, die mit dem Namen beschriftet sind. Sie sehen so ähnlich aus wie Schaltflächen. Wechseln Sie in die HTML-Ansicht, um sich die Registrierung des Steuerelements und den Aufrufcode anzusehen. Die Seite beginnt folgendermaßen:

```
<%@ Register TagPrefix="ucl" TagName="Address"
    Src="UserControls/Address.ascx" %>
<%@ Page Language="vb" AutoEventWireup="false"
    Codebehind="AddressControl.aspx.vb"
    Inherits="UserandServerControls.AddressControl"%>
<!DOCTYPE HTML PUBLIC "-//W3C//DTD HTML 4.0 Transitional//EN">
⋮
    <TD>
        <P align="center">
            <ucl:Address id="Address1" runat="server"></ucl:Address>
    </TD>
⋮
```

In der ersten Zeile finden wir die `@ Register`-Direktive, die den Compiler anweist, das Benutzersteuerelement beim Kompilieren dieser Seite einzubinden. Danach definieren wir das `TagPrefix`. Es trennt die eingebauten ASP.NET-Steuerelemente (ihr `TagPrefix` lautet `ASP`) von Benutzersteuerelementen und benutzerdefinierten Serversteuerelementen. In der Standardeinstellung verwendet Visual Studio .NET `ucl`, Sie können dieses Präfix aber nach Belieben ersetzen. Der `TagName` ist der Name des Benutzersteuerelements innerhalb der Seite. Die Quelle ist der absolute oder relative Pfad der Quellcodedateien des Benutzersteuerelements. Das Benutzersteuerelement ist damit registriert und kann jetzt in der Seite eingesetzt werden. Etwas weiter unten im HTML-Code sehen Sie, wie das Steuerelement zum Leben erweckt wird:

`<ucl:Address id="Address1" runat="server"></ucl:Address>`

Wir verwenden die weiter oben definierten `TagPrefix` und `TagName`. Es ist wichtig, dem Benutzersteuerelement eine ID zu geben. Genauso, wie wir viele `TextBox`-Steuerelemente auf einer Web Forms-Seite platzieren können, können wir auch mehrere Benutzersteuerelemente desselben Typs auf eine einzige Seite legen. Jedes dieser Benutzersteuerelemente hat eine eindeutige ID. Klicken Sie im Projektmappen-Explorer mit der rechten Maustaste auf *AddressControl.aspx* und wählen Sie im Kontextmenü den Befehl *Erstellen und durchsuchen*. Es wird eine Adresse angezeigt. Fügen Sie nun hinter `</ucl:Address>` folgende Zeile ein:

`<ucl:Address id="Address2" runat="server"></ucl:Address>`

Wenn Sie erneut *Erstellen und durchsuchen* wählen, sehen Sie zwei Adressen.

Benutzersteuerelemente können entweder durch HTML-Deklarationen registriert werden oder indem Sie sie über Drag & Drop auf die Web Forms-Seite ziehen. Wenn Sie Drag & Drop benutzen, müssen Sie den Projektmappen-Explorer als Ausgangspunkt benutzen. Ziehen Sie das gewünschte Benutzersteuerelement von dort auf die Web Forms-Seite. Das Steuerelement wird dort angeordnet, wo Sie es loslassen. Falls es noch nicht auf der Seite registriert ist, wird die `@ Register`-Direktive automatisch mit den Standard-Tagnamen von .NET hinzugefügt.

Probieren Sie es aus und wählen Sie für die Web Forms-Seite *AddressControl.aspx* den Befehl *Erstellen und durchsuchen*. Während der Laufzeit wird das Benutzersteuerelement in die Web Forms-Seite eingefügt. Das Ergebnis sehen Sie in Abbildung 6.4.

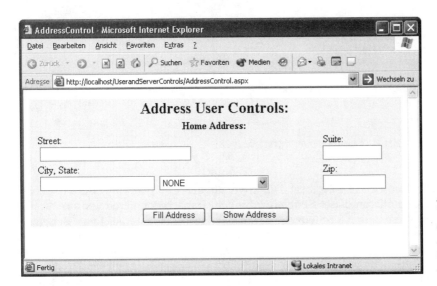

Abbildung 6.4: Die Web Forms-Seite mit dem Adressen-Benutzersteuerelement bei der Ausführung im Browser

Die Grundlagen haben wir damit abgehakt, jetzt können wir uns ansehen, wie wir Zugriff auf die Eigenschaften, Methoden und – ganz wichtig – das Ereignismodell eines Benutzersteuerelements erhalten.

Eigenschaften von Benutzersteuerelementen

Es gibt zwei Möglichkeiten, auf die Eigenschaften (property) eines Benutzersteuerelements zuzugreifen: öffentliche Variablen deklarieren oder Property-Definitionen benutzen. Bei beiden Varianten können die Eigenschaften entweder über eine Deklaration oder vom Programmcode aus geändert werden. Wir raten von der Verwendung öffentlicher Variablen ab, da dies den Prinzipien guter objektorientierter Programmierung widerspricht. Für öffentliche Variablen brauchen wir zwar weniger Code, aber solche schlechten Sitten wollen wir gar nicht erst einreißen lassen. Sehen wir uns die Eigenschaften an, die wir für unser Benutzersteuerelement *Address.ascx* deklariert haben:

```
' Eigenschaftsdefinitionen für das Benutzersteuerelement Address
Public Property Header() As String
    Get
        Return lblHeader.Text
    End Get
    Set(ByVal Value As String)
        lblHeader.Text = Value
    End Set
End Property
Public Property Street() As String
    Get
        Return txtStreet.Text
    End Get
    Set(ByVal Value As String)
        txtStreet.Text = Value
    End Set
End Property
```

```vb
Public Property Suite() As String
    Get
        Return txtSuite.Text
    End Get
    Set(ByVal Value As String)
        txtSuite.Text = Value
    End Set
End Property
Public Property City() As String
    Get
        Return txtCity.Text
    End Get
    Set(ByVal Value As String)
        txtCity.Text = Value
    End Set
End Property
Public Property State() As String
    Get
        ' Den Wert (Value), nicht den Text des markierten Elements zurückgeben.
        Return lstStates.SelectedItem.Value
    End Get
    Set(ByVal Value As String)
        ' Nach dem Wert des Bundesstaates suchen, der angezeigt werden soll.
        Dim n As Integer
        For n = 1 To lstStates.Items.Count
            If lstStates.Items(n).Value.ToString = Value Then
                lstStates.SelectedIndex = n
                Exit For
            End If
        Next
    End Set
End Property
Public Property Zip() As String
    Get
        Return txtZip.Text
    End Get
    Set(ByVal Value As String)
        txtZip.Text = Value
    End Set
End Property
```

Die öffentlichen Eigenschaften Header, Street, Suite, City und Zip verhalten sich alle gleich. Werden sie geändert, tragen sie den Wert in die Eigenschaft Text des entsprechenden TextBox-Steuerelements ein. Beim Auslesen geben sie diese Werte zurück. Eine Ausnahme ist die Eigenschaft State, sie erfordert etwas mehr Arbeit. Bevor wir darauf eingehen, sollten Sie sich die Code-Behind-Datei des Benutzersteuerelements *Address.ascx* ansehen. Wenn die Seite zum ersten Mal geladen wird, wird ein DataSet mit Statusinformationen in Form von short- und long-Werten zurückgegeben (zum Beispiel ist CA ist die Abkürzung für California) und mit dem Drop-DownList-Steuerelement lstStates verknüpft. Da der ViewState bei Benutzersteuerelementen automatisch verwaltet wird, enthalten Postbacks stets die relevanten Daten, ohne dass ein erneutes Auslesen der Datenbank nötig wäre. Der folgende Codeausschnitt lädt die Daten über die verfügbaren Bundesstaaten:

```
Private Sub Page_Load(ByVal sender As System.Object, ByVal e As System.EventArgs) _
    Handles MyBase.Load
    ' Hier den Code zum Initialisieren der Seite einfügen
    ' Beim ersten Aufruf Angaben zum Bundesstaat holen
    If Not IsPostBack Then
        Dim statesDataSet As DataSet
        ' Datenzugriffsschicht aufrufen und Tabelle States holen
        Dim StatesInformation As New SQLServer("data source=" & _
            "CPU-TENOTEBOOK;initial catalog=HRnet;password=;" & _
            "persist security info=True;user id=sa;" & _
            "workstation id=CPU-TENOTEBOOK;packet size=4096")
        Dim privateSQLStatement As String = "Select * from States Order by States.st_name"
        statesDataSet = StatesInformation.runSQLDataSet(privateSQLStatement, "States")
        StatesInformation.Dispose()
        StatesInformation = Nothing
        ' DropDownList-Steuerelement mit den Bundesstaaten füllen.
        ' (Value ist CA, Text ist California)
        lstStates.DataSource = statesDataSet
        lstStates.DataTextField = "st_name"
        lstStates.DataValueField = "st_short"
    End If
    Page.DataBind()
End Sub
```

Gehen wir noch einmal zurück zur Definition der öffentlichen Eigenschaft States. Sie sah folgendermaßen aus:

```
Public Property State() As String
    Get
        ' Den Wert (Value), nicht den Text des markierten Elements zurückgeben.
        Return lstStates.SelectedItem.Value
    End Get
    Set(ByVal Value As String)
        ' Nach dem Wert des Bundesstaats suchen, der angezeigt werden soll.
        Dim n As Integer
        For n = 1 To lstStates.Items.Count
            If lstStates.Items(n).Value.ToString = Value Then
                lstStates.SelectedIndex = n
                Exit For
            End If
        Next
    End Set
End Property
```

Die Get-Prozedur (sie liefert das Ergebnis an die aufrufende Web Forms-Seite) gibt einfach den Wert des Elements zurück, das momentan in dem Listenfeld ausgewählt ist. Bei diesem Wert handelt es sich um die Abkürzung für den Bundesstaat. Wir speichern in Datenbanken lieber die Abkürzung statt des vollständigen Namens, aber in dem DropDownList-Steuerelement sollte der lange Name angezeigt werden. Die Set-Prozedur (sie kann von der Web Forms-Seite aufgerufen werden, alternativ kann sie auch leer bleiben) ist deutlich komplexer. Das DropDownList-Steuerelement von ASP.NET hat einen Mangel, es bietet keine eingebaute Methode oder Eigenschaft, mit der man einstellen kann, welche Zeile ausgewählt sein soll. Das müssen wir selbst erledigen. Falls Sie die Beschreibung der benutzerdefinierten Steuerelemente genau verfolgt haben, ist Ihnen bestimmt derselbe Gedanke gekommen wie uns: Lassen Sie uns ein benutzerdefiniertes DropDownList-Serversteuerelement erstellen, das diese Fähigkeit bietet. Genau das werden wir weiter unten in diesem Kapitel im Abschnitt »Ein verbessertes ASP.NET-DropDownList-Serversteuerelement« machen.

Vorerst müssen wir in einer Schleife sämtliche Werte in dem Listenfeld durchgehen, bis wir den Wert finden, den wir übergeben bekamen. Haben wir den Wert gefunden, wählen wir das entsprechende Listenelement aus und sind fertig. Das `DropDownList`-Steuerelement zeigt den Standardwert an, den wir in der aufrufenden Seite für das Benutzersteuerelement festgelegt haben.

Sehen wir uns die zwei Möglichkeiten an, wie wir die Eigenschaften des Benutzersteuerelements einstellen können. Zuerst legen wir den Wert der Eigenschaft `Header` deklarativ vom HTML-Code aus fest, der das Steuerelement definiert. Ändern Sie *AddressControl.aspx* folgendermaßen:

```
<P align="center"><ucl:address id="Address1" Header="Home Address"
    runat="server"></ucl:address></P>
```

Indem Sie `Header="Home Address"` in die Deklaration des Benutzersteuerelements einfügen, tragen Sie einen Wert in die Eigenschaft ein. Dieses Verfahren ähnelt der Übergabe von Argumenten an Unterroutinen und Funktionen.

Als zweite Möglichkeit können wir Eigenschaften vom Programmcode aus ändern, in der Code-Behind-Datei der aufrufenden Seite. Es gibt in diesem Fall einige Voraussetzungen, die erfüllt sein müssen, damit das funktioniert. Denken Sie daran, dass Benutzersteuerelemente keine vorkompilierten DLLs sind, daher verschaffen sie unserer Code-Behind-Datei nicht einfach Zugriff auf die Eigenschaften und Methoden. Die Code-Behind-Datei weiß noch gar nichts über die Code-Behind-Datei. Die Eigenschaften und Methoden eines Benutzersteuerelements können Sie auf zwei Arten ermitteln. Die erste, weniger geeignete Methode führt über die Reflektionsfähigkeiten von .NET, die zur Laufzeit Eigenschaften, Ereignisse und Methoden ermitteln können. Dieser Ansatz ist nur notwendig, falls das Benutzersteuerelement nicht kompiliert wird. Mit dieser Möglichkeit werden wir uns nicht weiter beschäftigen.

Wenn Sie Benutzersteuerelemente mit Visual Studio .NET entwickeln, können Sie die Steuerelemente nach dem Programmieren oder Ändern einfach erstellen lassen. Ist das erledigt, können Sie einen Verweis auf das Benutzersteuerelement in die Code-Behind-Datei der aufrufenden Web Forms-Seite einfügen. Wir bevorzugen diesen zweiten Ansatz, um Zugriff auf die Eigenschaften, Ereignisse und Methoden von Benutzersteuerelementen zu erhalten. Mit der folgenden Zeile tragen Sie den Verweis in die Seite ein:

```
Protected Address1 As Address
```

Sie müssen für jedes Benutzersteuerelement, das Sie in der Seite aufrufen, eine solche Zeile einfügen. `Address1` verweist auf die ID eines bestimmten Benutzersteuerelements. Nachdem Sie diese Zeile eingefügt haben, stehen die Eigenschaften, öffentlichen Methoden und öffentlichen Variablen von `Address1` zur Verfügung. Das lässt sich leicht überprüfen:

```
Private Sub btnGetAddress_Click(ByVal sender As System.Object, ByVal e As System.EventArgs) _
    Handles btnGetAddress.Click
    ' Eigenschaften des Benutzersteuerelements ändern
    Address1.Street = "123 Fourth Ave"
    Address1.Suite = "101"
    Address1.City = "Los Angeles"
    Address1.State = "CA"
    Address1.Zip = "11111-2222"
End Sub
```

Für jedes Benutzersteuerelement, das Sie in einer Web Forms-Seite verwenden, müssen Sie einen eigenen Verweis definieren. Das gilt auch dann, wenn Sie mehrere Instanzen desselben Benutzersteuerelementtyps verwenden. Für jedes Benutzersteuerelement, das eine eigene ID hat, muss eine Verweiszeile vorhanden sein.

Starten Sie dieses Beispiel und klicken Sie auf die Schaltfläche *Fill Address* (Adresse eintragen). Dadurch wird der gezeigte Code ausgeführt, der das Benutzersteuerelement *Address.ascx* mit Daten füllt. Übrigens wird dabei auch der Programmcode ausgeführt, mit dem wir den richtigen Bundesstaat in dem `DropDownList`-Steuerelement auswählen.

Als Nächstes haben wir eine Schaltfläche zum Anzeigen der Adressdaten hinzugefügt (*Show Address*). Sie führt folgenden Code aus:

```
Private Sub btnShowAddress_Click(ByVal sender As System.Object, ByVal e As System.EventArgs) _
    Handles btnShowAddress.Click
    ' Die Eigenschaften des Benutzersteuerelements auslesen.
    lblAddress.Text = Address1.Street + " " + Address1.Suite + "<BR>"
    lblAddress.Text += Address1.City + ", " + Address1.State + " " + Address1.Zip
End Sub
```

Statt wie vorher die Eigenschaften von *Address.ascx* zu ändern, lesen wir ihre Werte aus und tragen sie in das `Label`-Steuerelement `lblAddress` ein. Wie Sie sehen, wird der Bundesstaat als *CA* (Abkürzung für *California*) gespeichert, das Benutzersteuerelement zeigt dagegen die Langversion an.

Das nächste Beispiel ist *AddressControl2.aspx*. Es zeigt, wie das Benutzersteuerelement *Address.ascx* zweimal auf derselben Seite eingesetzt werden kann. Jedes der beiden Benutzersteuerelemente hat seine eigenen Eigenschaften, Ereignisse und Methoden. Diese Möglichkeit ist sehr leistungsfähig, sie bewirkt die vollständige Kapselung des Steuerelements, genau wie bei den OOP-Fähigkeiten im übrigen .NET Framework. Jede Instanz des Benutzersteuerelements verfügt über seinen eigenen internen Zustand von Eigenschaften, Einstellungen und Daten. Und jede Instanz verarbeitet ihre eigenen Methoden und Ereignisse. Sie können das in dem Beispiel ausprobieren: Klicken Sie auf alle Schaltflächen, ändern Sie die Daten, klicken Sie erneut und so weiter. Beachten Sie, dass wir das zweite Benutzersteuerelement separat deklarieren müssen, auch wenn es sich um denselben Steuerelementtyp handelt:

```
Protected Address1 As Address
Protected Address2 As Address
```

Damit Sie auf Eigenschaften, Ereignisse und Methoden zugreifen können, müssen Sie jede einzelne Instanz eines Benutzersteuerelements deklarieren. Vergessen Sie diese Codezeilen nicht. Visual Studio .NET fügt sie nicht automatisch ein. Wir haben sie gelegentlich vergessen: Die Folge war, dass wir uns mehrere Stunden lang wunderten und nach Fehlern suchten, weil Benutzersteuerelemente plötzlich nicht mehr richtig funktionierten.

Methoden in Benutzersteuerelementen

Damit wir Methoden von Benutzersteuerelementen aufrufen können, müssen wir dieselben Voraussetzungen erfüllen wie beim Zugriff auf Eigenschaften von Benutzersteuerelementen. Eine Methode kann nur aufgerufen werden, wenn sie entweder als öffentlich (`Public`) deklariert wurde oder wir auf eine Eigenschaft zugreifen, die ihrerseits eine Methode aufruft. (Letzteres haben wir bei der Eigenschaft `State` aus dem vorherigen Beispiel getan.)

Wir wollen, dass unser Benutzersteuerelement seinen Zustand speichern kann. Und zwar nicht nur intern, was es automatisch innerhalb der verwendeten Steuerelemente tut, sondern auch extern. Dazu rufen wir von der Web Forms-Seite aus die Methoden `SaveAddressState` und `GetPreviousState` auf. Damit das möglich ist, haben wir zwei öffentliche Unterroutinen in *AddressMethods.ascx* eingefügt:

```
Public Sub SaveAddressState()
    Session("Address") = txtStreet.Text
    Session("Suite") = txtSuite.Text
```

```
    Session("City") = txtCity.Text
    Session("State") = lstStates.SelectedItem.Value
    Session("Zip") = txtZip.Text
End Sub
Public Sub GetPreviousState()
    If Not Session("City") Is Nothing Then
        Street = CType(Session("Address"), String)
        Suite = CType(Session("Suite"), String)
        City = CType(Session("City"), String)
        State = CType(Session("State"), String)
        Zip = CType(Session("Zip"), String)
    End If
End Sub
```

Wir sollten erwähnen, dass es sich bei diesem Beispiel nicht um eine professionelle Anwendung handelt. Es soll lediglich demonstrieren, wie die Methoden von Benutzersteuerelementen aufgerufen werden. Bei einer richtigen Anwendung würden wir ein Objekt verwenden, das mit der Instanz eines Benutzersteuerelements verknüpft ist. Der Code aus diesem Beispiel bietet keine vollständige Kapselung und funktioniert nur bei einer einzigen Instanz des Benutzersteuerelements. `SaveAddressState` übergibt die Adressdaten des Benutzersteuerelements einfach an Sitzungsvariablen. `GetPreviousState` überprüft dagegen, ob die Sitzungsvariable zur Verfügung steht, und liest dann die gespeicherten Werte ein. Beachten Sie, dass wir beim Wiederherstellen die Daten mit Hilfe der Eigenschaften des Benutzersteuerelements einstellen, nicht über das jeweilige `TextBox`- oder `DropDownList`-Steuerelement. Auf diese Weise können wir den erweiterten Funktionsumfang der Eigenschaften ausnutzen, zum Beispiel, dass in dem `DropDownList`-Steuerelement `States` der richtige Bundesstaat ausgewählt wird.

AddressControlEvents.aspx ist die Web Forms-Seite, die unser verbessertes Benutzersteuerelement testet. In der Code-Behind-Datei dieser Seite rufen wir in den `Click`-Ereignishandlern für zwei Schaltflächen die beiden Unterroutinen auf:

```
Private Sub btnSaveState_Click(ByVal sender As System.Object, ByVal e As System.EventArgs) _
    Handles btnSaveState.Click
    AddressMethods1.SaveAddressState()
End Sub
Private Sub btnRestoreState_Click(ByVal sender As System.Object, ByVal e As System.EventArgs) _
    Handles btnRestoreState.Click
    AddressMethods1.GetPreviousState()
End Sub
```

Wie Sie sehen, ist es ein einfacher und geradliniger Vorgang, die Unterroutinen aufzurufen. Sie können die erweiterten Fähigkeiten ausprobieren: Geben Sie eine Adresse ein, klicken Sie auf die Schaltfläche *Save User Control State* (Zustand des Benutzersteuerelements speichern), verändern Sie die Adresse und klicken Sie auf *Restore User Control State* (Zustand des Benutzersteuerelements wiederherstellen). Die vorher gespeicherten Einstellungen werden daraufhin wiederhergestellt.

Ereignis-Bubbling bei Benutzersteuerelementen

Benutzersteuerelemente verarbeiten die Ereignisse ihrer untergeordneten Steuerelemente, genau wie Web Forms-Seiten. Wir müssen diese Ereignisse also innerhalb des Benutzersteuerelements behandeln. Es ist wichtig zu wissen, dass keines dieser Ereignisse für die aufrufende *.aspx*-Seite sichtbar ist. Benutzersteuerelemente kapseln Ereignisse. Auch wenn es mehrere Instanzen desselben Benutzersteuerelementtyps auf einer Seite gibt, behandelt jede Instanz ihre eigenen Ereignisse.

Wie können wir die aufrufende Seite wissen lassen, dass ein bestimmtes Ereignis aufgetreten ist, wenn diese Seite gar keine Ereignisse von ihren Benutzersteuerelementen bekommt? Dazu dient das *Ereignis-Bubbling* (event bubbling). Benutzersteuerelemente können Ereignisse auslösen. Auf diese Weise können wir Ereignisse weiterleiten, über die die aufrufende Seite informiert werden muss. Wir brauchen nur ein Ereignis des Benutzersteuerelements einzurichten und auszulösen.

Wir demonstrieren das Ereignis-Bubbling, indem wir unser Adressen-Benutzersteuerelement so erweitern, dass es jedes Mal, wenn sich eines seiner Felder ändert, die Web Forms-Seite benachrichtigt. Für dieses Beispiel verwenden wir das Benutzersteuerelement *AddressEvents.ascx*. Es wird auf der Seite *AddressControlBubbling.aspx* benutzt. Sehen wir uns zuerst die Code-Behind-Datei des Benutzersteuerelements an:

```
Dim AddressSender As Object
Dim AddressE As EventArgs
Public Event AddressChanged(ByVal AddressSender As Object, ByVal AddressE As EventArgs)
```

Nachdem wir einen neuen Ereignissender und Ereignisparameter definiert haben, erstellen wir für das Benutzersteuerelement eine neue Ereignisdefinition. Es handelt sich hier um ein öffentliches Ereignis, damit die aufrufende Seite auf die Ereignisdefinition zugreifen kann. Die vorhergehenden Codezeilen können an beliebiger Stelle in der Klassenstruktur des Benutzersteuerelements stehen. Wir schreiben sie am liebsten zu den anderen Definitionen des Steuerelements, an den Anfang der Klasse.

Weiter unten in der Code-Behind-Datei finden Sie den Code, der das Ereignis auslöst:

```
Private Sub txtStreet_TextChanged(ByVal sender As System.Object, ByVal e As System.EventArgs) _
    Handles txtStreet.TextChanged
    ContentChanged()
End Sub

Private Sub txtSuite_TextChanged(ByVal sender As System.Object, ByVal e As System.EventArgs) _
    Handles txtSuite.TextChanged
    ContentChanged()
End Sub
⋮
Sub ContentChanged()
    ' Ereignis auslösen
    RaiseEvent AddressChanged(AddressSender, AddressE)
End Sub
```

Die `Change`-Ereignisse aller `TextBox`- und `DropDownList`-Steuerelemente werden in die Unterroutine `ContentChanged` umgeleitet. Dort lösen wir das vorher deklarierte benutzerdefinierte Ereignis `AddressChanged` aus.

Sehen wir uns nun an, wie *AddressControlBubbling.aspx* das vom Benutzersteuerelement gesendete Ereignis behandelt. Die erste Änderung betrifft die Deklaration des Benutzersteuerelements in der Code-Behind-Datei der Seite. Wir können das Benutzersteuerelement jetzt nicht mehr einfach so deklarieren:

```
Protected AddressEvents1 As AddressEvents
```

Wir müssen das Schlüsselwort `WithEvents` hinzufügen, damit die *.aspx*-Seite die Ereignisse des Benutzersteuerelements verarbeiten kann:

```
Protected WithEvents AddressEvents1 As AddressEvents
```

Nun können wir einen Ereignishandler bereitstellen, der die öffentlichen Ereignisse des Benutzersteuerelements bearbeitet:

```
Private Sub AddressEvents1_Change(ByVal sender As System.Object, ByVal e As System.EventArgs) _
    Handles AddressEvents1.AddressChanged
    lblChangeMessage.Text = "The Address had a changed"
End Sub
```

Dieser Ereignishandler ähnelt denen, die automatisch erstellt werden, wenn Sie das Klickereignis einer Schaltfläche oder das Änderungsereignis eines Textfelds behandeln wollen. Es hat Parameter für den Absender und die Ereignisparameter sowie das Schlüsselwort Handles. Der fett gedruckte Code zeigt, dass wir das Ereignis AddressChanged des Benutzersteuerelements AddressEvents1 behandeln wollen. Die Definition betrifft nur das Benutzersteuerelement mit dieser eindeutigen ID. Auf diese Weise können wir Ereignisse in den einzelnen Instanzen von Benutzersteuerelementen kapseln, genau wie Eigenschaften. Klicken Sie zum Testen dieses Beispiels die Schaltflächen *Fill Address* (Adresse eintragen) und *Show Address* (Adresse anzeigen) an und verändern Sie die Adresse dann. Wenn Sie die Schaltfläche *Show Address* erneut anklicken, findet das Ereignis-Bubbling zu der Web Form statt. Die Web Forms-Seite zeigt das in einem Label-Steuerelement an. Wenn Sie die Schaltfläche *Show Address* noch einmal anklicken, verschwindet die Meldung. Warum? Diesmal wurden seit dem letzten Anklicken der Schaltfläche keine Änderungen durchgeführt.

Die Möglichkeit, ein Ereignis von einem bestimmten Steuerelement innerhalb des Benutzersteuerelements über Ereignis-Bubbling weiterzugeben, ist in Kombination mit der Fähigkeit, spezielle Ereignisse für Benutzersteuerelemente zu definieren, eine der Stärken beim Entwickeln von Benutzersteuerelementen. Auf diese Weise können wir genau definierte, funktionierende Benutzersteuerelemente erstellen.

Dynamisch geladene Benutzersteuerelemente

Eine beeindruckende Fähigkeit von Benutzersteuerelementen haben wir bisher noch nicht erläutert. Wir haben die Erfahrung gemacht, dass die Möglichkeit, Benutzersteuerelemente dynamisch in Web Forms-Seiten (*.aspx*-Seiten) zu laden, eine der nützlichsten Fähigkeiten von ASP.NET ist. Dank dieser Fähigkeit können wir viel flexiblere Benutzeroberflächen erstellen und die Interaktion mit Webseiten auf eine neue Ebene bringen. Vor der Einführung von Benutzersteuerelementen war es entweder unmöglich oder äußerst schwierig und codeintensiv, eine hohe Interaktionsfähigkeit zu verwirklichen. Wir werden diese Möglichkeit demonstrieren, indem wir eine Web Forms-Seite erstellen, die das Benutzersteuerelement *AddressEvents.ascx* dreimal aufruft, damit Geschäfts-, Privat- oder Notfallkontaktadresse eingegeben werden können. Der Name der Web Forms-Seite ist *MultiAddressControl.aspx*. Wir empfehlen Ihnen, sich den Code genau anzusehen und gut aufzupassen.

Damit eine *.aspx*-Seite Steuerelemente dynamisch einbinden kann (was mit allen ASP.NET-Websteuerelementen geht, nicht nur mit Benutzersteuerelementen), müssen wir einige Vorarbeiten erledigen. Erstens müssen wir von der Code-Behind-Datei aus Zugriff auf die Eigenschaften, Ereignisse und Methoden des Formulars haben. Zweitens wollen wir die Steuerelemente an jede beliebige Stelle der Seite legen können, selbst wenn sie dynamisch erstellt werden. Wenn wir den ersten Punkt nicht erledigen, können wir keine dynamischen Steuerelemente hinzufügen. Wenn wir den zweiten Punkt vergessen, werden die Steuerelemente an das Ende des Formulars angehängt, was sich möglicherweise nicht mit unseren Designvorstellungen verträgt und grauenhaft aussieht. Erfreulicherweise greifen uns die Fähigkeiten von .NET unter die Arme. Lösen wir die Probleme der Reihe nach.

Steuerelemente dynamisch hinzufügen

Wir können Steuerelemente nur dann dynamisch in eine Web Forms-Seite einfügen, wenn wir von der Code-Behind-Datei aus Zugriff auf die Eigenschaften, Ereignisse und Methoden des Formulars haben. Aus diesem Grund müssen wir einen Verweis auf das Web Form erstellen. Der folgende Code kann an beliebiger Stelle innerhalb der Klassendefinition dieser Seite stehen. Wie wir bereits weiter oben erklärt haben, empfehlen wir den Anfang der Klasse.

```
' Erstens brauchen wir einen Verweis auf das Formular auf dieser .aspx-Seite.
Protected multiAddress As System.Web.UI.HtmlControls.HtmlForm
' Zweitens müssen wir alle Benutzersteuerelemente unter Verwendung ihres Namens deklarieren.
Protected WithEvents BusinessAddress1 As AddressEvents
Protected WithEvents HomeAddress1 As AddressEvents
Protected WithEvents EmergencyAddress1 As AddressEvents
```

Der Name `multiAddress` muss der ID des Formulars entsprechen:

```
<form id="multiAddress" method="post" runat="server">
```

Das Formular wird als `HtmlForm` deklariert. `HtmlForm` ist im Namespace `System.Web.UI.HtmlControls` definiert. Auf diese Weise erhalten wir vom Programmcode aus Zugriff auf das Formular. Damit wir auf die Benutzersteuerelemente und ihre Ereignisse Zugriff erhalten, müssen wir sämtliche Benutzersteuerelemente, die wir auf dieser Seite eventuell anlegen wollen, definieren und mit einem Namen versehen. Das ist wichtig, um auf alle ihre Eigenschaften, Ereignisse und Methoden zugreifen zu können. Selbst falls ein Benutzersteuerelementtyp oder eine bestimmte Benutzersteuerelementinstanz *nicht* aufgerufen wird, muss das Steuerelement definiert werden. Seine Definition kann nämlich nicht dynamisch nachgeholt werden. Wir verwenden denselben Benutzersteuerelementtyp (`AddressEvents`) in drei verschiedenen Instanzen: eine Geschäftsadresse (`BusinessAddress1`), eine Privatadresse (`HomeAddress1`) und eine Adresse, die bei Notfällen benachrichtigt werden soll (`EmergencyAddress1`). Die Reihenfolge ist egal.

Jetzt können wir die Benutzersteuerelemente dynamisch hinzufügen. Bei dem Beispiel *MultiAddressControl.aspx* können Sie mit drei Kontrollkästchen festlegen, welche Benutzersteuerelemente dynamisch geladen werden sollen. Der folgende Codeausschnitt überprüft, ob ein CheckBox-Steuerelement aktiviert ist und das zugehörige Benutzersteuerelement geladen werden muss:

```
' Prüfen, welche Adressen benötigt werden
If chkBusiness.Checked = True Then
    btnGetAddress.Visible = True    ' Schaltfläche BusinesssAddress anzeigen
    ' Steuerelement laden
    BusinessAddress1 = CType(LoadControl("UserControls\AddressEvents.ascx"), AddressEvents)
    BusinessAddress1.ID = "BusinessAddress1"
    BusinessAddress1.Header = "Business Address"
    multiAddress.Controls.Add(BusinessAddress1)
Else
    btnGetAddress.Visible = False
End If
```

Wir haben `BusinessAddress1` schon weiter oben definiert. Hier müssen wir dieses Steuerelement hinzufügen. Dazu rufen wir `LoadControl` auf und übergeben dabei den Pfad der Datei *AddressEvents.ascx*. Wir verwenden `CType`, damit `Option Strict` aktiviert werden kann. Nachdem das Benutzersteuerelement geladen ist, können wir dem Steuerelement seine ID zuweisen (das ist nötig, damit wir später in der Code-Behind-Datei darauf zugreifen können) und ihm die Beschriftung (`Header`) zuweisen. Wenn wir die Beschriftung auf diese Weise übergeben, hat das denselben Effekt, als würden wir die entsprechende Eigenschaft im HTML-Code deklarativ festlegen. Nachdem das Benutzersteuerelement geladen ist, eine ID hat und seine Eigenschaften eingestellt sind, können wir es in die Steuerelementauflistung des Web Forms einfügen. Dazu rufen wir `multiAddress.Controls.Add(BusinessAddress1)` auf. Das Benutzersteuerelement wurde nun zur

Web Forms-Seite hinzugefügt und wir haben in der Code-Behind-Datei vollen Zugriff auf seine Eigenschaften, Ereignisse und Methoden. Das einzige Problem bei dieser Implementierung ist die Anordnung der dynamisch geladenen Steuerelemente: Sie kommen ans Ende des Formulars. Das wollen wir im nächsten Schritt ändern.

Dynamisch hinzugefügte Steuerelemente platzieren

Wie sorgfältig ASP.NET geplant wurde, wird deutlich, wenn Sie die nächste Lösung sehen: Platzhalter (PlaceHolder-Steuerelemente). Sie können beliebig viele Platzhalter auf eine Web Forms-Seite setzen. Solange Sie Ihnen nichts zuweisen, sind sie unsichtbar. Aber Sie können in einen Platzhalter jedes beliebige ASP.NET-Standardserversteuerelement, Benutzersteuerelement oder benutzerdefinierte Serversteuerelement dynamisch einfügen. Der folgende Ausschnitt zeigt den HTML-Code unserer Seite. Die Platzhalter sind fett gedruckt:

```
<TABLE id="Table1" cellSpacing="1" cellPadding="1" width="100%"
   align="center" bgColor="whitesmoke" border="0">
   <TR>
      <TD>
         <P align="center"><STRONG><FONT size="5">
         Address User Controls:</FONT></STRONG></P>
      </TD>
   </TR>
   <TR>
      <TD>
         ⋮
         <P align="center">
         <asp:label id="lblAddress" runat="server"></asp:label><BR>
         <asp:PlaceHolder id="PlaceHolder1"runat="server">
         </asp:PlaceHolder><BR>
         <asp:PlaceHolder id="PlaceHolder2" runat="server">
         </asp:PlaceHolder><BR>
         <asp:PlaceHolder id="PlaceHolder3" runat="server">
         </asp:PlaceHolder><BR>
         <asp:Label id="lblChangeMessage" runat="server"></asp:Label>
         </P>
      </TD>
   </TR>
   ⋮
```

Bei diesem HTML-Code sehen Sie, dass wir die PlaceHolder-Steuerelemente genau an den Stellen platziert haben, wo wir sie haben wollen. Sind die Platzhalter erst einmal vorhanden, können wir ihnen dynamisch ein beliebiges Steuerelement hinzufügen. In diesem Beispiel fügen wir unser vorher erstelltes Benutzersteuerelement zu einem PlaceHolder-Steuerelement hinzu (durch Fettschrift hervorgehoben):

```
' Prüfen, welche Adressen benötigt werden
If chkBusiness.Checked = True Then
   btnGetAddress.Visible = True   ' Schaltfläche BusinesssAddress anzeigen
   ' Steuerelement laden
   BusinessAddress1 = CType(LoadControl("UserControls\AddressEvents.ascx"), AddressEvents)
   BusinessAddress1.ID = "BusinessAddress1"
   BusinessAddress1.Header = "Business Address"
   multiAddress.Controls.Add(BusinessAddress1)
   PlaceHolder1.Controls.Add(BusinessAddress1)
Else
   btnGetAddress.Visible = False
End If
```

Experimentieren Sie ruhig etwas mit den PlaceHolder-Steuerelementen herum und beobachten Sie, wie sich die Benutzersteuerelemente passend anordnen.

Das war auch schon alles. Der übrige Code in *MultiAddressControl.aspx* dient dem Testen und der Ereignisbehandlung. Sie können sich den Code ansehen und ihn mit den vorhergehenden Beispielen vergleichen.

Wir haben Benutzersteuerelemente schnell, aber in allen Einzelheiten vorgestellt und demonstriert, wie nützlich sie sein können. Nachdem Sie jetzt wissen, wie Sie Benutzersteuerelemente erstellen und implementieren, von Code-Behind-Dateien aus auf ihre Eigenschaften, Ereignisse und Methoden zugreifen und sie dynamisch an eine beliebige Stelle einer Web Forms-Seite laden, haben Sie ein ideales OOP-Werkzeug für die Benutzeroberfläche zur Verfügung. Wir haben ein flexibles und leistungsfähiges Benutzersteuerelement für die Adresseingabe entwickelt, das wir in der Beispielanwendung HRnet einsetzen. (Mehr dazu in Kapitel 14.)

Benutzerdefinierte Serversteuerelemente erstellen

Benutzersteuerelemente (user control) können innerhalb einer einzelnen Webanwendung zwar sehr flexibel sein, benutzerdefinierte Serversteuerelemente (custom server control) können aber mindestens genauso leistungsfähig sein, und zwar nicht nur für eine einzige Webanwendung, sondern für mehrere. Wir haben bereits erläutert, wann und wo Sie benutzerdefinierte Serversteuerelemente einsetzen sollten. Beim Erstellen eines benutzerdefinierten Serversteuerelements haben Sie drei grundlegende Möglichkeiten zur Auswahl:

- **Eigenständiges benutzerdefiniertes Serversteuerelement** Bei einem eigenständigen benutzerdefinierten Serversteuerelement entwickeln Sie den gesamten Funktionsumfang von Grund auf neu. Es ist von System.Web.UI.WebControls.WebControl abgeleitet. Sie können nach Belieben Eigenschaften, Ereignisse und Methoden definieren. Sie können beliebige Ausgaben generieren, in der Entwurfs- und in der Laufzeitansicht, Sie können aber auch ganz auf jegliche Ausgabe verzichten. Letzteres ist die Standardeinstellung, wenn Sie ein benutzerdefiniertes Serversteuerelement in Visual Studio .NET erstellen. Wir werden unser erstes Steuerelement auf diese Weise erstellen und dabei jeden Schritt genau erklären.

- **Erweitertes (abgeleitetes) benutzerdefiniertes Serversteuerelement** Ein erweitertes oder abgeleitetes benutzerdefiniertes Serversteuerelement basiert auf einem ASP.NET-Standard-Serversteuerelement oder auf einem anderen benutzerdefinierten Serversteuerelement. Es erbt alle seine Eigenschaften, Ereignisse und Methoden von dieser Basisklasse. Weitere Eigenschaften, Ereignisse und Methoden können Sie hinzufügen. Dieses Verfahren ähnelt stark der Vererbung in Visual Basic .NET. Die bestimmenden Fähigkeiten und Verhaltensweisen solcher Steuerelemente stammen von den Basisklassen. Sie fügen einfach neue Fähigkeiten hinzu oder nehmen Änderungen vor.

- **Zusammengesetztes Serversteuerelement** Ein zusammengesetztes Serversteuerelement fasst mehrere vorhandene Serversteuerelemente zu einer Gruppe zusammen. Bei diesen Teilelementen kann es sich um Standardserversteuerelemente handeln, um eigenständige benutzerdefinierte Serversteuerelemente oder um erweiterte benutzerdefinierte Serversteuerelemente. Ein zusammengesetztes Serversteuerelement kombiniert den Funktionsumfang und die Zuverlässigkeit dieser Steuerelemente, wobei es alle oder nur einige Eigenschaften, Ereignisse und Methoden zur Verfügung stellt. Zusammengesetzte Serversteuerelemente ähneln stark den Benutzersteuerelementen. Beim Entwurf müssen wir sorgfältig darauf achten, dass wir sie nicht zu spezialisiert gestalten. Das würde ihren Nutzen verringern und ihren wichtigsten Vorteil schmälern: die Wiederverwendbarkeit.

Eigenständige benutzerdefinierte Serversteuerelemente

Da Visual Studio .NET eine Vorlage für ein eigenständiges benutzerdefiniertes Serversteuerelement enthält, nehmen wir es für unser erstes Beispiel zum Thema benutzerdefinierte Serversteuerelemente und erklären genau, wie es sich verhält. Wir haben festgestellt, dass eine Vorlage eine große Hilfe ist, auch für erfahrene Programmierer. Die Beispieldatei finden Sie im Ordner *Ch06\ MyControls*. Wenn Sie möchten, können Sie ein neues Projekt anlegen (zum Beispiel *MyNewControls*) und die Entwicklung des Steuerelements nachvollziehen. Stellen Sie auf jeden Fall den richtigen Pfad ein und wählen Sie im Dialogfeld *Neues Projekt hinzufügen* die Vorlage *Websteuerelement-Bibliothek* (siehe Abbildung 6.5).

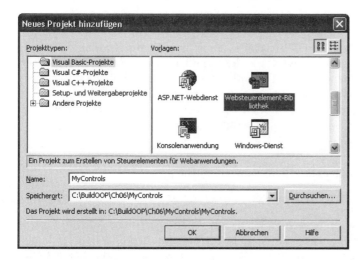

***Abbildung 6.5:** Hinzufügen einer neuen Websteuerelement-Bibliothek*

Das neue Projekt wird zwar in unsere Projektmappe eingefügt, wir müssen aber immer noch einen Verweis darauf in unserer Webanwendung erstellen. Andernfalls können wir die benutzerdefinierten Serversteuerelemente nicht verwenden, nachdem sie kompiliert sind. Falls Sie ein eigenes Projekt unter dem Namen *MyNewProject* hinzugefügt haben, müssen Sie nun einen Verweis darauf in das Projekt *UserandServerControls* einfügen. Damit ist alles bereit: Sie können die neu erstellten Steuerelemente direkt benutzen.

Ein Blick auf das neu erstellte Projekt *MyControl* (oder *MyNewControl*) zeigt, dass die Datei *WebCustomControl1.vb* generiert wurde. Wir ändern an diesem Steuerelement nichts, damit wir an diesem Beispiel jederzeit das Standardverhalten studieren können. Sein vollständiger Code sieht folgendermaßen aus:

WebCustomControl1.vb
```
Imports System.ComponentModel
Imports System.Web.UI
<DefaultProperty("Text"), ToolboxData("<{0}:WebCustomControl1 runat=server>
    </{0}:WebCustomControl1>")> Public Class WebCustomControl1
    Inherits System.Web.UI.WebControls.WebControl
    Dim _text As String
```

```
    <Bindable(True), Category("Appearance"), DefaultValue("")> 
    Property [Text]() As String
        Get
            Return _text
        End Get
        Set(ByVal Value As String)
            _text = Value
        End Set
    End Property
    Protected Overrides Sub Render(ByVal output As
        System.Web.UI.HtmlTextWriter)
        output.Write([Text])
    End Sub
End Class
```

Registrieren und Aufrufen eines benutzerdefinierten Serversteuerelements

Bevor wir ins Detail gehen, wollen wir dieses Beispiel in einer Web Forms-Seite ausführen. Es wird nicht besonders aufregend sein, aber es wird uns die Grundlagen von Serversteuerelementen nahe bringen. Erstellen Sie eine neue *.aspx*-Seite und geben Sie ihr einen Namen. Wir haben für dieses Beispiel den Namen *MyFirstCustomServerControl.aspx* verwendet.

Genauso wie Benutzersteuerelemente müssen auch benutzerdefinierte Serversteuerelemente registriert werden. Der dazu nötige HTML-Code sieht so aus:

```
<%@ Register TagPrefix="MyC" Namespace="MyControls"
    Assembly="MyControls" %>
```

Vergleichen Sie das mit der Registrierung eines Benutzersteuerelements:

```
<%@ Register TagPrefix="ucl" TagName="Address"
    Src="UserControls/Address.ascx" %>
```

Das @ Register und das TagPrefix sind in beiden Fällen gleich. Allerdings ist das Attribut TagName, mit dem das Benutzersteuerelement definiert wird, beim benutzerdefinierten Serversteuerelement nicht vorhanden. Statt über den angegebenen TagName wird ein benutzerdefiniertes Serversteuerelement direkt über seinen Klassennamen aufgerufen. Der Klassenname liegt im Namespace des Projekts mit der Websteuerelementbibliothek. Daher verweisen die beiden nächsten Attribute auch auf den Namespace und eine bestimmte Assembly, nicht wie beim Benutzersteuerelement auf eine Quelldatei. Rufen wir jetzt das benutzerdefinierte Serversteuerelement auf, das wir gerade erstellt haben. Der folgende HTML-Code muss innerhalb des Formulars stehen:

```
<MyC:webcustomcontrol1 id="WebCustomControl1" runat="server"
    Text="I am working"></MyC:webcustomcontrol1>
```

Wenn Sie in die Entwurfsansicht wechseln, sehen Sie bereits den Text »I Am Working« (ich funktioniere). Wir werden in Kürze genauer auf das Verhalten im Entwurfsmodus eingehen, vorerst sollten Sie aber *MyFirstCustomServerControl.aspx* erstellen und in Ihren Browser laden. Wir geben gerne zu, dass wir für dieses Beispiel nicht mit dem Nobelpreis rechnen können, aber es zeigt immerhin, dass Sie innerhalb weniger Minuten ein Serversteuerelement implementieren und erstellen können.

Die Klasse des benutzerdefinierten Serversteuerelements

Sehen wir uns den Code in *WebCustomControl1.vb* genauer an:

```
Imports System.ComponentModel
Imports System.Web.UI
<DefaultProperty("Text"), ToolboxData("<{0}:WebCustomControl1 runat=server>
    </{0}:WebCustomControl1>")> Public Class WebCustomControl1
    Inherits System.Web.UI.WebControls.WebControl
```

Nach dem Importieren der beiden Namespaces legen wir eine öffentliche Klasse für unser benutzerdefiniertes Serversteuerelement an, in diesem Fall ist der Name WebCustomControl1 vorgegeben. Diese Klasse ist von WebControl aus dem Namespace System.Web.UI.WebControls abgeleitet. Daher erben wir eine Menge Fähigkeiten und Verhaltensweisen von den Standardserversteuerelementen. Beachten Sie die zusätzlichen Attribute dieser Klasse. Die Attribute werden von Visual Studio .NET verwendet, sie sind nicht erforderlich, um Serversteuerelemente ausführen zu können. Das erste Attribut definiert eine Standardeigenschaft namens Text. Diese Eigenschaft wird im Eigenschaftenfenster von Visual Studio .NET angezeigt. Das zweite Attribut, ToolboxData, definiert das XML-Tag, das in die Seite eingefügt wird, wenn Sie das Steuerelement auf eine Web Forms-Seite ziehen. Das {0} steht für das TagPrefix, das in der <% @ Register %>-Direktive definiert wird. Wenn Sie mit Drag & Drop arbeiten, generiert Visual Studio .NET automatisch die Registrierungsdirektive und fügt das vorher definierte XML-Tag aus dem Attribut ToolboxData in die Web Forms-Seite ein. Falls kein anderes TagPrefix definiert ist, werden als Standardeinstellung cc1, cc2, cc3 und so weiter verwendet. Diese Vorgabe können Sie mit einem Attribut namens TagPrefixAttribute verändern. Dieses Tag gilt für die gesamte Assembly. Im folgenden Codeausschnitt haben wir die entsprechende Zeile hinter den Imports-Anweisungen eingefügt:

```
Imports System.ComponentModel
Imports System.Web.UI
<Assembly: TagPrefix("MyControls", "MyCustomControls")>
⋮
```

Weil das Attribut für die gesamte Assembly gilt, wird es für alle benutzerdefinierten Serversteuerelemente innerhalb des Projekts verwendet, auch wenn Sie es nur bei einem einzigen Steuerelement definieren. Dieses Attribut könnte auch in die Klasse AssemblyInfo aus der Datei *AssemblyInfo.vb* des Projekts für die Websteuerelement-Bibliothek verschoben werden. Genug vom Attribut TagPrefix. Wie benutzerdefinierte Serversteuerelemente zur Toolbox hinzugefügt werden, erklären wir weiter unten in diesem Kapitel.

In der Klasse des Steuerelements werden eine private Variable namens _text und eine zugehörige Eigenschaft definiert. Wie Sie sehen, hat auch die Eigenschaft Text wieder Attribute. Die Eigenschaft ist folgendermaßen definiert:

```
Dim _text As String
<Bindable(True), Category("Appearance"), DefaultValue("")>
    Property [Text]() As String
    Get
        Return _text
    End Get
    Set(ByVal Value As String)
        _text = Value
    End Set
End Property
```

Steuerelemente für die Webclients

Attribute spielen bei benutzerdefinierten Serversteuerelementen eine wichtige Rolle. Tabelle 6.3 zeigt die wichtigsten.

Attribut	Typ	Beschreibung
Bindable	Boolean	Legt fest, ob Visual Studio .NET dieses Steuerelement im Dialogfeld *Datenbindungen* anzeigt.
Browsable	Boolean	Legt fest, ob Visual Studio .NET dieses Steuerelement im Designer anzeigt.
Category	String	Definiert die Kategorie, unter der diese Eigenschaft im Eigenschaftenfenster angezeigt wird.
DefaultProperty	String	Definiert die Standardeigenschaft, die im Eigenschaftenfenster ausgewählt wird, wenn ein Serversteuerelement markiert ist.
DefaultValue	String	Der Standardwert.
Description	String	Dieser Text wird als Beschreibung im Eigenschaftenfenster angezeigt.

Tabelle 6.3: *Wichtige Attribute für benutzerdefinierte Serversteuerelemente*

Im vorhergehenden Codeausschnitt konnten wir erkennen, dass die Eigenschaft Text im Dialogfeld *Datenbindungen* angezeigt wird. Die Eigenschaft erscheint unter der Kategorie *Darstellung* (appearance) und ist in der Standardeinstellung leer.

Der nächste Codeblock im benutzerdefinierten Serversteuerelement WebCustomControl generiert die Ausgabe.

```
Protected Overrides Sub Render(ByVal output As System.Web.UI.HtmlTextWriter)
    output.Write([Text])
End Sub
```

Die Methode Render ist in der Basisklasse für Steuerelemente definiert. Da ein eigenständiges benutzerdefiniertes Serversteuerelement seine Ausgabe selbst generieren muss, müssen wir die Methode Render überschreiben. In der Standardversion aus dem obigen Beispiel wird die Ausgabe über ein Objekt der Klasse HtmlTextWriter vorgenommen. HtmlTextWriter bietet umfangreiche Möglichkeiten für die HTML-Formatierung, mit denen wir sauberes HTML generieren, Attribute verwalten und Styles einbinden können. Experimentieren wir ein bisschen mit unserem ersten Serversteuerelement. Kommentieren Sie die drei Codezeilen aus dem letzten Beispiel aus und fügen Sie stattdessen den folgenden Block ein. (Wenn Sie die Quellcodes zu diesem Buch verwenden, finden Sie diesen Block bereits in der Datei *WebCustomControl1.vb*.)

```
Protected Overrides Sub Render(ByVal output As HtmlTextWriter)
    output.AddStyleAttribute("color", System.Drawing.ColorTranslator.ToHtml(System.Drawing.Color.Red))
    output.AddStyleAttribute("font", "Italic")
    output.AddStyleAttribute("font-family", "Arial")
    output.RenderBeginTag("H3")
    output.Write([Text])
    output.RenderEndTag()
End Sub
```

Erstellen Sie anschließend das Projekt *MyControls* neu. Wenn Sie in den Entwurfsmodus von *MyFirstCustomServerControl.aspx* wechseln, sehen Sie die Veränderungen. Alternativ können Sie auch im Kontextmenü für die Datei im Projektmappen-Explorer den Befehl *Erstellen und durchsuchen* wählen.

Entwurfszeit- und Laufzeitdarstellung bei benutzerdefinierten Serversteuerelementen

Bei dem bisher gezeigten Verhalten werden im Entwurfsmodus dieselben Daten angezeigt wie während der Laufzeit. In beiden Ansichten zeigt das Steuerelement dasselbe Verhalten, weil die `ControlDesigner`-Klasse die Methode `Render` des Steuerelements aufruft, um den HTML-Code für die Entwurfsansicht in Visual Studio .NET generieren zu lassen. Wenn Sie die `ControlDesigner`-Klasse verändern, können Sie dafür sorgen, dass das Steuerelement im Entwurfsmodus anders angezeigt wird als während der Laufzeit. (Mehr darüber weiter unten in diesem Kapitel im Abschnitt über zusammengesetzte Serversteuerelemente.)

Zustandsverwaltung bei benutzerdefinierten Serversteuerelementen

Wenn Sie ein eigenständiges benutzerdefiniertes Serversteuerelement erstellen, müssen Sie schließlich auch noch die Zustandsdaten selbst verwalten. Das geht ganz einfach, wenn Sie die ViewState-Funktionen von Web Forms nutzen. Im Projekt *MyControls* finden Sie das Beispiel *MyHeaderLabel.vb*. Die Zustandsdaten werden innerhalb der Eigenschaftsdefinitionen verarbeitet. Der folgende Codeausschnitt zeigt, wie die Zustandsdaten der Eigenschaft `Text` verwaltet werden:

```
<Bindable(True), Category("Appearance"), DefaultValue("")>
    Property [Text]() As String
    Get
        Return CType(ViewState("Text"), String)
    End Get
    Set(ByVal Value As String)
        ViewState("Text") = Value
    End Set
End Property
```

Der `ViewState`-Wert der Eigenschaft wird eingestellt, sobald die Eigenschaft verändert wird. Wird der Wert der Eigenschaft ausgelesen (Get), ermitteln wir den Wert der Variablen `ViewState("Text")`. Wir könnten auch direkt auf `ViewState` zugreifen. Allerdings empfehlen wir wie üblich, Eigenschaften für die Kapselung zu nutzen. Unser Beispiel *MyCustomControls.apsx* demonstriert, wie das Serversteuerelement `MyHeaderLabel` funktioniert. Wir tragen nur einmal einen Wert in die Eigenschaft `Text` ein, ab da erledigt der interne `ViewState` die Arbeit:

```
If Not IsPostBack Then
    ' Überschrift eintragen
    MyHeaderLabel1.Text = "My Custom Server Controls"
    ⋮
```

Benutzerdefinierte Serversteuerelemente in der Toolbox von Visual Studio .NET

Visual Studio .NET macht es uns einfach, unsere selbst erstellten benutzerdefinierten Serversteuerelemente in die Toolbox einzufügen. Schauen wir uns an, wie das funktioniert. Wir wollen unsere neuen Steuerelemente in die Toolbox einfügen, die im Entwurfsmodus der Web Forms-Seite zur Verfügung steht. Öffnen Sie eine Web Forms-Seite aus einem der bisherigen Beispiele im Entwurfsmodus. In der Toolbox finden Sie die Registerkarten *Daten*, *Web Forms*, *Komponenten*, *HTML* und so weiter. Sie können eine eigene Registerkarte hinzufügen, indem Sie mit der rechten Maustaste auf die Toolbox klicken und dann im Kontextmenü den Befehl *Registerkarte hinzufügen* wählen. Wir haben unserer Registerkarte den Namen *Benutzerdefinierte Serversteuerelemente* gegeben. Sie können die Anordnung der Registerkarten über Drag & Drop verändern.

Nun müssen Sie die selbst erstellten benutzerdefinierten Serversteuerelemente in die Registerkarte einfügen. Klicken Sie dazu mit der rechten Maustaste auf die neue Registerkarte und wählen Sie im Kontextmenü den Befehl *Toolbox anpassen*. Daraufhin öffnet sich das Dialogfeld *Toolbox anpassen*. Holen Sie in dem Dialogfeld die Registerkarte *.NET Framework-Komponenten* nach vorne und suchen Sie die DLL Ihres Steuerelements. In der Standardeinstellung liegt die Datei *MyControls.dll* im Ordner *C:\BuildOOP\Ch06\MyControls\bin*. Nachdem die neuen Steuerelemente aktiviert sind (in der Standardeinstellung werden alle Steuerelemente aus der DLL aufgenommen), erscheinen sie in der neuen Registerkarte der Toolbox. Die Steuerelemente tragen den Namen ihrer jeweiligen Klasse. Jetzt können Sie die benutzerdefinierten Serversteuerelemente auf dieselbe Weise verwenden wie normale ASP.NET-Steuerelemente, sie unterstützen Drag & Drop. Wenn Sie zu einer vorhandenen DLL ein neues Steuerelement hinzufügen, müssen Sie diesen Vorgang wiederholen, um das neue Steuerelement in die Toolbox aufzunehmen.

Erweiterte benutzerdefinierte Serversteuerelemente

Eigenständige benutzerdefinierte Serversteuerelemente, die wir von Grund auf selbst entwickeln, sind zwar hilfreich, wir haben aber festgestellt, dass es sinnvoll ist, bereits vorhandene ASP.NET-Serversteuerelemente zu erweitern. Erweiterte (beziehungsweise abgeleitete) Serversteuerelemente zu erstellen, ist relativ einfach. Statt von System.Web.UI.WebControls.WebControl leiten wir das benutzerdefinierte Serversteuerelement von einem richtigen Steuerelement ab, zum Beispiel von Button, TextBox oder DropDownList. Weiter oben haben wir eine Schwäche des DropDownList-Steuerelements erwähnt. Dieses Steuerelement wollen wir daher in unserem ersten Beispiel erweitern.

Ein verbessertes ASP.NET-DropDownList-Serversteuerelement

Unser erstes abgeleitetes benutzerdefiniertes Serversteuerelement ist *MyDropdownList.vb* aus dem Projekt *MyControls*. Was war das Problem mit dem normalen DropDownList-Steuerelement? Anders als bei seinem Windows Forms-Gegenstück ist es bei diesem Steuerelement nicht möglich, einen bestimmten Wert als Standardwert in der Liste auszuwählen. Wir hatten weiter oben dieses Problem, als wir Benutzersteuerelemente für die Adresseingabe entwickelten. Jedes Mal, wenn wir einen Wert in die Dropdownliste mit dem Bundesstaat eintragen wollten, mussten wir dazu selbst geschriebenen Code innerhalb des jeweiligen Steuerelements aufrufen. Das mag eine tragbare Lösung sein, wenn Sie nur wenige dieser Steuerelemente in einer Webanwendung einsetzen, aber wenn Ihre Benutzeroberfläche viele Dropdownlisten enthält, wird es mühsam, mehrfach den speziellen Code einzufügen. Dieses Vorgehen widerspricht auch den OOP-Standards von .NET. Erweiterte benutzerdefinierte Serversteuerelemente sind hier unsere Rettung. Sehen wir uns gleich den Code für dieses Beispiel an. Der folgende Ausschnitt zeigt den Code für das Serversteuerelement MyDropDownList:

```
Imports System.ComponentModel
Imports System.Web.UI
<DefaultProperty("Text"), _
ToolboxData("<{0}:MyDropDownList runat=server></{0}:MyDropDownList>")>
Public Class MyDropDownList
    Inherits System.Web.UI.WebControls.DropDownList
    Dim localValue As String
    <Bindable(True), Category("Appearance"), DefaultValue("")> _
    Property [Text]() As String
        Get
            Return Me.SelectedItem.Value
        End Get
        Set(ByVal Value As String)
            localValue = Value
```

```
            ' Wert des Bundesstaats suchen, der angezeigt werden soll.
            Dim n As Integer
            For n = 1 To Me.Items.Count
                If Me.Items(n).Value.ToString = Value Then
                    Me.SelectedIndex = n
                    Exit For
                End If
            Next
        End Set
    End Property
End Class
```

Wenn Sie diesen Ausschnitt Zeile für Zeile mit dem weiter oben vorgestellten Steuerelement *WebCustomControl1.vb* vergleichen, stellen Sie fest, dass `MyDropDownList` sehr ähnlich aussieht. Wie bereits erwähnt, ist die Basisklasse, von der die Steuerelemente abgeleitet sind, einer der Hauptunterschiede. Eigenständige benutzerdefinierte Serversteuerelemente sind von `System.Web.UI.WebControls.WebControl` abgeleitet, das abgeleitete Serversteuerelement `MyDropDownList` dagegen von der ASP.NET-Steuerelementklasse `System.Web.UI.WebControls.DropDownList`.

Weil wir die Dropdownliste von ASP.NET als Basisklasse verwenden, erben wir alle Eigenschaften, Ereignisse und Methoden des `DropDownList`-Steuerelements, sogar den `ViewState`. Daher können wir uns darauf konzentrieren, was wir am Funktionsumfang ändern oder hinzufügen wollen. Das Steuerelement soll das erste Element zurückgeben, falls die Standardeigenschaft `Text` nicht initialisiert ist. Hat `Text` einen Wert, soll unser benutzerdefiniertes Serversteuerelement den entsprechenden Wert für uns suchen und den Index so ändern, dass der entsprechende Eintrag angezeigt wird. Die einzigen Änderungen, die für diesen neuen Funktionsumfang nötig sind, befinden sich in der Definition der Eigenschaft `Text`. Hier noch einmal der Code, zuerst für die Get-Prozedur (das heißt, wenn das Steuerelement den Wert an die aufrufende Seite übergibt):

```
<Bindable(True), Category("Appearance"), DefaultValue("")> _
Property [Text]() As String
    Get
        Return Me.SelectedItem.Value
    End Get
    :
```

Wenn wir einen Wert aus dem `DropDownList`-Steuerelement auslesen, muss es sich um den Wert (`Value`) des ausgewählten Elements handeln, weil wir es mit einer Auflistung zu tun haben. Die meisten Änderungen sind bei der Set-Prozedur nötig (das heißt, wenn die Seite einen Wert an das Steuerelement übergibt):

```
    :
    Set(ByVal Value As String)
        localValue = Value
        ' Wert des Bundesstaats suchen, der angezeigt werden soll.
        Dim n As Integer
        For n = 1 To Me.Items.Count
            If Me.Items(n).Value.ToString = Value Then
                Me.SelectedIndex = n
                Exit For
            End If
        Next
    End Set
End Property
```

Wir müssen den gewünschten Eintrag in der Auflistung suchen, die sämtliche Einträge des `DropDownList`-Steuerelements enthält. Dazu gehen wir in einer Schleife alle Elemente der Auflistung durch und vergleichen deren Wert mit dem übergebenen Wert. Finden wir einen passenden

Wert, wird der Index verwendet und die Schleife abgebrochen. Wird kein übereinstimmender Eintrag gefunden, wählen wir automatisch den ersten Eintrag aus. Das ist alles, was wir tun müssen, um das `DropDownList`-Steuerelement von ASP.NET zu erweitern. Das war schon fast zu einfach. Sehen wir uns an, ob es funktioniert. Starten Sie die Web Forms-Seite *MyCustomControls.aspx*. Abbildung 6.6 zeigt, wie das benutzerdefinierte Serversteuerelement `MyDropDownList` dreimal auf derselben Web Forms-Seite erscheint.

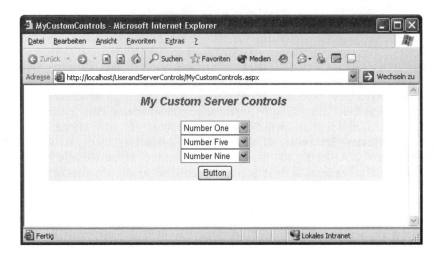

Abbildung 6.6: *Die Web Forms-Seite* MyCustomControls.aspx *mit drei Instanzen des benutzerdefinierten Serversteuerelements* `MyDropDownList`

Das erste Steuerelement hat keinen Standardwert. Das zweite und das dritte Steuerelement haben einen bestimmten Standardwert: *Number Five* beziehungsweise *Number Nine*. Diese Werte werden vom Programmcode der Web Forms-Seite aus in der Code-Behind-Datei eingestellt:

```
Private Sub Page_Load(ByVal sender As System.Object, ByVal e As System.EventArgs) Handles MyBase.Load
    ' Code zum Initialisieren der Seite hier einfügen
    If Not IsPostBack Then
        ' Eine ArrayList für die Datenbindung mit einigen Werten füllen
        Dim localList As New ArrayList()
        localList.Add("Number One")
        localList.Add("Number Two")
        localList.Add("Number Three")
        localList.Add("Number Four")
        localList.Add("Number Five")
        localList.Add("Number Six")
        localList.Add("Number Seven")
        localList.Add("Number Eight")
        localList.Add("Number Nine")
        localList.Add("Number Ten")
        MyDropDownList1.DataSource = localList
        MyDropDownList2.DataSource = localList
        MyDropDownList3.DataSource = localList
        Page.DataBind()
        MyDropDownList2.Text = "Number Five"
        MyDropDownList3.Text = "Number Nine"
    End If
End Sub
```

Wie Sie an diesem Codeausschnitt sehen können, brauchen Sie zum Einstellen eines Standardwerts den Wert lediglich der Eigenschaft `Text` unseres neuen Serversteuerelements zuzuweisen.

So weit, so gut. Das Steuerelement funktioniert hervorragend und genau so, wie wir wollen. Wir haben allerdings eine kleine Inkonsistenz gefunden, auf die wir Sie aufmerksam machen möchten. Sehen Sie sich die Web Forms-Seite *MyCustomCongrolBeware.aspx* an. Sie ist fast identisch mit dem letzten Beispiel. Diesmal wird der Wert des dritten `MyDropDownList`-Steuerelements aber nicht vom Programmcode aus gesetzt, sondern in der Deklaration. Der entsprechende HTML-Code sieht folgendermaßen aus (wir haben zum Erstellen den ListItem-Auflistungs-Editor von Visual Studio .NET benutzt):

```
<ccl:MyDropDownList id="MyDropDownList3" runat="server">
   <asp:ListItem Value="One">One</asp:ListItem>
   <asp:ListItem Value="Two">Two</asp:ListItem>
   <asp:ListItem Value="Three">Three</asp:ListItem>
   <asp:ListItem Value="Four" Selected="True">Four</asp:ListItem>
   <asp:ListItem Value="Five">Five</asp:ListItem>
</ccl:MyDropDownList>
```

Wenn Sie sich die Seite im HTML-Modus ansehen, wird Ihnen auffallen, dass die `asp:ListItem`-Deklarationen rot unterringelt sind und folgende Fehlermeldung produzieren: »Das Element 'asp:ListItem' wird vom aktiven Schema nicht unterstützt.« Der Code funktioniert zwar zur Laufzeit, Entwurfszeit-Elemente scheinen aber ein Problem mit unseren abgeleiteten Serversteuerelementen zu haben. Wir wissen nicht genau, warum das der Fall ist, da wir unsere Steuerelemente vom eingebauten ASP.NET-`DropDownList`-Steuerelement abgeleitet haben. Wenn Sie die Auflistungselemente vom Programmcode aus einstellen (die bevorzugte Methode), haben Sie nicht mit dieser Inkonsistenz zu kämpfen. Sie können die Warnung auch ignorieren, da der Code fehlerfrei läuft. Eine andere Möglichkeit wäre es, ein benutzerdefiniertes Serversteuerelement für Elemente zu erstellen, das stattdessen aufgerufen wird.

Hervorheben des ausgewählten Textfelds

Lassen Sie uns ein weiteres abgeleitetes Serversteuerelement erstellen. Es soll das `TextBox`-Steuerelement um eine Fähigkeit erweitern, an die Sie sich in anderen Programmiersprachen wahrscheinlich gewöhnt haben: Wenn ein Textfeld den Fokus hat, wird es hervorgehoben.

Die Lösung für das automatische Hervorheben ist ein perfektes Beispiel für ein abgeleitetes Serversteuerelement und die Leistungsfähigkeit von objektorientierter Programmierung. Wir müssen nur die Veränderungen programmieren, die wir haben möchten. Das Beispielsteuerelement finden Sie in der Datei *MyTextBoxHighlight.vb*, es wird in der Web Forms-Seite *MyTextBoxHighlight.aspx* eingesetzt. Der Code von *MyTextBoxHighlight.vb*:

MyTextBoxHighlight.vb

```
Imports System.ComponentModel
Imports System.Web.UI
Imports System.Drawing
<DefaultProperty("Text"), ToolboxData( _
   "<{0}:MyTextBoxHighlight runat=server></{0}:MyTextBoxHighlight>")> _
   Public Class MyTextBoxHighlight
   Inherits System.Web.UI.WebControls.TextBox
   Private privateHighlightColor As Color
   ' Eigenschaft mit der Farbe, die das Steuerelement hat, wenn es hervorgehoben ist.
   <Bindable(True), Category("Appearance"), DefaultValue("")> _
      Property HighlightColor() As Color
      Get
         Return privateHighlightColor
      End Get
```

```
        Set(ByVal Value As Color)
            privateHighlightColor = Value
        End Set
    End Property
    Protected Overrides Sub Render(ByVal output As HtmlTextWriter)
        ' Feststellen, ob eine Hintergrundfarbe definiert ist. Wenn nicht, nehmen wir weiß.
        Dim privateNormalBackColor As Color = Me.BackColor
        If privateNormalBackColor.Equals(Color.Empty) Then
            privateNormalBackColor = Color.White
        End If
        ' Prüfen, ob eine Farbe für das hervorgehobene Steuerelement festgelegt wurde.
        ' Wenn nicht, nehmen wir die Hintergrundfarbe.
        If privateHighlightColor.Equals(Color.Empty) Then
            privateHighlightColor = Me.BackColor
        End If
        ' Werte der Systemfarben in HTML übersetzen.
        Dim usedHighlight As String = ColorTranslator.ToHtml(privateHighlightColor)
        Dim usedNormalBackColor As String = ColorTranslator.ToHtml(privateNormalBackColor)
        ' Stilattribute zu dem Steuerelement hinzufügen
        Me.Attributes("OnFocus") = "style.background='" & usedHighlight & "'"
        Me.Attributes("OnBlur") = "style.background='" & usedNormalBackColor & "'"
        ' Standarddarstellung des Textfelds ausführen.
        MyBase.Render(output)
    End Sub
End Class
```

Der fett gedruckte Code kennzeichnet die wichtigsten Bereiche, die wir genauer erläutern wollen. Beachten Sie, dass wir System.Drawing in die Imports-Anweisungen aufgenommen haben. Für unsere Eigenschaft HighlightColor verwenden wir die .NET-Farbdefinitionen. Als Nächstes fällt auf, dass wir unser Steuerelement direkt von der Klasse TextBox ableiten und damit alle ihre Eigenschaften, Ereignisse und Methoden erben. Danach definieren wir die Eigenschaft HighlightColor. Sie ist vom Typ System.Drawing.Color. Wenn Sie diese Eigenschaft im Eigenschaftenfenster bearbeiten, öffnet sich automatisch das Farbauswahlwerkzeug von .NET. (Wir lieben .NET und diese Form der Integration mit dem Farbauswahlwerkzeug.) Das Steuerelement überschreibt die Methode Render. Dort fügen wir unter anderem die Farbe zum Hervorheben des Steuerelements hinzu. Wir überprüfen, ob der Eigenschaft BackColor unseres Textfelds ein Wert zugewiesen ist:

```
Dim privateNormalBackColor As Color = Me.BackColor
If privateNormalBackColor.Equals(Color.Empty) Then
    privateNormalBackColor = Color.White
End If
```

Ist die Hintergrundfarbe (Eigenschaft BackColor) leer, weisen wir ihr die Farbe Weiß zu (Standardeinstellung wäre transparent), andernfalls bekommt die interne Variable privateNormalBackColor den Wert der BackColor-Eigenschaft des Steuerelements. Warum? Wenn unser Steuerelement den Fokus erhält, tragen wir in die Eigenschaft HighlightColor die ausgewählte Hervorhebungsfarbe ein, aber wenn wir den Fokus verlieren, müssen wir die ursprüngliche Farbe wiederherstellen. War die Eigenschaft BackColor leer, ist die Farbe weiß, andernfalls wird die Farbe wiederhergestellt, die in Me.BackColor eingetragen war.

Danach prüfen wir, ob ein Wert für die Hervorhebungsfarbe (HighlightColor) ausgewählt wurde. Ist das der Fall, brauchen wir nichts zu tun. Wurde dagegen kein Wert ausgewählt, muss HighlightColor denselben Wert haben wie BackColor. Dazu sind die nächsten drei Zeilen notwendig:

```
If privateHighlightColor.Equals(Color.Empty) Then
    privateHighlightColor = Me.BackColor
End If
```

Die nächste Aufgabe ist, die `System.Drawing.Color`-Werte in HTML-Werte zu konvertieren. Auch hier greift uns .NET wieder unter die Arme, und zwar mit der Funktion `ColorTranslator` aus dem Namespace `System.Drawing`:

```
Dim usedHighlight As String = ColorTranslator.ToHtml(privateHighlightColor)
Dim usedNormalBackColor As String = ColorTranslator.ToHtml(privateNormalBackColor)
```

Nach diesen Vorbereitungen können wir die Farben in die Stile `OnFocus` und `OnBlur` eintragen. Dazu fügen wir die passenden Attribute zu der Klasse `MyTextHighlight` hinzu:

```
Me.Attributes("OnFocus") = "style.background='" & usedHighlight & "'"
Me.Attributes("OnBlur") = "style.background='" & usedNormalBackColor & "'"
' Standarddarstellung des Textfelds ausführen
MyBase.Render(output)
```

Attribute hinzuzufügen ist unkompliziert. Wir verwenden den Befehl `Me.Attribute("xyz")`, wobei `xyz` für den jeweiligen Namen steht. Wir fügen Hintergrundstile für die Ereignisse `OnFocus` und `OnBlur` hinzu. Und schließlich rufen wir die Standard-Rendering-Methode auf, die Steuerelemente sowohl im Entwurfsmodus als auch während der Laufzeit darstellt.

Bei der Web Forms-Seite *MyTextHighlight.aspx* haben wir dieses Steuerelement mehrere Male verwendet. Alle Steuerelemente haben unterschiedliche Hervorhebungsfarben, eines wird überhaupt nicht hervorgehoben, wenn es den Fokus erhält.

Zusätzliche Schritte für ein professionelles Steuerelement

Was könnten wir sonst noch mit diesem Steuerelement anstellen? Für den professionellen Einsatz müsste das Steuerelement den Browsertyp ermitteln, bevor es die Stilattribute hinzufügt. Statt Stilattribute hinzuzufügen, könnten wir JavaScript schreiben und in das Steuerelement einfügen oder in eine JavaScript-Datei, auf die wir zugreifen. Wir könnten auch Eigenschaften und Code einbinden, um Vordergrund- und Hintergrundfarben zu verwalten, die beim Hervorheben des Steuerelements verwendet werden.

Benutzerdefinierte Serversteuerelemente durch JavaScript ergänzen

Es gibt zwei Möglichkeiten, benutzerdefinierte Serversteuerelemente durch JavaScript zu ergänzen. Die erste führt über die Methode `Page.RegisterStartupScript`. Sie rufen diese Methode auf, wenn Sie JavaScript für das Steuerelement erzeugen wollen. Wenn Sie JavaScript haben wollen, auf das andere Skripts zugreifen können, verwenden Sie eine andere Methode: `Page.Register-ClientScriptBlock`. Beide Methoden haben zwei einfache Parameter: den Namen des Skriptblocks und das Skript selbst. Wir haben kein Beispiel für ein Steuerelement geschrieben, das JavaScript ausführt. Folgenden Code müssen Sie in Ihr benutzerdefiniertes Serversteuerelement einbinden, wenn Sie einen JavaScript-Block hinzufügen wollen:

```
Protected Overrides Sub OnPreRender(e as EventArgs)
    Dim privateJavaScript as String
    privateJavaScript = "<script language='JavaScript'...>
        </script>"
    MyBase.OnPrerender(e)
    Page.RegisterStartupScript(GetType(ClassName).FullName, privateJavaScript)
End Sub
```

Wie Sie sehen, haben wir die erste vorgestellte Methode gewählt: `Page.RegisterStartupScript`. Die Methode `OnPreRender` ist eine gute Stelle, um JavaScript einzufügen. Beachten Sie, dass wir zuerst den Code der Basisklassenmethode `OnPreRender` ausführen, und erst danach die JavaScript-

Steuerelemente für die Webclients

Registrierung hinzufügen. Auf diese Weise stellen wir sicher, dass wir nicht mit den Anforderungen der Basisklasse und ihrer Initialisierungsreihenfolge in Konflikt geraten. In der überschriebenen Methode Render fügen Sie dann ein Attribut hinzu, das denen aus dem Beispiel weiter oben (mit den hervorgehobenen TextBox-Steuerelementen) ähnelt. Hätten Sie im JavaScript aus dem letzten Codeausschnitt die Funktion OnMouseOver(this) definiert, müssten Sie folgendes Attribut zu dem Steuerelement hinzufügen:

```
Protected Overrides Sub Render(output as HtmlTextWriter)
    output.AddAttribute("onmouseover","OnMouseOver(This)")
    MyBase.Render(output)
End Sub
```

Zusammengesetzte Serversteuerelemente

Eine der sicherlich besten Methoden, brauchbare benutzerdefinierte Serversteuerelemente zu erstellen, ist das Kombinieren mehrerer vorhandener ASP.NET-Standard-Serversteuerelemente zu einem Super-Steuerelement. Man könnte sagen, zusammengesetzte Serversteuerelemente ähneln stark den Benutzersteuerelementen. Sie können zusammengesetzte Serversteuerelemente erstellen, die genau so aussehen wie Benutzersteuerelemente und sich auch gleich verhalten. Die zusammengesetzten Serversteuerelemente werden aber kompiliert und können über Drag & Drop eingebunden werden, genau wie die Standardserversteuerelemente von ASP.NET. Sie können sich außerdem im Entwurfsmodus selbst darstellen. Und wenn mehrere Instanzen desselben Steuerelementtyps auf derselben Web Forms-Seite eingesetzt werden, registrieren sie sich alle in der Code-Behind-Datei. (Sicher erinnern Sie sich, dass dies bei Benutzersteuerelementen nicht der Fall war.) Für Serversteuerelemente gibt es allerdings keinen grafischen Designer. Denken Sie auch daran, dass wir empfehlen, benutzerdefinierte Serversteuerelemente zu erstellen, die auf mehreren Plattformen eingesetzt werden können. Wenn Sie zu viele Steuerelemente in ein einziges zusammengesetztes Steuerelement packen, wird das Steuerelement zu speziell. Das verringert seine Wiederverwendbarkeit.

Um Ihnen die Leistungsfähigkeit von zusammengesetzten Serversteuerelementen zu demonstrieren, erstellen wir zuerst ein erweitertes benutzerdefiniertes TextBox-Steuerelement, wie es in ähnlicher Form in Sprachen wie Visual Basic 6 oder Microsoft Visual FoxPro zur Verfügung steht. Das Steuerelement heißt MyLabelTextBox. Wenn Sie es auf einer Web Forms-Seite einsetzen, können Sie eine Beschriftung über oder links neben dem Steuerelement anbringen (die Beschriftung richtet sich immer korrekt aus) oder ganz auf die Beschriftung verzichten. Nachdem wir dieses zusammengesetzte Serversteuerelement erstellt haben und vorgeführt haben, wie es funktioniert, werden wir seinen Funktionsumfang erweitern.

Wie wäre es damit, über eine simple Eigenschaft die Validierung eines Felds veranlassen zu können? Zu überprüfen, ob ein Wert eingegeben wurde und ob er den korrekten Typ hat? Und das alles, ohne Validierungssteuerelemente in die Web Forms-Seite einfügen zu müssen? Genau das werden wir mit unserem Steuerelement MyLabelTextBox tun. Wenn wir fertig sind, werden wir ein stark erweitertes Textfeld mit vielen zusätzlichen Fähigkeiten haben.

Das zusammengesetzte Serversteuerelement *MyLabelTextBox*

Beginnen wir mit dem ersten Schritt auf dem Weg zu unserem Serversteuerelement MyLabelTextBox. Es wird zwar ähnlich implementiert wie die bereits weiter oben vorgestellten Serversteuerelemente, es gibt aber einige wichtige Unterschiede. Zum Anfang zeigen wir Ihnen den gesamten Code des Steuerelements:

MyFirstTextControl.vb

```vb
Imports System.ComponentModel
Imports System.Web.UI
Imports System.Web.UI.WebControls
<DefaultProperty("Text"), _
    Designer(GetType(MyControls.MyFirstControlDesigner)), _
    ParseChildren(True), PersistChildren(False), _
    ToolboxData("<{0}:MyFirstTextControl _
    runat=server></{0}:MyFirstTextControl>")> _
    Public Class MyFirstTextControl
    Inherits System.Web.UI.WebControls.WebControl
    Implements INamingContainer
    Dim _text As String
    Dim _label As String
    Dim _showLabel As Boolean
    Dim _Left As Boolean
    ' Eigenschaft Text des Textfelds
    <Bindable(True), Category("Appearance"), DefaultValue("")> _
        Property [Text]() As String
        Get
            Return _text
        End Get
        Set(ByVal Value As String)
            _text = Value
        End Set
    End Property
    ' Eigenschaft für den Text des Label-Steuerelements
    <Bindable(True), Category("Appearance"), DefaultValue("")> _
        Property Label() As String
        Get
            Return _label
        End Get
        Set(ByVal Value As String)
            _label = Value
        End Set
    End Property
    ' Boolesche Eigenschaft Show des Label-Steuerelements
    <Bindable(True), Category("Behavior"), DefaultValue("")> _
        Property ShowLabel() As Boolean
        Get
            Return _showLabel
        End Get
        Set(ByVal Value As Boolean)
            _showLabel = Value
        End Set
    End Property
    ' Eigenschaft Position des Label-Steuerelements
    <Bindable(True), Category("Behavior"), DefaultValue("")> _
        Property Left() As Boolean
        Get
            Return _Left
        End Get
        Set(ByVal Value As Boolean)
            _Left = Value
        End Set
    End Property
    ' Member des Steuerelements initialisieren.
```

Steuerelemente für die Webclients

```
        Private textBox1 As TextBox        ' Definition des TextBox-Steuerelements
        Private label1 As Label            ' Definition des Label-Steuerelements
        ' Untergeordnete Steuerelemente anlegen
        Protected Overrides Sub CreateChildControls()
            textBox1 = New TextBox()       ' Instanz des TextBox-Steuerelements anlegen.
            textBox1.ID = "textBox1"
            textBox1.Text = Text
            label1 = New Label()           ' Instanz des Label-Steuerelements anlegen.
            label1.ID = "lablel1"
            label.Text = Label
            ' Erste Möglichkeit, Serversteuerelemente zu diesem zusammengesetzten
            ' Serversteuerelement hinzuzufügen
            If _showLabel = True Then      ' Müssen wir die Beschriftung anzeigen?
                If _Left = True Then       ' Welche Ausrichtung?
                    ' Links
                    Controls.Add(label1)
                    Controls.Add(New LiteralControl(" "))
                    Controls.Add(textBox1)
                Else                       ' Oben
                    Controls.Add(New LiteralControl("<Div align=left>"))
                    Controls.Add(label1)
                    Controls.Add(New LiteralControl("<BR>"))
                    Controls.Add(textBox1)
                    Controls.Add(New LiteralControl("</Div>"))
                End If
            Else
                Controls.Add(textBox1)     ' Nur das Textfeld
            End If
        End Sub
        ' Gibt die Steuerelemente zurück
        Public Overrides ReadOnly Property Controls() As ControlCollection|
            Get
                EnsureChildControls()
                Return MyBase.Controls
            End Get
        End Property
End Class
```

Der erste Unterschied gegenüber normalen Serversteuerelementen fällt bei den Importanweisungen auf:

```
Imports System.ComponentModel
Imports System.Web.UI
Imports System.Web.UI.WebControls
```

Die fett gedruckte Zeile ist neu. Sie hilft uns, auf die Standard-Serversteuerelemente von ASP. NET zuzugreifen, zum Beispiel auf TextBox- oder Label-Steuerelemente. Der nächste wichtige Unterschied ist der Attributbereich vor der Klassendefinition:

```
<DefaultProperty("Text"), _
    Designer(GetType(MyControls.MyFirstControlDesigner)), _
    ParseChildren(True), PersistChildren(False), _
    ToolboxData("<{0}:MyFirstTextControl _
    runat=server></{0}:MyFirstTextControl>")> _
    Public Class MyFirstTextControl
```

Damit sich das Steuerelement im Entwurfsmodus korrekt anzeigt, müssen wir das Attribut DesignerAttribute hinzufügen. Es legt fest, welche Klasse die Methode GetDesignTimeHTML überschreibt. Wir überschreiben diese Methode, weil wir im Entwurfsmodus Instanzen der ASP.NET-

Serversteuerelemente anlegen müssen. Das Standardverhalten von `GetDesignTimeHTML` reicht nicht aus, um eine korrekte Anzeige im Entwurfsmodus sicherzustellen. (Wir sehen uns die Datei *MyFirstControlDesigner* in Kürze an.) Neben `DesignerAttribute` sehen Sie auch die Attribute `ParseChildrenAttribute` und `PersistChildrenAttribute`. Wenn `ParseChildrenAttribute` den Wert `True` hat, werden verschachtelte Elemente (XML-Elemente) in den Tags des benutzerdefinierten Serversteuerelements wie untergeordnete Steuerelemente behandelt, nicht wie Eigenschaften. Das gilt, sofern die Steuerelemente über Deklarationen eingefügt werden. In unserem Beispiel möchten wir, dass dies der Fall ist. Wenn `PersistChildrenAttribute` den Wert `True` hat, werden die untergeordneten Steuerelemente innerhalb des benutzerdefinierten Serversteuerelements dauerhaft als verschachtelte Steuerelemente gespeichert. Da wir dieses Verhalten nicht wünschen, geben wir für das Attribut den Wert `False` an.

Die nächste neu hinzugefügte Anweisung folgt nach der Klassendefinition und der Vererbungsanweisung:

```
Public Class MyFirstTextControl
Inherits System.Web.UI.WebControls.WebControl
Implements INamingContainer
```

Wenn wir dasselbe benutzerdefinierte Serversteuerelement auf derselben Web Forms-Seite mehrmals verwenden, müssen wir sicherstellen, dass jedes untergeordnete Steuerelement eine eindeutige ID besitzt. Andernfalls hätten alle Steuerelemente dieselben Eigenschaften, Ereignisse und Methoden und wären damit nicht besonders nützlich. An dieser Stelle kommt die Schnittstelle `System.Web.UI.INamingContainer` ins Spiel. Wenn diese Schnittstelle implementiert ist, erzeugt das ASP.NET-Seitenframework einen neuen Namensbereich unterhalb des Steuerelements.

Danach definieren wir interne Variablen und deklarieren zugehörige Eigenschaften:

```
Dim _text As String
Dim _label As String
Dim _showLabel As Boolean
Dim _Left As Boolean
' Eigenschaft Text des Textfelds
<Bindable(True), Category("Appearance"), DefaultValue("")> _
    Property [Text]() As String
    Get
        Return _text
    End Get
    Set(ByVal Value As String)
        _text = Value
    End Set
End Property
' Eigenschaft für den Text des Label-Steuerelements
⋮
```

Für dieses Beispiel brauchen wir die Eigenschaft `Text` des `TextBox`-Steuerelements, die Eigenschaft `Text` des `Label`-Steuerelements und die beiden Schalter, mit denen festgelegt wird, ob und wo die Beschriftung angezeigt werden soll. Wir brauchen uns nicht um die Zustandsverwaltung der `TextBox`- und `Label`-Steuerelemente zu kümmern. Dieses Verhalten wird vererbt.

Das nächste Codestück bildet den Kern von zusammengesetzten Serversteuerelementen:

```
' Member des Steuerelements initialisieren
Private textBox1 As TextBox            ' Definition des TextBox-Steuerelements
Private label1 As Label                ' Definition des Label-Steuerelements
' Untergeordnete Steuerelemente anlegen
Protected Overrides Sub CreateChildControls()
    textBox1 = New TextBox()           ' Instanz des TextBox-Steuerelements anlegen.
    textBox1.ID = "textBox1"
```

Steuerelemente für die Webclients

```
            textBox1.Text = Text
            label1 = New Label()            ' Instanz des Label-Steuerelements anlegen.
            label1.ID = "lablel1"
            label1.Text = Label
   ' Erste Möglichkeit, Serversteuerelemente zu diesem zusammengesetzten
   ' Serversteuerelement hinzuzufügen
            If _showLabel = True Then       ' Müssen wir die Beschriftung anzeigen?
                If _Left = True Then        ' Welche Ausrichtung?
                    ' Links
                    Controls.Add(label1)
                    Controls.Add(New LiteralControl(" "))
                    Controls.Add(textBox1)
                Else                        ' Oben
                    Controls.Add(New LiteralControl("<Div align=left>"))
                    Controls.Add(label1)
                    Controls.Add(New LiteralControl("<BR>"))
                    Controls.Add(textBox1)
                    Controls.Add(New LiteralControl("</Div>"))
                End If
            Else
                Controls.Add(textBox1)      ' Nur das Textfeld
            End If
   End Sub
```

Wir müssen die Methode `CreateChildControls` überschreiben, da wir unsere eigenen Steuerelemente definieren. Nachdem die Variablen für die `TextBox`- und `Label`-Steuerelemente deklariert sind, können wir `CreateChildControls` überschreiben. Wir deklarieren die neuen Steuerelemente, weisen Ihnen IDs zu und stellen die Eigenschaften korrekt ein: Den Wert der `Text`-Eigenschaft des Serversteuerelements weisen wir der `Text`-Eigenschaft des `TextBox`-Steuerelements zu, und den Wert der `Label`-Eigenschaft des Serversteuerelements der `Text`-Eigenschaft des `Label`-Steuerelements. Nachdem wir die Steuerelemente als benutzt gekennzeichnet haben, können wir sie auf zwei verschiedene Arten darstellen.

Die erste Möglichkeit ist die Implementierung mit `Controls.Add`. Wir fügen Steuerelemente in der Anordnung hinzu, in der sie von den Eigenschaften `ShowLabel` und `Left` festgelegt werden. Die Syntax ist einfach. Mit dem Aufruf der Methode `Controls.Add(xyz)` fügen wir Steuerelemente hinzu, `xyz` ist dabei entweder ein deklariertes Serversteuerelement oder ein neues `LiteralControl`-Steuerelement. Mit Hilfe von `LiteralControl`-Steuerelementen fügen wir bei Bedarf HTML-Code ein. Neben den ASP.NET-Standardserversteuerelementen können Sie übrigens auch andere benutzerdefinierten Serversteuerelemente zu einem zusammengesetzten Serversteuerelement hinzufügen.

Als Nächstes überschreiben wir die Eigenschaft `Controls`:

```
' Gibt die Steuerelemente zurück
Public Overrides ReadOnly Property Controls() As ControlCollection
    Get
        EnsureChildControls()
        Return MyBase.Controls
    End Get
End Property
```

Wir überschreiben diese Methode, um festzustellen, ob das Serversteuerelement untergeordnete Steuerelemente enthält. In unserem Beispiel ist das der Fall. Findet die Methode `EnsureChildControls` die untergeordneten Steuerelemente nicht, ruft sie die Methode `CreateChildControls` auf, um sie zu erstellen.

Die zweite Möglichkeit, unser Steuerelement darzustellen, führt über das Überschreiben der Methode `Render`. Wenn wir `Render` verwenden, können wir die Implementierung mit `Controls.Add` weglassen. Der folgende Codeausschnitt führt zum selben Ergebnis:

```
' Zweite Möglichkeit, Serversteuerelemente zu diesem zusammengesetzten
' Serversteuerelement hinzuzufügen.
Protected Overrides Sub Render(ByVal output As System.Web.UI.HtmlTextWriter)
    If _showLabel = True Then         ' Müssen wir die Beschriftung anzeigen?
        If _Left = False Then         ' Beschriftung oben oder links?
            output.Write("<Div align=left>")
            label1.RenderControl(output)
            output.Write("<BR>")
            textBox1.RenderControl(output)
            output.Write("</Div>")
        Else
            label1.RenderControl(output)
            output.Write(" ")
            textBox1.RenderControl(output)
        End If
    Else
        textBox1.RenderControl(output)
    End If
End Sub
```

Alle Steuerelemente haben die Methode `RenderControl`. Wir brauchen sie lediglich aufzurufen und ihre Ausgabe weiterzuleiten. Sie generiert den HTML-Code für das Steuerelement über die Klasse `HtmlTextWriter`. Beliebiger HTML-Code lässt sich mit `output.Write` hinzufügen.

Die Frage, welche der beiden Methoden besser ist, lässt sich nicht so einfach beantworten. Wir haben festgestellt, dass sich die zweite Methode in der Entwurfsansicht etwas besser verhält, die erste Methode eignet sich dagegen besser, wenn Validierungssteuerelemente oder andere logische Steuerelemente hinzugefügt werden.

Bestimmt brennen Sie schon darauf, das neue Steuerelement auszuprobieren. Vorher wollen wir aber noch den Designer für die Entwurfsansicht implementieren. Der entsprechende Code befindet sich in der Datei *MyFirstTextControlDesigner.vb*. Diese Datei hat folgenden Inhalt:

MyFirstTextControlDesigner.vb
```
Imports System.ComponentModel
Imports System.ComponentModel.Design
Imports System.Diagnostics
Imports System.Web.UI
Imports System.Web.UI.Design
Public Class MyFirstControlDesigner
    Inherits ControlDesigner
    Public Overrides Function GetDesignTimeHtml() As String
        Dim control As MyFirstTextControl = CType(Component, MyFirstTextControl)
        Dim childControls As ControlCollection = control.Controls
        Return MyBase.GetDesignTimeHtml
    End Function
    Public Overrides Sub Initialize(ByVal component As IComponent)
        If Not TypeOf component Is MyFirstTextControl Then
            Throw New ArgumentException("Component must be a MyFirstTextControl", "component")
        End If
        MyBase.Initialize(component)
    End Sub
End Class
```

Bevor wir dieses Beispiel ausführen können, müssen wir den Namespace `System.Web.UI.Design` importieren. Er steht in Visual Studio .NET in der Standardeinstellung nicht zur Verfügung. Daher müssen Sie in den Ast *Verweise* des Projekts mit dem benutzerdefinierten Serversteuerelement (in diesem Fall das Projekt *MyControls*) `System.Design` einfügen. Die Methode `GetDesignTimeHtml` sorgt dafür, dass Steuerelemente in der Entwurfsansicht angezeigt werden. Im Fall von abgeleiteten Steuerelementen passiert die Darstellung automatisch. Bei zusammengesetzten Steuerelementen gibt es keine Standarddarstellung, da die Methode `GetDesignTimeHtml` nichts über die untergeordneten Steuerelemente des zusammengesetzten Steuerelements weiß. Wir müssen ihr mitteilen, dass die untergeordneten Steuerelemente vorhanden sind. Daher deklarieren wir erst eine Variable (in diesem Fall heißt sie `control`) als das zusammengesetzte Serversteuerelement (unser `MyFirstTextControl`). Nachdem das Steuerelement deklariert ist, können wir uns zu seiner Auflistung mit den untergeordneten Steuerelementen Zugriff verschaffen. Diese Auflistung geben wir an `GetDesignTimeHtml` zurück, die wiederum die Steuerelemente in der Entwurfsansicht von Visual Studio .NET anzeigt. Danach überschreiben wir die Methode `Initialize`. Das ist nur nötig, um zu überprüfen, ob es sich bei dem Steuerelement tatsächlich um den Typ `MyFirstTextControl` handelt.

Jetzt ist alles bereit. Öffnen Sie also die Web Forms-Seite *MyTextBox.aspx* im Entwurfsmodus. Abbildung 6.7 zeigt, wie unser zusammengesetztes Steuerelement in der Entwurfsansicht aussieht.

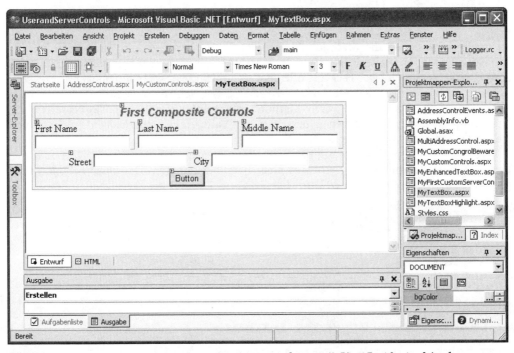

Abbildung 6.7: *Das zusammengesetzte Serversteuerelement* `MyFirstTextControl` *in der Entwurfsansicht*

Starten Sie diese Web Forms-Seite anschließend. Abbildung 6.8 zeigt, wie das Steuerelement zur Laufzeit aussieht. Beachten Sie, wie gut die Entwurfsdarstellung aus Abbildung 6.7 und die Laufzeitdarstellung aus Abbildung 6.8 übereinstimmen.

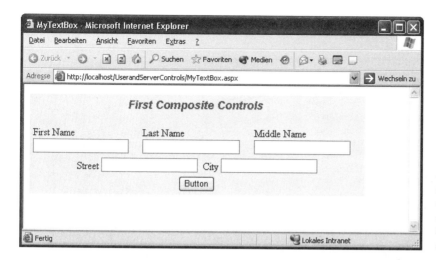

Abbildung 6.8: Das zusammengesetzte Serversteuerelement MyFirstTextControl zur Laufzeit im Browser

Gehen Sie wieder zurück in die Entwurfsansicht und sehen Sie sich das Eigenschaftenfenster für eines der MyFirstTextControl-Steuerelemente an. Sie werden die Eigenschaften sehen, die wir hinzugefügt haben. Wenn Sie in die HTML-Ansicht umschalten, können Sie verfolgen, wie den Eigenschaften Werte zugewiesen werden:

```
<TR>
   <TD>
      <cc1:myfirsttextcontrol id="MyFirstTextControl1" runat="server"
         ShowLabel="True" Label="First Name" Left="False">
      </cc1:myfirsttextcontrol>
   </TD>
   <td>
      <cc1:myfirsttextcontrol id="Myfirsttextcontrol8" runat="server"
         ShowLabel="True" Label="Last Name" Left="False">
      </cc1:myfirsttextcontrol>
   </td>
   <td>
      <cc1:myfirsttextcontrol id="MyFirstTextControl2" runat="server"
         ShowLabel="True" Label="Middle Name" Left="False">
      </cc1:myfirsttextcontrol>
   </td>
</TR>
```

Eine erweiterte Version des zusammengesetzten Serversteuerelements *MyLabelTextBox*

Nachdem Sie die Grundlagen kennen, wollen wir eine verbesserte Version dieses Steuerelements erstellen. Wir hatten uns als Ziel gesetzt, das zusammengesetzte Serversteuerelement durch eine Validierungsfunktion für benötigte Felder und einen bestimmten Datentyp zu erweitern. Die Datei mit der fertigen Version ist *MyTextControl.vb*, der Designer für die Darstellung im Entwurfsmodus ist MyTextControlDesigner. In diesem Abschnitt drucken wir die Datei *MyTextControl.vb* vollständig ab, die neu ergänzten Teile sind durch Fettschrift markiert. Die Datei *MyTextControlDesigner.vb* entspricht fast genau der oben gezeigten Datei, daher wiederholen wir sie hier nicht. Da wir nichts radikal Neues tun, dürfte sich der Code weitgehend selbst erklären.

MyTextControl.vb

```vb
Imports System.ComponentModel
Imports System.Web.UI
Imports System.Web.UI.WebControls
' Standardeinstellungen vornehmen und einen Designer für die Entwurfsansicht auswählen
<DefaultProperty("Text"), _
    Designer(GetType(MyControls.MyTextControlDesigner)), _
    ParseChildren(True), PersistChildren(False), _
    ToolboxData("<{0}:MyTextControl runat=server> </{0}:MyTextControl>")> _
Public Class MyTextControl
    Inherits System.Web.UI.WebControls.WebControl
    Implements INamingContainer
    Dim _text As String
    Dim _label As String
    Dim _showLabel As Boolean
    Dim _Left As Boolean
    Dim _requiredField As Boolean
    Dim _requiredFieldMessage As String
    Dim _datavalidationrequired As Boolean
    Dim _datavalidation As ValidationDataType

    ' Eigenschaft Text des Textfelds
    <Bindable(True), Category("Appearance"), DefaultValue("")> _
    Property [Text]() As String
        Get
            Return _text
        End Get
        Set(ByVal Value As String)
            _text = Value
        End Set
    End Property

    ' Eigenschaft für den Text des Label-Steuerelements
    <Bindable(True), Category("Appearance"), DefaultValue("")> _
    Property Label() As String
        Get
            Return _label
        End Get
        Set(ByVal Value As String)
            _label = Value
        End Set
    End Property

    ' Boolesche Eigenschaft Show des Label-Steuerelements
    <Bindable(True), Category("Behavior"), DefaultValue("")> _
    Property ShowLabel() As Boolean
        Get
            Return _showLabel
        End Get
        Set(ByVal Value As Boolean)
            _showLabel = Value
        End Set
    End Property

    ' Eigenschaft Position des Label-Steuerelements
    <Bindable(True), Category("Behavior"), DefaultValue("")> _
    Property Left() As Boolean
        Get
            Return _Left
        End Get
```

```vb
        Set(ByVal Value As Boolean)
            _Left = Value
        End Set
    End Property
    ' Validierung für erforderliches Feld
    <Bindable(True), Category("Behavior"), DefaultValue("")> _
        Property RequiredField() As Boolean
        Get
            Return _requiredField
        End Get
        Set(ByVal Value As Boolean)
            _requiredField = Value
        End Set
    End Property
    ' Fehlermeldung für diese Validierung
    <Bindable(True), Category("Behavior"), DefaultValue("")> _
        Property RequiredMessage() As String
        Get
            Return _requiredFieldMessage
        End Get
        Set(ByVal Value As String)
            _requiredFieldMessage = Value
        End Set
    End Property
    ' Datentyp, der validiert werden soll
    <Bindable(True), Category("Behavior"), DefaultValue("")> _
        Property DataType() As Boolean
        Get
            Return _datavalidationrequired
        End Get
        Set(ByVal Value As Boolean)
            _datavalidationrequired = Value
        End Set
    End Property
    ' Validierung für einen bestimmten Datentyp
    <Bindable(True), Category("Behavior"), DefaultValue("")> _
        Property ValidationDataType() As ValidationDataType
        Get
            Return _datavalidation
        End Get
        Set(ByVal Value As ValidationDataType)
            _datavalidation = Value
        End Set
    End Property
    ' Member des Steuerelements initialisieren
    Private textBox1 As TextBox         ' Definition des TextBox-Steuerelements
    Private label1 As Label             ' Definition des Label-Steuerelements
    ' Validierung für ein erforderliches Feld
    Private validator1 As RequiredFieldValidator
    ' Validierung für einen Datentyp
    Private validator2 As CompareValidator
    ' Untergeordnete Steuerelemente anlegen
    Protected Overrides Sub CreateChildControls()
        label1 = New Label()            ' Instanz des Label-Steuerelements anlegen.
        label1.ID = "label1"
        label1.Text = Label
        textBox1 = New TextBox()        ' Instanz des TextBox-Steuerelements anlegen.
```

```
textBox1.ID = "textBox1"
textBox1.Text = Text
' Überprüfen, ob eine Fehlermeldung für die Validierung eines
' erforderlichen Felds vorhanden ist.
If Len(_requiredFieldMessage) < 1 Then
    _requiredFieldMessage = "This Field cannot be left empty."
End If
' Überprüfen, ob ein Datentyp für die Validierung eingestellt ist.
' Wenn nicht, nehmen wir String.
If _datavalidation = Nothing Then
    _datavalidation = ValidationDataType.String
End If
' Instanz validator1 anlegen.
validator1 = New RequiredFieldValidator()
validator1.ID = "requiredfield1"
validator1.ControlToValidate = "textBox1"
validator1.Text = "!"
validator1.ErrorMessage = _requiredFieldMessage
validator1.ToolTip = validator1.ErrorMessage
validator1.Display = ValidatorDisplay.Dynamic
validator2 = New CompareValidator()
validator2.ID = "datatype1"
validator2.ControlToValidate = "textBox1"
validator2.ErrorMessage = "Invalid Data Type - " & _
    datavalidation.ToString & "is required Try again"
validator2.ToolTip = validator2.ErrorMessage
validator2.Display = ValidatorDisplay.Dynamic
validator2.Operator = ValidationCompareOperator.DataTypeCheck
validator2.Type = _datavalidation
If _showLabel = True Then        ' Soll Beschriftung angezeigt werden?
    If _Left = False Then        ' Beschriftung oben oder links?
        Controls.Add(New LiteralControl("<Div align='left'"))
        Controls.Add(label1)
        Controls.Add(New LiteralControl("<BR>"))
        Controls.Add(textBox1)
        If _requiredField = True Then        ' Erforderliches Feld?
            Controls.Add(New LiteralControl(" "))
            Controls.Add(validator1)
        End If
        If _datavalidationrequired = True Then    ' Datentypvalidierung?
            Controls.Add(validator2)
        End If
        Controls.Add(New LiteralControl("</DIV>"))
    Else
        Controls.Add(label1)
        Controls.Add(New LiteralControl(" "))
        Controls.Add(textBox1)
        If _requiredField = True Then        ' Erforderliches Feld?
            Controls.Add(New LiteralControl(" "))
            Controls.Add(validator1)
        End If
        If _datavalidationrequired = True Then    ' Datentypvalidierung?
            Controls.Add(validator2)
        End If
    End If
Else
    Controls.Add(textBox1)
```

```
                If _requiredField = True Then         ' Erforderliches Feld?
                    Controls.Add(New LiteralControl(" "))
                    Controls.Add(validator1)
                End If
                ' Datentypvalidierung?
                If _datavalidationrequired = True Then
                    Controls.Add(validator2)
                End If
            End If
        End Sub
        ' Gibt die Steuerelemente zurück
        Public Overrides ReadOnly Property controls() As ControlCollection
            Get
                EnsureChildControls()
                Return MyBase.Controls
            End Get
        End Property
End Class
```

Wir möchten Ihnen empfehlen, sich ein paar Minuten Zeit zu nehmen und etwas mit der Web Forms-Seite *MyEnhancedTextBox.aspx* zu experimentieren. Auf diese Weise werden Sie schnell mit den Eigenschaften und Methoden vertraut werden, die wir beim Serversteuerelement `MyText-Control` erweitert haben.

Ereignisse bei benutzerdefinierten Serversteuerelementen

Die Ereignisbehandlung ist bei zusammengesetzten Serversteuerelementen genauso einfach wie bei Benutzersteuerelementen. Das Steuerelement kann Ereignisse behandeln, die von seinen untergeordneten Steuerelementen ausgelöst wurden. Sie können Ereignishandler schreiben und Delegaten mit den Ereignissen verknüpfen, die von den untergeordneten Steuerelementen ausgelöst werden. Nehmen wir zum Beispiel an, Sie fügen eine Schaltfläche in ein benutzerdefiniertes Serversteuerelement ein und wollen sein `Click`-Ereignis behandeln. Dazu müssen Sie folgenden Code in die Methode `CreateChildControls` einfügen:

```
Dim btn1 as New Button
btn1.Text = "Click"
AddHandler btn1.Click, AddressOf btn1_Click
Controls.Add(btn1)
```

Beim Definieren des `Button`-Steuerelements fügen Sie einfach den Aufruf von `AddHandler` hinzu und übergeben ihm die Adresse des Ereignishandlers. Dieser Ereignishandler wird dann ausgeführt, wenn das Ereignis auftritt. Der Ereignishandler kann an beliebiger Stelle in der Steuerelementklasse definiert sein:

```
Private Sub btn1_Click(Sender as Object, E as EventArgs)
    ' Click-Ereignis verarbeiten.
    ⋮
End Sub
```

Sie können nicht nur die Ereignisse von untergeordneten Steuerelementen behandeln, sondern auch im Steuerelement benutzerdefinierte Ereignisse auslösen. Nehmen wir an, Sie wollen das Formular benachrichtigen, wenn sich der Inhalt eines Textfelds geändert hat. Dazu definieren wir zuerst ein öffentliches Ereignis in der Steuerelementklasse:

```
Public Event Change(Sender as Object, E as Eventargs)
```

Steuerelemente für die Webclients

Dann erstellen wir eine Unterroutine, die interne `OnChange`-Ereignisse behandelt und ihrerseits das benutzerdefinierte Ereignis auslöst:

```
Protected Sub OnChange(E as EventArgs)
    RaiseEvent Change(Me, E)
End Sub
```

Wird diese Unterroutine ausgeführt, bekommt sie Ereignisdaten als Argument übergeben. Das benutzerdefinierte Serversteuerelement löst daraufhin unser Ereignis aus und übergibt einen Verweis auf sich selbst.

Erstellen wir ein `TextBox`-Steuerelement, bei dessen Änderung ein Ereignis ausgelöst wird:

```
Dim txtBox1 as New TextBox
txtBox.ID = "textBox1"
AddHandler txtBox1.TextChanged, AddressOf txtBox1_Change
Controls.Add(txtBox1)
```

Nachdem wir `AddHandler` das Ereignis `TextChanged` und eine Methodenadresse übergeben haben, können wir das Ereignis folgendermaßen verarbeiten:

```
Private Sub txtBox1_Change(Sender as Object, E as EventArgs)
    OnChange(EventArgs.Empty)
End Sub
```

Was passiert also, wenn `txtBox1` ein `TextChanged`-Ereignis ausgelöst hat? Erst wird die Unterroutine `txtBox1_Change` aufgerufen, da wir ihre Adresse an `AddHandler` übergeben hatten. `txtBox1_Change` ruft ihrerseits die Unterroutine `OnChange` auf und übergibt ein leeres Ereignisargument. `OnChange` löst unser benutzerdefiniertes Ereignis `Change` aus, das schließlich von der Web Forms-Seite behandelt wird. Experimentieren Sie ruhig etwas mit diesem Code. Beispiele davon finden Sie in den Kapiteln 11 und 14.

Windows Forms-Steuerelemente

Auf dieselbe Weise, wie wir in .NET benutzerdefinierte Serversteuerelemente für Web Forms erstellen können, haben wir auch die Möglichkeit, benutzerdefinierte Steuerelemente für Windows Forms-Seiten zu entwickeln. Die Entwicklung von Windows Forms-Steuerelementen ist der Entwicklung von Web Forms-Steuerelementen sehr ähnlich. Daher sind Sie bestimmt nicht überrascht, wenn Sie erfahren, dass es beim Erstellen von Windows Forms-Steuerelementen dieselben drei Möglichkeiten gibt:

- **Eigenständige benutzerdefinierte Steuerelemente** Ein eigenständiges benutzerdefiniertes Steuerelement ist von der Klasse `Control` im Namespace `System.Windows.Forms` abgeleitet. Die gesamte Logik, auch der Darstellungscode für die Anzeige auf einer Windows Form, muss implementiert werden. Statt wie bei einer Web Forms-Anwendung die Methode `Render` zu überschreiben, muss das Windows Forms-Steuerelement die Methode `OnPaint` überschreiben. Es gibt keinen grafischen Designer, daher müssen Sie die Ausgaben allein vom Programmcode aus entwerfen.

- **Abgeleitete Steuerelemente** Abgeleitete Steuerelemente basieren auf bestimmten Steuerelementen, deren Verhalten wir ändern oder erweitern wollen. Sie gleichen darin Webserversteuerelementen.

- **Zusammengesetzte Steuerelemente** Zusammengesetzte Steuerelemente sind von der Steuerelementklasse `UserControl` aus dem Namespace `System.Windows.Forms` abgeleitet. Der große Vorteil beim Erstellen dieses Steuerelementtyps ist der grafische Designer. Wenn Sie ein Projekt vom Typ *Windows-Steuerelementbibliothek* erzeugen, werden Sie von der Benutzeroberfläche eines Designers empfangen. Über Drag & Drop können Sie andere Windows Forms-Steuerelemente hinzufügen. Danach können Sie Eigenschaften und benutzerdefinierten Code hinzufügen. Auch wenn Sie auf diese Weise ein Windows-Steuerelement erstellen, werden Sie das Gefühl haben, Sie arbeiten an einem Web Forms-Benutzersteuerelement.

Wir haben ein kleines Beispiel bereitgestellt, das zeigt, wie ein benutzerdefiniertes Web Forms-Steuerelement erstellt und aufgerufen wird. Sie finden es im Verzeichnis *CH06\WindowsForm-Control*. Öffnen Sie die Projektdatei *WindowsFormControl.sln*. Das Projekt enthält die Datei *ItWorks.vb* und die Windows Forms-Datei *SimpleSample.vb*. Die Datei *ItWorks.vb* sieht so aus:

ItWorks.vb
```
Imports System.ComponentModel
Imports System.Windows.Forms.Control
Public Class ItWorks
    Inherits Control
    Protected Overrides Sub OnPaint(ByVal e As PaintEventArgs)
        ' Inhalt der Eigenschaft Text in das Steuerelement zeichnen
        Dim rect As Rectangle = New RectangleF(ClientRectangle.X, ClientRectangle.Y, _
            ClientRectangle.Width, ClientRectangle.Height)
        e.Graphics.DrawString(Me.Text, Font, New SolidBrush(ForeColor), rect)
    End Sub
End Class
```

Die Ähnlichkeit zu Web Forms-Serversteuerelementen ist deutlich zu sehen. Wir geben der Klasse einen Namen, leiten sie von der Klasse `Control` ab und überschreiben die Methode `OnPaint`. Darin zeichnen wir ein Rechteck mit der angegebenen Höhe und geben mit `DrawString` den Text aus.

Sehen wir uns nun den Code der Windows Forms-Seite *SimpleSample.vb* an. Nachdem wir den Namespace des Steuerelements importiert haben (`WindowsFormControl`), können wir unser neues Steuerelement hinzufügen:

```
' Für Windows Form-Designer erforderlich
Private components As System.ComponentModel.Container
Private WithEvents itworks As itworks
Private WithEvents HostApp As System.Windows.Forms.Form
```

In den fett hervorgehobenen Zeilen deklarieren wir die Windows Form und das `ItWorks`-Steuerelement als Variablen, damit wir später darauf zugreifen können. In der Methode `InitializeComponent` müssen wir unser benutzerdefiniertes Steuerelement hinzufügen. Dies ist auch die Stelle, an der Code eingefügt wird, wenn wir über Drag & Drop Windows Forms-Standardsteuerelemente auf das Formular ziehen:

```
Private Sub InitializeComponent()
    Me.components = New System.ComponentModel.Container()
    Me.itworks = New ItWorks()
    itworks.Dock = System.Windows.Forms.DockStyle.Fill
    itworks.Size = New System.Drawing.Size(600, 450)
    itworks.TabIndex = 0
    itworks.Text = "Hi - This control works"
    Me.AutoScaleBaseSize = New System.Drawing.Size(5, 13)
    Me.Text = "Control Example"
    Me.ClientSize = New System.Drawing.Size(600, 450)
    Me.Controls.Add(itworks)
End Sub
```

Steuerelemente für die Webclients

Nachdem wir eine neue Instanz von ItWorks angelegt haben, können wir ihre Eigenschaften einstellen, zum Beispiel den Text, den das Steuerelement anzeigen soll. Danach definieren wir die Größe der Windows Form und ihre Eigenschaften. Sind wir damit fertig, können wir mit dem gewohnten Aufruf von Me.Control.Add unser Steuerelement in die Seite einfügen.

Wenn Sie sich die Windows Forms-Seite *SimpleSample.vb* genau ansehen, werden Sie einige Definitionen finden, die wir in den Konstruktor des Formulars eingefügt haben:

```
Public Sub New()
    MyBase.New()
    HostApp = Me
    ' Dieser Aufruf ist für den Windows Form-Designer erforderlich.
    InitializeComponent()
    itworks.Font = New Font(Control.DefaultFont.FontFamily, 14, FontStyle.Bold)
End Sub
```

Die Eigenschaft Font hat ItWorks von ihrer Basisklasse Control geerbt. Wieder ein hervorragendes Beispiel für die objektorientierte Programmierung.

Wir haben Ihnen eine kurze Einführung in benutzerdefinierte Windows Forms-Steuerelemente gegeben. Unserer Erfahrung nach sind sie den Web Forms-Serversteuerelementen sehr ähnlich. Abgesehen von bestimmten Syntaxänderungen können Sie die meisten Prinzipien, die Sie weiter oben in diesem Kapitel gelernt haben, auf Windows Forms-Steuerelemente übertragen.

Zusammenfassung

Benutzersteuerelemente (user control) und benutzerdefinierte Serversteuerelemente (custom server control) sind sehr leistungsfähige OOP-Werkzeuge für die Benutzeroberfläche. Sie haben erfahren, wie und wann Sie den jeweiligen Steuerelementtyp einsetzen sollten. Und wir haben Ihnen am Beispiel voll einsatzfähiger Beispiele gezeigt, wie wir diesen Ansatz in die Realität umsetzen. Dank der Detailtiefe, die wir abgedeckt haben, können Sie unsere Beispielsteuerelemente sofort in Ihren Anwendungen einsetzen oder sie anpassen. Wir haben festgestellt, dass beide Steuerelementtypen es möglich machen, Webanwendungen schneller zu entwickeln als je zuvor. (In Kapitel 14 werden wir auf Rapid Application Development, RAD, eingehen.) Sicherlich haben ActiveX-Steuerelemente eine Menge erreicht, aber sie waren viel mehr Einschränkungen unterworfen als die Steuerelemente, die wir mit .NET, ASP.NET und Visual Basic .NET entwickeln können. In späteren Kapiteln werden Sie unsere Beispielsteuerelemente wieder finden, wenn wir unsere Anwendung HRnet weiterentwickeln.

7 Implementieren der Menühandler

176	Strategien zum Aufbau von Menüs
181	Erstellen der Objekte für Menü und Navigationsleiste
197	Ein Beispiel mit Visual Basic .NET-Windows Forms
200	Zusammenfassung

Die Frage, wie Menüs und Navigationsstrukturen aussehen sollten, kann zu erhitzten Debatten und Meinungsverschiedenheiten führen. Wenn wir zehn Web- und Anwendungsdesigner in ein Zimmer sperren und ihnen denselben Anforderungskatalog vorlegen, bekommen wir wahrscheinlich zehn unterschiedliche Empfehlungen, wie wir Menü- und Navigationsstrukturen implementieren sollen. Ein Streit über die Vor- und Nachteile bestimmter Lösungen würde entbrennen, eine Einigung wäre nicht zu erwarten. Vielleicht denken Sie, dass die Schönheit eben im Auge des Betrachters liegt. Wir reden hier aber nicht vom Aussehen einer Anwendung. Wir reden über Benutzerfreundlichkeit, intuitive Bedienbarkeit und Effizienz beim Entwurf von Menü- und Navigationsstrukturen. In diesem Kapitel stellen wir eine flexible Lösung für diese Probleme vor. Wir bieten Ihnen mehr als nur eine bestimmte Lösung für eine Menüstruktur. Während wir die von uns empfohlenen Menü- und Navigationskomponenten erstellen, vermitteln wir Ihnen so viele Details, dass Sie die Komponenten ganz einfach an Ihren persönlichen Geschmack anpassen können. Viele Unternehmen, auch Microsoft, haben große Mengen Geld und Zeit aufgewendet, um die Benutzerfreundlichkeit von Microsoft Windows-Anwendungen und Webanwendungen zu erforschen. Windows-Anwendungen gibt es schon viel länger als Webanwendungen, und es gibt auf breiter Basis implementierte Standards, etwa die Standardoberfläche seit dem Erscheinen von Microsoft Office 2000. Wir wollen uns nicht auf diese Standards konzentrieren. Lieber zeigen wir Ihnen ein Menübeispiel für Windows Forms am Ende dieses Kapitels, das Ihnen eine Vorstellung davon vermittelt, wie einfach es mit Microsoft Visual Basic .NET und Windows Forms ist, Menüs zu entwerfen. Es gibt fundamentale Unterschiede zwischen den Navigationsmechanismen von Windows- und Webanwendungen. Wegen der wachsenden Bedeutung von Webanwendungen für Internet und Intranet werden wir uns auf Web Forms konzentrieren und Lösungen vorstellen, bei denen wir die Leistungsfähigkeit von Microsoft ASP.NET und Visual Basic .NET kombinieren.

Unser wichtigstes Ziel in diesem Kapitel ist es, Ihnen einfache, wieder verwendbare Menü- und Navigationsobjekte zur Verfügung zu stellen, die so browserunabhängig wie möglich sind und eine vollständig datengesteuerte Menü- und Navigationsstruktur für Webanwendungen bieten. Wir wollen Ihnen zeigen, wie diese Objekte aufgebaut sind, damit Sie die Objekte ganz nach Wunsch unverändert benutzen oder an Ihre speziellen Anforderungen anpassen können.

Strategien zum Aufbau von Menüs

Bevor wir uns im Einzelnen damit beschäftigen, auf welche Weise wir unsere Menü- und Navigationskomponenten erstellen, wollen wir einen Blick auf zwei Websites werfen, die vorbildliche Menüs und gute Navigationsmöglichkeiten bieten. Die Microsoft-Website *msn.com* bietet gutes Design und ist einfach zu bedienen. Abbildung 7.1 zeigt die Homepage dieser Site. Am oberen Rand hat sie ein Register für die Hauptbereiche, links befinden sich weitere Navigationsleisten für Unterthemen.

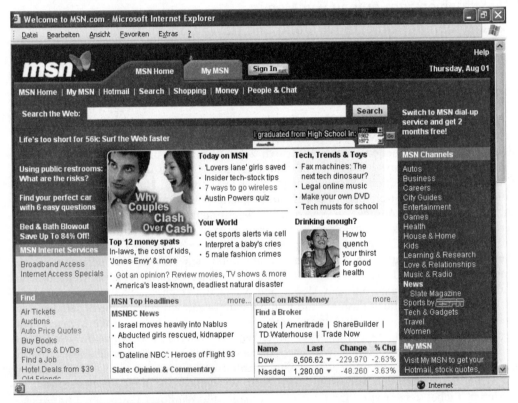

Abbildung 7.1: *Die MSN-Homepage*

Wir kennen viele Websites, die zu komplex sind und bei denen sich der Besucher schwer zurechtfindet. Sogar die fähigsten Benutzer verirren sich auf der Suche nach Informationen. Bestimmt haben Sie ähnliche Erfahrungen gemacht.

Sehen wir uns eine andere Website an, die gute Menü- und Navigationsstrukturen bietet. Abbildung 7.2 zeigt die Website von InfoLink Screening Services, Inc. Diese Site wurde ausschließlich mit .NET entwickelt.

Abbildung 7.2: *Menü- und Navigationsstruktur der Website von InfoLink Screening Services*

Wir hatten die Möglichkeit, diese Webseite zu erstellen. Dank der Erlaubnis der Firma dürfen wir diese Bilder als Beispiele benutzen. Die Register im Hauptmenü geben die Hauptthemenbereiche wieder. Jeder Menüeintrag enthält Unterthemen, die in der Navigationsleiste am linken Rand angezeigt werden. Dieser Ansatz eignet sich besonders für datengesteuerte Menü- und Navigationsstrukturen wie die aus Abbildung 7.2. Abbildung 7.3 zeigt, wie der datengesteuerte Teil der InfoLink-Website aussieht, nachdem sich der Benutzer angemeldet hat. Das Register am oberen Rand enthält wiederum die Hauptthemenbereiche. Die Navigationsleiste am linken Rand bietet Einstiegspunkte für Dateneingabeseiten und Berichte. Weitere Auswahlmöglichkeiten enthält die nummerierte Struktur in der Mitte der Seite. Dieser Ansatz ist einfach und geradlinig. Er macht es den Benutzern leicht, sich auf der Website zurechtzufinden.

Implementieren der Menühandler

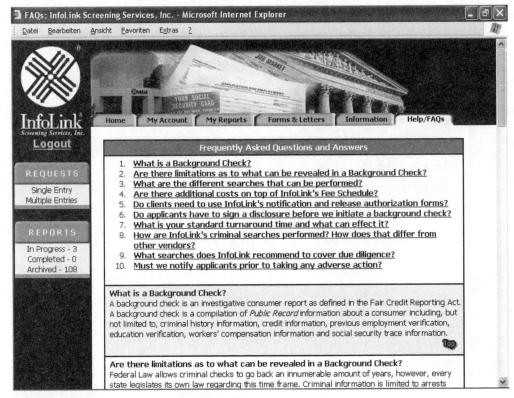

Abbildung 7.3: Datengesteuerte Menüstruktur

Unser Ansatz für gute Menüs

Wir können unseren Ansatz gleich zu Anfang kompakt zusammenfassen: »Keep it simple«, so schlicht wie möglich. Unsere Menü- und Navigationsstrukturen sollen folgende Anforderungen erfüllen:

- Sie sollen einfach zu bedienen sein.
- Sie sollen selbsterklärend sein.
- Sie sollen eine relativ flache Struktur aufweisen. Tief verschachtelte Navigationsstrukturen führen die Benutzer schnell in die Irre.
- Sie sollen datengesteuert sein.
- Sie sollen gut aussehen.
- Sie sollen einfach zu implementieren sein.
- Sie sollen .NET-Komponenten nutzen.

Allgemeiner Aufbau der Menüoberfläche

Die Auswertung der weiter oben vorgestellten Menü- und Navigationsstrukturen ergibt den Aufbau aus Abbildung 7.4.

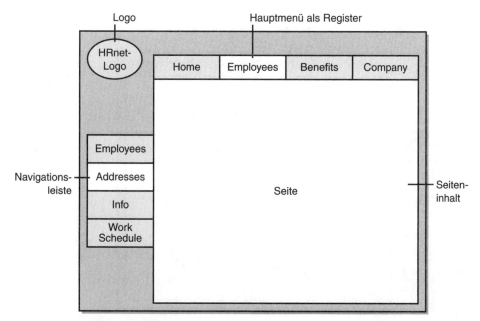

Abbildung 7.4: Entwurf für die Menü- und Navigationsstruktur von HRnet

Der Bildschirm ist grafisch und funktional in vier Bereiche unterteilt:

o **Logo** Neben der reinen Darstellung des Logos können wir ihm auch eine Funktion zuweisen, zum Beispiel kann ein Klick auf das Logo zurück zur Homepage führen. Wir könnten auch eine Abmeldefunktion bereitstellen, wie wir sie in Kapitel 10 vorstellen.

o **Hauptmenüregister** Dieser Bereich enthält das zentrale Navigationssteuerelement der Webanwendung. Alle anderen Navigationsleisten sind diesem Registermenü untergeordnet. Wir empfehlen, die Homepage zum ersten Registerelement des Hauptmenüs zu machen.

o **Navigationsleiste** Die Navigationsleiste bildet die zweite Ebene in unserer Menü- und Navigationsstruktur. Wir belassen es bei dieser Ebene, tiefer wollen wir unsere Menüstruktur nicht machen. Wir haben zwar Menübäume gesehen, die mehrere Ebenen tief sind, raten aber von diesem Ansatz ab. Baumstrukturen werden schnell zu breit. Einer Baumstruktur mit Navigationsoptionen zu folgen, wird schnell komplex und unübersichtlich. Der Benutzer übersieht Informationen und ist verwirrt.

o **Seiteninhalt** In diesem Bereich werden die Webinhalte oder die datengesteuerten Informationen angezeigt.

Unser Ansatz mit den vier Bereichen macht es einfacher, wieder verwendbare Seitenvorlagen zu erstellen, bei denen datengesteuerte Navigation und Seitenerstellung angeboten werden. Eine vollständige Implementierung finden Sie in Kapitel 10.

Mehr als zwei Menüebenen zur Verfügung zu stellen, ist nicht ganz einfach. Eine Möglichkeit wäre, im Kernbereich eine Seite anzuzeigen, die ihrerseits ein Register hat. Abbildung 7.5 zeigt, wie das aussehen könnte.

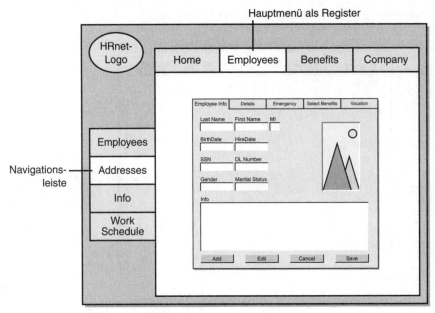

Abbildung 7.5: Eine weitere Menüebene im Seitenbereich

Funktionsumfang der Menüs

Die Komponenten, in denen unsere Navigationsstruktur implementiert ist, sollen so leistungsfähig und flexibel wir möglich sein. Unsere Komponenten sollen in der Lage sein, einerseits eigenständig zu funktionieren, andererseits aber auch Verknüpfungen zu den jeweiligen übergeordneten Steuerelementen herzustellen. Die Benutzer müssen das Hauptmenüregister bedienen können, ohne auf andere Menüs zugreifen zu müssen. Wird die Hauptmenüleiste dagegen mit einer seitlich angeordneten Navigationsleiste kombiniert, muss sie steuern können, welche Einträge der seitlichen Navigationsleiste sichtbar und aktivierbar sind. Falls zum Beispiel im Hauptmenü das Register *Homepage* angeklickt wird, verschwindet die seitliche Navigationsleiste; aktiviert der Benutzer das Register *Employees* (Angestellte), wird die Navigationsleiste automatisch sichtbar und zeigt die verfügbaren Punkte an. Natürlich muss dies vollständig datengesteuert geschehen. Der Entwickler braucht lediglich die Komponenten einzusetzen, die Struktur aus Menü und Untermenü zu entwerfen und die Seiteninhalte bereitzustellen. Den Rest erledigen unsere Komponenten. Es sollen mehrere Datenoptionen zur Verfügung stehen:

o **Erstellte Komponente** Während der Initialisierung der Anwendung kann die Menüstruktur an unsere Komponente übergeben werden. Das passiert auf ähnliche Weise wie beim Übergeben von Argumenten an einer gespeicherte Prozedur. Jeder Eintrag im Hauptmenü oder in der Navigationsleiste wird in der Komponente durch eine Zeile dargestellt. Die Einträge legen auch Abhängigkeiten und die Sichtbarkeit fest. Die Komponente erstellt daraus eine Tabellenstruktur, die für die Navigation ausgewertet wird.

o **Datentabellen** Statt die Tabellenstruktur wie im letzten Punkt dynamisch zu erstellen, können vordefinierte Datentabellen übergeben und benutzt werden.

o **XML-Strukturen** Neben den schon erwähnten Lösungen kann eine XML-Struktur übergeben und benutzt werden. Diese Struktur enthält das vollständige Schema und den Inhalt der benötigten Datentabellen.

Wir wollen in der Komponente außerdem Farbe und Größe der Schrift, Hintergrund- und Vordergrundfarbe der Register, Mausverfolgung, QuickInfos und die Größe des Registers einstellen können. Abbildung 7.6 zeigt, welches Ergebnis wir in diesem Kapitel noch erzielen werden.

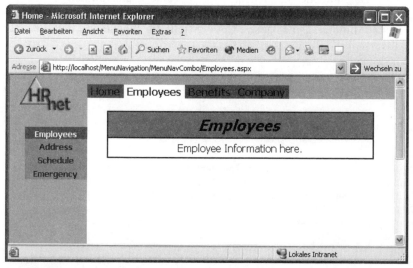

Abbildung 7.6: Die datengesteuerten Menü- und Navigationsleisten von HRnet

Erstellen der Objekte für Menü und Navigationsleiste

Während wir die Objekte für Menü und Navigationsleiste von HRnet erstellen, vermitteln wir Ihnen so viele Detailinformationen wie möglich. Wir wollen sicher sein, dass Sie unsere Gedankengänge und Programmiertechniken nachvollziehen können. Nur so werden Sie in der Lage sein, die Struktur und den Funktionsumfang an Ihre eigenen Anwendungen anzupassen.

Die eingesetzte .NET-Technologie

ASP.NET-Serversteuerelemente bieten für unser Menü mehrere Vorteile. Sie generieren browserunabhängigen Code, verfügen über erweiterte Steuerungsmöglichkeiten, die über Deklarationen oder vom Programmcode aus eingestellt werden können, und sie werden auf dem Server gesteuert. Die beiden nächstliegenden Kandidaten für die Navigation sind das Hyperlink-Serversteuerelement und das LinkButton-Serversteuerelement. Die Schwierigkeit bei der Implementierung dieser Steuerelemente liegt darin, dass die Steuerelementhierarchie auf der Basis von Laufzeitdaten dynamisch erstellt werden muss. Keines der beiden Steuerelemente verfügt über die Eigenschaft DataSource. Hier ist das ASP.NET-Serversteuerelement DataList die Rettung. Wenn wir Hyperlink oder LinkButton-Serversteuerelemente in ein anderes Steuerelement einbetten, das die Datenbindung unterstützt, können sie einzeln an die Daten des übergeordneten Steuerelements gebunden werden. Dank dieses kleinen Tricks können wir unsere datengesteuerte Navigation relativ einfach verwirklichen. Unser erstes Beispiel ist *SimpleLinkButton.aspx* aus dem Unterverzeichnis *Ch07/MenuNavigation/LinkButton*. Es ist eine einfache Implementierung dieser Strategie. Da diese Strategie die Grundlage für alle unsere Navigationssteuerelemente bildet, wollen wir uns zuerst damit beschäftigen.

Sehen wir uns erst einmal die Code-Behind-Datei an. Wenn die Seite zum ersten Mal dargestellt wird, erstellen wir eine Datentabelle mit den benötigten Feldern und binden sie an das DataList-Steuerelement. Wir wollen Ihnen anhand dieser Tabelle zeigen, wie Sie Daten indirekt an das LinkButton-Steuerelement binden. Der folgende Code erstellt die Tabelle und fügt die erste Zeile hinzu:

```
Private Sub Page_Load(ByVal sender As System.Object, _
    ByVal e As System.EventArgs) Handles MyBase.Load
    ' Code zum Initialisieren der Seite hier einfügen.
    If Not IsPostBack Then
        ' Die MainMenuTable erstellen und mit Beispiele füllen.
        Dim menuTable As New DataTable("MainMenuTable")
        Dim menuColumn As DataColumn
        Dim row As DataRow
        menuColumn = menuTable.Columns.Add("MenuID", System.Type.GetType("System.Int32"))
        menuColumn = menuTable.Columns.Add("MenuTabName", System.Type.GetType("System.String"))
        menuColumn = menuTable.Columns.Add("MenuTabTip", System.Type.GetType("System.String"))
        menuColumn = menuTable.Columns.Add("MenuTabURL", System.Type.GetType("System.String"))
        menuColumn = menuTable.Columns.Add("HasNavBar", System.Type.GetType("System.Boolean"))

        ' Erster Eintrag: Register für die Homepage
        row = menuTable.NewRow
        row("MenuID") = 1
        row("MenuTabName") = "Home"
        row("MenuTabTip") = "Our Home Page"
        row("MenuTabURL") = "Home.aspx"
        row("HasNavBar") = False
        menuTable.Rows.Add(row)
        :
        MainMenuList.DataSource = menuTable
        MainMenuList.DataBind()
```

Diese Tabellenstruktur enthält alle Daten, die für ein Registersteuerelement nötig sind. Das sind Name, QuickInfo-Daten, Ziel-URL und sogar ein Boolean-Wert, der festlegt, ob das Element mit einer Navigationsleiste verknüpft ist. Diesen Boolean-Wert werden wir in späteren Beispielen benutzen.

Sehen wir uns den HTML-Code zu diesem Beispiel an. DataList-Steuerelemente können über Eigenschaftenseiten gesteuert werden, wir raten aber vorerst davon ab. Sie werden die interne Funktionsweise des DataList-Steuerelements besser verstehen, wenn Sie wissen, was im HTML-Code passiert.

```
<asp:DataList id="MainMenuList" RepeatDirection="Horizontal"
    runat="server">
    <ItemTemplate>
        <asp:LinkButton ID="idMenuLink"
            ToolTip='<%# Container.dataitem("MenuTabTip")%>'
            Text='<%# Container.dataitem("MenuTabName")%>'
            CommandArgument='<%# Container.dataitem("MenuTabURL") %>'
            Runat="Server">
        </asp:LinkButton>
    </ItemTemplate>
</asp:DataList>
```

Einige Punkte an diesem HTML-Code sind bemerkenswert. Das DataList-Steuerelement wird in der Standardeinstellung vertikal angeordnet. Daher müssen wir dem Attribut RepeatDirection im Element `asp:DataList` den Wert `Horizontal` zuweisen. Anschließend brauchen wir eine Vorlage innerhalb der `DataList`, mit der wir ein `LinkButton`-Steuerelement einbetten können. In der Deklaration des `LinkButton`-Steuerelements können wir die Datenbindung veranlassen, die das `LinkButton`-Steuerelement mit dem `DataList`-Steuerelement verknüpft. Der folgende Codeausschnitt, den Sie bereits aus dem letzten Ausschnitt kennen, zeigt die Befehle für diese Datenbindung in Fettschrift.

```
<asp:LinkButton ID="idMenuLink"
    ToolTip='<%# Container.dataitem("MenuTabTip")%>'
    Text='<%# Container.dataitem("MenuTabName")%>'
    CommandArgument='<%# Container.dataitem("MenuTabURL") %>'
    Runat="Server">
</asp:LinkButton>
```

Wir binden das `dataitem` des `Container`-Objekts an bestimmte Teile des `LinkButton`-Steuerelements. Im Fall des QuickInfos (ToolTip) handelt es sich um das Feld `MenuTabTip` der `menuTable`, die mit dem `DataList`-Steuerelement `MainMenuList` verknüpft ist. Das Attribut `Text` bestimmt die Beschriftung des Menüregisters. Das `CommandArgument` des `LinkButton`-Steuerelements macht es möglich, dass wir serverseitig ein `Click`-Ereignis des `LinkButton` auslösen und ihm den gewünschten URL übergeben können. Der Inhalt wird nicht auf der Seite angezeigt, sondern im `ItemCommand`-Ereignis übergeben. Das wird in der Code-Behind-Datei des Beispiels erledigt:

```
Private Sub MainMenuListItemCommand(ByVal source As Object, _
    ByVal e As System.Web.UI.WebControls.DataListCommandEventArgs) _
    Handles MainMenuList.ItemCommand
    MainMenuList.SelectedIndex = e.Item.ItemIndex
    lblMessage.Text = "Menu Index = " & e.Item.ItemIndex
    lblMessage.Text += " URL Target = " & e.CommandArgument.ToString
    ' Response.Redirect(e.CommandArgument.ToString)
End Sub
```

Die wichtigste Fähigkeit, die `DataList` uns in der Kombination mit dem `LinkButton`-Steuerelement zur Verfügung stellt, ist das Ereignis `ItemCommand`. Bei der Unterroutine, die das `Click`-Ereignis unseres `DataList`-Steuerelements verarbeitet, definieren wir die `DataListCommandEventArgs` unseres `MainMenuList.ItemCommand`-Objekts als Parameter.

```
Private Sub MainMenuListItemCommand(ByVal source As Object, _
    ByVal e As System.Web.UI.WebControls.DataListCommandEventArgs) _
    Handles MainMenuList.ItemCommand
    ⋮
```

Dieser Ereignishandler stellt uns zwei der wichtigsten Parameter bereit, die wir benötigen. Erstens erhalten wir den `ItemIndex` des `DataList`-Steuerelements, das angeklickt wurde. So können wir später den Zustand des Menüs an die Anwendung übergeben. Zweitens erhalten wir das `CommandArgument`, das dem `DataList`-Steuerelement zugeordnet ist. In unserem Fall handelt es sich um den URL der Seite, auf die wir den Browser umleiten. Damit wir die Seite *SimpleLinkButton.aspx* einfacher testen können, leiten wir den Browser nicht um, sondern schreiben die Ausgaben in das Beschriftungsfeld `lblMessage`.

```
lblMessage.Text = "Menu Index = " & e.Item.ItemIndex
lblMessage.Text += " URL Target = " & e.CommandArgument.ToString
```

Ein weiterer interessanter Punkt ist die Eigenschaft `SelectedIndex` des `DataList`-Steuerelements. Damit können wir festlegen, welches Element der `DataList` momentan ausgewählt ist. Wir haben die folgende Zeile in das vorhergehende Beispiel eingefügt, damit das `DataList`-Element ausgewählt bleibt, das angeklickt wurde:

```
MainMenuList.SelectedIndex = e.Item.ItemIndex
```

Implementieren der Menühandler

Jetzt ist es an der Zeit, unsere erste Menüseite auszuprobieren. Sie sieht zugegebenermaßen nicht besonders aufregend aus, bietet aber den gewünschten Funktionsumfang:

- Sie ist vollständig datengesteuert und erstellt sich selbst dynamisch.
- Sie verwendet .NET-Komponenten.
- Sie verarbeitet selbst ihren Zustand.
- Sie erlaubt die Umleitung auf andere Seiten.

Ergänzen wir dieses Beispiel nun durch das Aussehen und den Funktionsumfang, die uns vorschweben. Unser zweites Beispiel, *BetterLinkButton.aspx*, ist das Ergebnis der Optimierung unseres DataList-Steuerelements. Die Änderungen sind rein optisch, die Funktionsweise des Steuerelements hat sich in keiner Weise verändert. Wir nutzen Style Sheets und bereits vorhandene Optionen im DataList-Steuerelement. Der folgende Ausschnitt zeigt den Style Sheet, den wir mit der Datei verknüpft haben. Er steuert das Aussehen des HTML-Bodys und des LinkButton-Steuerelements.

```
<style>
    A.menutext { FONT-WEIGHT: bold; FONT-SIZE: 12pt; MARGIN-LEFT: 5px;
        COLOR: navy; MARGIN-RIGHT: 5px; TEXT-DECORATION: none }
    A.menutext:hover { COLOR: blue; TEXT-DECORATION: none }
    A.menutext:visited { COLOR: navy; TEXT-DECORATION: none }
    A.menutext:hover { COLOR: blue; TEXT-DECORATION: none }
    A.menutext:visited:hover {text-decoration: none; color: blue}
    BODY { FONT-WEIGHT: normal; FONT-SIZE: 10pt; MARGIN: 0px;
        WORD-SPACING: normal; TEXT-TRANSFORM: none; FONT-FAMILY: Tahoma,
        Arial, Helvetica, Sans-Serif; LETTER-SPACING: normal;
        BACKGROUND-COLOR: #aec1eb }
</style>
```

Der HTML-Body übernimmt die Designänderungen automatisch, der DataList müssen wir allerdings mitteilen, welchen Stil sie verwenden soll:

```
<asp:LinkButton ID="idMenuLink" cssclass="menutext" ...
```

Der Abschnitt menutext aus der Style Sheet-Datei weist dem LinkButton-Steuerelement Schriftart, Schriftfarbe und Aktivierungsfarbe zu. Beachten Sie, dass wir die Unterstreichung entfernt haben und dafür sorgen, dass bereits besuchte Links genauso aussehen wie normale Links. Wir wollen nicht das Verhalten eines Links nachnahmen, bei dem unterschiedliche Farben für bereits besuchte und neue Ziele verwendet werden und die durch Unterstreichung hervorgehoben werden. Außerdem haben wir den Links eine etwas andere Farbe zugewiesen, wenn sich der Mauszeiger darüber befindet. Experimentieren Sie mit diesen Einstellungen, damit Sie ein Gefühl dafür bekommen, auf welche Weise Sie das Aussehen des LinkButton-Steuerelements beeinflussen können.

Als Nächstes wollen wir die Hintergrundfarbe des angeklickten Elements innerhalb des DataList-Steuerelements ändern. Auf diese Weise erhält die DataList das Aussehen eines Registersteuerelements. Erfreulicherweise verfügt DataList bereits über Fähigkeiten, die das ganz einfach machen. Wir erstellen zwei Vorlagen innerhalb der DataList, sie heißen ItemStyle und SelectedItemStyle:

```
<SelectedItemStyle BackColor="White"></SelectedItemStyle>
<ItemStyle BackColor="#3366FF"></ItemStyle>
```

Experimentieren Sie auch mit diesem Code. Sie können die Standardeinstellungen der Werte jederzeit wiederherstellen. Neben BackColor gibt es viele weitere Eigenschaften, mit denen sich das Verhalten von ausgewählten oder nicht ausgewählten Elementen verändern lässt. Weiter unten in diesem Kapitel zeigen wir Ihnen, wie Sie diese Eigenschaft zur Laufzeit einstellen statt wie in den bisherigen Beispielen über die Deklaration.

Wir verfügen jetzt über die Grundlagen, mit denen wir unseren restlichen Menücode angehen können. Bevor wir das Beispiel in ein wieder verwendbares Benutzersteuerelement verwandeln, möchten wir erklären, warum wir statt des `Hyperlink`-Serversteuerelements das `LinkButton`-Serversteuerelement verwenden. Wir haben die Erfahrung gemacht, dass sich das `Hyperlink`-Serversteuerelement genau wie ein normaler HTML-Hyperlink verhält. Es leitet den Benutzer innerhalb des Browsers von einer Webseite zur anderen. Das macht es uns unmöglich, einen Roundtrip zum Server zu erzwingen. Das `LinkButton`-Steuerelement ermöglicht einen Server-Roundtrip und kann zusätzlichen Code ausführen, bevor es eine serverseitige Umleitung zu einer anderen Seite auslöst. Das ist wichtig für uns, weil wir auf diese Weise die Zustandsdaten innerhalb des Steuerelements einstellen können. In diesem Fall speichern die Zustandsdaten den Index der angeklickten Schaltfläche, so dass wir sie auf der Zielseite automatisch auswählen können. Zusätzlich können wir später mit Hilfe dieser Zustandsdaten die Informationen für die Menütabelle auslesen. Wir können die Zustandsdaten von Hauptmenü und Navigationsleiste entweder getrennt oder zusammen auswerten. So bekommen wir immer korrekte Zustandsdaten zurück, egal ob wir das Hauptmenü allein oder in Kombination mit der Navigationsleiste benutzen. Würden wir diese Zustandsdaten vor dem Seitenwechsel nicht speichern, müssten wir uns eine Methode einfallen lassen, wie sich jede Seite aus unserer Webanwendung selbst bei den Menüsteuerelementen anmeldet. Das wäre zu aufwendig. Wir können die Menü- und Navigationsstruktur nur dann in unseren Komponenten kapseln, wenn die Komponente ihre Zustandsdaten selbst verwalten kann.

Entwerfen des Steuerelements

Nach einem Blick auf das letzte Beispiel könnten wir der Versuchung erliegen, loszustürmen und sofort ein Benutzersteuerelement oder ein benutzerdefiniertes Serversteuerelement zu erstellen. Rufen wir uns aber noch einmal die Ratschläge aus Kapitel 2 ins Gedächtnis und planen wir das Steuerelement erst.

Wir beginnen mit den benötigten Datentabellen und ihrer Struktur. Beide weiter oben gezeigten Beispiele enthalten bereits eine Datentabelle für das Hauptmenü. Wir können ihre Struktur als Ausgangspunkt nehmen und verbessern. Tabelle 7.1 zeigt die Struktur der Tabelle *MainMenuTable*.

Feldname	Feldtyp	Nullwerte erlaubt	Index
MenuID	Integer	Nein	Primärschlüssel
MenuTabName	String	Nein	
MenuTabTip	String	Ja	
MenuTabURL	String	Nein	
HasChild	Boolean	Nein; Standardeinstellung ist `False`	

Tabelle 7.1: *MainMenuTable*

Wir haben einen Primärschlüssel mit dem Feldnamen *MenuID* hinzugefügt und benötigte Felder definiert. Damit die Tabelle *MainMenuTable* steuern kann, ob ihre untergeordneten Elemente sichtbar sind, erstellen wir eine 1:n-Beziehung zwischen ihr und der Tabelle *NavBarTable*. Tabelle 7.2 zeigt ihre Struktur.

Feldname	Feldtyp	Null erlaubt	Index
NavBarID	Integer	Nein	Primärschlüssel
MenuID	Integer	Nein	Fremdschlüssel
NavBarName	String	Nein	
NavBarTip	String	Ja	
NavBarURL	String	Nein	
HasChild	Boolean	Nein; Standardeinstellung ist False	

Tabelle 7.2: NavBarTable

Beide Tabellen werden in einer Komponente namens MenuData angelegt, die wir in Kürze hinzufügen. In dieser Komponente erstellen wir auch die Beziehung zwischen den Tabellen. Weitere Ebenen lassen sich hinzufügen, indem weitere Tabellen mit derselben Struktur wie *NavBarTable* definiert und jeweils in einer 1:n-Beziehung verknüpft werden. Vergessen Sie aber nicht, dass wir eine Navigationsstruktur empfehlen, die nur zwei oder drei Ebenen tief ist.

Nachdem die Komponente MenuData fertig ist, verschieben wir unser MainMenu in ein Benutzersteuerelement und erweitern es mit der Fähigkeit der Zustandsverwaltung. Dieses Steuerelement packen wir in eine Vorlage, die wir für die Seiten *Home* (Homepage), *Employee* (Angestellte), *Benefits* (Lohnzusatzleistungen) und *Company* (Unternehmen) verwenden. Aus diesen Seiten erstellen wir eine kleine menügesteuerte Anwendung.

Nachdem wir das Beispiel getestet haben, fügen wir zu der Komponente MenuData und dem Benutzersteuerelement weitere Fähigkeiten hinzu, zum Beispiel Optionen für Farben, Schriftart, Größe, Hintergrund im ausgewählten oder nicht ausgewählten Zustand.

Wenn das Registersteuerelement für das Hauptmenü fertig ist, können wir diese Schritte wiederholen, um eine vertikale Navigationsleiste zu erstellen. Sie werden bald sehen, dass die Navigationsleiste auf praktisch dieselbe Weise entwickelt wird wie das Hauptmenü. Wir müssen aber weitere Optionen für die Verwaltung von Zustand und Menüdaten hinzufügen. Machen wir uns also ans Werk.

Die Komponente *MenuData*

Sie finden unsere Komponente unter dem Namen *MenuData* im Unterverzeichnis *Ch07\MenuNavigation\MenuData*. Ein Teil ihres Funktionsumfangs gleicht dem unserer Datenzugriffskomponente aus Kapitel 4. Wir versuchen immer, Ereignisprotokollierung zu implementieren und das Löschverhalten zu ändern. Bei diesem Beispiel haben wir keine öffentlichen Konstruktoren implementiert, weil wir nur eine Möglichkeit anbieten, die Komponente zu initialisieren und zu benutzen. Die Komponente MenuData erstellt ein DataSet, das die Steuerungsdaten für das Menü und die Navigationsleiste enthält. Diese Steuerungsdaten werden von den aufrufenden Methoden erstellt. Dies ähnelt der Weise, in der bei unserer Datenzugriffskomponente Parameter hinzugefügt werden. Jedes Mal, wenn eine Methode aufgerufen wird, erstellt diese Methode einen weiteren Eintrag in einer der Menüdatentabellen.

Beim Initialisieren der Komponente MenuData legen wir zuerst die Struktur unserer Tabellen an. Dazu dient der folgende Code aus dem Codeabschnitt *Vom Component Designer generierter Code*:

```
Public Sub New()
    MyBase.New()
    ' Dieser Aufruf ist für den Komponenten-Designer erforderlich.
    InitializeComponent()
```

```
' Initialisierungen nach dem Aufruf InitializeComponent() hinzufügen
' Struktur des DataSet anlegen
privateDataSet = CreateMenuDataSet()
End Sub
```

Die fett hervorgehobene Zeile haben wir eingefügt, um die Funktion `CreateMenuDataSet` aufzurufen. Diese Funktion weist `privateDataSet` aus unserer Komponente die Struktur unserer Tabellen zu. Im Objekt `privateDataSet` speichern wir die Einträge für unsere Menü- und Navigationsstruktur. Schließlich geben wir die Einträge aus unserer Komponente zurück.

Der folgende Code demonstriert, wie wir die Tabellen und ihre Beziehungen anlegen:

```
Function CreateMenuDataSet() As DataSet
    Dim privateMenuDataSet As New DataSet("MenuTables")
    Dim privateMenuTable As New DataTable("MainMenuTable")
    ' Die DataTable des Menüs definieren.
    Dim privateMenuColumn As DataColumn
    Try
        privateMenuColumn = privateMenuTable.Columns.Add("MenuID", _
            System.Type.GetType("System.Int32"))
        privateMenuColumn.AllowDBNull = False
        privateMenuColumn = privateMenuTable.Columns.Add( _
            "MenuTabName", System.Type.GetType("System.String"))
        privateMenuColumn.AllowDBNull = False
        ⋮
    Catch tableMenuException As Exception
        Throw New Exception(privateExceptionMessage & _
            " Main Menu Table creation error.", tableMenuException)
    End Try

    Dim privateNavTable As New DataTable("NavTable")
    Dim privateNavColumn As DataColumn
    Try
        privateNavColumn = privateNavTable.Columns.Add("MenuID", _
            System.Type.GetType("System.Int32"))
        privateNavColumn.AllowDBNull = False
        privateNavColumn = privateNavTable.Columns.Add("NavBarId", _
            System.Type.GetType("System.Int32"))
        privateNavColumn.AllowDBNull = False
        ⋮
    Catch tableNavException As Exception
        Throw New Exception(privateExceptionMessage & _
            " NavBar Table creation error.", tableNavException)
    End Try

    privateMenuDataSet.Tables.Add(privateMenuTable)
    privateMenuDataSet.Tables.Add(privateNavTable)
    Try
        privateMenuDataSet.Relations.Add("MenuNav", _
            privateMenuDataSet.Tables("MainMenuTable").Columns("MenuID"), _
            privateMenuDataSet.Tables("NavTable").Columns("MenuID"))
        Return privateMenuDataSet
    Catch linkException As Exception
        Throw New Exception(privateExceptionMessage & _
            " One-to-many Link could not be created.", linkException)
    End Try
End Function
```

In den ersten Zeilen erstellen wir das `DataSet` und die `DataTable`-Objekte mit ihren jeweiligen Feldern. Wir definieren für alle Felder den Datentyp und legen fest, welche Felder einen Wert haben müssen. Nach dem Anlegen der Felder fügen wir sie zu dem `DataSet` hinzu und legen eine Beziehung an. Die Struktur in diesem Beispiel legt die Tabellen für ein Hauptmenü und eine untergeordnete Navigationsleiste an. Falls Sie weitere Ebenen in Ihrem Menü benötigen, brauchen Sie lediglich für jede Ebene eine zusätzliche Tabelle zu erstellen, die mit der *NavBarTable* verknüpft ist.

Im nächsten Abschnitt unserer Komponente `MenuData` erstellen wir Zeile für Zeile die Menütabellen. Sehen wir uns diesen Code genauer an. Es handelt sich um den Codeabschnitt *AddMainMenuItems & AddNavBarItems*:

```
Public Sub AddMainMenuParameter(ByVal MenuID As Integer, _
    ByVal MenuTabName As String, _
    ByVal MenuTabURL As String, _
    ByVal HasChild As Boolean, _
    Optional ByVal MenuTabTip As String = Nothing)
    Dim usedMenuTable As DataTable    ' Die Menütabelle holen.
    Dim addRow As DataRow
    Try
        usedMenuTable = privateDataSet.Tables("MainMenuTable")
        addRow = usedMenuTable.NewRow
        addRow("MenuID") = MenuID
        addRow("MenuTabName") = MenuTabName
        addRow("MenuTabURL") = MenuTabURL
        addRow("HasChild") = HasChild
        addRow("MenuTabTip") = MenuTabTip
        usedMenuTable.Rows.Add(addRow)
    Catch addMainMenuException As Exception
        ' Ausnahme mit der privaten Funktion LogException protokollieren.
        LogException(addMainMenuException)
        ' Ausnahme wird an den Aufrufer weitergegeben.
        Throw New Exception(privateExceptionMessage & _
            " Adding a record to the Main Menu Table failed.", addMainMenuException)
    End Try
End Sub
```

Wir fügen jeweils ein Element zu dem Hauptmenü oder der Navigationsleiste hinzu, indem wir eine öffentliche Unterroutine aufrufen und dabei Werte für alle Tabellenfelder übergeben. Wir müssen lediglich aufpassen, dass wir die richtigen Datentypen verwenden und optionale Argumente am Ende übergeben. (Vergessen Sie nicht, den optionalen Parametern einen Standardwert zuzuweisen. In diesem Beispiel erhält der QuickInfo-Eintrag den Wert `Nothing`.)

```
Public Sub AddMainMenuParameter(ByVal MenuID As Integer, _
    ByVal MenuTabName As String, _
    ByVal MenuTabURL As String, _
    ByVal HasChild As Boolean, _
    Optional ByVal MenuTabTip As String = Nothing)
```

Wenn wir die Unterroutine aufrufen, ermittelt sie die richtige Menüdatentabelle und fügt eine neue Zeile hinzu. Dann trägt sie die übergebenen Argumente in diese Zeile ein und speichert sie in der `DataTable MainMenuTable`:

```
usedMenuTable = privateDataSet.Tables("MainMenuTable")
addRow = usedMenuTable.NewRow
addRow("MenuID") = MenuID
addRow("MenuTabName") = MenuTabName
addRow("MenuTabURL") = MenuTabURL
addRow("HasChild") = HasChild
addRow("MenuTabTip") = MenuTabTip
usedMenuTable.Rows.Add(addRow)
```

Auf diese Weise können wir Zeile für Zeile zu den Menütabellen hinzufügen. Die Unterroutine AddMainMenuParameter trägt Zeilen in die Datentabelle *MainMenuTable* ein, die Unterroutine AddNavBarParameter in die Datentabelle *NavBarTable*. Der einzige Unterschied liegt in den Parametern und den Datenfeldern.

Unsere Komponente MenuData ist jetzt beinahe bereit für ihren ersten Test, auch wenn noch einige Fähigkeiten fehlen. Im Abschnitt »Das Benutzersteuerelement für die Navigationsleiste« weiter unten in diesem Kapitel werden wir sie erweitern, indem wir die Auswahl von Farben und Schriftart ermöglichen. Die Datei *MenuDataTestForm.aspx* aus dem Verzeichnis *LinkButton* ruft die Komponente MenuData auf, fügt zu beiden Tabellen Einträge hinzu und zeigt beide Tabellen in DataGrid-Steuerelementen an. Auf diese Weise können wir prüfen, ob die Daten korrekt sind. Wir können auch die Funktionsfähigkeit der Komponente prüfen. Sehen wir uns schnell an, wie diese Komponente benutzt wird. Zuerst importieren wir den Namespace MenuData, er enthält die Klasse MenuDataServer:

```
Imports MenuNavigation.MenuData
```

Im Ereignishandler Page_Load der Seite rufen wir die Komponente MenuData auf und fügen die Menüeinträge hinzu. Der gesamte Code des Ereignishandlers sieht so aus:

```
Private Sub Page_Load(ByVal sender As System.Object, ByVal e As System.EventArgs) Handles MyBase.Load
    ' Hier Benutzercode zur Seiteninitialisierung einfügen.
    Dim menuTable As DataTable      ' Tabelle für Hauptmenü deklarieren.
    Dim navTable As DataTable       ' Tabelle für Navigationsleiste deklarieren.
    ' Die Komponente MenuTable aufrufen und Daten zu der Tabelle für das Hauptmenü hinzufügen.
    Dim localMenuTables As New MenuDataServer()
    localMenuTables.AddMainMenuParameter(1, "Home", "Home.aspx", False,"Our Home Page")
    localMenuTables.AddMainMenuParameter(2, "Employees", "Employees.aspx", True, "All about Employees")
    localMenuTables.AddMainMenuParameter(3, "Benefits", "Benefits.aspx", True, "Our Company's Benefits")
    localMenuTables.AddMainMenuParameter(4, "Company", "Company.aspx", False)
    ' Die menuTable aus dem DataSet holen.
    menuTable = localMenuTables.GetMenuDataSet.Tables("MainMenuTable")
    ' Einträge in die Tabelle NavBar einfügen.
    localMenuTables.AddNavBarParameter(2, 1, "2nd Tab whatever", "whatever.aspx", False)
    localMenuTables.AddNavBarParameter(2, 2, "2nd Tab whatever2", "whatever2.aspx", False)
    localMenuTables.AddNavBarParameter(3, 1, "3rd Tab whatever", "whatever3.aspx", False)
    navTable = localMenuTables.GetMenuDataSet.Tables("NavTable")
    localMenuTables.Dispose()        ' Methode Dispose des Objekts aufrufen.
    localMenuTables = Nothing        ' Sicherstellen, dass es nicht noch einmal benutzt wird.
    ' Wir weisen die zurückgegebene Tabelle unserer DataList für das Hauptmenü zu.
    MainMenuGrid.DataSource = menuTable
    MainMenuGrid.DataBind()
    ' Wir weisen die zurückgegebene Tabelle unserer DataList für die Navigationsleiste zu.
    NavBarGrid.DataSource = navTable
    NavBarGrid.DataBind()
End Sub
```

Außerdem müssen wir eine Variable für die Klasse MenuDataServer anlegen:

```
Dim localMenuTables As New MenuDataServer()
```

Danach können wir die Menüeinträge hinzufügen:

```
localMenuTables.AddMainMenuParameter(1, "Home", "Home.aspx", False,"Our Home Page")
localMenuTables.AddMainMenuParameter(2, "Employees", "Employees.aspx", True, "All about Employees")
⋮
```

Nachdem wir alle Menüeinträge haben, weisen wir das Ergebnis lokal definierten Tabellen zu (das heißt, DataTable-Objekten, die in der Code-Behind-Datei der Seite mit dem Menü deklariert wurden). Dazu rufen wir die Funktion GetMenuData des MenuData-Objekts auf. So erhalten wir ein

DataSet, das alle erstellten Tabellen enthält. Aus diesem Grund müssen wir genau angeben, welche Tabelle aus dem `DataSet` wir haben wollen:

```
menuTable = localMenuTables.GetMenuDataSet.Tables("MainMenuTable") ' Die menuTable aus dem DataSet holen.
navTable = localMenuTables.GetMenuDataSet.Tables("NavTable")
```

Zuletzt weisen wir dem `DataGrid`-Steuerelement die lokalen Tabellen zu und aktivieren die Datenbindung:

```
MainMenuGrid.DataSource = menuTable
MainMenuGrid.DataBind()
```

In unserem nächsten Beispiel, *DataLinkButton.aspx*, erstellen wir auf dieselbe Weise eine vollständig datengesteuerte Navigationsleiste. Statt auf andere Seiten zu springen, zeigen wir den Index des ausgewählten Menüeintrags und die Zielseite an, zu der wir gewechselt hätten. Probieren Sie dieses Beispiel bitte aus und verändern Sie den Code etwas. Sie werden sehen, dass wir genau steuern können, was das Menü anzeigt und was nicht. Wir können sogar dafür sorgen, dass während des `Page_Load`-Ereignisses einer Seite zwischen mehreren Menüregistern gewählt wird. Welches Menü dann geladen wird, könnte zum Beispiel aufgrund der Rolle oder der Berechtigungen des Benutzers entschieden werden.

Das Benutzersteuerelement für das Hauptmenü

Statt den HTML-Code und die Code-Behind-Datei des Menüs in jede einzelne Seite unserer Webanwendung zu kopieren, erstellen wir dieses Steuerelement jetzt in Form eines ASP.NET-Benutzersteuerelements. Wir probieren das erst mal in einer einfachen Version aus, bevor wir die Eigenständigkeit und Kapselung schrittweise steigern.

Die Beispiele aus den nächsten Abschnitten finden Sie im Unterverzeichnis *MenuTabs*. Wir setzen voraus, dass Sie wissen, wie Sie Benutzersteuerelemente erstellen und einsetzen. Die Datei *MainMenuTest.ascx* enthält das Benutzersteuerelement für das Register des Hauptmenüs. Wenn Sie sich den HTML-Code ansehen, werden Sie feststellen, dass er dem aus unserem letzten Beispiel genau gleicht. Die `DataList`- und `LinkButton`-Steuerelemente mit ihren jeweiligen Datenbindungen werden auf genau dieselbe Weise benutzt. Die Unterschiede liegen in der Code-Behind-Datei.

Wir wollen die Tabellen für das Hauptmenü und die Navigationsleiste nicht jedes Mal neu erstellen, wenn wir eine Seite aktualisieren oder zu einer anderen Seite gehen. Aus diesem Grund erstellen wir eine Sitzungsvariable für die Menütabellen. Jedes Mal, wenn das Benutzersteuerelement `MainMenuTest` aufgerufen wird, sucht es nach dieser Sitzungsvariable. Ist sie nicht vorhanden, wird sie angelegt, ansonsten wird sie verwendet. Der Code sieht folgendermaßen aus:

```
If Session("MainMenuTable") Is Nothing Then
    ' Die Komponente MenuTable aufrufen und Einträge in die Tabellen für das Hauptmenü einfügen.
    Dim localMenuTables As New MenuDataServer()
    localMenuTables.AddMainMenuParameter(1, "Home", _
        "/MenuNavigation/MenuTabs/Home.aspx", False, "Our Home Page")
    localMenuTables.AddMainMenuParameter(2, "Employees", _
        "/MenuNavigation/MenuTabs/Employees.aspx", True, _
        "All about Employees")
    localMenuTables.AddMainMenuParameter(3, "Benefits", _
        "/MenuNavigation/MenuTabs/Benefits.aspx", True, _
        "Our Company's Benefits")
    localMenuTables.AddMainMenuParameter(4, "Company", _
        "/MenuNavigation/MenuTabs/Company.aspx", False)
    menuTable = localMenuTables.GetMenuDataSet.Tables("MainMenuTable")
    Session("MainMenuTable") = menuTable
```

```
    localMenuTables.Dispose()          ' Methode Dispose des Objekts aufrufen.
    localMenuTables = Nothing          ' Sicherstellen, dass es nicht noch einmal benutzt wird.
Else
    menuTable = CType(Session("MainMenuTable"), DataTable)
End If
```

Wir wollen hier keine ermüdende Diskussion über Sitzungsvariablen entfachen. In den Tagen von ASP sollte man Sitzungsvariablen besser meiden, weil sie die Skalierbarkeit einschränkten. Zum Glück ist diese Einschränkung bei ASP.NET verschwunden, außerdem stehen mehr Möglichkeiten für Sitzungsvariablen zur Verfügung. Sie müssen aber immer noch eine Balance zwischen Leistung und Skalierbarkeit herstellen. Egal, für welche Technik Sie sich entscheiden, die Balance ist ein Faktor. Wenn Sie nur an Leistung interessiert sind, wird die Skalierbarkeit leiden, und umgekehrt. Wir behandeln die Probleme mit Skalierbarkeit und Leistung genauer in Kapitel 11.

Zweitens müssen wir uns in unserem Benutzersteuerelement um die Zustandsverwaltung kümmern. Da wir von Seite zu Seite navigieren, müssen wir die Position des ausgewählten Menüregisters an die Seite übergeben. Auch in diesem Fall haben wir uns für eine Sitzungsvariable entschieden. Wir prüfen, ob die Sitzungsvariable `MainMenuIndex` bereits vorhanden ist. Ist das der Fall, tragen wir den Index aus der `DataList` in diese Sitzungsvariable ein. Andernfalls legen wir die Sitzungsvariable an und tragen den Wert 0 darin ein. So wird das erste Register aktiviert. (Wir nehmen an, dass Sie dies als Standardeinstellung wünschen. Falls nicht, können Sie den gewünschten Index ändern.)

```
If Session("MainMenuIndex") Is Nothing Then
    MainMenuList.SelectedIndex = 0
    Session("MainMenuIndex") = 0
Else
    MainMenuList.SelectedIndex = CInt(Session("MainMenuIndex"))
End If
```

Da wir eine Sitzungsvariable verwenden, lösen wir eine Verhaltensweise aus, der wir uns bewusst sein müssen. Falls die Sitzungsvariable ihre Verfallszeit erreicht, wird sie gelöscht. Der Client wird dann beim Hauptmenü in die Standardeinstellung zurückgeworfen. Verglichen mit einer Fehlermeldung über einen Timeout oder eine verlorene Verbindung ist das sogar ein Vorteil.

Wir dürfen auch nicht vergessen, den Zustand des Menüs beim Auswählen eines Registers zu sichern. Wird ein bestimmtes Register angeklickt, muss der entsprechende Wert in die weiter oben angelegte Sitzungsvariable eingetragen werden. Das passiert in `MenuList_ItemCommand`:

```
Private Sub MainMenuList_ItemCommand(ByVal source As Object, _
    ByVal e As System.Web.UI.WebControls.DataListCommandEventArgs) _
    Handles MainMenuList.ItemCommand
    MainMenuList.SelectedIndex = e.Item.ItemIndex
    Session("MainMenuIndex") = e.Item.ItemIndex
    Response.Redirect(e.CommandArgument.ToString)
End Sub
```

Nachdem das Benutzersteuerelement `MainMenuTest` bereitsteht, können wir ein wirklich datengesteuertes Menü und die zugehörigen Seiten erstellen. Sie finden die Seite *Home.aspx* mit diesem Beispiel im Unterverzeichnis *MenuTabs*. Starten Sie die Datei *Home.aspx* und sehen Sie sich an, wie Sie das Menüregister von Seite zu Seite führt. Die Seiten *Home.aspx*, *Employees.aspx*, *Benefits.aspx* und *Company.aspx* enthalten in ihren Code-Behind-Dateien keinerlei Code für diese Aufgabe. Die Zustandsverwaltung erfolgt völlig unabhängig von den Webseiten. Sie brauchen lediglich das Benutzersteuerelement in die Webseiten einzufügen. Wenn Sie noch einmal zu Abbildung 7.4 zurückblättern, sehen Sie, dass wir bereits die Bereiche für das Logo, das Hauptmenü und den Seiteninhalt fertig haben. Jetzt können wir uns die vertikale Navigationsleiste vornehmen.

Das Benutzersteuerelement für die Navigationsleiste

Bevor wir uns mit der Navigationsleiste selbst beschäftigen, müssen wir einige Änderungen an dem Benutzersteuerelement für das Hauptmenü vornehmen. Die folgenden Beispiele finden Sie im Unterverzeichnis *MenuNavCombo*. Das Benutzersteuerelement für das Hauptmenü befindet sich in der Datei *MainMenu.ascx*. Dieses Steuerelement ist dem aus dem vorhergehenden Abschnitt sehr ähnlich. Wir haben allerdings den Code zum Erstellen der Menütabellen aus dem Benutzersteuerelement herausgenommen. So verbessern wir die Kapselung des Benutzersteuerelements und sorgen dafür, dass es universeller einsetzbar ist. Beachten Sie die Unterroutine Page_Load in der Code-Behind-Datei von *MainMenu.ascx*:

```
Imports MenuNavigation.LocalMenuData
⋮
Private Sub Page_Load(ByVal sender As System.Object, ByVal e As System.EventArgs) _
    Handles MyBase.Load
    Dim menuData As New DataSet()
    Dim menuTable As New DataTable()
    If Session("MenuData") Is Nothing Then
        Dim getLocalMenu As New MenuDataClass()
        menuData = getLocalMenu.getMenuDataSet
        Session("MenuData") = menuData
        menuTable = menuData.Tables("MainMenuTable")
    Else
        menuTable = CType(Session("MenuData"), DataSet).Tables("MainMenuTable")
    End If
    ⋮
End Sub
```

Wir erstellen das DataSet menuData in dieser Code-Behind-Datei nicht mehr Zeile für Zeile, sondern rufen die MenuDataClass aus dem Namespace MenuNavigation.LocalMenuData auf. Diese Klasse füllt das DataSet und gibt es an das Benutzersteuerelement für das Hauptmenü zurück. Wir speichern das gesamte DataSet in dieser Sitzungsvariablen, nicht nur die Tabelle *MainMenuTable*. Das DataSet mit dem Hauptmenü enthält alle Tabellen, die für die Navigation benötigt werden. Da es sich um das Benutzersteuerelement für das Hauptmenü handelt, holen wir die Tabelle *MainMenuTable* aus dem DataSet:

```
menuTable = menuData.Tables("MainMenuTable")
```

Ist die Sitzungsvariable für das DataSet menuData bereits vorhanden, holen wir die Tabelle *MainMenuTable* direkt dort ab:

```
menuTable = CType(Session("MenuData"),DataSet).Tables("MainMenuTable")
```

Sehen wir uns kurz die Datei *MenuDataClass.vb* aus dem Verzeichnis *MenuNavigation* an. Die Datei definiert den Namespace LocalMenuData, und darin die Klasse MenuDataClass, die wir gerade in unserem Benutzersteuerelement aufgerufen haben. Diese Klasse kapselt die Menüerstellung. Sie ruft die Komponente MenuDataServer auf, übergibt Argumente zum Erstellen der Menü- und Navigationstabellen und gibt das fertige DataSet zurück. Indem wir diesen Code vom Benutzersteuerelement trennen, erhalten wir die gewünschte Kapselung. Wir vereinfachen auf diese Weise auch die Geschäftslogik zum Anpassen der Navigationsstruktur. Diese Geschäftslogik könnte die Berechtigungen des Benutzers auswerten, der sich bei der Anwendung angemeldet hat, und abhängig vom Ergebnis unterschiedliche Menü- und Navigationsstrukturen erstellen. Auch andere Anpassungen der Navigationsstruktur sind denkbar. Die Datei *MenuDataClass.vb* hat folgenden Inhalt:

MenuDataClass.vb

```vb
Imports MenuNavigation.MenuData
Imports System.Data
Namespace LocalMenuData
    Public Class MenuDataClass
        Public Function getMenuDataSet() As DataSet
            ' Komponente MenuTable aufrufen und in die Tabelle MainMenuTable eintragen.
            Dim localMenuTables As New MenuDataServer()
            localMenuTables.AddMainMenuParameter(1, "Home", _
                "/MenuNavigation/MenuNavCombo/Home.aspx", False, _
                "Our Home Page")
            localMenuTables.AddMainMenuParameter(2, "Employees", _
                "/MenuNavigation/MenuNavCombo/Employees.aspx", True, _
                "All about Employees")
            localMenuTables.AddMainMenuParameter(3, "Benefits", _
                "/MenuNavigation/MenuNavCombo/Benefits.aspx", True, _
                "Our Company's Benefits")
            localMenuTables.AddMainMenuParameter(4, "Company", _
                "/MenuNavigation/MenuNavCombo/Company.aspx", False)
            'Add info to the NavBar Table
            localMenuTables.AddNavBarParameter(2, 1, "Address", _
                "/MenuNavigation/MenuNavCombo/Address.aspx", False)
            localMenuTables.AddNavBarParameter(2, 2, "Schedule", _
                "/MenuNavigation/MenuNavCombo/Schedule.aspx", False)
            localMenuTables.AddNavBarParameter(2, 3, "Emergency", -
                "/MenuNavigation/MenuNavCombo/Emergency.aspx", False)
            localMenuTables.AddNavBarParameter(3, 1, "Listing", _
                "/MenuNavigation/MenuNavCombo/Listing.aspx", False)
            Return localMenuTables.GetMenuDataSet
            localMenuTables.Dispose()      ' Objekt beseitigen.
            localMenuTables = Nothing      ' Sicherstellen, dass es nicht noch einmal verwendet wird.
        End Function
    End Class
End Namespace
```

Der andere Unterschied bei der neuen Version des Steuerelements ist innerhalb von `MainMenu-List_ItemCommand`. Statt einfach den Wert von `SelectedIndex` für die `DataList` einzustellen und seinen Zustand in der Sitzungsvariablen `MainMenuIndex` zu speichern, wollen wir auch den Zustand der Navigationsleiste übergeben. Dazu erstellen wir die Sitzungsvariable `NavBarIndex` und weisen ihr einen Wert zu. Wahrscheinlich fragen Sie sich, warum dieser Wert 100 ist. Wenn ein Benutzer ein Register des Hauptmenüs anklickt, sollte in der zugehörigen Navigationsleiste kein Eintrag als Standardeinstellung ausgewählt sein. Weil wir in den `ItemIndex` der Navigationsleiste den Wert 100 eintragen, kann das Benutzersteuerelement für die Navigationsleiste alle verfügbaren Möglichkeiten anbieten. (Wir setzen voraus, dass Sie nicht mehr als 99 Einträge haben. Sollte das doch der Fall sein, müssen Sie den Initialisierungswert eben auf 1000 erhöhen.)

```vb
Private Sub MainMenuList_ItemCommand(ByVal source As Object,
    ByVal e As System.Web.UI.WebControls.DataListCommandEventArgs)
    Handles MainMenuList.ItemCommand
    ainMenuList.SelectedIndex = e.Item.ItemIndex
    Session("MainMenuIndex") = e.Item.ItemIndex
    Session("NavBarIndex") = 100
    Response.Redirect(e.CommandArgument.ToString)
End Sub
```

Wir haben jetzt alles bereit, um das Benutzersteuerelement für die Navigationsleiste einsetzen zu können. Die entsprechende Beispieldatei ist *navbar.ascx*. Wenn Sie die Datei in Visual Studio .NET öffnen, werden Ihnen als Erstes die vertikale Ausrichtung und das LinkButton-Steuerelement Menu am oberen Rand auffallen. Wir haben auch eine HTML-Tabelle eingebaut, damit wir die LinkButton-Steuerelemente besser ausrichten und eine einheitliche Breite dafür einstellen können. Bevor wir den Code dieses Steuerelements genau erläutern, möchten wir erklären, warum wir ganz oben in der Navigationsleiste den LinkButton für das Menü eingebaut haben. Der erste Grund: Wenn wir die Bezeichnung des aktuellen Hauptmenüregisters als Überschrift in die seitliche Navigationsleiste eintragen, hilft das dem Benutzer festzustellen, wo er sich befindet. Das ist zwar schon ein hervorragender Grund, es gibt aber noch einen besseren: Falls Benutzer mit der Navigationsleiste arbeiten und zu der Hauptseite eines bestimmten Registereintrags zurückkehren wollen, müssen sie erneut auf das bereits ausgewählte Register im Hauptmenü klicken. Das ist nicht besonders intuitiv, daher verdrahten wir den ersten LinkButton der Navigationsleiste so mit dem Hauptmenü, dass er den Benutzer zu der Hauptseite des ausgewählten Hauptmenüregisters zurückbringt. Probieren Sie das selbst aus, indem Sie die Datei *home.aspx* aus dem Unterverzeichnis *MenuNavCombo* starten.

Sehen wir uns nun die Code-Behind-Datei von *Navbar.ascx* an. Der erste Teil des Ereignishandlers Page_Load lädt die korrekten Tabellen in das lokale DataSet und die Tabellen menuTable und navTable. Vielleicht fragen Sie sich, warum wir uns die Mühe machen, auch die Tabelle für das Hauptmenü zurückzugeben statt nur die für die Navigationsleiste. Wir tun das, weil wir feststellen müssen, welches Register im Hauptmenü ausgewählt ist. Nur so können wir ermitteln, ob es eine Navigationsleiste enthält. Außerdem brauchen wir seine Daten, um das vorhin erwähnte DataLink-Steuerelement Menu zu initialisieren.

```
Private Sub Page_Load(ByVal sender As System.Object, ByVal e As System.EventArgs) _
    Handles MyBase.Load
    ' Hier Benutzercode zur Seiteninitialisierung einfügen.
    Dim menuData As New DataSet()
    Dim menuTable As New DataTable()    ' Eine DataTable-Instanz anlegen.
    Dim navTable As New DataTable()
    If Session("MenuData") Is Nothing Then
        Dim getLocalMenu As New MenuDataClass()
        menuData = getLocalMenu.getMenuDataSet
        Session("MenuData") = menuData
        menuTable = menuData.Tables("MainMenuTable")
        navTable = menuData.Tables("NavTable")
    Else
        navTable = CType(Session("MenuData"), DataSet).Tables("NavTable")
        menuTable = CType(Session("MenuData"), DataSet).Tables("MainMenuTable")
    End If
```

Genau wie beim Benutzersteuerelement MainMenu überprüfen wir, ob die Sitzungsvariable MenuData vorhanden ist. Ist das nicht der Fall, legen wir sie an, andernfalls greifen wir einfach darauf zu. Wie schon vorher laden wir die Tabellen menuTable und navTable.

Danach ermitteln wir, ob das Benutzersteuerelement für die Navigationsleiste sichtbar ist. Diese Information steht in der DataTable menuTable. Wir holen uns die Information mit Hilfe der Select-Methode von ADO.NET aus der Tabelle. Während wir das Datenbankfeld *HasChild* abrufen, das festlegt, ob die Navigationsleiste sichtbar ist, holen wir auch gleich die Bezeichnung des ausgewählten Hauptmenüregisters und seinen URL. Diese Daten kommen in die Überschrift des Navigationsleisten-Steuerelements.

```
Dim privateNavBarSelected As Boolean
Dim selectString As String = "MenuID =" & CType(Session("MainMenuIndex"), Integer) + 1
Dim selectRow() As DataRow = menuTable.Select(selectString)
privateNavBarSelected = CType(selectRow(0)("HasChild"), Boolean)
Menu.Text = CType(selectRow(0)("MenuTabName"), String)
Menu.CommandArgument = CType(selectRow(0)("MenuTabURL"), String)
If privateNavBarSelected = False Then
    MyBase.Visible = False
    Exit Sub
Else
    MyBase.Visible = True
End If
```

Der `selectString` wird als ADO.NET-SQL-Anweisung erstellt. In diesem Fall trägt er in `MenuID` den Index des ausgewählten Hauptmenüregisters plus 1 ein. Wir müssen die 1 addieren, weil die DataList den Startindex 0 hat, die Hauptmenütabelle dagegen den Startindex 1. Die nächste Zeile erstellt eine neue Variable mit dem Namen `selectRow` und dem Typ `DataRow`. Dieser Variablen wird das Ergebnis der SQL-Anweisung `selectString` zugewiesen:

```
Dim selectRow() As DataRow = menuTable.Select(selectString)
```

Wir haben jetzt die Tabellenzeile, in der die Daten über das ausgewählte Register des Hauptmenüs gespeichert sind. Das Feld *HasChild* aus dieser Zeile enthält einen `Boolean`-Wert, der festlegt, ob die Navigationsleiste sichtbar ist. Wir werten diesen Wert später aus, um die Navigationsleiste sichtbar oder unsichtbar zu machen. Da wir ohnehin die komplette Zeile mit den Informationen über das Hauptmenüregister haben, weisen wir der Überschrift des Navigationsleisten-Benutzersteuerelements gleich den Namen und den URL des Hauptmenüregisters zu:

```
Menu.Text = CType(selectRow(0)("MenuTabName"), String)
Menu.CommandArgument = CType(selectRow(0)("MenuTabURL"), String)
```

Jetzt legen wir fest, ob das Benutzersteuerelement sichtbar sein soll. Dazu dient die Eigenschaft `MyBase.Visible`. Soll das Benutzersteuerelement unsichtbar sein, tragen wir in die Eigenschaft den Wert `False` ein und verlassen die Unterroutine sofort wieder. Es gibt keinen Grund, die restlichen Befehle auszuführen. Andernfalls tragen wir in `MyBase.Visible` den Wert `True` ein und fahren fort.

Wir müssen die verfügbaren Navigationsoptionen in der Navigationsleiste auf die Zeilen aus der Tabelle *navTable* beschränken, die mit dem zugehörigen Hauptmenüregister verknüpft sind. Dazu erstellen wir eine Sicht (view) auf die Tabelle *navTable* und filtern sie mit der *MenuID* des ausgewählten Hauptmenüregisters. Diese *MenuID* befindet sich noch in der Variablen `selectString`, die wir einige Zeilen weiter oben benutzt haben.

```
Dim navTableView As DataView = navTable.DefaultView
navTableView.RowFilter = selectString
NavBarList.DataSource = navTable.DefaultView
NavBarList.DataBind()
```

Dies lässt sich mit erstaunlich wenigen Codezeilen implementieren. Nachdem wir die DefaultView-Sicht für `navTable` in `navTableView` erstellt haben, weisen wir ihr einfach den `selectString` ("MenuID=xxxx") als Zeilenfilter zu. Anschließend brauchen wir lediglich die Standardsicht an die DataList zu binden. Das war's, mehr brauchen wir nicht.

Der übrige Code gleicht dem aus dem Benutzersteuerelement MainMenu. Er erledigt die Zustandsverwaltung des Benutzersteuerelements. Probieren wir die beiden Benutzersteuerelemente für Hauptmenü und Navigationsleiste mal aus. Starten Sie *Home.aspx* aus dem Unterverzeichnis *MenuNavCombo*. Probieren Sie alle Kombinationen mit den Einträgen aus Hauptmenü und

Navigationsleisten aus. (Vergessen Sie nicht, dass Sie die Überschrift der Navigationsleiste anklicken können, um zur Hauptseite des aktuell ausgewählten Hauptmenüregisters zurückzukehren.)

Sehen wir uns ein paar Tricks an, mit denen wir die Benutzerfreundlichkeit erhöhen können. Wir haben sämtliche Seiten für dieses Beispiel erstellt, indem wir *Home.aspx* als Vorlage nahmen, sie kopierten und umbenannten. (Wir haben auch die Namenskonflikte in den Code-Behind-Dateien beseitigt, da beim Umbenennen lediglich die *.aspx*-Datei verändert wird. Die @ Page-Direktive mit der Anweisung `inherits="xxx"` bleibt gleich.) Nachdem wir die neue Seite fertig hatten, änderten wir ihren Inhalt und fügten ihren Namen in passende Hauptmenü- und Navigationsleisteneinträge in der Klasse `MenuDataClass` ein.

Das Aussehen der Benutzersteuerelemente wird teils durch Style Sheets und teils durch Deklarationen innerhalb des Benutzersteuerelements bestimmt. Beide haben wir uns bereits angesehen. Letztlich würden wir diese Einstellungen als Datenelemente verwirklichen, die von der Komponente `MenuData` zurückgegeben werden. Dann können wir sie genau wie die Tabellen für Hauptmenü und Navigationsleiste benutzen. Wir zeigen Ihnen ein Beispiel für diese Technik. Öffnen Sie die Code-Behind-Datei aus dem letzten Beispiel des Benutzersteuerelements *NavBar.ascx* und löschen Sie die Kommentarzeichen am Anfang der folgenden Zeilen:

```
' NavBarList.ItemStyle.BackColor = Color.Yellow
' NavBarList.ItemStyle.Font.Italic = True
' NavBarList.SelectedItemStyle.BackColor = Color.LightSeaGreen
' NavBarList.SelectedItemStyle.Font.Italic = True
' NavBarList.SelectedItemStyle.BorderWidth.Pixel(1)
' NavBarList.SelectedItemStyle.BorderStyle = BorderStyle.Ridge
```

Probieren Sie das Beispiel jetzt noch einmal aus. Sicher, es ist hässlich, aber es demonstriert unser neues Verfahren.

Weitere Optionen für Benutzersteuerelemente

Unsere Benutzersteuerelemente funktionieren zwar, es gibt aber einige Punkte, die sich verbessern lassen:

- **Die Benutzersteuerelemente MainMenu und NavBar in Serversteuerelemente verwandeln**
  Nach der Umwandlung in Serversteuerelemente könnten wir die Steuerelemente für Hauptmenü und Navigationsleiste in zahlreichen Anwendungen benutzen. Außerdem steht dann die Möglichkeit von Drag & Drop zur Verfügung. Wir empfehlen trotzdem, sie in anwendungsspezifische Benutzersteuerelemente zu ziehen. Auf diese Weise erhält das Benutzersteuerelement das Look-and-Feel der Anwendung und sie können es in eine Vorlage für die Anwendung einbinden. (In Kapitel 10 erfahren Sie mehr über Anwendungsvorlagen.)

- **Die Abstraktion verbessern, indem wir die Einstellungen für Farben, Schriftart und so weiter in die Komponente MenuData verlegen** Für diese Implementierung haben wir Ihnen bereits einen Ansatzpunkt gegeben. Falls sich herausstellt, dass diese Abstraktion wichtig ist, sollten Sie das gezeigte Verfahren nutzen und Ihre Steuerelemente entsprechend erweitern. Vergessen Sie nicht, den Einstellungen Standardwerte zuzuweisen.

- **Erweitern der Komponente MenuData, damit sie vorhandene Menünavigationstabellen oder XML verarbeitet** Das erreichen Sie durch zusätzliche öffentliche Konstruktoren in der Komponente `MenuData`, die die übergebenen Daten passend aufbereiten. Zum Beispiel könnte ein Konstruktor die benötigten Tabellen als Argumente erhalten. Die Komponente `MenuData` würde die Tabellen dann überprüfen und dem internen `DataSet` zuweisen, das die Menü- und Navigationsstrukturen speichert.

○ **Weitere Navigationsebenen erstellen** Wenn Sie bei den Tabellen das Prinzip der 1:n-Beziehungen beibehalten und die Menüs miteinander verknüpfen, können Sie die Navigationsebenen so tief verschachteln, wie Sie es für sinnvoll halten. Vergessen Sie aber nicht, dass die Verwirrung des Benutzers mit jeder Navigationsebene zunimmt.

○ **Grafiken für die Hauptmenüregister** Grafische Schaltflächen zu ermöglichen, ist nicht ganz so einfach. Sie brauchen dazu Funktionen, die eine Bitmap nehmen und sie passend zur Größe der Register vergrößern oder verkleinern. Das muss dynamisch geschehen, während die Komponenten die Navigationsstruktur erstellen. Eine andere Möglichkeit wäre, die maximal benötigte Länge der Register zu ermitteln, sie alle auf dieselbe Größe einzustellen und nur eine Grafik für ausgewählte beziehungsweise nicht ausgewählte Register zu übergeben. Wir haben solchen Code zwar entwickelt, es würde aber den Rahmen dieses Buchs sprengen, ihn in allen Einzelheiten vorzustellen.

○ **Microsoft Internet Explorer-Websteuerelemente verwenden** Microsoft bietet Websteuerelemente an, die einen ähnlichen Funktionsumfang bieten wie unsere Benutzersteuerelemente. Sie sind nicht so abstrakt und lassen sich nicht so einfach an Daten binden, sie stellen aber eine Alternative dar. Wir haben festgestellt, dass wir eine feinere Steuerung benötigen, als diese Steuerelemente anbieten. Sie haben in diesem Kapitel die Arbeitsweise unserer Steuerelemente kennen gelernt und sind in der Lage, damit viel flexiblere Lösungen zu verwirklichen als mit Hilfe von Internet Explorer-Websteuerelementen. Aus diesem Grund haben wir kein Beispiel mit dieser Technik vorgestellt.

Ein Beispiel mit Visual Basic .NET-Windows Forms

Dieses Kapitel konzentriert sich zwar (wie das gesamte Buch) auf Visual Basic .NET-Komponenten für Webanwendungen, wir wollen aber trotzdem ein einfaches Beispiel für ein Windows Forms-Menü vorstellen. Diese Art Programm zu erstellen, ist im Vergleich mit älteren Visual Basic-Versionen viel einfacher geworden. Abbildung 7.7 zeigt das Ergebnis unserer Bemühungen.

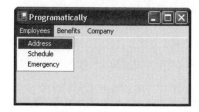

Abbildung 7.7: Ein Beispiel für ein Windows Forms-Menü

Sie finden die Projektmappe *WindowsFormsMenu* mit dem Beispiel im gleichnamigen Unterverzeichnis von *Ch07*. Öffnen Sie die Projektmappe und sehen Sie sich das Formular *ByHand.vb* an. Wir haben dieses Formular im Entwurfsmodus mit Hilfe des Menüeditors entworfen. Ziehen Sie über Drag & Drop eine MainMenu-Komponente aus der Toolbox, klicken Sie auf die Eigenschaft *Text* und fügen Sie Haupt- und Untereinträge hinzu. Visual Basic .NET generiert den entsprechenden Code im Codeausschnitt *Vom Windows Form Designer generierter Code*. Wenn Sie doppelt auf einen Menübefehl klicken, wird ein Ereignishandler für das Click-Ereignis dieses Menübefehls erzeugt. Dieser Ereignishandler sieht folgendermaßen aus:

```
Private Sub MenuItem2_Click(ByVal sender As System.Object, ByVal e As System.EventArgs) _
    Handles MenuItem2.Click
    Dim callAddress As New Address()    ' Dies ist das Click-Ereignis für den Befehl "Address".
    callAddress.Show()
End Sub
```

Wenn der Benutzer den Menübefehl *Address* auswählt, öffnet sich ein neues Formular.

Web Forms-Menüs lassen sich auch vom Programmcode aus erstellen. Ein Beispiel finden Sie in *ProgramTest.vb*. Ihre Code-Behind-Datei hat folgenden Inhalt:

```
Private localMainMenu As MainMenu
Private localMenuItem As MenuItem
Public Sub CreateMenu()
    localMainMenu = New MainMenu()
    localMenuItem = New MenuItem("&Employees")
    localMenuItem.MenuItems.Add("&Address", New System.EventHandler(AddressOf Me.MenuSelect))
    localMenuItem.MenuItems.Add("&Schedule", New System.EventHandler(AddressOf Me.MenuSelect))
    localMenuItem.MenuItems.Add("Eme&rgency")
    localMainMenu.MenuItems.Add(localMenuItem)
    ' Das neu erstellte Menü zum Menü dieses Formulars machen.
    Me.Menu = localMainMenu
End Sub
```

Zuerst legen wir Instanzen von `MainMenu` und `MenuItem` an. Wir erstellen ein neues `MenuItem`-Element und weisen ihm einen Namen zu:

```
localMenuItem = New MenuItem("&Employees")
```

Anschließend können wir Untereinträge in dieses `MenuItem` einfügen. Dazu rufen wir die Methode `MenuItems.Add` auf, der wir die Beschriftung und den Ereignishandler übergeben:

```
localMenuItem.MenuItems.Add("&Address", New System.EventHandler(AddressOf Me.MenuSelect))
```

Nachdem wir die Untereinträge zu dem `MainMenu` hinzugefügt haben, tragen wir dieses `MainMenu` als Menü des Formulars ein:

```
localMainMenu.MenuItems.Add(localMenuItem)
' Das neu erstellte Menü zum Menü dieses Formulars machen.
Me.Menu = localMainMenu
```

Das Aussehen des Menüs ist damit festgelegt. Jetzt müssen wir die Ereignishandler zuordnen. Eigentlich sollte dieser Schritt vor der Unterroutine `CreateMenu` erfolgen. Andernfalls werden Sie im Code-Editor bei `System.EventHandler(AddressOfMe.MenuSelect)` auf Fehler hingewiesen. Denken Sie daran, falls Sie selbst eine solche Menüstruktur entwerfen. Der folgende Ereignishandler öffnet ein Meldungsfeld, wenn ein Menübefehl angeklickt wird:

```
Protected Sub MenuSelect(ByVal sender As Object, ByVal e As System.EventArgs)
    MessageBox.Show("You Clicked a Menu Button")
End Sub
```

Wenn Sie in unserem Beispiel auf eine Schaltfläche drücken, wird die gezeigte Unterroutine `CreateMenu` vom `Click`-Ereignishandler der Schaltfläche aufgerufen und erzeugt dynamisch das Menü. Probieren Sie das Programm aus und wählen Sie die verschiedenen Menübefehle.

Wir wollen dieses Beispiel abstrahieren und auf ähnliche Weise kapseln wie die Web Forms-Klassen aus dem ersten Teil dieses Kapitels. Den entsprechenden Code finden Sie in der Datei *Programmatically.vb*. Wenn Sie sich die Code-Behind-Datei dieser Seite ansehen, werden Sie feststellen, dass sie nur sehr wenig zusätzlichen Code enthält. Zuerst erstellen wir den Ereignishandler für das Menü, obwohl das Menü in einer anderen Klassendatei angelegt wird.

```
Protected Sub MenuSelect(ByVal sender As Object, ByVal e As System.EventArgs)
    MessageBox.Show("You Clicked a Menu Button")
End Sub
```

Die Klasse MenuTest, die das Menü erstellt, wird im Codeabschnitt *Vom Windows Form Designer generierter Code* aufgerufen. Sie finden den entsprechenden Code in der Methode New:

```
Public Sub New()
    MyBase.New()
    ' Dieser Aufruf ist für den Windows Form-Designer erforderlich.
    InitializeComponent()
    ' Initialisierungen nach dem Aufruf InitializeComponent() hinzufügen.
    Dim localMenu As New MenuTest()
    Me.Menu = localMenu.getMenuStructure
End Sub
```

Hier wird die Klasse `MenuTest` aufgerufen. Bevor wir sie benutzen können, müssen wir die Anweisung `Imports WindowsFormsMenu.GetMenuTest` einfügen. Die Klasse `MenuTest` hat eine einzige Methode namens `getMenuStructure`. Sie gibt das Menü in Form des Typs `MainMenu` zurück, das der Seiteneigenschaft `Me.Menu` zugewiesen wird. In diesem Beispiel wird das Menü erstellt, während die Instanz des Formulars angelegt wird. Auf diese Weise ist es einfacher, das Formular als Basisklasse für andere Formulare der Anwendung zu benutzen, die alle automatisch dieselbe Menüstruktur erhalten (genauer gesagt: erben).

Sehen wir uns die Klasse `MenuTest` genauer an:

MenuTest.vb
```
Namespace GetMenuTest
Public Class MenuTest
    Private privateMainMenu As MainMenu
    Private privateMenuItem As MenuItem
    Protected Sub MenuSelect(ByVal sender As Object, ByVal e As System.EventArgs)
        MessageBox.Show("You Clicked a Menu Button")
    End Sub
    Public Function getMenuStructure() As MainMenu
        privateMainMenu = New MainMenu()
        privateMenuItem = New MenuItem("&Employees")
        privateMenuItem.MenuItems.Add("&Address", New System.EventHandler(AddressOf Me.MenuSelect))
        privateMenuItem.MenuItems.Add("&Schedule")
        privateMenuItem.MenuItems.Add("Eme&rgency")
        privateMainMenu.MenuItems.Add(privateMenuItem)
        privateMenuItem = New MenuItem("&Benefits")
        privateMenuItem.MenuItems.Add("&Listing")
        privateMainMenu.MenuItems.Add(privateMenuItem)
        privateMenuItem = New MenuItem("&Company")
        privateMainMenu.MenuItems.Add(privateMenuItem)
        Return privateMainMenu
    End Function
End Class
End Namespace
```

Der Code ist geradlinig, er nutzt die Funktionen, die wir vorher in der Code-Behind-Datei des Formulars implementiert haben.

Wir verfügen nun über eine funktionsfähige, datengesteuerte Menüstruktur für Windows Forms. Wir könnten sie noch dadurch erweitern, dass wir die Menüeinträge auf der Basis von Datenbankelementen erstellen, wie in unserem Web Forms-Beispiel.

Zusammenfassung

Eine durchdachte Menü- und Navigationsstruktur ist eine wichtige Eigenschaft jeder Windows- oder Webanwendung. Eine strukturierte Navigationsmethode, mit der sich der Benutzer durch die Seiten bewegen kann, erhöht die Benutzerfreundlichkeit unserer Anwendungen. Sogar noch wichtiger ist, datengesteuerte Komponenten zu entwickeln, die automatisch die Menü- und Navigationsstruktur unserer Anwendung generieren. Auf diese Weise können wir unsere Anwendungen schnell zusammenstellen, und sie werden ein einheitliches Aussehen haben. Aufbau und Reihenfolge der Menüs lassen sich schnell verändern, wir können einfach neue Seiten hinzufügen. Noch wichtiger ist die Fähigkeit, abhängig von der Rolle des Benutzers unterschiedliche Menü- und Navigationsstrukturen zu erzeugen und festzulegen zu können, welche Menü- und Navigationselemente sichtbar oder funktionsfähig sind. Das sollte außerdem ohne komplizierte Programmierung möglich sein. Dank unserer Anstrengungen haben wir wieder verwendbare Standardkomponenten, die sich um Hauptmenüregister und Navigationsleiste kümmern. Wir haben ihre Funktionsweise so genau erklärt, dass Sie die Komponenten sofort in Ihren eigenen Anwendungen einsetzen oder sie an Ihre jeweiligen Anforderungen anpassen können.

In den bisherigen Kapiteln haben wir universelle, wieder verwendbare Objekte und Komponenten entwickelt. Im nächsten Kapitel beschäftigen wir uns mit der Geschäftsschicht. Hier laufen die Fäden für alle anwendungsspezifischen Funktionen und Prozesse zusammen.

8 Implementieren der Geschäftsschicht

201	Wozu brauchen wir eine Geschäftsschicht?
202	Universelle Geschäftsobjekte entwerfen
203	Formulieren von Geschäftsregeln
204	Interaktion mit der Sicherheitsschicht
205	Interaktion mit der Datenzugriffsschicht
214	Objektorientierte Fähigkeiten von Visual Basic .NET
219	Zusammenfassung

In Kapitel 4 haben wir von der Theorie bis zur Praxis erläutert, wie wir die Datenschicht entworfen und implementiert haben. In diesem Kapitel sehen wir uns an, warum es wichtig ist, viele Geschäftsregeln Ihrer Anwendung in eine Schicht zu konzentrieren. Diese Schicht trennt die Art und Weise, wie die Daten gespeichert sind, von der Art und Weise, wie sie angezeigt und für die Interaktion mit dem Benutzer aufbereitet werden. Beginnen wir mit der Frage, warum Geschäftsregeln so wichtig sind. Danach setzen wir das Thema fort, das wir in Kapitel 1 angefangen haben: die objektorientierten Fähigkeiten von Visual Basic .NET. In den restlichen Abschnitten dieses Kapitels werden wir die Geschäftsobjekte für die Geschäftsschicht der Beispielanwendung HRnet entwerfen und erstellen.

Wozu brauchen wir eine Geschäftsschicht?

Wie Sie wissen, legen Geschäftsregeln (business rule) fest, auf welche Weise ein Unternehmen sich organisiert. Die Geschäftsregeln sind in den Richtlinien und Prozeduren eines Unternehmens enthalten. Da die Geschäftsregeln eines Unternehmens relativ kurzlebig sind, müssen sie einfach zu finden und zu pflegen sein.

Auf den ersten Blick mag es so aussehen, als ob die Geschäftsschicht eine Anwendung auf unnötige Weise aufbläst. Warum sollten wir eine Reihe von Objekten erstellen, um die Geschäftsregeln zu verarbeiten? Die Antwort sind Skalierbarkeit und Ressourcenverwaltung. Indem wir die Geschäftsschicht als Zugangsschleuse benutzen, machen wir die anderen Schichten für ihre Kernaufgaben frei.

Leuchten wir die Vorteile einer Geschäftsschicht noch etwas genauer aus. Die Geschäftsschicht ist ein Puffer, der den Zugang zu den vom Client (direkt oder über die Fassadenschicht) angeforderten Ressourcen (also der Datenschicht) bewacht. Daher ist die Anwendung deutlich skalierbarer. Sie erinnern sich bestimmt, dass ein Hauptproblem von Systemen, die als zweischichtige Unternehmensanwendungen entworfen und erstellt wurden, darin liegt, dass jeder Client eine 1:1-Beziehung mit seinen Ressourcenverbindungen hat.

Ein weiterer Vorteil der Geschäftsschicht ist die Flexibilität, die sie möglich macht. Nachdem die Geschäftsschicht einmal entwickelt und getestet wurde, können Komponenten für viele Varianten der Präsentationsschicht wieder verwendet werden. Es ist egal, ob die Anwendung in einem Browser läuft, auf einem Microsoft Smartphone, einem Pocket PC oder einer Microsoft Xbox. Die jeweilige Benutzeroberfläche kann geändert werden, ohne dass dies Auswirkungen auf die Geschäftsschicht hat, und umgekehrt. Wenn wir die Geschäftslogik in einer bestimmten Schicht zusammenfassen, statt sie über den ganzen Client zu verteilen, wird die Anwendung außerdem viel einfacher zu pflegen. Es ist leichter, die Geschäftskomponenten zu warten. Natürlich stellt sich die Frage: »Wie entscheiden wir, welche Logik und welche Objekte in welche Schicht kommen?« Das werden wir weiter unten in diesem Kapitel klären.

Eine Geschäftsschicht erleichtert uns auch eine effektivere Optimierung der Anwendung, weil die Verarbeitung verschiedener Regeln aufgetrennt und an unterschiedliche Orte verlegt wird. Diese Trennung kann auf der Ebene einer bestimmten Komponente stattfinden oder auf der Datenbankebene, mit Hilfe von gespeicherten Prozeduren. Wenn wir Regeln so früh wie möglich verarbeiten, können wir die Leistung optimieren und Ressourcen gezielt bereitstellen.

Universelle Geschäftsobjekte entwerfen

Ein *Geschäftsobjekt* (business object) kann als Mechanismus definiert werden, der Daten anhand bestimmter Kriterien zur Verfügung stellt. Wenn wir Geschäftsobjekte entwerfen, müssen wir unbedingt die damit verknüpften Geschäftsprozesse verstehen. Nur so können wir sie im Rahmen des Entwurfsprozesses effektiv als Modell abbilden. Wenn wir die Prozesse und Regeln verstehen, können wir für den Entwurf ein Muster nutzen. Ein *Muster* (pattern) ist eine wieder verwendbare Gruppe von Anweisungen, die festlegen, auf welche Weise Prozesse implementiert und in Form von Klassen verfügbar gemacht werden. Weitere Informationen über die Grundlagen von Entwurf und Architektur finden Sie unter *http://msdn.microsoft.com/architecture/*.

Beim Entwurf von Geschäftsobjekten ist es außerdem wichtig, sich für eine bestimmte Architekturstruktur zu entscheiden und diese konsequent beizubehalten. In unserem Fall ist die Geschäftsschicht der im Folgenden beschriebenen Struktur nachgebildet. Darin ähnelt sie den anderen Schichten der Anwendung HRnet. Jede Schicht ist in Objekte unterteilt, jedes Objekt seinerseits in Abschnitte. Dadurch wird die Übersicht verbessert und die Wartung erleichtert. Tabelle 8.1 führt die Hauptabschnitte innerhalb der Geschäftsschicht auf.

Codeabschnitt (region)	Beschreibung
Public constructors	Benutzerdefinierte Konstruktoren und verwandte Funktionen.
Private variables and objects	Variablen und Objekte, die für die Geschäftsregeln benötigt werden.
Private functions	Funktionen für interne Prozesse der Geschäftsschicht.
Public properties	Alle Eigenschaften der Klasse.
Public methods	Alle öffentlichen Methoden der Klasse.
Exception logging	Ereignisprotokollierung und verwandte Funktionen.

Tabelle 8.1: Codeabschnitte innerhalb der Geschäftsobjekte

HINWEIS In jeder Klasse der Geschäftsschicht finden Sie sämtliche Codeabschnitte aus Tabelle 8.1. Einige (zum Beispiel *Exception logging*) dienen allein der Dokumentation und sind leer oder enthalten nur Kommentare, in denen die geerbten Funktionen erklärt werden.

Eine andere einheitliche Struktur innerhalb der Geschäftsschichtobjekte sind die Methoden, mit denen über die Datenschicht auf jede Entität zugegriffen werden kann. Beim Umgang mit den gespeicherten Prozeduren in der Datenbank verwenden wir die folgende Methodeneinteilung für die einzelnen Datenzugriffsaufgaben:

- Alle aktiven Datensätze abrufen.
- Einen bestimmten Datensatz abrufen.
- Einen neuen Datensatz hinzufügen (einfügen).
- Einen bestimmten Datensatz speichern (aktualisieren).
- Einen bestimmten Datensatz in den Zustand »Aktiv« setzen.

Auf der Ebene der gespeicherten Prozeduren haben wir ein ähnliches Funktion- und Namensschema entwickelt. Bei einer Beispielentität hat es folgende Form:

- usp_GetEmployeeBenefits
- usp_GetEmployeeBenefit
- usp_InsertEmployeeBenefit
- usp_UpdateEmployeeBenefit
- usp_UpdateEmployeeBenefitActiveStatus

Weiter unten in diesem Kapitel sehen wir uns die Implementierungsdetails auf beiden Ebenen genau an. Vorerst wollen wir mit unserem Überblick weitermachen und einige Geschäftsregeln der Beispielanwendung untersuchen. Dabei werden Sie erfahren, welche Verbindungen zwischen den Geschäftsregeln und den tieferen Anwendungsschichten bestehen.

Formulieren von Geschäftsregeln

Bei unserer Beispielanwendung kristallisierten sich mehrere Geschäftsregeln heraus, während wir für das Projekt die Anforderungen zusammenstellten und den Entwurf durchführten. Wie im letzten Abschnitt erwähnt legt eine Geschäftsregel fest, auf welche Weise das Unternehmen funktioniert. Viele Geschäftsregeln kleben in Form von gelben Zettelchen auf Computermonitoren. Das klingt vielleicht lustig, ist aber wirklich wahr. Ein Beispiel für eine Geschäftsregel ist zum Beispiel, wie viel ein Unternehmen an Versandkosten abrechnet. Jeder Vertriebsmitarbeiter hat wahrscheinlich eine Tabelle, auf der abhängig von der Bestellsumme die Versandkosten aufgeführt sind.

Stellen Sie sich beim Analysieren Ihres Unternehmens folgende Fragen:

- **Wie lauten unsere Geschäftsregeln?** Das Ermitteln der Regeln wird Ihnen helfen, die Logik Ihrer Geschäftsschicht zu formen.

- **An welcher Stelle lassen sich unsere Geschäftsregeln am besten implementieren?** Finden Sie heraus, ob der optimale Platz zum Implementieren Ihrer Geschäftsregeln in der Präsentations-, der Geschäfts- oder der Datenschicht liegt. Geschäftsregeln gehören normalerweise in die Geschäftsschicht, manchmal ist es aber sinnvoll, Datenbankbeschränkungen (constraints) oder gespeicherte Prozeduren einzusetzen. Gelegentlich kann eine Geschäftsregel sogar über die Validierungsprozedur für Benutzereingaben implementiert werden.

Implementieren der Geschäftsschicht

- **Welche Erfahrung hat unser Wartungspersonal?** Für die Entscheidung, wo die Logik implementiert wird, ist es wichtig, die Programmiersprachenkenntnisse der Entwickler zu kennen sowie der Programmierer, die später die Anwendung pflegen. Sind es Webentwickler, Datenbankprogrammierer, Anwendungsentwickler?

Betrachten wir als Beispiel die vertraulichen Daten einer Personalverwaltung. Eine der wichtigsten Regeln für unsere Anwendung HRnet ist die Zugriffsstruktur:

- Nur Manager und Sachbearbeiter der Personalabteilung haben Zugriff auf alle Daten.
- Unternehmensangestellte auf Managerebene können alle Daten abrufen, dürfen sie aber nicht ändern.
- Normale Angestellte dürfen nur Name und Telefonnummer abrufen.

Eine andere Regel ist die Berechnung, ob ein Angestellter in den Genuss bestimmter Lohnzusatzleistungen kommt. Diese Entscheidung hängt von der Dauer seiner Anstellung ab. Die erforderliche Anstellungsdauer kann bei jeder Leistung anders sein, daher muss sie berechnet werden, wenn für einen bestimmten Angestellten eine Leistung freigegeben wird.

Interaktion mit der Sicherheitsschicht

Um die erwähnten Geschäftsregeln zu implementieren, benötigen wir die Funktionen von Sicherheitsschicht und Datenzugriffsschicht. Wir wollen als Beispiel die Authentifizierungsregeln implementieren. Sie hängen von den Rollen ab, die einem bestimmten Angestellten momentan zugewiesen sind. Wie wir in Kapitel 5 festgestellt haben, können wir mit Hilfe der Sicherheitsschicht ermitteln, welche Rollen ein Benutzer einnimmt, und so die passende Zugriffsstufe einstellen.

Weiter unten in diesem Kapitel zeigen wir, dass wir diese Anforderung entweder mit Hilfe von Benutzername und Kennwort oder mit dem Sicherheitsobjekt erfüllen können. Nachdem wir über diese Information verfügen, können wir die Rollen ermitteln und die Zugriffsstufe festlegen. Werden Benutzername und Kennwort eingegeben, können wir über die Anmeldemethode unseres Sicherheitsobjekts die Rollen ermitteln:

```
PrivateEmpRoles.Login(sUserName, spassword)
```

Nachdem wir die Rollen kennen, untersuchen wir jede Rolle (in einer For Each-Schleife) und legen die passende Zugriffsstufe fest.

```
For Each sRole In PrivateEmpRoles.Roles()
    Select Case sRole
        Case "HRManager", "HRClerk", "HRPayrollClerk"
            PrivateAccessLevel = BLAccessLevel.BLFullAccess
        Case "Manager", "FactorySupervisor", "QAManager"
            PrivateAccessLevel = BLAccessLevel.BLManagerAccess
        Case Else
            PrivateAccessLevel = BLAccessLevel.BLRestrictedAccess
    End Select
    ' Ist die höchste Stufe eingestellt, können wir die Schleife verlassen.
    If PrivateAccessLevel = BLAccessLevel.BLFullAccess Then Exit For
Next
```

Nach dem Einstellen der Zugriffsstufe verlassen wir die Unterroutine. Jedes Mal, wenn eine Methode der Geschäftsschicht aufgerufen wird, wird die Zugriffsstufe überprüft, um eine korrekte

Authentifizierung sicherzustellen, und eine entsprechende Statusmeldung angezeigt. Das folgende Beispiel zeigt, wie diese Funktion aussehen könnte:

```
If AccessLevel = BLAccessLevel.BLManagerAccess Or _
    AccessLevel = BLAccessLevel.BLRestrictedAccess Then
    PrivateStatusInfo = "Access level is restricted from the requested information"
    Exit Sub
Else
    PrivateStatusInfo = "Access Granted"
End If
```

HINWEIS Wir haben eine Enumeration für die Zugriffsstufen erstellt, um die Lesbarkeit zu verbessern. Das ist bei numerischen Werten, die überall in der Anwendung verwendet werden, immer nützlich:

```
Public Enum BLAccessLevel
    BLFullAccess = 1
    BLManagerAccess = 2
    BLRestrictedAccess = 3
End Enum
```

Auf dieselbe Weise wollen wir untersuchen, wie die Geschäftsregeln für die Beispielanwendung durch Funktionen der Datenzugriffsschicht verwirklicht werden können.

Interaktion mit der Datenzugriffsschicht

In der Beispielanwendung HRnet arbeiten Geschäftsschicht und Datenschicht eng zusammen. In diesem Abschnitt untersuchen wir, warum das der Fall ist und auf welche Weise diese Interaktion implementiert ist.

Abfragen als Basis für Geschäftsregeln

Die Frage, wo die Geschäftslogik untergebracht sein sollte, wird in unserer Branche oft kontrovers diskutiert. Das objektorientierte Lager will Statusinformationen allein in Datenspeichern ablegen, die Datenbankliebhaber möchten den Großteil der Logik in Form von SQL implementieren. Objektiv betrachtet gibt es keinen Zweifel, dass bestimmte Formen von gespeicherten Prozeduren für die Implementierung von Geschäftslogik nützlich sind. Bei der Implementierung von HRnet greift die Geschäftsschicht intensiv auf gespeicherte Prozeduren zurück. Daher nutzt sie die Datenzugriffsschicht als Hilfe beim Erzwingen von Geschäftsregeln. Gespeicherte Prozeduren bieten gegenüber SQL-Anweisungen einen Leistungsvorsprung. Gespeicherte Prozeduren erhöhen auch die Skalierbarkeit. Weil sie vorkompiliert sind, belegen sie Ressourcen nicht über längere Zeit mit Beschlag. Übrigens: Wäre uns die Skalierbarkeit völlig egal und wären wir ausschließlich an Geschwindigkeit interessiert, würden wir zweifellos eine Client/Server-Implementierung bevorzugen, die nur gespeicherte Prozeduren nutzt. Bei n-schichtigen Implementierungen der Geschäftslogik gibt es drei Optionen, wo wir die Regeln unterbringen können: Präsentationsschicht, Geschäftsschicht und Datenschicht.

Untersuchen wir die ausgewählte Technik für das Erzwingen von Regeln, indem wir uns ansehen, auf welche Weise der eingeschränkte Zugriff für Mitarbeiter implementiert wird. Behalten Sie die weiter oben vorgestellten Muster im Hinterkopf, während wir die Codebeispiele durchgehen. Das folgende Beispiel demonstriert, wie anhand der Eingabeparameter entschieden wird, welcher Funktionsumfang zur Verfügung gestellt wird. Statt den Zugriff auf Mitarbeiterdaten einzuschränken, könnten Sie dieselbe Technik auch nutzen, um Postleitzahlen (numerisch) oder Länderangaben (Text) zu verarbeiten. Die Implementierungsdetails wären für den Benutzer transparent.

Im folgenden Codeausschnitt wird auf der Basis der Zugriffsstufe entschieden, welche der beiden gespeicherten Prozeduren ausgeführt wird. Die erste gespeicherte Prozedur, usp_getEmployeesRestrictedView, gibt nur den Namen und die Anschlussnummer des Mitarbeiters zurück sowie eine Statusmeldung, die über die Eigenschaft StatusInfo des Objekts ausgelesen werden kann.

```
Public Function GetCompanyEmployees(ByVal CompanyID As Integer) As DataSet
    Dim localDSOutput As DataSet
    Dim ParamsStoredProcedure As String
    Try
        Dim localOutPutServer As New SQLServer(PrivateConnectionString)
        If AccessLevel = BLAccessLevel.BLRestrictedAccess Then
            ParamsStoredProcedure = "usp_getEmployeesRestrictedView"
            PrivateStatusInfo = "Employee access level is restricted to " _
                & "Employee name and extension."
        Else
            ParamsStoredProcedure = "usp_getEmployees"
            PrivateStatusInfo = "Access Granted"
        End If
```

Anschließend brauchen wir lediglich die Datenzugriffsschicht aufzurufen, wie wir es in Kapitel 4 gezeigt haben. Zuerst fügen wir die Unternehmens-ID als Parameter hinzu, dann rufen wir die Methode runSPDataSet auf, um die gewünschten Daten zu ermitteln. Sofern keine Ausnahmen aufgetreten sind, geben wir schließlich den Datensatz an die aufrufende Prozedur zurück:

```
        localOutPutServer.AddParameter("@CompanyId", CompanyID, _
            SQLServer.SQLDataType.SQLInteger, ,_
            ParameterDirection.Input)
        localDSOutput = localOutPutServer.runSPDataSet(ParamsStoredProcedure)
        localDSOutput.Tables(0).TableName = "Employees"
        Return localDSOutput
    Catch ExceptionObject As Exception
        LogException(ExceptionObject)
    Finally
    End Try
End Function
```

Wir haben weiter oben das Modell erklärt, bei dem durch die Geschäftsschicht hindurch auf Daten zugegriffen wird. Sehen wir uns an, wie dieses Modell implementiert ist. Wir beginnen mit dem Ermitteln aller Lohnzusatzleistungen (Benefits):

```
Public Function GetCompanyBenefits() As DataSet
    If AccessLevel = BLAccessLevel.BLRestrictedAccess Then
        PrivateStatusInfo = "Access level is restricted from the requested information"
        Exit Function
    End If
    Dim localDSOutput As DataSet
    Dim ParamsStoredProcedure As String = "usp_getBenefits"
    Try
        Dim localOutPutServer As New SQLServer(PrivateConnectionString)
        localDSOutput = localOutPutServer.runSPDataSet(ParamsStoredProcedure)
```

```
            localDSOutput.Tables(0).TableName = "Benefits"
            Return localDSOutput
        Catch ExceptionObject As Exception
            LogException(ExceptionObject)
        Finally
        End Try
End Function
```

Dem vorgestellten Prinzip folgend stellen wir die Möglichkeit zur Verfügung, Daten zu aktualisieren. Beachten Sie, dass wir den Namen der Unterroutine mit Save (Speichern) beginnen statt mit Update (Aktualisieren). So geben wir den Zusammenhang mit der zugehörigen Benutzeraktion deutlicher wieder. Das folgende Beispiel zeigt die Aktualisierungsmethode aus der Klasse Company:

```
Public Sub SaveCompanyBenefit(ByVal BenefitId As Integer, _
    ByVal active As Boolean, ByVal Name As String, _
    ByVal Category As String, ByVal daystoeligibility As Boolean, _
    ByVal Description As String)

    If AccessLevel = BLAccessLevel.BLManagerAccess Or _
        AccessLevel = BLAccessLevel.BLRestrictedAccess Then
        PrivateStatusInfo = "Access level is restricted from the requested information"
        Exit Sub
    Else
        PrivateStatusInfo = "Access Granted"
    End If
    Dim localDSOutput As ArrayList
    Dim ParamsStoredProcedure As String
    Try
        Dim localOutPutServer As New SQLServer(PrivateConnectionString)
        localOutPutServer.AddParameter( _
            "@BenefitID", BenefitId, SQLServer.SQLDataType.SQLInteger, _
            , ParameterDirection.Input)
        localOutPutServer.AddParameter( _
            "@Name", Name, SQLServer.SQLDataType.SQLChar, 50, _
            ParameterDirection.Input)
        localOutPutServer.AddParameter( _
            "@Category", Category, SQLServer.SQLDataType.SQLChar, 50, _
            ParameterDirection.Input)
        localOutPutServer.AddParameter( _
            "@DaysToEligibility", daystoeligibility, _
            SQLServer.SQLDataType.SQLInteger, , _
            ParameterDirection.Input)
        localOutPutServer.AddParameter( _
            "@Description", Description, _
            SQLServer.SQLDataType.SQLNText, , ParameterDirection.Input)
        ParamsStoredProcedure = "usp_UpdateBenefit"
        localDSOutput = localOutPutServer.runSPOutput(ParamsStoredProcedure)
    Catch ExceptionObject As Exception
        LogException(ExceptionObject)
    Finally
    End Try
End Sub
```

Implementieren der Geschäftsschicht

Wie erstellen wir eine neue Entität, nachdem wir die Daten gespeichert haben? Auch hier greifen wir wieder auf den Funktionsumfang der Datenschicht zurück. Das nächste Beispiel zeigt die Methode, die in der Klasse Company zum Einfügen eines neuen Eintrags dient:

```
Public Function AddCompanyBenefit(ByVal active As Boolean, _
    ByVal Name As String, ByVal Category As String, _
    ByVal daystoeligibility As Integer, ByVal Description As String) As Integer
    If AccessLevel = BLAccessLevel.BLManagerAccess Or _
        AccessLevel = BLAccessLevel.BLRestrictedAccess Then
        PrivateStatusInfo = "Access level is restricted from the requested information"
        Exit Function
    Else
        PrivateStatusInfo = "Access Granted"
    End If
    Dim localDSOutput As ArrayList
    Dim ParamsStoredProcedure As String = "usp_insertBenefit"
    Try
        Dim localOutPutServer As New SQLServer(PrivateConnectionString)
        localOutPutServer.AddParameter( _
                "@Active", CInt(active), SQLServer.SQLDataType.SQLBit, _
                , ParameterDirection.Input)
        localOutPutServer.AddParameter( _
            "@Name", Name, SQLServer.SQLDataType.SQLChar, 50, _
            ParameterDirection.Input)
        localOutPutServer.AddParameter( _
            "@Category", Category, SQLServer.SQLDataType.SQLChar, 50, _
            ParameterDirection.Input)
        localOutPutServer.AddParameter( _
            "@DaysToEligibility", daystoeligibility, _
            SQLServer.SQLDataType.SQLBit, , ParameterDirection.Input)
        localOutPutServer.AddParameter( _
            "@Description", Description, _
            SQLServer.SQLDataType.SQLNtext, , ParameterDirection.Input)
        localOutPutServer.AddParameter( _
            "@BenefitId", , SQLServer.SQLDataType.SQLInteger, , _
            ParameterDirection.Output)
        localDSOutput = localOutPutServer.runSPOutput(ParamsStoredProcedure)
        ' Die ID des neu angelegten Datensatzes zurückgeben.
        Return CInt(localDSOutput.Item(0))
    Catch ExceptionObject As Exception
        LogException(ExceptionObject)
    Finally
    End Try
End Function
```

Sie rufen eine Prozedur auf, um Eigenschaften aus der Anwendung zu holen und auszugeben. Das folgende Beispiel zeigt, wie die schreibgeschützten Eigenschaften innerhalb der Klasse Company mit Hilfe der Datenzugriffsschicht gelesen werden:

```
Private Sub LoadProperties()
    Dim localDSOutput As ArrayList
    ' Eigenschaften für den Bericht über den Angestellten lesen
    Dim ParamsStoredProcedure As String = "usp_GetEmployeeEmploymentStatusCounts"
```

```vb
        Try
            Dim localOutPutServer As New SQLServer(PrivateConnectionString)
            localOutPutServer.AddParameter("@FullTime", , SQLServer.SQLDataType.SQLInteger, , _
                ParameterDirection.Output)
            localOutPutServer.AddParameter("@PartTime", , SQLServer.SQLDataType.SQLInteger, , _
                ParameterDirection.Output)
            localOutPutServer.AddParameter("@TempTime", , SQLServer.SQLDataType.SQLInteger, , _
                ParameterDirection.Output)
            localDSOutput = localOutPutServer.runSPOutput(ParamsStoredProcedure)
            With localDSOutput
                PrivateFulltimeNumber = CInt(.Item(0))
                PrivateParttimeNumber = CInt(.Item(1))
                PrivateTemptimeNumber = CInt(.Item(2))
            End With
        Catch ExceptionObject As Exception
            LogException(ExceptionObject)
        Finally
        End Try
    End Sub

' Die Konstruktoren sind geerbt, die schreibgeschützten Eigenschaften werden lokal geladen
Public Sub New(ByVal sUserName As String, ByVal spassword As String)
    MyBase.New(sUserName, spassword)
    LoadProperties()
End Sub
Public Sub New(ByVal objSecurit As SecurIt.UserSecurity)
    MyBase.New(objSecurit)
    LoadProperties()
End Sub
```

Das folgende Beispiel zeigt, wie die schreibgeschützten Eigenschaften innerhalb der Klasse Company implementiert sind:

```vb
#Region "Public Properties"
    Public ReadOnly Property FullTimeNumber() As Integer
        Get
            FullTimeNumber = PrivateFulltimeNumber
        End Get
    End Property
    Public ReadOnly Property PartTimeNumber() As Integer
        Get
            PartTimeNumber = PrivateParttimeNumber
        End Get
    End Property
    Public ReadOnly Property TempTimeNumber() As Integer
        Get
            TempTimeNumber = PrivateTemptimeNumber
        End Get
    End Property
    Public ReadOnly Property VacationNumber() As Integer
        Get
            VacationNumber = PrivateVacationNumber
        End Get
    End Property
```

Implementieren der Geschäftsschicht

```
    Public ReadOnly Property SickNumber() As Integer
        Get
            SickNumber = PrivateSickNumber
        End Get
    End Property
    Public ReadOnly Property MaternityNumber() As Integer
        Get
            MaternityNumber = PrivateMaternityNumber
        End Get
    End Property
#End Region
```

Gespeicherte Prozeduren zum Abrufen von Daten

Tabelle 8.2 führt die übrigen gespeicherten Prozeduren zum Abrufen von Daten zusammen mit ihren Parametern auf. Sie können hier nachschlagen, wenn Sie sich die Beispielanwendung ansehen.

Name der gespeicherten Prozedur	Parameter
usp_GetBenefit	BenefitID
usp_GetBenefits	Keine
usp_GetCompanies	Keine
usp_GetCompany	CompanyID
usp_GetCompanyActiveNews	CompanyID
usp_GetCompanyPreviousNews	CompanyID
usp_GetDepartment	DepartmentID
usp_GetDepartments	Keine
usp_GetEmergencyInfo	EmployeeID
usp_GetEmergencyInfoContact	EmployeeID, EmergencyID
usp_GetEmployee	EmployeeID
usp_GetEmployeeBenefit	EmployeeID, BenefitID
usp_GetEmployeeBenefits	Keine
usp_GetEmployeeBirthdays	CompanyID
usp_GetEmployeeEmploymentStatusCounts	FullTime output, PartTime output, TempTime output
usp_GetEmployees	CompanyID
usp_GetEmployeesRestrictedView	CompanyID
usp_GetEmployeeStatus	EmployeeID, FullTime output, PartTime output, TempTime output
usp_GetEmployeeStatusCounts	VacationTime output, SickTime output, MaternityTime output, FullTime output, PartTime output, TempTime output
usp_GetHireSource	HiresourceID
usp_GetHireSources	Keine
usp_GetNews	CompanyID, NewsID
usp_GetPosition	PositionID
usp_GetPositions	Keine
usp_GetStatus	Keine
usp_GetStatusDetail	StatusID
usp_GetTitle	TitleID

▶

Name der gespeicherten Prozedur	Parameter
usp_GetTitles	Keine
usp_GetWorkSchedule	WorkscheduleID
usp_GetWorkSchedules	Keine

Tabelle 8.2: Einige gespeicherte Prozeduren von HRnet zum Abrufen von Daten

Gespeicherte Prozeduren zum Einfügen von Daten

Tabelle 8.3 führt die gespeicherten Prozeduren zum Einfügen von Daten zusammen mit ihren Parametern auf.

Name der gespeicherten Prozedur	Parameter
usp_InsertBenefit	Active bit, Name nvarchar(50), Category nvarchar(35), DaysToEligibility int, Description ntext, CreatedBy int, BenefitID int output
usp_InsertCompany	Name nvarchar(50), Address nvarchar(60), City nvarchar(15), Region nvarchar(15), PostalCode nvarchar(15), Country nvarchar(15), MainPhone nvarchar(24), OtherPhone nvarchar(24), Fax nvarchar(24), EMail nvarchar(50), FederalTaxID nvarchar(25), UnemploymentID nvarchar(25), StateTaxID nvarchar(25), DefaultPayPeriod char(1), Comments ntext, DateCreated datetime, CreatedBy int, CompanyID int output
usp_InsertCompanyNews	CompanyID int, Active bit, NewsDate datetime, NewsSubject nvarchar(25), NewsInfo ntext, CreatedBy int, NewsID int output
usp_InsertDepartment	Name nvarchar(50), Description ntext, Active bit, CreatedBy int, DepartmentID int output
usp_InsertEmergencyInfo	EmployeeID int, Main bit, Contact nvarchar(50), EMail nvarchar(50), Address nvarchar(60), City nvarchar(15), Region nvarchar(15), PostalCode nvarchar(15), Country nvarchar(15), HomePhone nvarchar(24), OtherPhone nvarchar(24), DayNightAny int, Comments ntext, CreatedBy int, EmergencyID int output
usp_InsertEmployee	CompanyID int, PositionID int, TitleID int, HireSourceID int, WorkScheduleID int, Active bit, LastName nvarchar(20), FirstName nvarchar(10), MI nvarchar(1), Salutation nvarchar(10), NickName nvarchar(15), SSN char(11), DriversLicense nvarchar(20), PrivateEmail nvarchar(35), CompanyEmail nvarchar(35), Address nvarchar(60), City nvarchar(15), Region nvarchar(15), PostalCode nvarchar(15), Country nvarchar(15), HomePhone nvarchar(24), Extension nvarchar(4), Gender char(1), Ethnicity nvarchar(1), MaritalStatus nvarchar(1), BirthDate datetime, InterviewDate datetime, HireDate datetime, FulltimeDate datetime, LastVacationDate datetime, VacationEarned int, VacationTaken int, VacationStartDate datetime, VacationDuration int, SickDays int, MaternityLeaveDate datetime, MaternityDays int, NextReviewDate datetime, TerminationDate datetime, TerminationType char(1), COBRA bit, Notes ntext, ReportsTo int, CreatedBy int, EmployeeID int output
usp_InsertEmployeeBenefit	EmployeeID int, BenefitID int, Active bit, EffectiveDate datetime, CreatedBy int, EmployeeBenefitID int output
usp_InsertHireSource	Active bit, Name nvarchar(50), Contact nvarchar(50), Details ntext, CreatedBy int, HireSourceID int output
usp_InsertPosition	DepartmentID int, Name nvarchar(50), Description ntext, Active bit, Status int, PayStatus int, StartPay money, CreatedBy int, PositionID int output
usp_InsertStatus	Description ntext, CreatedBy int, StatusID int output

Implementieren der Geschäftsschicht

Name der gespeicherten Prozedur	Parameter
usp_InsertTitle	Active bit, Name nvarchar(50), Description ntext, DateCreated datetime, CreatedBy int, TitleID int output
usp_InsertWorkSchedule	Sunday bit, SundayStart datetime, SundayEnd datetime, Monday bit, MondayStart datetime, MondayEnd datetime, Tuesday bit, TuesdayStart datetime, TuesdayEnd datetime, Wednesday bit, WednesdayStart datetime, WednesdayEnd datetime, Thursday bit, ThursdayStart datetime, ThursdayEnd datetime, Friday bit, FridayStart datetime, FridayEnd datetime, Saturday bit, SaturdayStart datetime, SaturdayEnd datetime, CreatedBy int, WorkscheduleID int output

Tabelle 8.3: Gespeicherte Prozeduren von HRnet zum Einfügen von Daten

Gespeicherte Prozeduren zum Aktualisieren von Daten

Tabelle 8.4 führt die gespeicherten Prozeduren zum Aktualisieren von Daten zusammen mit ihren Parametern auf.

Name der gespeicherten Prozedur	Parameter
usp_Updatebenefit	BenefitID int, Name nvarchar(50), Category nvarchar(35), DaysToEligibility int, Description ntext, ModifiedBy int
usp_UpdateBenefitActiveStatus	BenefitID int, Active bit
usp_UpdateCompany	CompanyID int, Name nvarchar(50), Address nvarchar(60), City nvarchar(15), Region nvarchar(15), PostalCode nvarchar(15), Country nvarchar(15), MainPhone nvarchar(24), OtherPhone nvarchar(24), Fax nvarchar(24), EMail nvarchar(50), FederalTaxID nvarchar(25), UnemploymentID nvarchar(25), StateTaxID nvarchar(25), DefaultPayPeriod char(1), Comments ntext, ModifiedBy int
usp_UpdateCompanyNews	NewsID int, CompanyID int, NewsSubject nvarchar(25), NewsInfo ntext, ModifiedBy int
usp_UpdateCompanyNewsActiveStatus	NewsID int, CompanyID int, Active bit
usp_UpdateDepartment	DepartmentID int, Name nvarchar(50), Description ntext, Active bit, ModifiedBy int
usp_UpdateDepartmentActiveStatus	DepartmentID int, Active bit
usp_UpdateEmergencyInfo	EmployeeID int, EmergencyID int, Main bit, Contact nvarchar(50), EMail nvarchar(50), Address nvarchar(60), City nvarchar(15), Region nvarchar(15), PostalCode nvarchar(15), Country nvarchar(15), HomePhone varchar(24), OtherPhone nvarchar(24), DayNightAny int, Comments ntext, ModifiedBy int ▶

Name der gespeicherten Prozedur	Parameter
usp_UpdateEmployee	EmployeeID int, CompanyID int, PositionID int, TitleID int, HireSourceID int, WorkScheduleID int, LastName nvarchar(20), FirstName nvarchar(10), MI nvarchar(2), Salutation nvarchar(10), NickName nvarchar(15), SSN char(11), DriversLicense nvarchar(20), PrivateEmail nvarchar(35), CompanyEmail nvarchar(35), Address nvarchar(60), City nvarchar(15), Region nvarchar(15), PostalCode nvarchar(15), Country nvarchar(15), HomePhone nvarchar(24), Extension nvarchar(4), Gender char(1), Ethnicity nvarchar(1), MaritalStatus nvarchar(1), BirthDate datetime, InterviewDate datetime, HireDate datetime, FulltimeDate datetime, LastVacationDate datetime, VacationEarned int, VacationTaken int, VacationStartDate datetime, VacationDuration int, SickDays int, MaternityLeaveDate datetime, MaternityDays int, NextReviewDate datetime, TerminationDate datetime, TerminationType char(1), COBRA bit, Notes ntext, ReportsTo int, ModifiedBy int
usp_UpdateEmployee-ActiveStatus	EmployeeID int, Active bit
usp_UpdateEmployeeBenefit	EmployeeID int, BenefitID int
usp_UpdateEmployeeBenefit-ActiveStatus	EmployeeID int, BenefitID int, Active bit
usp_UpdateHireSource-ActiveStatus	HireSourceID int, Active bit
usp_UpdateHireSources	HireSourceID int, Active bit, name nvarchar(50), Contact nvarchar(50), Details ntext, ModifiedBy int
usp_UpdatePosition	PositionID int, DepartmentID int, Name nvarchar(50), Description ntext, Status int, PayStatus int, StartPay money, ModifiedBy
usp_UpdatePosition-ActiveStatus	PositionID int, Active bit
usp_UpdateStatus	StatusID int, Description ntext, ModifiedBy int
usp_UpdateTitle	TitleID int, Name nvarchar(50), Description ntext, ModifiedBy int
usp_UpdateTitleActiveStatus	TitleID int, Active bit
usp_Updateworkschedule	WorkscheduleID int, Sunday bit, SundayStart datetime, SundayEnd datetime, Monday bit, MondayStart datetime, MondayEnd datetime, Tuesday bit, TuesdayStart datetime, TuesdayEnd datetime, Wednesday bit, WednesdayStart datetime, WednesdayEnd datetime, Thursday bit, ThursdayStart datetime, ThursdayEnd datetime, Friday bit, FridayStart datetime, FridayEnd datetime, Saturday bit, SaturdayStart datetime, SaturdayEnd datetime, ModifiedBy int

Tabelle 8.4: Gespeicherte Prozeduren von HRnet zum Aktualisieren von Daten

Objektorientierte Fähigkeiten von Visual Basic .NET

Beschäftigen wir uns noch einmal mit den objektorientierten Fähigkeiten, die wir in Kapitel 1 vorgestellt haben. Sie bilden die Grundlage für die Techniken, die wir in HRnet nutzen.

Mehr über Konstruktoren

Wenn Sie in Microsoft Visual Basic 6 die Instanz einer Klasse anlegen, wird als erstes Ereignis `Class_Initialize` ausgelöst. Der entsprechende Ereignishandler enthielt Code, der während der Initialisierung der Klasseninstanz ausgeführt werden musste.

Es gibt in Visual Basic 6 aber keine Möglichkeit, Argumente an `Class_Initialize` zu übergeben. Falls eine Klasseninstanz für eine bestimmte Aufgabe Parameter benötigt, musste eine eigene Methode oder eine Eigenschaft implementiert werden, um Daten an die Klasse übergeben zu können.

In Visual Basic .NET besitzt die Klasse eine Art Methode mit dem Namen `New`. Sie wird als *Konstruktor* bezeichnet. Die Methode `New` wird in einer neuen Instanz einer Visual Basic .NET-Klasse als Erstes ausgeführt, genau wie `Class_Initialize` in Visual Basic 6.

Da `New` eine Methode ist, kann sie Parameter haben. Wenn Sie in Visual Basic .NET eine New-Methode für eine Ihrer Klassen definieren, können Sie ihr beliebige Parameter geben (auch gar keine, falls keine benötigt werden). Ein solcher Konstruktor wird manchmal als *parametrisierter Konstruktor* (parameterized constructor) bezeichnet.

Falls die Methode `New` Parameter hat, müssen Sie Argumente dafür angeben, wenn Sie ein Objekt deklarieren und eine Instanz davon anlegen. Ein Beispiel wäre eine Klasse namens Customer, deren New-Methode eine Kundenidentität erwartet:

```
Public Sub New(ByVal sUserName As String, ByVal spassword As String)
    MyBase.New()
    Try
        privateModuleName = Me.GetType.ToString
        VerifyAccess(sUserName, spassword)
    Catch ExceptionObject As Exception
        LogException(ExceptionObject)
    Finally
    End Try
End Sub
```

Wenn Sie eine Instanz dieser Klasse anlegen, müssen Sie Benutzername und Kennwort übergeben:

```
Dim objCustomer As New Customer(strUserName, strPassword)
```

Dieses Beispiel erstellt eine Instanz der Klasse `Customer` mit den benötigten Anmeldeinformationen.

> **TIPP** So wie Sie bei einer Klasse in Visual Basic 6 den Ereignishandler für `Class_Terminate` weglassen konnten, brauchen Sie in Visual Basic .NET auch nicht unbedingt den Konstruktor `New` zu definieren. Wenn Sie den Konstruktor weglassen, wird beim Anlegen einer Instanz dieser Klasse kein Code ausgeführt.

Überladen

Für Methoden gibt es in Visual Basic .NET eine wichtige neue Fähigkeit. Es kann in einer Klasse mehrere Versionen derselben Methode geben, solange jede Version eine andere Parameterliste hat. Dies wird als *Methodenüberladung* (overloading) bezeichnet. Sehen wir uns an, auf welche Weise wir diese Fähigkeit in der Geschäftsschicht von HRnet nutzen.

Wir müssen in der Klasse General sicherstellen, dass nur berechtigte Mitarbeiter Zugriff auf vertrauliche Daten haben. Die Methode VerifyAccess authentifiziert den Benutzer und stellt die passende Zugriffsstufe ein. Dazu braucht sie das Sicherheitsobjekt, das beim Anmelden erstellt wurde, oder Benutzernamen und Kennwort. Außerdem unterscheidet sich bei den beiden Anmeldearten der Ablauf innerhalb der Methode. Um den benötigten Funktionsumfang zu implementieren, erstellen wir zwei Versionen der Methode VerifyAccess, jede verwirklicht eine andere Logik zum Anzeigen der Daten. Die folgenden Codeausschnitte zeigen, wie die beiden Versionen von VerifyAccess deklariert werden:

```
Private Overloads Sub VerifyAccess(ByVal sUserName As String, ByVal spassword As String)
   :
End Sub

Private Overloads Sub VerifyAccess(ByVal EmpRoles As SecurIt.UserSecurity)
   :
End Sub
```

Methoden lassen sich nur überladen, wenn die Versionen der Methode unterschiedliche Parameterlisten haben. Der Unterschied kann in der Anzahl der Parameter liegen, in ihrem Typ oder in beidem.

Ohne die Fähigkeit, Methoden zu überladen, wäre es viel schwieriger, unser Beispiel zu implementieren. Wir könnten zwei Überprüfungsfunktionen mit unterschiedlichen Namen definieren, eine für das Sicherheitsobjekt und die andere für Benutzername und Kennwort. Eine andere Möglichkeit wäre es, optionale Parameter zu nutzen, aber es wäre äußerst diffizil, die Reihenfolge und den Typ der Parameter zu koordinieren. Überladene Methoden bieten eine viel geradlinigere Lösung als unterschiedliche Überprüfungsprozeduren oder optionale Parameter.

Wenn Sie mit dem Microsoft .NET Framework arbeiten, werden Sie feststellen, dass viele seiner Klassen überladene Methoden enthalten. Eine überladene Methode können Sie im IntelliSense-Fenster erkennen. Abbildung 8.1 zeigt ein Beispiel.

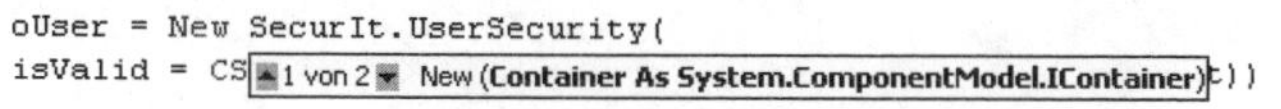

```
oUser = New SecurIt.UserSecurity(
isValid = CS[▲ 1 von 2 ▼ New (Container As System.ComponentModel.IContainer)}))
```

Abbildung 8.1: Das IntelliSense-Fenster für eine überladene Methode

Beachten Sie in Abbildung 8.1 die beiden Pfeilsymbole, zwischen denen *1 von 2* steht. Dieser Teil des IntelliSense-Fensters informiert Sie darüber, dass die angezeigte Methode die erste aus einer Liste von zwei überladenen Methoden ist. Mit den Pfeilsymbolen können Sie die anderen überladenen Versionen abrufen und sich die jeweiligen Parameter anzeigen lassen.

Überladene Konstruktoren

Kombinieren wir nun die vorgestellten Konzepte: Überladung und Konstruktoren. Wir wissen, dass Methoden überladen werden können (mehrere Versionen derselben Methode, die unterschiedliche Parameter haben). Wir wissen außerdem, dass ein Konstruktor nichts anderes ist als eine Methode, die einen speziellen Namen trägt. Ein Konstruktor kann ebenfalls überladen werden. Wir können also mehrere New-Methoden in einer Klasse definieren, die jeweils andere Parameterlisten haben. Das wird als *Überladen des Konstruktors* bezeichnet.

Zum Beispiel haben wir in der Beispielanwendung HRnet die Klasse General so entworfen, dass wir ihr entweder Benutzernamen und Kennwort oder das Sicherheitsobjekt übergeben, um die Zugriffsstufe zu ermitteln. Die Konstruktoren für die abgeleiteten Klassen Employee und Company sehen so aus:

```
Public Sub New(ByVal sUserName As String, ByVal spassword As String)
    MyBase.New()
    Try
        privateModuleName = Me.GetType.ToString
        VerifyAccess(sUserName, spassword)
    Catch ExceptionObject As Exception
        LogException(ExceptionObject)
    Finally
    End Try
End Sub
Public Sub New(ByVal objSecurit As SecurIt.UserSecurity)
    MyBase.New()
    Try
        privateModuleName = Me.GetType.ToString
        VerifyAccess(objSecurit)
    Catch ExceptionObject As Exception
        LogException(ExceptionObject)
    Finally
    End Try
End Sub
```

Jetzt können wir folgendermaßen eine Instanz der Klasse Employee anlegen:

`Dim NWemployee As new employee(sUsername, Password)`

Oder wir können dafür das Sicherheitsobjekt verwenden:

`Dim NWemployee As new employee(objSecurIt)`

Sie können zwar so viele überladene Konstruktoren haben, wie Sie wollen, sollten sich aber auf die wirklich benötigten beschränken. Das wird es einfacher machen, Ihre Klasse zu benutzen. Nicht vergessen: Nur weil etwas möglich ist, braucht man es noch lange nicht zu tun.

Vererbung in HRnet

Die Vererbung haben wir schon in Kapitel 1 vorgestellt. Jetzt wollen wir uns darauf konzentrieren, auf welche Weise sie in der Beispielanwendung genutzt wird. Wir erstellen eine Basisklasse mit dem Namen General, die den gesamten allgemeinen Funktionsumfang von Geschäftsobjekten zur Verfügung stellt. Dazu gehören die Zugriffsprüfung (wie weiter oben vorgestellt), Eigenschaften für die Kommunikation mit der Datenzugriffsschicht und für den Status sowie Ereignisprotokollierung.

Von General haben wir Klassen für Mitarbeiter (Employee) und Unternehmen (Company) abgeleitet. Jede abgeleitete Klasse erbt den gesamten Funktionsumfang von ihrer Basisklasse. Abgeleitete Klassen haben daher Eigenschaften für die Zugriffsstufe und den Status, obwohl sie selbst keinen Code für diesen Zweck enthalten. Wenn eine Klasse von der Basisklasse General abgeleitet ist, verfügt sie augenblicklich über die *gesamte* Objektschnittstelle der Basisklasse. Womöglich denken Sie: »Na und, in Visual Basic 6 kann ich dasselbe erreichen, indem ich eine Schnittstelle definiere und implementiere.« Es stimmt, dass Sie in Visual Basic 6 die Schnittstelle auf diese Weise vererben können (die so genannte Schnittstellenvererbung), aber in Visual Basic .NET umfasst die »Erbschaft« auch die gesamte Logik hinter den Eigenschaften und Methoden. Zum Beispiel hat die Basisklasse General eine Überprüfungslogik, um abhängig vom Sicherheitskontext die passende Zugriffsstufe einzustellen. Nun beherrschen alle abgeleiteten Klassen ebenfalls diese Funktion.

Anschließend erweitern Sie die abgeleitete Klasse durch Fähigkeiten, die nur für diesen speziellen Typ sinnvoll sind. Zum Beispiel erbt jede abgeleitete Klasse ihre Konstruktoren von der Klasse General. Die Klasse Company braucht aber Eigenschaften, um Mitarbeiterstatistiken an die Fassadenschicht und darüber liegende Schichten zu übergeben. Wir laden die Eigenschaften in einer Funktion, die im Konstruktor der abgeleiteten Klasse Company aufgerufen wird. Daher sind die speziellen Eigenschaften und Methoden (und die zugehörige Logik) der Klasse Company in dieser abgeleiteten Klasse gekapselt.

Wenn Ihnen objektorientierte Konzepte noch neu sind, dauert es einige Zeit, bis Sie sich eingearbeitet haben. Nachdem Sie sich allerdings einmal mit der objektorientierten Programmierung vertraut gemacht haben, werden Sie garantiert feststellen, dass viele häufig benötigte Programmieranforderungen damit viel einfacher zu erfüllen sind. Schauen wir uns nun die Syntax für die Vererbung in Visual Basic .NET an.

In Kapitel 1 haben wir das Konzept der Vererbung vorgestellt. Sehen wir uns nun noch einmal die Syntax an, mit der die Vererbung verwirklicht wird. Weiter oben haben Sie erfahren, wie in Visual Basic .NET Klassen definiert werden. So wird unsere Klasse Employee definiert:

```
Public Class Employee
    ' Öffentliche Methoden
    Public Sub SaveEmployeeMethod()
        ' Datenzugriffsschicht nutzen
    End Sub
End Class
```

In HRnet soll Employee eine abgeleitete Klasse sein, mit der Universalklasse als Basis. Wie wir gezeigt haben, erhalten wir in Employee auf diese Weise sämtliche Fähigkeiten der Basisklasse. Anschließend ergänzen wir den Funktionsumfang, der speziell für Employee sinnvoll ist.

Sehen wir uns die Universalklasse an (in diesen Ausschnitten nur die oberste Ebene). Sie heißt General:

```
Public MustInherit Class General
    ' Universelle Basisklasse für die Geschäftsschicht.
    ' Verantwortlich für das Überprüfen der Identität, Einstellen der passenden Zugriffsstufe
    ' und Ereignisprotokollierung.
```

Beachten Sie das Schlüsselwort MustInherit. Wenn eine Klasse damit versehen wurde, kann von dieser Klasse direkt keine Instanz angelegt werden. Sie müssen eine Klasse davon ableiten, erst dann können Sie eine Instanz der abgeleiteten Klasse anlegen.

```
#Region "Public Constructors"
Public Sub New(ByVal sUserName As String, ByVal spassword As String)
    MyBase.New()
    Try
        privateModuleName = Me.GetType.ToString
        VerifyAccess(sUserName, spassword)
    Catch ExceptionObject As Exception
        LogException(ExceptionObject)
    Finally
    End Try
End Sub
```

```
Public Sub New(ByVal objSecurit As SecurIt.UserSecurity)
    MyBase.New()
    Try
        privateModuleName = Me.GetType.ToString
        VerifyAccess(objSecurit)
    Catch ExceptionObject As Exception
        LogException(ExceptionObject)
    Finally
    End Try
End Sub
#End Region
```

Sehen wir uns nun die überladene Methode `VerifyAccess` an. Es gibt zwei Versionen, wir können die Methode entweder mit Benutzername und Kennwort oder mit dem Sicherheitsobjekt aufrufen.

```
Private Overloads Sub VerifyAccess(ByVal sUserName As String, ByVal spassword As String)
    Dim sRole As String
    PrivateEmpRoles.Login(sUserName, spassword)
    For Each sRole In PrivateEmpRoles.Roles()
        Select Case sRole
            Case "HRManager", "HRClerk", "HRPayrollClerk"
                PrivateAccessLevel = BLAccessLevel.BLFullAccess
            Case "Manager", "FactorySupervisor", "QAManager"
                PrivateAccessLevel = BLAccessLevel.BLManagerAccess
            Case Else
                PrivateAccessLevel = BLAccessLevel.BLRestrictedAccess
        End Select
        ' Falls die höchste Stufe eingestellt ist, können wir die Schleife verlassen
        If PrivateAccessLevel = BLAccessLevel.BLFullAccess Then Exit For
    Next
End Sub
Private Overloads Sub VerifyAccess(ByVal EmpRoles As SecurIt.UserSecurity)
    Dim sRole As String
    For Each sRole In EmpRoles.Roles()
        Select Case sRole
            Case "HRManager", "HRClerk", "HRPayrollClerk"
                PrivateAccessLevel = BLAccessLevel.BLFullAccess
            Case "Manager", "FactorySupervisor", "QAManager"
                PrivateAccessLevel = BLAccessLevel.BLManagerAccess
            Case Else
                PrivateAccessLevel = BLAccessLevel.BLRestrictedAccess
        End Select
        If PrivateAccessLevel = BLAccessLevel.BLFullAccess Then Exit For
    Next
End Sub
```

Die folgenden Eigenschaften werden die abgeleiteten Klassen `Employee` und `Company` erben:

```
Public ReadOnly Property AccessLevel() As Integer
    Get
        AccessLevel = PrivateAccessLevel
    End Get
End Property
```

```
Public ReadOnly Property StatusInfo() As String
    Get
        StatusInfo = PrivateStatusInfo
    End Get
End Property
```

Um `Company` von `General` abzuleiten, geben wir das Schlüsselwort `Inherits` an. `Company` sieht folgendermaßen aus:

```
Namespace BusinessLayer
    Public Class Company
        Inherits BusinessLayer.General
        ⋮
    End Class
```

Beachten Sie die dritte Zeile in diesem Codeausschnitt. Nachdem diese Zeile in die Definition von `Company` eingefügt wurde, erhält die Klasse augenblicklich den gesamten Funktionsumfang der Klasse `General`. Deklarieren wir nun mit der folgenden Zeile eine Instanz von `Company`:

```
Dim objX As New BusinessLayer.Company("nDavolio", "nDavolio")
```

Das IntelliSense-Fenster für `objX` verrät, dass `objX` eine Eigenschaft namens `AccessLevel` besitzt. Beim Zugriff auf diese Eigenschaft läuft kein Code aus der Klasse `Company`. Stattdessen läuft Code aus der Klasse `General` ab, weil die Eigenschaft `AccessLevel` dort definiert ist.

Die Klasse `Company` erbt auch ihre Konstruktoren (die New-Methoden) von der Klasse `General`. Wenn die letzte Zeile ausgeführt wird, läuft die Unterroutine `New` aus der Klasse `General` und führt die notwendigen Initialisierungen durch.

In etlichen Fällen wird es nötig sein, für spezielle Aufgaben eine Eigenschaft oder Methode in der abgeleiteten Klasse auszuführen, während die restliche Arbeit in der entsprechenden Eigenschaft oder Methode der Basisklasse erledigt wird. Dazu können Sie sich mit dem Schlüsselwort `MyBase` auf die Basisklasse beziehen. Ein Beispiel bot unser abgeleiteter Konstruktor weiter oben:

```
Mybase.New(sUserName,Password)
```

Zusammenfassung

In diesem Kapitel haben wir erläutert, wie wichtig die Geschäftsschicht bei komponentenorientierten Anwendungen ist. Wir haben außerdem gezeigt, dass Sie viele Geschäftsregeln der Anwendung in einer Schicht zusammenfassen sollten, die als Zugangsschleuse zwischen dem Datenspeicher und der Schicht dient, in der die Daten angezeigt und für die Interaktion mit dem Benutzer aufbereitet werden. Danach haben wir noch einmal Schlüsselkonzepte wie Überladung, Konstruktoren und Vererbung aufgegriffen und erklärt, auf welche Weise diese Konzepte in der Geschäftsschicht implementiert sind. Im nächsten Kapitel werden wir unsere Reise fortsetzen und uns mit der nächsten Schicht unserer Beispielanwendung beschäftigen, der Fassadenschicht.

9 Implementieren der Fassadenschicht

222	Vorteile von Fassadenschichten
223	Entwerfen der Fassadenschicht
224	Erstellen der Fassadenobjekte
232	Zusammenfassung

In Kapitel 2 haben wir das Konzept der Fassade gestreift, aber nicht eingehend behandelt. Das wollen wir jetzt nachholen. Am einfachsten lässt sich verstehen, wie eine Fassade in Ihrem Programmcode funktioniert, wenn wir einen Vergleich ziehen, zum Beispiel zu einem Spielzeugladen. Sehen Sie sich dazu Abbildung 9.1 an.

Abbildung 9.1: Eine Fassade beeinflusst das Aussehen des Ladens, ändert aber nichts an seiner Funktion

Im oberen Teil von Abbildung 9.1 sehen Sie das Standardgebäude mit seiner normalen »Oberfläche«. Nehmen wir an, der Besitzer möchte seinen Laden ansprechender machen, so wie der Konkurrent aus dem unteren Teil von Abbildung 9.1. Dann braucht er lediglich ein Schild an die Gebäudefront zu montieren, das seinen Wünschen entspricht. Schon hat das Gebäude eine neue Fassade.

Fassaden sind sogar noch sinnvoller für Fertighäuser, die industriell hergestellt werden. Zum Beispiel kann ein Hersteller einen Standardladen entwerfen, der eine bestimmte interne und externe Konfiguration aufweist, und dann eine Fassade anbringen, die den Laden in den gewünschten Typ verwandelt. So ist es ganz einfach, denselben Ladentyp immer wieder zu verwenden, aber trotzdem jedem Laden sein eigenes Aussehen zu verleihen.

Vorteile von Fassadenschichten

Übertragen wir das Konzept mit den Fassaden auf unsere Anwendungen. Warum sollten Sie überhaupt eine Fassadenschicht (facade layer) erstellen? Die Fassadenschicht stellt im Wesentlichen eine Abstraktion eines Geschäftsobjekts dar. Betrachten wir als Beispiel unsere Anwendung HRnet mit ihrem Geschäftsobjekt Employee. Dieses Objekt hat folgende Methoden:

- GetEmployees
- GetEmployeeByID
- GetEmployeeByName
- GetEmployeeState

Nehmen wir nun an, wir haben unsere Anwendung fertig gestellt und geben sie weiter. Dabei installieren wir neben anderen Objekten auch Employee. Später müssen wir eine andere Anwendung für die Versandabteilung schreiben, und auch diese Anwendung muss Daten über die Mitarbeiter verwalten. Sie braucht aber nicht nur die Daten, die das Objekt Employee in seiner bisherigen Version zur Verfügung stellt, sondern weitere Methoden:

- GetEmployeesByVendorContactID
- GetEmployeesBySkillID

Es gibt verschiedene Ansätze, wie wir diese Methoden zur Anwendung hinzufügen könnten. Wir können sie einfach in die Benutzeroberfläche einarbeiten, aber das wäre ein Chaos. In diesem Fall würde der Code aufgetrennt werden, zum Teil in die Geschäftsobjekte und zum Teil in die Benutzeroberfläche. Ein unglücklicher Rückgriff auf die alten Tage des Spagetticodes. Wir könnten auch das zugrunde liegende Objekt Employee verändern, aber weil das Objekt auch von anderen Anwendungen benutzt wird, müssten wir das Objekt mit diesen Anwendungen zusammen erneut testen und installieren. Auch das wäre ein Chaos, weil wir ein Objekt verändern würden, das von anderen Anwendungen benutzt wird.

Vorhang auf für die Fassade. Warum nicht ein Objekt namens EmployeeDistribution erstellen? Wir können dieses Objekt von Employee ableiten und den Funktionsumfang des abgeleiteten Objekts erweitern. Jetzt kann unsere Anwendung EmployeeDistribution benutzen und erhält den gesamten Funktionsumfang des zugrunde liegenden Objekts Employee plus den zusätzlichen Funktionsumfang, den unsere neue Anwendung braucht. Und auf diese Weise müssen wir an Employee keine Änderungen vornehmen.

Auf den ersten Blick ist nicht immer klar, wie sinnvoll diese abstrakte Schicht ist. Aber sie ermöglicht einen flexiblen Einsatz der zugrunde liegenden Objekte. Diese Flexibilität kann sich in Szenarien wie unserem Beispiel als nützlich erweisen. Und sie kann wichtig sein, wenn Sie eine Anwendung erstellen, die von anderen benutzt wird. Zum Beispiel lassen sich viele kommerzielle Anwendungen von den Kunden anpassen. Wir könnten einen Standardanwendung kaufen und sie dann so anpassen, dass sie sich in unsere vorhandene Anwendung integriert. Mit Hilfe der Fassadenschicht können wir diese Anpassung in einer oberen Schicht (eben der Fassadenschicht) vornehmen statt in der Geschäftsschicht. Speziell angepasste Anwendungen sind auf diese Weise einfach zu implementieren.

Beim Ableiten der Fassadenschicht von den zugrunde liegenden Geschäftsobjekten kommt die Vererbung zum Einsatz. Vererbung ist einfach, weil Sie innerhalb der Fassadenschicht mit einer einzigen Anweisung ein Objekt von einem Geschäftsobjekt ableiten können. Die Fassadenschicht übernimmt dabei automatisch die Schnittstellen und die interne Logik des Geschäftsobjekts. Das ist ein gewaltiger Fortschritt gegenüber den bisherigen Versionen von Microsoft Visual Basic, bei denen wir eine Klasse erstellen mussten, die praktisch jede Methode neu implementieren musste. Das lief darauf hinaus, dass wir in der Fassadenschicht jede zugrunde liegende Methode einzeln aufrufen mussten. Sie konnten mit Hilfe dieser Schnittstellenvererbung also eine Fassadenschicht erstellen, aber das brachte kaum Zeitvorteile. In Microsoft Visual Studio .NET lässt sich die Fassadenschicht mit wenigen Codezeilen implementieren und ist daher äußerst nützlich.

Entwerfen der Fassadenschicht

Der erste Schritt beim Erstellen der Fassadenschicht (in diesem Fall hat sie die Form eines Objekts) ist es, die Geschäftsobjekte zu untersuchen, die die Fassadenschicht benutzen wird. Sie müssen sich außerdem die Anwendung ansehen, die auf das Fassadenobjekt zugreifen wird. Wie sieht es aus, wenn Sie eine Anwendung von Grund auf neu schreiben und es nicht klar ist, ob Sie eine Fassadenklasse benötigen? In den meisten Fällen ist es sinnvoll, eine Fassadenklasse zu erstellen, die über allen Ihren Geschäftsobjekten liegt. In der Vergangenheit blähte dieser Ansatz die Anwendung auf, weil eine Menge Code für die Fassadenschicht nötig war. Dank .NET ist jetzt kaum noch zusätzlicher Code nötig, weil die Fassadenschicht den Code der zugrunde liegenden Geschäftsobjekte direkt erbt. Folglich gibt es keinen Grund, Instanzen der Geschäftsobjekte anzulegen oder Marshalling und andere Techniken für die Kommunikation zwischen Objekten zu nutzen. Die Fassadenschicht wirkt sich kaum auf die Leistung aus. Und die Fassadenschicht wird zur Verfügung stehen, sobald Sie sie brauchen. Dann können Sie Änderungen in der Fassadenschicht durchführen, ohne die Geschäftsobjekte anzufassen.

Was meinen wir, wenn wir die Fassadenschicht im Entwurf berücksichtigen wollen? Betrachten Sie als Beispiel den Entwurf aus Abbildung 9.2.

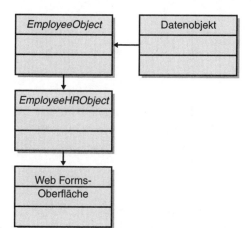

Abbildung 9.2: *Die Klasse* `EmployeeHRObject` *bildet eine Fassade für die Klasse* `EmployeeObject`

Wie Sie in Abbildung 9.2 sehen, liegt die Fassadenschicht einfach zwischen den Geschäftsobjekten und der Benutzeroberfläche (und sogar anderen Komponenten wie XML-Webdiensten). Wie sich die Fassadenschicht darstellt, hängt von der Sichtweise ab. Während des Entwurfs scheint die Fassadenschicht zum Beispiel zwischen den Geschäftsobjekten (weil der Entwickler mit der Fassadenschicht arbeitet) und der Benutzeroberfläche oder den anderen Schichten zu liegen. Während der Ausführung wird die Fassadenschicht zu einer Art Hülle um die Geschäftsobjekte, weil Sie mit den Fassadenobjekten statt mit den Geschäftsobjekten arbeiten.

Normalerweise setzen wir zwischen der Geschäftsschicht und tieferen Schichten wie der Datenschicht keine Fassadenschichten ein. Das muss nicht heißen, dass in diesen Bereichen niemals Fassadenschichten gebraucht werden. Wir haben sie lediglich noch nie implementiert, weil bisher kein Grund dazu bestand. Falls wir jemals eine Abstraktion zwischen unseren Geschäftsobjekten und der Datenschicht benötigen, implementieren wir eine entsprechende Fassadenschicht. In der Praxis haben wir aber festgestellt, dass Unternehmensanwendungen die Datenbankstruktur praktisch nie verändern, nachdem die Anwendung einmal im Einsatz ist. Daher gab es nie einen Grund, eine Fassadenschicht über die Datenschicht zu legen.

In Abbildung 9.2 sehen Sie, dass die Geschäftsobjekte mit der Fassadenschicht verbunden sind und die Fassadenschicht mit der Benutzeroberfläche. Diese Anordnung macht das Erstellen und Implementieren der Anwendung sehr geradlinig und das Pflegen der Anwendung sehr einfach. Sollten Änderungen nötig sein, weil die Anwendung HRnet spezielle Daten abrufen oder bestimmte Aufgaben durchführen muss, können wir die entsprechenden Funktionen in die Fassadenschicht legen, ohne das EmployeeObject anzurühren. So können wir den Funktionsumfang ändern, ohne andere Anwendungen, die ebenfalls EmployeeObject benutzen, in irgendeiner Weise zu beeinflussen.

Erstellen der Fassadenobjekte

Sehen wir uns an, wie die Fassadenobjekte implementiert sind. Die Vererbungsfähigkeiten des Microsoft .NET Frameworks machen das recht einfach. Zuerst sehen wir uns ein einfaches Geschäftsobjekt an, das EmployeeObject. Dieses Geschäftsobjekt besitzt nur wenige Methoden, die Daten aus der Datenbank abrufen. (Dies ist nur ein Beispiel, weil wir in diesem Kapitel nicht zu viel Code abdrucken wollen.) Die Klasse hat folgende öffentliche Methoden:

- GetEmployeeByID
- GetEmployeeByName
- GetEmployeesByDepartment
- GetEmployees
- GetTodaysBirthDayEmployees
- GetEmployeeState

Alle Methodendefinitionen sind im folgenden Listing in Fettschrift hervorgehoben. Das Listing zeigt die Klasse, in der die Methoden implementiert sind.

```
Imports DataAccessLayer.DataAccess
Public MustInherit Class EmployeeObject
#Region " Private Variables and Objects"
    Private privateDisposedBoolean As Boolean
    Private privateModuleName As String
    ' Bei einer professionellen Anwendung würden wir Verbindungsstrings an einem sicheren Ort
    ' speichern, zum Beispiel in der Registrierung.
    Private privateConnectionString As String = "Server=LocalHost ;Database=northwind;" & _
        "User ID=sa;Password=;"
    Private Const privateExceptionMessage As String = _
        "Employee Object error. Detail Error Information can be found in the Application Log."
    Dim privateSQLServer As SQLServer
#End Region
#Region "Public Constructors"
Public Sub New()
    privateSQLServer = New SQLServer(privateConnectionString)
End Sub
#End Region
```

```vb
#Region "Public Functions"
Function GetEmployeeByID(ByVal EmployeeID As Integer) As DataSet
    Dim ParamsStoredProcedure As String = "spGetEmployeeByID"
    Dim NorthwindDataSet As DataSet
    Try
        ' Überprüfen, ob das Objekt bereits beseitigt wurde.
        If privateDisposedBoolean = True Then
            Throw New ObjectDisposedException(privateModuleName, _
                "This object has already been disposed. You cannot reuse it.")
        End If
        privateSQLServer.ClearParameters()
        privateSQLServer.AddParameter("@EmployeeID", EmployeeID, _
            SQLServer.SQLDataType.SQLInteger, , ParameterDirection.Input)
        NorthwindDataSet = privateSQLServer.runSPDataSet(ParamsStoredProcedure, "EmployeeByID")
    Catch ExceptionObject As Exception
        Throw New Exception(privateExceptionMessage, ExceptionObject)
    End Try
    Return NorthwindDataSet
End Function
Function GetEmployeeByName(ByVal LastName As String, ByVal FirstName As String) As DataSet
    Dim ParamsStoredProcedure As String = "spGetEmployeebyName"
    Dim NorthwindDataSet As DataSet
    Try
        ' Überprüfen, ob das Objekt bereits beseitigt wurde.
        If privateDisposedBoolean = True Then
            Throw New ObjectDisposedException(privateModuleName, _
                "This object has already been disposed. You cannot reuse it.")
        End If
        privateSQLServer.ClearParameters()
        privateSQLServer.AddParameter( _
            "@LastName", LastName, _
            SQLServer.SQLDataType.SQLChar, 20, _
            ParameterDirection.Input)
        privateSQLServer.AddParameter( _
            "@FirstName", FirstName, _
            SQLServer.SQLDataType.SQLChar, 10, _
            ParameterDirection.Input)

        NorthwindDataSet = _
            privateSQLServer.runSPDataSet( _
            ParamsStoredProcedure, "EmployeeByName")
    Catch ExceptionObject As Exception
        Throw New Exception(privateExceptionMessage, ExceptionObject)
    End Try
    Return NorthwindDataSet
End Function
Function GetEmployeesByDepartment(ByVal DepartmentID As Integer) As DataSet
    Dim ParamsStoredProcedure As String = "spGetEmployeeByDepartment"
    Dim NorthwindDataSet As DataSet
    Try
        ' Überprüfen, ob das Objekt bereits beseitigt wurde.
        If privateDisposedBoolean = True Then
            Throw New ObjectDisposedException(privateModuleName, _
                "This object has already been disposed. You cannot reuse it.")
        End If
```

```vbnet
            privateSQLServer.ClearParameters()
            privateSQLServer.AddParameter( _
                "@DepartmentID", DepartmentID, _
                SQLServer.SQLDataType.SQLInteger, , _
                ParameterDirection.Input)
            NorthwindDataSet = _
                privateSQLServer.runSPDataSet( _
                ParamsStoredProcedure, "EmployeeByDepartmentID")
        Catch ExceptionObject As Exception
            Throw New Exception(privateExceptionMessage, ExceptionObject)
        End Try
        Return NorthwindDataSet
    End Function
    Function GetEmployees() As DataSet
        Dim ParamsStoredProcedure As String = "spGetEmployees"
        Dim NorthwindDataSet As DataSet
        Try
            ' Überprüfen, ob das Objekt bereits beseitigt wurde.
            If privateDisposedBoolean = True Then
                Throw New ObjectDisposedException( _
                privateModuleName, _
                "This object has already been disposed. " & _
                "You cannot reuse it.")
            End If

            privateSQLServer.ClearParameters()

            NorthwindDataSet = privateSQLServer.runSPDataSet( _
                ParamsStoredProcedure, "Employees")
        Catch ExceptionObject As Exception
            Throw New Exception(privateExceptionMessage, ExceptionObject)
        End Try

        Return NorthwindDataSet
    End Function
    Function GetTodaysBirthDayEmployees() As DataSet
        Dim ParamsStoredProcedure As String = "spGetTodaysBirthDayEmployees"
        Dim NorthwindDataSet As DataSet
        Dim BirthDayMonth As Integer, BirthDayDay As Integer

        BirthDayMonth = Month(Now)
        BirthDayDay = Day(Now)

        Try
            ' Überprüfen, ob das Objekt bereits beseitigt wurde.
            If privateDisposedBoolean = True Then
                Throw New ObjectDisposedException(privateModuleName, _
                    "This object has already been disposed. You cannot reuse it.")
            End If

            privateSQLServer.ClearParameters()

            privateSQLServer.AddParameter( _
                "@BirthDayMonth", BirthDayMonth, _
                SQLServer.SQLDataType.SQLInteger, , _
                ParameterDirection.Input)
            privateSQLServer.AddParameter( _
                "@BirthDayDay", BirthDayDay, _
                SQLServer.SQLDataType.SQLInteger, , _
                ParameterDirection.Input)
```

```
            NorthwindDataSet = privateSQLServer.runSPDataSet( _
                ParamsStoredProcedure, "EmployeeByTodaysBirthDay")
        Catch ExceptionObject As Exception
            Throw New Exception(privateExceptionMessage, ExceptionObject)
        End Try

        Return NorthwindDataSet
    End Function

    Function GetEmployeeState(ByVal EmployeeID As String) As String
        Dim ReturnOutPutList As New ArrayList()
        Dim localOutputString As String
        Dim ParamsStoredProcedure As String = "spGetEmployeeStateProvince"
        Try
            ' Überprüfen, ob das Objekt bereits beseitigt wurde.
            If privateDisposedBoolean = True Then
                Throw New ObjectDisposedException(privateModuleName, _
                    "This object has already been disposed. You cannot reuse it.")
            End If

            privateSQLServer.ClearParameters()

            privateSQLServer.AddParameter( _
                "@EmployeeID", EmployeeID, _
                SQLServer.SQLDataType.SQLInteger, , _
                ParameterDirection.Input)
            privateSQLServer.AddParameter( _
                "@Region", , _
                SQLServer.SQLDataType.SQLChar, 15, _
                ParameterDirection.Output)
            ReturnOutPutList = _
                privateSQLServer.runSPOutput(ParamsStoredProcedure)
            ' Ausgabeparameter holen und in einer Schleife auswerten.
            Dim s As String
            For Each s In ReturnOutPutList
                localOutputString &= s.ToString
            Next
        Catch ExceptionObject As Exception
            Throw New Exception(privateExceptionMessage, ExceptionObject)
        End Try

        Return localOutputString
    End Function
#End Region

#Region "Dispose"
Public Overloads Sub Dispose()
    ' Zuerst überprüfen, ob Dispose bereits aufgerufen wurde;
    ' wenn nicht, weitermachen.
    If privateDisposedBoolean = False Then
        Try

        Catch

        Finally
            ' Bei Bedarf können Sie die Methode Dispose der Basisklasse aufrufen.
            ' Jetzt verhindern, dass der Garbage Collector zwei Durchläufe zum Löschen dieser
            ' Komponente benötigt.
            GC.SuppressFinalize(Me)
```

```
            ' Mit Hilfe dieses Flags können wir zwischen Beseitigung (über Dispose) und
            ' Garbage Collection unterscheiden. So wird verhindert, dass wir das Objekt
            ' fälschlicherweise wiederbeleben.
            privateDisposedBoolean = True
        End Try
    End If
End Sub
#End Region
End Class
```

Die Klassendefinition (fett hervorgehoben) enthält das Schlüsselwort `MustInherit`:

`Public MustInherit Class EmployeeObject`

`MustInherit` legt fest, dass die Klasse nur als Basisklasse für eine andere Klasse dienen kann. Sie können also keine Instanz der Klasse anlegen. Wir möchten dieses Verhalten erzwingen, weil wir beim Implementieren der Fassadenschicht ein Objekt von diesem Geschäftsobjekt ableiten. In diesem Fall also von `EmployeeObject`. Dieses Objekt greift auf die Datenzugriffsschicht aus Kapitel 4 zu.

Die Fassadenklasse *EmployeeHRObject*

Erstellen wir nun die Fassadenschicht für die Klasse `EmployeeHRObject` unserer Beispielanwendung. Legen Sie ein neues Projekt vom Typ Klassenbibliothek mit dem Namen *EmployeeHRFacadeLayer* an und fügen Sie eine Klasse namens `EmployeeHRObject` hinzu. Diese Klasse besteht aus folgendem umfangreichen Code:

```
Public Class EmployeeHRObject
    Inherits EmployeeLayer.EmployeeObject
End Class
```

Jetzt fragen Sie sich vermutlich, warum wir wegen der drei Zeilen diesen ganzen Aufwand betreiben. Der Grund ist, dass wir so sicherstellen, dass wir die Fassadenschicht später anpassen können, ohne die eigentlichen Geschäftsobjekte zu verändern. So ist es einfacher, die Anwendung anzupassen. Ein anderer Vorteil dieses Ansatzes ist es, dass die Fassadenschicht automatisch Änderungen am `EmployeeObject` übernimmt. Nehmen wir zum Beispiel an, Sie erstellen das gezeigte `EmployeeObject` und bauen auf dieser Basis Ihre Fassadenschicht auf. Später erweitert ein anderer Entwickler das Basisobjekt `EmployeeObject` durch zahlreiche Methoden. Jetzt übernimmt Ihre Fassadenschicht diese Änderungen automatisch. Natürlich gehen die Änderungen nur dann in die Fassadenschicht ein, wenn die DLL mit dem aktualisierten `EmployeeObject` in den globalen Assemblycache (GAC) kopiert wird (sofern sie vorher dort abgelegt war) oder die vorhandene lokale DLL ersetzt. Erweitern wir jetzt unser Diagramm, indem wir eine andere Fassadenschicht hinzufügen (Abbildung 9.3).

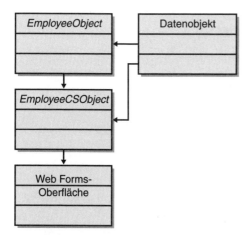

Abbildung 9.3: *Für eine andere Anwendung wird eine zusätzliche Fassade über das* EmployeeObject *gelegt*

Abbildung 9.3 zeigt, wie das EmployeeObject einfach mit dem EmployeeCSObject verknüpft wird, dem Fassadenobjekt für die Kundenverwaltungsanwendung. Falls die Kundenverwaltungsanwendung einen größeren Funktionsumfang im Zusammenhang mit diesen Objekten benötigt, können wir diesen neuen Funktionsumfang ganz einfach in der Fassadenschicht implementieren, das heißt, in der Klasse EmployeeCSObject. Probieren wir das aus, indem wir einige Änderungen vornehmen.

Bevor wir uns ans Ändern der Fassadenschicht machen, wollen wir uns die bereits vorhandene Fassadenschicht aus dem letzten Beispiel genauer ansehen. Wir möchten die Klasse nur ein bisschen erweitern, damit sie besser in unsere Standardarchitektur passt. Das sieht dann so aus:

```
Public Class EmployeeHRObject
    Inherits EmployeeLayer.EmployeeObject
#Region " Private Variables and Objects"
    Private privateDisposedBoolean As Boolean
    Private privateModuleName As String
    Private Const privateExceptionMessage As String = _
        "Employee Object error. Detail Error Information can be found in the Application Log."
#End Region
#Region "Public Constructors"
Public Sub New()
    privateModuleName = Me.GetType.ToString
End Sub
#End Region

#Region "Public Functions"
#End Region
End Class
```

Wie Sie sehen, sollte die Fassadenschicht dieselbe Struktur haben wie alle anderen Klassen. Der folgende Code implementiert private Variablen, zum Beispiel privateModuleName, Codeabschnitte (#Region-Blöcke) und die Methode Dispose:

```
Public Class EmployeeHRObject
    Inherits EmployeeLayer.EmployeeObject
#Region " Private Variables and Objects"
    Private privateDisposedBoolean As Boolean
    Private privateModuleName As String
    Private Const privateExceptionMessage As String = _
        "Employee Object error. Detail Error Information can be found in the Application Log."
#End Region
```

```
#Region "Public Constructors"
Public Sub New()
    privateModuleName = Me.GetType.ToString
End Sub
#End Region
#Region "Public Functions"

#End Region
#Region "Overloaded Dispose"
Public Overloads Sub Dispose()
    ' Zuerst überprüfen, ob Dispose bereits aufgerufen wurde;
    ' wenn nicht, weitermachen.
    If privateDisposedBoolean = False Then
        Try

        Catch

        Finally
            ' Bei Bedarf können Sie die Methode Dispose der Basisklasse aufrufen.
            MyBase.Dispose()
            ' Jetzt verhindern, dass der Garbage Collector zwei Durchläufe zum Löschen dieser
            ' Komponente benötigt.
            GC.SuppressFinalize(Me)
            ' Mit Hilfe dieses Flags können wir zwischen Beseitigung (über Dispose) und
            ' Garbage Collection unterscheiden. So wird verhindert, dass wir das Objekt
            ' fälschlicherweise wiederbeleben.
            privateDisposedBoolean = True
        End Try
    End If
End Sub
#End Region
End Class
```

Der Aufbau der Fassadenschicht gleicht also jeder anderen Klasse. Sie können aus diesem Beispiel eine Vorlage extrahieren und auf ihrer Basis Ihre künftigen Fassadenschichten erstellen.

Die Fassadenklasse *EmployeeCSObject*

Jetzt können wir eine weitere Fassadenklasse für eine andere Anwendung erstellen. In diesem Beispiel soll es sich um eine Kundenverwaltungsanwendung handeln. Das entsprechende Fassadenobjekt wird um eine Methode erweitert, mit der wir feststellen können, welche Kunden und Mitarbeiter in demselben Gebiet wohnen. Zum Beispiel könnten wir uns alle Kunden aus dem Saarland auflisten lassen zusammen mit allen Angestellten, die ebenfalls in diesem Land wohnen. Das könnte für viele Gelegenheiten nützlich sein, zum Beispiel für Veranstaltungen oder Vertreterbesuche. Der Vorgang, bei dem ein Objekt in ein anderes Objekt verwandelt wird, heißt *Polymorphie* (polymorphism). Das bedeutet, dass die Basisklasse (das Geschäftsobjekt) unterschiedliche Formen annehmen kann. Die unterschiedlichen Formen sind in den abgeleiteten Klassen implementiert (etwa in EmployeeCSObject), die abgeleiteten Klassen stellen über ihre zusätzlichen Methode und Eigenschaften neue Verhaltensweisen zur Verfügung. Das sieht zum Beispiel so aus:

```
Imports DataAccessLayer.DataAccess
Public Class EmployeeCSObject
    Inherits EmployeeLayer.EmployeeObject
```

```vb
#Region " Private Variables and Objects"
    Private privateDisposedBoolean As Boolean
    Private privateModuleName As String
    Private privateConnectionString As String = _
        "Server=LocalHost ;Database=northwind;" & _
        "User ID=sa;Password=;"
    Private Const privateExceptionMessage As String = _
        "Employee Object error. Detail Error Information can be found in the Application Log."
    Dim privateSQLServer As SQLServer
#End Region
#Region "Public Constructors"
Public Sub New()
    privateModuleName = Me.GetType.ToString

    privateSQLServer = New SQLServer(privateConnectionString)
End Sub
#End Region

#Region "Public Functions"
Function GetEmployeesInCustomerRegion(ByVal Region As String) As DataSet
    Dim ParamsStoredProcedure As String = "spGetCustomerEmployeeMatchingRegion"
    Dim NorthwindDataSet As DataSet

    Try
        privateSQLServer.ClearParameters()

        privateSQLServer.AddParameter( _
            "@Region", Region, _
            SQLServer.SQLDataType.SQLChar, , _
            ParameterDirection.Input)

        NorthwindDataSet = _
            privateSQLServer.runSPDataSet( _
            ParamsStoredProcedure, "EmployeesAndCustomers")

    Catch ExceptionObject As Exception
        Throw New Exception(privateExceptionMessage, ExceptionObject)
    End Try

    Return NorthwindDataSet
End Function
#End Region

#Region "Overloaded Dispose"
Public Overloads Sub Dispose()
    ' Zuerst überprüfen, ob Dispose bereits aufgerufen wurde;
    ' wenn nicht, weitermachen.
    If privateDisposedBoolean = False Then
        Try

        Catch

        Finally
            ' Bei Bedarf können Sie die Methode Dispose der Basisklasse aufrufen.
            MyBase.Dispose()
            ' Jetzt verhindern, dass der Garbage Collector zwei Durchläufe zum Löschen dieser
            ' Komponente benötigt.
            GC.SuppressFinalize(Me)
            ' Mit Hilfe dieses Flags können wir zwischen Beseitigung (über Dispose) und
            ' Garbage Collection unterscheiden. So wird verhindert, dass wir das Objekt
            ' fälschlicherweise wiederbeleben.
            privateDisposedBoolean = True
```

```
        End Try
      End If
End Sub
#End Region
End Class
```

Zusammenfassung

Dieses Kapitel hat gezeigt, wie einfach es ist, mit Hilfe von Fassadenschichten die Geschäftsobjekte von den Anwendungen zu trennen, die diese Geschäftsobjekte benutzen. Das Ergebnis ist eine Anwendung, die viel einfacher zu entwickeln und zu pflegen ist. Sie können eine Fassadenschicht anpassen, ohne das zugrunde liegende Geschäftsobjekt anzurühren. So können Sie neue Fähigkeiten hinzufügen, ohne die Stabilität von bereits laufendem Code zu gefährden. Sie können später jederzeit Änderungen vornehmen, indem Sie ausgetesteten Code aus einem Fassadenobjekt in ein Geschäftsobjekt verlegen. Wie Sie außerdem gesehen haben, brauchen Sie in diesem Fall keine sonstigen Änderungen vorzunehmen, weil die neue Methode über Vererbung automatisch in das Fassadenobjekt übernommen wird. Faszinierend.

Sie haben in diesem Kapitel die Vorteile der Polymorphie erlebt. Kapitel 10 zeigt, welche erstaunlichen Dinge Sie mit der Benutzeroberfläche anstellen können und wie Ihnen weitere OOP-Fähigkeiten die Arbeit erleichtern.

10 Erstellen der Benutzeroberflächenvorlage

234	Spezifikationen der Beispielanwendung HRnet
239	Erstellen der Webvorlage für HRnet
243	Starten der Anwendung HRnet
247	Webseitenvorlagen: Die andere Möglichkeit
253	Erstellen der Windows Forms-Vorlagen für HRnet
257	Code von Webseiten und Windows Forms aus aufrufen
257	Zusammenfassung

In all den Jahren, in denen wir Softwareanwendungen entworfen und entwickelt haben, haben wir stets nach dem Heiligen Gral der Programmierung gesucht: Wiederverwendung von Code. Verwechseln Sie das nicht mit »Codegeneratoren« oder »Code-Buildern«, wie sie in Visual Studio .NET und in anderen Entwicklungswerkzeugen zur Verfügung stehen. Solche Codegeneratoren versuchen Ihnen das Programmieren abzunehmen. Viele erstellen Benutzeroberflächen, und meistens sitzen sie am Ende vor einem chaotischen Haufen Code, der höchstens für Prototypen taugt. Leider haben viele Leute schlechte Erfahrungen gemacht. Sie versuchten, mit Codegeneratoren Anwendungen zu erstellen, und stellten dann fest, dass sie von vorne anfangen mussten. Wenn wir von Codewiederverwendung sprechen, meinen wir das, was Ihnen die objektorientierte Programmierung (OOP) bietet. Das Ausmaß der Unterstützung, die .NET für objektorientierte Programmierung bietet, ist fantastisch. Kein Vergleich mit älteren Entwicklungswerkzeugen. Trotz dieser einmaligen Gelegenheit werden Sie feststellen, dass es nicht immer einfach ist, vollständige Vererbung und rein objektorientierte Programmierung zu verwirklichen. Das gibt besonders, wenn Sie Web Forms-Anwendungen entwickeln. Eine gute Mischung aus Komponenten, Klassen, Benutzersteuerelementen und Serversteuerelementen bringt uns dem Ziel der Codewiederverwendung näher. In diesem Kapitel beschäftigen wir uns mit dem Erstellen von Benutzeroberflächenvorlagen (user interface templates, UI-Vorlagen) und Windows Forms, die mit Hilfe von Oberflächenvererbung (visual inheritance) erstellt werden. Wir schildern unsere Erfahrungen beim Erstellen mehrerer reiner .NET-Lösungen, wir erklären, was funktionierte und was nicht. Wir erstellen auch eine Vorlage für unsere Anwendung HRnet, wobei wir einige Objekte aus den bisherigen Kapiteln einsetzen, zum Beispiel Menükomponenten. Wir haben den Großteil von HRnet mit Microsoft ASP.NET-Web Forms entwickelt, und den Funktionsumfang mit Hilfe von Microsoft Visual Basic .NET-Komponenten und -Klassen implementiert. Einige Teile von HRnet haben wir mit Visual Basic .NET-Windows Forms implementiert, wobei wir Oberflächenvererbung einsetzten. Mit diesen Windows Forms verwalten wir Support- und Wartungsdaten. Wir hätten diese Supportfunktionen auch mit Web Forms-Seite schreiben können, aber wir wollten Ihnen beide Arten von Vorlagen demonstrieren.

Unser Hauptziel für dieses Kapitel ist es, eine voll funktionsfähige Web Forms-Vorlage mit der Menüstruktur für die Anwendung HRnet zu erstellen. Mit Hilfe der Oberflächenvererbung entwickeln wir eine Gruppe von anwendungsspezifischen Basisklassen für Windows Forms. Wir zeigen Ihnen Beispiele, wie wir diese Basisklassen für HRnet einsetzen.

Da wir einen Teil der Anwendung HRnet erstellen, den wir für die restlichen Kapitel in diesem Buch benutzen, müssen wir uns den Entwurf und die Spezifikation der Anwendung genauer ansehen.

Spezifikationen der Beispielanwendung HRnet

Als wir beschlossen, Teile von professionellen Anwendungen in diesem Buch zu demonstrieren, kamen uns eine Menge Ideen. Sie reichten vom Erstellen einer typischen Webshop-Anwendung bis zu einer .NET-Version von Nordwind. Wir beschlossen schließlich, viele Fähigkeiten und Funktionen unserer vorhandenen .NET-Anwendungen zu nehmen und sie in HRnet zu kombinieren, weil sie in vielfach genutzten Unternehmensanwendungen auf Herz und Nieren geprüft wurden. Außerdem brauchte unsere Firma eine Personalverwaltungsanwendung (Human Resources Application, HR-Anwendung), die über Intranet und Extranet zur Verfügung stehen sollte. Schließlich waren wir der Ansicht, dass viele Programmierer mit den üblichen HR-Funktionen vertraut sind. Die Prinzipien, auf denen wir HRnet entwickeln, decken alle Fähigkeiten von .NET ab, die wir in diesem Buch behandeln wollten.

Die Architektur von HRnet

HRnet folgt den Prinzipien, die wir in Kapitel 2 beschrieben haben. Sie wird auf Basis einer n-schichtigen Architektur erstellt, wie in Tabelle 10.1 beschrieben.

Schicht	Beschreibung
Benutzeroberfläche	Die Hauptanwendung wird auf der Basis von Web Forms erstellt. Einige Wartungsfunktionen arbeiten mit Windows Forms.
Fassade	Diese Schicht nutzt Visual Basic .NET-Klassen.
Geschäft	Allgemeine Geschäftsregeln werden von Visual Basic .NET-Klassen und -Komponenten verarbeitet, wie in Kapitel 8 gezeigt. XML-Webdienste verwenden zusätzliche Fassaden, um allgemeine Regeln zu puffern.
Datenzugriff	Diese Schicht verwendet die Datenzugriffskomponente aus Kapitel 4.
Daten	Diese Schicht arbeitet mit Microsoft SQL Server 7 oder Microsoft SQL Server 2000.

Tabelle 10.1: Schichten der Anwendung HRnet

Funktionsumfang von HRnet

Sehen wir uns nun einige der Funktionen an, die wir in der Anwendung HRnet anbieten wollen. Nachdem wir eine Liste dieser Funktionen aufgestellt haben, können wir die Benutzeroberflächenvorlage entwerfen.

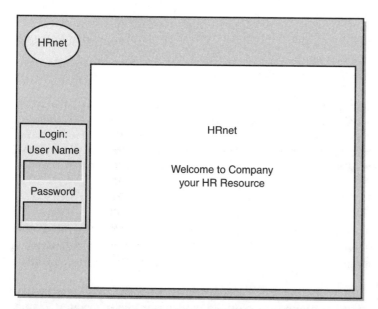

Abbildung 10.1: Aufbau der Anmeldeseite von HRnet

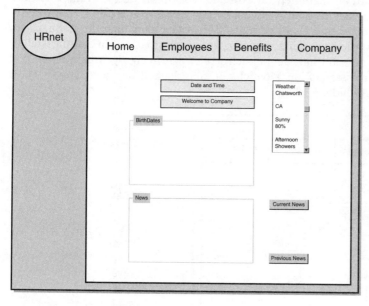

Abbildung 10.2: Aufbau der Homepage von HRnet

Sicherheit

Wir implementieren Systemauthentifizierung und rollenbasierte Autorisierung, wie in Kapitel 5 beschrieben. Sowohl Intranet- als auch Extranet-Benutzer müssen sich beim System anmelden. Nachdem ein Benutzer authentifiziert wurde, entscheiden die Rollen, die dem Benutzer zugeordnet wurden, auf welche Bildschirme er zugreifen kann und welche Details zur Verfügung stehen. Damit unser Beispiel nicht zu komplex wird, haben wir nur drei Rollen. Die erste Rolle ist Geschäftsführer, er hat vollständigen Zugriff auf alles. Die zweite Rolle ist Manager der Personalabteilung, er hat eingeschränkten Zugriff auf die Datenbildschirme und darf auch nicht alles sehen. Die dritte Rolle sind die Angestellten, sie bekommen noch weniger zu sehen und haben praktisch keinen Zugriff auf Detailbildschirme. Abbildung 10.1 zeigt den Aufbau der Anmeldeseite.

Homepage

Nachdem ein Benutzer beim System angemeldet ist, zeigt ihm die Homepage eine Übersicht an. Neben Datum und Uhrzeit sind die Angestellten aufgeführt, die in diesem Monat Geburtstag haben. (Wir zeigen aus Datenschutzgründen nur Tag und Monat an, nicht das Geburtsjahr.) Neuigkeiten über das Unternehmen werden ebenfalls angezeigt. Schließlich greifen wir noch auf einen XML-Webdienst zu. Dieser Webdienst liefert aktuelle Wettermeldungen für den Standort des Unternehmens. Abbildung 10.2 zeigt den Aufbau der Homepage von HRnet.

Angestellte

Im Bereich *Employees* (Angestellte) wollen wir dem Benutzer einen kompakten Überblick über wichtige Mitarbeiterstatistiken geben: Wie viele Vollzeitkräfte, Teilzeitkräfte und Aushilfen haben wir? Wer ist krank, in Urlaub oder im Kindererziehungsurlaub? Abbildung 10.3 zeigt den Aufbau dieses Bildschirms.

Außerdem wollen wir genaue Informationen über unsere Angestellten zur Verfügung stellen. Neben Privatadresse und Kontaktinformationen für Notfälle wollen wir alle relevanten Zeitangaben wissen, vom Einstellungsdatum bis zum Ausscheiden aus der Firma, sowie Daten wie Sozialversicherungsnummer, Geburtstag und Gehaltsdetails. Wir wollen auch über die Lohnzusatzleistungen (benefits) informiert werden, wir müssen wissen, auf welche Leistungen ein Angestellter Anspruch hat und welche er ausgewählt hat. Schließlich wollen wir noch die Arbeitszeiten und Urlaubsdaten eines Angestellten wissen. Eine Möglichkeit, alle diese Daten anzuzeigen, ist in Form von Registerkarten (siehe Abbildung 10.4).

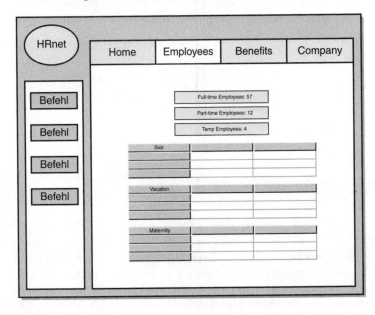

Abbildung 10.3: *Aufbau der Übersichtsseite über Angestellte*

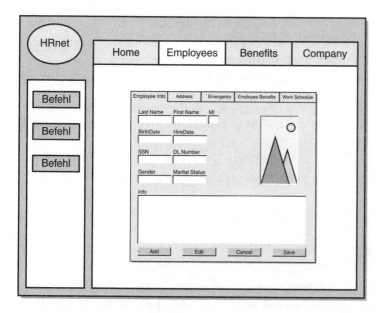

Abbildung 10.4: Aufbau der Seite mit Detailinformationen über Angestellte

Allgemeine Unternehmensdaten

Neben Daten über Angestellte müssen wir Informationen über das Unternehmen verwalten. Wir müssen Möglichkeiten bereitstellen, Daten wie Position, Titel, Abteilung, Bewerbungsdaten und gewährte Lohnzusatzleistungen einzugeben. Diese Daten können zwar über Web Forms-Seiten verwaltet werden, wir haben uns trotzdem dafür entschieden, Windows Forms zu verwenden. Wir zeigen Ihnen eine Methode, diese Windows Forms in eine Webanwendung zu integrieren.

Menü- und Navigationsstruktur

Im nächsten Schritt wollen wir die Menü- und Navigationsstruktur entwerfen. Dieser Entwurf liefert uns die Daten, die wir zum Erstellen der MenuDataClass brauchen. Anschließend können wir sie für die benutzten Rollen anpassen. Die Navigationsstruktur sieht folgendermaßen aus (die Hauptmenüeinträge sind fett gedruckt):

- **Home** (Homepage) Die Homepage hat keine Navigationsleiste. Sie zeigt allgemeine Informationen über das Unternehmen an.
- **Employees** (Angestellte) Die Seite zum Verwalten der Angestellten besitzt eine Navigationsleiste. Diese Seite gibt einen Überblick über den Status der Angestellten.
  - *Employee List* (Liste der Angestellten) führt alle Angestellten auf.
  - *Details* (Details) zeigt ausgewählte Detailinformationen über einen Angestellten, zum Beispiel Geburtsdatum, Sozialversicherungsnummer, wichtige Datumsangaben und Urlaubsdaten.
  - *Address* (Adresse) zeigt Adressdaten eines Angestellten an.
  - *Emergency Info* (Kontakt für Notfälle) zeigt an, wer in Notfällen benachrichtigt werden soll.
  - *Benefits* (Lohnzusatzleistungen) zeigt an, welche Lohnzusatzleistungen der Angestellte ausgewählt hat.

- *Work Schedule* (Arbeitszeiten) zeigt die Arbeitszeiten des ausgewählten Angestellten an.
- *My Info* (Meine Zusatzinformationen) zeigt an, welche Zusatzinformationen der angemeldete Benutzer zu dem ausgewählten Angestellten gespeichert hat.
- **Benefits** (Lohnzusatzleistungen) Die Seite zum Verwalten der Lohnzusatzleistungen hat eine Navigationsleiste. Die Seite führt die allgemeinen Regeln des Unternehmens zum Thema Lohnzusatzleistungen auf. (Anmerkung des Übersetzers: Da die Beispielanwendung für ein US-Unternehmen entwickelt wurde, lassen sich diese Punkte nur grob auf europäische oder deutsche Verhältnisse übertragen.)
  - *Health* (Krankenversicherung) zeigt die verfügbaren Krankenversicherungsleistungen an.
  - *Disability* (Invaliditätsversicherung) zeigt Versicherungsleistungen für den Invaliditätsfall an.
  - *401K* (401K) zeigt Daten zum 401K-Programm an (Teil des amerikanischen Rentenversicherungssystems).
  - *Education* (Ausbildung) zeigt Daten zu Ausbildungsbeihilfen an.
  - *Other* (Sonstige) zeigt weitere Lohnzusatzleistungen an.
  - *Add* (Hinzufügen) erlaubt dem Benutzer, neue Lohnzusatzleistungen hinzuzufügen.
- **Company** (Unternehmen) Die Seite mit allgemeinen Informationen über das Unternehmen hat eine Navigationsleiste. Die Seiten werden von Windows Forms bezogen.
  - *News Items* (Aktuelle Meldungen) zeigt Meldungen an. Der Benutzer kann hier auch ältere Meldungen abrufen.
  - *Departments* (Abteilungen) zeigt die Abteilungen des Unternehmens an.
  - *Positions* (Stellen) zeigt die Stellenhierarchie innerhalb des Unternehmens an.
  - *Job Titles* (Berufsbezeichnungen) zeigt die Berufsbezeichnungen der Stellen im Unternehmen an.

Damit die drei Rollen, die wir entworfen haben, unterschiedliche Zugriffsstufen haben, beschränken wir allgemeine Benutzer auf die Navigationsleistenbefehle *Employee List*, *Work Schedule* und *My Info*. Manager erhalten Zugriff auf alle Befehle.

Die Anwendung HRnet nutzt für ihre Benutzeroberfläche nicht nur Web Forms-Seiten, sondern auch Windows Forms. Abbildung 10.5 zeigt ein Beispiel einer Windows Forms-Seite, die wir mit Hilfe der Oberflächenvererbung erstellt haben (wir kommen weiter unten darauf zurück).

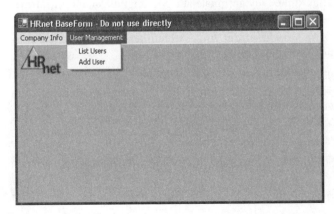

Abbildung 10.5: *Das Menü von HRnet unter Windows Forms*

Erstellen der Webvorlage für HRnet

In diesem Abschnitt untersuchen wir den Aufbau der Webvorlage. Außerdem sehen wir uns die Vorlagendateien genauer an.

Aufbau der Webvorlage

Wenn Sie sich die bisherigen Abbildungen in diesem Buch ansehen, werden Sie einen roten Faden entdecken, der den grafischen Aufbau unserer Webanwendung HRnet bestimmt. Beim Erstellen unseres Menühandler in Kapitel 7 nutzten wir ein ähnliches Layout. Sehen wir uns das Layout der Vorlage in Abbildung 10.6 genauer an.

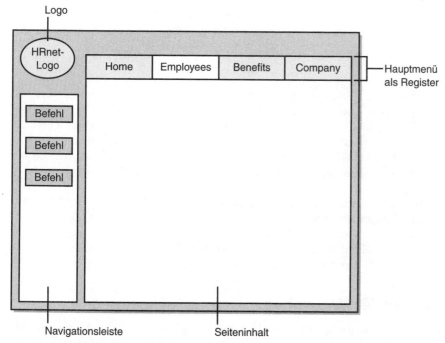

Abbildung 10.6: Aufbau der HRnet-Vorlage

Der Bildschirm ist grafisch und funktional in vier Bereiche unterteilt: Logo, Hauptmenüregister, Navigationsleiste und Seiteninhalt.

Logobereich

Einige Webanwendungen springen zur Homepage, wenn das Logo angeklickt wird. Weil wir dieses Verhalten nicht gut finden, implementieren wir es in HRnet nicht. Stattdessen kapseln wir das Logo in einem Benutzersteuerelement und erweitern seinen Funktionsumfang, zum Beispiel durch eine Abmeldemöglichkeit. Diese Möglichkeit ist eine gute Methode, die Sicherheit von Anwendungen zu erhöhen. Neben der Abmeldung legen wir eine Standardverfallszeit für die Sitzung fest. Jedes Mal, wenn auf eine Seite zugegriffen wird, überprüft das Logo-Benutzersteuerelement, ob die Sitzung abgelaufen ist. In diesem Fall leitet es den Benutzer zur Anmeldeseite um. Auf diese Weise können wir hässliche Fehlermeldungen vermeiden und die Sicherheit erhöhen. Eine andere Erweiterung, die wir im Logobereich implementieren, ist der Link zu unserer Sicherheits- und Anmeldekomponente.

Hauptmenüregisterbereich

Das Hauptmenüregister ist das zentrale Steuerelement für die Navigation in der Webanwendung. Alle anderen Navigationsleisten haben ihre Wurzel in diesem Register. Unsere vorher entworfene Homepage wird die Standardseite. Das Hauptmenüregister wird außerdem über die rollenbasierte Anmeldung gesteuert: Die Register *Benefits* und *Company* stehen nur Administratoren zur Verfügung.

Navigationsleistenbereich

Die Navigationsleiste bildet die zweite Ebene unserer Menü- und Navigationsstruktur. Wir belassen es bei dieser Tiefe von zwei Ebenen. Die Navigationsleiste wird ebenfalls über rollenbasierte Anmeldung gesteuert. Wir optimieren ihr Aussehen und ihre Funktionsweise gegenüber dem ersten Entwurf aus Kapitel 7.

Seiteninhaltsbereich

Im Seitenbereich werden die eigentlichen Webinformationen angezeigt, also die datengesteuerten Informationen. Wenn eine neue Seite eingefügt werden muss, kopieren wir lediglich die Vorlage, benennen sie um (mehr dazu gleich) und integrieren sie in die Navigationsdatenbank. Anschließend stehen uns zwei Auswahlmöglichkeiten zur Verfügung, wie wir den Seitenbereich implementieren wollen: Wir können HTML- und ASP.NET-Steuerelemente direkt auf die Seite legen oder wir können Benutzersteuerelemente erstellen, die wir in den Seitenbereich einfügen.

Unser Ansatz für den Bildschirmaufbau macht es einfacher, wieder verwendbare Seitenvorlagen zu entwickeln, die konsequent datengesteuerte Navigation und Seitenerstellung ermöglichen. Wir verwenden in keiner unserer Webanwendungen Framesets. Ein geschicktes Tabellenlayout ermöglicht uns ähnliche Fähigkeiten, ohne dass wir den Mehraufwand beim Verwalten eines Framesets mit mehreren Frames auf uns nehmen müssen.

Die Vorlagendateien für Webseiten

Abbildung 10.7 zeigt die Vorlage für die Anwendung HRnet. Sehen Sie sich das Layout an, Sie werden feststellen, dass es dem aus Abbildung 10.6 ähnelt. Da wir Benutzersteuerelemente implementieren, können Sie deren Aussehen im Entwurfsmodus nicht sehen. Sie werden einfach durch Rechtecke mit den Bezeichnungen *UserControl-Name* dargestellt. Wie Sie wissen, stellen sich Benutzersteuerelemente im Entwurfsmodus nicht selbst dar. Ihre Ausgaben werden nur während der Laufzeit als HTML generiert. (In Kapitel 6 finden Sie eine Aufstellung der Vor- und Nachteile von Benutzersteuerelementen und benutzerdefinierten Serversteuerelementen.)

Die ersten drei Layoutbereiche aus Abbildung 10.6 werden durch Benutzersteuerelemente verwirklicht. Wir haben ein weiteres Benutzersteuerelement namens `ucFooter1` hinzugefügt, das für die Links zu unseren Copyright- und Kontakt-Webseiten zuständig ist. Der vierte Layoutbereich auf Abbildung 10.6 ist der Seiteninhalt der Vorlage. Hier zeigen wir bei jeder Seite die Hauptinformationen an, indem wir HTML in die Vorlage einfügen. Beachten Sie, dass wir ein `Label`-Steuerelement namens `lblCurrentPage` in den Seitenbereich gelegt haben. Dieses Steuerelement hilft uns beim Testen der Menü- und Navigationssteuerelemente, es zeigt die Indizes der ausgewählten Menü- und Navigationsleistenbefehle an. Beim Laden der Seiten werden die Sitzungsvariablen `MainMenuIndex` und `NavBarIndex` gelesen und angezeigt.

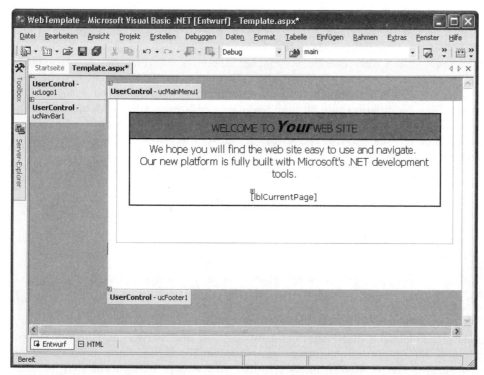

Abbildung 10.7: Die Vorlage von HRnet in der Entwurfsansicht

```
Private Sub Page_Load(ByVal sender As System.Object, ByVal e As System.EventArgs) Handles MyBase.Load
    lblCurrentPage.Text = "Menu Session = " & Session( _
        "MainMenuIndex") & " Tab Session = " & Session("NavBarIndex")
End Sub
```

Sie finden die Beispieldateien zu der Webanwendung aus diesem Kapitel im Verzeichnis *Ch10\WebTemplate*. Bevor wir uns mit den Details unserer Vorlage beschäftigen und überlegen, welche Hilfsdateien benötigt werden, sollten Sie die Datei *template.aspx* kompilieren und ausführen. Sie werden sehen, welchen Standard-Funktionsumfang wir der Vorlage gegeben haben. Dieser Funktionsumfang dient dazu, die Vorlage zu testen, bevor wir sie in unsere Webanwendung einbauen.

Um unsere Vorlage und ihren Funktionsumfang zu testen, müssen wir sicherstellen, dass alle nötigen Komponenten und Dateien zur Verfügung stehen. Wenn Sie eine neue Webanwendung erstellen, müssen Sie diese Dateien in Ihr Projekt aufnehmen. Wir haben vier Ordner in das Beispiel *WebTemplate* aufgenommen: *Company*, *Images*, *UserControl* und *Menu*. Der Ordner *Company* enthält die Dateien *ContactUs.aspx* und *Copyright.aspx*. Sie werden ausschließlich von dem Benutzersteuerelement *ucFooter1.ascx* verwendet. Wenn Sie dieses Benutzersteuerelement weglassen, können Sie auch auf den Ordner *Company* und seinen Inhalt verzichten.

Den Ordner *Images* brauchen Sie wahrscheinlich ohnehin für Ihre eigene Webanwendung. Sie finden dort unser Logo (die Datei *HRnet.jpg*) und die Datei *spacer.gif*, die wir gelegentlich benutzen. Das Logo und *spacer.gif* sind Teil des Benutzersteuerelements *ucLogo.ascx*.

Da wir Benutzersteuerelemente regelmäßig verwenden, fügen wir den Ordner *UserControl* immer hinzu. Damit unsere Vorlage korrekt arbeitet, müssen die Steuerelemente für Logo und Fußzeile dort liegen.

Der wichtigste Ordner ist *Menu*. Er enthält die Benutzersteuerelemente für Hauptmenü und Navigationsleiste sowie die Datei *MenuDataClass.vb*, in der die Einträge von Hauptmenü und Navigationsleiste zusammengestellt werden. Wir legen diese Benutzersteuerelemente in einen eigenen Ordner, damit unsere Webanwendung einfacher zu pflegen ist. Vergessen Sie nicht, einen Verweis auf die Komponente MenuData in Ihr Projekt aufzunehmen. Sie wird zum Erstellen der Menü- und Navigationstabellen gebraucht und muss vorhanden sein, bevor wir MenuDataClass benutzen können. Sie finden darin Code für eine Standardmenüstruktur. Jeder Menü- und Navigationsleistenbefehl ruft die Web Form *template.aspx* auf. So können wir die Menüs sofort testen, ohne erst Seiten hinzufügen zu müssen. Der Code, der dieses Standardverhalten implementiert, sieht folgendermaßen aus:

```
' Kommentieren Sie diesen Code aus und ersetzen Sie ihn durch Ihren eigenen.
' Einträge in die Menütabelle einfügen.
Dim localMenuTables As New MenuDataServer()
localMenuTables.AddMainMenuParameter(1, "Home", "/WebTemplate/Template.aspx", False, "Our Home Page")
localMenuTables.AddMainMenuParameter(2, "Tab2", "/WebTemplate/Template.aspx", True)
localMenuTables.AddMainMenuParameter(3, "Tab3", "/WebTemplate/Template.aspx", True)
' Einträge in die Navigationsleistentabelle einfügen.
localMenuTables.AddNavBarParameter(2, 1, "Tab2-Nav1", "/WebTemplate/Template.aspx", False)
localMenuTables.AddNavBarParameter(2, 2, "Tab2-Nav2", "/WebTemplate/Template.aspx", False)
localMenuTables.AddNavBarParameter(2, 3, "Tab2-Nav3", "/WebTemplate/Template.aspx", False)
localMenuTables.AddNavBarParameter(3, 1, "Tab-Nav1", "/WebTemplate/Template.aspx", False)
' Ende der Definitionen. Fügen Sie Ihren eigenen Code hier an.
```

Dieser Code erstellt einfach drei Hauptmenüeinträge. Für den zweiten und dritten Hauptmenüeintrag legt er Navigationsleisteneinträge an. Nachdem Sie diesen Code auskommentiert haben, können Sie Ihre eigene Menüstruktur erstellen oder andere Klassen aufrufen, die Ihre Menüstruktur anhand von Rollen oder anderen Geschäftsregeln aufbauen. In Kapitel 7 erfahren Sie mehr darüber, wie Sie das Look-and-Feel der Benutzersteuerelemente für Hauptmenü und Navigationsleiste verändern. Wir haben Farben und Schriftart bereits so eingestellt, dass sie für HRnet geeignet sind.

Wir haben uns jetzt um alle Hilfsdateien gekümmert. Sehen wir uns die Datei *template.aspx* genauer an. Der erste interessante Bereich ist der <style>-Abschnitt im HTML-Header:

```
<style>
    A.menutext {FONT-WEIGHT: bold; FONT-SIZE: 11pt; MARGIN-LEFT: 5px;
        COLOR: navy; MARGIN-RIGHT: 5px; TEXT-DECORATION: none}
    A.menutext:hover {COLOR: blue; TEXT-DECORATION: none}
    A.menutext:visited {COLOR: navy; TEXT-DECORATION: none}
    A.menutext:hover {COLOR: skyblue; TEXT-DECORATION: none}
    A.navbartext {FONT-WEIGHT: bold; FONT-SIZE: 10pt; MARGIN-LEFT:
        5px; COLOR: navy; MARGIN-RIGHT: 5px; TEXT-DECORATION: none}
    A.navbartext:hover {COLOR: black; TEXT-DECORATION: none}
    A.navbartext:visited {COLOR: navy; TEXT-DECORATION: none}
    A.navbartext:hover {COLOR: black; TEXT-DECORATION: none}
    BODY {FONT-WEIGHT: normal; FONT-SIZE: 10pt; MARGIN: 0px;
        WORD-SPACING: normal; TEXT-TRANSFORM: none;
        FONT-FAMILY: Tahoma, Arial, Helvetica, Sans-Serif;
        LETTER-SPACING: normal; BACKGROUND-COLOR: #aec1eb}
</style>
```

Aus Kapitel 7 wissen Sie, dass A.menutext und A.navbartext Stile sind, die Schriftart, Größe und Farben von Hauptmenü und Navigationsleisten steuern. Im Body unserer Webseiten definieren wir unsere bevorzugte Schriftart und ihre Größe, Zeichenabstand und Hintergrundfarbe. Wichtiger ist die Definition des Seitenrandes mit dem Wert 0 Pixel, so können wir den gesamten Hintergrund nutzen. Wir haben auch schon erwähnt, dass wir keine Framesets verwenden. Stattdessen ist der Rest der Seite *template.aspx* in Tabellen und Zellen unterteilt. Hier der wichtigste Ausschnitt des HTML-Codes:

```
<TABLE id="tblMain" cellSpacing="0" cellPadding="0" width="100%"
    border="0">
    <tr>
        <td vAlign="top" align="middle" width="125" rowSpan="2">
            <ucl:uclogo id="ucLogo1" runat="server"></ucl:uclogo>
            <ucl:ucnavbar id="ucNavBar1" runat="server">
            </ucl:ucnavbar>
        </td>
        <td vAlign="bottom" align="left" height="35">
            <ucl:ucmainmenu id="ucMainMenu1" runat="server">
            </ucl:ucmainmenu>
        </td>
    </tr>
    <tr>
        <td vAlign="top" bgColor="#ffffff" height="480">
            <!-------- Seiteninhalt beginnt hier ------->
            <!-------- Seiteninhalt endet hier ------->
        </td>
    </tr>
    <tr>
        <td style="WIDTH: 81px"> </td>
        <td align="middle">
            <P align="left">
            <ucl:ucfooter id="ucFooter1" runat="server">
            </ucl:ucfooter></P>
        </td>
    </tr>
</TABLE>
```

Wie Sie den Bildschirm aufteilen, ist eine Geschmacksfrage. Die optimale Aufteilung kann sich von Anwendung zu Anwendung unterscheiden. Wir haben dieses Layout gewählt, weil es unseren Anforderungen für Navigation und Standardisierung entspricht. Egal, welches Layout Sie in Ihren eigenen Anwendungen wählen: Auf jeden Fall müssen die Benutzersteuerelemente `MainMenu` und `NavBar` enthalten sein sowie das Benutzersteuerelement `Logo` und ein Seitenbereich. Sie können sehen, dass der Seiteninhalt in eine Tabellenzelle eingefügt wird. Damit Sie die richtige Stelle sofort finden, haben wir sie mit einem Kommentarblock gekennzeichnet: `<!------ Seiteninhalt beginnt/endet hier ------>`. Innerhalb dieses Blocks erstellen wir den Seiteninhalt, der seinerseits wiederum in einer weiteren Tabelle steht. Wir haben festgestellt, dass diese Anordnung gut funktioniert und flexibel genug ist, dass unsere HTML- und Grafikdesigner ihre Kreativität optimal entfalten können, weil genug Platz für grafische Gestaltungselemente bleibt. Gleichzeitig verleiht die Vorlage unserer Webanwendung Struktur und Konsistenz.

Starten der Anwendung HRnet

Nachdem Sie wissen, wie Sie Vorlagen für die Webanwendung erstellen, beginnen wir mit der Beispielanwendung HRnet. Sie finden die Beispieldateien im Verzeichnis *Ch10\HRnet*. Wir erstellen HRnet Schritt für Schritt. Auch wenn wir das komplette HRnet zur Verfügung stellen, empfehlen wir Ihnen, die beschriebenen Schritte nachzuvollziehen und die Anwendung von Grund auf neu zu erstellen. So werden Sie die Verfahrensweisen, die wir in diesem Buch vorstellen, besser verstehen. Und Sie werden die geschilderten Prinzipien einfacher und schneller in

Ihre eigenen Anwendungen integrieren können. In Kapitel 14 fassen wir diese Verfahrensweisen zusammen und fügen den gesamten Funktionsumfang hinzu, den wir in diesem Buch entwickelt haben.

Legen Sie in Visual Studio .NET zuerst eine neue Webanwendung an. Geben Sie ihr den Namen HRnet und kopieren Sie *template.aspx* und die anderen erwähnten Hilfsdateien in die passenden Unterverzeichnisse. (Vergessen Sie nicht, die benötigten Komponenten zu registrieren. Das sind zum Beispiel die Komponente `MenuData`, die Datenzugriffsschicht und die Sicherheitskomponenten.) Jetzt können wir unsere Menüstruktur hinzufügen und die Homepage entwerfen.

Bei einem fertigen Beispiel verweisen in der Datei *MenuDataClass.vb* alle Menü- und Navigationsleisteneinträge auf die korrekte *.aspx*-Datei. Wenn Sie die Anwendung Schritt für Schritt erstellen, haben Sie anfangs noch nicht alle *.aspx*-Web Forms-Seiten fertig. Trotzdem möchten wir, dass die Menüstruktur vollständig ist. Daher verweisen wir bei allen Menüeinträgen, deren zugehörige Seite noch nicht fertig ist, auf *template.aspx*. So können wir unsere Anwendung samt ihren Menüs testen, ohne sämtliche Webseiten fertig stellen zu müssen. An diesem Punkt sollte *MenuDataClass.vb* folgenden Code enthalten, um unsere Menü- und Navigationsstruktur wiederzugeben. (Vergessen Sie nicht, dass der Code in HRnet anders aussieht.)

```
Imports MenuData.MenuData
Imports System.Data
Namespace LocalMenuData
Public Class MenuDataClass
    Public Function getMenuDataSet() As DataSet
        ' Einträge in das Hauptmenü einfügen.
        Dim localMenuTables As New MenuDataServer()
        localMenuTables.AddMainMenuParameter(1, "Home", _
            "Template.aspx", False, "HRnet Home Page")
        localMenuTables.AddMainMenuParameter(2, "Employees", _
            "Template.aspx", True, "Employee Information")
        localMenuTables.AddMainMenuParameter(3, "Benefits", _
            "Template.aspx", True, "Available Benefits")
        localMenuTables.AddMainMenuParameter(4, "Company", _
            "Template.aspx", True, "Company Information")
        ' Einträge in die Navigationsleiste einfügen.
        localMenuTables.AddNavBarParameter(2, 1, "Employee List", _
            "Template.aspx", False, "List all Employees")
        localMenuTables.AddNavBarParameter(2, 2, "Details", _
            "Template.aspx", False, "Specific Employee's Information")
        localMenuTables.AddNavBarParameter(2, 3, "Address", _
            "Template.aspx", False, "Specific Employee's Address")
        localMenuTables.AddNavBarParameter(2, 4, "Emergency Info", _
            "Template.aspx", False, _
            "Specific Employee's Emergency Info")
        localMenuTables.AddNavBarParameter(2, 5, "Benefits", _
            "Template.aspx", False, _
            "Specific Employee's Chosen Benefits")
        localMenuTables.AddNavBarParameter(2, 6, "Work Schedule", _
            "Template.aspx", False, "Specific Employee's Work Schedule")
        localMenuTables.AddNavBarParameter(2, 7, "My Info", _
            "Template.aspx", False, "Specific Employee's Work Schedule")
        localMenuTables.AddNavBarParameter(3, 1, "Health", _
            "Template.aspx", False, "List Health Benefits")
        localMenuTables.AddNavBarParameter(3, 2, "Disability", _
            "Template.aspx", False, "List Disability Benefits")
        localMenuTables.AddNavBarParameter(3, 3, "401K", _
            "Template.aspx", False, "List Retirement Benefits")
```

```
        localMenuTables.AddNavBarParameter(3, 4, "Education", _
            "Template.aspx", False, "List Education Benefits")
        localMenuTables.AddNavBarParameter(3, 5, "Other", _
            "Template.aspx", False, "List Education Benefits")
        localMenuTables.AddNavBarParameter(3, 6, "Add", _
            "Template.aspx", False, "List Education Benefits")
        localMenuTables.AddNavBarParameter(4, 1, "News Items", _
            "Template.aspx", False, "Current and Archived News")
        localMenuTables.AddNavBarParameter(4, 2, "Departments", _
            "Template.aspx", False, "Our Company's Departments")
        localMenuTables.AddNavBarParameter(4, 3, "Positions", _
            "Template.aspx", False, "Our Company's Positions")
        localMenuTables.AddNavBarParameter(4, 4, "Job Titles", _
            "Template.aspx", False, "Our Company's Job Titles")
        Return localMenuTables.GetMenuDataSet
        localMenuTables.Dispose()         ' Objekt beseitigen.
        localMenuTables = Nothing         ' Sicherstellen, dass es nicht noch einmal benutzt wird.
    End Function
End Class
End Namespace
```

Dieser Code erstellt die komplette Menüstruktur von HRnet. Wenn wir in Kapitel 11 die Sicherheitsdaten hinzufügen, werden Sie feststellen, dass sich der Code in der Datei *MenuData-Class.vb* ändert, um die rollenbasierte Sicherheit zu verwirklichen.

Die Homepage von HRnet

Jetzt wollen wir die Vorlage zum ersten Mal benutzen: Wir erstellen die Homepage. Wir wiederholen diesen Vorgang für alle Webseiten, die wir erstellen. Sobald die Homepage fertig ist, erklären wir, welche Vor- und welche Nachteile es hat, Webseiten auf diese Art mit Hilfe von Vorlagen zu erstellen. Wir sehen uns auch andere Möglichkeiten an, Web Forms-Vorlagen von Programmcode aus zu erstellen.

Der Vorgang ist zwar einfach, wir wollen ihn aber trotzdem genauer untersuchen. Kopieren Sie die Datei *template.aspx* in ein Verzeichnis Ihrer Wahl. In diesem Beispiel nehmen wir das Verzeichnis *HRnet*. Die Zieldatei erhält dabei automatisch den Namen *Kopie von template.aspx*. (Sofern sie nicht in einen anderen Ordner kopiert wurde, in diesem Fall bleibt der Name gleich.) Sie denken wahrscheinlich, dass es genügen sollte, die Datei umzubenennen. Wie Sie bald herausfinden werden, stimmt das nicht. Ändern Sie den Namen der Datei *Kopie von template.aspx* in *Home.aspx*. (Klicken Sie mit der rechten Maustaste auf die Datei und wählen Sie im Kontextmenü den Befehl *Umbenennen*.) Nach dem Umbenennen sieht alles bestens aus, bis Sie versuchen, die neue Datei in Visual Studio .NET zu öffnen. Sie werden von der folgenden Fehlermeldung begrüßt: »Die Datei konnte im Web Form-Designer nicht geladen werden. Verbessern Sie den folgenden Fehler, und laden Sie sie dann erneut: Der Designer konnte nicht für diese Datei angezeigt werden, da keine der enthaltenen Klassen entworfen werden kann.« Wir waren ziemlich verblüfft, als uns diese Fehlermeldung das erste Mal begegnete. Wir fanden aber schnell heraus, wo das Problem lag. Klicken Sie auf die Schaltfläche *OK*, damit die Dateien *Home.aspx* und *Home.aspx.vb* (die zugehörige Code-Behind-Datei) geöffnet werden. Der folgende Code ist schuld:

```
<%@ Page Language="vb" AutoEventWireup="false" Codebehind="Home.aspx.vb" Inherits="HRnet.Template" %>
```

Diese Zeile aus *Home.aspx* zeigt, dass beim Umbenennen nur die *.aspx*-Datei und die Code-Behind-Datei angepasst wurden. Die Vererbungsstruktur wurde nicht verändert. Wir wollen als

Erstellen der Benutzeroberflächenvorlage

Basisklasse nicht die Vorlagendatei, sondern die neue Datei *Home.aspx*. Ersetzen Sie `Inherits= "HRnet.Template"` also durch `Inherits= "HRnet.Home"` und speichern Sie die Datei.

Sehen wir uns nun die Datei *Home.aspx.vb* an. Sie definiert noch einmal eine Klasse namens Template. Mehrere Klassen mit demselben Namen sind innerhalb eines Namespaces nicht erlaubt.

```
Public Class Template
    Inherits System.Web.UI.Page
```

Ersetzen Sie Template einfach durch den neuen Klassennamen für diese Seite. Wir verwenden Home. Nachdem Sie diese Datei gespeichert haben, können Sie *Home.aspx* und *Home.aspx.vb* schließen. Wenn Sie *Home.aspx* danach erneut öffnen, wird sie sich wie erwartet verhalten. Ändern Sie das Formular und fügen Sie das übliche *Willkommen* ein oder andere Bereiche.

Wir haben eine weitere Seltsamkeit gefunden, über die Sie Bescheid wissen sollten. Falls Sie innerhalb derselben Anwendung zwei Webseiten mit demselben Namen benutzen: Wenn die beiden Seiten in unterschiedlichen Verzeichnissen liegen, gibt es mit den *.aspx*-Dateien keine Probleme, aber die Code-Behind-Dateien bekommen Probleme. Da Code-Behind-Dateien Klassen sind, dürfen Sie in einem Namespace nicht zwei Klassen mit demselben Namen haben. (Wie Sie wissen, definiert jedes Projekt einen Stammnamespace mit dem Namen des Projekts.) Sie können den *.aspx*-Dateien und ihren Code-Behind-Dateien denselben Namen geben, müssen aber den Klassennamen ändern.

Betrachten wir ein Beispiel mit zwei Webseiten, die denselben Namen haben, aber in unterschiedlichen Verzeichnissen liegen. (Dieses Beispiel finden Sie nicht in den Quellcodes zu diesem Buch.) Sie haben im Stammverzeichnis eine Seite mit dem Namen *Home.aspx*. Die Page-Direktive in *Home.aspx* sieht so aus:

```
<%@ Page Language="vb" AutoEventWireup="false" Codebehind="Home.aspx.vb" Inherits="HRnet.Home" %>
```

In der Code-Behind-Datei *Home.aspx.vb* ist die Klasse folgendermaßen definiert:

```
Public Class Home
```

Jetzt wollen Sie eine andere Datei mit dem Namen *Home.aspx*, die in einem Unterverzeichnis der Webanwendung liegt. Sie können auch die zweite Datei aus der Vorlage erstellen. In der Page-Direktive müssen Sie eine andere Basisklasse angeben, sonst gibt es Konflikte mit der ersten Webseite. Die zweite Seite *Home.aspx* sieht dann so aus:

```
<%@ Page Language="vb" AutoEventWireup="false" Codebehind="Home.aspx.vb" Inherits="HRnet.Home1" %>
```

Die zugehörige Code-Behind-Datei enthält folgende Klassendefinition:

```
Public Class Home1
```

Jetzt haben wir unsere Homepage und wollen sie in die Menüstruktur einfügen. Ändern Sie in der Datei *MenuDataClass.vb* die folgende Codezeile, um als Homepage *Home.aspx* einzutragen:

```
localMenuTables.AddMainMenuParameter(1, "Home", "/HRnet/Home.aspx", False, "HRnet Home Page")
```

Sie können nun HRnet mit der neuen Homepage ausführen. Klicken Sie mit der rechten Maustaste auf *Home.aspx*, wählen Sie im Kontextmenü den Befehl *Erstellen und durchsuchen* und freuen Sie sich über Ihre neue Homepage. Sie hat das geerbte Look-and-Feel und bietet den kompletten Funktionsumfang des Menüs.

Im Folgenden fassen wir die Vorteile der in diesem Kapitel vorgestellten Webvorlagen zusammen:

- Sie sind einfach zu benutzen.
- Sie werden vom Designer vollständig unterstützt.
- Code-Behind-Dateien und *.aspx*-Dateien sind getrennt, so dass Sie den Seiteninhalt mit einem grafischen Designer bearbeiten können, ohne den Code zu verändern.

Diese Vorteile sind wichtig und sorgen dafür, dass Vorlagen einfach zu benutzen sind, aber Webvorlagen haben auch einen gewaltigen Nachteil (es ist allerdings der einzige Nachteil, den wir gefunden haben): Sie nutzen nicht die Vererbungsfähigkeiten der objektorientierten Programmierung. Falls Sie Aussehen und Funktionsweise Ihrer ganzen Webanwendung verändern wollen, müssen Sie den HTML-Code in sämtlichen Dateien editieren, die Sie von der Vorlagendatei abgeleitet haben. Wenn Sie einfach den HTML-Code in der Datei *template.aspx* verändern, gehen diese Änderungen nicht automatisch in all die Dateien über, die ursprünglich als Kopien dieser Vorlage erstellt wurden. Das ist ein gewichtiger Nachteil und wir haben nach Möglichkeiten gesucht, das Problem zu umgehen. Weiter unten in diesem Kapitel werden Sie erfahren, dass bei Windows Forms wesentlich bessere Fähigkeiten für Oberflächenvererbung vorhanden sind. Bei Windows Forms gibt es echte Vererbung von einer Vorlage auf die abgeleiteten Formulare. Die Lösung für das Vererbungsproblem ist nicht einfach. Microsoft war sich dessen bewusst, schließlich haben sie ASP.NET entworfen, ohne in der Grundversion echte Vererbung von Seitenvorlagen anzubieten.

Webseitenvorlagen: Die andere Möglichkeit

Eine mögliche Lösung für das Problem mit der Seitenvorlage wäre es, eine benutzerdefinierte Seitenvorlage zwischen die ASP.NET-Seitenklasse und die Code-Behind-Datei einzufügen. Abbildung 10.8 zeigt, wie das aussieht.

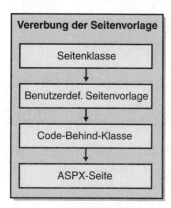

Abbildung 10.8: Die Struktur der ASP.NET-Seitenklasse mit einer benutzerdefinierten Vorlagenklasse

Die Beispieldateien finden Sie im Verzeichnis *Ch10\WebTemplate\ASPXInheritance*. Um die benutzerdefinierte Seitenvorlage aus Abbildung 10.8 zu erstellen, haben wir die Datei *PageTemplate.vb* angelegt und für sie den Namespace `ASPXInheritance` definiert. Die Hauptklasse heißt `PageTemplate`, sie erbt ihr Verhalten von der ASP.NET-Seitenklasse `Page` aus dem Namespace `System.Web.UI`. (Das können Sie feststellen, wenn Sie eine neue *.aspx*-Seite erstellen.) Da dies eine reine Klassendatei ist, können Sie den Code, der die Seite darstellt, nicht mit einem HTML-Designer entwerfen. Stattdessen müssen Sie alle HTML-Abschnitte der Vorlagenseite in Form von Programmcode schreiben. Dazu können Sie das `PlaceHolder`-Objekt nutzen. Diese Platzhalter enthalten die HTML- oder Benutzersteuerelemente, aus denen wir unsere Vorlagenseite zusammenstellen. Hier ist der erste Teil der Datei *PageTemplate.vb*:

```
Imports System
Imports System.Web.UI
Imports System.Web.UI.WebControls
Imports System.Web.UI.HtmlControls
```

```vb
Namespace ASPXInheritance            ' Unser Namespace
    Public Class PageTemplate : Inherits Page
        ' Abgeleitet von der Basiswebseite
        Private mainForm As HtmlForm    ' Fungiert als Tag <form runat='server'>
        ' Definieren der Platzhalter für die Seitenabschnitte.
        Private privateTitle As PlaceHolder
        Private privateHeader As PlaceHolder
        Private privateNavBar As NavBar
        Private privateBody As PlaceHolder
        Private privateWidth As Integer = 700 ' Standardbreite unseres Bildschirms

        Public Sub New()
            mainForm = New HtmlForm() ' Initializes the Form
            ' Definieren der Abschnitte auf der Seite
            privateTitle = New PlaceHolder()
            privateHeader = New PlaceHolder()
            privateNavBar = New NavBar()
            privateBody = New PlaceHolder()
        End Sub

        Public Property Width() As Integer    ' Eigenschaft Width
            Get
                Return privateWidth
            End Get
            Set(ByVal Value As Integer)
                privateWidth = Value
            End Set
        End Property

        Public Property Title() As String    ' Hier kann eine Überschrift hinzugefügt werden
            Get
                Return ""
            End Get
            Set(ByVal Value As String)
                privateTitle.Controls.Clear()
                privateTitle.Controls.Add(New LiteralControl(Value))
            End Set
        End Property

        Public Property Header() As PlaceHolder ' Fügt einen Header hinzu
            Get
                Return privateHeader
            End Get
            Set(ByVal Value As PlaceHolder)
                privateHeader = Value
            End Set
        End Property

        Public Property LeftNav() As NavBar    ' Fügt eine Navigationsleiste hinzu
            Get
                Return privateNavBar
            End Get
            Set(ByVal Value As NavBar)
                privateNavBar = Value
            End Set
        End Property

        Public Property Body() As PlaceHolder ' Fügt einen Textbody hinzu
            Get
                Return privateBody
            End Get
```

```
            Set(ByVal Value As PlaceHolder)
                privateBody = Value
            End Set
        End Property
        ⋮
    ' Diese Navigationsleiste ist von PlaceHolder abgeleitet, bietet aber einige Extras.
    Public Class NavBar : Inherits PlaceHolder
        Private navWidth As Integer = 125
        Public Property Width() As Integer
            Get
                Return navWidth
            End Get
            Set(ByVal Value As Integer)
                navWidth = Value
            End Set
        End Property
    End Class
```

Die interessantesten Teile in diesem Code sind die `PlaceHolder`-Definitionen: `Title`, `Header`, `NavBar` und `Body`. Sie können so viele davon erstellen, wie Sie wollen. `NavBar` ist eine spezielle Klasse, die von `PlaceHolder` abgeleitet ist und bestimmte Daten zur Breite der Navigationsleiste hinzufügt. Die initialisierte Variable `mainForm` ist als `HtmlForm` definiert, daher bekommt sie die Eigenschaften, Methoden und Ereignisse eines `<form runat='server'>`-Tags. Mit den übrigen Eigenschaften können Sie die internen Variablen von `PlaceHolder` verändern.

Der nächste Codeausschnitt ist etwas komplexer. Wichtig ist die Reihenfolge der Steuerelemente, wenn eine Webseite vom Programmcode aus erstellt wird. Zuerst überschreiben wir für diese Seite die Unterroutine `OnInit`. In diesem Codeabschnitt fügen wir `LiteralControl`-Objekte zu der Seite hinzu, die die wichtigen HTML-Tags wie `<HTML>`, `<Title>` und `<Body>` enthalten. Wenn die Methode `Page_Load` ausgeführt wird, fügt sie mehr `LiteralControl`-Steuerelemente in das Steuerelement `mainForm` ein. Sie enthält in einer Tabelle den Vorlagencode sowie Benutzersteuerelemente. Sehen wir uns erst die Methode `OnInit` an:

```
Protected Overrides Sub OnInit(ByVal e As EventArgs)    ' HTML-Layout erzeugen
    AddHandler Me.Load, AddressOf Page_Load
    Dim localStyle As String
    localStyle = "<style>... BODY { FONT-WEIGHT: normal; FONT-SIZE:" & _
        "10pt; MARGIN: 0px; WORD-SPACING: normal; TEXT-TRANSFORM:" & _
        "none; FONT-FAMILY: Tahoma, Arial, Helvetica, Sans-Serif;" & _
        "LETTER-SPACING: normal; BACKGROUND-COLOR: #aecleb }</style>"
    ' Kernbestandteile des Headers hinzufügen.
    AddHTML(("<html>" + ControlChars.Lf + "<head>" + ControlChars.Lf + "<title>"))
    Controls.Add(privateTitle)
    AddHTML(("</title>" + ControlChars.Lf + localStyle + "</head>" _
        + ControlChars.Lf + "<body>" + ControlChars.Lf))
    ' Die Web Form zu der Seite hinzufügen.
    Controls.Add(mainForm)
    ' Kernbestandteile des Footer-Abschnitts hinzufügen.
    AddHTML(("</body>" + ControlChars.Lf + "</html>"))
End Sub
    ⋮
Private Sub AddHTML(ByVal output As String)
    Controls.Add(New LiteralControl(output))
End Sub
```

Die ursprüngliche Unterroutine `OnInit` wird überschrieben. Wir sorgen dafür, dass beim Laden der Seite (Load-Ereignis) unser `Page_Load` aufgerufen wird. Danach definieren wir einen

String mit den gewünschten Stileinstellungen. Im restlichen Code fügen wir `LiteralControl`-Steuerelemente in die Seite ein. Die `LiteralControl`-Steuerelemente schicken HTML an die Webseite. Wir haben die Unterroutine `AddHTML` definiert, die statischen Text als Argument übergeben bekommt und ihn in ein neues `LiteralControl`-Steuerelement verwandelt. Es ist das wichtigste Steuerelement in der Methode `OnInit` ist `mainForm`. In ihm liegt das gesamte Layout unserer Vorlagenseite.

Als Nächstes wollen wir uns den Code für den Ereignishandler `Page_Load` ansehen:

```
Private Sub Page_Load(ByVal sender As [Object], ByVal e As EventArgs)
    Dim colSpan As Integer = 1
    Dim bodyWidth As Integer = Width
    ' Anzahl der Spalten im Header sowie Breite des Body-Abschnitts in der Vorlage ermitteln.
    If LeftNav.Controls.Count > 0 Then
        colSpan += 1
        bodyWidth -= LeftNav.Width
    End If
    ' Die Web Form erstellen und Platzhalter für Seitenabschnitt und NavSection-Objekte einfügen.
    ' Mit dem Layout der Hauptvorlage beginnen.
    mainForm.Controls.Add(New LiteralControl("<table border=""1"" _
        + "cellspacing=""0"" cellpadding=""0"" width=""" + _
        Width.ToString() + """>" + ControlChars.Lf))
    mainForm.Controls.Add(New LiteralControl(ControlChars.Tab + "<tr>" + _
        ControlChars.Lf + ControlChars.Tab + ControlChars.Tab + _
        "<td  colspan=""" + colSpan.ToString() + """ valign=""top"">" + _
        ControlChars.Lf))
    ' Standardheader hinzufügen, falls noch keiner angegeben wurde.
    If 0 = Header.Controls.Count Then
        mainForm.Controls.Add(LoadControl("ucHeader.ascx"))
    End If
    mainForm.Controls.Add(Header)
    mainForm.Controls.Add(New LiteralControl(ControlChars.Lf + _
        ControlChars.Tab + ControlChars.Tab + "</td>" + ControlChars.Lf + _
        ControlChars.Tab + "</tr>" + ControlChars.Lf))
    mainForm.Controls.Add(New LiteralControl(ControlChars.Tab + "<tr>" + _
        ControlChars.Lf))
    ' Linke Navigationsleiste hinzufügen, falls von der Seite definiert.
    If LeftNav.Controls.Count > 0 Then
        mainForm.Controls.Add(New LiteralControl(ControlChars.Tab +
            ControlChars.Tab + "<td valign=""top"" width=""" + _
            LeftNav.Width.ToString() + """>" + ControlChars.Lf))
        mainForm.Controls.Add(LeftNav)
        mainForm.Controls.Add(New LiteralControl(ControlChars.Lf + _
            ControlChars.Tab + ControlChars.Tab + "</td>" + _
            ControlChars.Lf))
    End If
    If Body.Controls.Count > 0 Then    ' Body hinzufügen; andernfalls eine Ausnahme auslösen.
        mainForm.Controls.Add(New LiteralControl(ControlChars.Tab + _
            ControlChars.Tab + "<td valign=""top"">" + ControlChars.Lf + _
            ControlChars.Tab + ControlChars.Tab + ControlChars.Tab + _
            "<table border=""0"" cellspacing=""0"" cellpadding=""4"" " _
            + "width=""" + bodyWidth.ToString() + """>" + ControlChars.Lf _
            + ControlChars.Tab + ControlChars.Tab + ControlChars.Tab + _
            ControlChars.Tab + "<tr>" + ControlChars.Lf + _
            ControlChars.Tab + ControlChars.Tab + ControlChars.Tab + _
            ControlChars.Tab + ControlChars.Tab + "<td>" + _
            ControlChars.Lf))
```

```
        mainForm.Controls.Add(Body)
        mainForm.Controls.Add(New LiteralControl(ControlChars.Lf + _
            ControlChars.Tab + ControlChars.Tab + ControlChars.Tab + _
            ControlChars.Tab + ControlChars.Tab + "</td>" + _
            ControlChars.Lf + ControlChars.Tab + ControlChars.Tab + _
            ControlChars.Tab + ControlChars.Tab + "</tr>" + _
            ControlChars.Lf + ControlChars.Tab + ControlChars.Tab + _
            ControlChars.Tab + "</table>" + ControlChars.Lf + _
            ControlChars.Tab + ControlChars.Tab + "</td>" + _
            ControlChars.Lf))
    Else
        Throw New Exception("A Body must be present in the " & _
            PageTemplate class.")
    End If
    mainForm.Controls.Add(New LiteralControl(ControlChars.Tab + "</tr>" _
        + ControlChars.Lf))
    End Sub
⋮
```

Die ersten paar Zeilen dieses Codeausschnitts stellen einige Standardwerte ein. Vergessen Sie nicht, dass wir vom Programmcode aus das HTML erstellen und die Benutzersteuerelemente einfügen müssen. Der Beispielcode, in dem wir das erste Steuerelement in `mainForm` einfügen, demonstriert, wie das gemacht wird. Die ersten beiden `LiteralControl`-Steuerelemente, die wir hinzufügen, sind eine Tabelle und eine Zeile. `ControlsChar.Lf` generiert einen Zeilenumbruch, der dafür sorgt, dass der erzeugte HTML-Code besser lesbar ist. Als Nächstes stellen wir fest, ob ein bestimmter Header eingefügt wurde. Falls nicht, wird *ucHeader.ascx* hinzugefügt. Dann schließen wir die Zeile mit einem weiteren `LiteralControl`-Steuerelement ab. Danach folgt der Body. Wurde keiner definiert, lösen wir eine Ausnahme aus. Jedes Formular muss einen Body haben, und wir wollen sicherstellen, dass er hinzugefügt wird.

Nachdem die Klasse `PageTemplate` fertig ist, wollen wir uns ansehen, auf welche Weise sie eingesetzt wird. Nach dem Anlegen einer neuen Webseite müssen wir ihren gesamten HTML-Inhalt löschen. Warum, wollen Sie wissen? Weil wir nicht den Inhalt, den unsere Vorlagenklasse generiert, mit dem ursprünglichen HTML der Webseite mischen können. Jeglicher zusätzliche Inhalt, durch den das HTML aus der Klasse `PageTemplate` ergänzt werden soll, muss sich in Benutzersteuerelementen befinden. Der HTML-Abschnitt von Webseiten kann aus lediglich einer Anweisung bestehen. Bei unserem Beispiel *InheritanceTest.aspx* sieht sie so aus:

```
<%@ Page Language="vb" AutoEventWireup="false"
    Codebehind="InheritanceTest.aspx.vb"
    Inherits="WebTemplate.InheritanceTest"%>
```

In der Code-Behind-Datei rufen wir den Inhalt auf. Man könnte auch sagen, wir stellen die Verknüpfung mit dem Inhalt her:

```
⋮
Imports WebTemplate.ASPXInheritance    ' Verweis auf die Seitenvorlage
Public Class InheritanceTest : Inherits PageTemplate
    ' Abgeleitet von unserer Klasse PageTemplate, die wiederum von Page abgeleitet ist.
    Private Sub Page_Load(ByVal sender As System.Object,
        ByVal e As System.EventArgs) Handles MyBase.Load
        ' Benutzercode zum Initialisieren der Seite hier einfügen.
        MyBase.LeftNav.Width = 200
        MyBase.LeftNav.Controls.Add(LoadControl("ucLeftNav.ascx"))
        MyBase.Body.Controls.Add(LoadControl("ucBody.ascx"))
    End Sub
⋮
```

Erstellen der Benutzeroberflächenvorlage

Im Ereignishandler `Page_Load` der Webseite greifen wir auf die Klasse `MyBase` (in diesem Fall also `PageTemplate`) zu, stellen einige der von uns definierten Eigenschaften ein und fügen Benutzersteuerelemente hinzu. In diesem Fall fügen wir an der linken Seite eine Navigationsleiste in Form des Benutzersteuerelements *ucLeftNav.ascx* hinzu sowie den gesamten Body in Form des Benutzersteuerelements *ucBody.ascx*. Das Benutzersteuerelement *ucBody.ascx* enthält den gesamten Detailbereich der Webseite. Probieren Sie dieses Beispiel aus, nehmen Sie aber einige Veränderungen vor, damit Sie beobachten können, auf welche Weise sie das Ergebnis beeinflussen.

Wie alle Lösungen hat eine Webseitenvorlage bestimmte Vorteile und Nachteile. Einer der Vorteile, den wir bei unserem Ansatz mit der Vorlage festgestellt haben: Er ist vollständig objektorientiert. Wenn Sie die Seitenvorlage ändern, werden dadurch alle Seiten der Webanwendung angepasst, weil die Seiten direkt von der Vorlage abgeleitet sind. Es gibt allerdings mehrere Nachteile zu bedenken:

- Für die Vorlage gibt es keinen HTML-Designer. Der gesamte Inhalt der Vorlagenseite muss in handgeschriebenen Code konvertiert werden. Ein Beispiel konnten Sie in der Datei *PageTemplate.vb* sehen.
- Es gibt kein Standardverfahren, die eigentlichen Webseiten zu erstellen. Code-Behind-Dateien können nur auf Eigenschaften zugreifen und Steuerelemente hinzufügen.
- Der gesamte Webinhalt muss in Benutzersteuerelemente gepackt werden. Die aufrufende Seite kann nicht auf die Benutzersteuerelemente zugreifen. Sie sind völlig isoliert.
- Es kann Leistungseinbußen bedeuten, Steuerelemente über mehrere Iterationsebenen zu erstellen.

Wenn Sie die Vor- und Nachteile der beiden Methoden vergleichen, das Erstellen von ASP.NET-Webseiten auf der Basis einer Vorlage und das programmgesteuerte Ableiten von Seiten, müssen Sie sich genau überlegen, welche Schwierigkeiten sich ergeben könnten und welche Anforderungen Sie haben. Werden Sie oft das Aussehen und die Funktionsweise Ihrer gesamten Webanwendung verändern? Falls ja, sind programmgesteuert generierte Vorlagen wahrscheinlich die bessere Lösung. Wenn Sie solche Änderungen nicht einplanen und die Vorlage nur geringfügig oder überhaupt nicht verändert wird, dürften Sie mit dem Kopieren von Vorlagen besser bedient sein. Wir wollten HRnet so einfach wie möglich gestalten. Die Webdesigner sollten ihre Kreativität im Voraus und an den einzelnen Seiten entfalten. Und wir hatten keine Pläne, in nächster Zukunft durchgreifende Änderungen an der Vorlage vorzunehmen. Daher beschlossen wir, bei HRnet mit der Vorlage *template.aspx* zu arbeiten, die wir für jede neue Webseite kopieren.

Weitere Funktionen

Wir haben bereits erwähnt, dass wir den Logobereich durch weitere Funktionen erweitern wollen. In diesem Bereich möchten wir eine Verknüpfung zur Sicherheitsschicht herstellen, die Verfallsdauer der Sitzung überprüfen und eine Abmeldefunktion bereitstellen. In Kapitel 11 erstellen wir die Informationsseiten, die eine Verknüpfung zur Sicherheitsschicht und eine Verfallsdauerprüfung für die Sitzung enthalten. Vorerst beschränken wir uns auf die Abmeldefunktion. Dafür ist die Datei *ucLogo.ascx* zuständig. Wir fügen ein `LinkButton`-Steuerelement mit der Beschriftung *Logout* (Abmelden) in *ucLogo.ascx* ein und legen es in eine eigene Tabellenzeile und Zelle, um die Formatierung zu erleichtern. Wir benutzen statt eines `Hyperlink`-Steuerelements das `LinkButton`-Steuerelement, damit wir serverseitig einige Operationen vornehmen können, bevor wir zu der Seite *logout.aspx* umleiten. Der Ereignishandler enthält folgenden Code:

```
Private Sub LinkBtnLogout_Click(ByVal sender As System.Object, ByVal e As System.EventArgs) _
    Handles LinkBtnLogout.Click
    Session.Clear()
    Session.Abandon()
    Response.Redirect("/HRnet/Logout.aspx")
End Sub
```

Durch die Aufrufe von `Session.Clear` und `Session.Abandon` werden alle Objekte, die im Session-Objekt gespeichert sind, freigegeben und gelöscht, sobald der Code der Seite ausgeführt wurde. Da unmittelbar im Anschluss die Umleitung zur Abmeldeseite folgt, passiert dies sofort.

Erstellen der Windows Forms-Vorlagen für HRnet

Windows Forms bieten eine Vererbungsfähigkeit, die wesentlich umfangreichere Möglichkeiten enthält als die Arbeit mit Vorlagen: Oberflächenvererbung (visual inheritance). Genauso, wie ein abgeleitetes Objekt alle Eigenschaften, Methoden und Ereignisse seiner Basisklasse erbt, erhält eine abgeleitete Windows Form den gesamten Funktionsumfang und das Aussehen der Basisklasse. Diese Oberflächenvererbung ermöglicht uns, das umständliche Kopieren und Bearbeiten von Webvorlagen zu umgehen und eine abgeleitete Web Form genau so zu behandeln, als wäre sie ihre Basisklasse. Sogar Drag & Drop-Funktionen stehen zur Verfügung.

Gehen wir noch einmal einen Schritt zurück und rufen wir uns den Hauptgrund für die Vererbung ins Gedächtnis: effiziente Wiederverwendung von Code. Vererbung ist viel einfacher zu verwirklichen, als Sie vielleicht bei Vorträgen, von Autoren oder Programmierern gehört haben. Sicherlich erfordert sie Planung und ein bisschen mehr Vorbereitung, aber wenn Sie die Vererbung richtig nutzen, kann sie sehr leistungsfähig sein. Das werden wir in den nächsten Abschnitten unter Beweis stellen. Ebenso, wie der Datenzugriff zum Funktionsumfang unserer meisten Anwendungen gehört, nutzen wir immer wieder bestimmte grafische und funktionale Elemente in unserer Benutzeroberfläche. Die Wiederverwendung von Code für Datenzugriff haben wir in Kapitel 4 durch eine Komponente für die Datenzugriffsschicht verwirklicht. Jetzt wollen wir dasselbe für grafische und funktionale Elemente in Windows Forms erreichen. Die Vererbungsfähigkeiten von .NET (und daher von Visual Basic .NET) unterstützen Vererbung über mehrere Stufen hinweg. Dies wird als *mehrstufige Vererbung* (multilevel inheritance) bezeichnet. Verwechseln Sie das nicht mit Mehrfachvererbung. Mehrfachvererbung bedeutet, dass eine Klasse von zwei verschiedenen Basisklassen abgeleitet ist. Mehrstufige Vererbung wird in .NET unterstützt, Mehrfachvererbung dagegen nicht. Mit Hilfe der mehrstufigen Vererbung können wir ein sehr leistungsfähiges Framework aufbauen.

In den folgenden Beispielen erstellen wir mehrere Formulare, die von Basisformularen abgeleitet sind. In der untersten Schicht unserer abgeleiteten Formulare beginnen wir mit einem ganz allgemeinen Funktionsumfang. Das sind zum Beispiel Formulargröße, allgemeine Datenbearbeitung und allgemeine Menüverarbeitung. In der nächsten Schicht befindet sich die erste abgeleitete Klasse für unsere spezielle Anwendung. Hier fügen wir mehr anwendungsspezifische Fähigkeiten hinzu, zum Beispiel den Umgang mit Farbe und Daten. Danach leiten wir entweder direkt die Windows Forms ab, die wir brauchen, oder wir fügen weitere spezielle Funktionen hinzu, falls eine Funktion in mehreren Windows Forms benötigt wird. Abbildung 10.9 zeigt die Basisklasse und die abgeleiteten Formulare, die wir in HRnet verwenden. Dieser Ansatz, Schichten von allgemeinen bis zu spezialisierten Aufgaben zu bilden, ist eine der besten Anwendungsmöglichkeiten für Vererbung, die wir kennen. In unseren Beispielen bezieht sich das auf die Oberfläche. Bei allgemeinen Geschäftsklassen gilt dasselbe Prinzip, dort aber mit Geschäftsregeln.

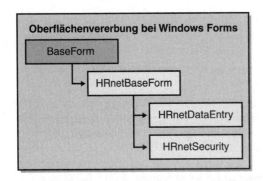

Abbildung 10.9: Vererbungsstruktur für Windows Forms-Klassen

Die Beispieldateien finden Sie im Verzeichnis *Ch10\HRnetForms*. Öffnen Sie die Projektmappe *HRnetForms.sln*, um sich das gesamte Projekt anzusehen. Das Formular *MainMenu.vb* enthält Schaltflächen, mit denen Sie das Basisformular und die abgeleiteten Formulare aufrufen können. Sehen wir uns das genau an.

BaseForm.vb bildet die erste Stufe (die Basisklasse) in unserem Mini-Framework. Wir erstellen diese Abstraktion, um einen Puffer zur Visual Studio .NET-Implementierung eines Formulars herzustellen. Falls wir etwas nicht mögen, können wir es ändern. Und falls wir eine sehr allgemeine Funktion bereitstellen wollen, können wir sie hinzufügen. Alle Änderungen und alle hinzugefügten Steuerelemente werden weitergegeben. (Vergessen Sie nicht, das Projekt neu zu kompilieren, nachdem Sie eine Basisklasse verändert haben. Nur so werden die Änderungen an die abgeleiteten Klassen weitergegeben.) Im Fall von *BaseForm.vb* haben wir nur einige kleine Änderungen vorgenommen. Wir wollen nicht, dass eine Instanz von diesem Formular angelegt wird. Daher haben wir ihm einen abschreckenden gelben Hintergrund gegeben (das soll keine Beleidigung sein, falls Sie gern einen gelben Hintergrund haben) und die maximale, minimale und anfängliche Größe des Formulars eingestellt.

Die Basisformulare

HRnetBaseForm.vb ist das allgemeinste Formular unserer Anwendung. Seine Farben wurden angepasst und es bekommt unser Logo und die allgemeine Menüstruktur. Weil das Menü für alle Benutzer, die Zugriffsrechte für die HRnet-Windows Forms haben, dasselbe ist, programmieren wir die Menüstruktur fest ein. Falls Sie dies lieber flexibel handhaben, können Sie in Kapitel 7 nachschlagen, wie Sie den Code entsprechend ändern müssen.

Bisher haben wir keine Funktionen hinzugefügt und Ihnen nicht gezeigt, wie Sie durch Oberflächenvererbung abgeleitete Windows Forms erstellen. Das holen wir jetzt nach, wenn wir das Formular HRnetDataEntry erstellen. Klicken Sie mit der rechten Maustaste auf das Projekt (in diesem Fall also *HRnetForms*) und wählen Sie im Kontextmenü den Befehl *Hinzufügen/Geerbtes Formular hinzufügen*. Geben Sie dem Formular einen Namen, wir haben HRnetDataEntry gewählt. Daraufhin öffnet sich das Dialogfeld *Vererbungsauswahl*. Dort können Sie das Formular auswählen, von dem Sie Ihr neues Formular ableiten wollen. Wir verwenden als Basisklasse HRnetBaseForm. Wenn die fertige Seite angezeigt wird, sehen Sie, dass sie praktisch genau wie das Basisformular aussieht. Schauen Sie genau hin und Sie werden feststellen, dass in der linken oberen Ecke des Logos ein kleiner Pfeil ist. Dieser Pfeil bedeutet, dass dieses Element geerbt wurde und gesperrt ist. Seine Eigenschaften, Methoden und Ereignisse können nicht verändert werden.

Wenn Sie möchten, dass abgeleitete Formulare Funktionen und Elemente, die Sie hinzugefügt haben, ändern oder überschreiben können, müssen Sie diese Funktionen oder Elemente als öffentlich deklarieren. In diesem Beispiel könnten Sie das `PictureBox`-Steuerelement auswählen und die Eigenschaft `Modifiers` auf `Public` ändern. Dann können abgeleitete Formulare die Eigenschaften dieses Bildfelds verändern.

Dasselbe gilt auch für die Menüstruktur. Falls Sie Änderungen vornehmen wollen, müssen Sie das Element entweder wie beschrieben entsperren oder die Änderungen im Basisformular durchführen, in dem das Element definiert ist. Das fertige neue Formular wird geöffnet, wenn ein Datenzugriff durchgeführt wird. Wir wollen für den Datenzugriff einige Grundfunktionen hinzufügen: Schaltflächen zum Speichern (*Save*), Hinzufügen (*Add*), Abbrechen (*Cancel*) und Beenden (*Exit*) mit dem zugehörigen Funktionsumfang. Statt in diesem Beispiel unsere Mittelschicht aufzurufen, zeigen wir einfach ein informatives Meldungsfeld an. Fügen Sie die vier Schaltflächen ein und ordnen Sie sie so ähnlich an wie in unserem Beispiel *HRnetDataEntry.vb*. Geben Sie den Schaltflächen Namen und verankern Sie sie, damit sie ihre Position behalten, wenn die Größe des Bildschirms verändert wird. Außerdem sind die Schaltflächen *Save* und *Cancel* anfangs nicht sichtbar. Wann Sie angezeigt werden, wird vom Programmcode aus gesteuert. Sehen wir uns an, auf welche Weise das Formular erweitert wurde. Wir beginnen mit den hinzugefügten Methoden:

```
' BaseDataEntry hat eine Save-Methode.
Public Overridable Sub Save()
    MessageBox.Show("Data Base Form Save clicked")
    Me.Close()
End Sub

' BaseDataEntry hat eine Cancel-Methode.
Public Overridable Sub Cancel()
    MessageBox.Show("Data Base Form Cancel clicked")
    Me.Close()
End Sub

' BaseDataEntry hat eine Add-Methode.
Public Overridable Sub Add()
    EditMode(True)
End Sub

' Die Methode EditMode von BaseDataEntry
Public Overridable Sub EditMode(ByVal setEditMode As Boolean)
    If setEditMode = True Then
        btnSave.Visible = True
        btnCancel.Visible = True
    Else
        btnSave.Visible = False
        btnCancel.Visible = False
    End If
End Sub
```

Sehen wir uns nun die Ereignishandler für die Schaltflächen an:

```
Private Sub btnExit_Click(ByVal sender As System.Object, _
    ByVal e As System.EventArgs) Handles btnExit.Click
    Me.Close()
End Sub

Private Sub btnAdd_Click(ByVal sender As System.Object, _
    ByVal e As System.EventArgs) Handles btnAdd.Click
    Me.Add()
End Sub
```

```
Private Sub btnSave_Click(ByVal sender As System.Object, _
    ByVal e As System.EventArgs) Handles btnSave.Click
    Me.Save()
End Sub
Private Sub btnCancel_Click(ByVal sender As System.Object, _
    ByVal e As System.EventArgs) Handles btnCancel.Click
    Me.Cancel()
End Sub
```

Möglicherweise fragen Sie sich, warum wir die Methoden von den Ereignishandlern für die Schaltflächen getrennt haben. Könnten wir nicht den Code aus den Unterroutinen direkt in die Ereignishandler legen? Das könnten wir schon, dann hätten wir aber nicht die Flexibilität, die wir wollen. Da wir dieses Formular wahrscheinlich nicht nur direkt benutzen, sondern weitere Klassen davon ableiten wollen, möchten wir die Fähigkeiten der Vererbung ganz ausschöpfen. Wir wollen entweder den Funktionsumfang des Basisformulars nutzen oder diesen Funktionsumfang völlig überschreiben oder den Funktionsumfang des Basisformulars mit neu hinzugefügtem Code kombinieren. Diese drei Möglichkeiten sind die wichtigsten Optionen bei der Vererbung. Und wir sollten immer Code schreiben, der uns alle drei Möglichkeiten offen hält. Indem wir die Methoden Save, Cancel und Add separat mit dem Schlüsselwort Overridable definieren und sie mit Me.Save, Me.Cancel und Me.Add aufrufen, können wir beim Ableiten eines neuen Formulars diesen geerbten Funktionsumfang nutzen, ersetzen oder verändern. Starten Sie das Basisformular HRnetDataEntry, klicken Sie die Schaltflächen an und sehen Sie sich an, wie sich unser Dateneingabeformular verhält. Im nächsten Abschnitt gehen wir einen Schritt weiter.

Das fertige Dateneingabeformular

Funktionsumfang und Verhalten des Basisformulars für die Dateneingabe gefallen uns zwar, wir wollen aber gegenüber dem Basisformular HRnetDataEntry einige Änderungen vornehmen. Wir sind zufrieden mit dem, was die Schaltfläche *Cancel* (Abbrechen) tut: Wird sie angeklickt, bricht sie die gesamte Verarbeitung ab und schließt das Formular. Die Schaltfläche *Save* (Speichern) soll aber nicht dasselbe Verhalten zeigen. Wir wollen, dass sie in der abgeleiteten Klasse bleibt und die Methode Save der Basisklasse ersetzt. Leiten wir also ein letztes Mal eine Klasse von HRnetDataEntry ab.

Zuerst erstellen wir das Formular HRnetDataEntryNew, das von HRnetDataEntry abgeleitet ist. Es enthält folgenden neuen Code:

```
' Wir wollen die Funktion Save völlig überschreiben.
Public Overrides Sub Save()
    MessageBox.Show("ApplicationBaseDataEntry Subclass Save Clicked")
    MyBase.EditMode(False)
End Sub
```

Dieser Code überschreibt die Methode Save der Basisklasse völlig. Sie ruft erst eine neue Methode zum Speichern der Daten auf (das Anzeigen des Meldungsfelds müssen wir später durch einen Aufruf der Mittelschicht ersetzen) und beendet dann den Editiermodus der Seite. Wenn Sie in HRnet Dateneingabeformulare für die Windows Forms-Teile der Anwendung erstellen, brauchen Sie die Formulare lediglich von einem dieser beiden Datenformulare abzuleiten und die passenden Aufrufe der Geschäftslogik hinzuzufügen.

Diese kurzen Beispiele haben gezeigt, wie einfach, aber leistungsfähig Vererbung sein kann. Glauben Sie den Verweigerern nicht, verpassen Sie nicht die Möglichkeiten, die Visual Basic .NET mit seiner vollen Unterstützung für alle OOP-Fähigkeiten von .NET anbietet.

Code von Webseiten und Windows Forms aus aufrufen

ASP.NET und Visual Basic .NET machen es einfach, Code in Code-Behind-Dateien einzufügen. Es ist äußerst verlockend, dort Geschäftslogik unterzubringen. Vergessen Sie aber bitte nicht die Prinzipien, die wir Ihnen in Kapitel 2 zum Thema Architektur vorgestellt haben. Denken Sie auch an die schmerzhaften Lehren aus der Vergangenheit, wenn Sie Anwendungen entwickelten, bei denen die wichtige Regel, Code zu trennen und zu kapseln, verletzt wurde. Bitte legen Sie keine Geschäftslogik und keinen Datenzugriffscode in diese Seiten. Die einzige Ausnahme von dieser Regel ist die clientseitige Validierung oder, im Fall von Webseiten, die clientseitige oder serverseitige Validierung. In Kapitel 11, wo wir die Informationsseiten erstellen, finden Sie etliche Beispiele dafür.

Zusammenfassung

Wir haben dieses Kapitel mit Suche nach der besten Methode begonnen, Code für Web Forms und Windows Forms wieder zu verwenden. Wir haben festgestellt, dass Windows Forms eine Oberflächenvererbung ermöglichen, die sehr flexibel ist und effiziente Wiederverwendung von Code ermöglicht. Wir haben auch festgestellt, dass Web Forms in ihrer Grundform keine vergleichbaren Fähigkeiten bieten. Wir müssen entweder Vorlagen nutzen, die wir für jede neue Web Forms-Seite kopieren und bearbeiten, oder wir müssen eine Vorlage ohne grafisch editierbare Oberfläche verwenden, deren Programmcode eine Web Forms-Seite generiert. Beide Ansätze haben Vor- und Nachteile. Welchen Ansatz Sie nutzen sollten, hängt davon ab, welche Anforderungen Sie an Ihre Webanwendung stellen und welches Verfahren Ihnen sympathischer ist. Offensichtlich bleibt für Microsoft und die ASP.NET-Entwickler noch einiges zu tun, um echte Oberflächenvererbung auch in der Webumgebung zu verwirklichen.

Nachdem wir nun über die grundlegenden Bausteine für die Anwendung HRnet verfügen, erstellen wir die Informationsseiten, die HRnet zum Leben erwecken. Wir entwerfen eine Benutzeroberfläche und eine Strategie für die Informationsseiten. Auf der Basis dieser Strategie erstellen wir benutzerdefinierte Serversteuerelemente, mit deren Hilfe wir einen Großteil des gewünschten Funktionsumfangs kapseln. Dabei nutzen wir die in den bisherigen Kapiteln erstellten Steuerelemente und Komponenten, wir eröffnen uns damit verschiedene Möglichkeiten für die Darstellung und Verarbeitung von datengesteuerten Webseiten.

11 Erstellen von Informationsseiten

260	Eine Strategie für die Benutzeroberfläche
262	Datendarstellung mit Web Forms und Windows Forms
266	Anpassen des ASP.NET-Standardsteuerelements *DataGrid*
286	Detaildaten anzeigen
300	Skalierbarkeit und Leistung
305	Zusammenfassung

Informationsseiten sind für Anwendungen, was Räder für Autos sind: Sie halten das Ganze am Laufen. Ohne Informationsseiten, in denen Daten angezeigt, hinzugefügt, geändert oder gelöscht werden, gibt es keine Anwendung. In diesem Kapitel erstellen wir Vorlagen für Informationsseiten, die die Datenstruktur von HRnet wiedergeben. Wir stellen Strategien vor, die Benutzeroberfläche für den Datenzugriff zu gestalten, und definieren einen Standard für das Ansehen und Ändern von Daten. Anschließend erstellen wir benutzerdefinierte Serversteuerelemente und Benutzersteuerelemente, die diese Strategien zum Leben erwecken. Wie bei den Lösungen aus den früheren Kapiteln werden Sie in der Lage sein, diese Komponenten entweder unmittelbar einzusetzen oder sie so anzupassen, dass sie Ihre Anforderungen erfüllen.

Informationsseiten sind zwar nicht auf das Anzeigen von Daten beschränkt, wir konzentrieren uns hier aber ausschließlich auf diese Möglichkeit. Allgemeines Webdesign wollen wir hier nicht abhandeln, dazu gehört auch die Frage, ob wir Grafiken verwenden sollten und welche Art von Grafik. Wir beschäftigen normalerweise Webdesigner, die uns Ideen liefern und Grafiken erstellen, mit denen das Look-and-Feel unserer Webanwendung festgelegt wird. Abgesehen vom Auswählen der Farbschemen und der Empfehlung, auf welche Weise die Datenseiten in das Gesamtkonzept der Webanwendung eingepasst werden sollten, hatten die Designer nichts mit den Informationsseiten zu tun.

Wenn wir über Strategien für die Benutzeroberfläche reden, müssen wir uns klarmachen, dass die Art und Weise, wie wir Daten präsentieren und entgegennehmen, genauso großen Einfluss auf den Erfolg unserer Webanwendung hat wie korrekte Geschäftslogik und ansprechendes Design. Auch wenn wir ständig gesagt bekommen, dass wir hinter die Oberfläche schauen sollen, liegt es in der menschlichen Natur, zuerst das Aussehen zu beurteilen. Wenn Sie eine Anwendung erstellen, die komplizierte und unübersichtliche Informationsseiten hat, wollen die Kunden sie nicht benutzen. Falls Ihre Kunden Gelegenheitssurfer sind, werden Sie diese Kunden an die

Konkurrenz verlieren. Handelt es sich um interne Benutzer wie Angestellte oder Intranet-Partner im Business-to-Business-Bereich, wird es schwierig sein, die Benutzer zu überzeugen, die Anwendung zu verwenden. Noch schlimmer: Die Produktivität könnte leiden. Gut entworfene Datendarstellungsseiten, deren Inhalt einfach zu erfassen ist, die einfach zu benutzen sind und deren Funktionsumfang konsistent und einfach zu beherrschen ist, werden immer die Sieger bleiben. Betrachten wir das Thema etwas genauer.

Eine Strategie für die Benutzeroberfläche

Haben Sie schon einmal mit Datenseiten einer Anwendung oder Webanwendung gearbeitet, die Sie zum Wahnsinn trieb? Bei der ein einziger Bildschirm mit zu vielen Daten überfüllt war? Es schwierig war, Daten hinzuzufügen oder zu einem bestimmten Datensatz zu gehen? War die Oberfläche intuitiv? Gab es genug Validierung? Waren die Seiten interaktiv? Stellten die Seiten bei Bedarf einfach verständliche Anleitungen zur Verfügung? Erinnern Sie sich an die Anwendungen, mit denen Sie schlechte Erfahrungen gemacht haben? Erinnern Sie sich an ihre Namen oder URLs, falls es Internetanwendungen waren? Um solche negativen Erfahrungen zu vermeiden, müssen Sie sich beim Entwerfen von Datenseiten mehrere Fragen stellen: Wie bekommen wir Leute dazu, unsere Anwendung zu benutzen? Wie können wir erreichen, dass sie gerne zurückkommen? Wie heben wir uns von anderen Anwendungen ab? Hier ist eine Liste mit Zielen für das Benutzeroberflächendesign der Datenseiten, die eine erste Antwort auf diese Fragen geben:

- **Einfach zu lesen** Überladen Sie den Bildschirm nicht mit zu vielen Feldern und Optionen. Überlegen Sie, welche Daten angezeigt werden müssen, und lassen Sie unnötige Daten weg. (Wenn möglich, sollten Sie nur obligatorische Datenfelder anzeigen.) Folgen Sie dem natürlichen Ablauf für Dateneingabefelder, zum Beispiel von links nach rechts, und fassen Sie zusammengehörige Daten in einer Gruppe zusammen.

- **Einfach zu benutzen** Ermöglichen Sie eine einfache Navigation. Vermeiden Sie tief verschachtelte Menüstrukturen. Bieten Sie nicht zu viele Auswahlmöglichkeiten auf einmal an.

- **Konsistent** Präsentieren Sie Daten auf konsistente Art. Benutzen Sie dieselbe Vorgehensweise für das Hinzufügen, Löschen, Ändern und Speichern von Daten.

- **Visuell einfach zu verfolgen** Führen Sie das Auge. Beispiele für visuelle Anhaltspunkte, die den Benutzer führen, sind das automatische Hervorheben des aktuellen Felds, Markieren von Fehlern und automatisch aufklappende Hilfefenster für Validierungsregeln.

- **Schnörkellos** Bieten Sie eine einfache Menüstruktur an. Die Felder zum Suchen und Sortieren sollten günstig platziert sein.

- **Hilfreich** Stellen Sie ein automatisches Hilfesystem zur Verfügung. Bieten Sie nach Möglichkeit ortsnahe Hilfe an.

Wir haben auch einen Standard entwickelt, auf welche Weise Daten in Listenform und in einer Detailansicht dargestellt werden (siehe Abbildung 11.1).

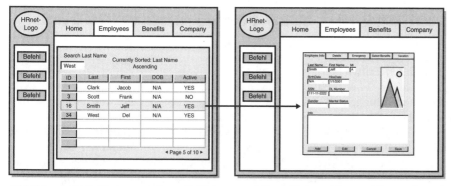

Abbildung 11.1: Datenanzeige mit Listen- und Detailformat in zwei Formularen

Beim Darstellen der Daten beginnen wir mit einer Liste. Auf Anforderung zeigen wir eine Detailseite für die Daten an. Dasselbe passiert beim Hinzufügen oder Ändern von Daten. Weitere Möglichkeiten für das Suchen oder Sortieren von Daten und das seitenweise Blättern stehen in der Listenansicht zur Verfügung. Im Bildschirm mit der Listenansicht kann der Benutzer schnell bestimmte Daten finden und eine vollständigere Darstellung der Daten betrachten. Wenn die angezeigten Daten wenige Felder beinhalten, kombinieren wir die Datenliste und die Detailinformationen in einem einzigen Formular (Abbildung 11.2). Diesen Ansatz werden wir in Kürze genauer untersuchen.

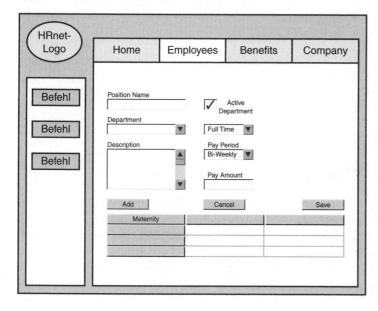

Abbildung 11.2: Datenanzeige mit Listen- und Detailformat in einem einzigen Formular

Erstellen von Informationsseiten

Datendarstellung mit Web Forms und Windows Forms

Bei Gesprächen mit anderen Entwicklern stellen wir oft fest, dass sie entweder Web- oder Windows-Anwendungen schreiben, aber nicht beides. Seit dem letzten Jahr scheinen viele Entwickler dem Trend hin zu Webanwendungen zu folgen, selbst diejenigen, die kleinere, nur intern genutzte Anwendungen schreiben. Wir finden, Sie sollten sich alle Möglichkeiten offen halten. Jeder Ansatz hat bestimmte Vorteile und Nachteile. Wenn Sie beide kennen, können Sie fundiertere Entscheidungen treffen. Sie können dann Anwendungen entwickeln, die einfacher zu benutzen sind. Sie sollten auch bedenken, dass sich Windows Forms einfach in Webanwendungen integrieren lassen, wenn Sie die Umgebung steuern oder kleinere Intranetanwendungen schreiben. Wenn Sie Windows Forms in Webanwendungen einsetzen wollen, muss auf den Clientsystemen auf jeden Fall das Microsoft .NET Framework installiert sein. Tabelle 11.1 vergleicht Web Forms und Windows Forms.

Technologie	Vorteile	Nachteile
Web Forms	Keine Client-Installation nötig.	Zustandsverwaltung
	Hervorragende dynamische Kontrolle über die Benutzeroberfläche.	Kann lange Reaktionszeiten verursachen.
	Änderungen auf dem Server werden automatisch an die Clients weitergegeben.	Keine permanente Verbindung. Das heißt, es ist schwierig, vom Server aus Ereignisbenachrichtigungen an Web Forms zu schicken.
	Erzwingt Datenbearbeitung ohne permanente Verbindung, was die Skalierbarkeit verbessert.	
Windows Forms	Schnell	Erfordert das .NET Framework auf dem Client.
	Einfacher zu erstellen als Web Forms.	Eine dynamische Benutzeroberfläche ist beschränkter und schwieriger zu erstellen.
	Permanente Verbindung zum Server (einfache Ereignisbenachrichtigung an den Client, Echtzeitverarbeitung möglich).	

Tabelle 11.1: *Vergleich von Web Forms und Windows Forms*

Viele der Prinzipien, die wir in diesem Kapitel für die Datendarstellung vorstellen, gelten sowohl für Web Forms- als auch für Windows Forms-Anwendungen. Dieses Kapitel widmet sich dem Erstellen von Informationsseiten in Web Forms. In Kapitel 14 zeigen wir einige der Möglichkeiten in einer Version für Windows Forms.

Datenanzeigeformulare

Wir haben bereits erwähnt, dass wir für die Datenanzeige den Ansatz mit getrennter Listen- und Detaildarstellung gewählt haben. Das entspricht der Art, wie das menschliche Gehirn Daten verarbeitet: von allgemeinen Informationen hin zu Details. Wenn wir zum Beispiel in einem Telefonbuch suchen, blättern wir erst zum Nachnamen der gesuchten Person. Das geschieht in einer Art Schleife. Wenn wir nach dem Namen *Eberhard* suchen, beginnen wir mit dem ersten Auftauchen des Anfangsbuchstabens *E*, gehen dann vorwärts zu *b*, *e* und so weiter, bis wir den gewünschten Namen haben. Dann lesen wir die Informationen, die mit dem Namen verknüpft sind. Wie ahmen wir diesen Vorgang bei Datenanzeigeformularen am besten nach? Die Antwort ist das DataGrid-Steuerelement. Bei Web Forms-Anwendungen benutzen wir das ASP.NET-Steuerelement DataGrid (eigentlich eine stark angepasste Version, die wir gleich entwickeln werden) und in Windows Forms das entsprechende Steuerelement mit demselben Namen. ASP.NET stellt für die Datenanzeige in Listenform zwei weitere Möglichkeiten zur Verfügung: Repeater-Steuerelement und DataList-Steuerelement. Beide können zwar Daten in einer Liste anzeigen, wir haben uns aber für das DataGrid-Steuerelement entschieden. Es bietet einen größeren Funktionsumfang und die Flexibilität, die wir brauchen, um die Listendarstellung für unsere Datenformulare zu erstellen. Abbildung 11.3 vergleicht die datengebundenen Listensteuerelemente von ASP.NET.

Fähigkeiten	Repeater	DataList	DataGrid
Spaltenlayout		✓	
Flow-Layout	✓	✓	
Tabellenlayout			✓
Stileigenschaften		✓	✓
Vorlagen	✓	✓	✓
Auswählen/Editieren/Löschen		✓	✓
Seitenweises Blättern			✓
Sortieren			✓

Abbildung 11.3: Vergleich der Listensteuerelemente in ASP.NET

Listenformulare mit dem ASP.NET-Steuerelement *DataGrid*

Das ASP.NET-Steuerelement DataGrid ist ein sehr leistungsfähiges Werkzeug zum Anzeigen von Listen. Es hat viele Eigenschaften und Methoden. Es ermöglicht außerdem eine flexible Anpassung, so dass wir benötigte Funktionen hinzufügen können. Unsere Wunschliste für ein verbessertes DataGrid umfasst folgende Punkte:

- Drag & Drop des benutzerdefinierten DataGrid-Steuerelements aus der Toolbox von Visual Studio .NET
- Einheitliche, angepasste Ansicht
- Erstellen von Spalten über Deklarationen oder vom Programmcode aus
- Angepasste Funktionen zum Editieren, Hinzufügen und Löschen
- Normales und benutzerdefiniertes Blättern
- Benutzerdefiniertes Sortieren mit einfach erkennbaren Symbolen
- Filter- und Suchmöglichkeiten

Wir wollen die benutzerdefinierten Eigenschaften außerdem einfach ein- und ausschalten können. Abbildung 11.4 zeigt das Layout für das DataGrid-Steuerelement, das wir erstellen wollen.

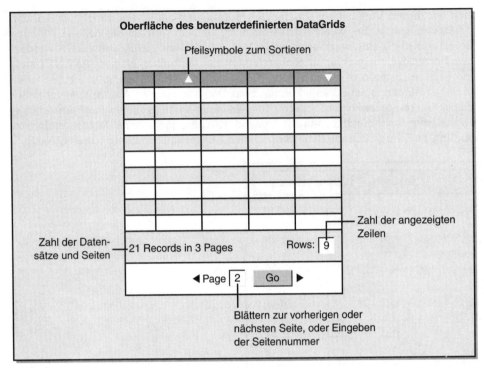

Abbildung 11.4: Entwurf des benutzerdefinierten DataGrid-Steuerelements für HRnet

Um diese Flexibilität und Leistungsfähigkeit zu erreichen, erstellen wir ein benutzerdefiniertes Serversteuerelement, das vom ASP.NET-DataGrid abgeleitet ist. In Kapitel 6 haben wir einige einfache benutzerdefinierte Serversteuerelemente entwickelt. Jetzt wollen wir die dort gezeigten Prinzipien nutzen und auf dieser Basis unser benutzerdefiniertes Serversteuerelement HRGrid erstellen. Wir gehen dabei schrittweise vor und fügen jeweils eine neue Fähigkeit nach der anderen hinzu. So verstehen Sie alle Erweiterungen vollkommen und sind in der Lage, das Steuerelement selbst anzupassen. Wir beginnen mit dem ASP.NET-Standardsteuerelement DataGrid.

Wir beschäftigen uns hier nicht mit den Einzelheiten des ASP.NET-Steuerelements DataGrid. Stattdessen geben wir Ihnen einen kurzen Überblick über das Steuerelement und beginnen dann, die benötigten Fähigkeiten hinzuzufügen. Die Dateien finden Sie im Verzeichnis *Ch11\InformationPages*. Das Projekt enthält Verweise in die Geschäftsschicht aus Kapitel 8, die Datenzugriffsschicht aus Kapitel 4 und die Sicherheitsschicht aus Kapitel 5. Von der Web Forms-Seite *Menu.aspx* aus können Sie alle Beispiele starten. Sehen wir uns *DefaultGrid.aspx* an. Wir haben über Drag & Drop eine Instanz des ASP.NET-Steuerelements DataGrid angelegt. Der generierte HTML-Code sieht so aus:

```
<asp:DataGrid id="DataGrid1" runat="server"></asp:DataGrid>
```

Es handelt sich um die Standardeinstellungen von ASP.NET. Abgesehen von der ID des DataGrid-Steuerelements werden hier keine anderen Eigenschaften, Ereignisse oder Methoden eingestellt. Werfen wir nun einen Blick in die Code-Behind-Datei:

```
Imports Ch8BusinessLayerObjects.BusinessLayer
Public Class DefaultGrid
    Inherits System.Web.UI.Page
    Protected WithEvents DataGrid1 As System.Web.UI.WebControls.DataGrid
```

```
#Region " Vom Web Form Designer generierter Code " #End Region
    Private Sub Page_Load(ByVal sender As System.Object, _
        ByVal e As System.EventArgs) Handles MyBase.Load
        ' Hier Benutzercode zur Seiteninitialisierung einfügen
        If Not IsPostBack Then
            ' Das DataSet anlegen, das an das DataGrid gebunden wird.
            Dim localAllEmployees As New DataSet()
            ' Geschäftsschicht aufrufen.
            Dim localCompany As New Company("default", "password")
            localAllEmployees = localCompany.GetCompanyEmployees(1)
            DataGrid1.DataSource = _
                localAllEmployees.Tables("Employees").DefaultView
            Page.DataBind()
        End If
    End Sub
End Class
```

Wir benutzen ein `DataSet`, um das `DataGrid`-Steuerelement mit Daten zu füllen. Das `DataSet` oder eine seiner Tabellen können direkt an ein `DataGrid`-Steuerelement gebunden werden.

HINWEIS Datenbindung funktioniert in Visual Studio .NET ganz anders als in früheren Versionen von Microsoft Visual Basic. Wenn Sie früher Daten direkt an ein Grid oder ein Textfeld verbunden haben, stellten Sie eine permanente Verbindung zu einer Datenbank her. Das ist *nicht* mehr der Fall, wenn Sie in ASP.NET und Microsoft Visual Basic .NET über Microsoft ADO.NET eine Datenbindung durchführen. Das `DataSet` ist ein Objekt, das im Arbeitsspeicher des Servers liegt. Die Datenbindung verknüpft dieses Objekt lediglich mit einem ASP.NET-Steuerelement, in diesem Fall mit dem `DataGrid`-Steuerelement. Sie sind nicht mehr permanent mit der Datenbank verbunden. Das Aktualisieren, Löschen oder Hinzufügen muss explizit erledigt werden (dazu gehört auch das Lösen eventueller Konflikte).

HINWEIS Damit das `DataGrid`-Steuerelement so viele Standardfähigkeiten wie möglich bietet, zum Beispiel Blättern und Sortieren, müssen wir ihm ein `DataSet` übergeben. Ein `DataGrid`-Steuerelement kann auch an die Ergebnisse eines `DataReader`-Steuerelements gebunden werden, dann stehen diese speziellen Fähigkeiten aber nicht zur Verfügung. Viele Entwickler haben wahrscheinlich gehört, dass der `DataReader` viel schneller ist als das `DataSet`. Das stimmt schon. Wenn Sie den `DataReader` verwenden, gibt es aber einige Nachteile, die seinen Nutzen deutlich verringern. Einer dieser Nachteile ist, dass der `DataReader` eine offene Verbindung benötigt, bis die letzte Datenzeile eingelesen wurde. Das kann dazu führen, dass Verbindungen für eine relativ lange Zeit offen bleiben. Wenn Sie vergessen, diese Verbindungen zu schließen, kann das fatal für die Webserver und ihre Ressourcen sein. Außerdem ist es mit einem `DataReader` praktisch unmöglich, Daten durch eine n-schichtige Architektur weiterzugeben. Das `DataSet` ist in Visual Studio .NET die beste Möglichkeit, Daten zu übergeben, außer Sie greifen auf sehr große Datenbanken zu. Mit diesem Thema beschäftigen wir uns noch einmal am Ende dieses Kapitels.

In der ersten Zeile des letzten Codeausschnitts sehen Sie, dass wir unser `BusinessLayer`-Objekt importieren. Es ist unter anderem für Sicherheit, Datenverbindung und das Aufrufen von gespeicherten Prozeduren zuständig. Wir müssen in der Benutzeroberfläche lediglich dafür sorgen, dass die richtigen Daten ankommen. Beim Erstellen der Web Forms-Anwendung rufen wir die Geschäftsschicht auf und füllen das `DataGrid`-Steuerelement. Sehen wir uns den entsprechenden Code an:

```
' Das DataSet anlegen, das an das DataGrid gebunden wird.
Dim localAllEmployees As New DataSet()
' Geschäftsschicht aufrufen.
Dim localCompany As New Company("default", "password")
localAllEmployees = localCompany.GetCompanyEmployees(1)
DataGrid1.DataSource = localAllEmployees.Tables("Employees").DefaultView
Page.DataBind()
```

Nachdem wir ein lokales `DataSet` mit dem Namen `localAllEmployees` deklariert haben, legen wir eine neue Instanz der Geschäftsschicht-Klasse `Company` namens `localCompany` an. Beachten Sie, dass wir unsere Anmeldeinformationen an die Geschäftskomponente übergeben. Wir können dabei entweder wie in diesem Beispiel Benutzername und Kennwort übergeben oder ein Sicherheitsobjekt. Der Einfachheit halber haben wir die Anmeldeinformationen in diesen Beispielen fest einprogrammiert. Nun haben wir Zugriff auf die Methoden der Klasse `Company`. Wir rufen die Methode `GetCompanyEmployees` auf und übergeben ihr eine Unternehmens-ID (auch die der Einfachheit halber wieder fest einprogrammiert). Die Methode gibt daraufhin alle aktiven und inaktiven Angestellten dieser Firma zurück. Das `DataSet` mit dem Ergebnis könnten wir direkt an das `DataGrid`-Steuerelement binden:

```
DataGrid1.DataSource = localAllEmployees
```

Das `DataGrid` findet in diesem Fall automatisch die einzige `DataTable` innerhalb des `DataSet` und ruft die Standardsicht dieser `DataTable` auf. Wir rufen allerdings lieber die Tabelle direkt auf, insbesondere da einige Methoden der Geschäftsschicht mehrere Tabellen innerhalb eines `DataSet` zurückgeben könnten. Unser Code sieht daher so aus:

```
DataGrid1.DataSource = localAllEmployees.Tables("Employees").DefaultView
```

Das ist auch schon alles, was Sie tun müssen. Probieren Sie dieses Beispiel ruhig selbst aus.

Wie Sie sehen, gibt das `DataGrid`-Steuerelement in der Standardeinstellung sämtliche Zeilen und alle Felder der Tabelle aus. Das Ergebnis ist nicht besonders hübsch, und die angezeigten Daten sind unformatiert. `Boolean`-Werte werden als *True* oder *False* angezeigt, die Spaltenüberschriften sind die Feldnamen, das Design ist bestenfalls schlicht zu nennen. Diese Darstellung können wir natürlich ändern, indem wir eine Reihe von Eigenschaften hinzufügen oder ändern.

Anpassen des ASP.NET-Standardsteuerelements *DataGrid*

Sehen wir uns das zweite Beispiel an, Sie finden es in der Datei *CustomizedGrid.aspx*. Es zeigt zwei `DataGrid`-Steuerelemente an. Das erste trägt den Namen `CustomGrid1`. Wir haben mit Hilfe des Eigenschaftengenerators die Attribute und Eigenschaften des `DataGrid`-Steuerelements verändert. Natürlich können Sie diese Änderungen auch direkt im HTML-Code vornehmen. Die Code-Behind-Datei hat sich praktisch nicht verändert, es gibt lediglich eine zusätzliche Zeile, in der das `DataSet` mit dem Ergebnis an das zweite `DataGrid`-Steuerelement gebunden wird. Sehen wir uns den HTML-Code von `CustomGrid1` an:

```
<asp:datagrid id="CustomGrid1" runat="server" BorderColor="Navy"
    BorderWidth="2px" AutoGenerateColumns="False">
<AlternatingItemStyle BackColor="AliceBlue"></AlternatingItemStyle>
<HeaderStyle Font-Size="Small" Font-Names="Verdana" Font-Bold="True"
    BackColor="#3399CC"></HeaderStyle>
<Columns>
    <asp:BoundColumn DataField="EmployeeID"
        HeaderText="ID"></asp:BoundColumn>
```

```
    <asp:BoundColumn DataField="LastName"
        HeaderText="Last Name"></asp:BoundColumn>
    <asp:BoundColumn DataField="FirstName"
        HeaderText="First Name"></asp:BoundColumn>
    <asp:BoundColumn DataField="MI" HeaderText="MI"></asp:BoundColumn>
</Columns>
</asp:datagrid>
```

Alle Änderungen werden in Form von Deklarationen vorgenommen. Beim Einfügen des `DataGrid`-Steuerelements stellen wir die Randfarbe (`BorderColor`) und die Breite (`Width`) ein. Eine der wichtigsten Einstellungen ist `AutoGenerateColumns="False"`. Sie legt fest, dass das `DataGrid`-Steuerelement nicht selbstständig Spalten anlegt. Das müssen wir selbst erledigen. Danach kommt die Definition von `AlternatingItemStyle`. Da wir für die Hintergrundfarbe (`BackColor`) abwechselnde Farben festlegen, bekommen wir in dem Gitternetz ein Muster, das dem Betrachter das Lesen erleichtert. Anschließend definieren wir den Stil für die Überschrift. Tabelle 11.2 listet die Grafikelemente auf, die im `DataGrid`-Steuerelement zur Verfügung stehen. Jedes Element steht für eine Zeile im `DataGrid`.

Name	Datengebunden?	Stileigenschaft	Beschreibung
Header	Nein	HeaderStyle	Erste Zeile im `DataGrid`
Footer	Nein	FooterStyle	Letzte Zeile im `DataGrid`
Item	Ja	ItemStyle	Normale Zeile
AlternatingItem	Ja	AlternatingItemStyle	Jede zweite Zeile
SelectedItem	Ja	SelectedItemStyle	Aktuell ausgewähltes Element oder ausgewählte Elemente
EditItem	Ja	EditItemStyle	Element im Editiermodus
Separator	Nein		Trennstrich zwischen zwei Zeilen
Pager	Nein	PagerStyle	Leiste am unteren Rand des `DataGrid`

Tabelle 11.2: Grafikelemente im `DataGrid`-Steuerelement

Nachdem wir die allgemeinen und die Grafikoptionen des `DataGrid`-Steuerelements eingestellt haben, fügen wir eines der nützlichsten Elemente des `DataGrid`-Steuerelements hinzu: benutzerdefinierte datengebundene Spalten. Sie können sehen, dass wir für jede datengebundene Spalte die Überschrift und das Datenfeld definieren. Es gibt insgesamt fünf Spaltentypen, aus denen Sie Ihre benutzerdefinierten datengebundenen Spalten erstellen können. Tabelle 11.3 führt die Spaltentypen in alphabetischer Reihenfolge auf.

Spaltentyp	Beschreibung
BoundColumn	Einfacher Text eines gebundenen Datenfelds.
ButtonColumn	Befehlsschaltfläche für jedes Element der Spalte. Ihr Name ist in der gesamten Spalte gleich. Ihre Eigenschaft `Text` kann datengebunden sein. Falls der Name *Select* lautet, kann die Zeile durch Anklicken markiert warden.
EditCommandColumn	Erstellt eine Spalte mit *Bearbeiten*-Schaltfläche. Wird die Schaltfläche angeklickt, wird das `DataGrid` mit den Standard- oder den benutzerdefinierten Vorlagen für den Bearbeitungsmodus neu gezeichnet.
HyperLinkColumn	Hyperlink für jedes Element in der Spalte. Text und Ziel-URL können datengebunden sein. (Unterstützt einen Ziel-Frame.)
TemplateColumn	Eine Vorlage ersetzt das normale Textfeld der `BoundColumn`.

Tabelle 11.3: Spaltentypen für das `DataGrid`-Steuerelement

Das zweite `DataGrid`-Steuerelement aus dem Beispiel ist `CustomGrid2`. Wir haben sein Aussehen mit der AutoFormat-Fähigkeit des `DataGrid`-Steuerelements gestaltet, wobei wir uns für das Farbschema Colorful4 entschieden haben. Sie können sehen, dass die Einstellungen im HTML-Code denen aus dem ersten `DataGrid`-Steuerelement ähneln. Allerdings gibt es diesmal einige Erweiterungen. Abbildung 11.5 zeigt die angepassten `DataGrid`-Steuerelemente. Sie sehen, wie einfach es ist, ein ansprechendes `DataGrid` zu erstellen. Als Nächstes wollen wir uns ansehen, wie einfach es ist, den Funktionsumfang des Steuerelements zu erweitern.

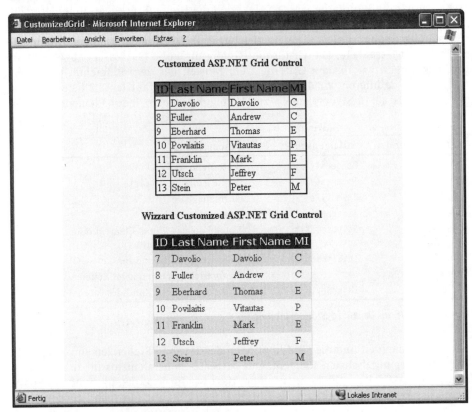

Abbildung 11.5: *Angepasste `DataGrid`-Steuerelemente*

Den Funktionsumfang eines benutzerdefinierten *DataGrid*-Steuerelements erweitern

Wir können jetzt ein benutzerdefiniertes `DataGrid`-Steuerelement erstellen und das Aussehen, das uns gefällt, darin kapseln. Anschließend fügen wir die gewünschten Fähigkeiten hinzu.

Bei der Projektmappe *InformationPages* in den Beispielen zu diesem Buch haben wir die Websteuerelementbibliothek *HRGrids* hinzugefügt. Wir haben die Standarddatei *WebCustomControl1.vb* in *DefaultHRGrid.vb* umbenannt und den Programmcode des Steuerelements folgendermaßen geändert:

```
Imports System.ComponentModel
Imports System.Web.UI
Imports System.Web.UI.WebControls
Imports System.Drawing
```

```
Namespace CustomDataGrids
    <DefaultProperty("Text"), ToolboxData( _
    "<{0}:DefaultHRGrid runat=server></{0}:DefaultHRGrid>")> _
    Public Class DefaultHRGrid
        Inherits System.Web.UI.WebControls.DataGrid
#Region "Grid Constructors" #End Region
    End Class
End Namespace
```

Falls Sie Ihr Gedächtnis auffrischen wollen, wie benutzerdefinierte Serversteuerelemente erstellt werden, können Sie zu Kapitel 6 zurückblättern. In dem Codeausschnitt benennen wir das Steuerelement um und fügen zwei wichtige Namespaces hinzu: System.Web.UI.Controls mit allen Standardsteuerelementen von ASP.NET sowie System.Drawing für die Farbverarbeitung. Wir geben der Klasse des DataGrid-Steuerelements den Namen DefaultHRGrid und legen sie in den Namespace CustomDataGrids.

Nun wollen wir Standardwerte für Eigenschaften und Attribute zu DefaultHRGrid hinzufügen. Wir müssen diese Daten im Konstruktor der Klasse einstellen. Würden wir die Eigenschaften woanders verändern, könnten wir in der Eigenschaftenseite oder den HTML-Tags nicht mehr auf die Eigenschaften dieses Steuerelements zugreifen. Folgende Einstellungen nehmen wir im Konstruktor vor:

```
#Region "Grid Constructors"
Public Sub New()
    ' Seiteneinstellungen des DataGrid
    PagerStyle.Mode = PagerMode.NextPrev
    PagerStyle.ForeColor = Color.FromArgb(74, 60, 140)
    PagerStyle.BackColor = Color.FromArgb(231, 231, 255)
    PagerStyle.PageButtonCount = 10
    PagerStyle.HorizontalAlign = HorizontalAlign.Right
    AllowPaging = True
    PageSize = 4
    ' Einstellungen für die Oberfläche
    GridLines = GridLines.None
    CellSpacing = 0
    CellPadding = 3
    BorderColor = Color.FromArgb(231, 231, 255)
    BorderStyle = BorderStyle.Solid
    BorderWidth = Unit.Pixel(1)
    ForeColor = Color.Black
    Font.Size = FontUnit.XSmall
    Font.Name = "Verdana"
    ' Einstellungen für normale Zeilen
    ItemStyle.ForeColor = Color.FromArgb(74, 60, 140)
    ItemStyle.BackColor = Color.FromArgb(231, 231, 255)
    ' Einstellungen für jede zweite Zeile
    AlternatingItemStyle.BackColor = Color.FromArgb(247, 247, 247)
    ' Einstellungen für die ausgewählten Zeilen
    SelectedItemStyle.ForeColor = Color.FromArgb(247, 247, 247)
    SelectedItemStyle.BackColor = Color.FromArgb(115, 138, 156)
    ' Einstellungen für die Überschrift
    HeaderStyle.Font.Name = "Veranda"
    HeaderStyle.Font.Bold = True
    HeaderStyle.ForeColor = Color.FromArgb(247, 247, 247)
    HeaderStyle.BackColor = Color.FromArgb(74, 60, 140)
    HeaderStyle.HorizontalAlign = HorizontalAlign.Center
```

```
' Einstellungen für die Fußzeile
FooterStyle.ForeColor = Color.FromArgb(74, 60, 140)
FooterStyle.BackColor = Color.FromArgb(181, 199, 222)
End Sub
#End Region
```

Wir haben im Wesentlichen die Einstellungen aus dem `DataGrid`-Steuerelement in unserem letzten Beispiel genommen (das mit `AutoStyle` erstellt wurde) und stellen die Eigenschaften vom Programmcode aus ein. In der Beispielseite *DefaultHRGrid.aspx* implementieren wir das neue benutzerdefinierte Serversteuerelement zweimal: Beim ersten verwenden wir die Standardeinstellungen für die Seitennavigation (Schaltflächen für die vorherige und nächste Seite), beim zweiten tragen wir für `PagerStyle` in das Attribut `Mode` den Wert `NumericPages` ein. Nachdem wir Namespace und Assembly `HRGrid` registriert haben, steht unser benutzerdefiniertes Serversteuerelement für den Einsatz bereit. Die Registrierung im HTML-Code der Web Forms-Seite *DefaultHRGrid.aspx* sieht so aus:

```
<%@ Register TagPrefix="ccl" Namespace="HRGrids.CustomDataGrids" Assembly="HRGrids" %>
```

Und der Code für das erste `DefaultHRGrid`-Steuerelement:

```
<ccl:DefaultHRGrid id="DefaultHRGrid1" onpageindexchanged="DefaultHRGrid1Page" runat="server">
  <Columns>
    <asp:BoundColumn DataField="EmployeeID"
      HeaderText="ID"></asp:BoundColumn>
    <asp:BoundColumn DataField="Last Name"
      HeaderText="LastName"></asp:BoundColumn>
    <asp:BoundColumn DataField="FirstName"
      HeaderText="First Name"></asp:BoundColumn>
    <asp:BoundColumn DataField="Active"
      HeaderText="Active"></asp:BoundColumn>
  </Columns>
</ccl:DefaultHRGrid>
```

Wie Sie sehen, rufen wir nur unser benutzerdefiniertes Serversteuerelement `DefaultHRGrid` auf. Außer den gebundenen Spalten für die Datenfelder und dem Ereignishandler, der beim Ändern der Seite aufgerufen wird, werden keine Eigenschaften eingestellt. (Die Methode `OnPageIndexChanged` löst das Ereignis `PageIndexChanged` aus, das wir in die Methode `DefaultHRGrid1Page` aus der Code-Behind-Datei leiten.) Trotzdem erben wir das Aussehen und das Verhalten, das wir für das Steuerelement `DefaultHRGrid` definiert haben. Sehen Sie sich das zweite `DataGrid` an, nachdem Sie die Beispieldatei gestartet haben. Es verwendet Seitenzahlen statt der Pfeilsymbole für die nächste und die vorherige Seite. Dazu brauchen wir nur eine einzige HTML-Zeile einzufügen:

```
<PagerStyle Mode="NumericPages"></PagerStyle>
```

Die Fähigkeiten zum Blättern und Sortieren des `DataGrid`-Steuerelements haben ihren Preis: Sie müssen den Code dafür schreiben. In unserem Beispiel haben wir die entsprechenden Zeilen in die Code-Behind-Datei der Seite eingefügt. Wir wollten Ihnen nicht nur zeigen, wie Sie diese Funktionen aktivieren, wir brauchen sie auch als Basis für unser benutzerdefiniertes Serversteuerelement. Sehen wir uns die Code-Behind-Datei an. Wir haben eine Unterroutine namens `UpdateDataView` geschrieben, die Daten über die Geschäftsschicht abruft und nach dem ersten Datenzugriff in einer Sitzungsvariablen speichert. Anschließend holt sie die Daten aus der Sitzungsvariable, um weiteren Datenverkehr mit dem Server zu vermeiden. Nachdem die Daten vorliegen, werden sie an beide benutzerdefinierte `DataGrid`-Steuerelemente gebunden.

Wir haben bereits die Methode `OnPageIndexChanged` erwähnt, die das Ereignis `PageIndexChanged` auslöst. Sie haben gesehen, dass wir `DefaultHRGrid1Page`, eine Unterroutine in der Code-Behind-Datei, als Handler für dieses Ereignis festgelegt haben:

```
Protected Sub DefaultHRGrid1Page(ByVal sender As Object, ByVal e As DataGridPageChangedEventArgs)
    DefaultHRGrid1.CurrentPageIndex = e.NewPageIndex
    UpdateDataView()
End Sub
```

HINWEIS Wir sind uns bewusst, dass über die Verwendung von Sitzungsvariablen heiße Diskussionen entbrennen können, besonders wenn wir ein `DataSet` darin speichern. Wir werden weiter unten in diesem Kapitel die Vor- und Nachteile dieses Verfahrens erläutern und Ihnen alternative Möglichkeiten vorstellen, Daten dauerhaft oder temporär zu speichern. Wir erklären auch die fragile Balance zwischen Leistung und Skalierbarkeit, die jede Lösung erreichen muss, und stellen Ihnen einige Möglichkeiten vor, diese Balance sicherzustellen. Vorerst bleiben wir bei unserem `DataSet` und den Sitzungsvariablen.

Beachten Sie, dass wir diese Methode als `Protected` und nicht als `Private` deklariert haben, obwohl Sie in Code-Behind-Dateien sonst hauptsächlich private Methoden sehen. Das Schlüsselwort `Private` beschränkt den Zugriff auf Elemente, die in dieser Code-Behind-Datei definiert wurden. Das würde uns hier nichts nützen, da die Methode, die auf die Unterroutine `DefaultHRGrid1Page` zugreifen muss, im Standardsteuerelement `DataGrid` liegt. Das Schlüsselwort `Protected` erlaubt anderen Membern derselben Klasse Zugriff und erfüllt damit unsere Anforderungen.

Als Nächstes müssen wir in die Eigenschaft `CurrentPageIndex` des `DataGrid`-Steuerelements den Index der Seite eintragen, der vom Ereignis `OnPageIndexChanged` übergeben wurde. Vielleicht denken Sie, dass dies eigentlich automatisch passieren sollte. Dann wäre es aber unmöglich, das Blättern vom Programmcode aus zu steuern, und das brauchen wir beim Implementieren von benutzerdefinierten Lösungen.

Nach dem Ändern der Einstellung müssen wir die Daten neu an die beiden `DataGrid`-Steuerelemente binden. Das ist ein wichtiger Punkt. Das `DataGrid`-Steuerelement speichert seine Datenquelle (`DataSource`) *nicht* im `ViewState`. Es speichert seine Einstellung und seine Attribute nur im `ViewState` der Seite. Würde es seine `DataSource` speichern, würde der `ViewState` bei Ergebnissen mit umfangreichen `DataSet`-Objekten sehr groß werden. Die Seiten würden dann langsam laden und wertvolle Bandbreite im Internet oder im lokalen Netzwerk verschwenden.

Probieren Sie das Beispiel aus und blättern Sie in beiden `DataGrid`-Steuerelementen durch die Datensätze. Die Ergebnisse sind zwar schon recht beeindruckend, wir möchten die Fähigkeit zum Blättern aber in unserem benutzerdefinierten `DataGrid`-Steuerelement kapseln. Es wäre schön, wenn wir das `DataSet` einfach an das Steuerelement binden könnten und das Steuerelement sich selbst um alles kümmern würde. Genau das versuchen wir im nächsten Schritt zu erreichen.

Sehen wir uns zuerst an, wie wir die Code-Behind-Datei aus dem letzten Beispiel mit ihren Funktionen zum Blättern in das benutzerdefinierte Serversteuerelement `DefaultHRPageGrid` integriert haben. Da wir das Ereignis `PageIndexChanged` intern behandeln müssen, brauchen wir einen Ereignishandler dafür. Das erledigen wir im Konstruktor des benutzerdefinierten Serversteuerelements, es handelt sich lediglich um eine zusätzliche Zeile, die wir in den Konstruktor aus dem letzten Steuerelement einfügen müssen:

```
AddHandler PageIndexChanged, AddressOf OnPageIndexChanged
```

Das Ereignis `PageIndexChanged` wird an die Methode `OnPageIndexChanged` delegiert. Sehen wir uns an, was wir mit der Methode `OnPageIndexChanged` machen müssen. Sie sieht folgendermaßen aus:

```
Public Shadows Sub OnPageIndexChanged(ByVal sender As Object, ByVal e As DataGridPageChangedEventArgs)
    CurrentPageIndex = e.NewPageIndex
    DataBind()
End Sub ' OnPageIndexChanged
```

Wir deklarieren die Methode `OnPageIndexChanged` als `Public` und versehen sie mit dem Schlüsselwort `Shadows`. Die Methode ist öffentlich, damit wir sie direkt von der Seite aus aufrufen können. Das Shadows hat den Sinn, dass die Methode denselben Namen und dieselben Parameter wie ihr Pendant in der Basisklasse haben kann, aber trotzdem die Basisklassenmethode nicht wie bei der normalen Vererbung automatisch ersetzt. Der übrige Code ähnelt dem aus der Code-Behind-Datei. Unser Beispiel, das dieses benutzerdefinierte Serversteuerelement verwendet, ist *DefaultHRPageGrid.aspx*. Wir benutzen dieselbe Implementierung der Unterroutine UpdateDataView für den Datenzugriff. In der Code-Behind-Datei dieses Beispiels gibt es nur eine kleine Änderung. Wir haben bereits erwähnt, dass DataGrid-Steuerelemente ihre Daten nicht selbst speichern. Daher müssen wir bei jedem Postback Daten an das benutzerdefinierte DataGrid-Steuerelement binden. Wenn Sie dieses Beispiel ausführen, werden Sie feststellen, dass es sich genau wie die vorherige Version verhält.

Wir haben Ihnen gezeigt, wie einfach es ist, den Funktionsumfang der Klasse DataGrid zu erweitern. Als Nächstes möchten wir das nutzen und folgende Fähigkeiten hinzufügen:

- Die simplen Pfeilsymbole (Kleiner- und Größer-Zeichen) durch ansprechendere Grafiken ersetzen.
- Eine Fußzeile hinzufügen, die anzeigt, wie viele Datensätze zurückgegeben wurden und wie viele Seiten das DataGrid-Steuerelement hat.
- TextBox- und Button-Steuerelemente hinzufügen, mit denen wir zu einer bestimmten Seite springen und die aktuelle Seite anzeigen können.
- QuickInfo-Texte zu den Elementen der Liste hinzufügen.

Schönere Grafiken

Das benutzerdefinierte DataGrid-Steuerelement, das die verbesserte Leiste zum Blättern anzeigt, heißt DefaultHRPageGridPlus. Zuerst ersetzen wir die Kleiner- und Größer-Zeichen durch Pfeilsymbole. In der Schriftart Webdings finden wir an Position 3 einen Linkspfeil, an Position 4 einen Rechtspfeil. Glücklicherweise ermöglicht es das DataGrid-Steuerelement, den Elementen für die vorherige beziehungsweise nächste Seite eigene Texte zuzuweisen. Wir haben in den Konstruktor folgende Zeilen eingefügt:

```
Dim leftArrow As String = "<span style='font-family:webdings;font-size:medium;'>3</span>"
Dim rightArrow As String = "<span style='font-family:webdings;font-size:medium;'>4</span>"
PagerStyle.PrevPageText = leftArrow
PagerStyle.NextPageText = rightArrow
```

Ändern der Fußzeile

Im nächsten Schritt fügen wir eine Fußzeile hinzu, die anzeigt, wie viele Datensätze zurückgegeben wurden und wie viele Seiten das DataGrid umfasst. Das erfordert etwas mehr Arbeit. Im Konstruktor ändern wir den Wert der Eigenschaft ShowFooter auf den Wert True, um eine Fußzeile anzeigen zu lassen:

```
ShowFooter = True
```

Nun müssen wir die Standardfußzeile durch unsere benutzerdefinierte Fußzeile ersetzen. Um diesen Vorgang zu verstehen, müssen wir uns erst ansehen, was ein DataGrid ist und wie es angelegt wird. Das DataGrid ist eine Tabelle mit Zeilen und Spalten. In Tabelle 11.2 haben wir eine Liste mit grafischen Elementen aufgeführt, die im DataGrid-Steuerelement zur Verfügung stehen. Jedes dieser Elemente steht für einen bestimmten Zeilentyp innerhalb des DataGrid-Steuerelements. ASP.NET erstellt diese Elemente eines nach dem anderen, indem es Steuerelemente als Spalten hinzufügt und darin für jede Zeile Websteuerelemente einfügt. Das Ergebnis ist eine

Tabelle mit Überschriften, Elementen, Fußzeile und so weiter. Die Fußzeile des DataGrid-Steuerelements ist lediglich eine weitere Zeile mit eigenen Spalten. Als Standardverhalten zeigt die Fußzeile für jedes Datenelement eine Spalte an. Sie können sich das wie einen Spaltenkopf vorstellen, der eben unten angeordnet ist. Bei unserer benutzerdefinierten Fußzeile haben wir aber etwas anderes im Sinn. Wir wollen nur eine Spalte (das heißt, eine Tabellenzelle) und eine Beschriftung innerhalb dieser Zelle, in der wir die gewünschten Daten anzeigen: die Anzahl der Datenzeilen und die Anzahl der Seiten in unserem DataGrid. Zum Glück haben die Entwickler von ASP.NET vorausgesehen, dass jemand die einzelnen Elemente des DataGrid-Steuerelements würde anpassen wollen. Jedes Mal, wenn ein DataGrid-Element angelegt wird, wird das Ereignis ItemCreated ausgelöst. In der Methode OnItemCreated können wir dann überprüfen, ob ein Element angelegt wurde, das uns interessiert. In diesem Fall ändern wir seine Spalten- und Websteuerelementobjekte entsprechend unseren Wünschen. Wir zeigen Ihnen jetzt, wie das gemacht wird. Wir empfehlen, dass Sie sich dieses Verfahren genau ansehen, da es auch bei vielen anderen Anpassungen verwendet wird, die wir noch vornehmen werden. Wenn Sie dieses Verfahren kennen, wird Ihnen das außerdem helfen, künftige Änderungen zu implementieren.

So, wie wir vorher einen internen Ereignishandler für das Ereignis PageIndexChanged eingefügt haben, verknüpfen wir jetzt die Methode OnItemCreated mit dem Ereignis ItemCreated. Dazu dient der folgende Code im Konstruktor des Steuerelements:

```
    :
    AddHandler ItemCreated, AddressOf OnItemCreated
    AddHandler PageIndexChanged, AddressOf OnPageIndexChanged
End Sub
```

Nachdem der Handler hinzugefügt wurde, können wir die Methode OnItemCreated definieren (wieder mit dem Schlüsselwort Shadows) und unsere eigene Implementierung erstellen:

```
Public Shadows Sub OnItemCreated(ByVal sender As Object, ByVal e As DataGridItemEventArgs)
    Dim itemType As ListItemType = e.Item.ItemType
    If itemType = ListItemType.Footer Then
        Dim footerRow As TableCellCollection = e.Item.Cells
        Dim footerCellCount As Integer = footerRow.Count

        Dim i As Integer
        For i = footerCellCount - 1 To 0 Step -1
            e.Item.Cells.RemoveAt(i)
        Next

        Dim newCell As New TableCell()
        newCell.ColumnSpan = footerCellCount
        newCell.HorizontalAlign = HorizontalAlign.Left

        Dim labelReturnRows As New Label()
        Dim totalRows As Integer
        Try
            labelReturnRows.Text = "This is Page " + _
                CType(CurrentPageIndex + 1, String) + " of " + _
                CType(PageCount, String) + " Pages."
        Catch
        End Try

        newCell.Controls.Add(labelReturnRows)
        e.Item.Cells.Add(newCell)
    End If
    If itemType = ListItemType.Pager Then
        Dim cellPager As TableCell = e.Item.Cells(0)
        Dim cellControls As ControlCollection = cellPager.Controls
        Dim leftArrow As WebControl = CType(cellControls(0), WebControl)
```

Erstellen von Informationsseiten **273**

```
        leftArrow.ToolTip = "Previous Record"
        Dim rightArrow As WebControl = CType(cellControls(2), WebControl)
        rightArrow.ToolTip = "Next Record"
        cellPager.HorizontalAlign = HorizontalAlign.Center
    End If
End Sub
```

Sehen wir uns alle Teile dieser Methode genau an. Wenn das Ereignis ItemCreated ausgelöst und unsere Methode OnItemCreated aufgerufen wird, werden Daten über das Ereignis in Form des Typs DataGridItemEventArgs übergeben. In diesem Parameter ist der Typ des erzeugten Listenelements enthalten. Wir halten nach der Fußzeile Ausschau, sie hat den Typ ListItemType.Footer. Der entsprechende Code sieht folgendermaßen aus:

```
Public Shadows Sub OnItemCreated(ByVal sender As Object, ByVal e As DataGridItemEventArgs)
    Dim itemType As ListItemType = e.Item.ItemType

    If itemType = ListItemType.Footer Then
    ⋮
```

Handelt es sich bei dem Element um die Fußzeile, wollen wir auf seine Steuerelementauflistung zugreifen. Da die Fußzeile eine Tabellenzeile ist, enthält ihre Standardauflistung die Tabellenzellen. Wie bereits erwähnt, gibt es in der Standardeinstellung so viele Zellen in der Fußzeile, wie das DataGrid-Steuerelement Spalten hat. Daher müssen wir sie alle löschen und durch eine einzige ersetzen. Das können wir erst tun, wenn wir die Anzahl der Zellen in der Fußzeile wissen, nur so können wir sie löschen. Daher deklarieren wir die Variable footerRow vom Typ TableCell-Collection und weisen ihr die Zellenauflistung Cells der aktuellen Zeile zu. Danach kann footerRow die Anzahl der Zellen ermitteln:

```
Dim footerRow As TableCellCollection = e.Item.Cells
Dim footerCellCount As Integer = footerRow.Count
```

Jetzt können wir die Zellen eine nach der anderen löschen. Um falsche Verweise zu vermeiden, löschen wir zuerst das Steuerelement der obersten Zelle und gehen dann in einer Schleife bis zur untersten Zelle (vergessen Sie nicht, dass diese Auflistungen den Startindex 0 haben):

```
Dim i As Integer
For i = footerCellCount - 1 To 0 Step -1
    e.Item.Cells.RemoveAt(i)
Next
```

Wir haben jetzt eine leere Fußzeile und müssen eine neue Tabellenzelle hinzufügen. Außerdem müssen wir sicherstellen, dass diese Zelle so breit ist wie ursprünglich alle Zellen, damit wir die gesamte Breite des DataGrid-Steuerelements nutzen. Und schließlich legen wir noch die Ausrichtung der Fußzeile fest:

```
Dim newCell As New TableCell()
newCell.ColumnSpan = footerCellCount
newCell.HorizontalAlign = HorizontalAlign.Left
```

Die neue Zelle ist jetzt fertig. Wir können ein Label-Steuerelement darin einfügen und ihm die aktuelle Seitennummer sowie die Seitenzahl zuweisen. Der entsprechende Code ist simpel und dürfte Ihnen vertraut sein:

```
Dim labelReturnRows As New Label()
Dim totalRows As Integer
Try
    labelReturnRows.Text = "This is Page " + _
        CType(CurrentPageIndex + 1, String) + " of " + CType(PageCount, String) + " Pages."
Catch
End Try
```

Die Ausnahmebehandlung haben wir eingefügt, weil wir einige Seltsamkeiten beim Anlegen einer Instanz des `DataGrid`-Steuerelements erlebt haben. Wir nehmen an, dass `CurrentPageIndex` und `PageCount` beim ersten Aufruf der Methode `OnItemCreated` keine Werte zugewiesen wurden und dies die Ursache für die Fehler ist. Seit wir die Ausnahme abfangen, haben wir keine Probleme mehr. Jetzt müssen wir nur noch das `Label`-Steuerelement `labelReturnRows` in die neue Zelle einfügen und die Zelle zur Fußzeile hinzufügen:

```
newCell.Controls.Add(labelReturnRows)
e.Item.Cells.Add(newCell)
```

Wir haben jetzt eine Fußzeile, die anzeigt, wie viele Datensätze es gibt und wie viele Seiten das `DataGrid`-Steuerelement umfasst.

Der weitere Code in der Methode `OnItemCreated` ist dafür zuständig, QuickInfos zu den Pfeilsymbolen für die nächste und die vorherige Seite hinzuzufügen. So, wie wir in `OnItemCreated` darauf reagierten, wenn die Fußzeile hinzugefügt wurde, fügen wir jetzt Code zum Verändern der Pfeilsymbole ein. Wir wissen, dass das Element, das für das Blättern zuständig ist, nur eine einzige Tabellenzelle enthält. Diese Zelle enthält die Steuerelemente für das Blättern zur vorherigen und zur nächsten Seite. Folglich müssen wir nur eine Steuerelementauflistung für die Steuerelemente innerhalb dieser einen Tabellenzelle erstellen:

```
If itemType = ListItemType.Pager Then
    Dim cellPager As TableCell = e.Item.Cells(0)
    Dim cellControls As ControlCollection = cellPager.Controls
```

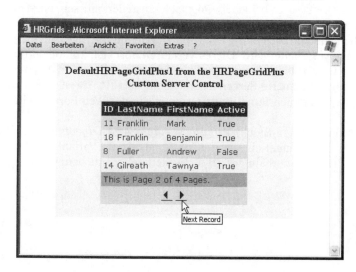

Abbildung 11.6: *Angepasstes ASP.NET-DataGrid mit Fußzeile und Symbolen zum Blättern*

In der Auflistung `cellControls` müssen wir die beiden Steuerelemente suchen, die die Pfeilsymbole für das Blättern enthalten. Nach einigen Versuchen fanden wir heraus, dass das erste Steuerelement (es hat den Index 0) für das Blättern zur vorherigen Seite und das dritte Steuerelement (Index 2) für das Blättern zur nächsten Seite zuständig ist. Aber wie kommen wir an die Eigenschaft `ToolTip` mit den QuickInfos dieser Steuerelemente? Das ist ganz einfach. Wir wissen, dass diese Steuerelemente von der Klasse `WebControl` abgeleitet sind. Daher können wir sie in den Typ `WebControl` konvertieren und erhalten Zugriff auf die Eigenschaft `ToolTip`. Das funktioniert folgendermaßen:

```
Dim cellPager As TableCell = e.Item.Cells(0)
Dim cellControls As ControlCollection = cellPager.Controls
Dim leftArrow As WebControl = CType(cellControls(0), WebControl)
```

Erstellen von Informationsseiten

```
leftArrow.ToolTip = "Previous Record"
Dim rightArrow As WebControl = CType(cellControls(2), WebControl)
rightArrow.ToolTip = "Next Record"
```

Testen wir diese Änderungen in der Seite *DefaultHRPageGridPlus.aspx*. Abbildung 11.6 zeigt, wie die neue Fußzeile und das QuickInfo-Fenster aussehen.

Funktion zum Anspringen einer Seite

In unserem nächsten Beispiel fügen wir `TextBox`- und `Button`-Steuerelemente hinzu. Wir wollen eine Seitennummer eingeben, sie überprüfen lassen und beim Auftreten des `Click`-Ereignisses des `Button`-Steuerelements direkt zu der gewünschten Seite springen. Wahrscheinlich haben Sie schon erraten, dass wir diese Elemente in der Methode `OnItemCreated` einfügen. Vorher müssen wir allerdings noch ein anderes Problem lösen. Wenn wir Steuerelemente, wie zum Beispiel `TextBox`-Steuerelemente, zu dem `DataGrid` hinzufügen, verwaltet das `DataGrid` den Zustand dieser Steuerelemente bei Postbacks nicht automatisch. Wir könnten mit Hilfe ausgefeilter Methoden die eindeutigen IDs für das `DataGrid` und seine Steuerelemente ermitteln und dann einen `ViewState` für sie erzeugen, mit dem wir später arbeiten. Das würde allerdings bedeuten, eine Menge unnötigen Code zu schreiben. Wir haben eine hervorragende Alternativmethode gefunden, die sich beim Sortieren und Filtern des `DataGrid`-Steuerelements als sehr nützlich erweisen wird: eine Eigenschaft zum `DataGrid` hinzufügen, mit deren Hilfe wir die Eigenschaft `DataSource` intern verwalten können. Auch wenn wir die Eigenschaft `DataSource` bei jedem Postback einstellen müssen, werden Änderungen intern verarbeitet, bevor ein Postback ausgeführt wird. Auf diese Weise haben wir in allen Methoden, die wir intern für die Datenaktualisierung erstellen, Zugriff auf die Eigenschaften des Steuerelements, bevor der Postback verarbeitet wird. Dieses Verfahren hört sich komplizierter an, als es in Wirklichkeit ist. Gehen wir Schritt für Schritt durch, auf welche Weise wir die benötigten Elemente hinzufügen. Das benutzerdefinierte Serversteuerelement `DefaultHRPageGridPlus`-`More` enthält den entsprechenden Code, die neuen Funktionen testen wir in der Web Forms-Seite *DefaultHRPagePlusMore.aspx*.

Zuerst fügen wir den Codeabschnitt (#Region-Block) *Private Variable And Objects* (Private Variablen und Objekte) in das Serversteuerelement ein. Dort deklarieren wir die Variablen `DataSet`, `DataView`, `TableName` und `TextBox`, die wir innerhalb des `DataGrid`-Steuerelements benutzen:

```
#Region "Private Variables and Objects"
    Dim internalDataSet As DataSet
    Dim internalDataView As DataView
    Dim internalTableName As String
    Protected WithEvents textPage As New TextBox()
    Protected WithEvents labelError as New Label()
#End Region
```

Als Nächstes erstellen wir den Codeabschnitt *Public Properties* (Öffentliche Eigenschaften). Dort definieren wir die Eigenschaften, mit denen wir das `DataSet` und einen optionalen Tabellennamen übergeben können:

```
#Region "Public Grid Properties"
    Public Property GridDataSet() As DataSet
        Get
            Return internalDataSet
        End Get
        Set(ByVal Value As DataSet)
            internalDataSet = Value
        End Set
    End Property
```

```
    Public Property GridTable() As String
        Get
            Return internalTableName
        End Get
        Set(ByVal Value As String)
            internalTableName = Value
        End Set
    End Property
    Public ReadOnly Property ErrorMessage() as String
        Get
            Return Attributes("ErrorMessage")
        End Get
    End Property
#End Region
```

TIPP Wir haben bereits weiter oben erklärt, dass Websteuerelemente ihre Attribute dauerhaft im ViewState speichern. Statt Stringdaten mit Hilfe der komplizierten ViewState-Verwaltung zu speichern, können wir Attribute zum Steuerelement hinzufügen und die Zustandsverwaltung so automatisieren.

Als Nächstes fügen wir die Methode Update hinzu. Sie prüft, ob ein TableName übergeben wurde, und holt die internalDataView aus dem DataSet, das in die Eigenschaft GridDataSet eingetragen wurde. Wir betten die Anweisungen dieser Funktion in einen Ausnahmebehandlungsblock ein. So kann nichts passieren, falls kein DataSet übergeben wurde.

```
#Region "Update() - Internal Data Update"
    Public Sub Update()
        Try
            If internalTableName = Nothing Then
                internalDataView = internalDataSet.Tables(0).DefaultView
            Else
                internalDataView = internalDataSet.Tables(internalTableName).DefaultView
            End If
            DataSource = internalDataView
            DataBind()
        Catch           ' Der Aufruf von DataBind gibt ein leeres DataGrid zurück und
            DataBind()  ' vermeidet so einen Fehler.
        End Try
    End Sub
#End Region
```

In den Bereich der Methode OnItemCreated, der für das Blättern zuständig ist, fügen wir weitere Steuerelemente ein:

```
If itemType = ListItemType.Pager Then
    ⋮
    textPage.ID = "textPageID"
    textPage.Width = Unit.Pixel(30)
    textPage.Text = CType((CurrentPageIndex + 1), String)
    textPage.ToolTip = "Shows Current Page & allows setting of page number"

    Dim buttonGoto As New Button()
    buttonGoto.Text = "Go"
    buttonGoto.ID = "buttonGoto"
    AddHandler buttonGoto.Click, AddressOf GotoPage_Click
    buttonGoto.ToolTip = "Click to goto selected Page"

    labelError.ID = "labelError"
    labelError.ForeColor = Color.Red
    labelError.Text = Attributes("ErrorMessage")
```

Erstellen von Informationsseiten

```
        cellPager.Controls.AddAt(2, textPage)
        cellPager.Controls.AddAt(3, New LiteralControl(" "))
        cellPager.Controls.AddAt(4, buttonGoto)
        cellPager.Controls.AddAt(7, labelError)
        cellPager.HorizontalAlign = HorizontalAlign.Center
End If
```

Die Steuerelemente `textPage` und `labelError` haben wir bereits vorher deklariert. Jetzt stellen wir ihre Eigenschaften ein. Beachten Sie, dass wir die Breite des Steuerelements `textPage` mit `Unit.Pixel` angeben. Wir würden Ihnen empfehlen, stets eine ID für jedes hinzugefügte Steuerelement anzugeben. Sollten Sie das vergessen, erhalten Sie folgende Fehlermeldung: »Es wurden mehrere Steuerelemente mit der ID 'ID_ctl0' gefunden. FindControl erfordert eindeutige IDs für Steuerelemente.« In die Eigenschaft `textPage.Text` tragen wir die aktuelle Seitennummer ein. Bei der Schaltfläche `buttonGoto` sehen Sie, dass wir unsere Methode `GotoPage_Click` als Ereignishandler mit dem Ereignis `buttonGoto.Click` verknüpfen. Wir hätten diese Schaltfläche auch zusammen mit `textPage` deklarieren und die Methode `GotoPage_Click` als Handler definieren können. Wir wollten Ihnen allerdings zeigen, wie Sie ein Steuerelement dynamisch hinzufügen können, selbst wenn Sie einen Ereignishandler damit verknüpfen wollen. Der übrige Code fügt unsere neuen Steuerelemente in die Zelle ein. Damit die korrekte Reihenfolge eingehalten wird, rufen wir dazu `Controls.AddAt` auf.

Wir brauchen nur noch die Methode `GotoPage_Click` mit dem Validierungscode zu schreiben:

```
#Region "OnGotoPage Event Handler"
    Private Sub GotoPage_Click(ByVal sender As Object, ByVal e As System.EventArgs)
        Dim newPage As Integer
        newPage = CInt(textPage.Text) - 1
        If newPage >= 0 And newPage <= PageCount - 1 Then
            CurrentPageIndex = newPage
            Attributes("ErrorMessage") = ""
            Update()
        Else
            Attributes("ErrorMessage") = " Incorrect Page Entry"
            Update()
        End If
    End Sub
#End Region
```

Wenn wir die neue Seitennummer erhalten, prüfen wir, ob sie korrekt ist (das heißt, größer als 0 und kleiner als die Seitenzahl – Vorsicht, der Startindex ist 0). Wir tragen die überprüfte Seitennummer entweder in `CurrentPageIndex` ein oder geben über die Eigenschaft `Attributes` eine Fehlermeldung zurück.

Das neue Steuerelement können wir jetzt in der Web Forms-Seite *DefaultHRPageGridPlusMore.aspx* testen. Um die Datenbindung in der Code-Behind-Datei zu verändern, mussten wir einige kleine Anpassungen vornehmen:

```
Private Sub Page_Load(ByVal sender As System.Object, ByVal e As System.EventArgs) Handles MyBase.Load
    If Not IsPostBack Then
        GetDataToSession()
        DefaultHRPageGridPlusMore1.GridDataSet = CType(Session("AllEmployees"), DataSet)
        DefaultHRPageGridPlusMore1.GridTable = "Employees"
        DefaultHRPageGridPlusMore1.Update()
    Else
        DefaultHRPageGridPlusMore1.GridDataSet = CType(Session("AllEmployees"), DataSet)
        DefaultHRPageGridPlusMore1.GridTable = "Employees"
    End If
End Sub
```

Die Methode `GetDataSession` stellt sicher, dass sich das `DataSet AllEmployees` in einer Sitzungsvariablen befindet. Anschließend weisen wir den Eigenschaften `GridDataSet` und `GridTable` unseres benutzerdefinierten `DataGrid`-Steuerelements Werte zu und rufen die Methode `Update` des Steuerelements auf. Dieser Code ersetzt praktisch die Eigenschaft `DataSource` und die Methode `DataBind` des `DataGrid`-Steuerelements.

Abbildung 11.7 zeigt, was passiert, wenn Sie eine falsche Seitennummer eingeben. Außerdem sehen Sie in der Abbildung das QuickInfo-Fenster für die Schaltfläche *Go* (Springe zu).

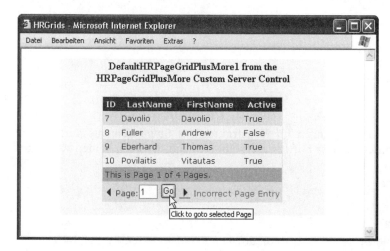

Abbildung 11.7: Angepasstes `DataGrid`-Steuerelement mit verbesserten Möglichkeiten zum Blättern und Fußzeile

Sortieren

Die Fähigkeit zum Sortieren stand immer ganz oben auf der Wunschliste für das `DataGrid`-Steuerelement. Normalerweise müssen Sie dafür eine Menge Code schreiben, auch wenn das `DataGrid`-Steuerelement von ASP.NET einige eingebaute Funktionen bietet, die beim Sortieren helfen. Unser benutzerdefiniertes Steuerelement enthält ebenfalls eine stattliche Menge an neuem Code, wir müssen ihn aber nur ein einziges Mal schreiben. Wir kapseln den Sortiervorgang vollkommen in unserem benutzerdefinierten `DataGrid`-Steuerelement. Dann brauchen Sie nur noch anzugeben, welche der datengebundenen Spalten sortiert werden sollen, und können schon aufsteigende oder absteigende Sortiermöglichkeiten nutzen. Außerdem verbessern wir die grafische Darstellung der sortierten Spalten.

Bevor wir uns den Code vornehmen, der das Sortieren möglich macht, sollten Sie wissen, dass einige Daten über Postback-Vorgänge hinweg dauerhaft gespeichert werden müssen. Wir brauchen das Sortierkriterium und die Richtung. Aus diesen Daten können wir einen Sortierausdruck erstellen, den wir an die `DataView` des Steuerelements übergeben. Daraufhin wird das `DataSet` im Arbeitsspeicher automatisch neu geordnet. Wenn wir zum Beispiel nach den Nachnamen (Feld *LastName*) in aufsteigender Reihenfolge sortieren wollen, sieht das so aus:

```
Dim sortString as String = "lastname asc"
internalDataView.Sort = sortString
```

Wir können nicht nur den Sortierausdruck aus den beiden Variablen zusammenstellen, sondern auch die Richtung wählen. So können wir ein nach oben oder nach unten zeigendes Pfeilsymbol in den entsprechenden Spaltenkopf einfügen. Wie schon andere Stringdaten speichern wir diese beiden Variablen in `Attributes`. Das benutzerdefinierte `DataGrid`-Steuerelement aus unserem Beispiel finden Sie in *DefaultHRSortedGrid.vb*. Es enthält den gesamten Code, den wir bisher für das Blättern und unsere spezielle Fußzeile geschrieben haben. Im ersten Schritt fügen wir die erwähnten Attribute in den entsprechenden Codeabschnitt ein. Wir empfehlen den Schreibschutz (ReadOnly), damit die Attribute nicht aus Versehen überschrieben werden.

```
⋮
Public ReadOnly Property SortExpression() As String
    Get
        Return Attributes("SortExpression")
    End Get
End Property
Public ReadOnly Property SortDirection() As String
    Get
        Return Attributes("SortDirection")
    End Get
End Property
⋮
```

Danach müssen wir einige Einstellungen im Konstruktor des Steuerelements ändern. Wir müssen dem Steuerelement mitteilen, dass Sortieren erlaubt sein soll. Unseren beiden Attributen weisen wir Standardwerte zu:

```
' Sortieren für das DataGrid freischalten
AllowSorting = True
Attributes("SortExpression") = ""
Attributes("SortDirection") = "ASC"
```

Wir müssen eine weitere Zeile in den Konstruktor des benutzerdefinierten DataGrid-Steuerelements einfügen. Wenn AllowSorting beim DataGrid-Steuerelement den Wert True hat, wird in der Standardeinstellung das Ereignis SortCommand ausgelöst, sobald der Kopf einer sortierbaren Spalte angeklickt wird. So wie wir Ereignishandler für die Ereignisse ItemCreated und PageIndexChanged erstellt haben, müssen wir auch einen für das Ereignis SortCommand schreiben und mit dem Ereignis verknüpfen:

```
AddHandler SortCommand, AddressOf OnSortCommand
```

Die wichtigste Aufgabe des Ereignishandlers OnSortCommand ist, zu überprüfen, ob die Attribute SortExpression und SortDirection vorhanden sind, und ihre neuen Werte einzustellen. Die Methode OnSortCommand gibt den Sortierausdruck für die gewählte Spalte im Parameter e.SortExpression zurück.

```
#Region "Custom Grid Event Handlers - SortCommand"
    Public Shadows Sub OnSortCommand(ByVal sender As Object, ByVal e As DataGridSortCommandEventArgs)
```

Zuerst müssen wir den aktuellen Zustand der Attribute SortExpression und SortOrder speichern. Anschließend können wir den neuen Wert in das Attribut SortExpression eintragen. Diesen neuen Wert erhalten wir aus den Ereignisargumenten:

```
Dim sortExpression As String = Attributes("SortExpression")
Dim sortOrder As String = Attributes("SortDirection")
Attributes("SortExpression") = e.SortExpression
```

Jetzt haben wir den ursprünglichen Sortierausdruck und den neuen Sortierausdruck. Falls sie gleich sind, wurde dieselbe Spalte erneut angeklickt: Wir müssen die Sortierrichtung ändern. In diesem Fall drehen wir die Richtung einfach um:

```
If e.SortExpression = sortExpression Then
    If Attributes("SortDirection") = "ASC" Then
        Attributes("SortDirection") = "DESC"
```

```
        Else
            Attributes("SortDirection") = "ASC"
        End If
    Else
        Attributes("SortDirection") = "ASC"
    End If
```

Falls sich die Werte von altem und neuem Suchausdruck unterscheiden, wurde eine neue Spalte ausgewählt. Die `Else`-Anweisung enthält die Codezeile, in der wir die Sortierrichtung auf den Standard zurücksetzen. Zum Schluss bleibt nur noch, die Datenquelle zu aktualisieren. Wir haben uns außerdem entschlossen, beim Umschalten auf eine neue Sortierreihenfolge zur ersten Seite zurückzuspringen. So vermeiden wir Verwirrung beim Benutzer, nachdem er einen Sortierbefehl ausgewählt hat:

```
        CurrentPageIndex = 0
        Update()
    End Sub
#End Region
```

Bevor wir uns mit der gewünschten grafischen Darstellung der Pfeilsymbole befassen, wollen wir noch einen Moment die Sortierlogik untersuchen. In den vorhergehenden Codeausschnitten sehen Sie, dass wir die Methode `Update` aufrufen. Bestimmt wissen Sie noch, dass wir innerhalb des `DataGrid`-Steuerelements an dieser Stelle das Aktualisieren der Datenquelle erledigen. Wir müssen dort einige Zeilen einfügen, die sich um das Sortieren kümmern. Der folgende Ausschnitt zeigt die gesamte Methode, die geänderten Stellen sind durch Fettschrift hervorgehoben:

```
#Region "Update() - Internal Data Update"
    Public Sub Update()
        Try
            If internalTableName = Nothing Then
                internalDataView = internalDataSet.Tables(0).DefaultView
            Else
                internalDataView = internalDataSet.Tables(internalTableName).DefaultView
            End If
            Dim sortString As String = SortExpression
            If sortString <> "" Then
                If SortDirection = "ASC" Then
                    sortString += " ASC"
                    internalDataView.Sort = sortString
                Else
                    sortString += " DESC"
                    internalDataView.Sort = sortString
                End If
            End If
            DataSource = internalDataView
            DataBind()
        Catch
            DataBind()
        End Try
    End Sub
#End Region
```

Gibt es einen Sortierausdruck, lesen wir die Richtung (`SortDirection`) und stellen einen Sortierausdruck zusammen, den wir der `DataView` zuweisen. Das `DataSet`, das im Arbeitsspeicher liegt, sortiert dann entsprechend. Dieser Sortiervorgang läuft blitzschnell ab, und dazu wird keine Verbindung mit dem Datenserver oder der Geschäftsschicht aufgenommen.

Zuletzt müssen wir noch die grafische Darstellung implementieren. Richtig geraten: Das tun wir in der Methode `OnItemCreated`. Dieses Mal warten wir auf die Kopfzeile (Header) des `DataGrid`-Steuerelements:

```
If itemType = ListItemType.Header Then
Dim instanceSortExpression As String = Attributes("SortExpression")
Dim instanceDirection As String = Attributes("SortDirection")
```

Für die Pfeile benutzen wir die Schriftart Webdings, dann entspricht das Design den Pfeilsymbolen für das Blättern. Je nach Sortierrichtung zeigen wir entweder den Pfeil nach oben (Zeichen 5) oder den Pfeil nach unten (Zeichen 6) an:

```
Dim webDingItem As String
If instanceDirection = "ASC" Then            ' Zeichen aus der Schriftart WebDings wählen
    webDingItem = " 5"                       ' 5 = Pfeil nach oben
Else
    webDingItem = " 6"                       ' 6 = Pfeil nach unten
End If
```

Jetzt müssen wir herausfinden, welche Spalte in der Kopfzeile dem aktuellen Sortierausdruck entspricht. Dazu gehen wir in einer Schleife über alle Spalten und untersuchen ihr Attribut `SortExpression`. (Dies ist ein Attribut bei HTML-gebundenen Spaltensteuerelementen.) Bei jeder Spalte, die ein `SortExpression` hat, fügen wir den Ausdruck als QuickInfo hinzu. Stimmen die beiden `SortExpression`-Werte überein, haben wir die richtige Spalte gefunden. Wir brauchen dem `Label`-Steuerelement nur noch die früher definierte Schriftart Webdings zuzuweisen und das Steuerelement in die Zelle einzufügen.

```
Dim i As Integer
For i = 0 To Columns.Count - 1
    Dim cell As TableCell = e.Item.Cells(i)
    If Columns(i).SortExpression <> "" Then
        cell.ToolTip = "Sort by: " + Columns(i).SortExpression
            If instanceSortExpression = Columns(i).SortExpression Then
                Dim lblSorted As New Label()
                lblSorted.Font.Name = "webdings"
                lblSorted.Font.Size = FontUnit.XSmall
                lblSorted.Text = webDingItem
                cell.Controls.Add(lblSorted)
            End If
    End If
Next i
```

Wir sind uns bewusst, dass die gerade beschriebenen Schritte eine Menge Code umfassen. Sie werden aber feststellen, dass sich der Aufwand lohnt. Abbildung 11.8 zeigt die Beispielseite *DefaultHRSortedGrid.aspx*. Wir haben die Spalte *LastName* angeklickt, woraufhin das Steuerelement den Inhalt in aufsteigender Reihenfolge nach den Nachnamen sortiert. Das Pfeilsymbol in der Kopfleiste zeigt das an. Weil der Mauszeiger eine Weile über der Kopfleiste stand, öffnete sich ein QuickInfo-Fenster.

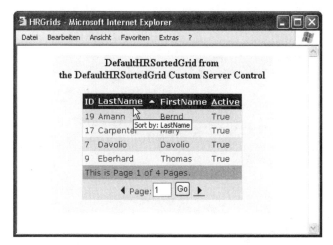

Abbildung 11.8: *Angepasstes* DataGrid-*Steuerelement mit verbesserten Möglichkeiten zum Sortieren*

Letzte Verbesserungen

Aussehen und Funktion unseres DataGrid-Steuerelements gefallen uns schon recht gut, ein paar Verbesserungen wollen wir aber noch vornehmen. Wenn Sie das letzte Beispiel (*DefaultHRSortedGrid.aspx*) ausführen, stellen Sie fest, dass einige Informationen mehrfach angezeigt werden. Beim Blättern wird in der Fußzeile angezeigt: »This is page 2 of 4 Pages« (Seite 2 von 4). Gleichzeitig steht die aktuelle Seitennummer auch in dem TextBox-Steuerelement. Wir wollen das ändern und stattdessen die Anzahl der Datensätze und der Seiten anzeigen, also »14 Records in 4 Pages« (14 Datensätze auf 4 Seiten). Außerdem finden wir es ungünstig, dass wir bei den meisten Listensteuerelementen nicht einstellen können, wie viele Zeilen angezeigt werden. Daher wollen wir ein TextBox-Steuerelement einfügen, in dem wir die Anzahl der Zeilen wählen können.

Die meisten dieser Änderungen betreffen die Methode OnItemCreated. (Sie dürften sich bereits daran gewöhnt haben, diese Methode zu editieren.) Der folgende Ausschnitt zeigt den gesamten Bereich für die Fußzeile. Wir haben die Zeilen, die sich gegenüber der letzten Version verändert haben, mit Fettschrift hervorgehoben.

```
If itemType = ListItemType.Footer Then
    Dim footerRow As TableCellCollection = e.Item.Cells
    Dim footerCellCount As Integer = footerRow.Count

    Dim i As Integer
    For i = footerCellCount - 1 To 0 Step -1
        e.Item.Cells.RemoveAt(i)
    Next

    Dim newCell As New TableCell()
    newCell.ColumnSpan = footerCellCount
    newCell.HorizontalAlign = HorizontalAlign.Center
    Dim font, size As String
    font = MyBase.Font.Name
    size = MyBase.Font.Size.ToString
    Dim usedStyle As String = "Style='Font-Size: " + size + "; Font-Family: " + font
    newCell.Controls.Add(New LiteralControl("<Table width='100%' " & usedStyle & "'><TR><TD>"))
```

```
Dim labelReturnRows As New Label()
Dim totalRows As Integer
Try
    labelReturnRows.Text = CType(internalDataView.Count, String) + _
        " records in " + CType(PageCount, String) + " Pages."
Catch
End Try
newCell.Controls.Add(labelReturnRows)
newCell.Controls.Add(New LiteralControl("</TD><TD align='right'>"))
newCell.Controls.Add(New LiteralControl(" Rows:"))
newCell.Controls.Add(New LiteralControl("</TD><TD>"))
textRows.ID = "textRows"
textRows.AutoPostBack = True
textRows.Width = Unit.Pixel(20)
textRows.Text = CType(PageSize, String)
textRows.ToolTip = "Input the number of rows to show in Grid"
newCell.Controls.Add(textRows)
newCell.Controls.Add(New LiteralControl("</TD></TR></TABLE>"))
e.Item.Cells.Add(newCell)
End If
```

Wir dürfen beim Implementieren dieser Erweiterungen einige wichtige Punkte nicht vergessen: Die Fußzeile umfasst nur eine einzige Zelle. Bestimmt erinnern Sie sich, dass wir die anderen Zellen gelöscht haben, um die gesamte Breite nutzen zu können. Jetzt erweitern wir die Fußzeile durch mehrere Elemente. Damit die Ausrichtung stimmt, müssen wir die Zeile wieder in mehrere Zellen unterteilen. Aber nicht in dieselbe Anzahl Zellen, wie sie das DataGrid-Steuerelement anzeigt. Daher fügen wir in die eine Zelle der Fußzeile ein Table-Steuerelement ein, das seine eigenen Zeilen und Spalten definiert. Beim Hinzufügen einer Tabelle haben wir ein Problem festgestellt: Die Stileinstellungen für Schriftart und Schriftgröße des DataGrid-Steuerelements gelten nicht innerhalb der Tabelle. Im obigen Codeausschnitt stellen wir deshalb eine Style-Anweisung zusammen, in die wir die Werte aus den Eigenschaften des DataGrid-Steuerelements eintragen. Anschließend beginnen wir die neue Tabelle mit dem ASP.NET-Steuerelement LiteralControl (das schneller ist als ein Label-Steuerelement):

```
Dim font, size As String
font = MyBase.Font.Name
size = MyBase.Font.Size.ToString
Dim usedStyle As String = "Style='Font-Size: " + size + "; Font-Family: " + font
newCell.Controls.Add(New LiteralControl("<Table width='100%' " & usedStyle & "'><TR><TD>"))
```

Beachten Sie, dass wir die Eigenschaft Text von labelReturnRows ändern und die Gesamtzahl der Tabellenzeilen aus internalDataView einfügen. Das zweite wichtige neue Steuerelement ist das TextBox-Steuerelement textRows. Es ermöglicht uns, die Anzahl der angezeigten Zeilen einzustellen. Bei diesem TextBox-Steuerelement muss die Eigenschaft AutoPostBack unbedingt den Wert True haben, damit die eingegebene Zeilenzahl auch sofort ausgewertet und angewendet wird.

Vorher müssen wir das TextBox-Steuerelement textRows natürlich deklarieren, damit wir auf seine Ereignisse zugreifen können:

```
Protected WithEvents textRows As New TextBox()
```

Danach schreiben wir die Methode, die aufgerufen wird, wenn das Ereignis TextChanged ausgelöst wird:

```
#Region "Changed Rows"
    Private Sub txtRows_TextChanged(ByVal sender As Object, ByVal e As System.EventArgs) _
        Handles textRows.TextChanged
        Dim newPageSize As Integer
        newPageSize = CType(textRows.Text, Integer)
        If newPageSize > 0 Then
            CurrentPageIndex = 0
            PageSize = newPageSize
            Attributes("ErrorMessage") = ""
            Update()
        Else
            Attributes("ErrorMessage") = " Incorrect Number of rows set"
            Update()
        End If
    End Sub
#End Region
```

Wird die Anzahl der Zeilen geändert, überprüfen wir den neuen Wert und setzen das `DataGrid`-Steuerelement auf die erste Seite zurück. Wir wollen so vermeiden, dass Fehler auftreten, weil wir auf der letzten Seite sind und nur ein paar Zeilen anzeigen. Dann tragen wir die neue Zeilenzahl ein.

Abbildung 11.9 zeigt, wie das neue Steuerelement aussieht. Der allgemeine Funktionsumfang unseres benutzerdefinierten `DataGrid`-Steuerelements ist damit komplett. Es ist einfach zu benutzen und kapselt den Großteil des Funktionsumfangs, den wir uns wünschen.

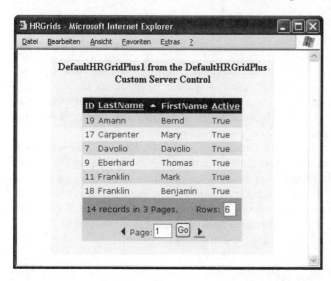

Abbildung 11.9: Angepasstes `DataGrid`-Steuerelement mit einstellbarer Zeilenzahl

Die letzte Version unseres benutzerdefinierten `DataGrid`-Serversteuerelements ist fertig. Es ist sehr flexibel, trotzdem möchten Sie vielleicht weitere Fähigkeiten hinzufügen. Das könnte zum Beispiel sein:

- **Bessere Formatierung** Wenn Sie spezielle Formate anzeigen wollen, etwa ein `Boolean`-Feld mit einer übersichtlicheren Darstellung als jetzt mit den Einträgen *True* und *False*, können Sie Vorlagen für unterschiedliche Datentypen definieren. Sie können sogar eine Standardvorlage in das `DataGrid`-Steuerelement einfügen, die den Datentyp untersucht und automatisch die korrekte Vorlage wählt. Ein Wort der Vorsicht darf aber nicht fehlen: Wenn Sie Vorlagen nutzen, müssen Sie den Code für die Datenbindung selbst hinzufügen.

- **Kombinieren von Feldern** Gelegentlich wollen Sie Felder aus zwei Spalten kombinieren, zum Beispiel Nachname und Vorname. Auch dafür können Sie eine benutzerdefinierte Vorlage einsetzen. Außerdem müssen Sie das Sortierverhalten ändern.
- **Mehrspaltiges Sortieren** Sie können benutzerdefinierte Sortierausdrücke erstellen und eine spezielle Sortiermethode schreiben, die Ihre benutzerdefinierten Sortierausdrücke zu einem Sortierausdruck für die `DataView` zusammensetzt.
- **Filter** Sie können ein weiteres `TextBox`-Steuerelement hinzufügen, in dem Sie einen Filterausdruck eingeben können.
- **Suchfunktion** Genau wie beim Filter könnte auch zum Suchen von Daten ein `TextBox`-Steuerelement verwendet werden. Sie könnten die Suchlogik so implementieren, dass alle Felder durchsucht werden, falls keines markiert ist, oder nur die markierten Felder.
- **Direktes Editieren** Es widerspricht zwar unseren Regeln für die Benutzeroberfläche, wenn wir direktes Editieren (in-place editing) in `DataGrid`-Steuerelementen erlauben, aber Sie können diese Möglichkeit nutzen. Im `DataGrid`-Steuerelement stehen mehrere eingebaute Funktionen dafür zur Verfügung.

Viele dieser Fähigkeiten sowie eine Reihe weiterer Ideen für `DataGrid`-Steuerelemente führt Dino Esposito in seinem Buch *Building Web Solutions with ASP.NET and ADO.NET* (Microsoft Press, 2002) meisterhaft vor.

Detaildaten anzeigen

Anzahl und Größe der Felder, die Sie in einem `DataGrid`-Steuerelement anzeigen können, sind äußerst beschränkt. Das ist einer der Gründe, warum wir Daten nicht in einem `DataGrid`-Steuerelement editieren lassen. Wir nutzen das `DataGrid` als Werkzeug, um einen Überblick über die Datenliste zu gewinnen und schnell zu einem bestimmten Datensatz zu springen, dessen Details wir ansehen wollen. Wir haben zwei Möglichkeiten entworfen, wie wir eine Benutzeroberfläche implementieren, die mit Listen- und Detailansichten arbeitet: Entweder erscheinen Liste und Details auf derselben Seite oder auf getrennten Seiten.

Bei der ersten Möglichkeit zeigen wir Liste und Details auf derselben Seite an. Dieser Ansatz eignet sich besonders gut für Daten, die nur aus wenigen Feldern bestehen und wenig Platz brauchen. Gute Kandidaten für diesen Ansatz sind zum Beispiel Supportinformationen. In der Anwendung HRnet wären es die Bildschirme, die Daten zu Abteilungen, verfügbaren Lohnzusatzleistungen, aktuellen Nachrichten und so weiter anzeigen. Das Layout ist flexibel. Sie können das `DataGrid`-Steuerelement auf der linken Seite platzieren und die Detaildaten rechts. Sie können das `DataGrid` auch oben auf der Seite anordnen und die Detaildaten darunter.

Bei der zweiten Möglichkeit zeigen wir Liste und Details in getrennten Seiten an. Diesen Ansatz wählen wir, wenn die Daten, die wir im Detailbereich anzeigen wollen, viele Felder, Grafiken oder längere Textabschnitte umfassen. Dann zeigen wir die Detaildaten auf einer oder sogar mehreren Seiten an. In HRnet nutzen wir diesen Ansatz beim Verwalten von Daten über Angestellte oder Unternehmen.

Auf den folgenden Seiten zeigen wir Ihnen jeweils ein einfaches Beispiel für die beiden Möglichkeiten. Später fügen wir weitere Fähigkeiten hinzu, zum Beispiel übergeben wir Zustandsdaten an die Detailseite, mit deren Hilfe wir Datensätze ansehen, editieren, hinzufügen oder löschen können.

Ein Formular mit Liste und Detailbereich

Wenn wir `DataGrid`-Steuerelement und Detaildaten auf einer einzigen Seite kombinieren, arbeiten wir im Wesentlichen mit dem `DataSet` weiter, das wir bereits als `DataSource` für das `DataGrid`-Steuerelement angefordert haben. Da es nicht allzu viele Daten enthält, sollte das DataSet nicht viel Speicher verbrauchen. Falls doch, arbeiten wir mit zwei Gruppen von Daten: Die erste Gruppe umfasst nur ausgewählte Daten für das `DataGrid`-Steuerelement, die zweite Gruppe enthält Detaildaten, die bei Bedarf angefordert werden. Diesen zweiten Ansatz nutzen wir auch später, wenn wir Liste und Detaildaten in getrennten Seiten anzeigen.

Sehen wir uns das Beispiel *GridandDetail1.aspx* an. Sie finden es bei den Beispielanwendungen zu diesem Kapitel. Wenn Sie diese Web Forms-Anwendung im Entwurfsmodus öffnen, sehen Sie, dass wir unser benutzerdefiniertes `DataGrid`-Steuerelement HRGridEdit einsetzen (diese neue Version wurde gegenüber dem letzten Beispiel noch etwas erweitert, wir gehen gleich darauf ein). Außerdem verwenden wir ein Benutzersteuerelement namens *DepartmentsBasic.ascx*. Eine Änderung, die sofort auffällt, ist eine `ButtonColumn` mit einem Bild. Damit wählen wir eine bestimmte Zeile aus, deren Detaildaten im Benutzersteuerelement angezeigt werden. Die folgende HTML-Anweisung definiert das `ButtonColumn`-Steuerelement:

```
<ASP:BUTTONCOLUMN Text="<img border=0 alt='Select'
    align=absmiddle src=edit.gif>" CommandName="select"></ASP:BUTTONCOLUMN>
```

Die `ButtonColumn` enthält für jede Zeile eine benutzerdefinierte Schaltfläche. Das Steuerelement löst das Ereignis `ItemCommand` aus. Wenn wir beim Auslösen des Ereignisses `ItemCommand` einen bestimmten `CommandName` übergeben, können wir einen benutzerdefinierten Handler erstellen, der nach dem `CommandName` sucht und ihn ausführt. Wenn wir Zeilen markieren wollen, müssen wir wie in diesem Beispiel in `CommandName` den Wert `select` eintragen. Beim Anklicken wird die jeweilige Zeile automatisch markiert, obwohl wir dafür keinerlei speziellen Code geschrieben haben. Wir könnten eigenen Code schreiben, der die Ereignisargumente des Typs `DataGridCommandEventArgs` direkt auswertet, sobald das Ereignis `ItemCommand` ausgelöst wurde. Wir haben uns aber dazu entschlossen, beim Auftreten des Ereignisses `SelectedIndexChanged` die Detaildaten anzuzeigen. Dieses Ereignis wird jedes Mal ausgelöst, wenn eine andere Zeile markiert wird. So können wir von Programmcode aus eine bestimmte Zeile markieren und trotzdem die Detaildaten anzeigen lassen. Wenn wir zulassen, dass der Benutzer eine bestimmte Zeile im `DataGrid`-Steuerelement markiert, müssen wir auch die Möglichkeit anbieten, die Markierung wieder zu entfernen. Dazu haben wir das `DataGrid`-Steuerelement erweitert. In *HRGridEdit.vb* haben wir die Methode `PublicUnselect` definiert. Sie trägt einfach den Wert –1 in `SelectedIndex` ein, woraufhin das `DataGrid` die Markierung entfernt. Außerdem rufen wir in `Unselect` die Methode `Update` auf und ersetzen alle direkten Aufrufe von `Update`, die in anderen Methoden innerhalb des Steuerelements ausgeführt werden, durch den Aufruf von `Unselect`. So verschwindet die Markierung, wenn Sie eine andere Seite auswählen oder die Liste neu sortieren. Der entsprechende Code sieht folgendermaßen aus:

```
#Region "Select and Unselect"
    Public Sub Unselect()
        SelectedIndex = -1
        Update()
    End Sub
#End Region
```

Weil wir die Methode `Unselect` als `Public` deklarieren, können wir sie von außerhalb aufrufen, also von der Code-Behind-Datei der Web Forms-Anwendung aus, in der unser `DataGrid`-Steuerelement benutzt wird. Damit sind die Erweiterungen an unserem `DataGrid`-Steuerelement abgeschlossen.

Als Nächstes müssen wir die Detaildaten einfüllen, sobald eine bestimmte Zeile markiert wird. Wie weiter oben erwähnt, erledigen wir das, wenn das Ereignis SelectedIndexChanged ausgelöst wird. Da dieser Code speziell die Web Forms-Seite betrifft, in die das DataGrid-Steuerelement eingebettet ist, erstellen wir ihn in der Code-Behind-Datei der Web Forms-Seite. Erst legen wir im HTML-Code des DataGrid-Steuerelements fest, welche Methode als Ereignishandler aufgerufen werden soll:

```
<ccl:hrgridedit id="HRGridEdit1" runat="server" AutoGenerateColumns="False"
  OnSelectedIndexChanged="SelectedIndexChanged"
  DataKeyField="DepartmentID">
```

Anschließend schreiben wir die Methode SelectedIndexChanged:

```
Public Sub SelectedIndexChanged(ByVal sender As Object, ByVal e As EventArgs)
    btnUnselect.Enabled = True
    SelectRecordID(CInt(HRGridEdit1.DataKeys(HRGridEdit1.SelectedIndex)))
End Sub
```

Wir haben in die Web Forms-Seite die Schaltfläche *Unselect* eingebaut, mit der Sie die Markierung für eine Zeile wieder entfernen können. So können wir die Methode Unselect des DataGrid-Steuerelements ausprobieren. Wir aktivieren die Schaltfläche nur, wenn eine Zeile markiert ist.

Anschließend rufen wir die Methode auf, die die markierte Zeile im DataSet sucht und unser Benutzersteuerelement mit Daten füllt. Beachten Sie, dass wir ihm die eindeutige ID des Datensatzes übergeben müssen, der in der markierten Zeile enthalten ist. Diese ID erhalten wir, indem wir den Schlüssel aus dem Index des ausgewählten Elements im DataGrid-Steuerelement auslesen. Dieses DataKeyField haben wir vorher als Attribut des DataGrid-Steuerelements definiert:

```
<ccl:hrgridedit id="HRGridEdit1" runat="server" AutoGenerateColumns="False"
  OnSelectedIndexChanged="SelectedIndexChanged"
  DataKeyField="DepartmentID">
```

Diese eindeutige ID lesen wir folgendermaßen aus:

```
HRGridEdit1.DataKeys(HRGridEdit.SelectedIndex)
```

Nachdem wir nun über die benötigte ID verfügen, können wir den entsprechenden Datensatz im DataSet auswählen und die Felder des Benutzersteuerelements füllen:

```
Private Sub SelectRecordID(ByVal DepartmentID As Integer)
    Try
        Dim selectDataSet As DataSet = CType(Session("Departments"), DataSet)
        Dim selectTable As DataTable = selectDataSet.Tables("Departments")
        Dim selectRow() As DataRow = selectTable.Select("DepartmentID=" + DepartmentID.ToString)
        With DepartmentsBasic1
            .DepartmentID = CInt(selectRow(0)("DepartmentID"))
            If Not IsDBNull(selectRow(0)("Name")) Then _
                .DepartmentName = CStr(selectRow(0)("Name"))
            If Not IsDBNull(selectRow(0)("Description")) Then _
                .DepartmentDescription = CStr(selectRow(0)("Description"))
            If Not IsDBNull(selectRow(0)("Active")) Then _
                .DepartmentActive = CBool(selectRow(0)("Active"))
            If Not IsDBNull(selectRow(0)("DateCreated")) And _
                Not IsDBNull(selectRow(0)("Createdby")) Then _
                .Entered = CStr(selectRow(0)("DateCreated")) + " by " + _
                CType(selectRow(0)("Createdby"), String) Else .Entered = "N/A"
            If Not IsDBNull(selectRow(0)("DateModified")) And _
                Not IsDBNull(selectRow(0)("Modifiedby")) Then _
                .Modified = CStr(selectRow(0)("DateModified")) + " by " + _
                CType(selectRow(0)("Modifiedby"), String) Else .Modified = "N/A"
```

```
            lblMessage.Text = ""
        End With
    Catch selectException As Exception
        DepartmentsBasic1.ClearEntries()
        lblMessage.Text = "<B>Error searching for records</B> " + selectException.Message
    End Try
End Sub
```

Nachdem wir die markierte Zeile gefunden haben, füllen wir die Eigenschaften des Benutzersteuerelements `DepartmentsBasic1`, das seinerseits die `Label`- und `TextBox`-Steuerelemente füllt. Diesen Vorgang haben wir für die Ausnahmebehandlung in einen Try...Catch-Block eingebettet.

Im Benutzersteuerelement `DepartmentsBasic1` haben wir die Eigenschaften definiert, die wir brauchen, um die `Label`-, `CheckBox`- und `TextBox`-Steuerelemente zu füllen. Wir haben auch eine öffentliche Funktion definiert, mit der wir den Inhalt dieser Steuerelemente löschen können. Wenn Sie sich das Benutzersteuerelement genauer ansehen, werden Sie feststellen, dass wir eine verbesserte Version unseres benutzerdefinierten `TextBox`-Serversteuerelements aus Kapitel 6 einsetzen. Die Abbildungen 11.10, 11.11 und 11.12 zeigen das Beispiel *GridandDetail1.aspx* im Entwurfsmodus, während der Laufzeit ohne markierte Zeile und nachdem eine Zeile markiert wurde.

HINWEIS Beim Abrufen von Feldern aus der Datenbank können Nullwerte zurückgegeben werden. Wir müssen für diesen Fall vorsorgen. Am besten lässt sich das mit der Funktion `IsDBNull` erledigen. Ein Beispiel:

```
If Not IsDBNull(selectRow(0)("Name")) Then
    .DepartmentName = CStr(selectRow(0)("Name"))
```

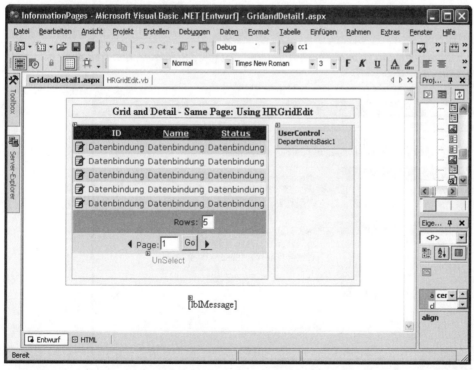

Abbildung 11.10: *Die Seite mit dem benutzerdefinierten `DataGrid`-Steuerelement und dem Detailbereich in der Entwurfsansicht*

Es ist also nicht schwer, unser benutzerdefiniertes DataGrid-Serversteuerelement durch einen Detailbereich zu ergänzen. Der neu hinzugefügte Code betraf in erster Linie den Zugriff auf das DataSet, das Ermitteln der markierten Zeile und das Übergeben von Daten an den Detailbereich. In unserem Beispiel verwenden wir ein Benutzersteuerelement. Wir hätten genauso gut auch Label- und Text-Steuerelemente auf die Webseite legen können, in die das DataGrid-Steuerelement eingebettet ist. Was wir noch nicht implementiert haben, sind Funktionen zum Hinzufügen, Speichern und Abbrechen. Das holen wir in Kürze nach. Vorher sehen wir uns aber noch ein Beispiel an, bei dem wir zum Anzeigen der Detaildaten eine eigene Web Forms-Seite aufrufen.

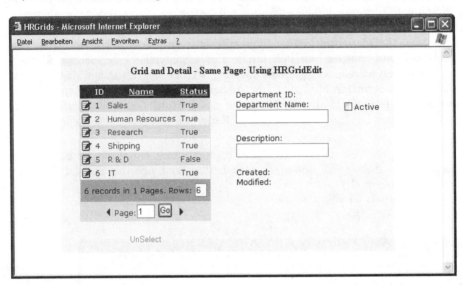

Abbildung 11.11: *Die Seite mit dem benutzerdefinierten* DataGrid*-Steuerelement und dem Detailbereich ohne markierte Zeile*

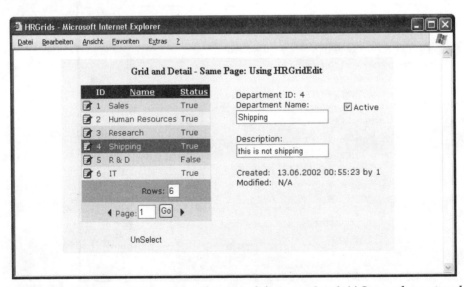

Abbildung 11.12: *Die Seite mit dem benutzerdefinierten* DataGrid*-Steuerelement und dem Detailbereich, nachdem eine Zeile markiert wurde*

Getrennte Formulare für Liste und Details

In vielen Fällen müssen wir für die Detaildaten eine getrennte Web Forms-Seite erstellen, einfach weil wir mehr Daten anzeigen müssen, als auf der Seite mit dem `DataGrid`-Steuerelement noch Platz haben. Unser nächstes Beispiel zeigt, wie Liste und Detaildaten auf getrennten Seiten liegen. Für die Liste verwenden wir auf der Seite *GridEmployees1.aspx* ein `DataGrid`-Steuerelement, die Detailseite ist *EmployeeDetail1.aspx*.

Wenn viele Detaildaten enthalten sind, kann ein volles `DataSet` recht umfangreich werden. Daher rufen wir den kompletten Datensatz, den wir für die Detailseite benötigen, nur ab, indem wir eine bestimmte ID angeben (in unserem Beispiel `EmployeeID`). Bei einer professionellen Anwendung würde eine spezielle Methode aus der Geschäftsschicht eine Liste aller Angestellten liefern, indem sie nur die Teilmenge der Daten abruft, die das `DataGrid`-Steuerelement benötigt. Eine andere Methode der Geschäftsschicht würde anhand der `EmployeeID` alle Daten über einen bestimmten Angestellten liefern. Der einzige größere Unterschied zum letzten Beispiel, bei dem wir `DataGrid` und Detaildaten auf derselben Seite anzeigen, liegt in der Methode `SelectRecordID`:

```
Private Sub SelectRecordID(ByVal EmployeeID As Integer)
    Dim localQueryString As String = "EmployeeID=" + EmployeeID.ToString
    Dim urlEmployeeDetail As String = "EmployeeDetail1.aspx"
    HRGridEdit1.Unselect()
    Response.Redirect(urlEmployeeDetail + "?" + localQueryString)
End Sub
```

Wir brauchen in dieser Methode lediglich einen URL zu erstellen, der den Abfragestring mit der gewünschten `EmployeeID` enthält. Wie beim letzten Beispiel holen wir die `EmployeeID` aus der Funktion `DataKeys`, die den Schlüssel der markierten Zeile zurückgibt:

```
Public Sub SelectedIndexChanged(ByVal sender As Object, ByVal e As EventArgs)
    SelectRecordID(CInt(HrGridEdit1.DataKeys(HrGridEdit1.SelectedIndex)))
End Sub
```

Wir rufen `Response.Redirect` mit dem erstellten URL auf und gelangen so zur Web Forms-Seite *EmployeeDetail1.aspx*. Unsere erste Aufgabe liegt darin, die Detaildaten zu der `EmployeeID` abzurufen, die im Abfragestring übergeben wurde. Der Code für diesen Schritt sieht so aus:

```
Private Sub GetDataToSession()
    Dim localEmployeebyID As DataSet
    Dim localCompany As New Employee("default", "password")
    localEmployeebyID = localCompany.GetEmployeeDetail(CInt(Request.QueryString("EmployeeID")), 1)
    Session("EmployeebyID") = localEmployeebyID
    localCompany = Nothing
End Sub
```

Möglicherweise wundern Sie sich, warum wir ein `DataSet` als Sitzungsvariable speichern, wo wir doch ein lokales `DataSet` verwenden könnten, dessen Felder wir direkt in die Web Forms-Seite eintragen. Der Hauptgrund liegt darin, dass wir den Clientbenutzern die Möglichkeit geben wollen, Änderungen beim Bearbeiten der Felder rückgängig zu machen.

Nachdem die Daten bereitstehen, rufen wir die Methode `LoadFields` auf. Sie füllt die Steuerelemente der Web Forms-Seite:

```
Private Sub LoadFields()
    Try
        Dim singleEmployee As DataTable = CType(Session("EmployeebyID"), DataSet).Tables(0)
        Dim selectRow As DataRow = CType(Session("EmployeebyID"), DataSet).Tables(0).Rows(0)
        If Not IsDBNull(selectRow("LastName")) Then
            txtLastName.Text = CStr(selectRow("LastName"))
```

Erstellen von Informationsseiten

```
        Else
            txtLastName.Text = ""
        End If
        If Not IsDBNull(selectRow("FirstName")) Then
            txtFirstName.Text = CStr(selectRow("FirstNAme"))
        Else
            txtFirstName.Text = ""
        End If
        If Not IsDBNull(selectRow("NickName")) Then
            txtNickName.Text = CStr(selectRow("NickName"))
        Else
            txtNickName.Text = ""
            ⋮
            lblMessage.Text = ""
        End If
    Catch selectException As Exception
        ClearEntries()
        lblMessage.Text = "<B>Error showing this Employee Record</B>" + selectException.Message
    End Try
End Sub
```

Wir holen die einzige Zeile aus der einzigen Tabelle des DataSet, sie enthält die Daten zu dem Angestellten mit der EmployeeID. Wir überprüfen, ob Felder Nullwerte haben, und füllen die Steuerelemente. Das ist auch schon alles. Die Abbildungen 11.13 und 11.14 zeigen *GridEmployees1.aspx* mit der Liste der Angestellten in einem DataGrid-Steuerelement und *EmployeeDetail1.aspx* mit den Detaildaten.

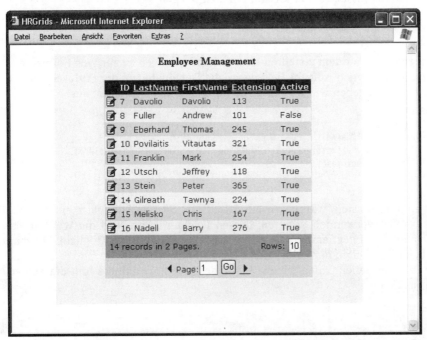

Abbildung 11.13: *Die Liste der Angestellten im benutzerdefinierten* DataGrid-*Steuerelement*

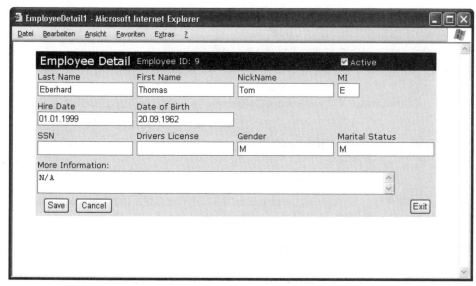

Abbildung 11.14: Details zum ausgewählten Angestellten

Erweitern der Listen- und Detailformulare

Nachdem die Basis für die beiden Web Forms-Seiten mit der DataGrid-Liste und den Detaildaten fertig ist, können wir damit beginnen, ihre Fähigkeiten zu erweitern. Die zwei wichtigsten Fähigkeiten sind die Verwaltung von Berechtigungen und Zustandsdaten. Folgende Berechtigungsstufen hätten wir gerne:

1. Nur DataGrid ansehen
2. Detaildaten ansehen
3. Detaildaten ansehen und ändern
4. Detaildaten ansehen, ändern und hinzufügen
5. Detaildaten ansehen, ändern, hinzufügen und löschen

Zustandsdaten brauchen wir im Zusammenhang mit diesen Berechtigungsstufen. Sie erstellen die korrekten Einstellungen, indem sie Schaltflächen und andere Steuerelemente auf der Detailseite ein- und ausschalten. Sehen wir uns an, wie das funktioniert.

Für dieses Beispiel haben wir die Seite *GridandDetailState.aspx* erstellt. Darin können Sie eine jede der fünf Berechtigungsstufen wählen. Diese Information wird als Zustand an das Benutzersteuerelement übergeben, das seine Steuerelemente entsprechend einrichtet. Als Benutzersteuerelement verwenden wir in diesem Beispiel *DepartmentsBasicEnhanced.ascx*.

Spalten vom Programmcode aus anlegen

Um die verschiedenen Funktionen anbieten zu können, die wir für unsere fünf Berechtigungsstufen benötigen, müssen wir in der Lage sein, Spalten in das DataGrid-Steuerelement einzufügen. Bevor wir den Code für diese Aufgabe vorstellen, müssen wir daran erinnern, dass solche vom Programmcode aus erstellte Spalten *nicht* über Postbacks hinweg gespeichert werden. Das unterscheidet sie von Spalten, die im Entwurfsmodus definiert wurden. Aus diesem Grund müssen Sie die Methoden zum Erstellen der gewünschten Spalten bei jedem Postback-Ereignis aufrufen. Wir haben die Methode, die diese Aufgabe erledigt, `PermissionSettings` genannt. Die Methode `Page_Load` unserer Beispielseite enthält folgenden Code:

```
Private Sub Page_Load(ByVal sender As System.Object, ByVal e As System.EventArgs) _
    Handles MyBase.Load
    If Not IsPostBack Then
        GetDataToSession()
        HRGridEditEnhanced1.GridDataSet = CType(Session("Departments"), DataSet)
        PermissionSettings()
    Else
        HRGridEditEnhanced1.GridDataSet = CType(Session("Departments"), DataSet)
        PermissionSettings()
    End If
End Sub
```

Wir rufen die Methode `PermissionSettings` beim ersten Laden der Seite auf, nachdem wir das `DataSet` in die `Session` eingetragen haben, und dann erneut bei jedem Postback.

Sehen wir uns an, wie die Methode `PermissionSettings` die fünf Berechtigungsstufen verarbeitet. Wir zeigen erst die gesamte Methode, im Anschluss erklären wir die wichtigen Teile genauer:

```
Private Sub PermissionSettings()
    Dim intPermission As Integer = rbPermissions.SelectedIndex + 1
    If intPermission = 1 Then
        DepartmentsBasicEnhanced1.Status = 1    ' Nur Liste ansehen
    End If
    If intPermission = 2 Then         ' Detaildaten ansehen
        viewButton()
        DepartmentsBasicEnhanced1.Status = 2
    End If
    If intPermission = 3 Then         ' Detaildaten ansehen und ändern
        editButton()
        DepartmentsBasicEnhanced1.Status = 3
    End If
    If intPermission = 4 Then         ' Detaildaten ansehen, ändern und hinzufügen
        editButton()
        DepartmentsBasicEnhanced1.Status = 4
    End If
    If intPermission = 5 Then         ' Detaildaten ansehen, ändern, hinzufügen und löschen
        editButton()
        deleteButton()
        DepartmentsBasicEnhanced1.Status = 5
    End If
    HRGridEditEnhanced1.Update()
End Sub
```

Um diesen Code einfacher testen zu können, verwenden wir ein `RadioButtonList`-Steuerelement mit dem Namen `rbPermissions`. Damit können wir alle Berechtigungen und Zustände überprüfen. Normalerweise würden wir die Berechtigungsstufe aus der Geschäftsschicht oder der Sicherheitsschicht beziehen. Der Wert für die Berechtigungsstufe wird in die Eigenschaft `Status` des Benutzersteuerelements `DepartmentsBasicEnhanced1` eingetragen. Außer bei der ersten werden bei allen Berechtigungsstufen Spalten im `DataGrid`-Steuerelement angelegt. Tabelle 11.4 zeigt, welche Spalten bei der jeweiligen Berechtigungsstufe benötigt werden.

Berechtigung	Spalten
1 – Nur Liste ansehen	N/A
2 – Liste und Details ansehen	*Ansehen*-Schaltfläche
3 – Liste und Details ansehen und ändern	*Editieren*-Schaltfläche
4 – Liste und Details ansehen, ändern und hinzufügen	*Editieren*-Schaltfläche (*Hinzufügen*-Schaltfläche wird entsprechend dem Zustand des Steuerelements angezeigt, kann aber in das `DataGrid`-Steuerelement integriert werden).
5 – Liste und Details ansehen, ändern, hinzufügen und löschen	*Editieren*-Schaltfläche (*Hinzufügen*-Schaltfläche wird entsprechend dem Zustand des Steuerelements angezeigt, kann aber in das `DataGrid`-Steuerelement integriert werden). *Löschen*-Schaltfläche

Tabelle 11.4: Benötigte Spalten bei den verschiedenen Berechtigungsstufen

Entsprechend den Regeln aus Tabelle 11.4 müssen wir dynamisch eine Kombination der drei `ButtonColumn`-Steuerelemente in das `DataGrid` einfügen. Im vorherigen Codeausschnitt sehen Sie, dass wir die entsprechenden Methoden `viewButton`, `editButton` und `deleteButton` genannt haben.

In diesen Methoden erstellen wir die `ButtonColumn`-Steuerelemente und fügen sie in das `DataGrid` ein. Sehen wir uns die Methoden `viewButton` und `editButton` an. Sie beide enthalten Auswahlschaltflächen und benötigen daher keinen zusätzlichen Code im Ereignishandler für das Ereignis `SelectedIndexChanged`. (Diesen Code haben wir bereits in den vorherigen Beispielen geschrieben.)

```
Private Sub viewButton()
    Dim viewButton As New ButtonColumn()
    viewButton.CommandName = "select"
    viewButton.Text = "<img border=0 alt='View Only' align=absmiddle src=View.gif>"
    HRGridEditEnhanced1.Columns.AddAt(0, viewButton)
End Sub
Private Sub editButton()
    Dim editButton As New ButtonColumn()
    editButton.CommandName = "select"
    editButton.Text = "<img border=0 alt='View/Edit' align=absmiddle src=edit.gif>"
    HRGridEditEnhanced1.Columns.AddAt(0, editButton)
End Sub
```

Es ist keine Hexerei, eine neue Spalte für `DataGrid`-Steuerelemente zu erstellen. Wir deklarieren eine neue `ButtonColumn`, weisen ihrem `CommandName` den Wert `select` zu (damit die angeklickte Zeile automatisch markiert wird) und fügen etwas Text ein. Der Text sieht allerdings recht seltsam aus. Da jeder beliebige Text erlaubt ist, verwenden wir eine HTML-Grafik, die auf *View.gif* (ein Symbol, das ein Auge darstellt) beziehungsweise *Edit.gif* (ein Symbol, das Schreibblock und Stift darstellt) verweist. Zusätzlich weisen wir der Grafik einen Alternativtext zu. Das funktioniert hervorragend und sorgt dafür, dass unser `DataGrid`-Steuerelement viel professioneller aussieht. Beachten Sie, dass wir die Methode `Columns.AddAt` des `DataGrid`-Steuerelements aufrufen. So können wir die neue Spalte an die erste Position innerhalb des `DataGrid`-Steuerelements legen.

Benutzerdefinierte Ereignisbehandlung für eine *ButtonColumn*

Die Schaltfläche zum Löschen erfordert etwas mehr Arbeit. Wir müssen sie nicht nur auf ähnliche Weise wie die beiden anderen Schaltflächen definieren, sondern ihr auch einen anderen Ereignishandler zuweisen. Die Spalte wird folgendermaßen eingefügt:

```
Private Sub deleteButton()
    Dim deleteButton As New ButtonColumn()
    deleteButton.CommandName = "Delete"
    deleteButton.Text = "<img border=0 alt='Delete' align=absmiddle src=Delete.gif>"
    HRGridEditEnhanced1.Columns.Add(deleteButton)
End Sub
```

Wir müssen nur wenige Änderungen vornehmen. Erstens verwenden wir ein anderes Bild: *Delete.gif* stellt ein rotes X dar. Außerdem weisen wir der Eigenschaft `CommandName` einen anderen Wert zu. Wir brauchen diesen Wert, um das Ereignis behandeln zu können, das beim Anklicken der Schaltfläche ausgelöst wird. Eine weitere kleine Änderung ist, dass wir statt `Columns.AddAt` die Methode `Columns.Add` aufrufen. Daher wird diese Spalte ganz hinten in das `DataGrid`-Steuerelement eingefügt.

Als Nächstes müssen wir uns um das Ereignis kümmern, das von der Schaltfläche ausgelöst wird. Dafür müssen wir in der HTML-Definition des `DataGrid`-Steuerelements die Eigenschaft `OnItemCommand` einstellen:

```
<ccl:hrgrideditenhanced id="HRGridEditEnhanced1" EditMode="true"
    runat="server" AutoGenerateColumns="False"
    OnItemCommand="HandleButtonColumns"
    OnSelectedIndexChanged="SelectedIndexChanged"
    DataKeyField="DepartmentID">
```

Anschließend schreiben wir die Methode, die das Ereignis `ItemCommand` des `DataGrid`-Steuerelements behandelt. Wir verwenden den Namen, den wir in der HTML-Definition des `DataGrid`-Steuerelements angegeben haben. Die Methode liegt in der Code-Behind-Datei:

```
Public Sub HandleButtonColumns(ByVal sender As Object, ByVal e As DataGridCommandEventArgs) _
    Handles HRGridEditEnhanced1.ItemCommand
    If e.CommandName = "Delete" Then
        Dim intDepartmentID As Integer = CType(HRGridEditEnhanced1.DataKeys(e.Item.ItemIndex), Integer)
        lblMessage.Text = "You wanted to delete the record with ID =" + CStr(intDepartmentID)
    End If
    HRGridEditEnhanced1.Update()
End Sub
```

Das Ereignis übermittelt in seinen Argumenten mehrere Daten, die wir benötigen. Erstens bekommen wir den `CommandName`. So können wir feststellen, ob eine bestimmte Schaltfläche gedrückt wurde. Weiter oben haben wir für die Löschen-Schaltfläche in `CommandName` den Wert `delete` eingetragen. Auf diese Weise können wir so viele `ButtonColumn`-Elemente in das `DataGrid` einfügen, wie wir wollen. Im Ereignishandler für die `Click`-Ereignisse können wir die verschiedenen Spalten erkennen und für jede anderen Code ausführen. In diesem Fall interessiert uns `e.CommandName = "Delete"`. Das nächste Element, das als Argument des Ereignisses übergeben wird, ist `e.Item.ItemIndex`. Damit können wir den Schlüssel des Datensatzes ermitteln, der gelöscht werden soll. Für Testzwecke verwenden wir lediglich ein `Label`-Steuerelement, in dem wir anzeigen, welcher Datensatz gelöscht werden soll.

Damit das Beispiel einfacher zu verfolgen ist, rufen wir für das Hinzufügen, Editieren und Löschen keine Funktionen aus der Geschäftsschicht auf. Das holen wir in Kapitel 14 nach, wo wir die vollständige Anwendung HRnet erstellen. In diesem Beispiel beschränken wir uns darauf, Meldungen im `Label`-Steuerelement anzuzeigen.

Statusverwaltung im Benutzersteuerelement für die Detaildaten

Der Code für die Web Forms-Seite mit dem `DataGrid`-Steuerelement ist damit fertig. Wie verarbeiten wir aber die Zustandsdaten mit den Angaben über die Berechtigungsstufe, die an das Benutzersteuerelement für die Detaildaten übergeben wird? Sehen wir uns die Code-Behind-Datei *DepartmentsBasicEnhanced.ascx.vb* an. Wir fügen eine neue schreibgeschützte Eigenschaft hinzu und deklarieren eine Variable, in der wir die Berechtigungsstufe speichern. Auf diese Weise können die Methoden der Code-Behind-Datei die Berechtigungsstufe ermitteln:

```
Dim internalStatus as Integer
Public WriteOnly Property Status() As Integer
    Set(ByVal Value As Integer)
        internalStatus = Value
    End Set
End Property
```

In der Code-Behind-Datei rufen wir in `Page_Load` bei jedem Postback die Funktion `SetSecurity` auf. Wir übergeben der Funktion die Berechtigungsstufe, und die Funktion richtet sämtliche Steuerelemente der Seite entsprechend dieser Berechtigungsstufe ein. Der Ereignishandler `Page_Load` des Benutzersteuerelements sieht so aus:

```
Private Sub Page_Load(ByVal sender As System.Object, ByVal e As System.EventArgs) _
    Handles MyBase.Load
    SetSecurity(internalStatus)
End Sub
```

In der Funktion `SetSecurity` müssen wir drei Aufgaben erledigen:

- Schaltflächen anzeigen und aktivieren oder verbergen und deaktivieren
- Alle Eingabesteuerelemente verbergen oder anzeigen
- Eingabesteuerelemente aktivieren oder deaktivieren (zum Editieren oder nur zum Ansehen)

Hier ein Ausschnitt des Codes, der dafür zuständig ist:

```
Private Sub SetSecurity(ByVal securitySetting As Integer)
    Select Case securitySetting
        Case 1
            HideDataEntryControls()
            btnSave.Visible = False
            btnSave.Enabled = False
            btnCancel.Visible = False
            btnCancel.Enabled = False
            btnAdd.Visible = False
            btnAdd.Enabled = False
        Case 2
            ShowDataEntryControls()
            DisableDataEntryControls()
            btnSave.Visible = False
            btnSave.Enabled = False
            btnCancel.Visible = False
            btnCancel.Enabled = False
            btnAdd.Visible = False
            btnAdd.Enabled = False
        Case 3
            ShowDataEntryControls()
            EnableDataEntryControls()
            btnSave.Visible = True
            btnSave.Enabled = True
```

Erstellen von Informationsseiten

```
            btnCancel.Visible = True
            btnCancel.Enabled = True
            btnAdd.Visible = False
            btnAdd.Enabled = True
            ⋮
    End Select
End Sub
```

Wie Sie sehen, rufen wir für jede Berechtigungsstufe andere Methoden auf. Diese Methoden machen die Steuerelemente sichtbar, unsichtbar oder deaktivieren sie (nur zum Ansehen). Die Methoden heißen ShowDataEntryControls, HideDataEntryControls und DisableDataEntryControls. Sie stellen einfach die Eigenschaften der Steuerelemente so ein, dass sie sichtbar oder unsichtbar (Visible) und aktiviert oder deaktiviert (Enabled) sind. Betrachten wir als Beispiel die Methode HideDataEntryControls:

```
Private Sub HideDataEntryControls()
    txtName.Visible = False
    txtDescription.Visible = False
    chkActive.Visible = False
    lblID.Visible = False
    lblEntered.Visible = False
    lblModified.Visible = False
End Sub
```

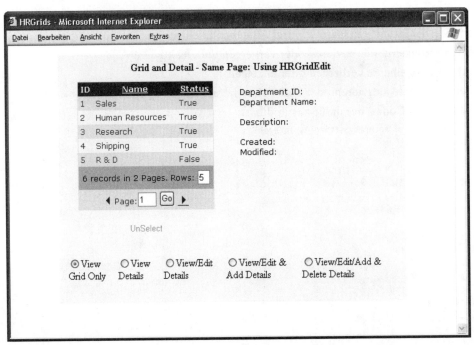

Abbildung 11.15: Formular in der niedrigsten Berechtigungsstufe

Nachdem wir die Methoden zum Verbergen oder Anzeigen der Steuerelemente auf der Seite aufgerufen haben, kümmern wir uns um die Schaltflächen *Save* (Speichern), *Cancel* (Abbrechen) und *Add* (Hinzufügen). Bestimmt ist Ihnen aufgefallen, dass wir sowohl der Eigenschaft Visible als auch Enabled die Werte True oder False zuweisen. Wir haben nämlich festgestellt, dass ältere Browser, namentlich Netscape, die Einstellung visible = false falsch interpretieren und die Schaltflächen oft anzeigen. Mit unserer Strategie sorgen wir zumindest dafür, dass sie deaktiviert sind.

Jetzt ist alles bereit, um das Beispiel zu testen. Probieren Sie alle Berechtigungsstufen aus, geben Sie Werte in die TextBox-Steuerelemente ein und drücken Sie die sichtbaren Schaltflächen. Abbildung 11.15 zeigt das Formular mit der kombinierten Listen- und Detailansicht in der Standardeinstellung. In dieser Berechtigungsstufe dürfen Sie lediglich das DataGrid-Steuerelement ansehen. (Wir hätten auch noch das Benutzersteuerelement unsichtbar machen können.)

Abbildung 11.16 zeigt das Formular in der zweiten Berechtigungsstufe, bei der Sie die Details ansehen dürfen. Wie Sie feststellen, dürfen Sie aber keine Veränderungen vornehmen und keine Einträge hinzufügen oder löschen.

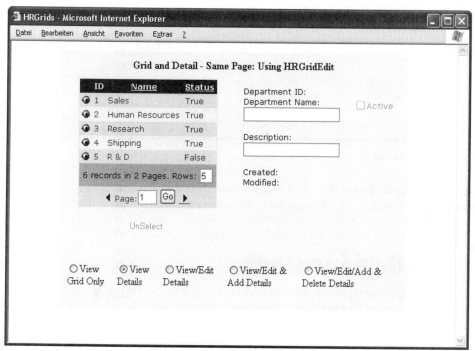

Abbildung 11.16: *Formular mit der Berechtigung zum Ansehen der Detaildaten*

Abbildung 11.17 zeigt das Formular in der höchsten Berechtigungsstufe. Beachten Sie, wie sich die Symbole im DataGrid-Steuerelement verändert haben. In Abbildung 11.17 haben wir die Schaltfläche *Save* gedrückt und versucht, den vierten Datensatz (*Shipping*) zu löschen.

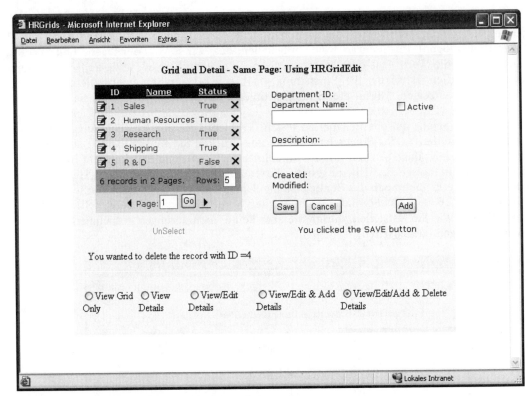

Abbildung 11.17: *Formular mit allen Berechtigungen*

Wir haben kein Beispiel erstellt, bei dem Listen- und Detailansicht auf zwei Seiten verteilt sind. Es würde genauso arbeiten. Der einzige Unterschied wäre, dass wir die Berechtigungsstufe in einem Abfragestring an das Detailformular übergeben würden.

Skalierbarkeit und Leistung

Weiter oben haben wir das Thema Skalierbarkeit und Leistung kurz gestreift und versprochen, es ausführlicher zu behandeln und zu erklären, warum wir Sitzungsvariablen sogar für ein DataSet verwenden. Das wollen wir jetzt nachholen. Sehen wir uns zwei extreme Positionen an, was Skalierbarkeit und Leistung angeht.

Das eine Extrem hat damit zu tun, auf welche Weise wir eine Webanwendung schneller machen können. Die Antwort ist einfach: Wir verwenden den Sitzungszustand und speichern darin die DataSet-Objekte. Der Sitzungszustand (session state) liegt im Arbeitsspeicher des Webservers. Der Arbeitsspeicher kann immer viel schneller ausgelesen werden als Daten auf einem SQL Server, der über das Netzwerk angeschlossen ist. Auf diese Weise verringern wir auch die Anfragen beim SQL Server. Aber was ist der größte Nachteil? Es ist *nicht* das Problem mit dem Sitzungszustand, das wir bei früheren Versionen von ASP hatten. Der Sitzungszustand funktioniert in ASP.NET einwandfrei, wir können ihn sogar als eigenen Thread innerhalb der Internet-Informationsdienste (Internet Information Services, IIS) ausführen. Der größte Nachteil ist der begrenzte Arbeitsspeicher auf dem Server, der die Skalierbarkeit einschränkt.

Das andere Extrem wäre, den Sitzungszustand gar nicht oder nur in geringem Maß zu benutzen und stattdessen einen `DataReader` zu verwenden, was eine Menge Anfragen beim SQL Server bedeutet. Das schafft uns bestimmt die Skalierbarkeitsprobleme vom Hals, die wir bei der ersten Lösung hatten. Oder doch nicht? Zumindest nicht vollkommen. Mit zunehmendem Datenverkehr im Netzwerk, vielen offenen Verbindungen für die `DataReader` und gleichzeitigen Zugriffen auf den SQL Server mit mehreren Komponenten würden wir ebenfalls die Grenzen der Skalierbarkeit erreichen. Schlimmer wäre allerdings, wenn dies auf Kosten der Leistung geschähe. Die Leistung wäre bereits schlecht, wenn wir nur relativ wenige Benutzer gleichzeitig hätten.

Wie sieht also die beste Lösung für dieses Problem aus? Wir empfehlen einen schrittweisen Ansatz, der uns gute Dienste geleistet hat und das noch immer tut. Wenn die Anforderungen an die Skalierbarkeit steigen, gehen Sie jeweils einen Schritt weiter. Wir empfehlen, das `DataSet` zu benutzen. Es lässt sich gut durch mehrere Schichten hindurchreichen, besitzt eingebaute XML-Fähigkeiten, arbeitet hervorragend mit Webdiensten zusammen und so weiter. Außerdem empfehlen wir, dass Sie den Sitzungszustand benutzen, auch für `DataSet`-Objekte. Unsere Empfehlungen sehen folgendermaßen aus, beginnend bei den geringsten Anforderungen an die Skalierbarkeit:

1. **Setzen Sie in der Geschäftsschicht ein Limit für zurückgegebene Datensätze.** Niemand will Tausende von Datensätzen in einem `DataGrid`-Steuerelement ansehen, das mehrere hundert Seiten umfasst. Versuchen Sie, eine vernünftige Anzahl Datensätze zurückzugeben, und beschränken Sie sich auf diese Zahl. Es gibt nichts daran auszusetzen, dass die Geschäftsschicht als Antwort einen besseren Filter anfordert.

2. **Verwenden Sie in Sitzungen kleine `DataSet`-Objekte.** Wenn Sie kleine `DataSet`-Objekte zurückgeben, werden Sie feststellen, dass sie wenig Speicher brauchen. Wenn Sie das `DataGrid`-Steuerelement, das auf das `DataSet` aus dem Sitzungszustand zugreift, nicht mehr benötigen, können Sie die Bindung an das `DataSet` einfach lösen.

3. **Serialisieren Sie größere `DataSet`-Objekte in XML-Dateien, die Sie mit der Sitzung verknüpfen und auf der Festplatte des Webservers speichern.** Falls Sie ein größeres `DataSet` benötigen, können Sie es in eine lokale XML-Datei serialisieren (der Server bietet sicherlich viel mehr Festplattenplatz als Arbeitsspeicher) und beim Postback von der Festplatte einlesen. Weiter unten zeigen wir Ihnen ein Beispiel dafür.

4. **Erweitern Sie den Speicher auf dem Webserver und der Serverfarm.** Speicher ist billig geworden. Prüfen Sie, ob Sie ihn erweitern können, wenn die Speicheranforderungen an Ihren Webserver wachsen. Warten Sie aber nicht zu lange damit: Kunden sind schnell verärgert, wenn die Dinge nicht richtig funktionieren.

5. **Verwenden Sie einen separaten SQL Server für den Webserver und die Serverfarm.** Das verringert zwar die Leistung, wenn Sie aber einen eigenen SQL Server für den Webserver oder die Serverfarm betreiben, können Sie Ihre Anwendung bis zu fast beliebig vielen gleichzeitigen Benutzern skalieren.

Anhand dieser Vorschläge sollten Sie in der Lage sein, eine Balance zwischen der Geschwindigkeit der Webanwendung und der benötigten Skalierbarkeit herzustellen.

Daten in lokalen XML-Dateien speichern

Wir haben weiter oben empfohlen, große `DataSet`-Objekte in XML-Dateien zu serialisieren, die Sie mit der Sitzung verknüpfen und auf der Festplatte des Webservers speichern. Das ist zwar langsamer als das Speichern eines `DataSet`-Objekts in einem `Session`-Objekt, spart aber eine Menge Arbeitsspeicher und nutzt stattdessen billigen Festplattenspeicher auf dem Webserver. Noch besser: Solange der Webserver genug Arbeitsspeicher frei hat, bleibt die Datei im Cache.

Dann erhalten Sie beim Auslesen dieselbe Geschwindigkeit wie bei der Lösung mit dem Session-Objekt. Weil das DataSet von ADO.NET die Fähigkeit besitzt, sich selbst zu serialisieren und XML direkt zu lesen und zu schreiben, ist es recht einfach, große DataSet-Objekte in XML-Dateien zu serialisieren.

Unser Beispiel finden Sie in der Datei *XMLState.aspx* im Verzeichnis *Ch11\Information-Pages*. Wenn wir diese Web Forms-Seite zum ersten Mal aufrufen, erhalten wir das DataSet über die Geschäftsschicht und schreiben es auf die Festplatte, indem wir es in eine XML-Datei serialisieren. Bei nachfolgenden Postbacks lesen wir die lokale Datei, deserialisieren sie in ein DataSet und füllen das DataGrid-Steuerelement damit. Die Code-Behind-Datei *XMLState.aspx.vb* enthält den Ereignishandler Page_Load:

```
Private Sub Page_Load(ByVal sender As System.Object, ByVal e As System.EventArgs) _
    Handles MyBase.Load
    If Not IsPostBack Then
        Dim EmployeeDataSet As DataSet = GetDataToXML()
        DefaultHRGridPlus1.GridDataSet = EmployeeDataSet
        DefaultHRGridPlus1.GridTable = "Employees"
        DefaultHRGridPlus1.Update()
        Dim dirInfo As New DirectoryInfo(Server.MapPath(Nothing) + "/SessionXML/")
        Dim aFiles As FileInfo() = dirInfo.GetFiles("*.xml")
        DataGrid1.DataSource = aFiles
        DataGrid1.DataBind()
    Else
        Dim EmployeeDataSet As DataSet = GetDataFromXML()
        DefaultHRGridPlus1.GridDataSet = employeedataset
        DefaultHRGridPlus1.GridTable = "Employees"
    End If
End Sub
```

Die fett gedruckten Zeilen zeigen die wichtigsten Änderungen, die nötig sind, um das DataGrid zu füllen. Beim ersten Aufruf der Web Forms-Seite rufen wir die Funktion GetDataToXML auf, bei den nachfolgenden Postbacks die Funktion GetDataFromXML.

Serialisieren des *DataSet*-Objekts

Sehen wir uns die Funktion GetDataToXML an:

```
Private Function GetDataToXML() As DataSet
    Dim localAllEmployees As DataSet
    Dim localCompany As New Company("default", "password")
    localAllEmployees = localCompany.GetCompanyEmployees(1)
    localCompany = Nothing
    Dim strDir As String = Server.MapPath(Nothing) + "/SessionXML/"
    Dim dirInfo As New DirectoryInfo(strDir)
    dirInfo.Create()
    lblMessage.Text = strDir + Session.SessionID + ".xml"
    Dim localPath As String = strDir + Session.SessionID + ".xml"
    Dim xmlWriter As New XmlTextWriter(localPath, Nothing)
    localAllEmployees.WriteXml(xmlWriter)
    xmlWriter.Close()
    Return localAllEmployees
End Function
```

Die ersten vier Zeilen dürften Ihnen vertraut sein. Darin holen wir ein DataSet aus der Geschäftsschicht. Die nächsten drei Zeilen stellen sicher, dass im aktuellen Webanwendungsordner ein lokales Verzeichnis mit dem Namen *SessionXML* vorhanden ist. Dann legen wir eine neue Instanz von `XMLTextWriter` an, wobei wir den Pfad und den Dateinamen angeben, den wir vorher unter Verwendung der eindeutigen Kennung der aktuellen Sitzung zusammengestellt haben:

```
Dim localPath As String = strDir + Session.SessionID + ".xml"
Dim xmlWriter As New XmlTextWriter(localPath, Nothing)
```

Sie sehen, wie wir Pfad und Sitzungs-ID kombinieren, um den Pfad im String `localPath` zusammenzustellen. Der `XMLTextWriter` erstellt auf der Basis dieser Daten die Datei. Der zweite Parameter definiert das XML-Kodierverfahren. Wenn Sie wie in diesem Beispiel `Nothing` angeben, erstellt der `XMLWriter` einen UTF-8-kompatiblen XML-String und fügt die korrekten Attribute ein. Nachdem der `XMLTextWriter` bereitsteht, können wir die Methode `WriteXML` des `DataSet`-Objekts aufrufen:

```
localAllEmployees.WriteXml(xmlWriter)
```

Das `DataSet` speichert seinen gesamten Inhalt, das heißt Daten, Datenstruktur und Zustandsinformationen, in der XML-Datei. Dieser Vorgang wird als *Serialisierung* (serialization) bezeichnet. Nachdem wir den `XMLTextWriter` geschlossen haben, geben wir einfach das `DataSet` zurück, das an das `DataGrid`-Steuerelement gebunden wird.

Wir haben zum Testen außerdem ein kleines `DataGrid` in unser Beispiel eingefügt, das alle XML-Dateien auflistet, die sich momentan im Verzeichnis befinden.

Deserialisieren des *DataSet*-Objekts

Wir können uns nun ansehen, wie wir das `DataSet` in der Funktion `GetDataFromXML` wieder einlesen (oder deserialisieren):

```
Private Function GetDataFromXML() As DataSet
    Dim strDir As String = Server.MapPath(Nothing) + "/SessionXML/"
    Dim localPath As String = strDir + Session.SessionID + ".xml"
    Dim xmlReader As New XmlTextReader(localPath)
    Dim returnDataSet As New DataSet()
    returnDataSet.ReadXml(xmlReader)
    xmlReader.Close()
    Return returnDataSet
End Function
```

Diese Funktion ist genauso simpel wie `GetDataToXML`. Sie führt Schritt für Schritt das Gegenteil aus. Erst definieren wir den Pfad zur XML-Datei. Dies ist derselbe Code wie aus der anderen Funktion. Dann legen wir eine neue Instanz von `XMLTextReader` an, wobei wir ihr Pfad und Dateinamen übergeben. Auch hier erledigt das `DataSet` den Großteil der Arbeit. Wir rufen seine Methode `ReadXML` auf und übergeben ihr den `XMLTextReader`. Und voilà, wir haben `DataSet` wieder, samt allen Datensätzen, der Struktur und den Zustandsinformationen. Wir müssen nur noch den `XMLTextReader` schließen (um die Ressourcen freizugeben) und das `DataSet` zurückgeben. Abbildung 11.18 zeigt dieses Beispiel. Das zusätzliche `DataGrid` listet die vorhandenen Sitzungsdateien auf. Außerdem sehen Sie die XML-Datei für das aktuelle `DataSet`. Probieren Sie etwas mit dem Beispiel herum, sortieren Sie das `DataGrid` und blättern Sie hin und her. Sie werden feststellen, dass die Geschwindigkeit genauso groß ist wie bei den Beispielen, bei denen wir das `DataSet` im Sitzungszustand speichern. Die einzige Verzögerung könnte auftreten, wenn ein großes `DataSet` in die lokale Datei geschrieben wird.

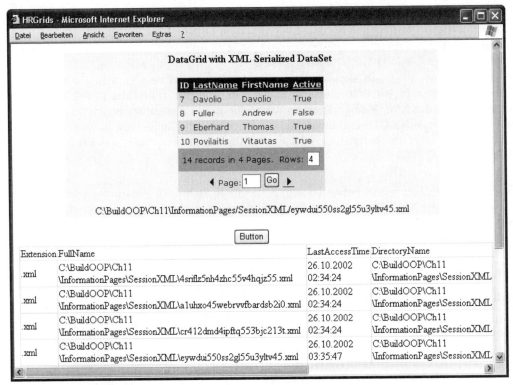

Abbildung 11.18: Speichern des DataSet-Objekts in einer XML-Datei

Welche Nachteile hat es nun, wenn wir DataSet-Objekte in Form von XML serialisieren? Uns fallen nur zwei ein:

- Die Verzögerung beim Serialisieren des DataSet-Objekts in einem lokalen Verzeichnis
- Dass wir aufräumen müssen, wenn wir das DataSet nicht mehr brauchen

Falls Sie die angelegte XML-Sitzungsdatei nicht löschen, wird bald der Festplattenplatz auf dem Webserver zur Neige gehen. Das ist natürlich schlecht. In unserem Beispiel haben wir zusätzlichen Code eingefügt, um die XML-Datei wieder zu löschen. Wenn Sie die entsprechende Schaltfläche (*Button*) anklicken, wird die Datei gelöscht. Beim Postback tritt dann ein Fehler auf, weil keine Daten mehr zur Verfügung stehen. Offensichtlich müssen wir diesen Code in einen Ausnahmebehandlungsblock einbetten. Wir haben bewusst darauf verzichtet, damit Sie die Vorgänge erkennen. Hier ist der Code zum Löschen der XML-Datei:

```
Private Sub Button1_Click(ByVal sender As System.Object, _
    ByVal e As System.EventArgs) Handles Button1.Click
    Dim strDir As String = Server.MapPath(Nothing) + "/SessionXML/" + Session.SessionID + ".xml"
    Dim deleteFile As New FileInfo(strDir)
    deleteFile.Delete()
End Sub
```

Die Klasse FileInfo beherrscht eine Menge Fähigkeiten beim Umgang mit Dateien. Unter anderem kann sie eine bestimmte Datei löschen, wie im letzten Beispiel zu sehen. Die Frage ist, wo wir diesen Code unterbringen. Es gibt mehrere Möglichkeiten. Wir könnten die Datei löschen, sobald wir die aktuelle Web Forms-Seite verlassen, also unmittelbar vor einem `Response.Redirect` oder `Server.Transfer`. Ein anderer Platz wäre in einer Methode, die vom Ereignis `SessionState- Module.End` aufgerufen wird. Dieses Ereignis wird jedes Mal ausgelöst, wenn eine Sitzung abbricht oder anderweitig beendet wird. Egal, welche Lösung wir implementieren: Wahrscheinlich bleiben einige XML-Dateien im Verzeichnis *SessionXML* übrig. Deshalb haben wir zusätzlich zu den geschilderten Lösungen einen Windows-Dienst entwickelt, der in regelmäßigen Abständen die Dateien im Verzeichnis *SessionXML* untersucht und alle löscht, die zu alt sind.

Zusammenfassung

Wir haben eine Menge Zeit darauf verwendet, allgemeine Richtlinien und Designschemas für die Darstellung der Daten zu entwickeln. Wir empfehlen, dass Sie unsere Standards übernehmen oder eigene entwickeln. Konsistenz ist der Schlüssel zum Erfolg. Wir haben leistungsfähige, aber trotzdem einfache `DataGrid`-Serversteuerelemente erstellt, die sich in unsere Benutzeroberflächenstrategie einfügen. Sie können diese `DataGrid`-Serversteuerelemente als allein stehende Steuerelemente einsetzen oder in Verbindung mit Detailformularen, die sich in derselben Webseite oder in einer separaten Webseite befinden. Wir haben Ihnen gezeigt, wie Sie in diesen Formularen verschiedene Berechtigungsstufen und eine Zustandsverwaltung implementieren können. Die Leistungsfähigkeit und Flexibilität dieser Steuerelemente erreichen oder übertreffen ähnliche Funktionen in früheren Visual Basic-Formularen oder Windows Forms in .NET. Wie in allen bisherigen Kapiteln haben wir die Funktionen so genau erklärt, dass Sie die Komponenten entweder direkt einsetzen oder an Ihre eigenen Standards und Anforderungen anpassen können. Mit den Fähigkeiten, die wir Ihnen in diesem Kapitel vorgestellt haben, können Sie datengesteuerte Websites schnell und effizient erstellen.

In Kapitel 14 kombinieren wir alle Komponenten und Techniken, die wir in diesem Buch vorgestellt haben, und erstellen die Webanwendung HRnet. Wir erweitern die hier vorgestellten Beispiele mit ihrer Listen- und Detailansicht und kombinieren sie mit Sicherheits- und Berechtigungsverwaltung sowie mit der Geschäftsschicht. Dann werden wir Datensätze hinzufügen, bearbeiten und löschen können. Wir werden Ihnen anhand von Beispielen zeigen, wie ähnlich die Fähigkeiten von Windows Forms-`DataGrid`-Steuerelementen sind.

12 Implementieren der Geschäftsschicht: XML-Webdienste

307	Implementieren von XML-Webdiensten
310	XML-Webdienste nutzen
311	Öffentlich verfügbare Dienste nutzen
316	SOAP: Der beste Freund Ihres XML-Webdienstes
320	Zusammenfassung

Nehmen wir den Faden aus Kapitel 8 wieder auf und sehen wir uns Entwurf und Implementierung des zweiten Teils der Geschäftsschicht an. Wir untersuchen, auf welche Weise wir vorhandene Webdienste nutzen können und wie wir in der Beispielanwendung HRnet diesen Funktionsumfang über die Geschäftsschicht zur Verfügung stellen. Wir erstellen auch einen XML-Webdienst, der die Lohnzusatzleistungen für einen Angestellten liefert, wenn sie mit der Angestellten-ID und den korrekten Anmeldeinformationen angefordert werden. Am Ende des Kapitels stellen wir ein leistungsfähiges Beispiel vor und zeigen, wie einfach es ist, SOAP-Header zu erstellen und auszuwerten. Dabei werden wir die Geschäftsobjekte für die Geschäftsschicht erstellen.

Es hat etwas magisches, wie Webdienste die gemeinsame Nutzung von Ressourcen quer durch das Web ermöglichen. Die Mehrheit der Branchenanalysten und IT-Unternehmen vertreten die Ansicht, dass uns Webdienste dem Ziel der vollständigen Interoperabilität näher bringen, und das, obwohl sie sich noch in einem Frühstadium befinden.

Dieses Kapitel ist kein Anfängerkurs zu XML-Webdiensten und den damit zusammenhängenden Konzepten. Es gibt viele Bücher, die dieses Niveau abdecken, zum Beispiel *Microsoft .NET XML Webdienste – Schritt für Schritt* von Adam Freeman und Allen Jones. (Falls Sie mit XML-Webdiensten nicht vertraut sind, finden Sie im MSDN Web Services Developer Center unter der Adresse *http://msdn.microsoft.com/webservices/* eine Einführung.) Dieses Kapitel soll vielmehr untersuchen, wie sich XML-Webdienste für die Implementierung eines Objektframeworks nutzen lassen.

Implementieren von XML-Webdiensten

Wir brauchen für die Anwendung HRnet einige wenige XML-Webdienste, um den benötigten Funktionsumfang implementieren zu können. Beginnen wir mit einem einfachen XML-Webdienst, der eine Liste der Lohnzusatzleistungen für einen bestimmten Angestellten zurückgibt. Dieses

Beispiel wird zeigen, wie wir mit Hilfe der Datenschicht innerhalb des XML-Webdienstes die benötigten Daten abrufen. Denken Sie daran, dass dieses erste Beispiel völlig ungesichert ist. Wir werden weiter unten in diesem Kapitel erklären, wie wir Sicherheitsfunktionen über SOAP-Header erreichen können. Hier erst einmal die gesamte Funktion:

```
<WebMethod()> Public Function GetEmployeeBenefits(ByVal EmployeeId As Integer) As DataSet
    Dim localDSOutput As DataSet
    Dim ParamsStoredProcedure As String = "usp_getEmployeeBenefits"
    Try
        ' Falls die Authentifizierung erfolgreich war, die Angestellten-ID übergeben
        ' und die Lohnzusatzleistungen ermitteln.
        Dim localOutPutServer As New SQLServer(PrivateConnectionString)
        localOutPutServer.AddParameter( "@EmployeeId", EmployeeId, _
            SQLServer.SQLDataType.SQLInteger, , ParameterDirection.Input)
        localDSOutput = localOutPutServer.runSPDataSet(ParamsStoredProcedure)
            Return localDSOutput
    Catch
        ' Ausnahme auslösen.
        Dim se = New SoapException("Invalid Login", SoapException.ClientFaultCode)
        Throw se
        Exit Function
    Finally
    End Try
End Function
```

Eine hervorstechende Eigenschaft dieses Codeausschnitts dürfte Ihnen sofort auffallen: Er folgt dem Muster, das wir in der gesamten Anwendung verwenden. Wir verwenden mit Absicht Hilfsschichten für den Datenzugriff. Wir übergeben die Angestellten-ID, rufen die passende gespeicherte Prozedur auf und liefern die Daten in Form eines `DataSet`-Objekts an die aufrufende Prozedur zurück. Jede Anwendung, die XML-Webdienste nutzen kann, hätte damit Zugriff auf die Daten. Das sind sowohl Serveranwendungen (zum Beispiel Microsoft SQL Server und Microsoft BizTalk Server) als auch Clients (zum Beispiel Browser, Pocket PCs, Windows Forms-Anwendungen und Microsoft Office XP).

Sehen wir uns nun die Ausgaben des XML-Webdienstes an und untersuchen wir, wie der Webdienst das zurückgegebene `DataSet` zur Verfügung stellt.

```
<?xml version="1.0" encoding="utf-8" ?>
  <DataSet xmlns="http://businesslayer.hrnet.net">
  <xs:schema id="NewDataSet" xmlns=""
    xmlns:xs="http://www.w3.org/2001/XMLSchema"
    xmlns:msdata="urn:schemas-microsoft-com:xml-msdata">
  <xs:element name="NewDataSet" msdata:IsDataSet="true">
  <xs:complexType>
  <xs:choice maxOccurs="unbounded">
  <xs:element name="Table">
  <xs:complexType>
  <xs:sequence>
  <xs:element name="EmployeeBenefitsID" type="xs:int" minOccurs="0" />
  <xs:element name="EmployeeID" type="xs:int" minOccurs="0" />
  <xs:element name="BenefitID" type="xs:int" minOccurs="0" />
  <xs:element name="Active" type="xs:boolean" minOccurs="0" />
  <xs:element name="EffectiveDate" type="xs:dateTime" minOccurs="0" />
  <xs:element name="EligibilityDate" type="xs:dateTime" minOccurs="0" />
```

```
    <xs:element name="DateCreated" type="xs:dateTime" minOccurs="0" />
    <xs:element name="CreatedBy" type="xs:int" minOccurs="0" />
    <xs:element name="DateModified" type="xs:dateTime" minOccurs="0" />
    <xs:element name="ModifiedBy" type="xs:int" minOccurs="0" />
   </xs:sequence>
  </xs:complexType>
 </xs:element>
 </xs:choice>
 </xs:complexType>
 </xs:element>
</xs:schema>
<diffgr:diffgram xmlns:msdata="urn:schemas-microsoft-com:xml-msdata"
  xmlns:diffgr="urn:schemas-microsoft-com:xml-diffgram-v1">
<NewDataSet xmlns="">
<Table diffgr:id="Table1" msdata:rowOrder="0">
<EmployeeBenefitsID>3</EmployeeBenefitsID>
<EmployeeID>7</EmployeeID>
<BenefitID>1</BenefitID>
<Active>true</Active>
<EffectiveDate>2002-07-26T00:00:00.0000000-05:00</EffectiveDate>
<EligibilityDate>2001-07-24T00:00:00.0000000-05:00</EligibilityDate>
<DateModified>2002-06-23T18:20:03.5400000-05:00</DateModified>
<ModifiedBy>7</ModifiedBy>
</Table>
```

Wenn ein XML-Webdienst ein `DataSet` als Teil des Streams sendet oder empfängt, wird das `DataSet` in Form eines so genannten DiffGrams formatiert. A *DiffGram* ist ein XML-Konstrukt, das dazu dient, die Unterschiede zwischen der ursprünglichen Version eines Datenelements und einer veränderten Version aufzulisten. Der Haupteinsatzbereich für ein DiffGram im Microsoft .NET Framework ist es, das `DataSet` über HTTP an eine andere XML-fähige Anwendung oder Plattform zu transportieren. Ein wichtiger Punkt an dem gezeigten Code ist, dass die Schemainformationen enthalten sind. Das ist nicht zwingend erforderlich. Sie können in einem `DataSet` Daten, Schema oder beides übermitteln. Der Vorteil, wenn Sie Daten und Schema übermitteln, liegt darin, dass das Schema den Kontext für die entsprechenden Daten vorgibt. Daher ist die Kombination der beiden sehr leistungsfähig.

DiffGrams dienen zwar in erster Linie dazu, `DataSet`-Objekte innerhalb des .NET Frameworks zu transportieren, sie können aber auch dafür eingesetzt werden, Daten in Tabellen des Microsoft SQL Server 2000 zu verändern und die Kommunikation zwischen diversen Plattformen und dem .NET Framework zu ermöglichen.

Im letzten Codeausschnitt sehen Sie die Abfrageergebnisse innerhalb des Abschnitts `Table1`. Diesen Teil haben wir hier noch einmal herausgelöst:

```
<Table diffgr:id="Table1" msdata:rowOrder="0">
<EmployeeBenefitsID>3</EmployeeBenefitsID>
<EmployeeID>7</EmployeeID>
<BenefitID>1</BenefitID>
<Active>true</Active>
<EffectiveDate>2002-07-26T00:00:00.0000000-05:00</EffectiveDate>
<EligibilityDate>2001-07-24T00:00:00.0000000-05:00</EligibilityDate>
<DateModified>2002-06-23T18:20:03.5400000-05:00</DateModified>
<ModifiedBy>7</ModifiedBy>
</Table>
```

Wir können über Standardprotokolle und Standardformate eine Menge Daten übermitteln. Eine gute Sache. Gehen wir nun einen Schritt weiter: das Nutzen von XML-Webdiensten.

Implementieren der Geschäftsschicht: XML-Webdienste

XML-Webdienste nutzen

Nachdem wir den XML-Webdienst erstellt haben, besteht unser nächster Schritt darin, ihn zu nutzen. Bisher haben wir den XML-Webdienst nur mit Hilfe des Browsers getestet. Der URL für unseren XML-Webdienst lautet *http://localhost/HRNetWS/HRNetWebServices.asmx/GetEmployeeBenefits?EmployeeId=7*. Wenn Sie diese Seite in Ihrem Browser aufrufen, bekommen Sie eine Testoberfläche, die von .NET bereitgestellt wird.

Da wir beim Nutzen des XML-Webdienstes eine Methode aufrufen, benutzen wir das HTTP-GET im Browser. Dazu hängen wir erst /GetEmployeeBenefits an den URL des XML-Webdienstes an, wobei GetEmployeeBenefits für die Methode steht, die wir aufrufen wollen. Anschließend fügen wir für jeden Parameter der Methode (sofern vorhanden) ein Argument an. Der erste Abfragestringparameter wird durch ein Fragezeichen eingeleitet, die folgenden beginnen mit einem kaufmännischen Und-Zeichen (&).

Wir haben gezeigt, wie wir mit dem Browser auf einen XML-Webdienst zugreifen können. Als Nächstes wollen wir das vom Programmcode aus versuchen. Wir sehen uns eine Webseite an, die eine Proxyklasse einsetzt, um die gewünschten Informationen abzurufen. Die Proxyklasse wird vom XML-Webdienst bereitgestellt.

Falls Sie mit Visual Basic 6 COM-Komponenten entwickelt oder genutzt haben, mussten Sie bestimmt Anwendungen schreiben, um ihre Funktion zu testen. Normalerweise schreiben Sie dabei erst einmal eine einfache Anwendung als Testrahmen (test harness). Dann fügen Sie einen Verweis auf die Typbibliothek der Komponente in das Projekt ein. Schließlich schreiben Sie den Code, um die Methoden der Komponente aufzurufen. Auf ähnliche Weise können Sie in Visual Studio .NET Ihre XML-Webdienste testen. Sie schreiben eine einfache ASP.NET-Web Forms-Anwendung, die als Benutzeroberfläche dient, und fügen einen Webverweis zu der Testanwendung hinzu, mit dem Sie die Proxyklasse zur Verfügung stellen, die der Client benutzt.

Wenn Sie im Projektmappen-Explorer den Ordner *Web References* (Webverweise) aufklappen, sehen Sie einen Unterordner für den Host, auf dem der Webdienst liegt. In diesem Ordner liegen WSDL-Dateien für alle Webdienste, auf die ein Verweis angelegt wurde. Abbildung 12.1 zeigt, wie der Abschnitt *Web References* in der IDE von Visual Studio .NET aussieht.

Abbildung 12.1: *Webverweise in der IDE von Visual Studio .NET*

Nachdem wir einen Verweis auf den XML-Webdienst haben, können wir eine Instanz der Proxyklasse anlegen:

```
Dim wsProxy As localhost.HRNetWebServices = New localhost.HRNetWebServices()
```

Dann rufen wir die Methode der Proxyklasse auf, die mit der Methode GetEmployeeBenefits des XML-Webdienstes von HRnet kommuniziert:

```
ds = wsProxy.GetEmployeeBenefits(7)
```

Schließlich zeigen wir für Testzwecke die Ergebnisse der Methode in einem `DataGrid` an:

`DataGrid1.DataSource = ds`

In diesem Beispiel haben wir als Verweis auf den XML-Webdienst `localhost.HRNetWebServices` geschrieben. Der erste Teil dieser Bezeichnung ist der Name des Unterordners innerhalb des Ordners mit den Webverweisen, der den Verweis auf den XML-Webdienst enthält. Wird der Verweis hinzugefügt, wird als Standardname für den Ordner der Name des Webservers genommen, auf dem der XML-Webdienst läuft. Wenn Sie möchten, können Sie diesen Ordner umbenennen und für die Webverweise aussagekräftigere Namen verwenden. Der hintere Teil des Verweises ist der eigentliche Name des XML-Webdienstes. Der XML-Webdienst in unserem Beispiel heißt *HRNetWebServices*.

Um diesen Vorgang zu vereinfachen, könnten wir den Namespace importieren:

`Imports HRNetWS.localhost`

Anschließend können wir das Anlegen der Instanz kürzer schreiben:

`Dim objWebService As New HRNetWebServices`

Unter der Haube des Proxys

Sehen wir uns an, was hinter den Kulissen vorgeht, wenn wir in unseren Projekten Webverweise benutzen. Die vom XML-Webdienst generierte Proxyklasse verbirgt die Details der Kommunikation, die zwischen Client und XML-Webdienst abläuft. Wenn Sie Methoden eines XML-Webdienstes über einen Webverweis aufrufen, wird der Code für die Proxyklasse automatisch generiert, sobald der Webverweis hinzugefügt wird. Die IDE ruft das Befehlszeilenprogramm wsdl.exe auf, um den Quellcode der Proxyklasse erzeugen zu lassen. Sie können dieses Hilfsprogramm auch außerhalb der IDE direkt von der Befehlszeile aus starten. Sie müssen ihm den URL des WSDL-Dokuments für einen XML-Webdienst übergeben. Das Programm kann momentan Proxyklassen in den Programmiersprachen C#, Visual Basic .NET und Java Script .NET generieren.

Öffentlich verfügbare Dienste nutzen

Sie werden sehen, dass wir auf unseren eigenen XML-Webdienst auf dieselbe Weise zugreifen wie in dem früheren Beispiel, das auf dem lokalen Computer in.NET erstellt wurde. In diesem Beispiel nutzen wir zum Testen einen öffentlich verfügbaren Webdienst, den Unisys bereitstellt.

Die Spezifikation der Anwendung HRnet führt einen Abschnitt mit Wetterinformationen für das Intranet des Unternehmens auf. Die Wetterdaten werden anhand der geographischen Lage des Unternehmensstandorts ermittelt. Nach einer ausführlichen Suche fanden wir den Webdienst für dieses Beispiel unter *http://www.xmethods.com*. Einer der aufgeführten Dienste gibt Wetterdaten für alle Postleitzahlen (in den USA) zurück. Nachdem wir den Webdienst ausprobiert hatten und sicher waren, dass seine Ausgaben den formulierten Anforderungen entsprachen, begannen wir mit Entwurf und Implementierung. Hier erstellen wir einen Webverweis innerhalb des Projekts und legen dann Instanzen der benötigten Objekte an:

`Dim WeatherServices As New net.k2unisys.vs.hosting001.WeatherServices()`
`Dim WeatherForecast As New net.k2unisys.vs.hosting001.WeatherForecast()`

Etwas fällt an diesem Code sofort auf: Es sind zwei Objekte statt nur einem. Die erste Zeile definiert das Proxyobjekt, das für die Kommunikation mit dem Dienst verwendet wird. Die zweite Zeile definiert das Objekt, in dem der Dienst seine Ergebnisse zurückliefert.

Als Nächstes sehen wir uns den WSDL-Code an, den der Dienst bereitstellt. Anhand des WSDL können wir erfahren, auf welche Weise wir das Objekt innerhalb des Projekts nutzen können. Der folgende Ausschnitt beschreibt die bereitgestellte Klasse:

```
<s:complexType name="WeatherForecast">
<s:sequence>
  <s:element minOccurs="0" maxOccurs="1" name="ZipCode" type="s:string" />
  <s:element minOccurs="0" maxOccurs="1" name="CityShortName"
    type="s:string" />
  <s:element minOccurs="0" maxOccurs="1" name="Time" type="s:string" />
  <s:element minOccurs="0" maxOccurs="1" name="Sunrise" type="s:string" />
  <s:element minOccurs="0" maxOccurs="1" name="Sunset" type="s:string" />
  <s:element minOccurs="0" maxOccurs="1" name="CurrentTemp" type="s:string"
    />
  <s:element minOccurs="0" maxOccurs="1" name="DayForecast"
    type="s0:ArrayOfDailyForecast" />
</s:sequence>
</s:complexType>
<s:complexType name="ArrayOfDailyForecast">
<s:sequence>
  <s:element minOccurs="0" maxOccurs="unbounded" name="DailyForecast"
    nillable="true" type="s0:DailyForecast" />
</s:sequence>
</s:complexType>
<s:complexType name="DailyForecast">
<s:sequence>
  <s:element minOccurs="0" maxOccurs="1" name="Day" type="s:string" />
  <s:element minOccurs="0" maxOccurs="1" name="Forecast" type="s:string" />
  <s:element minOccurs="0" maxOccurs="1" name="Abbrev" type="s:string" />
  <s:element minOccurs="0" maxOccurs="1" name="HighTemp" type="s:string" />
  <s:element minOccurs="0" maxOccurs="1" name="LowTemp" type="s:string" />
</s:sequence>
</s:complexType>
```

Dieser Abschnitt verrät uns eine Menge über die zurückgegebenen Daten: die Datenhierarchie, die Anzahl der Vorkommen für jedes Datenelement, den Namen des Datenelements und den Datentyp. Die ersten sechs Elemente (Postleitzahl, Abkürzung der Stadt, Zeit, Sonnenaufgang, Sonnenuntergang, aktuelle Temperatur) sind einfach zu verstehen. Wir haben folgende Tatsachen darüber erfahren:

- Sie werden in der Reihenfolge zurückgegeben, in der sie definiert sind.
- Sie können null Mal oder ein Mal vorkommen.
- Sie haben den Datentyp String.

Das nächste Element ist etwas anspruchsvoller. Es handelt sich um ein Array, das aus anderen Klassen besteht:

```
<s:element minOccurs="0" maxOccurs="1" name="DayForecast" type="s0:ArrayOfDailyForecast" />
<s:complexType name="DailyForecast">
<s:sequence>
  <s:element minOccurs="0" maxOccurs="1" name="Day" type="s:string" />
  <s:element minOccurs="0" maxOccurs="1" name="Forecast" type="s:string" />
  <s:element minOccurs="0" maxOccurs="1" name="Abbrev" type="s:string" />
  <s:element minOccurs="0" maxOccurs="1" name="HighTemp" type="s:string" />
  <s:element minOccurs="0" maxOccurs="1" name="LowTemp" type="s:string" />
</s:sequence>
</s:complexType>
```

Was sollen wir mit diesem Verhau anfangen? Nach einiger Überlegung einigten wir uns auf folgende Lösung: Wir erstellen eine Struktur, deren Aufbau der Hauptklasse entspricht, die vom Webdienst zurückgegeben wird:

```
Public Structure WeatherInformation
    Dim City As String
    Dim Time As String
    Dim DayForecast As DailyForecastInfo()
    Dim Sunrise As String
    Dim Sunset As String
    Dim Status As String
    Dim ZipCode As String
End Structure
```

Anschließend erstellen wir eine Struktur, deren Aufbau der Arrayklasse entspricht, die vom Webdienst zurückgegeben wird:

```
Public Structure DailyForecastInfo
    Dim Abbrev As String
    Dim Day As String
    Dim Forecast As String
End Structure
```

Nachdem die Daten definiert sind, legen wir ein Array mit Objekten der Klasse an, die der Webdienst zurückgibt:

```
Dim DailyForecast(2) As net.k2unisys.vs.hosting001.DailyForecast
```

Im nächsten Schritt müssen wir eine Funktion erstellen, die auf unsere gute alte Datenschicht zugreift und anhand der Unternehmens-ID die Postleitzahl des Unternehmens ermittelt. Diese Postleitzahl übergeben wir an den XML-Webdienst, um unsere Wetterdaten zu erhalten:

```
Private Function GetCompanyPostalCode(ByVal CompanyId As Integer) As String
    PrivateStatusInfo = "All Access to the requested information"
    Dim localDSOutput As ArrayList
    Dim ParamsStoredProcedure As String = "usp_GetCompanyPostalCode"
    Try
        Dim localOutPutServer As New  SQLServer(PrivateConnectionString)
        localOutPutServer.AddParameter("@Companyid", CompanyId, _
            SQLServer.SQLDataType.SQLInteger, ParameterDirection.Input)
        localOutPutServer.AddParameter("@PostalCode", , SQLServer.SQLDataType.SQLString, 15, _
            ParameterDirection.Output)
        localDSOutput = localOutPutServer.runSPOutput(ParamsStoredProcedure)
        Return CInt(localDSOutput.Item(0))
    Catch ExceptionObject As Exception
        LogException(ExceptionObject)
    Finally
    End Try
End Function
```

Sobald wir die Postleitzahl haben, können wir eine Methode schreiben, mit der wir die Wetterdaten durch die Geschäftsschicht zur Verfügung stellen. Dabei dient die Unternehmens-ID als Parameter:

```
Public Function GetCompanyWeatherForecast(ByVal CompanyId As Integer) As WeatherInformation
    Dim i As Integer
    Try
        Dim strPostalCode As String = GetCompanyPostalCode(CompanyId)
```

```
            WeatherForecast = WeatherServices.GetWeather(strPostalCode)
            With GetCompanyWeatherForecast
               .City = WeatherForecast.CityShortName
               .Sunrise = WeatherForecast.Sunrise
               .Sunset = WeatherForecast.Sunset
               ' Größe des Arrays für die Vorhersage neu festlegen
               Dim intWeather As Integer = WeatherForecast.DayForecast.GetUpperBound(0)
               ReDim .DayForecast(intWeather)
               For i = 0 To intWeather
                   .DayForecast(i).Day = WeatherForecast.DayForecast(i).Day
                   .DayForecast(i).Forecast = -
                       WeatherForecast.DayForecast(i).Forecast
                   .DayForecast(i).Abbrev = WeatherForecast.DayForecast(i).Abbrev
               Next
               .Time = WeatherForecast.Time
               .Status = "Normal"
            End With
        Catch ExceptionObject As Exception
            GetCompanyWeatherForecast.Status = "Forecast Unavailable"
            LogException(ExceptionObject)
        Finally
        End Try
End Function
```

Zuerst rufen wir die Funktion GetCompanyPostalCode auf und holen über die Datenschicht die Postleitzahl:

```
Dim strPostalCode As String = GetCompanyPostalCode(CompanyId)
```

Dann besorgen wir die Wetterdaten für das Unternehmen mit der gerade ermittelten Postleitzahl:

```
WeatherForecast = WeatherServices.GetWeather(strPostalCode)
```

Schließlich können wir die vom XML-Webdienst zur Verfügung gestellten Wetterdaten in unsere Struktur übertragen, die dann an die aufrufende Prozedur zurückgegeben wird:

```
With GetCompanyWeatherForecast
    .City = WeatherForecast.CityShortName
    .Sunrise = WeatherForecast.Sunrise
    .Sunset = WeatherForecast.Sunset
```

Wir müssen die Größe unseres Arrays mit den täglichen Vorhersagen so anpassen, dass es Platz für die Anzahl von Objekten bietet, die der XML-Webdienst liefert:

```
Dim intWeather As Integer = WeatherForecast.DayForecast.GetUpperBound(0)
ReDim .DayForecast(intWeather)
```

Im nächsten Schritt holen wir die Vorhersagedaten vom XML-Webdienst und legen sie in die vorher angelegte Struktur:

```
For i = 0 To intWeather
    .DayForecast(i).Day = WeatherForecast.DayForecast(i).Day
    .DayForecast(i).Forecast = WeatherForecast.DayForecast(i).Forecast
    .DayForecast(i).Abbrev = WeatherForecast.DayForecast(i).Abbrev
Next
```

Zuletzt müssen wir noch für den Fall vorsorgen, dass der XML-Webdienst nicht zur Verfügung steht. Falls der XML-Webdienst ausgefallen ist, wollen wir eine Meldung anzeigen und das Ereignis protokollieren. Daher haben wir ein Element namens Status in die Struktur eingefügt, in das wir jetzt die Meldung eintragen:

```
            .Status = "Normal"
        End With
Catch ExceptionObject As Exception
    GetCompanyWeatherForecast.Status = "Forecast Unavailable"
    LogException(ExceptionObject)
```

Das Websteuerelement WeatherInfo

Wir brauchen eine bequeme Methode, die Wetterdaten in die Präsentationsschicht zu übergeben. In diesem Beispiel haben wir uns dafür entschieden, die Funktion in einem Websteuerelement zu kapseln. Die Vorteile von Websteuerelementen haben Sie in Kapitel 6 kennen gelernt. Sehen wir uns an, wie das Websteuerelement in der Webseite integriert wird. Wir steuern die Funktionen des Websteuerelements vom Load-Ereignis der Seite aus. Nachdem wir eine Instanz unseres Geschäftsschichtobjekts (BLUtility) und die Variablen angelegt haben, brauchen wir nur noch die Methode GetCompanyWeatherForecast aufzurufen und ihr die Unternehmens-ID zu übergeben. Anschließend ist es ein Kinderspiel, die Daten in eine ArrayList zu laden und die ArrayList an ein Listenfeld zu binden.

```
Private Sub Page_Load(ByVal sender As System.Object, ByVal e As System.EventArgs) Handles MyBase.Load
    ' Hier Benutzercode zur Seiteninitialisierung einfügen
    Dim x As New BlUtility("nDavolio", "nDavolio")
    Dim al As New ArrayList()
    Dim i As Integer = 7
    Dim weatherforecast As BlUtility.WeatherInformation

    weatherforecast = x.GetCompanyWeatherForecast(1)
    With weatherforecast ' weatherinfo
        If .Status = "Normal" Then
            al.Add("Current Weather for:")
            al.Add(.City.ToString)
            al.Add(" ")
            ' Die Methode GetUpperBound mit dem Argument 0 liefert den obersten Index.
            Dim intWeather As Integer = weatherforecast.DayForecast.GetUpperBound(0)
            For i = 0 To (intWeather)
                al.Add(.DayForecast(i).Day)
                al.Add(.DayForecast(i).Forecast)
                al.Add(.DayForecast(i).Abbrev)
                al.Add(" ")
            Next
            al.Add(.Time.ToString)
        Else
            al.Add(.Status.ToString)
        End If
    End With
    ListBox1.DataSource = al
    ListBox1.DataBind()
End Sub
```

Wenn das Steuerelement fertig ist, können wir es in eine Webseite einbinden. Mit der folgenden Register-Direktive sorgen wir dafür, dass die Webseite das Steuerelement benutzen kann (siehe Kapitel 6):

```
<%@ Register TagPrefix="ucl" TagName="Weather" Src="Weather.ascx" %>
```

Abbildung 12.2 zeigt, wie das fertige Websteuerelement Wetterdaten anzeigt.

Wie Sie sehen, können Sie einen bemerkenswerten Funktionsumfang bieten, indem Sie XML-Webdienste nutzen und anbieten. Im Folgenden wollen wir den XML-Webdienst EmployeeBenefits aus dem ersten Teil dieses Kapitels erweitern und Benutzername und Kennwort im SOAP-Header des Dienstes übergeben.

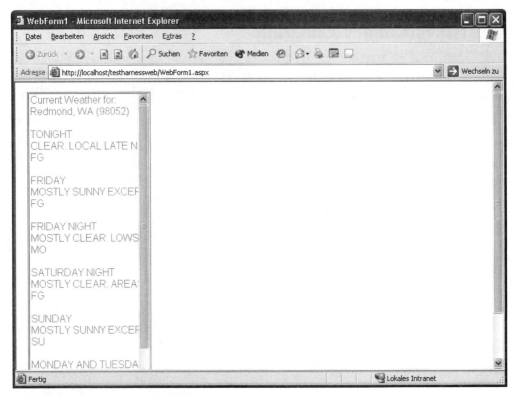

Abbildung 12.2: Ausgabe des Websteuerelements WeatherInfo

SOAP: Der beste Freund Ihres XML-Webdienstes

SOAP ist ein herstellerunabhängiger Standard zum Austauschen von Daten zwischen Client und Server. Es wird als simples XML-Protokoll implementiert. SOAP ist das Standardprotokoll für die Ausführung von Remoteprozeduraufrufen (Remote Procedure Call, RPC) in XML-Webdiensten. Mit Hilfe von XML erledigt SOAP das Kodieren und Dekodieren der strukturierten Daten, die zwischen XML-Webdienst und seinen Clients ausgetauscht werden.

Momentan unterstützte Protokolle

SOAP ist das optimale Protokoll für den Zugriff auf XML-Webdienste. Ursprünglich wurden SOAP-Nachrichten für Remoteprozeduraufrufe entworfen, daher sind sie sehr leistungsfähig. SOAP-Nachrichten können unabhängig vom Transportprotokoll über HTTP, SMTP oder schlichte Sockets (als Direct Internet Message Encapsulation oder DIME bezeichnet) ausgetauscht werden. XML-Webdienste können auch über HTTP-GET und -POST aufgerufen werden. Wenn Sie einen

XML-Webdienst mit .NET erstellen, unterstützt Ihr Dienst automatisch SOAP, HTTP-GET und HTTP-POST.

SOAP-Dokumentstruktur

Das World Wide Web Consortium (*http://www.W3c.org*) definiert Standardschemas für SOAP-Nachrichten. SOAP-Dokumente verweisen auf diese Schemas über Standard-XML-Namespaces. Daher ist ein SOAP-Dokument nichts anderes als ein XML-Dokument, das einen SOAP-Namespace benutzt.

Die Elemente einer SOAP-Nachricht sind Envelope (Umschlag), Header (Vorspann) und Body (Inhalt). Sehen wir uns diese Elemente kurz an, bevor wir uns an das Verändern des Headers machen.

Envelope

Ähnlich wie bei einem Briefumschlag ist der Hauptzweck dieses obligatorischen Root-Elements, die Nachricht zu umschließen.

Header

Das Header-Element enthält Informationen im Zusammenhang mit der Nachricht, zum Beispiel über das Routing. Dieses Element bildet den Erweiterungsmechanismus für SOAP. Der Entwickler, nicht der SOAP-Standard, definiert, welche Daten im Header übermittelt werden (wir werden ein Beispiel dafür sehen). Der SOAP-Header ist optional. Wenn er allerdings vorhanden ist, muss er das erste untergeordnete Element von Envelope sein. Das Header-Element bildet einen Container für Header-Blöcke. Alle untergeordneten Elemente des Header-Elements sind Header-Blöcke, in denen Informationen enthalten sind, die für die gesamte Nachricht gelten.

Body

Jede SOAP-Nachricht enthält ein Body-Element. Es ist das zweite untergeordnete Element von Envelope und kommt nach dem Header (sofern vorhanden). Enthält die Nachricht keinen Header, ist das Body-Element das erste untergeordnete Element von Envelope. Wie der Header dient das Body-Element als Container für die entsprechenden Blöcke.

Body-Blöcke enthalten den Inhalt der Nachricht. Zum Beispiel enthält der Body-Block beim Methodenaufruf eines XML-Webdienstes den Methodennamen und die benötigten Argumente. Die in einem Body-Block übermittelte Datenstruktur und der Typ sind erweiterbar, sie werden nicht vom SOAP-Standard definiert. Allerdings werden Verfahren für die Datenkodierung festgelegt. Die einzige Ausnahme bildet der SOAP-Fault.

Ein SOAP-Fault ist ein standardisierter Body-Block, mit dem Fehlerdaten übermittelt werden. Ein Fault-Element umfasst eine Fehlernummer (faultcode), eine Beschreibung (faultstring) und die Fehlerquelle (faultactor). Eine SOAP-Nachricht kann nur ein einziges Fault-Element enthalten. Wie wir im nächsten Beispiel zeigen, können wir diese Funktion mit Hilfe der .NET Framework-Klasse SOAPFault nutzen.

Nachdem wir nun die Grundstruktur von SOAP kennen gelernt haben, wollen wir zeigen, wie einfach es ist, mit Hilfe der .NET Framework-Klassen Informationen in den SOAP-Header einzufügen. Weil die Daten über Angestellte vertraulich sind, sollten wir den Webdienst Employee-Benefits durch Sicherheitsfunktionen erweitern. Wie versprochen übermitteln wir im SOAP-Header Anmeldeinformationen an den Server, der damit die Authentifizierung vornimmt. Erst müssen wir eine Klasse für unseren benutzerdefinierten Header erstellen. Dieser Header speichert die Daten, die wir übermitteln wollen. Er ist von der Klasse SoapHeader abgeleitet:

```
Public Class HRNHeader : Inherits SoapHeader
    Public Username As String
    Public Password As String
End Class
```

In diesem Fall bekommen wir vom Client den Benutzernamen und das Kennwort übermittelt.
Wir legen eine Instanz unserer Header-Klasse an:

```
Public SecureHeader As HRNHeader
```

Anschließend fügen wir das Attribut SoapHeader in das Webmethod-Tag ein, damit wir Zugriff auf unser benutzerdefiniertes Header-Objekt und seine Daten erhalten:

```
<WebMethod(), SoapHeader("SecureHeader", Direction:=SoapHeaderDirection.InOut, _
    Required:=True)> Public Function GetEmployeeBenefits( _
    ByVal EmployeeId As Integer) As DataSet
```

Nachdem Instanzen der benötigten Variablen und Objekte bereitstehen, rufen wir die Methode Login auf. Sie wird von der Sicherheitsschicht zur Verfügung gestellt. Wir übergeben ihr Benutzername und Kennwort, die in dem benutzerdefinierten Header geschickt wurden:

```
If SecurCheck.Login(SecureHeader.Username, SecureHeader.Password) = True Then
```

War die Anmeldung erfolgreich, greifen wir auf die Datenschicht zu und ermitteln die Daten über Lohnzusatzleistungen des gewünschten Angestellten:

```
localOutPutServer.AddParameter( _
    "@EmployeeId", EmployeeId, _
    SQLServer.SQLDataType.SQLInteger, , _
    ParameterDirection.Input)
localDSOutput = localOutPutServer.runSPDataSet(ParamsStoredProcedure)
Return localDSOutput
```

War die Anmeldung nicht erfolgreich, erzeugen wir einen SOAP-Fault. Dazu legen wir ein XML-Dokument an, fügen die nötigen Details als Knoten ein und verknüpfen sie mit der SOAP-Ausnahme vom Typ SoapException. Dann lösen wir die SOAP-Ausnahme aus, genau wie jede andere .NET-Ausnahme:

```
Dim SoapExceptionDoc As New System.Xml.XmlDocument()
Dim SoapExceptionNode As System.Xml.XmlNode = _
    SoapExceptionDoc.CreateNode(XmlNodeType.Element, _
    SoapException.DetailElementName.Name, _
    SoapException.DetailElementName.Namespace)

Dim SoapExceptionDetails1 As System.Xml.XmlNode = _
    SoapExceptionDoc.CreateNode(XmlNodeType.Element, _
    "SoapExceptionInfo1", "http://businesslayer.hrnet.net")

Dim SoapExceptionDetails2 As System.Xml.XmlNode = _
    SoapExceptionDoc.CreateNode(XmlNodeType.Element, _
    "SoapExceptionInfo2", "http://businesslayer.hrnet.net")
Dim SoapExceptionAttribute As XmlAttribute = _
    SoapExceptionDoc.CreateAttribute("t", _
    "attrName", "http://businesslayer.hrnet.net")
SoapExceptionAttribute.Value = "attrValue"
SoapExceptionDetails2.Attributes.Append(SoapExceptionAttribute)

SoapExceptionNode.AppendChild(SoapExceptionDetails1)
SoapExceptionNode.AppendChild(SoapExceptionDetails2)

se = New SoapException("Invalid Login", _
    SoapException.ClientFaultCode, _
    Context.Request.Url.AbsoluteUri, SoapExceptionNode)
Throw se
```

Kombinieren wir nun die gesamte Funktion aus den Einzelteilen:

```
' Das Attribut SoapHeader definieren den Header mit unserem benutzerdefinierten Block
<WebMethod(), SoapHeader("SecureHeader", _
    Direction:=SoapHeaderDirection.InOut, _
    Required:=True)> Public Function GetEmployeeBenefits(_
    ByVal EmployeeId As Integer) As DataSet
    Dim localDSOutput As DataSet
    Dim ParamsStoredProcedure As String = "usp_getEmployeeBenefits"
    Try
        ' Bei der Sicherheitsschicht prüfen lassen, ob die Daten aus dem Header in Ordnung sind.
        If SecurCheck.Login(SecureHeader.Username, SecureHeader.Password) _
            = True Then
            ' Falls die Authentifizierung erfolgreich war, Angestellten-ID übergeben
            ' und Lohnzusatzleistungen ermitteln.
            Dim localOutPutServer As New SQLServer(PrivateConnectionString)
            localOutPutServer.AddParameter( _
                "@EmployeeId", EmployeeId, _
                SQLServer.SQLDataType.SQLInteger, , _
                ParameterDirection.Input)
            localDSOutput = localOutPutServer.runSPDataSet(ParamsStoredProcedure)
            Return localDSOutput
        Else
            Dim SoapExceptionDoc As New System.Xml.XmlDocument()
            Dim SoapExceptionNode As System.Xml.XmlNode = _
                SoapExceptionDoc.CreateNode(XmlNodeType.Element, _
                SoapException.DetailElementName.Name, _
                SoapException.DetailElementName.Namespace)
            Dim SoapExceptionDetails1 As System.Xml.XmlNode = _
                SoapExceptionDoc.CreateNode(XmlNodeType.Element, _
                "SoapExceptionInfo1", "http://businesslayer.hrnet.net")
            Dim SoapExceptionDetails2 As System.Xml.XmlNode = _
                SoapExceptionDoc.CreateNode(XmlNodeType.Element, _
                "SoapExceptionInfo2", "http://businesslayer.hrnet.net")
            Dim SoapExceptionAttribute As XmlAttribute = _
                SoapExceptionDoc.CreateAttribute("t", _
                "attrName", "http://businesslayer.hrnet.net")
            SoapExceptionAttribute.Value = "attrValue"
            SoapExceptionDetails2.Attributes.Append(SoapExceptionAttribute)
            SoapExceptionNode.AppendChild(SoapExceptionDetails1)
            SoapExceptionNode.AppendChild(SoapExceptionDetails2)
            se = New SoapException("Invalid Login", _
                SoapException.ClientFaultCode, _
                Context.Request.Url.AbsoluteUri, SoapExceptionNode)
            Throw se
            Exit Function
        End If
    Finally
    End Try
End Function
```

Aufrufen des Webdienstes im Client

Wechseln wir auf die Clientseite. Wir zeigen Schritt für Schritt, wie wir die neuen Funktionen vom Client aus (in diesem Fall eine Windows Forms-Anwendung) nutzen. Nachdem wir den Webverweis hinzugefügt haben, müssen wir zuerst eine Instanz unseres Headers anlegen und mit Daten füllen, die wir an den XML-Webdienst übermitteln wollen:

```
Dim HRNetSoapHeader As localhost.HRNHeader = New localhost.HRNHeader()
HRnetSoapHeader.Username = "nDavolio"
HRnetSoapHeader.Password = "nDavolio"
```

Dann legen wir eine Instanz der Proxyklasse an und fügen den SOAP-Header HRnetSoapHeader in die SOAP-Anforderung ein:

```
Dim wsProxy As localhost.HRNetWebServices = New localhost.HRNetWebServices()
wsProxy.HRNHeaderValue = HRNetSoapHeader
```

Wir rufen die Methode in der Proxyklasse auf, die mit der Methode GetEmployeeBenefits des XML-Webdienstes von HRnet kommuniziert:

```
ds = wsProxy.GetEmployeeBenefits(7)
```

Die Ergebnisse der Methode zeigen wir in einem DataGrid-Steuerelement an:

```
DataGrid1.DataSource = ds
```

Da wir einen XML-Webdienst nutzen und Daten im Header übergeben, müssen wir schließlich prüfen, ob eine SOAP-Ausnahme aufgetreten ist, und in diesem Fall einen Meldung anzeigen:

```
Catch ExceptionObject As SoapException
    MsgBox(ExceptionObject.Message)
End Try
```

Nun kann der Client die Daten im Header an den XML-Webdienst übergeben. Natürlich sollten wir solche vertraulichen Daten in einer professionellen Anwendung verschlüsseln, auch wenn dieser Prozess sicherer ist als HTTP.

Zusammenfassung

In diesem Kapitel haben wir gezeigt, wie XML-Webdienste in eine komponentenorientierte Anwendung eingebunden werden können. Der XML-Webdienst bildet dabei einen Teil der Geschäftsschicht. Wir haben untersucht, auf welche Weise die Datenschicht Funktionen für die genutzten und selbst bereitgestellten XML-Webdienste liefern kann. Wir haben erklärt, wie wir frei verfügbare XML-Webdienste nutzen können. Wir haben gesehen, welche Anforderungen an das spezielle Datenformat solcher XML-Webdienste gestellt werden und wie wir diese Webdienste über die Geschäftsschicht zur Verfügung stellen. Schließlich haben wir SOAP vorgestellt und demonstriert, auf welche Weise Daten in einem SOAP-Header zwischen einem XML-Webdienst und seinen Clients ausgetauscht werden. Im nächsten Kapitel versuchen wir die Geheimnisse des .NET-Remoting zu ergründen.

13 Kommunikation mit .NET-Remoting

322	Der erste Start
323	Erstellen des Servers
324	Erstellen des ersten Clients
328	Erstellen des Remotehosts
333	Remoting der Geschäftsobjekte
336	Weitergeben der Remoteobjekte
337	Erstellen des Clients
341	Zusammenfassung

Wir haben die Grundlagen unserer Objekte und unserer Anwendung vorgestellt, jetzt können wir uns ansehen, wie wir mit Hilfe von Microsoft .NET-Remoting die Geschäftsobjekte und Sicherheitsobjekte von einem Microsoft Windows-Client aus benutzen. Remoting ist eine leistungsfähige Gruppe von Technologien für die Fernkommunikation. Es ist auch relativ komplex und setzt voraus, dass wir einen Plan aufstellen, bevor wir versuchen, Anwendungen mit Remoting zusammenzustellen. In diesem Kapitel gehen wir die Grundlagen des Remoting durch und demonstrieren dann, wie wir Remoting zum Laufen bekommen.

.NET-Remoting ist eine Technologie für die Kommunikation zwischen Anwendungen. Sie können sich Remoting als eine Art DCOM vorstellen, das wirklich erwachsen geworden ist. DCOM war einfach zu benutzen, bot aber nicht viele Kommunikationsmechanismen, auch *Kanäle* (channel) genannt. Remoting ist da völlig anders. Es bietet etliche Kommunikationsmechanismen. Dieser Vielfalt haben wir es zu verdanken, dass wir Remoting in unserer Anwendung, wo Windows-Clients direkt mit den Geschäftsobjekten auf einem Server kommunizieren, ganz einfach einsetzen können. Die Flexibilität des Remoting ermöglicht es auch, Optionen ohne Hilfe der Entwickler zu ändern, nachdem die Anwendung läuft. Weitere Informationen über Remoting finden Sie in *Microsoft .NET Remoting* von Scott McLean, James Naftel und Kim Williams (Microsoft Press, 2003).

Der erste Start

Wir prüfen gerne bei allen Anwendungen oder Technologien die Stoßdämpfer, bevor wir Gas geben. Wir möchten sie auf einfache Weise testen und sicherstellen, dass sie funktionieren. Beim Testen der Technologie bekommen wir auch ein Gefühl für den Normalzustand. Falls Probleme auftreten, besonders wenn wir kompliziertere Fähigkeiten nutzen, können wir die aktuelle Situation mit dem Normalzustand vergleichen und die Probleme einkreisen. Um das erste Mal in Remoting hineinschnuppern zu können, haben wir eine einfache Testumgebung erstellt, in der wir ein Beispiel aus der MSDN-Dokumentation verwenden. Dieses Beispiel heißt *Remoting Hello*.

Als ersten Schritt beim Remoting müssen Sie die Serverobjekte erstellen, die Sie benutzen wollen. Das Beispiel *HelloService* ist eine gute Wahl, weil es recht kurz ist. Das folgende Listing zeigt den vollständigen Quellcode der Klasse `HelloService`:

```
Imports System
Namespace Hello
    Public Class HelloService
        Inherits MarshalByRefObject
        Public Function ReturnGreeting(ByVal name As String _
            As [String]
            Dim message As String = "Hi there " + name + ", you are using .NET Remoting"
            Console.WriteLine(message)
            Return message
        End Function ' ReturnGreeting
    End Class ' HelloService
End Namespace ' Hello
```

An der Klasse `HelloService` ist wenig Bemerkenswertes, lediglich dass in der Klassendefinition `Inherits MarshalByRefObject` steht. (Mit Inherits wird diese Klasse von `MarshalByRefObject` abgeleitet, damit das Marshalling als Verweis (by reference) und nicht als Wert (by value) durchgeführt wird. Wir kommen noch darauf zurück.) Legen Sie ein neues Projekt vom Typ Klassenbibliothek an, geben Sie ihm den Namen *Hello*, fügen Sie die Klasse `HelloService` zu dem Projekt hinzu und erstellen Sie die Assembly. Als Ergebnis sollten Sie die Datei *Hello.dll* bekommen, in der die Klasse `HelloService` enthalten ist. Übrigens können Sie den Namespace in diesem Code löschen, wenn Sie Ihr Projekt *Hello* nennen, da der Projektname in der Standardeinstellung der Stammnamespace wird.

Sehen wir uns den Client an. Wie Sie bestimmt wissen, muss eine Clientanwendung einen Verweis auf die Klasse haben, bevor sie darauf zugreifen kann. Beim Remoting ist das nicht anders, Sie brauchen einen Verweis auf die Schnittstelle der Remoteklasse oder einen Verweis auf die Klasse selbst. Zum Beispiel braucht die Clientanwendung in Abbildung 13.1 einen Verweis auf die Remoteklasse `HelloService`, die auf dem Server liegt.

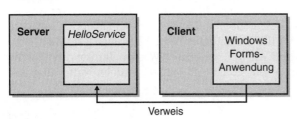

Abbildung 13.1: Die Clientanwendung braucht einen Verweis auf die Klasse, die sie über Remoting aufrufen will

Wir haben beschlossen, den Verweis zu implementieren, indem wir eine Assembly mit den Schnittstellen erstellen und die Assembly für den Client benutzen. So können wir den Client kompilieren, müssen aber nicht sämtliche Geschäftsobjekte auf dem Client installieren. Bevor wir noch tiefer in die Materie einsteigen, sollten wir uns eine Möglichkeit ansehen, diese Schnittstellen zu generieren. Wir mögen Automatisierung (automation), daher waren wir begeistert von dem Hilfsprogramm Soapsuds, das im Microsoft .NET Framework enthalten ist.

Soapsuds ist ein Programm, mit dem Sie (unter anderem) Schnittstellen für ein Remoteobjekt generieren können. Dieses Hilfsprogramm ist einfach zu benutzen, aber es hat einige Seltsamkeiten, auf die wir Sie gleich hinweisen werden. Bevor wir mit Soapsuds unsere Client-Assembly erstellen, müssen wir den Remoting-Server einrichten und starten. Soapsuds holt dann die Schnittstellendaten vom Server.

Erstellen des Servers

Die meisten Beispiele für das .NET Framework sind in C# geschrieben. Daher haben wir die Beispiele erst einmal auf Microsoft Visual Basic .NET portiert und getestet. Den Server haben wir in Form einer Windows Forms-Anwendung mit dem Namen *HelloHostServer* erstellt. Im Load-Ereignis von `Form1` rufen wir eine Unterroutine auf:

```
ConfigureRemoting()
```

Danach fügten wir ein Modul namens `RemotingRoutines` in die Anwendung ein und versahen es mit folgender Imports-Anweisung:

```
Imports System.Runtime.Remoting
```

Das Modul enthält folgenden Code:

```
Dim localConfigFileName As String = "HelloHostServer.exe.config"
Sub ConfigureRemoting()
    RemotingConfiguration.Configure(localConfigFileName)
End Sub
```

Das Besondere an diesem Modul ist der Aufruf der Methode `Configure`. Sie lädt die Datei *HelloHostServer.exe.config*, deren Name in der Variablen `localConfigFileName` festgelegt wird. Die Datei sollte in demselben Ordner liegen wie die ausführbare Datei des Servers (in der Standardeinstellung also der Ordner *bin*). Die Methode `Configure` lädt die Konfigurationsdaten für das Remoting aus der Datei, so brauchen Sie diese Einstellungen nicht vom Programmcode aus vorzunehmen. Die Konfigurationsdatei für dieses Beispiel hat folgenden Inhalt:

HelloHostServer.exe.config

```
<configuration>
  <system.runtime.remoting>
    <application name="RemotingHello">
      <service>
        <wellknown mode="SingleCall"
          type="Hello.HelloService,
          Hello" objectUri="HelloService.soap" />
      </service>
      <channels>
        <channel ref="http" port="8000" />
      </channels>
    </application>
  </system.runtime.remoting>
</configuration>
```

Sehen wir uns die wichtigen Optionen eine nach der anderen an. Die erste ist der Anwendungsname:

`<application name="RemotingHello">`

Diese Option stellt den Namen ein, unter dem Clients auf den Server zugreifen. Sie müssen unbedingt alle Elemente in die Konfigurationsdateien eintragen. Sollten Sie einen Fehler machen, bekommen Sie Fehlermeldungen, sobald Sie den Server laden oder wenn ein Client versucht, auf die Anwendung zuzugreifen.

Als Nächstes kommen die `<service>`-Einträge. Mit dieser Option können Sie die Elemente definieren, die der Server über Remoting zur Verfügung stellt. Unser Beispiel hat hier nur einen Eintrag, aber Sie können beliebig viele Remoteobjekte hinzufügen. Das Tag `wellknown` definiert Objekte, die sowohl dem Server als auch dem Client bekannt sind. Wenn Sie als Modus `SingleCall` eintragen, wird für jeden Clientaufruf eine neue Instanz des Objekts angelegt. Sie können stattdessen auch `Singleton` eintragen, dann wird auf dem Server nur ein einziges Objekt angelegt, egal wie viele Clientanforderungen kommen.

Das Attribut `type` enthält den vollständigen Namespace der Klasse. In diesem Fall wurde der Projektname `Hello` als Namespace definiert und `HelloService` als Klassenname. Die Option nach dem Namespace ist der Assemblyname, hier lautet er *Hello* (die entsprechende Datei ist *Hello.dll*).

Die Option `objectUri` definiert schließlich zwei Dinge. Erstens legt sie fest, auf welche Weise der Client die Verbindung zum Server herstellt. Der `objectUri` wird mit Servername, Portnummer und Anwendungsname kombiniert und bildet so den URL, den der Client benutzt. Zweitens definiert `objectUri` mit der Dateierweiterung (.*soap* oder .*rem*) die Art der Formatierung.

Der letzte Eintrag in der Konfigurationsdatei ist die Kanaldefinition. Diese Beispieldatei verwendet die Portnummer, um einen HTTP-Kanal auf Port 8000 zu definieren:

`<channel ref="http" port="8000" />`

Die Konfigurationsdatei sollte *appname.exe.config* heißen, wobei *appname* für den Namen Ihrer Anwendung steht. Außerdem sollten Sie die Konfigurationsdatei in den Ordner *bin* der Anwendung legen oder in denselben Ordner wie die anderen ausführbaren Dateien. Weiter unten in diesem Kapitel zeigen wir Ihnen ein Beispiel, wie Sie die Konfigurationsdatei an einen anderen Ort verschieben können.

Bevor wir einen Schritt weitergehen können, müssen wir *Hello.dll* zu der Hostanwendung hinzufügen. Dazu brauchen Sie lediglich *Hello.dll* in den *bin*-Ordner der Hostanwendung zu kopieren (*HelloHostServer\Bin*). Klicken Sie doppelt auf *HelloHostServer.exe*, um den Host zu starten.

Erstellen des ersten Clients

Jetzt kommt der Teil, der Spaß macht. Wie bereits früher erwähnt, muss der Client einen Verweis auf die Schnittstelle des Remoteobjekts oder auf das Objekt selbst haben. Wegen der einfachen Installation bevorzugen wir unsere Clients simpel und klein. Dabei kann helfen, wenn wir mit Soapsuds eine DLL-Datei generieren, die im Grunde eine Assembly mit der Schnittstelle unserer Anwendung ist. Wir haben uns nie dafür begeistert, Schnittstellen und Implementierung zu trennen, weil das zusätzliche Arbeit bedeutet. Es ist schön, dass ein Hilfsprogramm wie Soapsuds uns diese Arbeit abnimmt.

Starten Sie die Eingabeaufforderung und gehen Sie in das Verzeichnis, in dem Sie die Assembly mit den Schnittstellen (die Metadaten) anlegen wollen. Geben Sie dann folgenden Befehl ein:

`soapsuds -url:http://localhost:8000/helloservice.soap?wsdl -oa:Hello.dll -nowp`

Dieser Befehl legt fest, dass Soapsuds eine Verbindung zu dem vorher erstellten HelloService herstellt und die Web Services Description Language (WSDL) für die Klasse extrahiert. Die Option -oa legt den Namen der Ausgabedatei fest (und den Assemblynamen). Die Option -nowp sorgt dafür, dass kein Wrapper generiert wird.

Die Assemblynamen für Server und Client müssen identisch sein. Verwenden Sie für die Ausgabedatei den Namen der Assembly, wenn Sie mit der Option -oa Metadaten generieren, da dieser Name auch den Namen der Assembly definiert. Zum Beispiel erstellt der folgende Befehl *Hello.dll* korrekt:

```
soapsuds -url:http://localhost:8000/helloservice.soap?wsdl -oa:Hello.dll -nowp
```

Dieser Befehl erstellt eine andere Ausgabedatei und einen anderen Assemblynamen:

```
soapsuds -url:http://localhost:8000/helloservice.soap?wsdl -oa:hellosfdsfdf.dll -nowp
```

Diesmal lautet der Assemblyname *hellosfdsfdf.dll*, wie Sie in Abbildung 13.2 sehen können. Die Ausgaben in dieser Abbildung haben wir erstellt, indem wir das Assemblymanifest mit dem MSIL Disassembler (ILDASM) geöffnet haben.

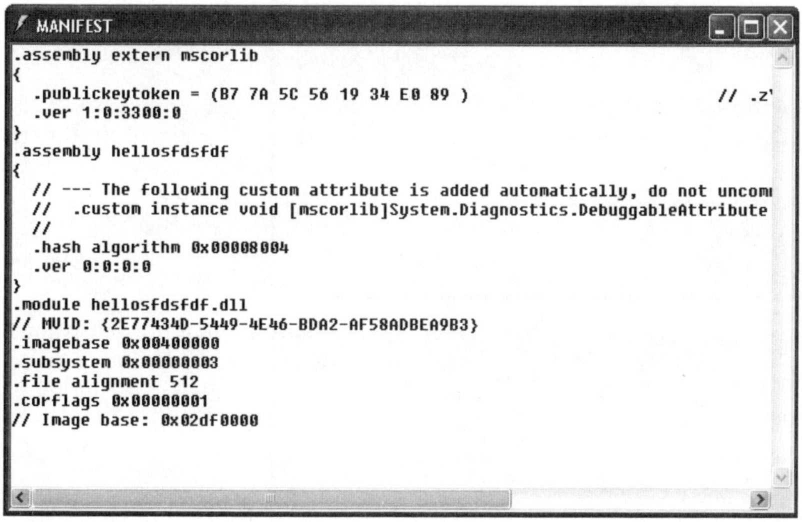

Abbildung 13.2: Ausschnitt des Manifests für eine fehlerhaft erstellte Assembly

Am besten werden Sie verstehen, was hier passiert ist, wenn wir uns die generierten Metadaten ansehen. Wir haben (wieder mit ILDASM) die Serverassembly und die Metadatenassembly des Clients geöffnet. Dann sahen wir uns den MSIL-Code (Microsoft Intermediate Language) an, der für die Funktion ReturnGreeting generiert wurde. Der obere Teil von Abbildung 13.3 zeigt den IL-Code für die Client-Metadaten, der untere Teil die Implementierung des Serverobjekts.

Wie Sie sehen, enthält der obere Ausschnitt die Schnittstelle der Methode ReturnGreeting und einen Verweis auf das Remoting-SOAP-Protokoll von .NET. Auch die eigentliche Implementierung im unteren Teil des Codes enthält Verweise.

Was stellen Sie nun mit Ihrer *Hello.dll* an? Fügen Sie ein neues Windows Forms-Projekt zu der Projektmappe für Ihren Server hinzu und nennen Sie es *ClientRemotingTester*. Benennen Sie Form1 in frmMain um und tragen Sie in ihre Eigenschaft Text den Wert Remoting Hello Tester ein. Öffnen Sie frmMain, fügen Sie eine Schaltfläche namens cmdReturn hinzu und tragen Sie in deren Eigenschaft Text die Beschriftung Return Greeting ein. Fügen Sie dann ein Textfeld mit dem Namen txtOutput hinzu und stellen Sie die folgenden Eigenschaften ein:

Eigenschaft	Wert
Size	464, 216
Location	24, 72
Multiline	True

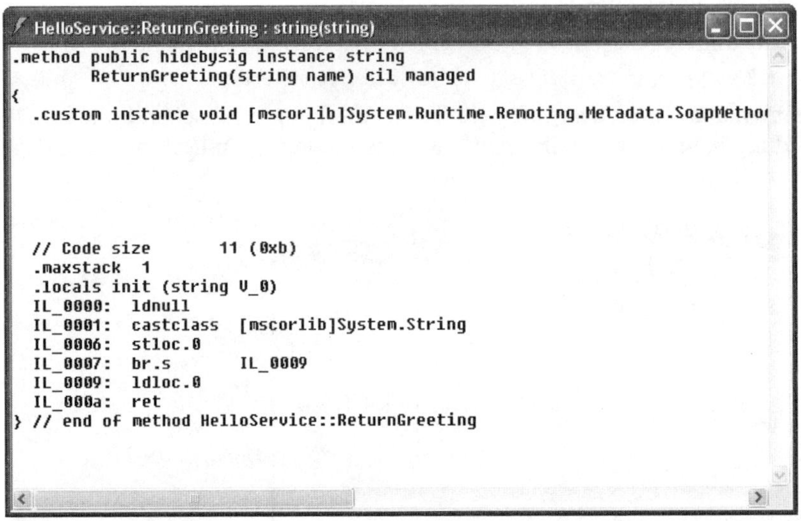

```
HelloService::ReturnGreeting : string(string)
.method public hidebysig instance string
        ReturnGreeting(string name) cil managed
{
  .custom instance void [mscorlib]System.Runtime.Remoting.Metadata.SoapMethod

  // Code size       11 (0xb)
  .maxstack 1
  .locals init (string V_0)
  IL_0000:  ldnull
  IL_0001:  castclass  [mscorlib]System.String
  IL_0006:  stloc.0
  IL_0007:  br.s       IL_0009
  IL_0009:  ldloc.0
  IL_000a:  ret
} // end of method HelloService::ReturnGreeting
```

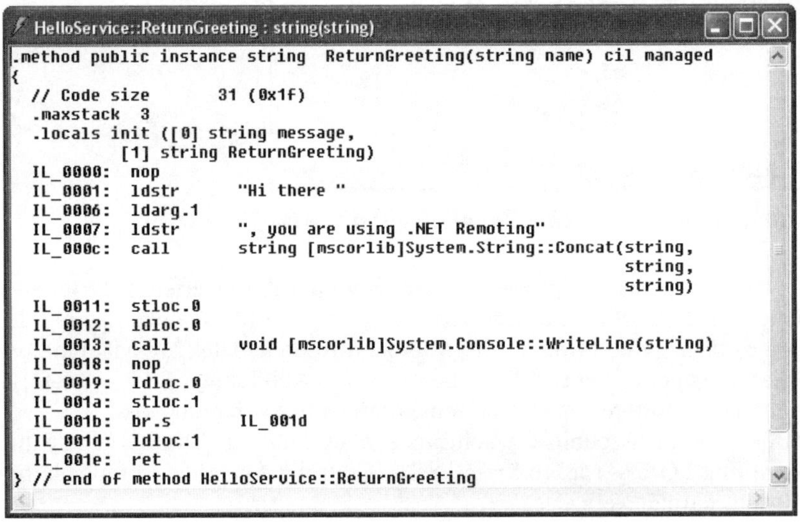

```
HelloService::ReturnGreeting : string(string)
.method public instance string  ReturnGreeting(string name) cil managed
{
  // Code size       31 (0x1f)
  .maxstack 3
  .locals init ([0] string message,
           [1] string ReturnGreeting)
  IL_0000:  nop
  IL_0001:  ldstr      "Hi there "
  IL_0006:  ldarg.1
  IL_0007:  ldstr      ", you are using .NET Remoting"
  IL_000c:  call       string [mscorlib]System.String::Concat(string,
                                                              string,
                                                              string)
  IL_0011:  stloc.0
  IL_0012:  ldloc.0
  IL_0013:  call       void [mscorlib]System.Console::WriteLine(string)
  IL_0018:  nop
  IL_0019:  ldloc.0
  IL_001a:  stloc.1
  IL_001b:  br.s       IL_001d
  IL_001d:  ldloc.1
  IL_001e:  ret
} // end of method HelloService::ReturnGreeting
```

Abbildung 13.3: Der IL-Code aus den Assemblies von Client (oben) und Server (unten)

Klicken Sie doppelt auf das Formular, um das Codefenster zu öffnen. Fügen Sie vor dem Load-Ereignishandler des Formulars folgende Zeile ein:

Dim sApplicationName As String = Application.ProductName

Fügen Sie in den Load-Ereignishandler des Formulars diesen Code ein:

```
Me.Text = sApplicationName
If InitializeRemoting() Then
    txtOutput.Text &= "Obtaining Proxy for HelloService, using new" & vbCrLf
    InitializeHello()
Else
    txtOutput.Text = "An error occurred while initializing remoting"
End If
```

Wir rufen hier zwei Funktionen auf, die wir in einem Modul der Anwendung definieren. `InitializeRemoting` richtet das Remoting auf dem Client ein. Die Funktion `InitializeHello` initialisiert das Remoteobjekt. Indem wir diese Funktionen in ein Modul packen, können wir sie isolieren. Wenn wir eine professionelle Anwendung erstellen, können wir die Funktionen ganz nach Bedarf ändern. Auf diese Weise können wir später im Entwicklungsprozess die Art und Weise umstellen, in der eine Instanz des Remoteobjekts angelegt wird.

Fügen Sie zu dem Projekt ein Modul mit dem Namen `RemotingClientRoutines` hinzu und schreiben Sie die folgenden `Imports`-Anweisungen an den Anfang der Datei:

```
Imports System.Runtime.Remoting
Imports System.Runtime.Remoting.Channels
Imports System.Runtime.Remoting.Channels.Http
```

Fügen Sie diese Definitionen in das Modul ein:

```
Friend channelRemote As HttpChannel
Friend typeHello As type = GetType(Hello.HelloService)
Friend urlHello As String = "http://localhost:8000/RemotingHello/HelloService.soap"
Friend helloService As Hello.HelloService
```

Definieren Sie die Funktion `InitializeRemoting` und darin die Variable `privateSuccess`:

```
Function InitializeRemoting() As Boolean
    Dim privateSuccess As Boolean
```

Legen Sie einen neuen HTTP-Kanal an und registrieren Sie ihn:

```
Try
    channelRemote = New HttpChannel()
    ChannelServices.RegisterChannel(channelRemote)
```

Registrieren Sie die Klasse `Hello`:

```
RemotingConfiguration.RegisterWellKnownClientType(typeHello, urlHello)
```

Zum Schluss der Unterroutine beenden Sie die `Try...Catch`-Anweisung und legen den Rückgabewert fest:

```
        privateSuccess = True
    Catch exc As Exception
        privateSuccess = False
    End Try
    Return privateSuccess
End Function
```

Definieren Sie als Nächstes die Prozedur `InitializeHello`. Diese Prozedur legt einfach eine Instanz des Remoteobjekts an.

```
Sub InitializeHello()
    helloService = New Hello.HelloService()
End Sub
```

Die Prozedur `InitializeHello` ist simpel, aber wichtig. Wir werden sie später für unsere Clientanwendung noch erweitern.

Legen Sie einen Handler für das Click-Ereignis der Schaltfläche cmdReturn an und fügen Sie folgenden Code ein:

```
Dim name As String = "Bill"
txtOutput.Text &= "Calling HelloService.ReturnGreeting(0)" & vbCrLf
Application.DoEvents()
Dim greeting As [String] = helloService.ReturnGreeting(name)
txtOutput.Text &= "  returned: " & greeting & vbCrLf
```

Öffnen Sie den *Konfigurations-Manager* aus dem Menü *Erstellen*, bevor Sie die Anwendung starten. Schalten Sie das Kontrollkästchen für *Erstellen* bei *HelloHostServer* aus. So verhindern Sie, dass HelloHostServer erstellt wird, sobald Sie den Client starten. Da Sie HelloHostServer bereits ausführen, sind die Ausgabedateien (*.dll* und *.pdb*) gesperrt und lassen sich nicht aktualisieren, wenn Sie F5 drücken. Sie müssen wie gezeigt die Konfiguration ändern, damit beim Druck auf F5 nicht alle Projekte neu erstellt werden.

Starten Sie jetzt die Clientanwendung. Ihre Ausgabe sollte aussehen wie in Abbildung 13.4.

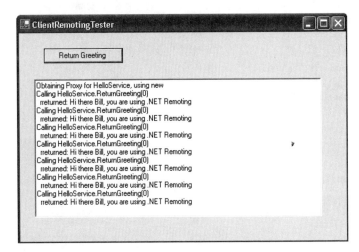

Abbildung 13.4: *Eine einfache Clientanwendung benutzt über Remoting das Objekt Hello*

Sie können die hier demonstrierten Konzepte wieder anwenden, wenn Sie das Remoting in unserer Anwendung HRnet implementieren. Sie werden sehen, dass der Vorgang komplizierter wird, wenn wir die benötigten Fähigkeiten erweitern.

Erstellen des Remotehosts

Bevor wir die Geschäftsobjekte für das Remoting vorbereiten, müssen wir uns noch um eine Sache kümmern. Ein Objekt kann nur dann über Remoting benutzt werden, wenn es eine Hostanwendung dafür gibt. Diese Hostanwendung stellt den Kanal zwischen dem Client und dem Geschäftsobjekt zur Verfügung, so dass der Client mit dem Geschäftsobjekt kommunizieren kann. Erstellen wir also den Host für die Geschäftsobjekte, genauer gesagt zwei verschiedene Hosts: einen für das Testen und einen für den Unternehmenseinsatz. Der Testhost ist eine Windows-Anwendung, die dem Host aus dem ersten Beispiel ähnelt. Der wesentliche Unterschied liegt darin, dass wir eine benutzerdefinierte Konfigurationsdatei verwenden, die in einem allgemein zugänglichen Ordner gespeichert ist. Der Host ist ein Windows-Dienst, der dieselbe Konfigurationsdatei verwendet wie in unserem ersten Beispiel. Der Windows-Dienst ist praktisch, weil wir ihn so einrichten können, dass er beim Hochfahren des Servers automatisch startet. So ist er einfach zu benutzen und zuverlässig, weil er stets läuft und Objekte für alle Clients anbietet.

Windows-Anwendung als Host

Wir haben im Verzeichnis *Ch13\HRAppHosters\HRBizObjServer* eine neue Projektmappe mit dem Namen *HRBizObjServer* angelegt, die beide Hostprojekte enthält. Fügen Sie zu dem Projekt eine neue Windows-Anwendung hinzu, um den Windows-Host zu erstellen.

Ändern Sie den Namen von Form1 in frmMain und tragen Sie in die Eigenschaft Text des Formulars den Wert BizObject Hosting Server ein. Fügen Sie ein Textfeld in das Formular ein und stellen Sie seine Eigenschaften folgendermaßen ein:

Eigenschaft	Wert
Name	txtOutput
Size	464, 248
Multiline	True
Location	24, 24

Definieren Sie einen Handler für das Load-Ereignis des Formulars und fügen Sie darin den folgenden Code ein:

```
Try
    ConfigureRemoting()
Catch exc As Exception
    txtOutput.Text = exc.Message
End Try
```

Fügen Sie ein Modul zu dem Projekt hinzu und geben Sie ihm den Namen RemotingRoutines. Schreiben Sie an den Anfang der Datei diese Imports-Anweisung:

```
Imports System.Runtime.Remoting
```

Fügen Sie zuletzt folgenden Code in das Modul ein:

```
Dim localConfigFileName As String = "C:\BuildOOP\Ch13\BizObjectConfigurationFiles\HRApp.exe.config"
Sub ConfigureRemoting()
    RemotingConfiguration.Configure(localConfigFileName)
End Sub
```

Das war alles. Hier haben Sie den Remoting-Host. Damit können wir unsere Remoteobjekte testen. Der Host ist einfach zu benutzen, weil Sie ihn schnell anhalten und starten können. Außerdem können Sie ihn einfach debuggen.

Windows-Dienst als Host

Der Windows-Dienst enthält fast denselben Code wie die Windows-Anwendung. Der Hauptunterschied ist, dass der Dienst keine Benutzeroberfläche hat. Daher schreiben wir beim Auftreten eines Ereignisses eine Meldung ins Ereignisprotokoll. Im Ereignisprotokoll kann der Systemadministrator verfolgen, was im Dienst passiert.

Fügen Sie ein neues Projekt vom Typ Windows-Dienst zu der Projektmappe hinzu und geben Sie ihm den Namen *HRBizObjServerWinService*. Benennen Sie Service1 in serviceHoster um.

Da wir praktisch denselben Code wie bei der Windows-Anwendung verwenden, können wir das Modul aus dem vorherigen Beispiel übernehmen. Kopieren Sie die Datei *RemotingRoutines*.

vb mit Drag & Drop aus dem Projekt *HRBizObjServer* in das Projekt *HRBizObjServerWinService*.

Öffnen Sie den Designer für den Dienst. Ziehen Sie mit Drag & Drop eine EventLog-Komponente aus der Toolbox auf den Designer. Ändern Sie den Namen des EventLog-Objekts in eventlogHosterService und stellen Sie seine Eigenschaften folgendermaßen ein:

Eigenschaft	Wert
Log	HRApp
Machinename	Ein Punkt steht für den lokalen Computer.
Source	HostingService

Drücken Sie F7, um in die Codeansicht zu wechseln. Fügen Sie in die vorhandenen Ereignishandler folgenden Code ein:

```
Protected Overrides Sub OnStart(ByVal args() As String)
    eventlogHosterService.WriteEntry("Service Started")
    Try
        ConfigureRemoting()
        eventlogHosterService.WriteEntry("Remoting Configured")
    Catch exc As Exception
        eventlogHosterService.WriteEntry("Error occurred on configure remoting" & " -- " & exc.Message)
    End Try
End Sub
Protected Overrides Sub OnStop()
    eventlogHosterService.WriteEntry("Service Started")
End Sub
```

Jetzt können Sie den Host-Dienst benutzen. Wir wollen aber noch dafür sorgen, dass er einfacher zu installieren ist. Dazu fügen wir eine Installer-Klasse zu dem Projekt hinzu, die Elemente wie einen Windows-Dienst oder ein benutzerdefiniertes Ereignisprotokoll installieren kann. Gehen Sie wieder in den Designer für den Dienst. Klicken Sie mit der rechten Maustaste auf die Designeroberfläche und wählen Sie im Kontextmenü den Befehl *Installer hinzufügen*. Daraufhin wird die Klasse ProjectInstaller zum Projekt hinzugefügt. Öffnen Sie *ProjectInstaller.vb* in der Designeransicht und markieren Sie das Objekt ServiceProcessInstaller1. Tragen Sie in die Eigenschaft Account den Wert LocalSystem ein.

Markieren Sie als Nächstes das Objekt HRHosterServiceInstaller im Designer und stellen Sie seine Eigenschaften folgendermaßen ein:

Eigenschaft	Wert
DisplayName	HR Hosting Application (Windows Service)
StartType	Automatic
ServiceName	serviceHoster

Genauso konfigurieren Sie das Ereignisprotokoll. Öffnen Sie noch einmal den Designer für den Dienst. Markieren Sie das Ereignisprotokoll-Objekt, klicken Sie mit der rechten Maustaste darauf und wählen Sie im Kontextmenü den Befehl *Installer hinzufügen*. Daraufhin erhalten Sie einen neuen Eintrag im Installer, der während der Installation ein benutzerdefiniertes Ereignisprotokoll anlegt, sofern es noch nicht vorhanden ist.

Jetzt können Sie Ihren Dienst mit dem Programm *InstallUtil* installieren, das zusammen mit dem .NET Frameworks geliefert wird. Dieses Hilfsprogramm ruft die Routinen des Installers auf, um den Dienst und das Ereignisprotokoll zu installieren. Am einfachsten können Sie dieses

Hilfsprogramm in der Eingabeaufforderung starten, wobei Sie ihm den Namen der Assemblydatei des Dienstes (DLL) übergeben. Mit dem Befehlszeilenschalter /u können Sie einen Dienst wieder deinstallieren.

Den Dienst steuern

Sie können Ihren Dienst selbstverständlich mit der Management-Konsole steuern. In diesem Programm können Sie den Dienst auf einfache Weise verwalten, es kann aber eine Weile dauern, bis Sie die gewünschte Konsole aufgeklappt haben. Sie können auch ein eigenes Steuerungsprogramm schreiben. Zum Beispiel können Sie ein neues Windows-Projekt anlegen und dann mit der Klasse `ServiceController` das Steuerungsprogramm erstellen. Sehen wir uns ein einfaches Beispiel für den gerade erstellten Dienst an.

Legen Sie eine neue Windows-Anwendung an und geben Sie ihr den Namen *HRBizObject-ServerController*. Benennen Sie `Form1` in `frmController` um und tragen Sie in die Eigenschaft `Text` den Wert `HR Application Service Controller` ein. Fügen Sie ein Kontrollkästchen mit folgenden Eigenschaften in das Formular ein:

Eigenschaft	Wert
Name	chkStatusCheck
Text	Check Status?
CheckState	Checked

Legen Sie zwei Schaltflächen auf das Formular. Stellen Sie bei der ersten für die Eigenschaft `Name` den Wert `cmdStart` ein und für `Text` den Wert `Start`. Bei der zweiten hat `Name` den Wert `cmdStop` und `Text` den Wert `Stop`.

Fügen Sie eine Statusleiste zum Formular hinzu, behalten Sie die Standardeinstellungen ihrer Eigenschaften bei.

Wir brauchen ein Menü. Fügen Sie ein `ContextMenu` zu dem Formular hinzu und erstellen Sie die folgenden Menüeinträge:

Name	Text
mnuOpen	Open
mnuStart	Start
mnuStop	Stop
mnuClose	Close

Fügen Sie ein `Timer`-Steuerelement in das Formular ein, tragen Sie in seine Eigenschaft `Interval` den Wert 10000 ein und in die Eigenschaft `Enabled` den Wert `True`. Fügen Sie zuletzt ein `Notify-Icon` in das Formular ein und stellen Sie seine Eigenschaften folgendermaßen ein:

Eigenschaft	Wert
Icon	Wählen Sie ein Symbol aus dem Angebot von Visual Studio .NET
Text	HR Application Hoster Service
ContextMenu	contextService

Erstellen Sie für die beiden Schaltflächen und alle Menübefehle jeweils einen Handler für das `Click`-Ereignis. Fügen Sie für das Kontrollkästchen einen `CheckedChanged`-Ereignishandler ein. Und für den Timer einen Ereignishandler für das `Tick`-Ereignis.

Geben Sie folgende Prozeduren in den Formularcode ein:

```
#Region "Private Functions"
    Sub StartService()
        Try
            myController.Start()
        Catch exp As Exception
            MsgBox("Could not start service")
        End Try
    End Sub
    Sub StopService()
        If myController.CanStop Then
            myController.Stop()
        Else
            MsgBox("Service cannot be stopped")
        End If
    End Sub
    Sub CheckStatus()
        myController.Refresh()
        ServiceStatus.Text = myController.Status.ToString
        NotifyIcon1.Text = "HR App Hoster Service" & " (" & ServiceStatus.Text & ")"
    End Sub
#End Region
```

Fügen Sie in den Load-Ereignishandler des Formulars folgende Anweisungen ein:

```
myController = New ServiceController("serviceHoster")
CheckStatus()
```

Fügen Sie in den Ereignishandler Timer1_Tick folgende Anweisungen ein:

```
If chkStatusCheck.Checked Then
    CheckStatus()
End If
```

Fügen Sie in die Click-Ereignishandler des Menübefehls *Start* und der Schaltfläche *Start* jeweils folgende Anweisungen ein:

```
StartService()
CheckStatus()
```

Fügen Sie in die Click-Ereignishandler des Menübefehls *Stop* und der Schaltfläche *Stop* jeweils folgende Anweisungen ein:

```
StopService()
CheckStatus()
```

Fügen Sie in den Click-Ereignishandler des Menübefehls *Open* folgende Anweisungen ein:

```
Me.WindowState = FormWindowState.Normal
Me.Show()
Me.Visible = True
```

Fügen Sie in den Click-Ereignishandler des Menübefehls *Close* folgende Anweisung ein:

```
End
```

Und schließlich kommt noch folgender Code in den CheckChanged-Ereignishandler des Kontrollkästchens:

```
If chkStatusCheck.Checked Then
    Timer1.Enabled = True
Else
    Timer1.Enabled = False
End If
```

Jetzt können Sie die Anwendung starten. Die Anwendung zeigt nicht das Formular an. Stattdessen finden Sie das Symbol im Infobereich der Taskleiste (im so genannten System Tray). Wenn Sie den Mauszeiger kurz über das Symbol halten, wird angezeigt, ob der Dienst läuft. Wenn Sie mit der rechten Maustaste auf das Symbol klicken, öffnet sich das Kontextmenü. Mit dessen Befehlen können Sie den Dienst steuern und das Formular anzeigen. Dieses simple Steuerungsprogramm bietet Ihnen die Möglichkeit, Ihren Remoting-Host vollständig zu steuern. Sie könnten das Steuerungsprogramm und Ihren Dienst noch so erweitern, dass Sie alle Aspekte des Dienstes, zum Beispiel die Konfigurationsdatei, dynamisch einstellen können.

Remoting der Geschäftsobjekte

Jetzt wollen wir unsere Geschäftsobjekte für das Remoting vorbereiten. Wenn die Geschäftsobjekte Remoting-fähig sind, können wir einen Windows-Client erstellen, der mit den Geschäftsobjekten kommuniziert. Wir haben den Host für die Remoteobjekte und die Remoteobjekte selbst, jetzt müsste es also ganz einfach sein, das Remoting zu aktivieren. Nicht ganz. Wie wir schon weiter oben erwähnt haben, ist .NET-Remoting äußerst leistungsfähig und flexibel. Das heißt auch: komplex. Daher müssen Sie beim Remoting von Objekten eine Reihe von Regeln und potenziellen Problemen beachten. Sehen wir uns einige dieser Punkte am Beispiel unserer Anwendung HRnet in einem Client/Server-Szenario an.

Ein Problem, das wir hatten: Wir müssen die Remoteobjekte auf dem Server aufrufen, daher wollen wir die Objekte als Verweise (by reference) nutzen und nicht serialisiert an den Client übertragen. Remoting als Verweis bedeutet Marshalling als Verweis. Dieser Vorgang setzt voraus, dass die Remoteobjekte (etwa unsere Geschäftsschicht) von `MarshalByRefObject` abgeleitet sind. Das ist nicht weiter schwierig, hat aber einige interessante Konsequenzen.

Wir können einfach die folgende `Inherits`-Klausel in die Basisklasse der Geschäftsobjekte einbauen:

```
Inherits MarshalByRefObject
```

Nachdem wir jetzt die Basisklasse geändert haben, werden alle anderen Objekte davon abgeleitet. Das funktioniert einwandfrei, solange Sie in Ihren Klassen nicht den Komponenten-Designer verwenden. In diesem Fall wird der Designer durch die Vererbungskette unbrauchbar, weil Sie im .NET Framework keine Mehrfachvererbung (multiple inheritance) durchführen können.

Sicherheitsschicht

Probieren wir das Remoting erst an unserer Sicherheitsschicht aus, weil wir für unseren Client Anmeldedienste benötigen. Es stellte sich heraus, dass die Sicherheitsschicht ganz einfach Remoting-fähig gemacht werden kann. Warum? In diesem Fall brauchen wir lediglich eine einzige Methode der Sicherheitsschicht, nämlich `Login`. Statt die Sicherheitsschicht zu verändern, erstellen wir eine Fassadenschicht mit dem Namen `SecurityFacade`. Die Fassadenklasse heißt `LoginService`, wir haben sie als eigenes Projekt vom Typ Klassenbibliothek erstellt. Anschließend tragen wir einen Verweis auf die Sicherheitsschicht ein. Die Klasse `LoginService` wird durch eine `Inherits`-Klausel von `MarshalByRefObject` abgeleitet:

```
Public Class LoginService
    Inherits MarshalByRefObject
```

Die neue Funktion `Login` ruft die gleichnamige Methode aus der Sicherheitsschicht auf:

```
Function Login(ByVal UserName As String, ByVal Password As String) As Boolean
    Dim privateSuccess As Boolean
    Dim oUser As New SecurIt.UserSecurity()
```

```
    Try
        privateSuccess = oUser.Login(UserName, Password)
    Catch exc As Exception
        Throw New Exception("An error occurred accessing the " & "Securit component -- " & exc.Message)
    End Try
    Return privateSuccess
End Function
End Class
```

Das war's auch schon. Keine Kenntnisse in allgemeiner Relativitätstheorie nötig. Wir brauchen lediglich eine simple Fassadenschicht, die das Marshalling für uns übernimmt.

Geschäftsschicht

Wir möchten Ihnen ersparen, sich – wie anfangs wir – mühsam vorkämpfen zu müssen. Hier erfahren Sie, was wir entdeckt haben, als wir die Geschäftsobjekte Remoting-fähig machten.

Anfangs hatten wir vor, einfach die vorhandenen Objekte über Remoting zur Verfügung zu stellen. Bei einem Test tauchte dann diese Fehlermeldung auf:

```
>? exc.message
"Ein nicht standardmäßiger Konstruktor kann nicht ausgeführt werden, wenn die
Verbindung mit bekannten Objekten hergestellt wird."
```

Diese Meldung bedeutet, dass Sie keinen benutzerdefinierten Konstruktor in einem Remoting-fähigen Objekt haben dürfen. Nach längerem Rumprobieren entschieden wir uns für einen anderen Ansatz. Statt serveraktivierten Objekten nutzten wir clientaktivierte Objekte. So konnten wir auf dem Server eine Objektinstanz anlegen, mit diesem Objekt arbeiten und es nach einiger Zeit löschen lassen. Bei serveraktivierten Objekten hätten wir bei jedem Methodenaufruf Anmeldeinformationen übertragen müssen. Das hätte unter anderem bedeutet, jede öffentliche Methode der Geschäftsobjekte zu ändern und den gesamten Code anzupassen, der diese Methoden aufruft.

Für die einfachere Client-Aktivierung mussten wir einige kleine Änderungen an den Geschäftsobjekten vornehmen. Sehen wir uns zuerst die Basisklasse an. Wir haben folgende Imports-Anweisungen eingefügt:

```
Imports System.Runtime.Remoting.Lifetime
Imports System.Windows.Forms
```

Damit das Marshalling funktioniert, leiten wir die Klasse mit einer Inherits-Klausel von `MarshalByRefObject` ab:

```
Inherits MarshalByRefObject
```

Jetzt beginnt der schwierige Teil. Wir verschieben den Initialisierungscode aus den Konstruktoren in eine Prozedur namens `InitializeObject`. Diese überladene Prozedur enthält folgenden Code:

```
Friend Sub InitializeObject(ByVal sUserName As String, ByVal spassword As String)
    privateModuleName = Me.GetType.ToString
    ' Wegen der Vertraulichkeit der Daten müssen wir auf einer gültigen Anmeldung bestehen.
    VerifyAccess(sUserName, spassword)
End Sub
Friend Sub InitializeObject(ByVal objSecurit As SecurIt.UserSecurity)
    Try
        privateModuleName = Me.GetType.ToString
        VerifyAccess(objSecurit)
    Catch ExceptionObject As Exception
        LogException(ExceptionObject)
```

```
            Finally
        End Try
    End Sub
```

Die beiden schon vorhandenen Konstruktoren ändern wir so, dass sie `InitializeObject` aufrufen. Dazu kommt ein neuer Konstruktor, der parameterlose Standardkonstruktor:

```
Public Sub New()
    ' Wenn Sie die folgende Zeile nicht auskommentieren, können Sie beobachten, wenn
    ' eine Instanz der Klasse angelegt wird.
    ' MsgBox("Constructed -- now default constructor")
    privateLoginRequired = True
End Sub
```

Dieser Konstruktor wird aufgerufen, wenn die Klasse über Remoting aufgerufen wird.

Die folgende Methode wird in den Codeabschnitt *Public Methods* eingefügt:

```
Region "LoginUser"
Public Sub LoginUser(ByVal sUserName As String, ByVal sPassword As String)
    InitializeObject(sUserName, sPassword)
    privateLoginRequired = False
End Sub
#End Region
```

Der Client kann eine Instanz des Remoteobjekts anlegen und dann `LoginUser` aufrufen, um die Operationen ausführen zu lassen, für die normalerweise der Konstruktor zuständig wäre.

Die Basisklasse wird durch die Prozedur `InitializeLifetimeService` erweitert. `InitializeLifetimeService` wird vom Remoting-System aufgerufen, sobald eine Instanz des Objekts angelegt wird. Sie stellt die Lebensdauer des Objekts auf 20 Sekunden ein und legt Sponsor und Erneuerungszeit fest. So können Sie steuern, wie lange das Objekt auf dem Server läuft.

```
#Region "InitializeLifetimeService"
Public Overrides Function InitializeLifetimeService() As Object
    Dim lease As ILease = CType(MyBase.InitializeLifetimeService(), ILease)
    If lease.CurrentState = LeaseState.Initial Then
        lease.InitialLeaseTime = TimeSpan.FromSeconds(20)
        lease.SponsorshipTimeout = TimeSpan.FromMinutes(1)
        lease.RenewOnCallTime = TimeSpan.FromSeconds(18)
        ' MsgBox("Initialize lifetime called")
    End If
    Return lease
End Function ' InitializeLifetimeService
#End Region
```

Die einzige Änderung, die wir an den Klassen der Geschäftsobjekte vorgenommen haben, war der neue Standardkonstruktor. Damit sind die Geschäftsobjekte bereit für das Remoting.

Einen interessanten Punkt wollen wir Ihnen noch erzählen: Als wir die Funktion `InitializeLifetimeService` hinzufügten, hatten wir die Geschäftsobjekte bereits so weit, dass sie über Remoting liefen. Also änderten wir die Basisklasse, erstellten das Projekt neu und installierten das Projekt. Zauberei! Die neuen Fähigkeiten bezüglich der Lebensdauer standen zur Verfügung, sobald wir das Objekt erneut aufriefen. Das ist der Vorteil der objektorientierten Programmierung.

Weitergeben der Remoteobjekte

Jetzt wollen wir diese Objekte weitergeben und installieren. Der folgende Ausschnitt zeigt die benutzte Konfigurationsdatei. Die Datei heißt *HRApp.exe.config*, sie liegt im Ordner *Ch13\BizObjectConfigurationFiles*.

HRApp.exe.config
```
<configuration>
  <system.runtime.remoting>
    <application name="HRHost">
      <service>
        <wellknown mode="SingleCall"
          type="SecurityFacade.LoginService,
          SecurityFacade"
          objectUri="LoginService.soap" />
        <wellknown mode="SingleCall"
          type="BusinessLayer.Company, BizCompany"
          objectUri="Company.soap" />
        <wellknown mode="SingleCall"
          type="BusinessLayer.Employee,
          BizEmployee" objectUri="Employee.soap" />
      </service>
      <channels>
        <channel ref="http" port="8000" />
      </channels>
    </application>
  </system.runtime.remoting>
</configuration>
```

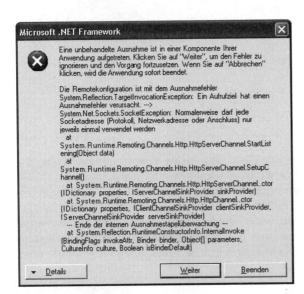

Abbildung 13.5: *Fehlermeldung, wenn zwei Hostanwendungen versuchen, denselben Kanal zu benutzen*

Bevor Sie eine DLL ersetzen können, müssen Sie den Remotehost anhalten. Nachdem Sie die Konfigurationsdatei installiert haben, kopieren Sie alle benutzten DLLs, zum Beispiel die Geschäftsobjekte, die Datenzugriffsschicht und die Sicherheitsschicht, in das Verzeichnis *bin* auf dem Host. Anschließend starten Sie die Hostanwendung.

Beim Arbeiten mit Hostanwendungen gibt es einige Punkte zu beachten. Falls Sie versuchen, eine zweite Hostanwendung zu starten, die dieselbe Kombination aus Protokoll/Netzwerkadresse/Port wie die erste Hostanwendung überwacht (zum Beispiel könnten sie denselben URL und dieselbe Portnummer verwenden), erhalten Sie die Fehlermeldung aus Abbildung 13.5.

Wenn Sie die Remoting-Anwendung in einem Unternehmen installieren wollen, sollten Sie den Geschäftsobjekten starke Namen geben und sie in den globalen Assemblycache (GAC) legen. Dann können Webanwendungen und Remoting-Anwendungen einfach darauf zugreifen.

Erstellen des Clients

Erstellen wir die Windows-Anwendung, die auf unsere Remoteobjekte zugreift. Das Projekt für den Beispielclient trägt den Namen *Ch13HRWinClient*. Dies ist keine vollständige Anwendung, sondern ein einfaches Beispiel, mit dem wir die Remoteklassen testen wollen. Legen Sie das Projekt an und fügen Sie ein Modul mit dem Namen `modGeneral` hinzu. Schreiben Sie folgenden Code in das Modul:

```vb
modGeneral.vb
Imports System.Windows.Forms
Imports System.Drawing
Module modGeneral
Friend UserName As String
Friend UserPassword As String
Sub SetStandardFromSize(ByVal frmName As Form)
    Dim oSize As New Size()
    Dim oPoint As New Point()

    oPoint.X = 600
    oPoint.Y = 400
    oSize.Height = oPoint.Y
    oSize.Width = oPoint.X
    frmName.Size = oSize
    oSize = Nothing
    oPoint = Nothing
End Sub
Function Login(ByVal sUserName As String, ByVal spassword As String) As Boolean
    Dim sRole As String
    Dim privateValidUser As Boolean

    ' Anmeldung und Authentifizierung anhand der übergebenen Anmeldeinformationen.
    Try
        privateValidUser = loginService.Login(sUserName, spassword)
        If privateValidUser Then
            ' Anmeldeinformationen speichern.
            UserName = sUserName
            UserPassword = spassword
        Else
            LogOut()
        End If
    Catch exc As Exception
        Throw New Exception("Error occurred trying to login user" & " - " & exc.Message)
    End Try
```

```
        ' Anmeldestatus zurückgeben.
        Return privateValidUser
End Function
Function LogOut() As Boolean
    UserName = ""
    UserPassword = ""
End Function
```

Legen Sie ein Modul mit dem Namen modRemotingClientRoutines an und fügen Sie den folgenden Code darin ein. Dieses Modul implementiert die clientseitigen Remotingfunktionen und stellt Prozeduren bereit, mit denen wir Instanzen der Remoteobjekte anlegen können.

modRemotingRoutines.vb

```
Imports System.Runtime.Remoting
Imports System.Runtime.Remoting.Channels
Imports System.Runtime.Remoting.Channels.Http
Imports BusinessLayer
Imports System.Timers.Timer
Module modRemotingClientRoutines
Friend channelRemote As HttpChannel

' Typen definieren.
Friend loginType As Type = GetType(SecurityFacade.LoginService)
Friend companyType As Type = GetType(Company)
Friend employeeType As Type = GetType(Employee)
' URLs für die Serverobjekte definieren.
Friend urlLogin As [String] = "http://localhost:8000/HRHost/LoginService.soap"
Friend urlCompany As [String] = "http://localhost:8000/HRHost/Company.soap"
Friend urlEmployee As [String] = "http://localhost:8000/HRHost/Employee.soap"

' Verweisvariablen für die Serverobjekte definieren.
Friend loginService As SecurityFacade.LoginService
Friend localCompany As Company
Friend localEmployee As Employee
#Region "Initialization Functions and events"
Public Function InitializeRemoting() As Boolean
    Dim privateSuccess As Boolean

    Try
        channelRemote = New HttpChannel()
        ChannelServices.RegisterChannel(channelRemote)

        InitializeCompany()      ' Remoteobjekte initialisieren.
        InitializeEmployee()
        InitializeSecurity()

        privateSuccess = True

    Catch exc As Exception
        privateSuccess = False
    End Try
    Return privateSuccess
End Function
Sub InitializeCompany()
    RemotingConfiguration.RegisterWellKnownClientType(companyType, urlCompany)
End Sub

Sub InitializeEmployee()
    RemotingConfiguration.RegisterWellKnownClientType(employeeType, urlEmployee)
End Sub
#End Region
```

```
#Region "Company"
Sub InstantiateCompany()
    Try
        If localCompany Is Nothing Then
            localCompany = New Company()
            ' Anmelden
            localCompany.LoginUser(UserName, UserPassword)
        End If
    Catch exc As Exception
        Throw New Exception("msg" & " - " & exc.Message)
    End Try
End Sub
Sub DestroyCompany()
    localCompany = Nothing
End Sub
#End Region

#Region "Employee"
Sub InstantiateEmployee()
    Try
        If localEmployee Is Nothing Then
            localEmployee = New Employee()
            ' Anmelden
            localEmployee.LoginUser(UserName, UserPassword)
        End If
    Catch exc As Exception
        Throw New Exception("msg" & " - " & v exc.Message)
    End Try
End Sub
Sub DestroyEmployee()
    localEmployee = Nothing
End Sub
#End Region

#Region "Security"
Sub InitializeSecurity()
End Sub

Sub InstantiateSecurity()
    loginService = CType(Activator.GetObject(loginType, urlLogin), SecurityFacade.LoginService)
End Sub

Sub DestroySecurity()
    loginService = Nothing
End Sub
#End Region
End Module
```

Dieses Modul enthält Prozeduren, die Instanzen der Objekte anlegen und beseitigen. Indem wir diese Funktionen im Modul isolieren, erhalten wir die Möglichkeit, zu einem späteren Zeitpunkt die Art und Weise zu ändern, wie wir Instanzen der Remoteobjekte anlegen. Der Rest der Anwendung kann dann unverändert bleiben. Wir können so auf eine andere Methode umsteigen, die Objektinstanzen anzulegen.

Das Hauptformular der Anwendung ist frmMain. Es enthält ein Menü und eine Statusleiste. Abbildung 13.6 zeigt, wie die Anwendung unmittelbar nach dem Start aussieht, bevor sich der Benutzer angemeldet hat.

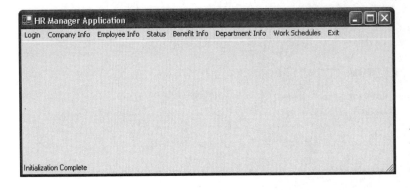

Abbildung 13.6:
Hauptformular der Clientanwendung für den Remoting-Test

Der Load-Ereignishandler des Formulars enthält folgende Anweisungen:

```
SetStandardFromSize(Me)
localFromText = Me.Text

StatusBarforForm.Text = "Obtaining Proxy " & "for Remote Services" & vbCrLf
If InitializeRemoting() Then
    StatusBarforForm.Text = "Initialization Complete"
Else
    StatusBarforForm.Text = "An error occurred while initializing remoting"
End If
```

Dieser Code initialisiert das Remotingsystem und das Formular.

Der Code für den Menübefehl *Login* (Anmelden) sieht so aus:

```
Dim frm As New frmLogin()
If frm.ShowDialog() = DialogResult.OK Then
    Me.Text = localFromText & " -- Logged In " & UserName
Else
    Me.Text = localFromText & " -- Logged Out"
End If
frm = Nothing
```

Wir öffnen hier das Dialogfeld, in dem sich der Benutzer anmelden kann. Das Dialogfeld gibt zurück, ob die Anmeldung erfolgreich war.

Sehen wir uns den Ereignishandler cmdLogin_Click an. Er ruft die Sicherheitsfassadenschicht auf und überprüft die Anmeldeinformationen des Benutzers:

```
InstantiateSecurity()
If txtUserName.Text.Length > 0 And txtPassword.Text.Length > 0 Then
    If Login(txtUserName.Text, txtPassword.Text) Then
        Me.DialogResult = DialogResult.OK
    Else
        Me.DialogResult = DialogResult.Abort
    End If
End If
DestroySecurity()
```

Das unterscheidet sich kaum von einer lokalen Anwendung, wir benutzen lediglich die zwei Prozeduren InstantiateSecurity und DestroySecurity, um die Objekte zu erstellen beziehungsweise wieder zu löschen.

Als letztes Formular erstellen wir noch frmCompanies. Es ist ebenfalls recht simpel, da die Remotingfunktionen alle in einem Modul gekapselt sind. Das Formular erstellt einfach das Objekt, ruft die gewünschte Methode auf und füllt das DataGrid.

```
Dim ds As DataSet
Try
    InstantiateCompany()
    ds = localCompany.GetCompanyDepartments
    DataGrid1.DataSource = ds.Tables(0)
    DestroyCompany()
Catch exc As Exception
    Throw New Exception("Failed to load data")
End Try
```

Den Aufruf von DestroyCompany können Sie löschen. In diesem Fall sorgen die Lebensdauereinstellungen des Serverobjekts dafür, dass das Objekt nach einiger Zeit beseitigt wird.

Zusammenfassung

Dieses Kapitel hat Ihnen gezeigt, dass .NET-Remoting sehr leistungsfähig ist. Sie haben viele Optionen zur Auswahl, die eine enorme Flexibilität ermöglichen. Mit Hilfe von Konfigurationsdateien können Sie steuern, wie Remoting implementiert wird. Auf diese Weise können Sie Änderungen in einer Administrationsoberfläche vornehmen. In HRnet verwenden wir Konfigurationsdateien auf dem Server, aber nicht auf dem Client, weil unser Client automatisch heruntergeladen werden kann und daher keinen Zugriff auf die Konfigurationsdateien hat.

14 Zusammenstellen der Gesamtanwendung

344	Schritte beim Verdrahten der Anwendung
376	Ein Windows Forms-Beispiel für HRnet
380	Weitergeben einer Anwendung
385	Assemblies und Versionsverwaltung
387	Zusammenfassung

Die wahrscheinlich aufregendste Phase beim Entwickeln einer Anwendung ist gekommen, wenn die Anwendung zusammengestellt wird. Dabei nehmen wir die Basiskomponenten und die Frameworkklassen, die wir vorher entwickelt haben, und verwandeln sie in eine richtige Anwendung. In diesem Kapitel führen wir das vor. Sie werden staunen, wie schnell und effizient eine Anwendung zusammengestellt werden kann, wenn ihre Bausteine geschickt entworfen wurden. Wir benutzen gerne den Ausdruck »verdrahten« (engl. wiring together), weil es den Vorgang am besten beschreibt. Wir nehmen Komponenten, Vorlagenseiten, Menüstrukturen, Informationsseiten mit Clientsteuerelementen und Sicherheitsobjekte, und verbinden sie miteinander, während wir gleichzeitig bestimmte Teile der Geschäftsschicht hinzufügen, die wir für die gewünschten Funktionen benötigen. Verwechseln Sie diesen Vorgang nicht mit dem so genannten Rapid Application Development (RAD). Beim RAD werden Benutzeroberfläche und funktionale Elemente über Drag & Drop kombiniert, so dass man eine Anwendung sehr schnell erstellen kann. Genauso schnell, wie solche Anwendungen erstellt sind, fallen sie aber auch wieder auseinander. Das liegt in erster Linie daran, dass beim RAD meist zu wenig Zeit für Planung und Entwurf der Anwendung aufgewendet wird und dass die Geschäftsobjekte schlecht konstruiert werden. Den meisten RAD-Systemen fehlt die Fähigkeit, flexible, stabile, skalierbare und leistungsfähige Anwendungen zu erstellen. Wenn wir vom »Verdrahten« reden, meinen wir vielmehr das schnelle Erstellen der Anwendung (Rapid Application Building). Dieser Ansatz setzt voraus, dass die Anwendung von Beginn an sorgfältig entworfen wurde. Das heißt, die Geschäftsregeln müssen analysiert worden sein, die Workflow-Anforderungen müssen formuliert sein und es muss eine Datenbank zur Verfügung stehen. (Weitere Informationen zu diesem Thema finden Sie in Kapitel 2.) Einige Komponenten sind zwar universell einsetzbar (Sicherheitskomponenten, clientseitige benutzerdefinierte Serversteuerelemente, Menühandler, Vorlagen und die Datenzugriffskomponente), andere Komponenten oder Frameworkklassen müssen aber auf Basis des Anwendungsentwurfs (das heißt Geschäftsschicht, Workflow und Webdienste) erstellt werden. Wir erstellen diese Elemente, bevor wir die Anwendung verdrahten.

Schritte beim Verdrahten der Anwendung

Nachdem der gesamte Code und alle Komponenten, die wir in den bisherigen Kapiteln erstellt haben, zur Verfügung stehen, stellen wir die Anwendung in fünf Schritten zusammen. Tabelle 14.1 listet diese Schritte auf.

Schritt	Beschreibung
Schritt 1	Menüstruktur und Vorlagen
Schritt 2	Sicherheit
Schritt 3	Homepage
Schritt 4	Informations- und Datenseiten
Schritt 5	Microsoft Windows Forms

Tabelle 14.1: Schritte beim Verdrahten der Anwendung

Natürlich müssen Sie nicht sklavisch den Schritten aus Tabelle 14.1 folgen. Zum Beispiel kann es sein, dass Sie keine Sicherheit oder Windows Forms benötigen. Wenn Sie sich an die vorgeschlagene Reihenfolge halten, wird der Verdrahtungsprozess allerdings reibungsloser ablaufen.

Nachdem die allgemeinen Schritte klar sind, stellen wir eine detaillierte Liste für jeden Schritt auf. Tabelle 14.2 zeigt die Schritte, mit denen wir HRnet implementieren.

Während wir die Anwendung Schritt für Schritt implementieren, stellen wir oft fest, dass wir Komponenten optimieren oder mit neuen Fähigkeiten erweitern müssen. Dabei müssen wir sehr vorsichtig sein, weil wir nicht die falschen Fähigkeiten hinzufügen sollten. Wir wollen universell einsetzbare Komponenten klein und effizient halten, deshalb erweitern wir sie nicht mit anwendungsspezifischen Funktionen. Wir beschränken uns auf universell einsetzbare Funktionen. Nehmen wir als Beispiel das benutzerdefinierte `TextBox`-Serversteuerelement, das wir in Kapitel 6 erstellt haben. Es kann ein Beschriftungsfeld verwalten, die Beschriftung über oder links neben das Steuerelement legen und benutzerdefinierte Validierungssteuerelemente verwenden. Später fanden wir eine gute Methode, das Textfeld hervorzuheben, wenn es den Eingabefokus hat. Diese Fähigkeit war anfangs nicht Teil des benutzerdefinierten Serversteuerelements, aber da sie universell einsetzbar ist, erweiterten wir das Steuerelement entsprechend. Hätten wir allerdings gerne, dass unsere Anwendung die Beschriftungen immer auf der linken Seite anzeigt und das Textfeld mit gelber Farbe hervorhebt, würden wir diese Fähigkeiten nicht in das universelle Serversteuerelement einbauen. Stattdessen würden wir ein neues Steuerelement von dem universellen Serversteuerelement ableiten und die Änderungen dort durchführen. Das neue Steuerelement wäre dann anwendungsspezifisch.

Schritt	Beschreibung
Schritt 1	Menüstruktur und Vorlagen Das Verdrahten der Anwendung HRnet beginnt mit den Ergebnissen aus Kapitel 7 (Menühandler) und Kapitel 10 (Benutzeroberfläche).

Schritt 2	Sicherheit
	Erstellen des Anmeldebildschirms
	○ Den Sicherheitsheader zu einer vorhandenen Web Forms-Anwendung und dem Vorlagenformular hinzufügen.
	○ Implementieren der Sicherheitsberechtigungen. Die vier Stufen sind:
	    Employee → Benutzername/Kennwort: user/user
	    HRManager → Benutzername/Kennwort: manager/manager
	    Executive → Benutzername/Kennwort: vp/vp
	    Andere → Jede andere gültige Kombination aus Benutzername/Kennwort
	○ Die sichere Menüstruktur erstellen.

Schritt 3	Homepage ○ Begrüßung ○ Geburtstage ○ Aktuelle Meldungen ○ Wettermeldungen vom Webdienst

Schritt 4	Informations- und Datenseiten
	○ Aktuelle Meldungen
	  ○ Liste & Detail (zwei Zustände)
	  ○ Zustand 1: Listen- und Detailansicht
	  ○ Zustand 2: Listenansicht und Hinzufügen/Löschen/Speichern/Abbrechen
	○ Angestellte (Employees)
	  ○ Liste (drei Zustände)
	  ○ Zustand 1: Nur Listenansicht
	  ○ Zustand 2: Listen- und Detailansicht
	  ○ Zustand 3: Listenansicht und Hinzufügen/Löschen/Speichern/Abbrechen

Schritt 5	Windows Forms ○ Unternehmen verwalten ○ Abteilungen verwalten

Tabelle 14.2: Schritte beim Verdrahten der Anwendung HRnet

Schritt 1: Menüstruktur und Vorlagen

Wir haben uns bereits in den Kapiteln 7 und 10 um Schritt 1 gekümmert. Abbildung 14.1 zeigt die Ergebnisse in der Entwurfsansicht von Visual Studio .NET. Dies wird der Ausgangspunkt für die Beispiele in diesem Kapitel.

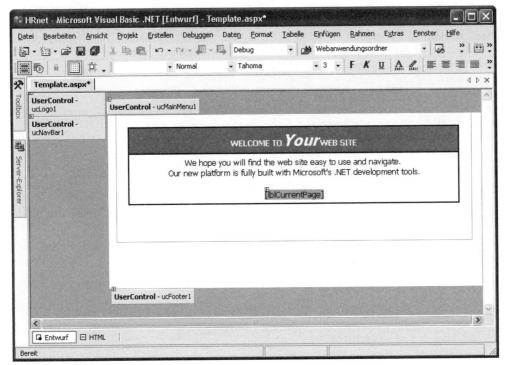

Abbildung 14.1: HRnet-Vorlage mit Benutzersteuerelementen für Menü und Logo

Ordnerstruktur vorbereiten

Sie werden am meisten aus den Beispielen dieses Kapitels lernen, wenn Sie das Beispiel HRnet aus Kapitel 10 kopieren und weiter darauf aufbauen. Bei den Quellcodes zu Kapitel 14 finden Sie aber auch die vollständige Anwendung HRnet, dort können Sie nachsehen, falls Sie die Anleitung nicht nachvollziehen möchten oder Probleme mit Ihrem Code haben. Die Datei *Liesmich.txt* im Verzeichnis *Ch14* enthält ausführliche Installationsanleitungen. Das Verzeichnis *Ch14* enthält neben *HRnet* auch das Unterverzeichnis *HRnetSupport* mit den DLL-Bibliotheken und Unterverzeichnissen für Projekte, die wir erweitern oder ändern müssen, zum Beispiel *HRnetControls* und *SecHeaderControl*. Abbildung 14.2 zeigt die fertige Homepage in der Entwurfsansicht sowie die Verweise auf alle benötigten Komponenten.

Folgende Komponenten liegen im Verzeichnis *Ch14\HRnetSupport\DLL*, für alle brauchen Sie Verweise im Projekt *HRnet*:

- BaseAndInterface
- BizCompany
- BizEmployee
- Chapter12BusinessObjects
- DataAccessLayer
- MenuData
- SecurIt

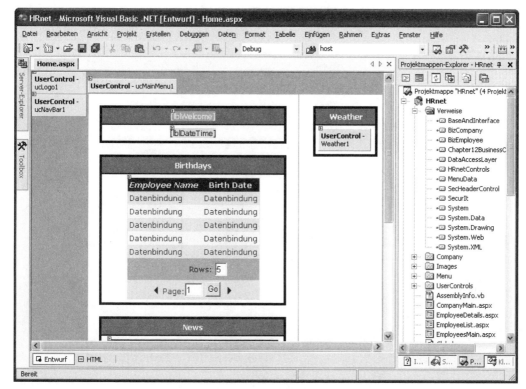

Abbildung 14.2: Homepage von HRnet und Verweise auf die benötigten Komponenten

Die beiden anderen Verweise, die Sie in Abbildung 14.2 sehen, HRnetControls und SecHeaderControl, sind Projekte, die direkt mit der Projektmappe HRnet verknüpft sind.

Schritt 2: Sicherheit

Nachdem wir den Verweis auf die Datei *SecurIt.dll* hinzugefügt haben, können wir die benutzerdefinierte Sicherheitskomponente aus Kapitel 5 benutzen. Da wir das benutzerdefinierte Serversteuerelement für den Sicherheitsheader in jede Seite der Anwendung einbauen, werden bei jeder Seite, auf die jemand zugreifen will, die Anmeldeinformationen geprüft. Entsprechend dem Ergebnis dieser Prüfung wird dem Benutzer der Zugriff erlaubt oder verboten.

Die Web Forms-Seite Login.aspx

Jedes Mal, wenn keine Anmeldeinformationen zur Verfügung stehen, wird der Benutzer zur Web Forms-Seite *Login.aspx* umgeleitet. Diese Seite müssen wir erst erstellen. Abbildung 14.3 zeigt *Login.aspx* in der Entwurfsansicht. Abbildung 14.4 zeigt die Seite während der Ausführung, Sie können deutlich erkennen, dass wir Validierungssteuerelemente verwenden sowie das benutzerdefinierte Serversteuerelement HRText, das hervorgehoben wird, wenn es den Eingabefokus erhält.

Beide Textfelder wurden mit unserem benutzerdefinierten Serversteuerelement HRText erstellt. Wir haben das Steuerelement aus Kapitel 6 in das Projekt *HRnetControls* kopiert und es so ergänzt, dass es sich farblich hervorhebt, wenn es den Eingabefokus erhält.

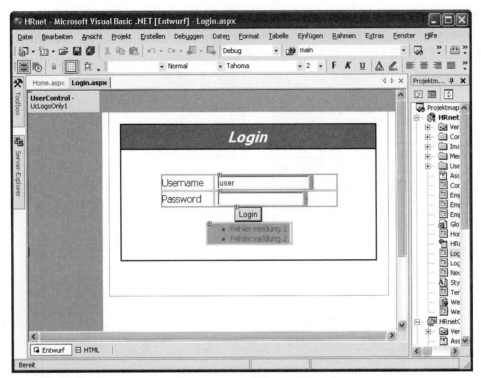

Abbildung 14.3: *Die Web Forms-Seite Login.aspx in der Entwurfsansicht*

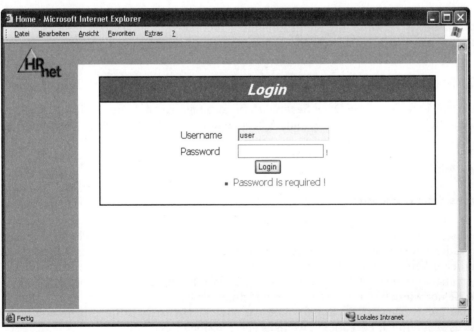

Abbildung 14.4: *Die Web Forms-Seite Login.aspx während der Ausführung im Browser*

Der interessanteste Code innerhalb dieser Web Forms-Seite wird ausgeführt, wenn der Benutzer die Schaltfläche *Login* (Anmelden) anklickt:

```
Private Sub btnLogin_Click(ByVal sender As System.Object, ByVal e As System.EventArgs) _
    Handles btnLogin.Click
    Dim isValid As String
    oUser = New SecurIt.UserSecurity()
    isValid = CStr(oUser.Login(txtUsername.Text, txtPassword.Text))
    oUser.Dispose()
    oUser = Nothing
    If isValid = "True" Then
        btnLogin.Text = "Login"
        btnLogin.ForeColor = Color.Black
        Response.Redirect("Home.aspx")
    Else
        btnLogin.Text = "Invalid Login - Try Again"
        btnLogin.ForeColor = Color.Red
    End If
End Sub
```

Nachdem wir `oUser` als Objekt der Klasse `UserSecurity` aus der Komponente `SecurIt` angelegt haben, übergeben wir `oUser` den Benutzernamen und das Kennwort. Das Objekt `oUser` gibt eine Stringvariable zurück, die entweder den Wert `true` oder den Wert `false` hat, abhängig davon, ob der Benutzer zugelassen wurde. Nur wenn die Anmeldung erfolgreich war, leiten wir den Benutzer zur Homepage weiter. (Die Einzelheiten der Komponente `SecurIt` sind in Kapitel 5 beschrieben.) Ist ein Benutzer autorisiert, werden seine Daten (Name und Rollen) in Sitzungsvariablen gespeichert, auf die wir über das Objekt `HttpContext` zugreifen. Jedes Mal, wenn eine Seite abgerufen wird, überprüfen wir die Daten in `HttpContext` mit Hilfe der Komponente `SecurIt` und bewerten die Sicherheitseinstellungen für den Benutzer. Das wird möglich, weil wir das Steuerelement für den Sicherheitsheader zu allen vorhandenen und zukünftigen Seiten hinzufügen.

Das Steuerelement für den Sicherheitsheader

Das Serversteuerelement `SecHeader` wurde als Header für alle Web Forms-Seiten entworfen. Es überprüft auf jeder Web Forms-Seite die Anmeldeinformationen. Sind keine Anmeldeinformationen vorhanden, leitet es den Benutzer zur Web Forms-Seite *Login.aspx* um. Glücklicherweise haben wir ein Benutzersteuerelement namens *ucLogo.ascx* erstellt, das automatisch in alle unsere Web Forms-Anwendungen eingebunden wird. (Kapitel 6 enthält weitere Informationen über Benutzersteuerelemente, Kapitel 10 über das Benutzersteuerelement *ucLogo.ascx*, mit dem wir uns hier beschäftigen.) Dieses Benutzersteuerelement setzt voraus, dass wir das Serversteuerelement `SecHeader` nur ein einziges Mal hinzufügen und dann über Vererbung an alle Web Forms-Anwendungen weitergeben, die unsere Vorlage benutzen. Das Benutzersteuerelement *ucLogo.ascx* enthält das Serversteuerelement `SecHeader`. Das Benutzersteuerelement umfasst folgenden HTML-Code:

```
ucLogo.ascx
<%@ Control Language="vb" AutoEventWireup="false" Codebehind="ucLogo.ascx.vb"
    Inherits="HRnet.ucLogo"
    TargetSchema="http://schemas.microsoft.com/intellisense/ie5" %>
<%@ Register TagPrefix="cc1" Namespace="SecHeaderControl"
  Assembly="SecHeaderControl" %>
<table id="idLogoTable" cellpadding="0" cellspacing="0"
  border="0" width="100">
  <tr>
```

```
        <td width="100"> 
          <cc1:SecHeader id="SecHeader1" text=""
            imagepath="/HRnet/Images/HRnet.jpg" runat="server"
            Width="80px" Height="50px"></cc1:SecHeader>
        </td>
      </tr>
      <tr>
        <td align="middle">
          <P>
            <asp:Label id="lblUser" runat="server" Font-Size="XX-Small"
              ForeColor="Gray"></asp:Label>
            <asp:LinkButton id="LinkBtnLogout" runat="server"
              ToolTip="Click Here to Log Off" ForeColor="CornflowerBlue"
              Font-Size="Medium" Font-Bold="True"
              Font-Names="Arial">Logout</asp:LinkButton>
            <IMG height="1" src="/HRnet/Images/spacer.gif" width="90">
          </P>
        </td>
      </tr>
    </table>
```

Wir haben in diesem Codeausschnitt die interessantesten Teile durch Fettschrift hervorgehoben. Zuerst registrieren wir die Assembly `SecHeaderControl` mit dem `TagPrefix cc1`. Zweitens benutzen wir das Steuerelement innerhalb der Seite. Die Beschriftung ist dabei leer, der `imagepath` verweist auf die Datei mit dem Logo von HRnet. Wahrscheinlich erinnern Sie sich noch, dass `SecHeader` das Bild enthält. Wenn wir wollen, können wir nicht nur den Benutzer überprüfen, sondern auch eine Überschrift anzeigen lassen. Die beiden anderen ASP.NET-Steuerelemente auf dieser Web Forms-Seite sind ein `Label`-Steuerelement, das den Benutzer und seine Rolle anzeigt, sowie ein `LinkButton`-Steuerelement, mit dem sich der Benutzer abmelden kann. Bevor wir uns das veränderte `SecHeader`-Steuerelement ansehen, werfen wir einen Blick in die Code-Behind-Datei des Benutzersteuerelements *ucLogo.ascx*:

```
Private Sub Page_Load(ByVal sender As System.Object, _
    ByVal e As System.EventArgs) Handles MyBase.Load
    If Not IsPostBack Then
        Dim oUser As New SecurIt.UserSecurity()
        lblUser.Text = oUser.UserName + " > " + CStr(oUser.Roles.GetValue(0))
    End If
End Sub
Private Sub LinkBtnLogout_Click(ByVal sender As System.Object, _
    ByVal e As System.EventArgs) Handles LinkBtnLogout.Click
    Dim oUser As New SecurIt.UserSecurity
    oUser.Logout("Normal")
    oUser.Dispose()
    oUser = Nothing

    Session.Clear()
    Session.Abandon()
    Response.Redirect("/HRnet/Logout.aspx")
End Sub
```

Der Code, der die Anmeldeinformationen des Benutzers auf jeder Web Forms-Seite überprüft, ist im Steuerelement `SecHeader` gekapselt. Daher enthält die Code-Behind-Datei des Benutzersteuerelements *ucLogo.ascx* nur zwei wesentliche Funktionen: den Benutzernamen ermitteln und anzeigen sowie über eine Schaltfläche die Abmeldung vollziehen. Sehen wir uns diese beiden Funktionen etwas genauer an. Wenn auf die Seite zugegriffen wird, legen wir das Objekt `oUser` an und ermitteln den Namen und die Rolle des Benutzers. Beides zeigen wir im Logo-Steuerelement an. Das tun wir, damit Sie jederzeit sehen, unter welchem Benutzernamen Sie sich angemeldet haben und welche Rolle dieser Benutzer einnimmt. In der fertigen Anwendung können Sie diese Anzeige wahrscheinlich aus dem Steuerelement entfernen. Klickt der Benutzer auf die Abmelde-Schaltfläche, rufen wir die Methode Logout des Sicherheitsobjekts oUser auf, löschen alle übrig gebliebenen Sitzungsvariablen und beenden die aktuelle Sitzung. So zwingen wir die Microsoft Internet-Informationsdienste (Internet Information Services, IIS), eine neue Sitzungs-ID zuzuweisen. Das erscheint vielleicht etwas übertrieben. Aber je sicherer wir uns abmelden können, desto sicherer wird unsere Anwendung.

Wir haben erwähnt, dass wir das Serversteuerelement SecHeader leicht verändern müssen. Wir wollen das Layout des verwendeten Logos anpassen. Der HTML-Code, den dieses Steuerelement generieren muss, unterscheidet sich von dem in unseren Beispielen aus Kapitel 5. Dazu brauchen wir einzig den Code in der Methode Render zu verändern:

```
Protected Overrides Sub Render(ByVal output As
    System.Web.UI.HtmlTextWriter)
    output.Write("<TABLE id=""TableHeader"" cellSpacing=""1"" & _
        cellPadding=""1"" width=""100%"" border=""0"">")
    output.Write("<tr>")
    output.Write("<TD><IMG style=""WIDTH: 92px"" src=""" & ResolveUrl(ImagePath) & """></TD>")
    output.Write("<TD>")
    output.Write("<H1 align=""center""><FONT color=""red"">" & _
        [Text] & "</FONT></H1>")
    output.Write("</TD>")
    output.Write("</TR>")
    output.Write("</TABLE>")
End Sub
```

Die fett gedruckten Zeilen in diesem Ausschnitt zeigen, wie wir dem Bildsteuerelement eine feste Breite geben, die zu unserer Anwendung passt.

Gruppe	Berechtigungen
Executive	Alle Menübefehle
	Alle Funktionen zum Ansehen, Details Ansehen, Speichern, Ändern, Hinzufügen
HRManager	Menübefehle und Datenzugriffsberechtigungen
	Register *Homepage*
	Register *Employee*
	Employee List: Alles ansehen
	Details: Alles ansehen, editieren, speichern, abbrechen
	Address: Alles ansehen, editieren, speichern, abbrechen
	Emergency Info: Alles ansehen, editieren, speichern, abbrechen
	Register *Company*
	News Items: Nur ansehen
	Departments: Nur alles ansehen
	Positions: Nur alles ansehen
	Job Titles: Nur alles ansehen
Employee	Menübefehle und Datenzugriffsberechtigungen
	Register *Homepage*
	Register *Employee*
	Employee List: Nur ansehen, nur Listendarstellung
Andere	Menübefehle und Datenzugriffsberechtigungen
	Register *Homepage*

Tabelle 14.3: *Die vier Berechtigungsstufen von HRnet*

Nachdem wir die vorgestellten Änderungen durchgeführt haben, steht die Sicherheit auf jeder einzelnen Web Forms-Seite der Anwendung zur Verfügung. Einfacher lässt sich Authentifizierung nicht erreichen.

Sicherheitsberechtigungen

Nachdem die Authentifizierung implementiert ist, müssen wir entscheiden, welche Berechtigungen wir den verschiedenen Benutzergruppen zuweisen. Wir wollten diesen Aspekt simpel halten, daher haben wir für das Beispiel nur vier Berechtigungsstufen implementiert. Tabelle 14.3 zeigt, welche Menübefehle in jeder der vier Berechtigungsstufen zur Verfügung stehen. Zusätzlich haben wir Datenzugriffsberechtigungen implementiert, die auf Datensatzebene wirksam werden.

Gleich werden wir Ihnen zeigen, auf welche Weise wir die verfügbaren Menübefehle für die Benutzer einschränken. Datenzugriffsberechtigungen kommen nur auf Informationsseiten zum Tragen, damit werden wir uns weiter unten im Abschnitt »Schritt 4: Informations- und Datenseiten« beschäftigen.

Sichere Menüstrukturen

Dank `MenuDataClass` (siehe Kapitel 5) ist es ganz einfach, dynamische Menüstrukturen zu erstellen, mit denen wir die vier Berechtigungsstufen unterstützen. Die Datei *MenuDataClass.vb* liegt im Verzeichnis *HRnet\Menu*. Für jede Berechtigungsstufe gibt es ein eigenes DataSet mit Menüdaten, das innerhalb von `MenuDataClass` definiert ist. Bei unserer ersten Änderung an `MenuDataClass` fügen wir eine Instanz von `SecurIt` hinzu und ermitteln die primäre Rolle des aktuellen Benutzers. Als Zweites fügen wir eine `Select Case`-Anweisung hinzu, die die Hauptmenüregister und Navigationsleisteneinträge für die primäre Rolle des Benutzers dynamisch erstellt. Das folgende Listing zeigt den vollständigen Code für `MenuDataClass`:

```
Public Class MenuDataClass
    Public Function getMenuDataSet() As DataSet
        Dim oUser As New SecurIt.UserSecurity()
        Dim localUser As String = UCase(CStr(oUser.Roles.GetValue(0)))
        Dim localMenuTables As New MenuDataServer()
        Select Case localUser
            Case "EMPLOYEE"
                localMenuTables.AddMainMenuParameter(1, "Home", _
                    "/HRnet/Home.aspx", False, "HRnet Home Page")
                localMenuTables.AddMainMenuParameter(2, "Employees", _
                    "/HRnet/Template.aspx", True, "Employee Information")
                localMenuTables.AddNavBarParameter(2, 1, "Employee List", _
                    "EmployeeList.aspx", False, "List all Employees")
            Case "HRMANAGER"
                localMenuTables.AddMainMenuParameter(1, "Home", _
                    "/HRnet/Home.aspx", False, "HRnet Home Page")
                localMenuTables.AddMainMenuParameter(2, "Employees", _
                    "/HRnet/EmplolyeesMain.aspx", True, _
                    "Employee Information")
                localMenuTables.AddMainMenuParameter(3, "Company", _
                    "/HRnet/CompanyMain.aspx", True, "Company Information")
                localMenuTables.AddNavBarParameter(2, 1, "Employee List", _
                    "EmployeeList.aspx", False, "List all Employees")
                localMenuTables.AddNavBarParameter(2, 2, "Details", _
                    "EmployeeDetails.aspx", False, "Specific Employee's " _
                    & "Information")
```

```vb
        localMenuTables.AddNavBarParameter(2, 3, "Address", _
            "Template.aspx", False, "Specific Employee's Address")
        localMenuTables.AddNavBarParameter(2, 4, "Emergency Info", _
            "Template.aspx", False, "Specific Employee's " & _
            "Emergency Info")

        localMenuTables.AddNavBarParameter(3, 1, "News Items", _
            "NewsDetail.aspx", False, "Current and Archived News")
        localMenuTables.AddNavBarParameter(3, 2, "Departments", _
            "Template.aspx", False, "Our Company's Departments")
        localMenuTables.AddNavBarParameter(3, 3, "Positions", _
            "Template.aspx", False, "Our Company's Positions")
        localMenuTables.AddNavBarParameter(3, 4, "Job Titles", _
            "Template.aspx", False, "Our Company's Job Titles")

    Case "EXECUTIVE"
        localMenuTables.AddMainMenuParameter(1, "Home", _
            "/HRnet/Home.aspx", False, "HRnet Home Page")
        localMenuTables.AddMainMenuParameter(2, "Employees", _
            "/HRnet/EmployeesMain.aspx", True, _
            "Employee Information")
        localMenuTables.AddMainMenuParameter(3, "Benefits", _
            "/HRnet/Template.aspx", True, "Available Benefits")
        localMenuTables.AddMainMenuParameter(4, "Company", _
            "/HRnet/CompanyMain.aspx", True, "Company Information")

        ' Daten in die Tabelle mit den Navigationsleisteneinträgen einfügen
        localMenuTables.AddNavBarParameter(2, 1, "Employee List", _
            "EmployeeList.aspx", False, "List all Employees")
        localMenuTables.AddNavBarParameter(2, 2, "Details", _
            "EmployeeDetails.aspx", False, "Specific " & _
            "Employee's Information")
        localMenuTables.AddNavBarParameter(2, 3, "Address", _
            "Template.aspx", False, "Specific Employee's Address")
        localMenuTables.AddNavBarParameter(2, 4, "Emergency Info", _
            "Template.aspx", False, "Specific Employee's " & _
            "Emergency Info")
        localMenuTables.AddNavBarParameter(2, 5, "Benefits", _
            "Template.aspx", False, "Specific " & _
            "Employee's Choosen Benefits")
        localMenuTables.AddNavBarParameter(2, 6, "Work Schedule", _
            "Template.aspx", False, "Specific " & _
            "Employee's Work Schedule")
        localMenuTables.AddNavBarParameter(2, 7, "My Info", _
            "Template.aspx", False, "Specific " & _
            "Employee's Work Schedule")
        localMenuTables.AddNavBarParameter(3, 1, "Health", _
            "Template.aspx", False, "List Health Benefits")
        localMenuTables.AddNavBarParameter(3, 2, "Disability", _
            "Template.aspx", False, "List Disability Benefits")
        localMenuTables.AddNavBarParameter(3, 3, "401K", _
            "Template.aspx", False, "List Retirement Benefits")
        localMenuTables.AddNavBarParameter(3, 4, "Education", _
            "Template.aspx", False, "List Education Benefits")
        localMenuTables.AddNavBarParameter(3, 5, "Other", _
            "Template.aspx", False, "List Education Benefits")
        localMenuTables.AddNavBarParameter(3, 6, "Add", _
            "Template.aspx", False, "List Education Benefits")
```

```
            localMenuTables.AddNavBarParameter(4, 1, "News Items", _
                "NewsDetail.aspx", False, "Current and Archived News")
            localMenuTables.AddNavBarParameter(4, 2, "Departments", _
                "Template.aspx", False, "Our Company's Departments")
            localMenuTables.AddNavBarParameter(4, 3, "Positions", _
                "Template.aspx", False, "Our Company's Positions")
            localMenuTables.AddNavBarParameter(4, 4, "Job Titles", _
                "Template.aspx", False, "Our Company's Job Titles")
        Case Else
            localMenuTables.AddMainMenuParameter(1, "Home", _
                "/HRnet/Home.aspx", False, "HRnet Home Page")
    End Select
    Return localMenuTables.GetMenuDataSet
    localMenuTables.Dispose()
    localMenuTables = Nothing
    End Function
End Class
```

Der fett gedruckte Code erstellt das Sicherheitsobjekt, ermittelt die primäre Rolle des Benutzers und wählt in der Select Case-Anweisung die korrekte Menüstruktur. Diese Menüstruktur hat drei Hauptstufen für die Berechtigungen. Die vierte Stufe wurde für Benutzer hinzugefügt, die authentifiziert sind, aber keine Rollen erhalten haben. Wir wollen ihnen Zugriff auf HRnet gewähren, aber nur auf die Homepage. Nicht autorisierte Benutzer können sich überhaupt nicht anmelden.

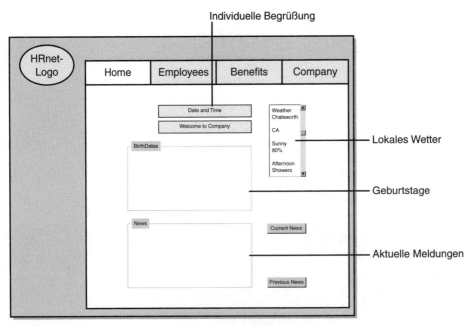

Abbildung 14.5: *Aufbau der Homepage von HRnet*

Schritt 3: Die Homepage

Die Homepage von HRnet (siehe Kapitel 10) soll den Angestellten allgemeine Informationen liefern. Neben einer individuellen Begrüßung zeigen wir eine Liste der Angestellten, die diesen Monat Geburtstag haben, eine Liste aktueller Meldungen und das Wetter für die Gegend, in der das Unternehmen liegt. Abbildung 14.5 zeigt den Aufbau der Homepage. In den nächsten Abschnitten sehen wir uns an, wie wir die geschilderten Funktionen in die Homepage von HRnet einbauen.

Individuelle Begrüßung

Die individuelle Begrüßung heißt den Benutzer willkommen. Sie zeigt die Tageszeit an (Vormittag, Nachmittag oder Abend) und den Namen des Benutzers. Außerdem zeigt sie Datum und Uhrzeit an. Wir haben für diese Begrüßung zwei Label-Steuerelemente eingefügt. Das erste ist lblWelcome, es liegt in einem Tabellenheader. Das zweite Label-Steuerelement ist lblDateTime, es liegt unmittelbar unter dem ersten. In der Code-Behind-Datei von *Home.aspx* füllen wir die beiden Label-Steuerelemente dynamisch mit Werten. Dazu sind nur wenige Zeilen notwendig:

```
Private Sub Page_Load(ByVal sender As System.Object, ByVal e As System.EventArgs) _
    Handles MyBase.Load
    lblDateTime.Text = "The current date and time is: " & Now()
    lblWelcome.Text = getTimeFrame() + getUserName()
    GetNewsAndBirthData()

    If Not IsPostBack Then
        ⋮
End Sub

Private Function getTimeFrame() As String
    Dim nowHour As Integer
    nowHour = Now().Hour
    Select Case nowHour
        Case Is < 12
            Return "Good Morning "
        Case 12 To 18
            Return "Good Afternoon "
        Case Is > 18
            Return "Good Evening "
    End Select
End Function

Private Function getUserName() As String
    Try
        Return proper(CStr(Session("UserName")))
    Catch
    End Try
End Function

Private Function proper(ByVal text As String) As String
    Dim convertText As String = text
    Dim lengthText As Integer = convertText.Length
    convertText = LCase(convertText)
    Dim firstLetter As String = Left(convertText, 1)
    firstLetter = UCase(firstLetter)
    Return firstLetter + Right(convertText, lengthText - 1)
End Function
```

Zusammenstellen der Gesamtanwendung

Da beide Label-Steuerelemente zeitabhängige Daten enthalten, wollen wir sicherstellen, dass sie jedes Mal, wenn die Seite geladen wird, aktualisiert werden. In das Label-Steuerelement lbl-DateTime tragen wir einfach die aktuelle Uhrzeit ein:

```
lblDateTime.Text = "The current date and time is: " & Now()
```

Das Label-Steuerelement lblWelcome benötigt etwas mehr Arbeit. Zuerst müssen wir die Begrüßung erstellen, danach den Benutzernamen anhängen. Wir beschlossen, dafür zwei Funktionen aufzurufen:

```
lblWelcome.Text = getTimeFrame() + getUserName()
```

Die Funktion getTimeFrame ermittelt die Uhrzeit (im 24-Stunden-Format) und gibt »Good Morning« zurück, falls es vor 12 Uhr ist, »Good Afternoon« zwischen Mittag und 6 Uhr abends und danach »Good Evening«. Die Funktion getUserName liefert den Inhalt der Sitzungsvariablen User-Name. Die Komponente SecurIt erstellt diese Sitzungsvariable bei der Anmeldung. Beachten Sie, dass die Funktion getUserName eine andere Hilfsfunktion aufruft: proper verwandelt einfach den ersten Buchstaben des Textes in einen Großbuchstaben.

Geburtstage und aktuelle Meldungen

Zum Anzeigen der Geburtstagskinder und der aktuellen Meldungen verwenden wir das benutzerdefinierte DataGrid-Serversteuerelement, das wir in Kapitel 11 entwickelt haben. Wir kopieren das DataGrid-Steuerelement aus Kapitel 11 in das Projekt *HRnetControls* und benennen es in *HRGrid* um. Abbildung 14.2 zeigt, wie das DataGrid-Steuerelement für die Geburtstage im Entwurfmodus auf der Seite *Home.aspx* dargestellt wird. Direkt darunter liegt das DataGrid-Steuerelement für die aktuellen Meldungen. Im HTML-Code der Homepage werden am Anfang die Assembly und der Namespace der verwendeten Steuerelemente registriert. Der folgende Ausschnitt zeigt den HTML-Code von *Home.aspx* mit den Seitendirektiven und Registrierungen. Die Registrierung der Steuerelemente aus dem Projekt HRnetControls ist durch Fettschrift hervorgehoben:

```
<%@ Page Language="vb" SmartNavigation="true" Trace="true"
    AutoEventWireup="false" Codebehind=Home.aspx.vb
    Inherits="HRnet.Home" %>
<%@ Register TagPrefix="cc2" Namespace="HRnetControls" Assembly="HRnetControls" %>
<%@ Register TagPrefix="ucl" TagName="weather" Src="UserControls/weather.ascx" %>
<%@ Register TagPrefix="cc1" Namespace="SecHeaderControl" Assembly="SecHeaderControl" %>
<%@ Register TagPrefix="ucl" TagName="ucFooter" Src="UserControls/ucFooter.ascx" %>
<%@ Register TagPrefix="ucl" TagName="ucLogo" Src="UserControls/ucLogo.ascx" %>
<%@ Register TagPrefix="ucl" TagName="ucNavBar" Src="Menu/ucNavBar.ascx" %>
<%@ Register TagPrefix="ucl" TagName="ucMainMenu" Src="Menu/ucMainMenu.ascx" %>
```

Die beiden nächsten Ausschnitte zeigen den HTML-Code aus der Web Forms-Seite *Home.aspx*, mit dem die beiden DataGrid-Steuerelemente eingebunden werden. Wenn Sie diese Anweisungen mit den früheren Beispielen zum DataGrid-Steuerelement vergleichen, wird Ihnen auffallen, dass wir ein TemplateColumn benutzen. Der erste Ausschnitt bindet das DataGrid-Steuerelement gridBirthDates ein. (Der Code mit dem TemplateColumn ist fett hervorgehoben.)

```
<cc2:hrgrid id="gridBirthDates" runat="server">
  <Columns>
    <asp:TemplateColumn SortExpression="LastName"
      HeaderText="Employee Name">
      <ItemTemplate>
        <asp:Label Runat="server" Text='<%# "<b>" +
          DataBinder.Eval(Container.DataItem, "lastname") + "</b>, " +
          DataBinder.Eval(Container.DataItem, "firstname") %>'/>
      </ItemTemplate>
```

```
      </asp:TemplateColumn>
      <asp:BoundColumn DataField="birthdate" HeaderText="Birth Date"
        DataFormatString="{0:MMMM dd}">
        <ItemStyle HorizontalAlign="Right"></ItemStyle>
      </asp:BoundColumn>
    </Columns>
</cc2:hrgrid>
```

Und hier der Code für das `DataGrid`-Steuerelement `gridNews`. Auch hier haben wir den Code mit dem `TemplateColumn` wieder hervorgehoben:

```
<cc2:hrgrid id="gridNews" runat="server">
  <Columns>
    <asp:TemplateColumn SortExpression="newssubject"
      HeaderText="Subject">
      <ItemTemplate>
        <asp:Label Runat="server" Text='<%# "<b>" +
          DataBinder.Eval(Container.DataItem, "newssubject") +
          "</b>" %>' ID="Label2"/>
      </ItemTemplate>
    </asp:TemplateColumn>
    <asp:BoundColumn DataField="newsinfo"
      HeaderText="News"></asp:BoundColumn>
    <asp:BoundColumn DataField="newsdate" HeaderText="Date"
      SortExpression="newsdate"
      DataFormatString="{0:MM/dd/yy}"></asp:BoundColumn>
  </Columns>
</cc2:hrgrid>
```

Hier setzen wir zum ersten Mal ein `TemplateColumn` in einem `DataGrid`-Steuerelement ein. Die Beispiele zu `DataGrid` in Kapitel 11 verwendeten `BoundColumn`- und `ButtonColumn`-Elemente. In einem `BoundColumn`-Steuerelement können wir Daten nur als gewöhnliche Textfelder anzeigen. Wenn wir mehrere Datenfelder in eine Spalte kombinieren müssen (zum Beispiel Nachname und Vorname) oder spezielle Formatierungen verwenden wollen, die in Textfeldern nicht zur Verfügung stehen, müssen wir `TemplateColumn`-Steuerelemente nehmen. In diesen Spalten können wir jede beliebige Kombination aus ASP.NET-Steuerelementen benutzen, um Daten anzuzeigen und zu formatieren. Diese Flexibilität hat ihren Preis: Für `TemplateColumn`-Steuerelemente gibt es keine automatische Datenbindung. Wenn Daten angezeigt werden sollen, müssen wir den Code dazu von Hand schreiben. Anfangs schreckte uns das ab, wir kamen aber schnell darauf, dass diese Einschränkung sinnvoll ist. Wie sonst könnten Sie zwei oder mehr Datenfelder an eine einzige Spalte binden? Wir rufen die Funktion `DataBinder.Eval` auf, um ein bestimmtes Datenfeld an ein ASP.NET-Steuerelement zu binden, das in einem `ItemTemplate` liegt (das `ItemTemplate` liegt wiederum in einem `TemplateColumn`-Steuerelement). Auf diese Weise können wir den Inhalt eines bestimmten Datenfelds mit dem Befehl `Container.DataItem` abrufen. Falls wir zum Beispiel den Nachnamen aus dem aktuellen Datensatz zurückgeben wollen, rufen wir `DataBinder` so auf:

```
DataBinder.Eval(Container.DataItem, "lastname")
```

Der Rest ist einfach. Wir bauen die Funktion `DataBinder` in ein ASP.NET-Steuerelement ein, zum Beispiel in ein `Label`-Steuerelement. Beim Beispiel mit dem `DataGrid`-Steuerelement `gridBirthDates` fasst der folgende Code den Nachnamen und den Vornamen des Angestellten in einer einzigen Spalte zusammen:

```
<asp:Label Runat="server" Text='<%# "<b>" +
  DataBinder.Eval(Container.DataItem, "lastname") + "</b>, " +
  DataBinder.Eval(Container.DataItem, "firstname") %>'/>
```

Zusammenstellen der Gesamtanwendung

Die `DataGrid`-Steuerelemente für Geburtstage und aktuelle Meldungen sind definiert, jetzt müssen wir ihre Datenquellen füllen. Dazu dient dieser Code aus der Code-Behind-Datei der Web Forms-Seite *Home.aspx*:

```
Private Sub Page_Load(ByVal sender As System.Object, ByVal e As System.EventArgs) _
    Handles MyBase.Load
    ⋮
  GetNewsAndBirthData()
    If Not IsPostBack Then
        gridNews.PageSize = 2
        gridNews.GridDataSet = CType(Session("News"), DataSet)
        gridNews.Update()
        gridBirthDates.AllowPaging = False
        gridBirthDates.ShowFooter = False
        gridBirthDates.GridDataSet = CType(Session("Births"), DataSet)
        gridBirthDates.Update()
    Else
        gridNews.GridDataSet = CType(Session("News"), DataSet)
        gridBirthDates.GridDataSet = CType(Session("Births"), DataSet)
    End If
End Sub
Private Sub GetNewsAndBirthData()
    If Session("Births") Is Nothing Or Session("News") Is Nothing Then
        Dim localActiveNews As DataSet
        Dim localBirthdays As DataSet
        Dim localCompany As New Company()
        localActiveNews = localCompany.GetCompanyActiveNews(1)
        localBirthdays = localCompany.GetEmployeeBirthdays(1)
        Session("Births") = localBirthdays
        Session("News") = localActiveNews
    End If
End Sub
```

Jedes Mal, wenn die Seite geladen wird, wollen wir prüfen, ob die `DataSet`-Objekte für die beiden `DataGrid`-Steuerelemente noch zur Verfügung stehen oder ob wir sie über die Geschäftsobjekte in der Mittelschicht laden müssen. Wir definieren dazu die Methode `GetNewsAndBirthData`. Sie überprüft, ob die beiden `DataSet`-Objekte verfügbar sind, und lädt sie bei Bedarf in Sitzungsvariablen. Wenn die Web Forms-Seite *Home.aspx* zum ersten Mal geladen wird, tragen wir nicht nur Werte in die Eigenschaft `GridDataSet` der `DataGrid`-Steuerelemente ein, sondern ändern auch einige Laufzeiteigenschaften des benutzerdefinierten `HRGrid`-Serversteuerelements. In dem obigen Codeausschnitt sehen Sie, dass wir die `PageSize` des `DataGrid`-Steuerelements `gridNews` auf den Wert 2 beschränken. Außerdem stellen wir die Eigenschaften des `DataGrid`-Steuerelements `gridBirthDates` so ein, dass es seine Fußzeile und die Leiste mit den Befehlen zum Blättern verbirgt. Diese Einstellungen sind nur nötig, wenn die Homepage zum ersten Mal geladen wird, da die `DataGrid`-Steuerelemente diese Werte in ihren eigenen Zustandsdaten speichern. Bei Postbacks müssen wir nur die Datenquelle der `DataGrid`-Steuerelemente neu einstellen, also die Eigenschaft `GridDataSet`. Mehr brauchen wir nicht zu tun. Damit bleibt nur noch ein Element der Homepage übrig: die Wettermeldungen. Darum kümmern wir uns als Nächstes.

Lokale Wettermeldungen

Dank der Geschäftskomponenten und der Arbeit, die wir in Kapitel 12 erledigt haben, müssen wir nur ein paar Codezeilen schreiben, um den Wetterbericht und die Wettervorhersage für den Standort des Unternehmens anzuzeigen. Wir haben die Wettermeldungen in das Benutzersteuerelement *weather.ascx* eingebaut, das Sie im Verzeichnis *HRnet\UserControls* finden. Gegenüber den Beispielen aus Kapitel 12 haben wir einige kleine Änderungen vorgenommen. Die wichtigste optische Änderung ist, dass wir statt des `DataList`-Steuerelements das benutzerdefinierte Serversteuerelement `HRGrid` verwenden. Das hat den Grund, dass wir ein einheitliches Look-and-Feel für die Anwendung HRnet erreichen wollen. Die Änderungen an der Code-Behind-Datei sind etwas umfangreicher. Wir entschlossen uns, zum Speichern der Wettermeldungen vom Programmcode aus ein `DataSet` zu erstellen statt wie im Beispiel aus Kapitel 12 eine `ArrayList`. Hier die relevante Unterroutine aus der Code-Behind-Datei von *weather.ascx*:

```
Sub GetData()
    If Session("Weather") Is Nothing Then
        Dim oUser As New SecurIt.UserSecurity()
        Dim x As New BlUtility(oUser)
        Dim i As Integer

        Dim loadDataSet As New DataSet()
        Dim table As New DataTable("WeatherItems")
        Dim rowDataRow As DataRow
        table.Columns.Add("Weather", System.Type.GetType("System.String"))
        Dim weatherforecast As BlUtility.WeatherInformation
        weatherforecast = x.GetCompanyWeatherForecast(1)
        With weatherforecast
            If .Status = "Normal" Then
                rowDataRow = table.NewRow
                rowDataRow("Weather") = "<B>Current Weather for: " + .City.ToString + "</B>"
                table.Rows.Add(rowDataRow)
                Dim intWeather As Integer = weatherforecast.DayForecast.GetUpperBound(0)
                For i = 0 To intWeather
                    rowDataRow = table.NewRow
                    rowDataRow("Weather") = "<b>" + .DayForecast(i).Day + _
                        ":</b> <br>" + .DayForecast(i).Forecast + "<br>" + _
                        .DayForecast(i).Abbrev + " "
                    table.Rows.Add(rowDataRow)
                Next
                rowDataRow = table.NewRow
                rowDataRow("Weather") = .Time.ToString
                table.Rows.Add(rowDataRow)
            Else
                rowDataRow = table.NewRow
                rowDataRow("Weather") = .Status.ToString
                table.Rows.Add(rowDataRow)
            End If
        End With
        loadDataSet.Tables.Add(table)
        Session("Weather") = loadDataSet
        weatherforecast = Nothing
        x = Nothing
    End If
End Sub
```

Nachdem wir ein Objekt der Geschäftsschicht (`BlUtility`) initialisiert haben, erstellen wir ein `DataTable`-Objekt, in das wir die vom Wetter-Webdienst (die Methode `GetCompanyWeatherForecast` des Geschäftsschichtobjekts) gelieferten Daten eintragen. Die so entstandene Tabelle fügen wir zu einem `DataSet` hinzu, das sich selbst als Sitzungsvariable speichert.

Jetzt haben wir die Webseite *Home.aspx* fertig und können sie ausprobieren. Klicken Sie im Projektmappen-Explorer mit der rechten Maustaste auf *Home.aspx* und wählen Sie im Kontextmenü den Befehl *Erstellen und durchsuchen*. Statt der Web Forms-Seite *Home.aspx* sehen Sie die Seite *Login.aspx*. Warum? Weil Sie sich noch nicht über das Geschäftsobjekt SecurIt angemeldet haben und auf die Anmeldeseite umgeleitet werden. Nachdem Sie Benutzername und Kennwort eingegeben haben (in Tabelle 14.2 finden Sie einige gültige Kombinationen von Benutzername und Kennwort), finden Sie sich auf der Homepage wieder. Abbildung 14.6 zeigt ihren Inhalt.

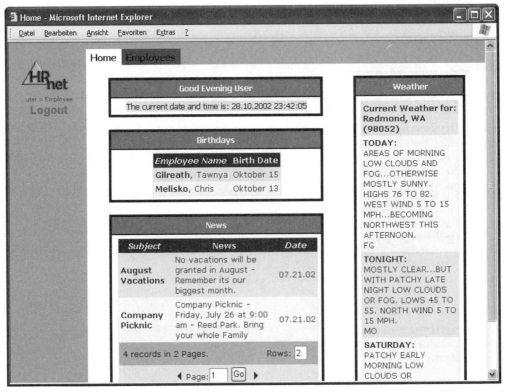

Abbildung 14.6: *Die Homepage von HRnet während der Laufzeit*

Schritt 4: Informations- und Datenseiten

Informationsseiten waren bisher immer eine Herausforderung, besonders wenn sie datengesteuerte Web Forms-Seiten sein sollten. ASP.NET hat es viel einfacher gemacht, sauber entworfene und korrekt funktionierende Informationsseiten zu erstellen. Die Grundlagen zu diesem Thema haben wir in Kapitel 11 beschrieben, wir werden sie für die Anwendung HRnet nutzen, indem wir zwei Beispiele erstellen. Das erste Beispiel ist eine Web Forms-Seite, in der Sie die aktuellen Meldungen des Unternehmens verwalten. Das ist eine Web Forms-Seite, bei der sich ein DataGrid-Steuerelement und ein Detailbereich auf einer einzigen Seite befinden. Das zweite Beispiel umfasst zwei Web Forms-Seiten, die Teile der Angestelltendaten verwalten: Die erste Web Forms-Seite enthält nur das DataGrid-Steuerelement, die zweite Seite die Detailinformationen. Machen wir uns ans Werk.

Aktuelle Meldungen: DataGrid und Detaildaten auf einer Web Forms-Seite

Die aktuellen Meldungen des Unternehmens werden auf einer einzigen Web Forms-Seite verwaltet. Abbildung 14.7 zeigt, wie dieses Formular Details zu einem Element anzeigt (Rolle des Benutzers ist `HRManager`).

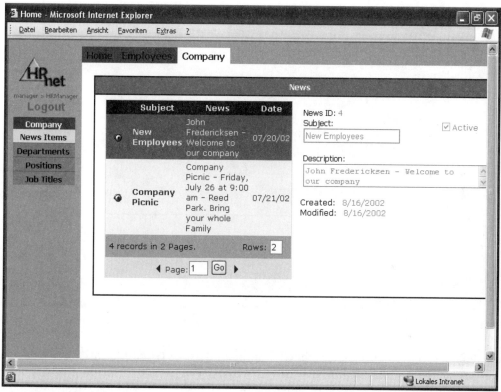

Abbildung 14.7: *Die Seite zum Verwalten der aktuellen Meldungen (Berechtigung nur zum Ansehen der Details)*

Abbildung 14.8 zeigt dasselbe Formular, wenn der Benutzer die Berechtigung zum Ändern der Detaildaten hat (Rolle des Benutzers ist diesmal `Executive`). Alle anderen Berechtigungsstufen haben überhaupt keinen Zugriff auf diese Web Forms-Seite.

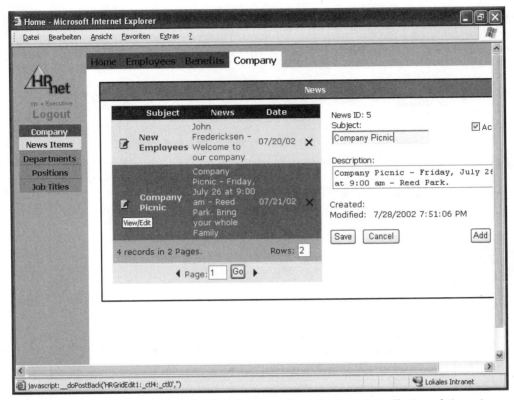

Abbildung 14.8: *Die Seite zum Verwalten der aktuellen Meldungen (volle Berechtigung)*

Große Teile dieser Web Forms-Seite ähneln zwar dem Beispiel *GridandDetailState.aspx* aus Kapitel 11, es gibt aber einige Unterschiede und erweiterte Fähigkeiten. (Sie können zu Kapitel 11 zurückblättern, wenn Sie die Bedeutung der Funktionen nicht mehr im Kopf haben.) Statt die Detaildaten in einem Benutzersteuerelement anzuzeigen, legen wir DataGrid-Steuerelement und Detaildaten auf dieselbe Web Forms-Seite. So haben wir direkten Zugriff auf die ASP.NET-Steuerelemente mit den Detaildaten und müssen uns nicht mit den Eigenschaften und Ereignissen eines Benutzersteuerelements herumschlagen. Abbildung 14.9 zeigt die Web Forms-Seite *NewsDetail.aspx* in der Entwurfsansicht.

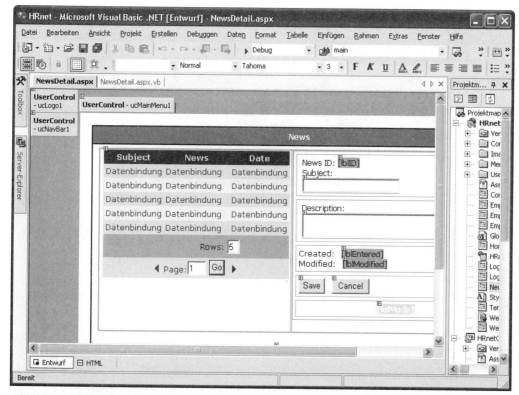

Abbildung 14.9: Die Seite zum Verwalten der aktuellen Meldungen in der Entwurfsansicht

Hinzufügen eines Meldungsfelds

Gehen wir die Code-Behind-Datei von *NewsDetails.aspx* durch und sehen wir uns an, welche Veränderungen wir vorgenommen und welchen zusätzlichen Code wir eingefügt haben. Zuerst haben wir die folgenden Anweisungen in den Ereignishandler Page_Load eingefügt:

```
Private Sub Page_Load(ByVal sender As System.Object, ByVal e As System.EventArgs) Handles MyBase.Load
    btnSave.Attributes.Add("onclick", "return confirm('OK to Save?');")
    btnCancel.Attributes.Add("onclick", "return confirm('OK to Cancel?');")
    lblMode.Text = ""
    ⋮
End Sub
```

Haben Sie sich schon einmal gefragt, wie Sie in Ihrer Web Forms-Anwendung ein Meldungsfeld öffnen? Sie sehen, Sie brauchen dafür genau eine Zeile! Wir müssen lediglich jeder Schaltfläche, für die sich ein Meldungsfeld öffnen soll, ein Attribut zuweisen. Wir haben hier den Schaltflächen btnSave und btnCancel ein Meldungsfeld zugewiesen. Beachten Sie, dass wir den Text angeben können, der in dem Meldungsfeld erscheinen soll. Abbildung 14.10 zeigt das Meldungsfeld, das sich nach dem Anklicken der Schaltfläche btnCancel öffnet.

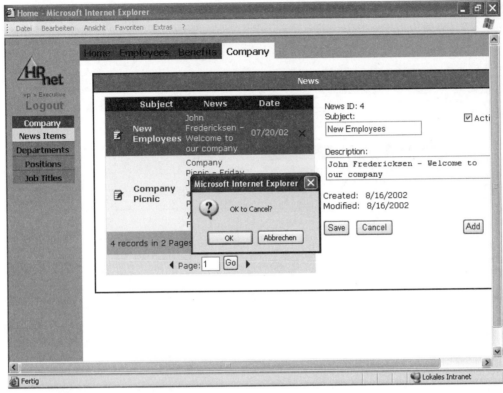

Abbildung 14.10: Das Meldungsfeld in Aktion

Berechtigungsstufen einstellen

Als Nächstes fügen wir einen Codeabschnitt für die Berechtigungseinstellungen und die Zustandsdaten ein. Damit legen wir Aussehen und Verhalten des `DataGrid`-Steuerelements und der Steuerelemente mit den Details der aktuellen Meldungen fest.

```
#Region "Permission Settings and State Information"
    Private Sub PermissionSettings()
    Dim oUser As New SecurIt.UserSecurity()
    Dim localPermission As String = UCase(CStr(oUser.Roles.GetValue(0)))

    Select Case localPermission
        Case "HRMANAGER"
            viewButton()
            buttonSave(False)
            buttonCancel(False)
            buttonAdd(False)
            enableControls(False)
        Case "EXECUTIVE"
            editButton()
            deleteButton()
            buttonSave(True)
            buttonCancel(True)
            buttonAdd(True)
            enableControls(True)
```

```
            Case Else
                HRGridEdit1.Visble = False
                buttonSave(False)
                buttonCancel(False)
                buttonAdd(False)
                enableControls(False)
        End Select
    End Sub
    Private Sub viewButton()
        Dim viewButton As New ButtonColumn()
        viewButton.CommandName = "select"
        viewButton.Text = "<img border=0 alt='View Only' " & "align=absmiddle src=images/View.gif>"
        HRGridEdit1.Columns.AddAt(0, viewButton)
    End Sub
    ⋮
    Private Sub buttonSave(ByVal enabled As Boolean)
        btnSave.Enabled = enabled
        btnSave.Visible = enabled
    End Sub
    ⋮
    Private Sub enableControls(ByVal enabled As Boolean)
        lblID.Enabled = enabled
        chkActive.Enabled = enabled
        txtSubject.Enabled = enabled
        txtInfo.Enabled = enabled
        lblEntered.Enabled = enabled
        lblModified.Enabled = enabled
    End Sub
#End Region
```

Nachdem wir das Sicherheitsobjekt oUser angelegt und die Rolle ermittelt haben, prüfen wir, ob der Benutzer eine der beiden Rollen einnimmt, die Zugriff auf diese Web Forms-Seite haben. Die Rolle HRManager darf Details ansehen, die Rolle Executive darf alles. In der Select Case-Anweisung stellen wir die jeweiligen Optionen ein. Wir fügen dynamisch eine Spalte in das DataGrid-Steuerelement ein, damit der Benutzer eine Zeile ansehen oder editieren kann. Die Methode viewButton, die im Case "HRMANAGER"-Block aufgerufen wird, fügt in der ersten Spalte des DataGrid-Steuerelements eine ButtonColumn mit einem Augensymbol ein. Das haben wir in Kapitel 11 erklärt. Nachdem wir die Spalte in das DataGrid-Steuerelement eingefügt haben, stellen wir fest, welche der Schaltflächen auf der Web Forms-Seite angezeigt werden. Der Detailbereich der Web Forms-Seite enthält maximal drei Schaltflächen: btnSave, btnCancel und btnAdd. Für jede haben wir eine Methode definiert, deren Boolean-Parameter festlegt, ob die Schaltfläche angezeigt oder verborgen, aktiviert oder deaktiviert sein soll. Die Methode für die Schaltfläche btnSave sieht so aus:

```
Private Sub buttonSave(ByVal enabled As Boolean)
    btnSave.Enabled = enabled
    btnSave.Visible = enabled
End Sub
```

Der letzte Block in der Select Case-Anweisung aktiviert oder deaktiviert die Steuerelemente im Detailbereich von *NewsDetail.aspx*.

Zusammenstellen der Gesamtanwendung

Anzeigen der Detaildaten

Wird im `DataGrid`-Steuerelement eine bestimmte Zeile ausgewählt, müssen wir die Detaildaten anzeigen. Falls sämtliche Daten für das `DataGrid` und die Detaildaten in demselben `DataSet` zurückgegeben werden, rufen wir einfach erneut dieses `DataSet` auf und filtern es mit der eindeutigen ID. Bei den aktuellen Meldungen sind die Daten, die im `DataSet` für das `DataGrid`-Steuerelement zurückgegeben werden, nicht vollständig. Daher müssen wir die Geschäftsschicht aufrufen, um die kompletten Detaildaten zur ausgewählten Zeile zu holen. Beim Ereignis `SelectedIndexChanged` des `DataGrid`-Steuerelements wird folgender Code ausgeführt:

```
Public Sub SelectedIndexChanged(ByVal sender As Object, ByVal e As EventArgs)
    Dim selectedNewsID As Integer = CInt(HRGridEdit1.DataKeys(HRGridEdit1.SelectedIndex))
    lblMessage.Text = "News ID = " + CStr(selectedNewsID)
    LoadFields(selectedNewsID)
End Sub
```

Die Funktion `DataKeys` des `DataGrid`-Steuerelements gibt den Schlüssel des ausgewählten Elements zurück. In diesem Fall ist das die `NewsID`, die in der Variablen `selectedNewsID` gespeichert ist. Die `selectedNewsID` übergeben wir an eine andere Methode namens `LoadFields`, die die korrekte Zeile auswählt und die Daten in die Steuerelemente des Detailbereichs einträgt. Die Methode `LoadFields` sieht folgendermaßen aus:

```
Private Sub LoadFields(ByVal newsID As Integer)
    Dim localCompany As New Company()
    Dim singleNewsRow As DataRow = localCompany.GetCompanyNewsDetail(newsID).Tables(0).Rows(0)
    localCompany = Nothing
    Try
        If Not IsDBNull(singleNewsRow("NewsID")) Then lblID.Text = _
            CStr(singleNewsRow("NewsID")) Else lblID.Text = "News ID unknown"
        ⋮
        lblMessage.Text = ""
    Catch selectException As Exception
        ClearEntries()
        lblMessage.Text = "<B>Error showing this Employee Record</B>" + selectException.Message
    End Try
End Sub
```

Die Methode füllt eine einzige `DataTable`-Zeile mit den Daten aus der Methode `GetCompanyNewsDetail` der Geschäftsschicht. `GetCompanyNewsDetail` übergeben wir das Schlüsselfeld `NewsID`, um den gewünschten Datensatz anzufordern. Anschließend tragen wir die abgerufenen Daten in die Steuerelemente der Web Forms-Seite ein. Wir haben diesen Vorgang in einen Ausnahmebehandlungsblock eingebettet, damit wir auf der Web Forms-Seite eine aussagekräftige Meldung anzeigen können, falls beim Datenzugriff ein Problem auftritt.

Daten speichern

Das Speichern von Daten ist etwas anspruchsvoller, schon weil wir feststellen müssen, ob wir einen neuen Datensatz speichern oder einen vorhandenen aktualisieren. Aus diesem Grund fügen wir in die Web Forms-Seite *NewsDetail.aspx* ein `ViewState`-Feld mit dem Namen `NewsAddEdit` ein. Dieses Feld hat den Wert `true`, wenn die Schaltfläche `btnAdd` angeklickt wurde. Der `Click`-Ereignishandler für die Schaltfläche `btnAdd` sieht so aus:

```
Private Sub btnAdd_Click(ByVal sender As System.Object, ByVal e As System.EventArgs) _
        Handles btnAdd.Click
    lblMessage.Text = "You clicked the ADD button"
    lblMode.Text = "Adding new Record"
    ClearEntries()
```

```
        btnAdd.Enabled = False
        ViewState("NewsAddEdit") = True
        SetFocus(txtSubject)
End Sub
```

Der Click-Ereignishandler für btnAdd trägt nicht nur einen Wert in das ViewState-Feld NewsAddEdit ein. Er zeigt in zwei Label-Steuerelementen eine Meldung an, löscht alle Einträge und ruft eine Methode auf, die den Eingabefokus auf das erste Steuerelement des Detailbereichs legt. Wir zeigen Ihnen weiter unten, wie Sie in einer Web Forms-Seite den Eingabefokus auf ein bestimmtes Steuerelement legen können.

Nachdem wir dem ViewState-Feld NewsAddEdit entnehmen können, ob ein Datensatz hinzugefügt werden soll, können wir einen intelligenten Ereignishandler für das Click-Ereignis von btnSave schreiben. Hier ist der vollständige Code dieses Ereignishandlers:

```
Private Sub btnSave_Click(ByVal sender As System.Object, ByVal e As System.EventArgs) _
    Handles btnSave.Click
    lblMessage.Text = "You clicked the SAVE button"
    btnAdd.Enabled = True
    If CBool(ViewState("NewsAddEdit")) = True Then
        ' Neuer Datensatz
        lblMessage.Text += " --> WE are adding a new record"
        Dim addNews As New Company()
        Try
            addNews.AddNews(1, chkActive.Checked, Now(), txtSubject.Text, txtInfo.Text, 1)
            lblMessage.Text += " - ADDING SUCCESSFUL"
            Session("AllNews") = Nothing
            Response.Redirect("newsdetail.aspx")
        Catch addException As Exception
            lblMessage.Text += " - ERROR ADDING NEW RECORD"
        Finally
            AddNews = Nothing
            ViewState("NewsAddEdit") = False
        End Try
    Else
        ' Datensatz aktualisieren.
        lblMessage.Text += " --> WE are saving an edited record"
        Dim saveNews As New Company()
        Try
            saveNews.SaveNews(CInt(lblID.Text), 1, txtSubject.Text, txtInfo.Text, 1)
            lblMessage.Text += " - SAVING SUCCESSFUL"
            Session("AllNews") = Nothing
            Response.Redirect("newsdetail.aspx")
        Catch saveException As Exception
            lblMessage.Text += saveNews.StatusInfo()
            lblMessage.Text += " - ERROR UPDATING RECORD"
        Finally
            saveNews = Nothing
        End Try
    End If
End Sub
```

Die Geschäftsschicht enthält die Methoden AddNews und SaveNews. Wenn wir feststellen, dass wir einen neuen Datensatz hinzufügen, rufen wir die Methode AddNews mit den benötigten Argumenten auf, initialisieren die Sitzungsvariable mit dem DataSet für das DataGrid-Steuerelement neu und leiten die Seite auf sich selbst um. Warum löschen wir die Sitzungsvariable mit dem DataSet und leiten die Seite auf sich selbst um? Erstens müssen wir die Sitzungsvariable löschen,

Zusammenstellen der Gesamtanwendung

um die Seite zu zwingen, die Daten erneut aus der Geschäftsschicht abzurufen. Wir haben ja einen neuen Datensatz hinzugefügt und wollen ihn im `DataGrid`-Steuerelement anzeigen. Zweitens wollen wir alle anderen Daten löschen, die vom aktuellen Zustand bestimmt werden. Die einfachste Möglichkeit, das zu tun, ist, die Seite völlig neu zu laden. Daher leiten wir die Seite auf sich selbst um.

Das Speichern von geänderten Daten läuft praktisch genauso ab wie das Hinzufügen eines neuen Datensatzes. Der einzige Unterschied ist, dass wir diesmal die Methode `SaveNews` der Geschäftsschicht aufrufen.

Daten löschen

Es ist ganz einfach, einen bestimmten Datensatz zu löschen. Die Geschäftsschicht hat eine Methode namens `DeleteNews`, der wir als Argument eine bestimmte `NewsID` übergeben müssen. Diese Methode rufen wir auf, wenn die *Delete*-Schaltfläche gedrückt wird:

```
Public Sub HandleButtonColumns(ByVal sender As Object, ByVal e As DataGridCommandEventArgs) _
    Handles HRGridEdit1.ItemCommand
    If e.CommandName = "Delete" Then
        Dim intNewsID As Integer = CType(HRGridEdit1.DataKeys(e.Item.ItemIndex), Integer)
        lblMessage.Text = "You wanted to delete the record with ID =" + CStr(intNewsID)
        Dim deleteNews As New Company()
        Try
            deleteNews.DeleteNEws(intNewsID)
            lblMessage.Text += " - RECORD DELETED"
            Session("AllNews") = Nothing
            Response.Redirect("newsdetail.aspx")
        Catch deleteException As Exception
            lblMessage.Text += " - ERROR IN DELETE"
        Finally
            DeleteNews = Nothing
        End Try
    End If
End Sub
```

Eingabefokus auf ein bestimmtes Steuerelement legen

Wir wären wirklich froh, hätten die Entwickler bei Microsoft ihren ASP.NET-Steuerelementen eine Methode wie `SetFocus` mitgegeben. Das haben sie leider nicht. Mit Hilfe von etwas gutem altem JavaScript-Code können wir das aber auch selbst erledigen. Hier ist unsere Methode `SetFocus`:

```
Public Shared Sub SetFocus(ByVal ctrl As Control)
    Dim stringJava As New StringBuilder()
    stringJava.Append("<SCRIPT LANGUAGE='JavaScript'>")
    stringJava.Append("function SetInitialFocus()")
    stringJava.Append("{")
    stringJava.Append("    document.")

    Dim passedControl As Control = ctrl.Parent
    While Not TypeOf passedControl Is System.Web.UI.HtmlControls.HtmlForm
        passedControl = passedControl.Parent
    End While
    stringJava.Append(passedControl.ClientID)
    stringJava.Append("['")
    stringJava.Append(ctrl.UniqueID)
    stringJava.Append(":textBox1")
    stringJava.Append("'].focus();")
```

```
stringJava.Append("}")
stringJava.Append("window.onload = SetInitialFocus;")
stringJava.Append("</SCRIPT>")
ctrl.Page.RegisterClientScriptBlock("InitialFocus", stringJava.ToString())  ' Block registrieren
End Sub
```

Dieser Code sieht komplizierter aus, als er in Wirklichkeit ist. Wir wollen lediglich etwas JavaScript einfügen, das den Eingabefokus auf ein bestimmtes Steuerelement des Formulars legt. Dieser JavaScript-Code soll nur ausgeführt werden, wenn die Schaltfläche btnAdd gedrückt wird. Die Seitenklasse hat eine Methode namens RegisterClientScriptBlock. Damit können wir JavaScript-Code am Anfang eines HTML-Formulars dynamisch registrieren. In unserem Fall möchten wir diesen JavaScript-Code nur hinzufügen, wenn der Postback durch das Click-Ereignis der Schaltfläche btnAdd ausgelöst wurde. Bei allen anderen Postbacks fügen wir den JavaScript-Code nicht hinzu.

Wie sieht also der JavaScript-Code aus, mit dem wir den Eingabefokus auf ein bestimmtes Steuerelement legen? Wir müssen dafür sorgen, dass das Ereignis window.onload einen Skriptblock aufruft. Den folgenden Skriptblock wollen wir erstellen, um den Eingabefokus auf das Steuerelement txtSubject:textBox1 zu legen:

```
<SCRIPT LANGUAGE='JavaScript'>
  function SetInitialFocus(){
    document.Form1['txtSubject:textBox1'].focus();
  }
  window.onload = SetInitialFocus;
</SCRIPT>
```

Die Lösung sieht so aus, dass wir diesen Skriptblock dynamisch erstellen. Das haben wir in der Methode SetFocus mit Hilfe eines StringBuilder-Objekts erledigt. Wir haben nur ein Problem: Wo bekommen wir die Informationen her, die wir brauchen, um das richtige Steuerelement anzusprechen. Beim Postback des Formulars müssen wir den oben gezeigten JavaScript-Codeblock generieren. Dafür brauchen wir erstens den Namen des Formulars. Ihn können wir über die Eigenschaft Parent des Steuerelements ermitteln:

```
Dim passedControl As Control = ctrl.Parent
While Not TypeOf passedControl Is System.Web.UI.HtmlControls.HtmlForm
    passedControl = passedControl.Parent
End While
stringJava.Append(passedControl.ClientID)
```

Haben wir das Steuerelement vom Typ HtmlForm gefunden, holen wir seine ClientID und fügen sie in den StringBuilder ein. Die nächste Hürde ist der Name des gewünschten Steuerelements. Das ist einfach: Er steht in ctrl.UniqueID. Nicht so offensichtlich ist, dass wir nicht direkt ein TextBox-Steuerelement nutzen, sondern unser zusammengesetztes benutzerdefiniertes Serversteuerelement. Innerhalb dieses benutzerdefinierten Serversteuerelements haben wir mehrere ASP.NET-Steuerelemente zusammengefasst: ein Label-Steuerelement, ein TextBox-Steuerelement und Validierungssteuerelemente. Wir kennen den Namen des TextBox-Steuerelements innerhalb unseres benutzerdefinierten Serversteuerelements. Er lautet textBox1. Aus diesen Angaben können wir im StringBuilder den richtigen Steuerelementnamen zusammenstellen:

```
stringJava.Append(ctrl.UniqueID)
stringJava.Append(":textBox1")
```

Das war's auch schon. Wir können die Methode SetFocus einfach anpassen, um den Eingabefokus auf jedes beliebige Steuerelement einer Web Forms-Seite zu legen.

Die Funktionen der Web Forms-Seite *NewsDetail.aspx* sind damit komplett. Die Seite bietet eine schnörkellose und einfache Methode, Daten anzuzeigen, zu editieren und hinzuzufügen und

Berechtigungen einzustellen. Sie können diesen Vorgang bei anderen Seiten, in denen ebenfalls das DataGrid-Steuerelement und Detaildaten auf einer einzigen Web Forms-Seite liegen, schnell wiederholen. Die anderen Formulare in unserer Anwendung HRnet, die Sie auf diese Weise erstellen können, sind die Seiten *Departments* (Abteilungen), *Positions* (Stellen) und *Job Titles* (Berufsbezeichnungen). Wenn Sie diese Seiten zu HRnet hinzufügen, ist das eine hervorragende Methode, die in diesem Kapitel vorgestellten Prinzipien einzuüben.

Employees: DataGrid und Detaildaten auf getrennten Web Forms-Seiten

In diesem Abschnitt zeigen wir Ihnen, wie Sie das DataGrid-Steuerelement und die Detaildaten auf zwei verschiedene Web Forms-Seiten verteilen. Es gibt auch Fälle, bei denen Sie zu einem DataGrid-Steuerelement gleich mehrere Detailseiten benötigen. Viele der Techniken, die wir im letzten Beispiel (bei dem DataGrid und Detaildaten auf derselben Web Forms-Seite lagen) vorgestellt haben, können Sie auch auf getrennte Web Forms-Seiten anwenden. Daher konzentrieren wir uns auf die Unterschiede. Abbildung 14.11 zeigt das DataGrid-Steuerelement mit der Liste der Angestellten, wie es ein Benutzer mit Standardberechtigungen zu sehen bekommt.

Abbildung 14.12 zeigt das DataGrid-Steuerelement in der Berechtigungsstufe für Manager. Wie Sie sehen, können Manager einen bestimmten Datensatz auswählen. Außerdem stehen Managern zusätzliche Befehle in der Navigationsleiste zur Verfügung: Sie können Details ansehen, Adressen und Kontaktinformationen für Notfälle.

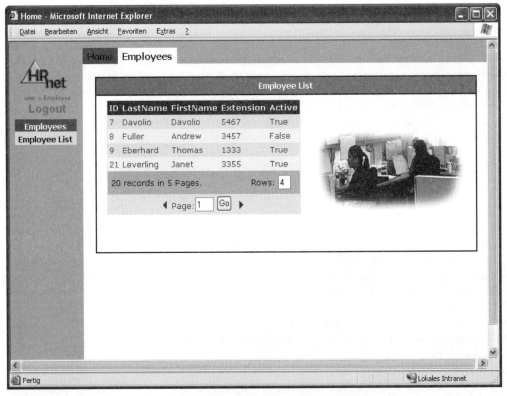

Abbildung 14.11: *Das DataGrid-Steuerelement mit der Liste der Angestellten in der niedrigsten Berechtigungsstufe*

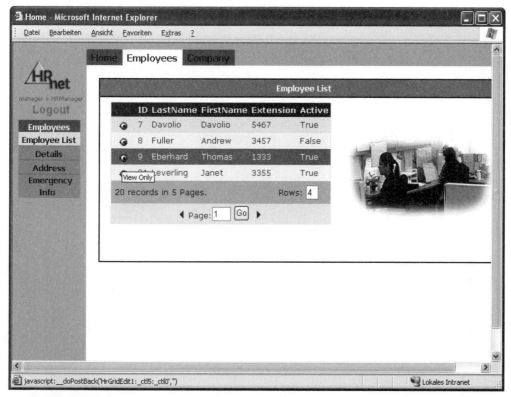

Abbildung 14.12: *Das* `DataGrid`*-Steuerelement mit der Liste der Angestellten in der Berechtigungsstufe* `HRManager`

Abbildung 14.13 zeigt das `DataGrid`-Steuerelement in der Berechtigungsstufe `Executive`. Hier darf der Benutzer die Datensätze nicht nur ansehen, sondern auch editieren und löschen. In der Navigationsleiste sind die Befehle *Work Schedule* (Arbeitszeiten) und *My Info* (Meine Zusatzinformationen) hinzugekommen.

Das Listenformular und sein Zustand

Wenn sich der Detailbereich in einem separaten Formular befindet, müssen wir uns in erster Linie darum kümmern, bestimmte Zustandsdaten über den momentan im `DataGrid`-Steuerelement ausgewählten Datensatz und über die Berechtigungseinstellungen an die Detailseite zu übergeben. In der ausgewählten Detailseite werden diese Daten ausgewertet, um einen bestimmten Datensatz abzurufen und/oder die Berechtigungseinstellungen vorzunehmen. Bei unseren Beispielseiten *EmployeeList.aspx* und *EmployeeDetails.aspx* übergeben wir diese Daten in drei Sitzungsvariablen. Die erste ist `EmployeeIDStatus`, sie enthält die Berechtigungsstufe. Die zweite ist `EmployeeID`, sie enthält den eindeutigen Schlüssel des momentan ausgewählten Eintrags in der Liste der Angestellten. Die dritte Sitzungsvariable ist `GridState`, sie enthält die aktuelle Seite und den Index des markierten Elements im `DataGrid`-Steuerelement; diese Daten brauchen wir, damit wir wieder dasselbe Element im `DataGrid`-Steuerelement auswählen können, sobald wir mit der Detailseite fertig sind und zurück in die Listenseite springen.

Abbildung 14.13: *Das* `DataGrid`*-Steuerelement mit der Liste der Angestellten in der höchsten Berechtigungsstufe*

Sehen wir uns erst den Ereignishandler `Page_Load` in der Code-Behind-Datei von *Employee-List.aspx* an. Die Zeilen, die sich gegenüber dem letzten Beispiel unterscheiden, sind durch Fettschrift hervorgehoben:

```
Private Sub Page_Load(ByVal sender As System.Object, ByVal e As System.EventArgs) Handles MyBase.Load
    If Not IsPostBack Then
        GetDataToSession()
        HrGridEdit1.GridDataSet = CType(Session("Allemployees"), DataSet)
        HrGridEdit1.GridTable = "Employees"
        HrGridEdit1.PageSize = 4
        PermissionSettings()
        If Session("EmployeeID") Is Nothing Or Session("GridState") Is Nothing Then
            HrGridEdit1.SelectedIndex = 0
            HrGridEdit1.Update()
            Session("EmployeeID") = CInt(HrGridEdit1.DataKeys(HrGridEdit1.SelectedIndex))
            If Session("EmployeeIDStatus") Is "VIEW" Then
                HrGridEdit1.SelectedIndex = -1
            End If
        Else
            If Not Session("GridState") Is Nothing Then
                SelectGrid()
                HrGridEdit1.Update()
            End If
        End If
```

```
            HrGridEdit1.Update()
        Else
            GetDataToSession()
            HrGridEdit1.GridDataSet = CType(Session("AllEmployees"), DataSet)
            HrGridEdit1.GridTable = "Employees"
            PermissionSettings()
            HrGridEdit1.Update()
        End If
End Sub
```

Das erste Mal, wenn wir die Web Forms-Seite *EmployeeList.aspx* laden, müssen wir überprüfen, ob Zustandsdaten in den Sitzungsvariablen `EmployeeID` und `GridState` zur Verfügung stehen. Falls nicht, markieren wir im `DataGrid`-Steuerelement den ersten Datensatz und tragen dessen ID in `EmployeeID` ein. Stehen Zustandsdaten bereit, wissen wir, dass die Web Forms-Seite *EmployeeList.aspx* schon zuvor aufgerufen wurde und ein bestimmter Datensatz markiert war. Wir lesen dann einfach die Daten in `GridState` und stellen Seite und Zeile im `DataGrid`-Steuerelement entsprechend ein. Wie stellen wir Seite und Zeile ein? Und noch wichtiger: Woher stammen diese Daten überhaupt? Zum Einstellen von Seite und Zeile im `DataGrid`-Steuerelement dient die Methode `SelectedIndexChanged`. Dort tragen wir einen Wert in die Sitzungsvariable `EmployeeID` ein, der an die Detailseiten übergeben wird, und erstellen die Sitzungsvariable `GridState`:

```
Public Sub SelectedIndexChanged(ByVal sender As Object, ByVal e As EventArgs)
    Session("EmployeeID") = CInt(HrGridEdit1.DataKeys(HrGridEdit1.SelectedIndex))
    Dim gridState As New ArrayList()
    gridState.Add(HrGridEdit1.CurrentPageIndex)
    gridState.Add(HrGridEdit1.SelectedIndex)
    Session("GridState") = gridState
    gridState = Nothing
    HrGridEdit1.Update()
End Sub
```

Nachdem wir den aktuellen Zustand von Seite und Zeile des `DataGrid`-Steuerelements gespeichert haben, brauchen wir auch eine Möglichkeit, das `DataGrid` später wieder in diesen Zustand zurückzuversetzen. Das passiert in der Methode `SelectGrid`:

```
Private Sub SelectGrid()
    If Session("GridState") Is Nothing Then
        HrGridEdit1.CurrentPageIndex = 0
        HrGridEdit1.SelectedIndex = 0
    Else
        Dim gridState As ArrayList = CType(Session("GridState"), ArrayList)
        HrGridEdit1.CurrentPageIndex = CInt(gridState(0))
        HrGridEdit1.SelectedIndex = CInt(gridState(1))
    End If
End Sub
```

Die letzten Daten, die wir an die Detailseite übergeben müssen, sind die Berechtigungseinstellungen. Sie werden in der Sitzungsvariablen `EmployeeIDStatus` gespeichert. Das passiert in der Methode `PermissionSettings`:

```
Private Sub PermissionSettings()
    Dim oUser As New SecurIt.UserSecurity()
    Dim localPermission As String = UCase(CStr(oUser.Roles.GetValue(0)))
    Select Case localPermission
        Case "EMPLOYEE"
            Session("EmployeeIDStatus") = "VIEW"
            HrGridEdit1.SelectedIndex = -1
```

Zusammenstellen der Gesamtanwendung

```
        Case "HRMANAGER"
            viewButton()
            Session("EmployeeIDStatus") = "VIEW DETAIL"
        Case "EXECUTIVE"
            editButton()
            deleteButton()
            Session("EmployeeIDStatus") = "ALL"
        Case Else
            Session("EmployeeIDStatus") = "NONE"
    End Select
End Sub
```

Die benötigten Informationen stehen nun zur Verfügung und wir können die Web Forms-Seite *EmployeeDetails.aspx* hinzufügen, die mit den Zustandsdaten aus *EmployeeList.aspx* verknüpft wird.

Das Detailformular

Beim Zugriff auf die Detailseite müssen wir die Zustandsdaten auswerten, die vorher in der Web Forms-Seite mit der Listendarstellung gespeichert wurden. Wir müssen also die Berechtigungen einstellen und den richtigen Datensatz abrufen (sofern wir keinen neuen hinzufügen). Abbildung 14.14 zeigt die Detailseite in der Berechtigungsstufe HRManager. Nur die Schaltfläche *Exit* (Beenden) ist sichtbar, alle anderen Steuerelemente sind deaktiviert.

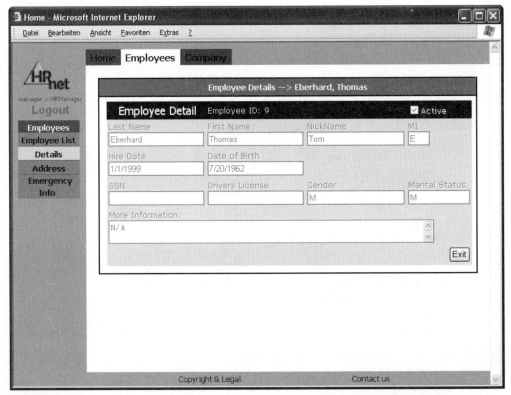

Abbildung 14.14: *Seite mit Detaildaten zu Angestellten in der Berechtigungsstufe* HRManager

Abbildung 14.15 zeigt dieselbe Web Forms-Seite in der Berechtigungseinstellung Executive. Alle Steuerelemente, in denen Daten angezeigt werden, sind aktiviert, außerdem sind sämtliche Befehlsschaltflächen sichtbar.

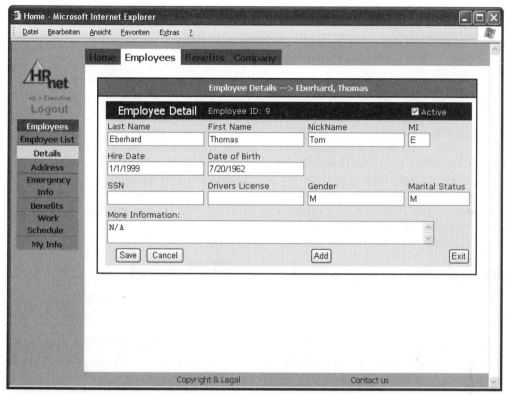

Abbildung 14.15: Seite mit Detaildaten zu Angestellten in der Berechtigungsstufe Executive

Sehen wir uns den Code an, der die Zustandsdaten auswertet und die Web Forms-Seite *EmployeeDetails.aspx* füllt. Wir beginnen mit dem Ereignishandler Page_Load:

```
Private Sub Page_Load(ByVal sender As System.Object, ByVal e As System.EventArgs) _
    Handles MyBase.Load
    btnSave.Attributes.Add("onclick", "return confirm('OK to Save?');")
    btnCancel.Attributes.Add("onclick", "return confirm('OK to Cancel?');")
    lblMode.Text = ""
    SetPermissions()
    If Not IsPostBack Then
        privateEmployeeID = CInt(Session("EmployeeID"))
        lblHeader.Text = "Employee ID: " + CStr(privateEmployeeID)
        GetDataToSession()
        LoadFields()
    End If
End Sub
```

Beim Laden der Seite lesen wir den Wert aus der Sitzungsvariablen EmployeeID und weisen ihn einer privaten Variablen der Seite zu. Dann holen wir mit Hilfe der Methode GetDataToSession die korrekten Daten und füllen in der Methode LoadFields die Formularfelder.

In der Methode `GetDataToSession` tragen wir in die Sitzungsvariable `EmployeebyID` das `DataSet` mit dem Datensatz ein, den uns die Funktion `GetEmployeeDetail` aus der Geschäftsschicht geliefert hat:

```
Private Sub GetDataToSession()
    Dim localEmployeebyID As DataSet
    Dim localCompany As New Employee()
    localEmployeebyID = localCompany.GetEmployeeDetail(CInt(Session("EmployeeID")), 1)
    Session("EmployeebyID") = localEmployeebyID
    localCompany = Nothing
End Sub
```

Die Methoden `LoadFields` und `PermissionSettings` sind dieselben wie im letzten Beispiel. Der weitere Funktionsumfang der Web Forms-Seite *EmployeeDetail.aspx* gleicht dem aus dem Beispiel *NewsDetail.aspx* weiter oben.

Wir hoffen, dass diese beiden Beispiele gezeigt haben, wie mühelos Sie eine Anwendung zusammenstellen können, wenn alle Bausteine zur Verfügung stehen. Sie können die hier und in den früheren Kapiteln gezeigten Prinzipien auf Ihre eigenen Projekte anwenden. Viele der Komponenten, die wir vorgestellt haben, sind einsatzfähig und einfach zu verändern. Wir wollen Ihnen noch ein Beispiel mit Windows Forms vorführen und schließlich zeigen, wie Sie Anwendungen weitergeben und mit Versionsnummern versehen.

Ein Windows Forms-Beispiel für HRnet

Wir erweitern unsere Anwendung HRnet mit einem Windows Forms-Beispiel. Eines der aufregendsten Ergebnisse bei diesem Beispiel ist die Erkenntnis, dass Windows Forms-Anwendung und Web Forms-Anwendung in weitgehend demselben Verfahren erstellt werden, und sogar ein Großteil des Codes identisch ist. Ein mehrschichtiger Ansatz mit Geschäftsobjekten, Datenzugriffsobjekten und Sicherheitsobjekten ermöglicht uns, für beide Anwendungsarten fast identischen Code zu schreiben.

Titles: DataGrid und Detaildaten in einer Windows Form

Die Projektmappe *HRnetWindows* für die Windows Forms-Anwendung von HRnet finden Sie im Verzeichnis *CH14\HRnetWindows*. Das Projekt umfasst zwei Windows Forms: `HRnetMenu` und `Titles`. `HRnetMenu` wurde so erstellt, wie in Kapitel 7 beschrieben. Ein Menü wird automatisch über die Klasse `MenuTest` erstellt. Abbildung 14.16 zeigt das geöffnete *Company*-Menü. Der Menübefehl *Titles* (Berufsbezeichnungen) öffnet das Formular `Titles`.

Abbildung 14.17 zeigt das Formular `Titles` in Aktion. Genauso wie sein Gegenstück, das Formular *NewsDetail.aspx* in der Webanwendung von HRnet, kombiniert es auf einer einzigen Seite `DataGrid`-Steuerelement und Detaildaten.

Damit das Beispiel nicht zu kompliziert wird, haben wir auf Anmeldebildschirm und Sicherheit verzichtet. Genau wie bei Web Forms-Anwendungen gibt es auch bei Windows Forms-Anwendungen das Ereignis `Form_Load`. Im entsprechenden Ereignishandler holen wir Daten aus der Geschäftsschicht und stellen die Eigenschaft `DataSource` des `DataGrid`-Steuerelements ein. Gute Nachrichten bezüglich der Speicherung von Zustandsdaten: In Windows Forms brauchen wir keine Sitzungsvariablen.

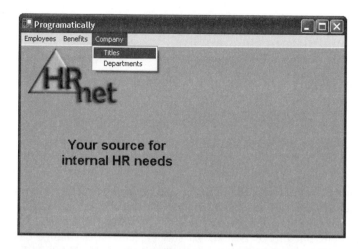

Abbildung 14.16: Das Menü der Windows Forms-Anwendung von HRnet

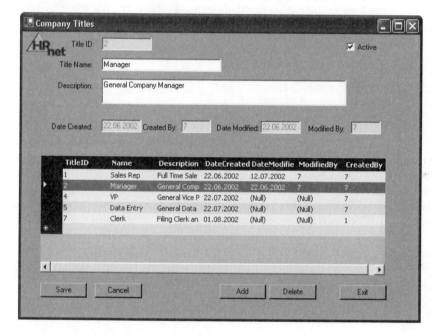

Abbildung 14.17: Windows Form zur Verwaltung von Berufsbezeichnungen in HRnet

Der Ereignishandler Form_Load sieht so aus:

```
Dim localTitleData As DataSet
Dim localAddState As Boolean = False
#Region "Form Load and Data Gathering"
    Private Sub Form_Load(ByVal sender As System.Object, ByVal e As System.EventArgs) _
        Handles MyBase.Load
        GetDataLocal()
        SetGrid()
    End Sub

    Private Sub GetDataLocal()
        If localTitleData Is Nothing Then
            Dim localCompany As New Company()
```

Zusammenstellen der Gesamtanwendung

```
            localTitleData = localCompany.GetCompanyTitles(1)
            localCompany = Nothing
        End If
    End Sub
    Private Sub SetGrid()
        With HRTitleGrid
            .AllowSorting = True
            .DataSource = localTitleData
            .DataMember = "Titles"
        End With
    End Sub
#End Region
```

Der Code ist simpel und dürfte Ihnen vertraut sein. Beim Laden des Formulars rufen wir zwei Methoden auf. Die erste ist `GetDataLocal`. Sie ruft aus der Geschäftsschicht alle Berufsbezeichnungen (title) ab. Beachten Sie, dass wir der lokalen Variablen `localTitleData` die Ergebnisse zuweisen können. Wir brauchen uns nicht um ihre Persistenz zu sorgen, jedenfalls solange das Formular nicht geschlossen wird. Die zweite Methode, die wir aufrufen, ist `SetGrid`. Sie stellt die Eigenschaften `DataSource` und `DataMember` des `DataGrid`-Steuerelements ein.

Das Auswählen einer bestimmten Zeile funktioniert etwas anders, wenn wir ein `DataGrid`-Steuerelement in einer Windows Form benutzen:

```
Private Sub HRTitleGrid_Click(ByVal sender As System.Object, ByVal e As System.EventArgs) _
    Handles HRTitleGrid.Click
    lblMessage.Text = CStr(HRTitleGrid.CurrentRowIndex)
    Dim currentRow As Integer = HRTitleGrid.CurrentRowIndex
    Dim titleKey As Integer = CInt(HRTitleGrid.Item(currentRow, 0))
    LoadFields(titleKey)
End Sub
```

Da das `DataGrid`-Steuerelement in einer Windows Form einen bestimmten Datenschlüssel nicht automatisch an eine ausgewählte Zeile bindet, müssen wir die eindeutige `TitleID` anhand der Daten aus der ersten Spalte der markierten Zeile ermitteln. Die erste Spalte ist `TitleID`. Wie Sie sehen, liefert uns das `DataGrid`-Steuerelement den `CurrentRowIndex`, mit dem wir das `Item` des `DataGrid`-Steuerelements holen, das wiederum die erste Spalte der Zeile ist, und damit die benötigte `TitleID`.

Der Code der Methode `LoadFields` ist genau derselbe wie beim Gegenstück aus der Web Forms-Anwendung HRnet:

```
Private Sub LoadFields(ByVal titleID As Integer)
    ' Daten in die Felder einlesen
    Dim localTitle As New Company()
    Dim singleTitle As DataRow
    singleTitle = localTitle.GetCompanyTitleDetail(titleID).Tables(0).Rows(0)
    localTitle = Nothing
    Try
        If Not IsDBNull(singleTitle("TitleID")) _
            Then txtTitleID.Text = CStr(singleTitle("TitleID")) _
            Else txtTitleID.Text = "Unknown ID"
        If Not IsDBNull(singleTitle("Name")) _
            Then txtTitle.Text = CStr(singleTitle("Name")) _
            Else txtTitle.Text = ""
            ⋮
        lblMessage.Text = ""
    Catch selectException As Exception
        ClearEntries()
        lblMessage.Text = "Error showing this Employee Record: " + selectException.Message
```

```
        Finally
            singleTitle = Nothing
        End Try
End Sub
```

Der nächste Codeausschnitt ist für das Hinzufügen, Löschen, Speichern, Abbrechen und Beenden zuständig. Wir drucken ihn hier ab, damit Sie sich überzeugen können, wie ähnlich er der Web Forms-Anwendung ist.

```
Private Sub btnSave_Click(ByVal sender As System.Object, ByVal e As System.EventArgs) _
    Handles btnSave.Click
    If MsgBox("Do you really want to save this record?", _
        MsgBoxStyle.YesNo, "Save Button") = MsgBoxResult.Yes Then
        If localAddState = True Then
            lblMessage.Text = "You are saving an ADDED record"
            localAddState = False
            Dim addTitle As New Company()
            Try
                addTitle.AddTitle(True, txtTitle.Text, txtDescription.Text, 1)
            Catch addException As Exception
                ClearEntries()
                lblMessage.Text = "Error adding a record: " + addException.Message
            Finally
                addTitle = Nothing
            End Try
        Else
            lblMessage.Text = "You are saving an EDITED record"
        End If
        localTitleData = Nothing
        GetDataLocal()
        SetGrid()
    End If
End Sub
Private Sub btnCancel_Click(ByVal sender As System.Object, ByVal e As System.EventArgs) _
    Handles btnCancel.Click
    If MsgBox("Do you really want to cancel?", _
        MsgBoxStyle.YesNo, "Cancel Button") = MsgBoxResult.Yes Then
        localAddState = False
        ClearEntries()
    End If
End Sub
Private Sub btnAdd_Click(ByVal sender As System.Object, ByVal e As System.EventArgs) _
    Handles btnAdd.Click
    localAddState = True
    ClearEntries()
    txtTitle.Focus()
End Sub
Private Sub btnDelete_Click(ByVal sender As System.Object, ByVal e As System.EventArgs) _
    Handles btnDelete.Click
    If MsgBox("Do you really want to delete this record?", _
        MsgBoxStyle.YesNo, "Delete Button") = MsgBoxResult.Yes Then
        localAddState = False
        Dim currentRow As Integer = HRTitleGrid.CurrentRowIndex
        Dim titleKey As Integer = CInt(HRTitleGrid.Item(currentRow, 0))
        Dim deleteTitle As New Company()
        Try
            deleteTitle.DeleteTitle(titleKey)
```

```
        Catch deleteException As Exception
            ClearEntries()
            lblMessage.Text = "Error deleting Record: " + deleteException.Message
        Finally
            deleteTitle = Nothing
        End Try
        localTitleData = Nothing
        GetDataLocal()
        SetGrid()
    End If
End Sub
Private Sub btnExit_Click(ByVal sender As System.Object, ByVal e As System.EventArgs) _
    Handles btnExit.Click
    MyBase.Dispose()
End Sub
```

Wir erläutern nur die fett gedruckten Zeilen. Möglicherweise wundern Sie sich, warum wir die Variable `localTitleData` löschen. Wenn wir die Daten nach dem Hinzufügen, Editieren oder Löschen speichern, ändern sich die zugrunde liegenden Daten. Da die Daten für das `DataGrid`-Steuerelement in der Variablen `localTitleData` zwischengespeichert werden, löschen wir sie einfach, holen sie neu aus der Geschäftsschicht und binden sie wieder an das `DataGrid`.

Nehmen Sie sich die Zeit, die Funktionen dieses Formulars auszuprobieren. Es ist erstaunlich, wie sehr der Funktionsumfang dem Beispiel aus der Web Forms-Anwendung ähnelt. Übrigens: Wenn Sie eine Zeile markieren wollen, müssen Sie dazu an die leere Stelle links von der ersten Spalte klicken. Sie können die Daten auch sortieren lassen. Das `DataGrid`-Steuerelement in Windows Forms-Anwendungen ist viel leistungsfähiger als das `DataGrid` von Web Forms-Anwendungen und bietet mehr eingebaute Funktionen. Daher haben wir in der Windows Forms-Anwendung kein benutzerdefiniertes Steuerelement entwickelt.

Weitergeben einer Anwendung

Haben Sie, wenn Sie eine Anwendung mit Vor-.NET-Technologie geschrieben hatten, schon mal den Albtraum erlebt, dass Sie die Anwendung installierten und eine der benötigten DLLs einen Konflikt mit der Version verursachte, die jemand anders installiert hatte? Was waren das noch für Zeiten unter dem alten MS-DOS, als man einfach Dateien kopierte und dann lief die Sache. Gute Nachrichten: Die Installation mit XCOPY feiert ein Comeback. Zumindest beinahe. Das Weitergeben (deployment) von Visual Basic .NET- und ASP.NET-Anwendungen läuft praktisch über Kopieren und Einfügen ab, solange das Microsoft .NET Framework auf dem Zielsystem installiert ist. Wenn Sie die Beispielanwendungen zu diesem Buch installiert und die Anweisungen in den *Liesmich*-Dateien befolgt haben, können Sie das sicher bestätigen.

Es gibt keine Notwendigkeit mehr, Komponenten in die Systemregistrierung einzutragen. Und Sie müssen Webserver oder Betriebssystem nicht mehr anhalten und neu starten. Die Probleme mit mehreren Versionen derselben DLL sind Vergangenheit. Die DLL-Hölle ist vorüber (sofern Sie auf Ihrem System keine Altanwendungen haben oder Interoperabilität mit Vor-.NET-Komponenten benötigen).

Sie haben drei Möglichkeiten, eine Anwendung weiterzugeben. Die erste ist der XCOPY-Ansatz, die zweite ist eine globale Weitergabe und die dritte ist, ein Windows Installer-Paket zu erstellen. Sehen wir uns alle drei Möglichkeiten an.

Weitergabe mit XCOPY

Wir scheuen uns wirklich, dieses Verfahren als *XCOPY*-Weitergabe zu bezeichnen. XCOPY weckt Erinnerungen an die alten, unkomfortablen MS-DOS-Tage. Der Begriff könnte sogar so interpretiert werden, dass Sie glauben, Sie *müssten* eine .NET-Anwendung mit dem Befehl XCOPY weitergeben. Das müssen Sie nicht. Sie können jedes beliebige Kopierverfahren für eine .NET-Anwendung nutzen, solange Sie nur alle benötigten Dateien samt Unterverzeichnissen in das richtige Verzeichnis auf dem richtigen Zielsystem kopieren. Sie können Drag & Drop im Microsoft Windows Explorer benutzen, FTP-Befehle oder eben auch XCOPY. Im Fall einer ASP.NET-Anwendung müssen Sie eine neue Website oder ein virtuelles Webverzeichnis anlegen, wie wir es in den *Liesmich*-Dateien zu den Beispielen erklären. Das war dann aber auch schon alles. Auf einige Punkte möchten wir Sie noch aufmerksam machen, danach stellen wir Ihnen die anderen Möglichkeiten vor, Anwendungen oder Anwendungsteile weiterzugeben.

Aktualisieren einer mit XCOPY weitergegebenen Anwendung

Nachdem wir eine XCOPY-Weitergabe durchgeführt und die nötigen Einstellungen in den IIS vorgenommen haben, müssen wir unsere Anwendung unter Umständen aktualisieren oder durch neue Fähigkeiten erweitern. Das meiste davon wird automatisch von der Common Language Runtime (CLR) erledigt.

Wenn Sie *Web.config*-Dateien, *Global.asax*-Dateien, Code-Behind-Dateien oder benutzerdefinierte Serversteuerelemente aktualisieren, sorgt die CLR automatisch dafür, dass unsere IIS-Anwendung neu gestartet wird. Das könnte für die Benutzer einige Verzögerungen bedeuten, während die Dateien neu kompiliert werden.

Falls sich der HTML-Code einer Webseite oder eines Benutzersteuerelements ändert, wird bei der nächsten Anforderung die neue Version geholt. Die Benutzer bemerken dabei normalerweise keine Verzögerung.

Weitergeben von globalen Dateien

Nehmen wir an, Sie haben einige Assemblies geschrieben, die Sie in mehreren Anwendungen benutzen wollen. Sie können diese Assemblies global weitergeben und in den globalen Assemblycache (GAC) installieren. Gute Beispiele für solche Assemblies sind einige der Komponenten, die wir in diesem Buch entwickelt haben, zum Beispiel die Datenzugriffskomponente, die Sicherheitskomponente und die Komponente mit benutzerdefinierten Serversteuerelementen. Leider reicht es nicht, diese Assemblies einfach in den GAC zu kopieren, der normalerweise in den Verzeichnissen *C:\windows\assembly* oder *C:\winnt\assembly* liegt. Sie müssen eine Assembly im GAC registrieren, wozu Sie ein .NET-Befehlszeilenprogramm namens *GacUtil.exe* brauchen. GacUtil wird in der Standardeinstellung im Verzeichnis *C:\Programme\Microsoft Visual Studio .NET\FrameworkSDK\Bin* installiert. Bevor Sie eine Assembly mit GacUtil registrieren können, muss eine Voraussetzung erfüllt sein: Die Assembly, die in den GAC aufgenommen werden soll, muss einen starken Namen (strong name) haben. Dieser starke Name ist ein sicherer Name, der die Assembly anhand von Name, Versionsnummer und einem öffentlichen Schlüssel identifiziert. In den nächsten Abschnitten werden wir beschreiben, auf welche Weise Sie eine Assembly vorbereiten und im GAC registrieren.

Schritt 1: Das Attribut *AssemblyVersion* hinzufügen

Das Attribut `AssemblyVersion` enthält die Versionsnummer für die Assembly, die im GAC registriert werden soll. Es muss in die Datei *AssemblyInfo.vb* eingefügt werden, die im Stammverzeichnis der Anwendung liegt. In der unveränderten Standardversion sieht die *AssemblyInfo.vb* der Anwendung HRnet folgendermaßen aus:

```
Imports System.Reflection
Imports System.Runtime.InteropServices
' Allgemeine Informationen über eine Assembly werden über die folgende
' Attributgruppe gesteuert. Ändern Sie diese Attributwerte, um Informationen,
' die mit einer Assembly verknüpft sind, zu bearbeiten.
' Die Werte der Assemblyattribute überprüfen.
<Assembly: AssemblyTitle("")>
<Assembly: AssemblyDescription("")>
<Assembly: AssemblyCompany("")>
<Assembly: AssemblyProduct("")>
<Assembly: AssemblyCopyright("")>
<Assembly: AssemblyTrademark("")>
<Assembly: CLSCompliant(True)>
' Die folgende GUID ist für die ID der Typbibliothek, wenn dieses Projekt in COM angezeigt wird:
<Assembly: Guid("EB6F25B0-2B0F-48B3-A9AE-8069FAE1EE98")>
' Versionsinformationen für eine Assembly bestehen aus den folgenden vier Werten:
'
'       Haupversion
'       Nebenversion
'       Buildnummer
'       Revisionsnummer
'
' Sie können alle Werte angeben oder auf die standardmäßigen Build- und Revisionsnummern
' zurückgreifen, indem Sie '*' wie unten angezeigt verwenden:
<Assembly: AssemblyVersion("1.0.*")>
```

Wenn Sie als Versionsnummer für diese Assembly 1.0.2.499 einstellen wollen, ändern Sie die letzte Zeile in *AssemblyInfo.vb* folgendermaßen:

```
<Assembly: AssemblyVersionAttribute("1.0.2.499")>
```

Schritt 2: Einen starken Namen generieren

Der starke Name, der benötigt wird, bevor eine Assembly im GAC registriert werden kann, wird mit *sn.exe* erzeugt. Dieses Hilfsprogramm generiert eine Ausgabedatei, die einen öffentlichen und einen privaten Schlüssel sowie eine digitale Signatur enthält. Sie muss im virtuellen Stammverzeichnis der Anwendung gespeichert sein. Die folgende Befehlszeilenanweisung erstellt die Datei *MyAssemblyStrongName.snk* im Verzeichnis *MyAppDirectory*:

```
sn -k MyAppDirectory\MyAssemblyStrongName.snk
```

Anschließend fügen wir in *AssemblyInfo.vb* (siehe Schritt 1) einen Verweis auf diese Datei ein:

```
<Assembly: AssemblyKeyFileAttribute("MyAppDirectory\MyAssemblyStrongName.snk")>
```

Schritt 3: Assembly zum GAC hinzufügen

Jetzt können wir die Assembly zum GAC hinzufügen. Dazu rufen Sie *gacutil.exe* folgendermaßen an der Befehlszeile auf:

```
gacutil /i MyAssemblyDLLPath\MyAssemblyDLL.dll
```

Bestimmt ahnen Sie schon, dass *MyAssemblyDLLPath* für das Verzeichnis steht, in dem die Datei *MyAssemblyDLL.dll* (die Datei, die registriert werden soll) liegt.

Die wichtigsten Befehlszeilenschalter von GacUtil sind /i für das Installieren, /u für das Deinstallieren und /l für das Auflisten aller Assemblies im GAC.

Schritt 4: Registrieren einer GAC-Assembly in der Anwendung

Falls wir in unserer Anwendung Assemblies benutzen wollen, die im GAC liegen, müssen wir sie in der Datei *machine.config* registrieren. Dazu müssen Sie die Datei in diesem Abschnitt auflisten:

`<configuration><system.web><compilation><assemblies>`

Wir müssen das Schlüsseltoken wissen. Dieses Token können Sie erfahren, wenn Sie GacUtil mit dem Befehlszeilenschalter /l aufrufen. Für unser Beispiel würden wir folgende Zeile eintragen (xxxxx steht dabei für das Schlüsseltoken):

`<add assembly=" MyAssemblyDLL.dll, Version=1.0.2.499, Culture=neutral, PublicKeyToken=xxxxx" />`

Gratulation, Sie haben gerade gelernt, eine globale Weitergabe durchzuführen. Wenn Sie Tools entwickeln, sollten Sie wahrscheinlich ein Skript schreiben, das diese Schritte automatisch erledigt.

Weitergabe als Windows Installer-Paket

Wie sieht es aus, wenn Sie eine .NET-Anwendung auf einen Computer weitergeben müssen, auf dem das .NET Framework nicht installiert ist, und Sie dem Benutzer keine komplizierten Operationen zumuten können? In diesem Fall ist der Windows Installer die Rettung. Ein Windows Installer-Paket zu erstellen, ist im Grunde recht simpel. Lassen Sie sich von der scheinbaren Schlichtheit dieses Tools aber nicht täuschen. Viele seiner Optionen erlauben äußerste Flexibilität, es dauert aber eine Weile, bis Sie alle kennen. Wir können diesen Teil des Installationsprozesses zwar nicht im Detail beschreiben, wollen Ihnen aber die Funktionsweise des Windows Installers demonstrieren, indem wir ein Installer-Paket zur unserer Anwendung HRnet hinzufügen.

Um ein Windows Installer-Paket zu erstellen, müssen wir ein Websetup-Projekt zu unserer Projektmappe hinzufügen. Abbildung 14.18 zeigt das Dialogfeld, in dem Sie ein leeres Installer-Projekt für die Projektmappe *HRnet* erstellen.

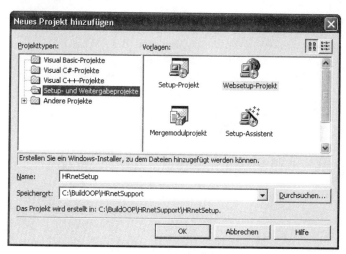

Abbildung 14.18: *Hinzufügen eines Websetup-Projekts*

Als Nächstes müssen wir ein Projekt hinzufügen, das wir weitergeben wollen. Dazu klicken Sie mit der rechten Maustaste auf *Webanwendungsordner* und wählen aus dem Kontextmenü den Befehl *Hinzufügen/Projektausgabe*. Daraufhin öffnet sich das Dialogfeld *Projektausgabegruppe hinzufügen*. Für das Projekt HRnet haben wir die Einträge *Primäre Ausgabe* und *Inhaltsdateien* gewählt (Abbildung 14.19).

Markieren Sie den Webanwendungsordner, damit Sie im Eigenschaftenfenster einige Optionen einstellen können, zum Beispiel das Standarddokument (`DefaultDocument`) und das virtuelle Verzeichnis (`VirtualDirectory`). Abbildung 14.20 zeigt, welche Einstellungen wir bei HRnet gewählt haben.

Die übrigen Eigenschaften können Sie in ihrer Standardeinstellung belassen. Nachdem Sie das Projekt *HRnetSetup* erstellt haben, finden Sie die generierten Dateien im Verzeichnis *Ch14\HRnetSupport\HRnetSetup* (Abbildung 14.21).

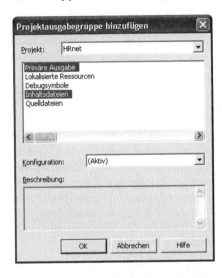

Abbildung 14.19: *Hinzufügen einer Projektausgabe zum Websetup-Projekt*

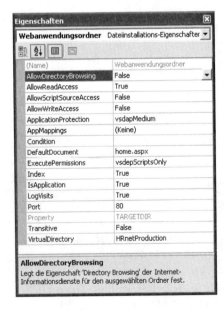

Abbildung 14.20: *Eigenschaften des Webanwendungsordners*

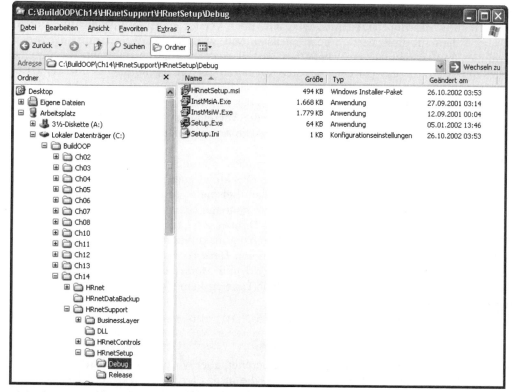

Abbildung 14.21: Windows Installer-Setupdateien

Weitergabe und Installation waren seit den Tagen von MS-DOS nicht mehr so einfach. Die drei hier gezeigten Möglichkeiten bieten Ihnen genug Flexibilität, um praktisch jede Anforderung zu erfüllen.

Assemblies und Versionsverwaltung

Dieses Kapitel wäre nicht vollständig ohne ein paar Worte über Assemblies und Versionsverwaltung. .NET bewahrt uns vor der DLL-Hölle. Wir müssen den Assemblies aber korrekte Versionsnummern zuweisen, sonst riskieren wir Konflikte.

Assemblies bestehen im Normalfall aus einer einzigen DLL (auch wenn eine DLL mehrere Dateien umfassen kann). Ein genauerer Blick auf Assemblies verrät, dass sie aus PE-Dateien (Portable Executable) bestehen, die entweder *DLL-* oder *EXE-*Dateien sind. Assemblies sind selbstbeschreibend, das heißt, sie enthalten Metadaten, die alle Klassen, Methoden und Typen vollständig beschreiben. Assemblies enthalten außerdem ein so genanntes Manifest, das genau beschreibt, was in den Assemblies enthalten ist. Diese Details identifizieren die Assembly (Name, Version und so weiter) und geben an, auf welche anderen Typen die Assembly verweist.

Sie müssen Assemblies nicht mehr registrieren. Wenn Sie die Assemblies in das *bin-*Verzeichnis einer Webanwendung legen, sind sie innerhalb dieser Webanwendung automatisch registriert. Die CLR übernimmt zwei Aufgaben, die das Arbeiten mit Assemblies sehr einfach machen. Erstens erstellt die CLR eine Kopie der Assembly im Arbeitsspeicher, statt die DLL zu sperren.

So bleibt die Originaldatei unverriegelt. Wir können sie jederzeit ersetzen. Zweitens überwacht die CLR permanent das *bin*-Verzeichnis. Wird eine neue Version einer DLL in das Verzeichnis kopiert, nimmt die CLR diese Version beim nächsten Mal, wenn ein Verweis darauf angefordert wird. Wird die alte Version nicht mehr benötigt, wird sie aus dem Speicher gelöscht. Was für eine geniale Lösung, wenn Sie das mit dem früheren Verfahren mit verriegelten DLLs und der DLL-Hölle vergleichen.

Wenn wir anwendungsspezifische Assemblies in das *bin*-Verzeichnis legen, ist die Versionsverwaltung auf die Dateien beschränkt, die in diesem Verzeichnis sind. Öffentliche Assemblies können aber in beliebig vielen Versionen vorliegen. Die Anwendung verknüpft sich automatisch mit der Version, mit der sie entwickelt wurde.

Ein kleines Problem haben wir entdeckt: Assemblies, die andere Assemblies benutzen und unterschiedliche Versionen voneinander benötigen. Das klingt zugegebenermaßen recht kompliziert. Sehen wir uns ein Beispiel an. Bei allen unseren Beispielen seit Kapitel 4 benutzen wir die Datei *DataAccessLayer.dll*, unsere Datenzugriffskomponente. Nehmen wir an, eine andere Komponente namens *MenuData.dll* benutzt ebenfalls *DataAccessLayer.dll*. Nun ist es für *MenuData.dll* erforderlich, eine Änderung an der Datenzugriffskomponente vorzunehmen; künftig benutzt *MenuData.dll* also eine veränderte Version von *DataAccessLayer.dll*. Alles funktioniert einwandfrei, bis wir versuchen, *DataAccessLayer.dll* und *MenuData.dll* im selben Projekt zu registrieren. Es gibt einen Konflikt, da es für lokale Dateien keine Versionsverwaltung gibt. Die Fehlermeldung könnte etwa so aussehen:

```
Warnung: Die Abhängigkeit 'DataAccessLayer, Version=1.0.939.31943, Culture=neutral'
in Projekt 'HRnet' kann nicht in das Ausführungsverzeichnis kopiert werden, da sie den
Verweis 'DataAccessLayer, Version=1.0.942.37660,Culture=neutral' überschreiben würde.
```

Das Problem hat uns einige schlaflose Nächte bereitet, aber wir fanden eine gute Lösung. Wir erstellen ein DLL-Verzeichnis für alle Assemblies, die in das fertige Projekt kommen. Das entsprechende Verzeichnis für HRnet ist *Ch14\HRnetSupport\DLL*. Bei jedem Projekt, das eine Assembly (also eine DLL-Datei) erstellt, löschen wir alle vorhandenen Verweise und erstellen sie dann neu, diesmal aber so, dass sie in das DLL-Verzeichnis zeigen. Dann kopieren wir die erstellte Assembly in das DLL-Verzeichnis, auf das die anderen Projekte verweisen.

Eine bessere Lösung ist es, die allgemeinen Assemblies in den GAC zu kopieren. Dafür benutzen Sie, wie weiter oben beschrieben, das Hilfsprogramm GacUtil. Wir wollten das allerdings nicht tun, bevor die Komponenten gründlich debuggt waren und wir eine relativ fertige Version im GAC installieren konnten. Sie können natürlich unterschiedliche Versionen im GAC installieren, aber ab einer bestimmten Zahl verlieren Sie den Überblick. Während der Entwicklung funktioniert die Lösung mit einem speziellen Verzeichnis für die DLLs recht gut.

Zusammenfassung

Wir sind am Ende dieses Kapitels und des Buchs angelangt. Wir hoffen, Sie fanden die Entdeckungsreise durch die Fähigkeiten und Möglichkeiten von .NET genauso aufregend wie wir. In der Vergangenheit haben wir immer versucht, unsere Anwendungen mehrschichtig zu entwickeln und dabei so viel Objektorientierung, Komponenten und Vererbung wie möglich zu nutzen. Erst mit der .NET-Plattform ist die Implementierung dieser Ziele so einfach und unkompliziert geworden, wie Sie es in unseren Beispielen beobachten konnten. Das gilt besonders für skalierbare Webanwendungen. Es war unser Ziel, die neuen und erweiterten Fähigkeiten von Visual Basic .NET, die Common Language Runtime und ASP.NET in einer Weise zu erklären, die es Ihnen ermöglicht, diese Informationen (und unsere Komponenten) in der Praxis zu nutzen und schnell große, leistungsfähige Anwendungen zu erstellen. Wir wünschen Ihnen eine glückliche und erfolgreiche Zukunft in der aufregenden Welt der Anwendungsentwicklung.

Stichwortverzeichnis

& (kaufmännisches Und) 310
() (Klammern) 18
.NET Framework
  Architektur 40
  Autorisierungstypen 110
  Benutzeroberfläche 42
  Datenprovider 70
  Datenschichten und 44
  Datentypen 6
  Datenzugriffsschichten und 44
  Fassadenschichten und 43
  Geschäftsschichten und 44
  Konfiguration 24
  Leistung 40, *Siehe auch* Leistung
  Lösungen 41
  Menü- und Navigationsleisten-Technologie 181
  Objektorientierte Fähigkeiten 2, *Siehe auch* Objektorientierte Entwicklung
  Remoting *Siehe* Remoting
  Sicherheitsfähigkeiten 99
  Skalierbarkeit *Siehe* Skalierbarkeit
  Softwarearchitektur und 27, *Siehe auch* Softwarearchitektur
  Strukturierte Ausnahmebehandlung 10, 49, *Siehe auch* Strukturierte Ausnahmebehandlung
  Umgebungsinformationen 59
.NET-Anwendungen *Siehe auch* .NET Framework; Objektorientierte Programmierung
  Aktualisieren von XCOPY-installierten 381
  Analyse und Entwurf 44
  Architektur *Siehe* Softwarearchitektur
  Ausnahmebehandlung *Siehe* Strukturierte Ausnahmebehandlung
  Beispiel *Siehe* HRnet-Personalverwaltungs-Beispielanwendung
  Ereignisprotokolle 61
  Formularauthentifizierungs-Architektur 103
  Implementierung der SecurIt-Komponente in 125
  Kommunikation *Siehe* Remoting
  Konfigurieren von, für Authentifizierung 103
  Multithreading 4
  Registrieren von GAC-Assemblies 383
  Remoting-Host *Siehe* Hostanwendung, Remoting
  Remoting-Server 323
  Verdrahten *Siehe* Zusammenstellungsphase
  Verknüpfen von Ereignissen 19
  Web Forms *Siehe* Web Forms
  Weitergabe *Siehe* Weitergabe, .NET-Anwendung
  Windows Forms *Siehe* Windows Forms
? (Fragezeichen) 113, 310

@Control-Direktive 136
@Page-Direktive 136
@Register-Direktive 137, 150
<Serializable()>-Attribut 64, 65
80/20-Regel 46

A

Abfragen, auf der Basis von Geschäftsregeln 205, *Siehe auch* SQL-Strings
Abgeleitete benutzerdefinierte Serversteuerelemente *Siehe* Erweiterte benutzerdefinierte Serversteuerelemente
Abgeleitete Formulare 254
Abgeleitete Klassen 23, 230, *Siehe auch* Vererbung
Abgeleitete Windows Forms-Steuerelemente 172
Abmeldefunktion 239, 252
Access-Datenbanken 96
Active Directory 101
Active Server Pages (ASP) 1, 32, 35, 42
ActiveX-Steuerelemente 131, 174
Add-Funktionen, Geschäftsschicht 203
AddHandler-Schlüsselwort 20, 171
Add-Methode 73, 164, 174
AddParameter-Funktion 39, 92
AddValue-Methode 64
ADO.NET *Siehe auch* Datenzugriffsschichten
  Ausnahmen 53
  Command-Objekt 72
  Connection-Objekt 71
  DataReader-Objekt 74
  DataSet-Objekt 76
  Datenbindung 265
  Datenschicht 44
  Datenzugriffskomponente *Siehe* Datenzugriffskomponenten
  Einfache Benutzung 69
  Fähigkeiten 67
  Geschichte 98
  Komponenten 69
  Leistung 68
  Skalierbarkeit 68
  XML und Interoperabilität 69, *Siehe auch* XML
Adress-Benutzersteuerelement 135, *Siehe auch* Benutzersteuerelemente
Aktualisieren
  Daten in Informationsseiten 366
  Fassadenschicht und Updates 223
  Update-Funktionen, Gespeicherte Prozeduren 207, 212
  XCOPY-installierte Anwendungen 381

Allgemeine Principals 110
Analyse und Entwurf 44, *Siehe auch* Entwurf
   Architekturentwurf 46
   Ausnahmen und Trendanalyse 51
   Benutzeroberflächenentwurf 46
   Datenbankentwurf 45
   Funktionsspezifikation 45
   Schreiben von Anwendungen 46
   Softwarearchitektur und 28, *Siehe auch* Softwarearchitektur
   Systemanalyse 44
   Zusammenstellen von Anwendungen 46
Angestelltenseiten, HRnet 370
   Detailformular 374
   Homepage und 236
   Listenformular und Zustandsverwaltung 371
   Menü- und Navigationsstruktur 237
Anmeldeinformationsspeicher 105, 113, *Siehe auch* Authentifizierung; Autorisierung; Formularauthentifizierung
Anmeldung *Siehe auch* Authentifizierung; Autorisierung; Formularauthentifizierung
   Formulare 102, 106, 125
   Seiten 235, 347
   Zweischichtige 32
Anonyme Benutzer 103, 113
Anordnen, dynamisch geladene Steuerelemente 147
Ansicht
   Entwurfsansicht *Siehe* Entwurfsansicht
   Laufzeit *Siehe* Laufzeitdarstellung
Anwendungen *Siehe* .NET-Anwendungen
Anwendungsdomänenname 59, 62
Anwendungsereignisprotokoll 61
ApplicationException-Klasse 55, 65
Arbeitsspeicher
   DataSet-Objekte und 76, 301
   Sitzungsvariablen und 300
   Strukturen und 16
Architektur, Software *Siehe* Softwarearchitektur
Architektur, Visual Studio .NET 40
Architekturentwurf 46
Array-Klasse 8
Arrays 8
ascx-Dateierweiterung 135
ASP (Active Server Pages) 1, 32, 35, 42
ASP.NET *Siehe auch* Web Forms
   Authentifizierung 100, 113, *Siehe auch* Formularauthentifizierung
   Benutzerdefinierte Serversteuerelemente 43, 129, *Siehe auch* Benutzerdefinierte Serversteuerelemente
   Benutzeroberflächenoptionen 129
   Benutzersteuerelemente 42, 130, *Siehe auch* Benutzersteuerelemente
   Code-behind-Dateien 42, *Siehe auch* Code-behind-Dateien
   DataGrid-Steuerelement *Siehe* DataGrid-Serversteuerelemente; DataGrid-Serversteuerelemente, benutzerdefinierte
   Datengebundene Listensteuerelemente 263
   Seiten als Benutzersteuerelemente 135
   Serversteuerelemente 129, 181
   Sicherheitsheader 120
   URL-Autorisierung 113
ASPNET-Konto 85
aspx-Dateierweiterung 135

Assemblies
   Eigenständige benutzerdefinierte Serversteuerelemente und 150
   Globaler Assemblycache 382
   Klassen, Komponenten, und 11
   Kompilieren 2
   Versionsverwaltung und 381, 385
   Weitergabe 24, 381, *Siehe auch* Weitergabe, .NET-Anwendung
AssemblyInfo.vb-Datei 4, 151
AssemblyVersion-Attribut 381
Attribute
   AssemblyVersion 381
   Benutzerdefiniertes Serversteuerelement 151
   Klassen erweitern mit 3
   Variablen speichern 280
   Web.config-Sicherheit 103
   Zustandsverwaltung 277
Aufrufen
   Benutzerdefinierte Serversteuerelemente 150
   Code in Code-behind-Dateien 257
   Methoden 18
   SOAP-Funktionen 320
   SQL-Anweisungsmethode 89
Ausgabeparameter, Gespeicherte Prozedur 96
Ausnahmebehandlungsobjekte 51, 54, *Siehe auch* Ausnahmen; Strukturierte Ausnahmebehandlung
   Anwendungsklassenhierarche 65
   Benutzerdefinierte Eigenschaften 59
   Datenzugriffskomponente 78, 84, 89
   Definieren von Basisklassen für benutzerdefinierte Ausnahmen 57
   Ereignisprotokollierung für 61, 85
   Konstruktoren der Basisklasse 57
   Remoting und 64
   Richtlinien zum Definieren von benutzerdefinierten Ausnahmeklassen 55
Ausnahmeklassen
   Benutzerdefinierte 55
   Benutzerdefinierte, Basisklasse 57
   Erstellen von Anwendungsklassenhierarchien 65
Ausnahmen *Siehe auch* Strukturierte Ausnahmebehandlung
   DataGrid-Steuerelement 275
   Fehler und 50, *Siehe auch* Fehler
   Protokollierung 51, 61, 78, 85, 329
   SOAP 317, 320
   Vordefinierte 55
   XML-Datei 304
Authentication *Siehe* Authentifizierung
Authentifizierung 100, 101, *Siehe auch* Formularauthentifizierung
Authentifizierungsprovidcr 100
Authorization *Siehe* Autorisierung
AuthorizeRequest-Ereignis 112
AutoFormat-Fähigkeit, DataGrid-Steuerelement 268
Automatisch verbergen-Schaltfläche, Visual Studio .NET 6
Autorisierung 110
   .NET Framework-Technologie 100
   .NET Framework-Typen 110
   Geschäftsschicht und 204
   HRnet 102, 235
   Rollenbasierte 99, 110, 113, 204, 235
   URL 113

B

BackColor-Eigenschaft 158, 184
Backslash (\) 104
Basisformulare, Windows Forms-Vorlage 253
Basisklassen
   Aufrufen von Methoden 57, 64
   Aufrufen von Methoden in 19
   Benutzerdefinierte Ausnahmen 57
   Geschäftsobjekt 216
   Polymorphie und 230
   Überschreiben von Methoden in 19
BeginTransaction-Methode 71
Begrüßungsseite, HRnet 355
Benachrichtigung, Ereignis 51, 63
Benefits-Seite 238
Benutzer, anonym 103, 113
Benutzerdefinierte Ausnahmen
   Basisklasse 57
   Benutzerdefinierte Eigenschaften 59
   Klassen 55
   Konstruktoren 57
   Serialisierung der Konstruktoren 64
Benutzerdefinierte Authentifizierung 102
Benutzerdefinierte Begrüßung, HRnet 355
Benutzerdefinierte Benutzersteuerelemente *Siehe* Benutzersteuerelemente
Benutzerdefinierte datengebundene Spalten, DataGrid-Steuerelement 267
Benutzerdefinierte Eigenschaften 59, *Siehe auch* Eigenschaften
Benutzerdefinierte Ereignisse 171
Benutzerdefinierte Principals 111
Benutzerdefinierte Serversteuerelemente 148
   Arten von 131, 148
   Benutzersteuerelemente und 43, 129, 133, *Siehe auch* Benutzersteuerelemente
   DataGrid *Siehe* DataGrid-Serversteuerelemente, benutzerdefinierte
   Detail 297
   Eigenständige 148, 149
   Entwurfsansicht und Laufzeitdarstellung 153
   Ereignisse und 171
   Erweiterte oder abgeleitete 154
   Erweiterte zusammengesetzte Serversteuerelemente 167
   Erweitertes DropDownList-Serversteuerelement 154
   Erweiterungsmöglichkeiten 159
   Hervorheben von TextBox-Serversteuerelementen 157
   Hinzufügen von JavaScript 159
   Klasse 151
   Menü und Navigationsleiste 196
   Registrieren und Aufrufen 150
   Sicherheitsheader 114, 120, 349
   Visual Studio .NET Toolbox und 153
   Web Forms und 43
   Windows Forms-Steuerelemente als 172
   Zusammengesetzte Serversteuerelemente 160
   Zustandsverwaltung in 153, 297
Benutzerdefinierte Typen 16
Benutzernamen 33, 102, 105, 113, 204, *Siehe auch* Authentifizierung; Autorisierung; Formularauthentifizierung
Benutzeroberfläche
   .NET Framework 42
   Dreischichtige Architektur und 32

Benutzeroberfläche *(Fortsetzung)*
   Entwurfsschritt 46
   Fassadenschichten und 223, *Siehe auch* Fassadenschichten
   Menüs *Siehe* Menühandler
   n-schichtige Architektur und 41
   Steuerelemente und 42, 133, *Siehe auch* Steuerelemente; Benutzerdefinierte Serversteuerelemente; Benutzersteuerelemente
   Strategien für Informationsseiten 259
   Visual Basic und 36
   Visual Studio .NET 5
   Vorlagen *Siehe* Benutzeroberflächenvorlagen
Benutzeroberflächenvorlagen 233
   Aufrufen von Code in Code-behind-Dateien 257
   Erstellen von 239
   Erstellen von HRnet-Anwendung aus 243
   Erstellen von Windows Forms-Vorlagen 253
   Hinzufügen von Funktionen 252
   HRnet-Beispielanwendung, Spezifikationen 234
   HRnet-Homepage 245
   Überblick 233
   Webseitenvorlage-Klasse 247
   Webvorlage, Layout 239
   Webvorlagedateien 240
Benutzersteuerelemente 135
   Anordnen, dynamische geladene 147
   Benutzerdefinierte Serversteuerelemente und 43, 130, 133, *Siehe auch* Benutzerdefinierte Serversteuerelemente
   Eigenschaften 138
   Ereignis-Bubbling 143
   Grundlagen 136
   Hinzufügen, dynamisch 145
   in Liste/Detail auf einer Seite 287
   Menü 190
   Methoden 142
   Navigationsleiste 192
   Optionen für Menü und Navigationsleiste 196
   Web Forms und 42, 135
   Webseitenvorlage-Klasse und 252
   Webvorlagen und 240
Berechtigungen *Siehe auch* Sicherheitsschichten
   Detaildaten in benutzerdefiniertem Serversteuerelement 297
   Einstellungen für Meldungen 364
   Ereignisprotokollierung 85
   Hinzufügen zu Liste/Detail-Formularen 293, 370
   Sicherheitsheader-Serversteuerelement und 352
Berufsbezeichnungen, HRnet 376
Beweissicherheit 127
Bilder 241, *Siehe auch* Grafik
bin-Ordner 24, 386
Blättern, DataGrid-Steuerelement 270
Blättern, erweitertes DataGrid-Steuerelement 273
Body, SOAP 317
Boolean-Klasse 6
Boxing *Siehe* Schachteln
Browser, XML-Webdienste und 310
Builder 233
Business Layer *Siehe* Geschäftsschichten
Business Logic *Siehe* Geschäftslogik
Business Rules *Siehe* Geschäftsregeln
ButtonColumn-Steuerelemente 287, 295
Button-Steuerelemente, DataGrid-Steuerelement und 276

C

Cascading Style Sheets (CSS) 35
Catch-Anweisung 10, 49, 50, 52, *Siehe auch* Strukturierte Ausnahmebehandlung
Channel *Siehe* Kanäle
Child-Steuerelemente *Siehe* Untergeordnete Steuerelemente
Class_Initialize-Ereignis 214
Class_Terminate-Ereignis 214
Class-Anweisung 12, 13
Clients
   Aufrufen von SOAP-Funktionen aus 320
   Browser als, für XML-Webdienste 310
   HTTP-Umleitung 102, 124
   Remoting 322, 324, 337
   Serverobjekte aktivieren mit 334
Close-Methode 74, 86
CLR *Siehe* Common Language Runtime
Code
   Aufrufen, in Code-behind-Dateien 257, *Siehe auch* Code-behind-Dateien
   Builder 233
   Codeabschnitte 82, 202
   Generator 233
   Initialisierung 15
   Kompilieren 2
   Vorlagen *Siehe* Vorlagen
   Wiederverwendung 130, 253
   Wiederverwendung und Codebuilder 233
Codeabschnitte 82, 203
Code-behind-Dateien
   Benutzersteuerelement 136, 139
   Hinzufügen von Code 257
   Menükomponente 181, 190
   Trennen von Logik und Entwurf mit 42
   Webvorlagen und 245
   Windows Forms-Menü 198
Codezugriffssicherheit 3, 127
Collect-Methode 15
ColorTranslator-Funktion 159
COM und COM+ 32, 39, 98, 100
CommandArgument-Eigenschaft 183
Command-Objekt
   als ADO.NET-Komponente 70
   DataAdapter-Objekt und 74
   Parameter-Auflistung 92, 94
CommandType-Eigenschaft 72
Commit-Methode 72
Common Language Runtime (CLR)
   Aktualisieren von XCOPY-installierten Anwendungen 381
   als .NET-Laufzeitumgebung 2
   Ausnahmebehandlung 52
   Ausnahmen 50
   bin-Verzeichnis und 386
   Common Type Specification und 6
   Serialisierung und Deserialisierung von Ausnahmeobjekten 64
   Sicherheit 99
Common Type Specification (CTS) 6
Component Designer *Siehe* Komponenten-Designer
Component-Klasse 12
Computerverwaltungs-Hilfsprogramm 331
Concat-Methode 9
Concurrency *Siehe* Datenparallelität
Configure-Methode 323
Connection-Objekte
   als ADO.NET-Provider-Objekt 70
   Ausnahmebehandlung 50, 52
   DataAdapter-Objekt und 74
   Transaktionen 97
ConnectionString-Eigenschaft 83
ConnectionString-Objekt 75
Constructor *Siehe* Konstruktoren
ControlDesigner-Klasse 153
Control-Klasse 172
Controls-Eigenschaft 164
Cookies, Authentifizierung 103, 108
Copyright-Informationen 241
CreateChildControls-Methode 164, 171
CreateCommand-Methode 72
Credentials *Siehe* Anmeldeinformationen
Crypto-API 100
CType-Funktion 146
Custom *Siehe* Benutzerdefiniert
Custom Server Control *Siehe* Benutzerdefinierte Serversteuerelemente

D

Data Concurrency *Siehe* Datenparallelität
DataAdapter-Objekte
   als ADO.NET-Komponenten 69, 74
   Datenparallelität und 98
DataColumn-Objekte 77
DataGrid-Serversteuerelemente
   Benutzerdefinierte *Siehe* DataGrid-Serversteuerelemente, benutzerdefinierte
   DataReader-Objekte und 72, 74
   Datenanzeigeformulare und 263
DataGrid-Serversteuerelemente, benutzerdefinierte 266
   Detailinformationen und 370, *Siehe auch* Detailinformationsseiten
   Entwurf 263
   Erstellen von 266
   Erweiterungen 283
   für Listenformulare 263
   Fußzeile ändern 272
   Geburtstage und Meldungen 356
   Grafikelemente 267
   Hinzufügen der GoTo-Funktion 276
   Hinzufügen von Grafiken 272
   Sortierfunktion 279
   Spaltentypen 268
   Wetter 358
   Windows Forms, für HRnet-Berufsbezeichnungen 376
DataList-Serversteuerelemente 181, 263
DataReader-Objekte
   als ADO.NET-Komponente 70
   DataGrid-Steuerelement und 72, 265
   DataSet-Objekte und 76
   Datenzugriffskomponente und 90, 96
   Öffnen von Verbindungen und 69
   Sitzungszustand und 300
   Zweischichtige Anmeldung mit 31
DataRow-Objekte 77
DataSet-Objekte
   DataAdapter-Objekte und 74
   DataGrid-Steuerelement und 265
   Datenparallelität 98
   Datenzugriffskomponente und 84, 94
   Deserialisieren 303
   Serialisierung 301

DataSet-Objekte *(Fortsetzung)*
  Sitzungszustand und 300
  Speichern, in Sitzungsvariablen 271
  Verbindungslose Daten und 69, 76
  XML-Webdienste und 307
  Zurückgeben, aus SQL-Anweisungsmethode 84,
    Siehe auch SQL-Anweisungsmethoden
DataSource-Eigenschaft 181, 271, 276
DataTable-Objekte 77, 266
Dateien *Siehe auch* Ordner
  Anmeldeinformationsspeicher 105, 113
  Code-behind *Siehe* Code-behind-Dateien
  Globale Weitergabe 381, *Siehe auch* Globaler
    Assemblycache
  Include 130
  Klasse und Modul 13
  Konfiguration *Siehe* Konfigurationsdateien
  Portable Executable (PE) 385
  Setup 383
  Speichern von Daten in XML 301
  Webvorlage 240
Daten *Siehe auch* Datenbanken
  Bindung 181, 182, 265
  Eingabe 254
  Löschen 368
  Marshalling 40
  Menü und Navigation 180, 185
  Parallelität 98
  Präsentation *Siehe* Datenanzeigeformulare; Informationsseiten
  Schichten *Siehe* Datenzugriffsschichten; Datenschichten
  Speichern 366
  Speichern in lokalen XML-Dateien 301
  Trennen von Programm und 30
  Typen *Siehe* Datentypen
  Verbindungslose 68, *Siehe auch* DataSet-Objekte
Datenanzeigeformulare 262, *Siehe auch* Informationsseiten
  ASP.NET-DataGrid-Steuerelement für Listenformulare 263
  Informationsseiten als 259
  Liste/Detail 263
  Web Forms und Windows Forms 262
Datenbanken *Siehe auch* Daten
  Anmeldeinformationsspeicher 105, 113
  Datenschicht und 32, 44
  Entwurf 45
  Microsoft Access 96
  Verbindungen *Siehe* Connection-Objekte; Verbindungsstrings; Verbindungen
  Zugriff und Strategie 79
  Zweischichtige Architektur und 30
Datenbindung 181, 182, 265
Dateneingabeformulare 254
Datengebundene Listensteuerelemente 263
Datengesteuerte Komponenten 200
Datenliste 261
Datenparallelität 98
Datenprovider 44
Datenprovider-Objekte 70
Datensatznummer, DataGrid-Steuerelement 283
Datenschichten *Siehe auch* Datenzugriffsschichten
  .NET Framework und 44
  Fassadenschicht und 223
  Ressourcenverwaltung und 202

Datentypen
  Einfache Benutzung und 69
  Formatieren von Strings 9
  Validieren, in zusammengesetzten Serversteuerelementen 160, 167
  Visual Basic .NET 6
Datenzugriffskomponenten 78, *Siehe auch* Datenzugriffsschichten
  Ausnahmebehandlung 84
  Ausnahmeprotokollierung 85
  Datenbankzugriff und Strategie 79
  Datenparallelität 98
  Datenzugriffsobjekt als 79
  Eigenschaften 83
  Funktionsumfang 78
  Gründe für 78
  Implementierung, in Anwendungen 97
  Konstruktoren 82
  Leistungsindikatoren 98
  OLE DB-Provider 96
  Private Variablen und Objekte 82
  Schließen, Verbindungen 86
  SQL-Anweisungsmethoden 84, *Siehe auch* SQL-Anweisungsmethoden
  Transaktionen 97
  Verbindungs-Pooling 98
Datenzugriffsschichten 67
  .NET Framework und 44
  ADO.NET und *Siehe* ADO.NET
  Datenparallelität 98
  Datenzugriffskomponenten *Siehe* Datenzugriffskomponenten
  Dreischichtige Architektur und 36
  Flexible n-schichtige Architektur und 37
  Geschäftsschicht, Interaktion mit 205
  Leistungsindikatoren 98
  n-schichtige Architektur und 41
  Transaktionen 97
  Verbindungs-Pooling 98
Debugger-Benutzergruppe 85
Debuginformationsdatei 24
Decimal-Datentyp 6
Default-Wert *Siehe* Standardwert
DeleteCommand-Eigenschaft 76
Deserialisieren
  DataSet-Objekte 303
Deserialisierung
  Ausnahmeobjekte 64
Designer, Visual Studio .NET 5
  Benutzerdefinierte Webseitenvorlage-Klasse und 252
  Benutzersteuerelemente und 134
  Komponentenklassen und 12
  Zusammengesetzte Windows Forms-Steuerelemente 172
Designer-Attribut 122, 162
Design-Time Control *Siehe* Entwurfszeit-Steuerelemente
Destruktoren 15
DES-Verschlüsselung 104
Detailinformationsseiten 286, *Siehe auch* Informationsseiten
  Ereignisbehandlung 295
  Erstellen von Spalten 293
  Erweitern 293
  HRnet 236, 240, 241
  HRnet-Angestelltenseiten *Siehe* Angestelltenseiten, HRnet

Stichwortverzeichnis **393**

Detailinformationsseiten *(Fortsezung)*
   HRnet-Meldungsverwaltung *Siehe* Meldungsverwaltungs-Seite, HRnet
   Liste/Detail auf einer Seite 287
   Liste/Detail auf getrennten Seiten 291
   Liste/Detail-Ansatz 261
   Typen 286
   Verdrahten 370
   Windows Forms, eine Seite 376
   Zustandsverwaltung in benutzerdefiniertem Serversteuerelement 297
DHTML (Dynamic HTML) 35
Dienst, Windows 329
DiffGrams 310
Direktbearbeitung, DataGrid-Steuerelement 286
Disconnected Data *Siehe* Verbindungslose Daten
Dispose-Methode 15, 39, 62, 86, 229
dll-Dateierweiterung 3, 11
DLL-Hölle 35, 380, 385
DNA, Windows 32
Dokument, Systemanalyse 44
Dokumentation 203
Dokumentstruktur, SOAP 317
DrawString-Methode 173
Dreischichtige Architektur 32
DropDownList-Klasse 155
DropDownList-Serversteuerelement, erweitertes 154
DTC *Siehe* Entwurfszeit-Steuerelemente
Dynamic HTML (DHTML) 35
Dynamisch geladene Benutzersteuerelemente 145
   Anordnen 147
   Hinzufügen 145

E

Editieren, im DataGrid-Steuerelement 286
Eigenschaften
   Benutzerdefinierte Ausnahmen 57
   Benutzerdefiniertes Sicherheits-Serversteuerelement 121
   Benutzersteuerelement 138
   DataAdapter-Objekt 76
   Datenzugriffskomponente 83
   Hinzufügen von benutzerdefinierten 59
   Message 55, 58, 60
   Öffentlich, für Benutzernamen und Kennwörter 33
   Shared 21
   Überladen 18
   Zusammengesetztes Serversteuerelement 167
Eigenschaftsprozeduren 17
Eigenständige benutzerdefinierte Serversteuerelemente
   Web Forms 132, 148, 149
   Windows Forms 172
Einfache Klassen 11, *Siehe auch* Klassen
Einfachheit 260
Eingabefokus, auf Steuerelement legen 368
Eingebaute Serversteuerelemente 129, 181, *Siehe auch* Benutzerdefinierte Serversteuerelemente
Eingebauten Rollen 112
Einschichtige Architektur 29
Employee-Fassadenklasse 228
Employee-Rolle 235
Encapsulation *Siehe* Kapselung
Enterprise-Anwendungen *Siehe* Unternehmensanwendungen
Entwurf *Siehe auch* Analyse und Entwurf; Softwarearchitektur
   Benutzerdefinierte DataGrid-Steuerelemente 263

Entwurf *(Fortsetzung)*
   Effektive Menüs 178
   Fassadenschicht 223
   Geschäftsobjekt 202
   Homepage 355
   HRnet 234
   Informationsseite 260
   Menü- und Navigationsleistenkomponenten 185
   Trennen von Logik und 41
Entwurfsansicht *Siehe auch* Laufzeitdarstellung
   Anmeldungsseite 347
   Benutzerdefiniertes Serversteuerelement 151, 153
   Benutzersteuerelemente 136
   Zusammengesetzte Serversteuerelemente 160
   Zusammengesetztes Serversteuerelement 162, 166
Entwurfszeit-Steuerelemente 129
Enumerationen
   Eingebauten Rollen 112
   Zugriffsstufe 205
Envelope, SOAP 317
Ereignisbehandlung
   Ausnahmeprotokollierung und 51, 61, 78, 85, 329, *Siehe auch* Strukturierte Ausnahmebehandlung
   ButtonColumn 295
   DataGrid-Steuerelement, Sortieren 280
   Ereignis-Bubbling in Benutzersteuerelementen 143
   Erstellen von Ereignissen und 19, *Siehe auch* Ereignisse
   Liste/Detail auf einer Seite 287
   Liste/Detail-Formulare 295
   Menü 183, 191, 193
   Windows Forms-Menüs 198
   Windows-Dienst-Steuerungsprogramm 332
Ereignisse
   Benutzerdefinierte, für benutzerdefinierte Serversteuerelemente 171
   Erstellen von und Behandeln 19, *Siehe auch* Ereignisbehandlung
   Instanz, anlegen 214
   Protokollierung 51, 61, 78, 85, 329
Err-Klasse 51
Erweiterte benutzerdefinierte Serversteuerelemente
   DropDownList-Serversteuerelement 154
   TextBox-Serversteuerelement 157
   Web Forms 132, 148, 154
   Windows Forms 172
EventLogEntryType-Klasse 62
EventLog-Klasse 61
Evidence 127
Exception-Klasse 50, 52, 53, 55
execute-Befehl 131
ExecuteNonQuery-Methode 90, 96
ExecuteReader-Methode 74, 90
Executive-Rolle 235
exe-Dateierweiterung 3, 11
Exit Function-Anweisung 17
Extensible Markup Language *Siehe* XML
Extensible Stylesheet Language (XSL) 35

F

Farben
   Hervorhebung 158
   Menü und Navigationsleiste 184, 196
Fassadenkomponenten 224
   Fassadenklasse für Geschäftsobjekt 228
   Geschäftsobjekt für 224
   Kundendienst-Fassadenklasse 230

Fassadenschichten 221
   .NET Framework und 43
   Dreischichtige Architektur und 36
   Entwerfen 223
   Komponenten *Siehe* Fassadenkomponenten
   Konzept 221
   Remoting, Sicherheitsschicht und 333
   Ressourcenverwaltung und 202
   Vorteile 222
Fault, SOAP 317
Fehler
   Ausnahmen und 50, *Siehe auch* Ausnahmen
   Behandeln 10, *Siehe auch* Strukturierte Ausnahmebehandlung
Felder, kombinieren in DataGrid-Steuerelement 286
Feldvalidierung, zusammengesetzte Serversteuerelemente 160, 167
Fenster, verborgene in Visual Studio .NET 6
Feuerwehrschlauch 74
FileInfo-Methode 305
Fill-Methode 75, 84
FillSchema-Methode 75
Filteroptionen, DataGrid-Steuerelement 286
Finalize-Prozedur 15, 17
Finally-Anweisung 10, 49, 52, 54, 86, *Siehe auch* Strukturierte Ausnahmebehandlung
Flexibilität, Geschäftsschicht 202
Flexible n-schichtige Architektur 36
   Aufbau 36
   Dreischichtige Architektur und 36
   Flexibilität von 41
   HRnet 234
   Implementierung 37
Fokus *Siehe* Eingabefokus
Form_Load-Ereignis 377
Formatieren
   DataGrid-Steuerelement 285
   Strings 9
Format-Methode 9
FormsAuthentication-Klasse 103
Formularauthentifizierung 102
   Erstellen von Anmeldeinformationsspeichern 105
   Erstellen von Anmeldungsformular 106
   Erstellen von Architektur für Anwendungen 103
   Geschäftsschicht 204
   HRnet 99, 235
   Konfigurieren von Anwendungen 103
   SOAP und 317
   Überblick 100, 102
Formulare *Siehe auch* Web Forms; Windows Forms
   Anmeldung 102, 106, 125
   Datenanzeige *Siehe* Datenanzeigeformulare
   Listen 263, 371
   Vererbung 43
Fragezeichen (?) 113, 310
Framesets 240
Fremdhersteller, Steuerelemente 133
Funktionen *Siehe* Methoden
Funktionsspezifikation 45
Fußzeile, DataGrid-Steuerelement 272

G

GAC *Siehe* Globaler Assemblycache
Gacutil.exe-Hilfsprogramm 24, 381, 382, 386
Garbage Collection 15, 86
Geburtstage, HRnet 356
Generator 233

GenericIdentity-Klasse 111, 115, 117
GenericPrincipal-Klasse 111, 115, 117
Geschäftsobjekte
   Entwerfen 202
   Fassadenschichtvererbung 222
   Remoting 328, 333
   Remoting, Geschäftsschicht 334
   Remoting, Sicherheitsschicht 333
Geschäftsregeln
   Abfragen auf Basis von 205
   Dreischichtige Architektur und 36
   Entwickeln 203
   Fassadenschichten und 43
   Geschäftsschichten und 201
   Hinzufügen von Code für 256
   Zweischichtige Architektur und 31
Geschäftsschichten 201
   .NET Framework und 44
   DataGrid-Steuerelement und 265
   Dreischichtige Architektur und 32
   Entwerfen von Geschäftsobjekten 202
   Entwickeln von Geschäftsregeln 203
   Ergebnisdatensätze beschränken 300
   Erstellen von Abfragen auf Basis von Geschäftsregeln 205
   Fassadenschicht und 222
   Get-Funktionen, Gespeicherte Prozeduren 210
   Insert-Funktionen, Gespeicherte Prozeduren 211
   Interaktion mit Datenzugriffsschichten 205
   Interaktion mit Sicherheitsschichten 204
   n-schichtige Architektur und 41
   Objektorientierte Fähigkeiten in Visual Basic .NET 214
   Remoting 334
   Ressourcenverwaltung und 201
   Update-Funktionen, Gespeicherte Prozeduren 212
   XML-Webdienste *Siehe* XML-Webdienste
Gespeicherte Prozedur, Methoden für 91
   Ausführen, ohne Parameter 91
   Hinzufügen 96
   OLE DB-Provider 96
   Parameter 92
Gespeicherte Prozeduren
   Abfragen auf der Basis von Geschäftsregeln 205
   Command-Objekte und 72
   DataSet-Objekt und 76
   Datenzugriff mit 31, 37, 79
   Datenzugriffskomponente 78
   Geschäftsschichten und 202, 203, 205
   Get-Funktionen 205, 210
   Insert-Funktionen 211
   Methoden mit *Siehe* Gespeicherte Prozedur, Methoden für
   Namenskonventionen 203
   Sicherheit und 108, 118
   Transaktionen, Datenparallelität, und 98
   Update-Funktionen 212
GetDesignTimeHTML-Methode 163, 166
Get-Funktionen, Geschäftsschicht 203
Get-Funktionen, Gespeicherte Prozeduren 205, 208
Get-Methode 17, 140, 155
GetObjectData-Methode 64
global.asax-Datei 112
Globaler Assemblycache (GAC)
   AssemblyVersion-Attribut 381
   Fassadenschichten und 228
   Geschäftsobjekte in 337

Stichwortverzeichnis **395**

Globaler Assemblycache *(Fortsetzung)*
   Hinzufügen von Assemblies 382, 386
   Registrieren von Assemblies in Anwendungen 383
   Starken Namen generieren 382
   Verwalten 24
   Weitergabe 381
GoTo-Funktion, DataGrid-Steuerelement 276
Grafik
   DataGrid-Steuerelement, Einträge 267
   Hinzufügen zu DataGrid-Steuerelementen 272
   Logobilder 241
   Menü-Benutzersteuerelement 197
Grafische Benutzerführung 260
Grid *Siehe* DataGrid-Serversteuerelemente
Groß- und Kleinschreibung 103

H

Handles-Schlüsselwort 144
Hauptmenüregister, HRnet 179, 240, *Siehe auch* Menühandler
Header
   Sicherheitsheader in ASP.NET 120
   SOAP 317
Hervorheben, TextBox-Serversteuerelement 157
Hilfesystem 260
Homepage, HRnet 236, 355
   Benutzerdefinierte Begrüßung 355
   Entwurf 236, 355
   Erstellen von, aus Webvorlage 245
   Geburtstage und Meldungen 356
   Logobereich 239
   Menü- und Navigationsentwurf 178, 237
   Wetter 358
Hostanwendung, Remoting 328
   Weitergabe 337
   Windows 328
   Windows-Dienst-Host 329
HRnet-Personalverwaltungs-Beispielanwendung
   Ausnahmebehandlung *Siehe* Ausnahmebehandlungsobjekte
   Benutzeroberfläche *Siehe* Benutzeroberflächenvorlagen
   Datenstruktur 259, *Siehe auch* Informationsseiten
   Datenzugriff *Siehe* Datenzugriffskomponenten; Datenzugriffsschichten
   Erstellen von, aus Webvorlage 243
   Fassadenschicht *Siehe* Fassadenschichten
   Flexible n-schichtige Architektur 41
   Funktionsumfang 235
   Geschäftsschicht *Siehe* Geschäftsschichten; Geschäftsobjekte
   Homepage 235
   Menüstruktur 178, 237, *Siehe auch* Menü- und Navigationsleistenkomponenten; Menühandler
   Remoting *Siehe* Remoting
   Sicherheitsanforderungen 99, 101, 113, 235, *Siehe auch* SecurIt-Komponente; Sicherheitsschichten
   Spezifikationen 234
   Steuerelemente *Siehe* Benutzerdefinierte Serversteuerelemente; Benutzersteuerelemente
   Verdrahten *Siehe* Zusammenstellungsphase
   Vererbung 216
   Visual Studio .NET und 6
   XML-Webdienste *Siehe* XML-Webdienste
   Zugriffsstruktur 203

HTML (Hypertext Markup Language)
   Benutzersteuerelemente und 134, 136
   Erstellen von, für Webseitenvorlage-Klasse 251
   Windows DNA und 35
HtmlForm-Klasse 148, 249
HTML-Serversteuerelemente 129, 131
HtmlTextWriter-Klasse 152
HTTPContext-Objekte 115, 123
HTTP-GET- und POST-Nachrichten 310, 316
HTTP-Umleitung 102, 124
Hyperlink-Serversteuerelemente 181, 185, 252
Hypertext Markup Language *Siehe* HTML

I

IIS (Internet-Informationsdienste)-Authentifizierung 100, 101, 113
ImageUrlEditor-Editor 123
Implements-Anweisung 21
Imports-Anweisung 21, 33, 37, 38
INamingContainer-Schnittstelle 163
Include-Dateien 130
Indikatoren, Leistung 98
Individuelle Anpassung 102
Infolink Screening Services 2, 176
Informationsseiten 259, 360
   Angestelltendaten auf getrennten Seiten 370
   Benutzeroberflächenstrategie 260
   Detail *Siehe* Detailinformationsseiten
   Detailformular 374
   Eingabefokus auf Steuerelement legen 368
   Hinzufügen von Berechtigungseinstellungen 364
   Listenformular und Zustandsverwaltung 371
   Löschen, Daten 368
   Meldungen auf einer Seite 360
   Meldungsfeld 363
   Skalierbarkeit und Leistung 300
   Speichern, Daten 366
   Standard-ASP.NET-DataGrid-Steuerelement anpassen *Siehe* DataGrid-Serversteuerelemente, benutzerdefinierte
   Verdrahten 360
   Web Forms- und Windows Forms-Datenanzeigeformulare 262
Inheritance *Siehe* Vererbung
Inherits-Schlüsselwort 24, 219, 333
Initialisierungscode 15
InitializeComponent-Methode 173
In-place-Editieren, DataGrid-Steuerelement 286
InsertCommand-Eigenschaft 75
Insert-Funktionen, Gespeicherte Prozeduren 208, 211
Installer, Windows-Dienst und Ereignisprotokoll 330
Installer-Pakete 383
InstallUtil-Programm 330
Instanz, anlegen 14, 214, 339, *Siehe auch* Konstruktoren
IntelliSense 22, 92, 215, 219
Interfaces-Anweisung 21
Internet Explorer-Websteuerelemente 197, 315
Internet Information Services *Siehe* Internet-Informationsdienste
Internet, .NET Framework und 28, *Siehe auch* Websites
Internet-Informationsdienste (IIS)-Authentifizierung 100, 101, 113
Interoperabilität
   ADO.NET XML und 69
   COM und 35

InvalidOperationException-Ausnahme 53
IsDBNull-Funktion 289
ISerializable-Schnittstelle 64, 65
ItemCommand-Ereignis 183, 191, 193

J
JavaScript
  Benutzerdefinierte Serversteuerelemente und 159
  Code-Wiederverwendung mit 131
  Eingabefokus auf Steuerelement legen 368
  Windows DNA und 35
Job Title *Siehe* Berufsbezeichnungen

K
Kanäle, Remoting 324, 327
Kapselung 33, 37, 143, 192
Kaufmännisches Und (&) 310
Kennwörter 33, 102, 105, 113, 127, 204, *Siehe auch* Authentifizierung; Autorisierung; Formularauthentifizierung
Klammern () 18
Klassen
  .NET Framework 3, 27
  Anwendungsspezifische Frameworks aus 44
  Attribute und 3
  Basis *Siehe* Basisklassen
  Basisklasse für benutzerdefinierte Ausnahmen 57
  Benutzerdefinierte Ausnahme 55
  Benutzerdefinierte Webseitenvorlage 247
  Benutzerdefiniertes Serversteuerelement 151
  Eigenschaften *Siehe* Eigenschaften
  Eigenschaftsprozeduren 17
  Ereignisse 19, *Siehe auch* Ereignisbehandlung; Ereignisse
  Erstellen von Hierarchien für Ausnahmeklassen 65
  Fassade 223, 228
  Instanz anlegen 14, 214, 339
  Klassen- und Moduldateien 13
  Komponente, und einfache 11, *Siehe auch* Komponenten
  Konstruktoren und Destruktoren 15, *Siehe auch* Konstruktoren
  Methoden 17, *Siehe auch* Methoden
  Namespaces und 21
  Objekte und 15, *Siehe auch* Objekte
  Polymorphie und 230
  Proxy 310, 320
  Schnittstellen 21
  Shared-Member 21
  Strukturen und 16
  Überladen von Eigenschaften und Methoden 18
  Überschreiben von Basisklassenmethoden 19
  Vererbung und 23, *Siehe auch* Vererbung
  Windows Management Instrumentation (WMI) 6
Klassenansicht 6
Kombinationsfelder, DataGrid-Steuerelement 286
Kommentare 203
Kompilierung 2, 133, 160
Komponenten
  ADO.NET *Siehe* ADO.NET
  ASP.NET *Siehe* ASP.NET
  Datengesteuerte 200
  Datenzugriff *Siehe* Datenzugriffskomponenten
  Flexible n-schichtige Architektur und 41
  HRnet 346
  Klassen und 11, 80, *Siehe auch* Klassen
  Komponentenorientierte Programmierung und 1

Komponenten *(Fortsetzung)*
  Menü und Navigationsleiste 180, *Siehe auch* Menü- und Navigationsleistenkomponenten
  Optimierung 343
  Sicherheit *Siehe* SecurIt-Komponente
  Visual Studio .NET, Unterstützung für 5
Komponenten-Designer 81, 333
Komponentenklassen 11
Komponentenorientierte Programmierung 1, *Siehe auch* Objektorientierte Programmierung
Konfigurationsdateien
  global.asax 112
  machine.config 382
  Remoting 323, 336, 341
  Web.config 74, 102, 103
Konfigurations-Manager 328
Konsistenz 78, 260, 305
Konsole, Benutzeroberfläche 42
Konstruktoren
  als objektorientierte Fähigkeit 214
  ApplicationException-Klasse 55
  Benutzerdefinierte Ausnahmen, Basisklasse 57
  Benutzerdefinierte, in Remoteobjekten 334
  Command-Objekt 72
  Datenzugriffskomponente 78, 82
  New-Operator und 15
  Serialisierung und 64
  Sicherheits-Serversteuerelement 123
  Überladen 215
  Vererbung und 217
  Windows Forms-Serversteuerelement 174
Kontakt-Seiten 241
Konten, Autorisierung 110, *Siehe auch* Autorisierung
Kundendienst-Fassadenklasse 230

L
Label-Serversteuerelement
  Erweitert 167
  Homepage 355
  in Sicherheitsheader-Serversteuerelement 350
  Webvorlage 241
  Zusammengesetztes TextBox- und 160
Laufzeitdarstellung *Siehe auch* Entwurfsansicht
  Benutzerdefiniertes Serversteuerelement 153
  Zusammengesetztes Serversteuerelement 166
Lebensdauer, Geschäftsobjekt 335
Leistung
  .NET und COM/COM+ 40
  ADO.NET 68, 69
  DataReader-Objekt 69, 74
  Gespeicherte Prozeduren 31, 205
  New-Operator 14
  Sitzungsvariablen und 300
  Skalierbarkeit und 28, 67, 300, *Siehe auch* Skalierbarkeit
  Testen 67
  Webseitenvorlage-Klasse 252
  Zweischichtige Architektur und 31
Leistungsindikatoren 6, 98
LinkButton-Serversteuerelement 181, 252, 350
Liste/Detail auf einer Seite
  HRnet Meldungsverwaltung 361
  Web Forms 287, 299
  Windows Forms 376
Liste/Detail auf getrennten Seiten 291
Liste/Detail-Datenanzeige 260, 263, 286, *Siehe auch* Datenanzeigeformulare

Liste/Detail-Formulare *Siehe* Detailinformationsseiten
Listenformulare 263, 371
ListItem-Eigenschaft 157
LiteralControl-Serversteuerelemente 164, 249, 284
LoadControl-Befehl 146
Load-Ereignis 326
Logik, Trennen von Entwurf und 41
Login-Methode 333
loginUrl-Attribut 103
Logo
   Abmeldefunktion 252
   Bild 241
   HRnet-Homepage 179, 239
   Sicherheitsheader-Serversteuerelement 350
   Windows Forms-Basisformular 254
Logoff *Siehe* Abmelden
Lohnzusatzleistungen-Seite 238
Lokales Wetter *Siehe* Wetterdaten
Look-and-Feel *Siehe* Stil
Löschen, Daten 368

M

machine.config-Datei 382
MainMenu-Klasse 198
Manager-Rolle 235
Managers-Gruppe 111
Manifest, Assembly 385
MarshalByRefObject-Klasse 322, 333
Marshalling 40, 322, 333
Mehrstufige Vererbung 253
Meldungen und Geburtstage, HRnet 356
Meldungsfeld 363
Meldungsverwaltungs-Seite, HRnet 361
   Berechtigungseinstellungen 364
   Detailinformationen 366
   Eingabefokus auf Steuerelement legen 368
   Löschen, Daten 368
   Meldungen und Geburtstage 356
   Meldungsfeld 363
   Speichern, Daten 366
Menü- und Navigationsleistenkomponenten 181
   .NET Technologie für 181
   Benutzersteuerelement für Hauptmenü 190
   Entwerfen 185
   Menükomponente 186
   Navigationsleisten-Benutzersteuerelement 192
   Sicherheit 352
   Verdrahten 345
   Verweise 346
   Webvorlagen und 241, 244, *Siehe auch* Webvorlagen
   Weitere Möglichkeiten 196
Menühandler 175, *Siehe auch* Webvorlagen
   .NET Technologie für 181
   Effektive Menüs entwerfen 178
   HRnet, Menü- und Navigationsstruktur 237, 260
   Komponente *Siehe* Menü- und Navigationsleistenkomponenten
   Strategie für 176
   Windows Forms-Beispiel 197, 238
MenuItems-Klasse 198
Mergemodule 25
Me-Schlüsselwort 256
Message Authentifizierung Code (MAC) 104
Message-Box *Siehe* Meldungsfeld
Message-Eigenschaft 55, 58, 60, 61
Messen, Ausnahmen 51

Metadaten
   Assembly 385
   Remoting-Client 325
Methoden
   Arbeiten mit 17
   Benutzersteuerelement 142
   Command-Objekt 73
   Datentypen und 6
   Eigenschaftsprozeduren 17
   Geschäftsobjekt 203, 222, 224
   Gespeicherte Prozedur *Siehe* Gespeicherte Prozedur, Methoden für
   Konstruktor *Siehe* Konstruktoren; New-Methode
   Parameter *Siehe* Parameter
   Rollenzuweisung 113
   Shared 21
   SQL-Anweisung *Siehe* SQL-Anweisungsmethoden
   StringBuilder-Klasse 10
   String-Klasse 9
   Überladen 18, 215, *Siehe auch* Überladen
   Überschreiben 19, 255, 256
Microsoft .NET Framework *Siehe* .NET Framework
Microsoft .NET Framework-Konfiguration 24
Microsoft .NET Remoting *Siehe* Remoting
Microsoft .NET-Remoting 321
Microsoft .NET-XML-Webdienst, Einführung 307
Microsoft Access-Datenbanken 96
Microsoft Active Server Pages (ASP) 1, 32, 35, 42
Microsoft Intermediate Language (MSIL) 2
Microsoft Internet Explorer-Websteuerelemente 197, 315
Microsoft Internet-Informationsdienste (IIS)-Authentifizierung 100, 101, 113
Microsoft msn.com-Website 176
Microsoft PowerPoint 45
Microsoft SQL Server *Siehe* SQL Server
Microsoft Visio 45
Microsoft Visual Basic *Siehe* Visual Basic
Microsoft Visual Basic .NET *Siehe* Visual Basic .NET
Microsoft Visual Basic Scripting Edition (VBScript) 1, 35
Microsoft Visual Studio .NET *Siehe* Visual Studio .NET
Microsoft Windows Explorer 25, 381
Modellieren, Anwendungen 45, *Siehe auch* Softwarearchitektur
Module *Siehe auch* Assemblies; Projekte, Visual Basic .NET
   Klassen- und Moduldateien 13
   Komponentenorientierte Programmierung und 1
   Merge 25
Module-Anweisung 13
MSDN Web Services Developer Center 307
MSIL (Microsoft Intermediate Language) 2
msi-Setupdateien 24, 25
msn.com-Website 176
Multithread-Anwendungen 4, 35
Muster 202
MustInherit-Schlüsselwort 57, 65, 217, 228
MustOverride-Schlüsselwort 19
MyBase-Schlüsselwort 19, 57, 66, 219

N

name-Attribut 103
Namen
   Anwendungsdomäne 59
   Ausnahmeklassen 56, 57

Namen *(Fortsetzung)*
  Benutzersteuerelement 137
  Cookie 103
  Datenbanktabellen 74
  Datenzugriffskomponente 89
  Fehler bei Webseite 245
  Gespeicherte Prozedur 203
  Klasse und Modul 14
  Namespaces und 21
  Remoting-Konfigurationsdatei 324
  Remoting-Serveranwendung 324
  Starker Name 337, 381, 382
  Steuerelement 370
  Untergeordnete Steuerelemente 163
Namespace-Anweisung 22
Namespaces
  als .NET Framework-Fähigkeit 21
  Datenzugriffskomponente 81, 97
  Dreischichtige Architektur und 33
Nativer Code 3
Navigationsstruktur, HRnet 179, 237, 240, *Siehe auch*
  Menü- und Navigationsleistenkomponenten; Menühandler
New-Methode 14, 57, 214, 215, *Siehe auch* Konstruktoren
News *Siehe* Meldungen
Nothing-Wert 55, 84, 188
NotInheritable-Schlüsselwort 81
NotOverridable-Schlüsselwort 19
n-schichtige Architektur *Siehe* Flexible n-schichtige Architektur
null-Werte 289

O

Oberflächenvererbung, Windows Forms 43, 233, 247, 253
Object Role Modeling (ORM) 45
Object-Klasse 40
Objektbrowser 55, 56
Objekte *Siehe auch* Komponenten
  ADO.NET 69, *Siehe auch* ADO.NET
  Frameworks aus 21, 24, 44
  Klassen und 15, *Siehe auch* Klassen
  Private 82
  Schachteln und 6
  Strukturen und 16
  Verweise 14, *Siehe auch* Verweise
Objektorientierte Entwicklung 1
  .NET Framework und 2, *Siehe auch* .NET Framework
  Ausnahmebehandlung 52, *Siehe auch* Strukturierte Ausnahmebehandlung
  Eigenschaftsprozeduren 17
  Ereignisse 19, *Siehe auch* Ereignisbehandlung; Ereignisse
  Instanz von Klassen anlegen 14
  Klassen- und Moduldateien 13
  Komponenten und Klassen 11, *Siehe auch* Klassen; Komponenten; Objekte
  Komponenten, Klassen, Objekte, und 11
  Komponentenorientierte Programmierung 1
  Konstruktoren und Destruktoren 15, *Siehe auch* Konstruktoren
  Methoden 17, *Siehe auch* Methoden
  Namespaces 21
  Schnittstellen 21
  Shared-Member 21

Objektorientierte Entwicklung *(Fortsetzung)*
  Strukturen 16
  Überladen von Eigenschaften und Methoden 18, *Siehe auch* Überladen
  Überschreiben von Methoden 19
  Vererbung 23, *Siehe auch* Vererbung
  Visual Basic .NET und 1, 6, *Siehe auch* Visual Basic .NET
  Visual Studio .NET und 5, *Siehe auch* Visual Studio .NET
  Weitergabe .NET-Anwendungen *Siehe auch* Weitergabe, .NET-Anwendung
  Weitergabe von .NET-Anwendungen 24
Objektorientierte Programmierung (OOP)
  .NET-Architekturoptionen *Siehe* Softwarearchitektur
  Ausnahmebehandlung *Siehe* Strukturierte Ausnahmebehandlung
  Benutzeroberflächenvorlagen *Siehe* Benutzeroberflächenvorlagen
  Codewiederverwendung und 233
  Datenzugriffsschichten *Siehe* Datenzugriffsschichten
  Fassadenschichten *Siehe* Fassadenschichten
  Geschäftsschichten *Siehe* Geschäftsschichten
  Informationsseiten *Siehe* Informationsseiten
  Komponentenorientierte Programmierung und 1
  Menühandler *Siehe* Menühandler
  Objektorientierte Entwicklung *Siehe* Objektorientierte Entwicklung
  Remoting *Siehe* Remoting
  Sicherheitsschichten *Siehe* Sicherheitsschichten
  Verdrahten von Anwendungen *Siehe* Zusammenstellungsphase
  Visual Basic .NET, Fähigkeiten 214
  XML-Webdienste *Siehe* XML-Webdienste
Öffentliche Variablen 138
Öffentliche XML-Webdienste 311
OLE DB-Datenprovider 44, 70, 96
On Error Goto-Anweisung 49
OnInit-Methode 249
OnItemCreated-Methode 273, 282
OnPageIndexChanged-Methode 270
OnPaint-Methode 172, 173
OnPreRender-Methode 159
Open-Methode 53
Optimieren, Anwendungen 202
Option Strict-Anweisung 39
Optionale Parameter 18
Ordner *Siehe auch* Dateien
  Authentifizierungs-Cookie, Pfad 104
  bin 24, 386
  Webvorlagedateien 241
  Weitergabe und 24, 385, *Siehe auch* Globaler Assemblycache
  XML-Webdienst 310
Overloads-Schlüsselwort 19, 215
Overrides-Schlüsselwort 19

P

Page_Load-Ereignis 189, 194, 249, 293
Page-Klasse 247
Parallelität, Daten 98
Parameter
  Datenzugriffskomponente 82
  Gespeicherte Prozedur 39, 72, 78, 92, 96
  Get-Funktionen, Gespeicherte Prozeduren 210
  Insert-Funktionen, Gespeicherte Prozeduren 211
  Klasseninstanz 214

Stichwortverzeichnis

Parameter *(Fortsetzung)*
　　Konstruktor 214
　　Methoden und 17
　　Optional 18
　　Überladene Methoden und 19, 215
　　Update-Funktionen, Gespeicherte Prozeduren 212
Parameters-Auflistung 72
Parametrisierte Konstruktoren 214
ParseChildren-Attribut 163
Passport-Authentifizierung 100
path-Attribut 104
Pattern 202
pdb-Dateierweiterung 24
PersistChildren-Attribut 163
Persistenz
　　DataSet-Objekte in Sitzungsvariablen 271
　　Daten in lokalen XML-Dateien 301
　　von Variablen mit Attributen 280
Personalization 102
PlaceHolder-Steuerelemente 147, 247, 249
Polymorphie 230, 232
Pooling, Verbindungen 98
Portable Executable (PE)-Dateien 385
Präsentationsschicht 32
Principals, Sicherheit 101, 110
Private Variablen und Objekte 82
Private-Schlüsselwort 271
Programmiersprachen *Siehe* Sprachen
Projekte, Visual Basic .NET 11, 21
Projektmappen-Explorer, Visual Studio .NET 6, 22
Protected-Schlüsselwort 65, 271
protection-Attribut 104
Protokolle, SOAP 316, *Siehe auch* SOAP
Protokollierung
　　Ereignis und Ausnahme 51, 61, 78, 85, 329
　　Sicherheit 117
Proxyklasse, XML-Webdienst 310, 320
Prozeduren, Eigenschaftsprozeduren 17
Prozeduren, gespeicherte *Siehe* Gespeicherte Prozeduren
Public *Siehe* Öffentlich

Q
QuickInfo 181, 182, 215, 275

R
RaiseEvent-Anweisung 19, 172
Raise-Methode 51
Rapid Application Building (RAB) 343
Rapid Application Development (RAD) 5, 174, 343
Rational Rose 45
ReadXML-Methode 303
ReDim-Anweisung 8
RedirectFromLoginPage-Methode 102, 108
Redirect-Methode 124, 126, 291
Reference Type *Siehe* Verweistypen
Reflektion 141
Regeln, Geschäftsregeln *Siehe* Geschäftsregeln
Region *Siehe* Codeabschnitte
RegisterClientScriptBlock-Methode 159, 369
RegisterStartupScript-Methode 159
Registersteuerelemente, Menü 181
Registrieren
　　Assemblies 385
　　Benutzerdefinierte DataGrid-Steuerelemente 270
　　Benutzerdefinierte Serversteuerelemente 150
　　Benutzersteuerelemente 137, 150

Registrieren *(Fortsetzung)*
　　Datenzugriffskomponente 97
　　GAC-Assemblies 383
　　HTTP-Kanal 327
　　JavaScript 369
　　Komponenten 244
　　Weitergabe und 380
Relationales Datenbankmanagementsystem (RDBMS) 32, *Siehe auch* Datenbanken
Remoting 321
　　Ausnahmebehandlungsobjekte und 51, 64
　　Clients erstellen 324, 337
　　Erstellen des Servers 323
　　Geschäftsobjekte 333
　　Geschäftsschicht 334
　　Host erstellen 328
　　Sicherheitsschicht 333
　　Testen 321
　　Weitergabe 336
RemoveHandler-Schlüsselwort 21
RenderControl-Methode 165
Render-Methode 123, 152, 158, 165, 351
Repeater-Serversteuerelemente 263
ResolveUrl-Methode 123
Ressourcenverwaltung 201, *Siehe auch* Geschäftsschichten
Resume-Anweisung 49
Return-Anweisung 17
Richtlinien *Siehe* Geschäftsregeln
Rollback-Methode 72
Rollen 112, 235
Rollenbasierte Autorisierung 99, 110, 113, 204, 235, *Siehe auch* Autorisierung
Rückgabewerte 17
Runtime, .NET Framework *Siehe* Common Language Runtime

S
Save-Funktionen, Geschäftsschicht 203, 207
Schachteln 6
Schichten *Siehe auch* Geschäftsschichten; Datenzugriffsschichten; Datenschichten; Fassadenschichten; Sicherheitsschichten; Benutzeroberfläche
　　.NET Framework und 41
　　Flexible n-schichtige Architektur und 41
　　Geschäftsregeln und 203, 205
　　Menü 180, 196
Schließen, Verbindungen 74, 86, *Siehe auch* Verbindungen
Schnittstellen 21, 216, 322
Schreiben, Anwendungen 46
SecurIt-Komponente 113, 347
　　Anmeldungsseite 347
　　Architektur 113
　　Erstellen 115
　　Geschäftsschichten und 204
　　Implementierung, in Anwendungen 125
　　Sichere Menüstruktur 352
　　Sicherheitsberechtigungen 352, *Siehe auch* Berechtigungen
　　Sicherheitsheader 120
　　Sicherheitsheader-Serversteuerelement 349
　　Verdrahten 347
Security-Klasse 33
Seiten, Web Forms *Siehe* Web Forms
Seiteninhaltsbereich, HRnet 179, 240
Seitennavigation, DataGrid-Steuerelement 272

Seitennummer, DataGrid-Steuerelement 283
Seitenvorlagen, Menü und Navigation 180
SelectCommand-Eigenschaft 74
SelectedIndexChanged-Ereignis 287, 366
selectString-SQL-Anweisung 195
Serialisierung, Ausnahmebehandlungsobjekte 51, 64
Serialisierung, DataSet-Objekte 301
Server Explorer, Visual Studio .NET 80
Server, Remoting 323
Server.execute-Befehl 131
Server-Explorer, Visual Studio .NET 6
Serverobjekte, Remoting 322
Serversteuerelemente, Eingebaute 129, 181, *Siehe auch* Benutzerdefinierte Serversteuerelemente
ServiceController-Klasse 331
Session-Objekte 115, 253
SetAuthCookie-Methode 103, 108
Set-Methode 17, 140, 155
Setupdateien 383
Shared-Schlüsselwort 21
Sicherheit
    Codezugriff 3
    DataGrid-Steuerelement 266
    Komponente *Siehe* SecurIt-Komponente
    Konfigurationsdatei 76
    Schichten *Siehe* Sicherheitsschichten
Sicherheitsheader-Serversteuerelement 349
Sicherheitsschichten 99
    .NET-Sicherheitsfähigkeiten 100
    Abmeldefunktion 239
    Anwendung, Sicherheitsanforderungen 101
    Autorisierungsfähigkeiten 110
    Berechtigungen in Liste/Detail-Formularen 293
    Formularauthentifizierungsdienste 102
    Geschäftsschicht, Interaktion 204
    HRnet 203, 235, 238
    Komponente *Siehe* SecurIt-Komponente
    Remoting 333
    Remoting-Client 340
    SOAP und 317
Sichtbarkeit, Navigationsleiste 194
Sichten
    Benutzerdefiniertes Serversteuerelement 153
    DataSet 77
Sitzungsvariablen 190, 193, 271, 300, 349
Sitzungszustand 300, *Siehe auch* Zustandsverwaltung
Skalierbarkeit
    ADO.NET 68
    Geschäftsschicht 201
    Gespeicherte Prozedur 205
    Leistung und 28, 67, 300, *Siehe auch* Leistung
    Sitzungsvariablen und 191
    Zweischichtige Architektur und 31
sn.exe-Hilfsprogramm 382
SOAP 316
    Aufrufen von Funktionen aus Clients 320
    Dokumentstruktur 317
    Unterstützte Protokolle 316
SOAPFault-Klasse 317
SOAPHeader-Klasse 317
Soapsuds-Hilfsprogramm 323, 324
Softwarearchitektur 27
    .NET Framework und 2, 27, 41, *Siehe auch* .NET Framework
    Analyse und Entwurf 44
    Benutzeroberflächenstrategie 260
    Datenbankzugriff und Strategie 79

Softwarearchitektur *(Fortsetzung)*
    Dreischichtige 32
    Einschichtige 29
    Entwurfsschritt 46, *Siehe auch* Entwurf
    Fassadenschicht 223
    Flexible n-schichtige 36
    Formularauthentifizierung 103
    Geschäftsobjekte 202
    Geschichte 29
    HRnet 234
    Menü- und Navigationsleistenkomponenten 176
    Sicherheitsschichten 113
    Wählen 28
    Zweischichtige 30
Sortieren
    Array 8
    DataGrid-Steuerelement 270, 279, 286
Spalten
    DataGrid-Steuerelement 267
    Liste/Detail-Formular 293
    Sortieren im DataGrid-Steuerelement 286
Speichern, Daten 366
Sprachen
    .NET Framework und 50, 78
    Steuerelemente und 133
    Wartungspersonal und 204
SQL Server
    .NET-Datenprovider 70
    ADO.NET-Leistung mit 68
    Anmeldeinformationsdatenbank 113
    Datenschicht und 44
    Datenzugriffsobjekt und 78, 79
    DiffGrams und 310
    Dreischichtige Architektur und 32
    Flexible n-schichtige Architektur und 41
    Verbindungs-Pooling 98
    Webserver und Webserverfarm 301
SQL Server-Datenprovider 44, 78, 98
SQL-Anweisungsmethoden *Siehe auch* SQL-Strings
    Aufrufen 89
    Ausnahmebehandlung 84
    Ausnahmeprotokollierung 85
    Code für 88
    Definieren 84
    Gespeicherte Prozeduren 91
    Hinzufügen 90
    OLE DB-Provider 96
    Parameter 92
    Validieren von SQL 86
SqlException-Ausnahme 53
SQL-Strings
    Abfragen auf der Basis von Geschäftsregeln 205
    Command-Objekte und 72
    Datenzugriffskomponente 78, 79, *Siehe auch* SQL-Anweisungsmethoden
    Navigationsleistenkomponente 195
    Validieren 86
    XML-Webdienste und 310
StackTrace-Eigenschaft 61, 62
Standard-Anwendungsprotokoll 61
Standardkonstruktoren 57
Standardwert, DropDownList-Serversteuerelement 154
Starke Namen 337, 381, 382
StartCD-Installationsprogramm XXI
Startindex, Arrays 8
Startseite, Visual Studio .NET 5
State-Eigenschaft 49

Stichwortverzeichnis   **401**

Statische Variablen 18
Steuerelemente 129
   ActiveX 131, 174
   Detailseite 297
   Eingabefokus 368
   Eingebaute Serversteuerelemente 129, 181
   Internet Explorer-Websteuerelemente 197, 315
   Validierung 108
   Wählen zwischen Benutzersteuerelementen und benutzerdefinierten Serversteuerelementen 133, *Siehe auch* Benutzerdefinierte Serversteuerelemente; Benutzersteuerelemente
   Web Forms 42
   Windows Forms 172
Steuerungsprogramm, benutzerdefinierter Windows-Dienst 331
Stil
   DataGrid, AutoFormat-Fähigkeit 268
   Menü-Stilvorlagen 184, 196
   Webvorlage und 242, 247
   Windows Forms-Vorlage, Oberflächenvererbung 253
StringBuilder-Klasse 10, 369
String-Klasse 6, 9
Strings *Siehe* Verbindungsstrings; SQL-Strings; Stringverarbeitung
Stringverarbeitung 8
Strong Name *Siehe* Starke Namen
Strukturen 16
Strukturierte Ausnahmebehandlung 49
   .NET Framework und 50
   Ausnahmebehandlungsobjekte *Siehe* Ausnahmebehandlungsobjekte
   Datenzugriffskomponente 78, 84, 89
   Erstellen von Anwendungsklassenhierarchien 65
   Fehler und Ausnahmen 50, *Siehe auch* Fehler; Ausnahmen
   Fehlerbehandlung und 10
   Geschichte 49
   Konzept 51
   Objektorientierung 52
   Protokollierung 51, 61, 78, 85, 329
   Syntax der Try-Anweisung 52
Subroutine *Siehe* Methoden
Suchfunktion, DataGrid-Steuerelement 286
SuppressFinalize-Methode 87
System.Data-Namespace 97
System.Diagnostics-Namespace 61
System.Drawing-Namespace 158, 269
System.Runtime.Remoting-Namespace 323
System.Web.UI.Controls-Namespace 269
System.Web.UI.Design-Namespace 166
System.Web.UI.HtmlControls-Namespace 146
System.Web.UI.Page 3
System.Web.UI.WebControls-Namespace 151, 162
System.Web.UI-Namespace 247
System.Windows.Forms-Namespace 172
Systemanalyse 44
SystemException-Klasse 55

T

Tabellen
   Anmeldeinformationen 105
   Menü data 180
   Menüdaten 185
   Webvorlage 242
TableDirect-Option 72
Tables-Auflistung 76, 77

Table-Steuerelemente 284
Tabular Data Stream (TDS) 68, 98
TagName 137, 150
TagPrefix 137, 150, 151
TagPrefixAttribute-Attribut 151
Taskleiste, Windows-Dienst und 333
TemplateColumns, DataGrid-Steuerelement 356
Testen
   Datenzugriffskomponente 89, 95
   Leistung 67
   Menü- und Navigationskomponente 196
   Menükomponente 189
   Remoting 321
   Sicherheitskomponente 120
   Webvorlage 242
   Windows Forms-DataGrid-Steuerelement 380
   XML-Webdienste 310
TextBox-Serversteuerelement
   Benutzersteuerelement und 134
   Einschränkungen 130
   Erweitert 157
   Erweitertes Label-Steuerelement und 167
   Hinzufügen zu DataGrid-Steuerelement 276, 283
   Zusammengesetztes Label- und 160
Text-Eigenschaft 151, 157, 163
Third-party-Steuerelemente 133
Throw-Anweisung 49, 52
Timeout, Sitzung 191
timeout-Attribut 104
Title *Siehe* Berufsbezeichnungen
Toolbox, Visual Studio .NET
   Hinzufügen des Sicherheitsheader-Steuerelements 125
   Hinzufügen von benutzerdefinierten Serversteuerelementen 130, 153
   Komponenten und 80
   Visual Studio .NET-Oberfläche und 5
ToolboxData-Attribut 151
Tools, Windows DNA 35
Tooltip *Siehe* QuickInfo
Transaction-Objekte 71
Transaktionen 71, 97
Transfer-Methode 124, 126
Trendanalyse, Ausnahmen und 51
Triple-DES (3DES)-Verschlüsselung 104
Try-Anweisung 10, 49, 52, *Siehe auch* Strukturierte Ausnahmebehandlung
Tuning, Anwendungen 202
Typbibliotheken 3
Typen *Siehe* Datentypen
Typsicherheit 69

U

Überblick-Seite, HRnet 236
Überladen
   Eigenschaften und Methoden 18, 62, 215
   Konstruktoren 215
Überprüfung, Zugriff 215
Überschreiben, Methoden 19, 255, 256
UDTs *Siehe* Benutzerdefinierte Typen
Umgebungsinformationen 59
Umleitung
   HTTP, clientseitig 102, 124, 126
   Liste/Detail-Formulare 291
   Menükomponente 183
Unselect-Methode 287

Untergeordnete Steuerelemente *Siehe auch*
  Zusammengesetzte Serversteuerelemente
  Ereignisbehandlung 171
  Namen 163
Unternehmens- und Zusatzdaten, HRnet 238
Unternehmensanwendungen 44
Unterroutinen *Siehe* Methoden
UpdateCommand-Eigenschaft 75
Update-Funktionen, Geschäftsschicht 203
Update-Methode 75
URL, Anmeldungsseite 103
URLAuthorizationModule-Klasse 113
URL-Autorisierung 100, 113
User Control *Siehe* Benutzersteuerelemente
User Interface *Siehe* Benutzeroberfläche
UserControl-Klasse 172
User-Defined Types (UDTs) *Siehe* Benutzerdefinierte Typen

V

Validierung
  Aktivieren, mit zusammengesetztem Label- und TextBox-Serversteuerelement 160, 167
  Cookie 104
  Hinzufügen von Code für 256
  SQL-Strings 86
Validierungssteuerelemente 108
Value Type *Siehe* Werttypen
Variablen
  Datentypen, Schachteln 6
  Öffentlich, für Benutzersteuerelemente 138
  Private 82
  Sitzungsvariablen 117, 190, 193, 271, 300, 349
  Speichern mit Attributen 280
  Statisch 18
vbc.exe-Compiler 2
vb-Dateierweiterung 13
VBScript (Visual Basic Scripting Edition) 1, 35
Verbindungen
  Connection-Objekte *Siehe* Connection-Objekte
  DataAdapter 74
  DataReader 69, 74, 265, *Siehe auch* DataReader-Objekte
  DataSet 68, 265, *Siehe auch* DataSet-Objekte
  Pooling 98
  Schließen 86, 90
  Strings *Siehe* Verbindungsstrings
Verbindungslose Daten 68, 74, 76, *Siehe auch* DataSet-Objekte
Verbindungsstrings *Siehe auch* Verbindungen
  Connection-Objekt und 71
  Datenzugriffskomponente 82, 89, 97
  in Web.config-Datei 75
  n-schichtige Architektur und 39
  Sicherheitsdatenbank 108
  Verbindungs-Pooling und 98
Verborgene Fenster 6
Vererbung
  .NET Framework-Klassen und 3
  aus Webvorlagedateien 245
  Benutzerdefiniertes Serversteuerelement 148, 154
  Codewiederverwendung 253
  COM 35
  Erzwingen 57, 65, 217, 228
  Fassadenschicht und 223
  in HRnet-Beispielanwendung 216
  Objektorientierte Programmierung und 1

Vererbung *(Fortsetzung)*
  Polymorphie und 230
  Schnittstellen und 21
  Visual Basic .NET und 23
  Windows Forms und Oberflächenvererbung 43, 233, 247, 253, 254
  Windows Forms-Steuerelemente 172
Verfallsdauer, Sitzung 191
Verknüpfen von Ereignissen, in Anwendungen 19
Verknüpfen, String 8
Verschlüsselung
  Authentifizierungs-Cookie 104
  Kennwort 127
  Verbindungsstrings 75
Versionsverwaltung
  Assemblies und 385
  AssemblyVersion-Attribut 381
  COM und 35
Verweise
  Benutzersteuerelement 141
  Eigenständige benutzerdefinierte Serversteuerelemente 149
  Hinzufügen 33
  HRnet 346
  Namespaces und 21
  Objekt 14
  Remoteklasse 322
  Web Forms-Seite 145
  XML-Webdienst 310
Verweistypen 6
ViewState-Werte 139, 153, 271, 277, 366
Visio 45
Visual Basic
  Benutzerdefinierte Typen 16
  Datenbindung 265
  Datentypen 6
  Fehlerbehandlung 49
  Klassen und Komponenten 11
  Klasseninstanz, anlegen 214
  Visual Basic .NET und 1, *Siehe auch* Visual Basic .NET
  Windows DNA und 35
Visual Basic .NET 6
  Arrays 8
  Dateien 13
  Datentypen 6
  Kompilierung 2
  Konstruktoren 214
  Objektorientierte Entwicklung und 1
  Objektorientierte Fähigkeiten 214
  Sprachänderungen 6, *Siehe auch* Visual Basic
  Stringverarbeitung 8
  Strukturierte Ausnahmebehandlung 10
  Überladen von Konstruktoren 215
  Überladene Methoden 215
  Vererbung 216
  Windows Forms-Menüs 197
Visual Basic Scripting Edition (VBScript) 1, 35
Visual Inheritance *Siehe* Oberflächenvererbung
Visual Object Modelers Visual UML 45
Visual Studio .NET
  Benutzerdefinierte Serversteuerelemente und 149
  Dateien 14
  Erstellen von Klassen und Komponenten 11
  Kompilierung 2
  Komponenten und 80
  Namespaces und 21

Visual Studio .NET *(Fortsetzung)*
  Toolbox und benutzerdefinierte Serversteuerelemente 153
  Unterstützung für Komponenten 5
  Weitergabe und 24
Vorlagen
  Benutzeroberfläche *Siehe* Benutzeroberflächenvorlagen
  DataGrid-Steuerelement formatieren 285
  Eigenständiges benutzerdefiniertes Serversteuerelement 149
  HRnet 180, 345
  Menü 184, 186, 196
  Verdrahten 345
  Web *Siehe* Webvorlagen
  Windows Forms 253

W

Wartung 131, 202
Wartungspersonal 204
Web Forms *Siehe auch* ASP.NET
  als Benutzeroberfläche 42, 233, *Siehe auch* Benutzeroberflächenvorlagen
  Anmeldungsseite 347
  Anwendungs-Basisklasse 3
  Aufrufen von Code aus Seiten 257
  Benutzerdefinierte Serversteuerelemente und 43, 150, *Siehe auch* Benutzerdefinierte Serversteuerelemente
  Benutzerdefinierte Vorlage, Klasse 247
  Benutzersteuerelemente und 42, 135, *Siehe auch* Benutzersteuerelemente
  DataSet-Objekte und 77
  Datenanzeigeformulare 262, *Siehe auch* Datenanzeigeformulare; Informationsseiten
  Datenzugriffskomponente in 97
  Detailinformationen 370
  Fehler bei Namen für Seiten 245
  Geschäftslogik 33
  Navigieren 175
  Seiten als Benutzersteuerelemente 135
  Sicherheitsanforderungen 102, 114, *Siehe auch* Formularauthentifizierung
  Vorlagen *Siehe* Webvorlagen
Web Services Description Language *Siehe* WSDL
Web.config-Datei 75, 102, 103
Web-Beispielanwendung *Siehe* HRnet-Personalverwaltungs-Beispielanwendung
WebControl-Klasse 122, 148, 151, 154, *Siehe auch* Eigenständige benutzerdefinierte Serversteuerelemente
Webprojekte, mit ASP.NET und ADO.NET 286
Websetup-Projekte 383
Websites
  MSDN Web Services Developer Center 307
  Navigationsfähigkeiten 176
  World Wide Web Consortium 317
Websteuerelemente, Internet Explorer
  als Benutzersteuerelemente 197
  WeatherInfo 315
Webverweise 310
Webvorlagen 239, *Siehe auch* Menühandler
  Benutzerdefinierte, Klasse 247
  Dateien 240
  Erstellen von HRnet-Anwendung aus 243
  Layout 239
  Vorteile und Nachteile 246

Weitergabe, .NET-Anwendung 380
  Aktualisieren von XCOPY-installierten Anwendungen 381
  Globaler Assemblycache und 24, 381
  Remoting 336
  Windows Installer-Pakete 383
  XCOPY 381
Weitergabe, COM 35
Werttypen 6, 16
Wetterdaten
  HRnet 236, 358
  Websteuerelement 236, 315
  XML-Webdienst 311
Wiederverwendung, Code 130, 233, 253
Windows DNA 32, 40
Windows Explorer 25, 381
Windows Forms
  als Benutzeroberfläche 42
  Aufrufen von Code aus 257
  Benutzerdefinierte Serversteuerelemente 172
  Client für Remote-Geschäftsobjekte 337
  Client für XML-Webdienst 320
  Datenanzeigeformulare 262, *Siehe auch* Datenanzeigeformulare
  Datenzugriffskomponente in 97
  Geschäftslogik 33
  HRnet, Berufsbezeichnungen 376
  Menüs 197, 238
  Navigieren 175
  Oberflächenvererbung 43, 233, 247, 253, 254
  Remoting-Client 324
  Remoting-Host 328
  Remoting-Server 323
  Sicherheitsanforderungen 102, 114
  Unternehmensdaten 238
  Vorlagen 253
Windows Forms-Vorlagen 253
  Basisformulare 254
  Dateneingabeformular 256
  Oberflächenvererbung und 253
Windows Installer-Pakete 383
Windows Management Instrumentation (WMI)-Klassen 6
Windows-Authentifizierung 100, 101
Windows-Autorisierung 100, 110
Windows-Dienst-Host 329
Windows-Ereignisprotokolle 61
Windows-Host 328
WindowsIdentity-Klasse 111
WindowsPrincipal-Klasse 111
Windows-Principals 110
WithEvents-Schlüsselwort 19, 144
WriteLog-Methode 62
WriteXML-Methode 303
WSDL (Web Services Description Language)
  Remoting-Client und 325
  XML-Webdienst 312
wsdl.exe-Hilfsprogramm 311

X

XCOPY-Weitergabe 381
XML (Extensible Markup Language)
  ADO.NET Leistung und 68
  ADO.NET-Interoperabilität und 44, 69
  DataSet-Objekte und 76, 77, 301
  Datenzugriffskomponente und 96
  Deserialisieren von DataSet-Objekten 303

XML *(Fortsetzung)*
　Menü- und Navigationsleistenkomponente und 180, 196
　Serialisierung DataSet-Objekte mit XML-Dateien 301
　SOAP-Dokumente 317, *Siehe auch* SOAP
XML-Schemas 77
XMLTextReader-Klasse 303
XMLTextWriter-Klasse 303
XML-Webdienste 307
　Geschäftsschichten und 307, *Siehe auch* Geschäftsschichten
　HRnet Homepage und 236
　Implementierung 307
　Nutzen 310
　Öffentliche 311
　Proxyklasse und 311
　SOAP und 316
　WeatherInfo-Websteuerelement 315
XSL (Extensible Stylesheet Language) 35

Z

Zugriff, HRnet
　Menü- und Navigationsstruktur 238
　Struktur 203
　Stufen 204
　Überprüfung 215
Zusammengesetzte Serversteuerelemente 160
　als benutzerdefinierte Serversteuerelemente 132, 149
　Erweiterte Label- und TextBox-Steuerelemente 167

Zusammengesetzte Serversteuerelemente *(Fortsezung)*
　Label und TextBox 160
　Vorteile 160
Zusammengesetzte Windows Forms-Steuerelemente 172
Zusammenstellungsphase 46, 343
　Anwendung schnell verdrahten 343
　Assemblies und Versionsverwaltung 385
　Homepage 355
　Informations- und Datenseiten *Siehe* Informationsseiten
　Menüstruktur und Vorlagen 345
　Schritte 344
　Sicherheit 347
　Weitergabe von Anwendungen 380
　Windows Forms-Berufsbezeichnungen 376
Zustandsverwaltung
　Attribute für Websteuerelemente 277
　Benutzerdefiniertes Serversteuerelement 153
　Benutzersteuerelement 139
　COM 35
　DataSet-Objekt 76
　Detaildaten in benutzerdefiniertem Serversteuerelement 297
　Detailformular 374
　Liste/Detail-Formular 293
　Listenformular 371
　Menü-Benutzersteuerelement 190
　Sitzungszustand, Empfehlungen 300
　Zusammengesetztes Serversteuerelement 163
Zweischichtige Architektur 30

Die Autoren

Ken Spencer

Ken arbeitet bei der 32X Tech Corporation. Er ist Autor und Koautor zahlreicher technischer Handbücher, zum Beispiel von *Windows 2000 Server: Management and Control* (Prentice Hall, 2000) und *Programming Visual InterDev* (Microsoft Press, 1999). Er schreibt außerdem für mehrere bekannte Magazine: die Kolumne »Advanced Basics« im *MSDN Magazine* und Artikel für *Windows 2000 Magazine* und *SQL Server Magazine*.

Tom Eberhard

Tom ist CIO bei InfoLink Screening Services, Inc., einer Auskunftei, bei der Unternehmen ihre Stellenbewerber überprüfen lassen können, und Präsident von CPU, Inc., einem Consultingunternehmen für Internetfirmen. Tom programmiert seit seinem vierzehnten Lebensjahr in verschiedenen Sprachen. Er spricht häufig auf Konferenzen, zum Beispiel bei VS Connections und VB Connections. Er hat mehrere umfangreiche Unternehmenslösungen entworfen und geschrieben, darunter eine .NET-Webanwendung für Auskunfteien. Sein Consultingunternehmen war eines der ersten, das Firmen half, das Internet dazu einzusetzen, größere Kundenkreise zu erschließen, den Kunden mehr Service zu bieten und das Unternehmenswachstum voranzutreiben.

John Alexander

John ist anerkannter Microsoft Certified Trainer (MCT), Microsoft Certified Solution Developer (MCSD) und hat in den letzten fünf Jahren als MSDN Regional Director gearbeitet. Als Consultant hat er Erfahrung in der Entwicklung von skalierbaren, stabilen und offenen .NET-Unternehmensanwendungen. Er hat überall auf der Welt Seminare gehalten. Daneben hat John das Microsoft Official Curriculum geschrieben und spricht auf Industriekonferenzen wie VBITS, VB Connections und Developer Days. Dies ist Johns zweites Buch über .NET in acht Monaten. Er wartet begierig auf die Verfilmung seines Werks.

> **Wissen aus erster Hand**

Die Neuauflage des Klassikers „Windows Programmierung" von Charles Petzold, einem der bekanntesten Windows-Autoren, fokussiert auf Windows im Zeitalter von .NET und Visual Basic. Von den Grundlagen über die Zeichenfunktionen bis hin zu Drag-and-Drop wird Programmierung von Windowsapplikationen mit Windows Forms im .NET Framework anhand zahlreicher Beispiele dargestellt. Dazu gibt es wie immer viele wertvolle Tipps und alle Beispielanwendungen auf der Begleit-CD.

Autor	Charles Petzold
Umfang	1200 Seiten, 1 CD-ROM
Reihe	Fachbibliothek
Preis	69,00 Euro [D]
ISBN	3-86063-691-X

Microsoft Press-Titel erhalten Sie im Buchhandel, PC-Fachhandel und in den Fachabteilungen der Warenhäuser

Microsoft Press

Wissen aus erster Hand

Wer auf Basis des .NET Frameworks programmiert, muss sich intensiv mit den Mechanismen der Common Language Runtime und den wichtigsten Klassen und Typen der Framework Foundation Classes auseinandersetzen. Dieses Buch richtet sich an Entwickler, die bereits mit den Konzepten der objektorientierten Programmierung vertraut sind und nun auf Basis des .NET Frameworks entwickeln möchten. Die Autoren fokussieren auf die Bedürfnisse von Visual Basic-Programmierern und gehen detailliert auf Themen wie Eigenschaften mit Parametern, Ausnahmefilter und weitere besondere Fähigkeiten der Visual Basic-Syntax ein.

Autor	Richter, Balena
Umfang	544 Seiten
Reihe	Fachbibliothek
Preis	49,90 Euro [D]
ISBN	3-86063-682-0

Microsoft Press-Titel erhalten Sie im Buchhandel, PC-Fachhandel und in den Fachabteilungen der Warenhäuser

Microsoft® Press